Paul Lindau

Nord und Süd

12. Band

Paul Lindau

Nord und Süd
12. Band

ISBN/EAN: 9783744681209

Hergestellt in Europa, USA, Kanada, Australien, Japan

Cover: Foto ©ninafisch / pixelio.de

Weitere Bücher finden Sie auf **www.hansebooks.com**

Januar 1880.

Inhalt.

	Seite
Wilhelm Jensen in Freiburg i. B.	
Faira. Ein erzählendes Gedicht.	1
Eduard von Hartmann in Berlin.	
Die Bedeutung des Leids	23
Paul Lindau in Berlin.	
Persönliche Begegnungen. Elise	55
Karl Vogt in Genf.	
Zur Physiologie der Schrift	68
Karl von Gebler.	
Die Jungfrau von Orleans	94
Heinrich Ratzel in München.	
Sahara und Sudan	121
Menenius der Jüngere.	
Fürst Bismarck an der Jahreswende 1879	140
Bibliographie	154

Hierzu das Porträt des Fürsten Bismarck, Radirung von Paul Halm in München.

„Nord und Süd" erscheint am Anfang jedes Monats in Heften mit je einer Kunstbeilage.
——— Preis pro Quartal (3 Hefte) 6 Mark.
Alle Buchhandlungen und Postanstalten nehmen jederzeit Bestellungen an.

Beilagen zu diesem Hefte
von
Levy & Müller, Verlagsbhdl. in Stuttgart (Salomon's Literaturgesch. u. Authardt Chronik der Weltgesch.),
H. Grote'sche Verlagsbuchhandlung in Berlin (Oncken, allgemeine Geschichte in Einzeldarstellungen).

Nord und Süd.

Eine deutsche Monatsschrift.

Herausgegeben

von

Paul Lindau.

XII. Band. — Januar 1880. — 34. Heft.

(Mit einem Portrait in Radirung: Fürst Bismarck.)

Breslau.

Druck und Verlag von S. Schottlaender.

Faira.

Ein erzählendes Gedicht

von

Wilhelm Jensen.

— Freiburg i. B. —

In alte Zeit führt euch mein Lied zurück:
In rauhe Wildniß, drin der Winter lang,
Schneekronen auf dem Haupt und Eisesscepter
In starrer Faust, das Himmelsjahr beherrscht.
Zu Namen, fremd dem Ohr und seltsam klingend,
Der Vorzeit Erbtheil, fortgepflanzt bis heut',
Wie harter Boden dort den dürren Wuchs
Aus grauem Anfang weiter trägt. Zu Menschen,
In Sturm und Meeresschaum verweht, verrauscht,
Wortkarg, als sie noch waren, lang verstummt.
Doch ich beschwöre sie, und Schatten steigen
Sie aus dem Nebel unter meinem Ruf
Und stehn euch Rede.
                    Norwegs Küste sinkt
Mit vielgezacktem Felsenriff im Ost,
Und ruhlos wälzt das Meer sich vor dem Kiel,
Wie ein Verdammter in der Gruft nicht rastet
Und durch die Nacht hinstöhnt. Dann taucht es auf,
Nach zweier Tage Segelfahrt, vom Dunstkreis
Des Himmels, da und dort, Seevögeln gleich,
Die dunkler Wellenkamm aufhebt und senkt.
Es wächst, und wieder rinnt's im trüben Licht
Wie ein Phantom. Nur dumpf herdonnernd rollt
Der Brandung Schwall, und kreischend jagt ein Schwarm
Von Möven um den Mast. Da schießt ein Fels

Im Nebel jäh empor, noch einer dort,
Ringsum, — von weißer Milch umquirlt — sie sind's,
Die Shetlandsinseln, doch im Schiffermund
Seit Tagen, deren Keiner mehr gedenkt,
Hitland geheißen, „das gefundene Land".

Wildfremde Welt! In ungeheuren Wehen
Des Erdenschooßes warf die Glut sie einst
An's Licht herauf. Dann schlug die Woge drüber
Und wiegte sie gleich nackter Vogelbrut
Mit dumpfem Ammenlied. Ein Trotzgeschlecht,
Aus wolkengrauem Steinbasalt geformt,
Steigt Hitland hundertköpfig in die Luft.
Um seine Scheitel rast der Sturm, die Füße
Zernagt der Malstrom mit gefräßigem Zahn,
Der schlangenhaft ringshin die Glieder ringelt.
Geschuppt von schwarzen Flecken taucht und krümmt
Sein Wasserleib sich auf: Geklipp der Tiefe,
Die „Skerries", eines Abgrundungethüms
Steinschcheren sind's, die in des Schiffes Bauch.
Stumm lauernd, ihre Riesenzangen hau'n.
Hochflut bedeckt sie, nur die Ebbe legt
Im steten Wirbel ihre Kiefer blos.
Dann lacht die Silbermöve schrillen Ruf's
Darüber hin, der Eisseetaucher schießt
In ihre Strudel; auf dem Klippengrat
Hockt, Beute spähend, unbewegt der Alk.
So heut', so war's von je.
                          Ein kleiner Theil
Der hundert Inseln nur gewährt Bewohnern
Von Menschenart Obdach und Unterhalt.
Wer einst als Führer sie auf diese Schollen
Gebracht, weiß niemand, doch die Sprache weist
Gen Norweg über's Meer, dem im Beginn
Das Hitland zugehört. Dann streckte sich
Der Briten Hand nach ihm, und Schottland fiel,
Zusammt den Orkneys, ihr Besitz anheim.
Zu andrem Manglaut, einem Wortgemisch
Der Sprachen Englands und der alten Heimat,
Norsisch genannt, schuf sich die Mundart um.
Doch zeugt der Sprecher Wuchs, ihr Aug' und Haar
Vom Norrlandsstamme noch. An karger Brust
Von der Natur gesäugt, ward karg der Born
Der Lippen auch, doch strahlt das selt'ne Blau
Des Himmels klar aus manchem Mädchenblick,
Als sei es jenem Mangel zum Ersatz
Vom Schöpfer vorbedacht, und Sonnengold

Umfließt manch' weiße Stirn.
                    Vereinzelt stehn,
Der Eiderente Nestern gleich, im Moor
Und Sand die Häuser, Hütten oftmals nur,
Kaum da und dort zu winzigem Dorf vereint.
Das Rieddach deckt den niedern Bau, ein Wall
Von Stein umgürtet ihn. Nicht Baum noch Strauch
Hebt sich vom Grund des nackten Felsgeklüft's,
Noch dort, wo Sumpf und Haidewuchs im Thal
Den Boden füllt. Braun blickt das Torfmoor auf,
Von Nebeln überwallt, daraus der Ruf
Des Singschwans hallt, der in der Oede brütet.
Erst spät im Herbst gedeiht der Kornertrag
Des magern Gerstenfelds, das ab und zu
Ein Pflug bestellt; oft reicht die Ernte nicht
Und brodlos bleibt den Winter lang der Tisch,
An dem der Hunger mit gedörrten Fischen
Und buntgesprenktem Strandei sich genügt.
Doch bieten Weidegrund die Inseln dar,
Und Rinder nützen ihn; von kleiner Art,
Doch dickbevließt, auch Schafe. Ihr Besitz
Macht Reichthum aus und gründet Unterschied
Von vornehm und gering. An's Ufer trägt
Das Meer den Seehund, auch der Walfisch kommt
Als Gast und läßt, ob wider Willen auch,
Zum Gastgeschenke Bein und Fell und Thran.
Den Einen nährt der Vogelfang, der And're
Brennt Kelp aus Seetang; viele Monde lang
Vom Nachbarholm durch Sturmwuth oft getrennt,
Schafft Jeder, nothgewöhnt, selbst den Bedarf
Des Lebens sich, hantirt mit Axt und Hobel,
Mit Feil' und Ambos, jeglichem Geräth
Des Handgewerks, derweil für Kleid und Schuh
Hausfrau und Tochter sorgt, das Korn zum Mehl,
Das Mehl zum Teig umwandelt und den Teig
Zum Brode backt. Sie führt zum Schriftwerk auch,
Was selten nöthig ist, den Gänsekiel,
Von dem sie Vorrath in der Lade birgt,
Vielleicht noch von der Mutter her, wie sie
Als Braut zur Ausrüst einst nach Lerwick kam,
Dem einzigen Städtlein, das auf Mainland liegt,
Des Hitlands größtem Holm. Dort sitzt der Vogt,
Der Ordnung ob dem Inselreich erhält,
Das Thing zum Rechtspruch ruft und Schiedsspruch fällt.
Doch drückt sein Amt ihn nicht mit schwerer Last,
Denn falsches Wort und Trug, Diebstahl und Raub
Sind unbekannt im Hitland, wie das Schloß
An Thür und Schrein. Ein Zwist, ein Rechtsstreit nur

Wilhelm Jensen in Freiburg i. B.

Heischt Urtheil manchmal und zur Sommerzeit
Der Handel mit dem fremden Schiffervolk
Aus Ost und West, das dann im Hafen ankert.
Doch kurz nur ist die Frist, drei Monde kaum:
Vom Sommersonnenwendtag bis zur Gleiche
Des Herbstes. Dann beginnt der Stürme Chor
Sein ruhlos brausend Lied; wie Donnerhall
Fällt tausendstimmige Wogenorgel drein.
Weißblickend peitscht der Brandung Grimm den Fels
Und scheucht vom todbedroh'nden Ufer weit
Jedwedes Segel ab. Vom wilden Wall
Umschäumt, umgürtet, liegt neun Monde lang
Das Hitland abgeschieden von der Welt.
Der lange Winter kommt mit Finsterniß,
Die kaum ein Mittagsschimmer matt erhellt,
Denn Nebel hüllt das Zwielicht, Regen trieft
In unablässig schwerem Guß herab.
Herbst, Winter, Frühling gleichen sich genau
Im stäten Einerlei feuchttrüber Nacht.
Dann brennt der ölgetränkte Span am Herd,
Und Schatten flackern durch den niedern Raum
Des Obdachs, das die Hausbewohner eint.
Des Webstuhl's Spule fliegt; in's Sturmgebraus,
Das rüttelnd am Gebälk vorüberkracht,
Mischt sich des Spinnrad's Schnurr'n. Hohl rollt die See,
Und alte Sagen aus der Edda Tiefen
Gehn raunend durch die Nacht. So ist es heut',
So war's von je, seitdem der erste Rauch
Auf Hitlands Steingeklipp von Menschen sprach.

Fremd tönt auch seiner Inseln Namensklang
Aus grauer Urzeit Nebelrauch herauf:
Fetlar und Bressa, Samphra, Mousa, Jell,
Hascosea, Noß, Uya — dann im Nord
Mit düstern Höhlen, drin die Vorwelt schläft,
Zwielichtumgraut, zerrissen, meerdurchspült,
Gethürmt aus Schreckniß, Unst. Dazwischen wild
Der Skerries unbewohnter Klippengrat
Mit jähem Absturz, und im Kreise rings
Das endeslose Meer.   Nur dort gen Süd
Am trüben Himmel schwebt ein Schatten her,
Verschwommen, grauem Geistersegel gleich,
Doch unverrückt im Sturm. Vereinsamt hebt
Sich zwischen Hitland und den Orkney's, steil
Zum Himmel ragend, dort ein Eiland auf:
Die Insel Faira, Shetland zugehörig,
Des gleichen Ursprungs und vom gleichen Stamm

Aus Anfangszeit bewohnt. Wie ein Insect
Erscheint sie nur, vom dichtern Schwarm getrennt
Und hier allein in's Meer hinabgestürzt.
Wohl hundert kaum noch streift der Köpfe Zahl,
Die an dem Südrand ihrer Wildniß hausen,
Der Erdbewohner Letzte, von der Welt
Vergessen, fremd der Zeit und unberührt
Von jeder Wandlung, als dem Tropfenfall,
Mit dem der Wechsel von Geburt und Tod
Sich in des Lebens harten Boden gräbt.

* * *

Und fast um drei Jahrhunderte zurück
Trägt euch mein Lied dorthin.
     Vorsommer war's,
Doch stand der Sonnenwendtag sonnenlos
Ob Land und Meer. Seit langen Wochen schnob
Mit keiner Stunde Rast der Sturm von Ost;
Zum ersten Male nun im Morgengrau
Entschlief die Windsbraut, doch ihr Bett ging hohl
Und wilder Traum warf Stöhnen, Schaum und Gischt
Aus ihm herauf.
    Da taucht's vom Süden her,
Ein Riesenball, mit dem die Welle spielt.
Sie wirft ihn in die Luft und fängt ihn auf,
Und einem Tiger gleich, der seinen Fang
Entrinnen läßt und hascht und seine Brut
Daran belustigt, schlägt betäubend sie
Die Tatzen über ihn.
    Vom Hüttendorf
Herausgeeilt, an Faira's Klippenstrand
Stehn Mann und Weib und Kind. Der Sturm durchwühlt
Ihr blondes Haar; weit offnen Lides schau'n
Sie auf das fremde Wunder, das die See
Gleich einem todten Wallfisch willenlos
Herüberpeitscht. Der mächtig dunkle Rumpf
Verkündet mir: Es ist ein Orlogschiff,
Entmastet, steuerlos; so treibt's heran,
Bugüber. Manchmal taucht nur die Gallion
Schaumsprühend auf: das Brustbild eines Manns
Mit spitzem Bart und goldnem Widdervließ
An breitem Kettenhang. Vom Hinterdeck
Ringt dichtgedrängtes Menschenvolk die Hand
Zum Himmel auf.
    Da ist der Tiger satt
Des Possenspiels. Die Klaue hebend, schlägt
Er seinem Fang die Krallen in's Genick;
Die Woge packt das Schiff und schleudert es

An's Riff hinan. Ein Donnerkrach, ein Schrei,
Wie einer Kehle Ruf, und ausgeschlöscht
Ist das Phantom.
     Erstickter Jammerlaut
Nur kämpft noch hier und dort; es ringt ein Arm,
Ein Kopf sich aus dem Schwall. Vom Ufer sträubt
Ein starkes Boot, beherrscht von starker Faust,
Hinaus, zu retten, wo zu retten ist.

Doch trug die Brandung Einen selbst zum Strand:
Zur Tiefe schon hinab gezerrt, verbraust
Im Ohr des Blutes wilder Pulsschlag ihm
Und sein Bewußtsein lischt. Da launisch reißt
Es ihn zurück an's Licht, packt seinen Leib
Mit hundert klatschenden Gigantenfäusten,
Und einem Kork gleich, fliegt er an's Gestad.

Dort liegt er, dumpf-betäubt, das schwarze Haar
Umtrieft die Stirn; doch wie die Frauen nun
Ihn fassen, heben, richtet unversehrt
Er sich empor und starrt hinaus und spricht —
Doch fremde Sprache, sie versehn ihn nicht,
Bis Einer von den Greisen Faira's kommt,
Den einst als Kind der Kiel in's Niederland
Hinuntertrug. Der horcht und radebrecht
Des Fremdlings Mundart nach: Du redest wälsch,
Wie man im Vlamland spricht. — Ich bin Wallon,
Giebt Jener Antwort, und das Wasser quillt
Ihm noch aus Ohr und Mund und stockt die Zung' ihm.
Dann fährt er fort: Seid Freund Ihr oder Feind? —
Warum? Wir sind hier keines Menschen Feind —
Weß ist die Insel? — Englands. — Ha, verflucht!
Er stampft den Boden: So vollbringt an mir,
Was Eure See begann! — Er will zurück
Grad' in die Brandung, doch sie halten ihn.
Sein Hirn zog Salz, reicht einen Trunk ihm, mahnt
Der Greis, ein Mädchen eilt und kehrt, er schlürft
In durstigem Zug und spricht mit sanfterem Blick:
Das labt! Nehmt Dank! Und wer Ihr seid, so wißt:
Hispanier sind wir, von Antwerpen lief
Als erstes unser Schiff zum Krieg voran —
Zu welchem Krieg? Der Alte fragt's erstaunt,
Doch mehr verwundert klingt die Antwort noch:
Ihr wißt es nicht? Verschlug uns denn der Sturm
Vom Erdrand fort auf einen anderen Stern?
Ihr wißt es nicht, wovon die Welt erbebt,
Nicht von dem Krieg, wie nie die Welt ihn sah? —
Der Alte wiegt den Kopf: Was geht's uns an?

Wer Krieg führt, sucht Gewinn; uns nimmt man nichts.
Hierher dringt solche Kunde nicht; doch sprich,
Was ist's damit?
              Nun hebt der Fremdling an:
Mit zweimal hundert Schiffen stachen wir
Vor einem Mond in See. Mit Reitern, Fußvolk
An zwanzigtausend; mein gewaltiger Herr,
In dessen Reichen nicht die Sonne lischt,
Don Philipp, Spaniens König, sandt' uns aus,
Den Stolz zu brechen Eurer Königin.
Unüberwindlich hieß er unsre Flotte!
Wir zogen aus zur Schlacht gleich Adlern, die
Mit Schwalben kämpfen, denn so winzig schien,
Was uns genüber stand von Euren Schiffen.
Da packte uns im Aermelmeer der Sturm —
Kein Sturm, des Satans glüher Odem war's,
Der Ketzerbrut zu Hülf — die See barst auf —
Vor unserm Blick die Hälfte der Armada
Schlang sie hinab — wir Andern steuerlos —
Und nun wie Höllenvögel schoß ringsum
Der Schwalbenflug heran zum leckeren Fraß
An unserm lahmen Rumpf. Dann kam die Nacht
Und blieb bis heut. Im Nebel warf das Meer
Drei Wochen uns; nur manchmal vor dem Kiel,
Wie eines Freundes Todtenschädel trieb
Ein spanisch Wrack — doch uns, dem Admiralschiff
Der Flotte, mit dem Herzog von Medina
Sidonia, uns war bestimmt, erst hier —

Der Sprecher zuckt und stockt und blickt hinaus,
Wo nun das Rettungsboot an's Ufer kehrt,
Zum Rand gefüllt, so schwer die Last es trägt,
Mit Leben, das dem Untergang entrann.
Sie liegen hingestreckt, ein Einziger nur
Steht aufrecht vorn: sein greises Haar umklebt
Die Schläfen, zwischen denen leer ein Blick,
Aus dem das Leben wich, zum Himmel starrt.
Ein Todter scheint's, den nur der Fuß noch hält,
Doch dem der Geist entfloh.
              Nun murmelt dumpf
Die Lippe des Wallonen auf: Er ist's —
Der Admiral — es war ihm nicht bestimmt.
Doch besser läg er bis zum jüngsten Tag
Am Haifischgrund der See —
              Da stößt das Boot
Zum Uferrand; sie landen. Wortlos tritt
Der Herzog an's Gestad': schon fliegt umher
Die Kunde, wer sie sind. Doch gastlich schließt

Der Insel Volk die Todentronnen
In seinen Kreis. Der alte Dolmetsch tritt
Entblößten Haupts zum Admiral und spricht
Durch des Wallonen Mund ihn an:
                                    Wir sind
Nicht Feinde, Herr: wir sind des Unglücks Freund.
Hier gilt nicht Menschenhaß, nur Menschennoth,
Die Beistand heischt. Ruht aus an unserm Herd!
Was Armuth bieten kann, das giebt sie gern,
Und will's der Himmel, führen wir zurück
In Eure Heimath Euch.
                        Der Herzog reicht
Dem Greise stumm die Hand. Da hinter ihm
Schwillt hoch ein Wogenkamm heranf und wirft
Vor seinen Fuß das Brustbild eines Manns
Mit spitzem Bart und goldnem Widdervließ
An breitem Kettenhang. Die Gallion
Des Admiralschiff's ist's; zerkrachend schlägt
Sie auf's Geklipp, und durch das Schaumgestöck
Schießt König Philipps weißer Augenpfeil.

                    *

Ein Dutzend Stunden kaum im Umkreis mißt
Die Insel nur, doch trennen Nord und Süd
Sich gleich entlegnen Welten. Ein Gewirr
Des Anfangs, thürmt chaotisch Felsgeklüft
Sich zwischen ihnen auf. Der Malstrom wühlt
Vielgliedrig sich hinein und kocht im Spalt
Des ausgewaschnen Kessels; Moorgrund füllt
Des Bodens Senkung, drin der Fuß versinkt.
Nur Vogelflug allein streift ungefährdet
Darüber hin, sonst furcht des Schiffers Kahn
Den einzigen Weg am Klippenrand entlang:
In Sommerzeit, der Winter scheidet fremd
Des Eilands Ränder wie von Pol zu Pol.

Doch hat auch an des Nordrands Oede sich
Ein Heimatdach erbaut, sogar ein fest
Begründetes Gehöft ans grauer Zeit,
Drin noch der Normann schweifend seinen Raub
Auf Schiffen heimtrug, hoch von starkem Wall
Rundher umgürtet — Cendriksburg genannt.
So lang auf Faira Menschenkunde reicht.
Am Ward-Hill liegt's, der Insel höchstem Fels,
Von dem der Blick bei heller Luft gen Nord
Bis Hitland schweift. Er schützt vor hartem Wind
Den Hof und um ihn her den Pflanzenwuchs,
Daß Schaf und Rind auf gutem Weideland

—— Faira.

hier Nahrung finden. Fischreich zieht die Bucht
Am Haus landein; So bietet die Natur
Was schlichtes Menschendasein braucht, fast mehr,
Denn sie gewähret den einfachen Bedarf
Im Ueberfluß, und den Besitzer heißt
Sein Hofgesind und was auf seinem Grund
Benachbart wohnt, den „Herrn" der Cendriksburg.
Ein Häuflein Menschen nur, von Vätern her
Ihm dienstbar, doch von je befreundet mehr,
Als unterthan. In gleicher Folge hat
Aus ungedachter Zeit der Name Cendrik
Von Urahn auf die Enkel sich vererbt.
So leben sie, mehr von der Außenwelt
Geschieden noch, als ihre Stammgenossen
An Faira's Südrand; zwar zur guten Zeit
Nicht ganz getrennt, doch selten im Verkehr
Mit jenen nur, in stiller Tage Ruh'
Sich selbst genügend, wie in Leid und Noth,
Und Andrer nicht bedürftig. Seinen Herrn
Vor eines Jahres Frist nun hat der Hof
Vertauscht; dort, wo am Fels die Welle leckt,
In sichres Steinbett eingefriedet, schläft
Der alte Cendrik, und der junge herrscht
In Haus und Hof, geschwisterlos, allein,
Denn auch die Mutter starb, als er ein Kind
Noch war. Doch jetzt mit zwanzig Jahren wuchs
Zum stärksten Mann des Eilands er, kopfhoch
Jedweden überragend; Hünenkraft
Spricht aus dem Gliederbau, wie aus dem Blick
Der blauen Augensterne träumerisch
Fast knabenhafte weiche Sinnsart redet.
Doch als der Erste trotzt er der Gefahr,
Woher sie droht, und der besiegten dreht
Als Letzter er den Rücken. Seinem Wort,
So jung er ist, wie seinem Wink, gehorcht
Vertrauend jeder, ehrt in ihm den Herrn
Und liebt den Freund, den sicheren Schutz und Rath,
Den Beistand jeder Noth.
      Und Abend nun
Des Tages war's, in dessen Mittagsstund'
Das Admiralschiff Spaniens am Riff
Der Insel brach. Im Frühling oder Herbst,
Des Winters nicht zu denken, hätte Nacht
Schon lang des Westens letztes Gran verhüllt,
Jetzt aber, in des Sommers Hochzeit, brach
Ein rothes Licht, das erste dieses Tag's,
Noch durch's Gewölk, ein nächtig später Strahl,

Geheimnißvoll, wie ihn der Sonnenball
Des Nordens auf den Schlaf der Erde wirft.
In Ruh lag das Gehöft, nur Cendrik schritt
Noch am Gestad' entlang. Er trug Begehr
Nach Windluft um die heiße Stirn, obwohl
Des Tages Arbeit lang zur Rast schon ging,
Und einsam weiter zog der Fuß ihn hin.
Dann plötzlich hielt er an, denn vor ihm hob
Vom Klippenrand im rothen Abendschein
Sich noch ein Antlitz: hellem Golde gleich
Floß weiches Haar von weißer Mädchenstirn.
Die stumm hinabsah auf der Welle Spiel.
Die Tochter Folkolfs war es, seines Ohms,
Ihm gleich an Alter fast, verwaist, wie er.
Einst sein Gespiel und kühnlicher Genoß
Bei jedem Knabenwerk, jetzt hoch und schlank,
Des Hauses stille Schaffnerin. Kein Wort
Der Zwietracht hatte jemals ihren Bund
Der Kinderzeit getrennt, doch willig schien
Er in sich selbst verwelkt. Sie mieden sich
Seit Jahren schon, soweit des Tageslaufs
Gemeinsamkeit es zuließ. Vor dem Tod
Des Alten war der Hausfrau Amt bereits
In ihre Hand vertraut, so, wie er starb,
Vom Sohn belassen. Sorglich ihre Pflicht
Erfüllend, machte der Verwandtschaft Recht
Sie niemals geltend doch; als Dienerin
Vollzog sie still ihr Werk, nicht anders wie
Die Uebrigen stand sie in Wort und That
Als Magd zum Herrn. Sie hatte vom Beginn
Es so gewollt, und also ging es fort

Und jetzt, wie unerwartet sie vor ihm
Im hellen Licht der Nacht am Ufer saß,
Hielt fast erschreckt sein Fuß, doch trieb zugleich
Ihm in die Schläfen heißer noch der Strom
Des Blutes als zuvor. Er stand von fern —
Sie sah ihn nicht und seinen Schritt verschlang
Des Meeres Rauschen; dann graue Weil'
Noch zögernd: setzte seinen Weg er fort.
Doch wie nun dieser ihn auf schmalem Pfad
Unweit von ihr vorüberführte, trat
Er zu ihr hin und sprach: So spät noch, Folkmar?
Ich dachte, Alles schlafe, außer mir. —
Erwiedernd hob den Kopf sie: Dein Gebot
Erheischt mich nicht um diese Zeit im Haus;
Doch fürchte nicht, daß morgen mich der Tag

Faira.

Zu spät erweckt. — Er stand und sah verstummt
Ihr goldnes Scheitelhaar im Windhauch flimmern,
Dann plötzlich gab er Antwort: Du thust recht,
Hier sitzt sich's gut, wenn alles Andre schläft;
Auch mich zog's noch heraus — und auf's Gestein
An ihrer Seite setzt' er sich zur Rast.
Doch sprachen sie nicht mehr, sie sahen stumm
Der Wolken Zug; noch ging darunter hohl
Die graue See, doch mälig schlief sie ein,
Und auf den Horizont des Meeres trat,
Gleich einer Feuerkugel, unverhüllt
Die Sonne nun. Ihr mitternächtig Licht
Warf rothe Funken in den Wellenschaum
Und tauchte Folkma's Stirn in Purpurglut. —
Sie bringt den Sommer, spät in diesem Jahr,
Doch bringt sie ihn, sprach Cendrik jetzt; mich däucht,
So harrt' ich seiner nie. — Das Mädchen schwieg,
Er aber sprach auf's Neu: Mich däucht auch das,
Einst war der Sommer schöner, als er lang
Nicht mehr gewesen. Damals freuten wir
Uns seines Kommens — thatest Du's nicht auch? —
Sie nickte mit der Stirn: Gewiß, ich that's —
Doch rasch nun frug er: Warum jetzt nicht mehr,
Wie damals, Folkma? Ist's des Sommers Schuld? —
Weß sonst? — Sie bracht' nur halb das Wort hervor,
Denn ihre Hand zog sich zugleich aus seiner,
Die sie gefaßt; doch hielt er sanften Drucks,
Wie bittend, sie, und still nun blieb sie ruhn.
Zu ihren Füßen schlug der Wogenkamm
Herauf und fiel zurück; sie saßen stumm,
Bis Cendrik wieder sprach: Mir kam's schon oft,
Als spräch's in mir mit einer Stimme, Folkma,
Daß unsre Schuld es war und wollten wir's,
So käm' der Sommer herrlicher, denn je.
Ist's Thorheit, die mir laut vom Herzen heut
Die Brust durchklopft? Sprich — oder sagt's auch Dir,
Wir könnten's? — Enger schloß sich seine Hand
Um ihre fest, aus der des Blutes Puls
Ihn schnell und warm durchfloß, gleichwie die Brust
Des Mädchens rasch sich hob und wieder fiel,
Der Woge holdes Abbild unter ihr.
Dann streckte plötzlich sich ihr and'rer Arm
Auf's Meer hinaus und hastig frug ihr Mund,
Als ob sie seine Frage nicht gehört:
Was ist das Cendrik? — Doch zum erstenmal
Klang's ihm im Ohr, wie Gruß aus Kinderzeit,
Ein Ton des Sommers, der seitdem nicht mehr
Zurückgekehrt. — Was meinst Du, Folkma? frug,

Ein Zittern seiner Brust verhaltend, er,
Und ihrer Deutung ging sein Auge nach,
Doch hob sein Arm nach ihrem Nacken sich
Und schlang sich leis' — da sprang sie jagend auf:
Sieh dort — was ist's? Es kommt und fällt zurück —
Nun hebt sich's wieder — sieh — und schimmert auf,
Wie einer Wila weißes Angesicht —

Und wie sie's sprach, schoß kreischend gellen Schrei's
Ein Vogel aus der Luft, ein zweiter folgt,
Ein Schwarm, nun stürzt es auf den Fleck hinab,
Wo etwas mit der Welle stieg und sank.
Wie Schleier rann's vor Cendriks Augen noch
Im Purpurfunkenglanz der nächtigen See
War's Folkma's Goldhaar, das sich wie ein Netz
Vor seinem Blick verwebt — dann schwand es ab,
Und deutlich sah er's jetzt: Ein Menschenkopf
Trieb, als der Woge Spiel, sein Arm umschlang
Ein tauchend Holz; ein Todter schien's, so warf
Gleich einem Ball das Meer ihn willenlos
Zum Riff heran, in kurzer Frist sein Haupt
Dran zu zerschellen. Ihn zu retten, wenn
Noch Leben in ihm, galt's Erwägung nicht,
Nur That, und wie dem Blitz der Donner folgt,
So dem Gedanken nach schwang Cendrik schon
Sich in der Brandung Schwall. Er rang hindurch
Gleich einem Herrn, der Sclaven zornergrimmt
Zur Seite wirft; vor seinem Arm zerstob
Der gierige Vogelschwarm, und ihre Beute,
Darob sie harrend jagten, hielt nun stark
Er mit der Hand umfaßt. In's Meer zurück
Stieß er das Plankenscheit, an dem erstarrt
Wie leblos weiße Finger angeklammert,
Und hoch das Antlitz des Geretteten
Der Flut enthebend, trug er kraftvoll ihn
Zu Folkma's Fuß und freudig rief sein Mund:
Er lebt! Fürwahr ein fröhlich Zeichen ist's
Des Sommers, der das Leben wieder bringt!
Dir dankt er seines, denn Dein Blick entriß
Den Wellen ihn, mein Arm vollführte nur
Dein Werk, so nimm ihn auf in Deine Hut!

Und auf den Meerentrissenen nun bog
Das Mädchen Blick und Hand. Ein Jüngling war's
Mit zartem Antlitz, fast ein Knabe noch,
Von schwarzer Haare welligem Gelock
Die todesweiße Stirn umspielt; doch hob
Sich athmend unter'm derben Schifferwamms

Faira.

Die Brust, die Lippe rang nach Luft, die Hand
Griff tastend um sich, aus dem Mund entfloh
Ein Seufzerlaut und langsam schlug sich jetzt
Die dunkle Wimper auf. Der braune Stern
Des Auges sah empor, noch traumverhängt,
Doch rann in der Pupillen schwarzem Grund,
Die weit sich dehnend, Cendriks dichten Bart
Vor sich gewahrten, irr ein schreckhaft Licht,
Und sichtbar jedes Glied in Angst mit Kraft
Des Lebens raffend, sprang er taumelnd auf,
Um zu entfliehn. Der Fuß verweigert's noch,
So stand er, athemlos — mit sanftem Wort
Spricht Cendrik jetzt ihn an, fragt ihn, woher,
Wie lang der Schiffbruch ihn verschlagen, doch
Der schöne Fremdling schüttelt stumm das Haupt,
Denn er versteht ihn nicht. Da fällt sein Blick
Mit einem Aufstrahl, draus die Bangniß weicht,
Zum erstenmal auf Folkma's Angesicht,
Und plötzlich, wie der Sinkende das Holz
Umklammert, schlingt er fest um sie den Arm
Und hält an ihr den schwanken Leib.
                                    Es zuckt,
Wie er's gewahrt, mit leichtem Wimperruck
An Cendriks Lidern auf. Das Bild ist schön,
Zu schön fast, wie des Jünglings Wangen nun
Ein Lebensroth durchfließt, als ob sein Quell
Aus Folkma's blüh'ndem Angesicht zu ihm
Hinüberrinne. Hastig streckt die Hand
Sein Retter aus und spricht; Du bist zu schwach
Und kannst nicht gehn. — Er hebt die leichte Last
Des Sträubenden gewaltsam auf den Arm
Und trägt ihn fort, der wieder scheuen Blicks
Die Hand nach Folkma reckt. Sie folgt darein,
Das mindert seine Furcht; im Norden taucht
Der Sonnenball, der kaum vom Meeresstrand
Hinunterstieg, mit rother Glut zurück —
So schreiten sie zur Cendriksburg hinan.

                    * * *

Oft ist das Leben Traum mit wachem Blick,
Doch Traum ist Leben der gefangenen Seele,
Ein stummer Götterbote Wanaheims,
Des Lichtpalastes tief am Meeresgrund,
Drin nichts sich vor cristallner Wandung birgt.
Dort weben ihn von Oegis altem Stamm
Rastlose Wanen; ihre Spule fliegt
Und wirkt durch goldne Fäden schwarzen Einschlag.

Dann haucht ihr Mund das Traumgeweb' hinauf,
Mit Silberperlen steigt es in die Höh',
Und Wilis haschen es mit weißer Hand
Und schweben mit ihm fort. Des Mondes Strahl,
Das Flimmern eines Sterns trägt sie hinan
Zur dunklen Kammer, drin ein Athemzug
Sich hebt und senkt, und hastig breiten sie
Das Traumnetz über ihn — da jauchzt die Brust
Im Schlummer auf und ringt und schluchzt und stöhnt —
Sie aber lautlos gleich dem Morgenwind
Entschweben wieder, weiß von Angesicht
Und eingehüllt in weißes Lichtgewand.
Mit langem Goldhaar wie Mariengarn
Durchziehn sie über Meer und Land die Nacht,
So schön, daß Keiner, der ihr Antlitz schaut,
Den Blick mehr wenden kann. Doch weh dem Mann,
Der sie gewahrt, denn todte Bräute sind's,
Die vor der Hochzeitsnacht im Erdenschooß
Ihr Brautbett fanden. Heißer Liebesdurst,
Unlöschbar brennend Sehnen ihrer Brust
Nach den Lebendigen, ruft sie zurück.
Im Morgengrau liegt kalt und odemlos,
Wen ihr Gewand berührt, ihr Haar gestreift
Und ihre Lippe kühl wie Thau geküßt.
So schweben nächtlich sie im Mondenschein
Um Hitlands Felsen und um Faira's Strand;
Der Frühwind summt, im Osten glimmt der Tag,
Da tauchen sie gleich Schwänen in die See.

* * *

Allnächtlich kam der Traum in Folkma's Kammer',
Er wob ein Netz von gold'nem Fadenwerk;
Sie kannt' es wohl, aus Sonnenstrahlen, die
Der Sommer mitgebracht, umschlang es sie.
Doch nur mit Glanz, die Strahlen wärmten nicht,
Ein dunkler Einschlag webte Schatten drein
Aus andern Fäden, schwarzen Haaren gleich.
Die legten frostig, athemraubend sich
Um ihre Brust; ein Garn, das enger sich
Zusammenzog, und wie das Netz den Fisch
Betäubt umschnürt, so schloß das Maschenwerk
Des Traum's erstickend sich um Folkma's Herz.
Es rang umsonst mit angstvoll lautem Schlag
Nach Freiheit auf, doch dicht und dichter spann
Der Todesfrost sich um ihr hülflos Herz,
Und wimmernd schluchzte durch die Nacht ihr Mund,

Dann kam der Tag, der Traum mit wachem Blick,
Und Alles war wie sonst. Nur lag jetzt hell
Des Sommers kurzer Sonnenglanz ringshin
Auf Fels und See und hielt die Cendriksburg
Vom frühen Morgen bis zur späten Nacht
In spielend Licht getaucht. Vom Thalgrund scholl
Der Rinder Brüllen, hoch am Zackenstein
Klomm Schaf und Ziege; eifrig warf am Strand
Das Netz der Fischer aus. So war es stets
Und nichts verwandelt in der stillen Welt,
Seitdem die Woge Folkma's Ammenlied
Zum erstenmale sang — und doch wie Traum
Vor wachem Blick umrann dies Leben sie.
Nur eins war anders wie zuvor, ein Gast
War mehr in Haus und Hof. Mit stillem Mund
Schritt leichten Gang's der fremde Jüngling, rasch
Zu voller Lebenskraft erholt, umher.
Sein schwarz Gelock ließ weithin deutlich ihn
Erkennen, freundlich war sein Blick, sein Gruß
In unbekannter Sprache. Weiter ging
Sein Reden nicht, das unverständlich blieb,
Und so erschien er stummem Bildniß gleich.
Doch war den Tag lang eifrig er bemüht,
Mit Arbeit zu vergelten, was der Hof
Ihm gastlich bot; er half behend und schnell
An jedem Werk, besonders hielt er sich
Den Mädchen zugesellt, und gern auch, schien's,
Erfreuten diese seines Beistand's sich.
Erloschen aber war in seinem Aug'
Jedwede Furcht, die Cendriks Unblick ihm
Zuerst geweckt, und willig schritt allein
Mit jenem oft durch Feld und Stein er fort.
Sie sprachen nicht, denn ihnen auch gebrach
Das gleiche Wort, doch war's von Tag zu Tag,
Als wachse zwischen ihnen ein Verständniß,
Das nicht des Laut's bedurfte, nur der Hand,
Die deutend wies, der Stirn, die fragend sich
Aufhob und nickend oder schüttelnd sprach.
Ein Wort allein klang durch den Lippensaum
Der perlenweißen Zähne, Cendriks Ohr
Verständlich: „Espanol!" Ein Spanier war
Der Fremdling — eine Woche ging, da kam
Durch einen Schiffer, den Fischzug zum Nord
Geführt, aus Faira's Süd' die Botschaft auch
Vom Untergang des Orlogschiffs, und wie
Die fremden Gäste dort der Heimkehr harrten —
So war dies stumme Räthsel auch gelöst,

Doch blieb ein andres, das dem Tag sich barg. —
Allnächtlich kam der Traum in Folkma's Kammer:
Dann saß sie windumspielt am Uferstein,
Nacht war's, doch flammend stand der Sonnenball,
Den Sommer kündend, ob dem Rand der See.
Geblendet ward ihr Aug' vom Purpurlicht
Und schaute nichts, nur leis' und warm empfand
Sie eine Hand in ihrer ruhn. Da kam's
Vom Grund des Meeres, weiß und schwarz zugleich,
So schlug ein Wogenkamm auf sie herein.
Er deckte quirlend sie mit sprüh'udem Gischt
Und riß die Hand aus ihrer. Eisesfrost
Durchschnitt ihr Mark; die Sonne losch; sie griff
Mit blinder Angst umher, doch rings in Nacht
Und leere Luft. Ein irrer Schrei errang
Sich der gefangenen Seele Folterqual.
Und von dem Schrei geweckt, fuhr sie vom Schlaf.

Dann kam der Tag, der Traum mit wachem Blick,
Und Alles war wie sonst, war besser noch
Als es gewesen. Denn, wie nie zuvor,
Bot freundlich Cendrik jetzt zum Morgengruß
Die Hand ihr stets, von seinen Lippen klang
Das alte Wort aus Kinderzeit sie an,
Vertraut und scherzend, nur durchrann kein Puls
Mit hastigem Schlag die Hand, nur ging der Blick
Bei seinem Wort an ihre Stirn vorbei.
Doch lag ein Glanz darin, als ob das Blau
Des Sommerhimmels in ihm eingekehrt;
Ein traumhaft Weben auch, doch leuchtend nur
Aus goldnen Fäden Wanaheims gewirkt.

Stumm wie zuvor noch saß der junge Gast
Am Tisch des Hauses. Jeder sah ihn gern,
Und oft verstohlen hob das Angesicht
Der Mädchen sich zu seinem dunklen Haupt.
Doch fremd blieb ihnen seine Sprache, fremd
Für ihn die ihre; keine Brücke schlug
Der Tage Gang hinüber. Cendrik nur
Verstand ihn wundersam auch ohne Wort
Und ohne Zeichen selbst. Ein Räthsel fast
Erschien es oft, wie Jeder irrthumlos
Getreu des Andern stummen Wunsch begriff.
Ein Räthsel schien's auch Folkma lang, bis einst
Ihr Ohr nicht, doch ihr Blick die Sprache fand,
Die beide redeten. Sie sahn sich an,
Nur eines Herzschlag's Dauer, doch in ihm
Hob aus der Augen Tiefe sich ein Licht,

Ein Doppelstrahl und faßte sich und rann
Zusammen in ein webend Wellenspiel
Von blauem Glanz und braunem Sterngeleucht,
Wie spät im Herbste durch verschwiegene Nacht
Die See geheime Wunderfunken sprüht.
Drin lag ein Klang, der nicht des Ohr's bedurft,
Ihn zu vernehmen, eine Sprache, reich
An jedem Ausdruck, jeder Frag' und Antwort,
Und so verstanden lautlos beide sich.

Und täglich mehr erfüllte sich fortan,
Mit reger Sorge Cendriks Sinnen für
Des Gastes Wohlergehn. Die Kammer, drin
Bisher der Jüngling sich zum Schlaf gelegt,
Erschien dem Herrn des Hofs zu eng und dumpf,
Und in des Hauses beste Stube trug
Er selbst ein Bett, ein Vätererbstück, schön
Aus Eichenholz geschnitzt, als Brautbett einst
Dem Ahnherrn zugebracht. Die Truhe hieß
Er Folkma öffnen, drinnen unberührt
Der Mütter feiner Linnenschatz bewahrt,
Und mit dem Besten, was die Lade barg,
Ruhstatt und Stube rüsten. Schweigend, wie's
für eine Magd sich ziemt, gehorchte sie,
Doch als der Abend kam, traf draußen sie
Den Fremdling an und faßte seinen Arm
Und zog ihn mit sich, wo am Strand der Bucht
Die Böte lagen. Dort auf einen Kahn
Hindeutend, sprach: „Espana" sie und hob
Gen Süd die Hand und wies den Meeresweg,
Der zu den Seinen den verschlagenen Gast
heimführen würd'. Ein Ruder hebend, gab
Sie redend Zeichen, daß sie selbst bereit,
Ihn zu geleiten; sichtbar auch verstand
Der Spanier sie, doch schüttelte nur stumm
Er seine Stirn, daran ein flüchtig Roth
Das schwarze Haar umflog. Dann ging er rasch
Im derben Schifferwamms, drin ihn die See
Ans Ufer warf und das bis heut, selbst Nachts,
Er niemals abgelegt, zum Hof zurück.

Gesenkten Hauptes schritt ihm Folkma nach,
In ihre Kammer trat sie und enthob
Vom Truhengrunde weiß entschälten Stab
Aus Eschenholz. Mit blassem Antlitz, ernst
Sah Sie zum Himmel, zitternd hastig dann
Schnitt alten Runenzauber ihre Hand

2*

In's weiße Holz; seltsame Zeichen nur,
Doch sprachen sie das Lied, das Gerda sang,
Als angstvoll sie nach Odins Zauber griff:

> Wie ich ritze das Runenzeichen,
> Verbiete ich, banne ich
> Mannesgesellschaft der Maid,
> Mannesgemeinschaft.

> Wie ich ritze das Runenzeichen,
> Mit ihm entzieh' ich bösen Zauber;
> Heil hegt der Stab, Unheil hegt er,
> Heimdall hütet's.

Nun hielt das Eschenholz sie im Gewand
Und an des jungen Gastes neue Wohnstätt'
Schritt lauschend sie hinan. Leer war der Raum,
Sie trat hinein. Verbarg mit rascher Hand
Im Meerestang des Bettes unter'm Flaum
Der Eiderente tief den Stab und floh
Verhaltenen Odems an's Gestad' hinaus,
Wo ruhlos rauschend sich die Woge wälzte.

Doch ruhlos auch, als nun auf Cendriksburg
Das nächtige Dunkel lag, drin Alles schlief,
Warf Folkma Brust und Stirn. Es kam der Traum,
Doch ohne Laut, in dämmernd Licht gehüllt,
Gleich einer Wila zog er über's Meer.
Aus rinnend weißem Nebelschleier sah
Ein brauner Doppelstern; so kam's heran,
Ein räthselvoll Gebild. Nur stärker wuchs
Der Sterne Glanz; nun war's ein Doppelpfeil
Demantenen Strahls die Augen blendend — nun
Zwei schwarze Kohlen, die des Mundes Hauch
Zur Glut entfacht. Sie lohten flammend auf,
Wie Feuerkugeln, die vom Himmelsdach
Herniederstürzen, schossen sie heran
Mit Blitzeshast, gradaus, auf Folkmas Herz.
Und jetzt erreichten sie's; verbrannt, verkohlt,
Zerfloß in Rauch sein Blut. Ein Todesschmerz
Riß wilden Schrei aus Folkmas Brust, und starr,
Gelähmten Blicks fuhr sie empor.

   Dann war's
Ein Traum, wie jede Nacht ihn wechselnd schuf,
Doch lag der Dämmerschein noch um sie her,
Und draußen zog in weißer Lichtgestalt

Des Mondes schmaler Kahn. Aufhorchend hielt
Den Athem Folkma; schweigend lag das Haus,
Kein Ton, ein Schlaf wie Tod. Ihr Herz nur schlug

Und ihre Brust ging wogend, wie die See,
Wenn ausgetobt der Sturm. Sie fand nicht Ruh',
Es trieb sie fort; wohin, sie wußt' es nicht —
Davon. Doch als sie nun die Kammer ließ,
Zog's ihren Fuß lautlosen Gang's hinan
Zur Thür der Stube, drin dem Fremdling sie
Das Bett gerüstet. Lauschend preßte sich
Ihr Ohr, doch keines Schläfers Athemzug
Kam durch die Nacht. Nun hob fast unbewußt
Sich ihre Hand, die Thür ging auf, sie stand
Und starrte, tastete — das Bett war leer
Und unberührt.
    Die Sommernacht umfing
Mit tiefer Schlafesstille Faira's Strand.
Gleich eines Mundes warmem Hauche rann
Der leise Wind, die Welle bog allein
Sich wie ein spielend Kind am Ufer auf
Und glitt, mit Muscheln tändelnd, still zurück.
Den Himmelsraum durchschwamm des Mondes Kahn
Und streute flimmernd Licht, und Schatten fiel;
Doch blickte nicht mit Herrscherstolz er noch
Vom Thron der Nacht, und Stern an Stern zog hell
Ein funkelnd Diadem um seinen Glanz.

Von ihm umspielt, schritt Folkma nun im Traum
Hin am Gestad; gleich wie im Doppeltraum
Des wachen Blick's und schlafbefangenen Lid's.
Die Welle sang das alte Kinderlied
Ihr um die heiße Stirn; geschlossenen Aug's
Ging horchend sie, dann flog die Wimper auf
Und weiter glitt ihr Fuß' den schmalen Pfad
Des Uferrand's entlang. Kein Laut auch hier,
Als nur des Meeres summend gleiches Murr'n
Und nur das Klopfen aus der eignen Brust.
Was will's? Was treibt mit stetem Hammerschlag
Drin auf und ab? Du traumbethörtes Ding,
Gieb Rast, gieb Ruh'!
    Da plötzlich hielt, als ob
Gehorchend dem Gebot er folg', der Schlag
Des Hammers stockend an. Ein Lippenton
Durchklang die Nacht, ein fremdes Wort, noch nie
An Folkma's Ohr gelangt, doch kannte sie
Die Stimme, die es sprach, doch sprach der Klang

Ihr seine Deutung, gleich als ob es ihr
Von Kindheit auf vertraut. Sie stand und sah,
Woher es scholl. Ihr Blick gewahrte nichts
Als Fels und See, kein Leben rund umher.
Nur dort, wo das Geklüft zur Woge fiel,
Dort regte sich ein Etwas, wesenlos,
Ein Schattenspiel; des Mondes Zitterglanz
Warf's, zwei Phantomen gleichend, auf's Gestein.
Mit starrer Wimper blickte Folkma drauf;
Nun wieder Alles stumm und regungslos —
Doch nun — da hob ein Schattenarm sich auf —
Noch einmal selig klang das fremde Wort
Aus Cendriks Mund, und plötzlich lautlos sank
Der eine Schatten an des anderen Brust.

* * *

Da, wie am Fels die weißgepeitschte See
In Gischt zum Himmel loht, schießt gährend Blut
Hinauf in Folkma's Hirn. Es füllt den Blick
Mit dichtem Netzgeflecht, ihr Denken lischt,
Und gleich dem Vogel, der vom Wanderzug
Des Schwarms versprengt, dem dunklen Antrieb nach
Gradaus im Nebel irrt, so schwebt ihr Fuß
Weglos landein, gradaus vom Nord zum Süd'.
Sie klimmt den Fels hinan, und auf dem Grat,
Der schwindelnd fällt, wie furchtlos, ahnungslos
Nachtwandler schreiten, wandert sie dahin.
Der jähe Absturz weckt Besinnung nicht
In ihrer Brust; allnächtlich hat der Traum
Mit schlimmrer Schreckniß sie umstarrt, und Traum
Ist dies auch, draus sie zu erwachen ringt,
Am Ziel — dorthin! Zur Tiefe gleitet sie;
Vom Schlaf gestört, fährt aus dem Klippenhorst
Der Fischaar auf, und mächtigen Flügelschlags
Umfängt sein Grimm ihr Haar. Sie hört ihn nicht,
Auf's Neu schon klammert an der steilen Wand
Ihr Leib sich fest; die Alpengemse wagt
Nicht kühneren Aufstieg, nicht verweg'nern Sprung
Auf Nadelzacken durch Geklüft und Grau'n.
Noch geben flimmernd Mond und Sternenglanz
Ihr Weggeleit, doch schwimmt der Himmelskahn
Gen West hinab und taucht nun in die See.
Nacht wird's, sie rastet nicht, denn rastlos treibt
Des Herzens wilder Schlag den Fuß; es pocht
Von der Walkyren trotzig altem Blut
Ein Tropfen drin und stählt mit Zauberglut
Des Weibes schwanke Kraft. Grau kommt der Tag,
Und braunes Moor nun dehnt der Thalgrund aus;

Sie muß hindurch, die nasse Menschenspur
Im seufzenden Gequirl. Dermodert strickt
Der Wurzeln knorriges Geflecht sich ihr
Zum Knie hinan und zerrt den Fuß herab,
Der Kiebitz flattert kreischend über ihr,
Und hochgestelzt zur Seite wendet kaum
Den krummgezogenen Hals der Reiher vor
Dem fremden Mitbewohner seines Reichs.
Hindurch! Sie will's, sie muß — denn jenseits liegt
Ihr traumerhelltes Ziel. Da breitet sich
Gewundene Bucht ihr hemmend in den Weg.
Sie steht, doch sinnt nicht, zaudert nicht; ein Ruck
Streift ihr Gewand herab, sie hält's empor
Auf ihrem Nacken, albengleich, vom Gold
Des Haar's umflossen! taucht sie in die Flut.
Der Malstrom schlingt wie glatte Schlange sich
Um ihren weißen Leib, doch rudernd kämpft
Ihr Arm mit seiner Gier und ringt sich hart
Am Scheerenstrand empor. Entgegen walzt
Ihr neue Felsenwildniß Wand und Kluft —
Hinan, hinüber fliegt ihr Schatten jetzt
Mit ihr zugleich — zum Scheitelpunkte steigt
Der heiße Sonnenball, da bricht ein Laut,
Ein erster, von den Lippen Folkma's auf:
Vom Mittagsglanz umzittert, liegt das Ziel
Zu Füßen ihr, die Dächer am Gestad',
Das Faira's Südrand gürtet.
      Weit erkennt
Der Blick Hispaniens schwarzes Haargelock,
Das sich dem Blond der Dorfbewohner mischt.
Die Schiffbruchsgäste sind noch dort; sie harr'n
Auf günstigen Wind, der sie im leichten Boot
Gen Hitland trägt, um dort ein Handelsschiff
Zur Heimkehr zu erspähn. Doch zögern sie
Von Tag zu Tag, denn der Gedanke schreckt
An König Philipps droh'ndes Angesicht,
Und Manchen hält ein Mädchenantlitz, das
Nicht finster blickt, an Faira's Küste fest,
Drauf sie als Gäste, doch fast mehr als Herrn
Des Eilands schalten.
     Hurtig drängen nun
Im Kreis sie um die Fremde, die aus Nord
Vom Berg herabeilt; staunend sagt ihr Blick:
Es ist die Schönste, die sie noch gewahrt.
Wer ist es und woher? Mit hastigem Wort
Spricht Folkma laut sie an, besinnt sich erst
Bei ihrer Köpfe Schütteln, daß auch sie
Die Worte nicht verstehn, sucht eifrig drauf

Durch Zeichen sich zu helfen, doch umsonst,
Bis ihr der alte Dolmetsch hilft. Da spricht
Mit seinem Beistand sie und weiter dann
Durch des Wallonen Mund, woher sie kommt,
Und daß auf Cendrifsburg ein spanisch Weib
Un's Land geworfen und dort mit Gewalt
Zurückgehalten sei, das habe sie
In seiner Noth um Hilfe her entsandt.

(Schluß folgt.)

Die Bedeutung des Leids.

Von
Eduard von Hartmann.
— Berlin —

1. Die natürliche Bedeutung des Leids.

Wenn man sich die Frage vorlegt, welchen Einfluß das Leid auf das Gemüth und den Charakter der Menschen habe, so zeigt sich sofort, daß dieser Einfluß wesentlich dadurch bestimmt ist, wie der Mensch das Leid betrachtet und welche Bedeutung er ihm beimißt. So lange der Mensch das Leid ohne alle Reflexion aufnimmt, kann von einer Rückwirkung desselben auf Gemüth und Charakter überhaupt nicht wohl die Rede sein; das Leid wird als Schmerz empfunden, so lange es gegenwärtig ist, und wird vergessen, sobald es vergangen ist. Seine Rückwirkung beschränkt sich dann auf das Hervorrufen von Versuchen zur Abwehr, wenn die Ursache des Leids erkennbar ist oder scheint; bei einem gewissen Grade von Intelligenz können sich diese Abwehrversuche über die Dauer des Schmerzes hinaus erstrecken und auf Verhütung seiner Wiederkehr abzielen. Hier eröffnet sich also bereits die Perspective einer Rückwirkung des Leids auf die Intelligenz; indem das Leid dazu anspornt, die Ursachen zu erkennen, zu beseitigen, oder ihrer Wiederkehr vorzubeugen, übt und stärkt es den Verstand und führt denselben zu weiterer Entfaltung.

Dies alles können wir im Thierreich reiner beobachten als bei Menschen, weil selbst bei den rohesten Naturvölkern sich schon eine religiöse Reflexion über die innere Bedeutung des Leids einmischt. Schon bei den niedrigsten Wasserthieren sehen wir auf den Schmerz Abwehrversuche erfolgen, sei es, daß das Thier sich durch Contraction gegen den schmerzenden Reiz zu schützen, sei es, daß es sich durch Ortsveränderung ihm zu entziehen, sei es, daß es durch Benutzung seiner Waffen die Ursache des Schmerzes zu bekämpfen sucht. Nach überstandenem Leid sieht man auch nicht selten bei niederen Thieren eine nachträgliche Ortsveränderung eintreten, um sich der Wiederkehr der gemachten Erfahrung am nämlichen Orte zu entziehen. In dem Leben intelligenterer Thiere nehmen die Vorbeugungs= maßregeln gegen bestimmte ihnen drohende Arten von Leiden eine wachsende Bedeutung ein, und die gesammte theils instinctive, theils reflectirte Lebens= führung wird in ihrer Eigenthümlichkeit zum nicht geringen Theil durch diesen Bildungsfactor bestimmt. Bei den Thieren führt jedoch diese Steigerung der Intelligenz nicht wesentlich weiter, als daß die Art bestandfähig, beziehungs= weise concurrenzfähig bleibt; das Leid entfaltet also bei ihnen wohl einen fördernden Einfluß auf die Intelligenz der Gattung, aber nicht auf die des Individuums als solchen, denn sonst müßte dieser Einfluß auch über die Sicherung des Bestandes der Art hinaus sich geltend machen.

Letzteres ist erst bei der menschlichen Gattung der Fall, und zwar des= halb, weil hier die Bedürfnisse, die bei den Thieren constant bleiben, selbst veränderlich sind, nämlich eine gewisse Expansionskraft besitzen, welche sich mit der Erhöhung des Niveaus der Befriedigung in zunehmender Progression steigert. Wenn die Thiere dazu gelangt sind, einen solchen Schutz gegen Witterung (in der Wahl ihrer Lagerstatt oder dem Bau ihrer Wohnungen), gegen Hunger (in dem Erwerb der nöthigen Kraft, Schnelligkeit und Geschick= lichkeit zur Sicherung der Beute), gegen Feinde (in der Art ihrer Bewegungen, ihres Waffengebrauchs und ihrer Wohnplätze) und gegen den Verlust ihrer Jungen (in der Wahl ihrer Brutstätte und der Sicherung derselben) zu er= reichen, welcher den Bestand ihrer Art sicher stellt, so hört die Noth, welche die Individuen dann noch leiden müssen, auf, Lehrmeisterin zu sein und wird reflexionslos getragen, wie wenn die Reflexion ergeben hätte, daß eine Abwehr oder Vorbeugung gegen dieselbe schlechthin unmöglich sei. Wenn dagegen der Mensch nothdürftigen Schutz gegen Hunger, Witterung und Feinde erlangt hat, so spornen die auf diesem Niveau noch übrig bleibenden Leiden seine Intelligenz an, einen immer besseren Schutz aufzusuchen. Er will nicht nur heute und morgen Nahrung haben, sondern auch möglichst wohlschmeckende, für den Winter und alle Zukunft; so greift er zum Halten von Nahrungs= thieren und zum Anbau von Nährpflanzen; er will nicht blos nothdürftig, sondern möglichst gut gegen Frost und Hitze, Wind und Regen geschützt sein, so fährt er fort in Verbesserung seiner Kleidung und Wohnung; er will seinen Feinden nicht blos manchmal, sondern immer obsiegen, so läßt er nicht nach in Verbesserung seiner Waffen und in Steigerung der politischen Organisation.

Nun gelangt aber der Mensch zu der Ueberzeugung, daß sein Kampf gegen das Leid trotz aller Steigerung seiner Präventivmittel nur zum Theil erfolgreich ist, und weil das Bewußtsein der theilweisen Vergeblichkeit seines Kampfes seine Aufmerksamkeit auf das Leid als solches richtet, darum gelangt er dazu, über die Bedeutung des Leides zu reflectiren und nicht blos über die Mittel seiner Bekämpfung. Zunächst überträgt er das freundliche oder feindliche, wohlwollende oder übelwollende Verhalten eines Menschen gegen den andern auf die Mächte, denen er die Leitung des Naturlaufs zuschreibt; er glaubt, daß er das Mißlingen seines Strebens der feindseligen Stimmung oder Laune einer höheren Macht zuschreiben müsse und knüpft daran die Schlußfolgerung, daß er durch Bitten und Geschenke eine günstigere Stimmung oder Laune dieser Mächte erschmeicheln oder erkaufen müsse, ganz so wie er es gegenüber einem einflußreichen Menschen versuchen würde. Diese theurgischen Bemühungen bleiben also noch in gleicher Sphäre wie die irdischen Präventivmaßregeln, d. h. sie betreffen nur eine Entwicklung der Intelligenz, den Aufschwung derselben aus dem phänomenalen in das transscendente Gebiet; die Noth lehrt beten, wenn der Verstand sich vergeblich angestrengt hat, sie auf andere Weise zu überwinden. Erst wenn die übelwollende Stimmung der höheren Mächte auf eine ihnen von den Menschen widerfahrene Beleidigung zurückgeführt und diese Beleidigung auf die Mißachtung von religiös-sittlichen (d. h. nicht unmittelbar menschliches Wohl oder Weh betreffenden) Vorschriften bezogen wird, erst dann bekommt die hieraus entspringende Betrachtung des Leids eine Beziehung auf sittliche Schuld, und die Bemühungen, die höheren Mächte wieder günstig zu stimmen, die Bedeutung der Sühne. Sobald die Beleidigung des Gottes als Schuld verstanden wird, wandelt sich das von Gott verhängte Leid aus einem bloßen Act des Zorns oder der Rache in den Vollzug einer Strafe um. Bevor wir aber der Bedeutung näher treten, welche das Leid unter diesem Gesichtspunkt gewinnt, scheint es rathsam, zu erörtern, wie der Mensch sich zum Leid des Lebens stellt, wenn er sich weigert, den Sprung aus der phänomenalen Erklärung in die transscendente mitzumachen, wenn er vielmehr bei ersterer und ihrer Vervollständigung stehen bleibt, in der Ueberzeugung, daß gerade die fortschreitende Erkenntniß der phänomenalen Ursachen des Leids uns darüber belehrt, warum wir desselben nie vollständig Herr werden können. Der Verstand erkennt, daß ein großer Theil der Ursachen unseres Leids außerhalb der Machtsphäre unserer Wirksamkeit liegen, aber gerade deshalb ebenso wenig durch theurgische wie durch technische Bemühungen abzustellen sind; er erkennt ferner, daß die Ursachen unseres Leids nach unabänderlichen Naturgesetzen wirken, und daß deshalb der Versuch, dieselben theurgisch zu beeinflussen, auch dann fruchtlos sein muß, wenn die höheren Mächte richtig erkannt werden, die den etwaigen transscendenten Grund dieser phänomenalen Gesetzmäßigkeit bilden mögen.

2. Die rationalistische Bedeutung des Leids.

Wenn der Mensch das Leid als gesetzmäßiges Ergebniß natürlicher Ursachen betrachtet und eine theurgische Beeinflussung desselben ebenso wie eine moralische Bedeutung desselben als mit dieser Gesetzmäßigkeit unverträglich zurückweist, so bleibt ihm nichts übrig, als sich durch Reflexion in das nämliche Verhältniß zu dem unaufhebbaren Leide zurückzuversetzen, welches die Thiere schon ohne Reflexion inne haben, d. h. an das vergangene und zukünftige Leid gar nicht zu denken und das gegenwärtige ruhig über sich ergehen zu lassen. Gegenwärtiges Leid, an dem man nichts ändern kann, muß man so wie so tragen, mag man geduldig still halten, oder mag man sich ungeduldig sträuben, sich unwillig ereifern, sich mißmuthig beklagen; im ersteren Fall trägt man das Leid als solches allein, im letzteren Fall trägt man außer dem Leid auch noch die Unlust seiner zwecklosen Ungeduld, seines vergeblichen Sträubens, seines nutzlosen Unwillens und Mißmuths. Ein eingefangener kluger Vogel bewegt sich in seinem Käfig, so wie derselbe es eben gestattet; ein dummer Vogel fliegt mit dem Kopf gegen die Gitter und stößt sich blutig. Das vergangene Leid hat keine Wirklichkeit mehr, ist für die wirkliche Empfindung des actuellen Bewußtseins so, als ob es nie gewesen wäre; es ist also noch thörichter, sich um überstandenes Leid zu ärgern und zu betrüben, als um gegenwärtiges. Das zukünftige Leid ist noch nicht, auch ist sein Eintritt niemals mit voller Sicherheit vorher zu wissen; wenn es eintritt, muß man es tragen, aber außer diesem Schmerz sich noch die Furcht vor der ungewissen Zukunft auferlegen, heißt sich selber unnütze Unlust bereiten. Das allein weise Verhalten gegenüber dem unaufhebbaren Leid ist also: kein Bedauern und keine Reue über Vergangenes, keine Sorge und Furcht vor Zukünftigem, und keine Ungeduld und keinen Mißmuth über Gegenwärtiges!

Diese Grundsätze sind dem Epicureïsmus und Stoicismus gemeinsam, welche zusammen die religionslose praktische Philosophie des Alterthums ausmachen und das Leid als bloßes Ergebniß natürlicher Gesetzmäßigkeit betrachten. Beide fordern Gleichmuth und Geduld, nur betont der erstere mehr die innere Heiterkeit des Gemüths, der letztere mehr die Würde des sittlichen Bewußtseins, als positives Gegengewicht gegen das zu erduldende Leid. Erstere Forderung hat überwiegenden praktischen Werth für Menschen von eukolischem Temperament und von optimistischer Weltanschauung, letztere für Dyskolische und Pessimisten; beide sind aber, recht verstanden, richtige Forderungen für jede Art von Gemüthsanlage und Geistesrichtung. Es ist weise, so lange man lebt, mit innerer Heiterkeit des Gemüths zu leben, und Alles aufzusuchen und sich vorzuhalten, was dieselbe zu fördern geeignet ist, sei dies nun im besonderen Falle der Glaube an ein Ueberwiegen der Lust des Lebens über seine Unlust, sei es das befriedigende Bewußtsein des nützlich verwandten Lebens. Es ist ebenfalls weise, sich gegen das Leid zu wappnen mit dem Bewußtsein, daß auch das schlimmste Uebel darum noch nichts Böses ist, daß der allein maßgebende, d. h. der sittliche Werth der Persönlichkeit durch die schwersten Leiden nicht alterirt wird, und daß deshalb dem innersten Kern des Menschen kein Leid etwas anhaben kann. Das allezeit fröhliche Herz des Epikureers läßt sich ganz wohl mit der stolzen Selbstbehauptung des

Stoikers vereinigen; nicht in diesem ihrem Verhalten zum Leid liegt ein
wesentlicher Unterschied beider Standpunkte, sondern in ihrer Stellung zur
Sittlichkeit. Beide sind sich bewußt, durch Beseitigung der zwecklosen subjectiven
Beimischungen und Steigerungen des objectiv begründeten Schmerzes dem
Menschen ein wesentlich günstigeres Niveau zur Bewahrung seiner heiteren
Seelenruhe geschaffen zu haben; beide erklären den Selbstmord für berechtigt
in solchen Ausnahmefällen, wo das Leid den Menschen allzuschwer bedrückt.
Der Epikureïsmus ist optimistisch in der Hoffnung, daß ein weise geführtes
Leben im Durchschnitt einen Lustüberschuß ergeben werde; der Stoicismus
hingegen überspannt das sittliche Bewußtsein bis zu dem Grade, das Leid für etwas,
was den Menschen eigentlich gar nicht angeht, für gleichgiltig in jeder Hinsicht zu
erklären, weil es für den sittlichen Werth des Menschen gleichgiltig sei. Beide
wagten noch nicht, dem Pessimismus in's Auge zu sehen und flüchteten der eine in
die Unwahrheit des Optimismus, der andere in die Unwahrheit der absoluten Gleich=
giltigkeit des Leids. Aber diese Unwahrheit tastet die Wahrheit in ihrer praktischen
Stellungnahme zum Leid nicht an, da sich die Ueberspannung der theoretischen
Principien praktisch ohnehin corrigirt. Die Vorschriften, welche sie über das
Verhalten zum Leid gemein haben, sind ohne Zweifel richtig, und diejenigen
welche bei ihnen verschieden lauten, ergänzen einander zur Wahrheit. Praktisch
stellt sich das Verhältniß so, daß der Epikureïsmus den Menschen nachdrücklich
von retrospectivem Bedauern und Reue, von Furcht und Sorge zu befreien
bemüht ist, über das reelle gegenwärtige Leid aber optimistisch hinweggleitet,
daß hingegen der Stoicismus vor Allem den schwereren Kampf mit dem
gegenwärtigen Leid aufnehmen und „das Unvermeidliche mit Würde tragen" lehrt.

Die Wahrheit dieser rationalistischen Stellungnahme zum Leid ist be=
stimmt, für immer als bleibende Errungenschaft des menschlichen Geschlechts
conservirt zu werden; was der Epikureïsmus geleistet, hat in dem englisch=
französisch=deutschen Rationalismus der letzten beiden Jahrhunderte seine
Fortsetzung und Steigerung erfahren, der Stoicismus aber ist nicht in
ähnlicher Weise in moderner Form nachgebildet, und deshalb ist gerade der
Rückgang auf die Quellen des Stoicismus noch immer höchst empfehlenswerth
um sich zu überzeugen, was von diesem Standpunkt aus dem Leid gegenüber
zu leisten ist, was nicht. Die passive Duldung des Leids mit Ausmerzung
aller zwecklosen schmerzlichen Rückwirkungen desselben auf das Gemüth ist
nun aber doch nicht die volle Wahrheit, wie sehr man auch ihre Wahrheit
im relativen Sinne anerkennen mag. Dieser Rationalismus kommt dem Leid
gegenüber nicht über die bloße gleichmüthige Passivität hinaus; er ergiebt sich
in die Nothwendigkeit, aber er weiß auch gar nichts mit ihr anzufangen.
Dieser Mangel ist darin begründet, daß dem Leid jede sittliche Bedeutung
abgesprochen wird. Der Epikureïsmus besitzt an Stelle ächter Moral nur
eudämonistische Pseudomoral; der Stoicismus nimmt zwar den Anlauf zu
dem objectiven Moralprincip einer gesetzgebenden Weltvernunft, aber er zerstört
jede Beziehung zwischen Leid und Sittlichkeit, indem er ersteres für etwas

schlechthin Gleichgiltiges erklärt. Und in der That ist es für eine Weltanschauung, die in allem, also auch im Leid, den Ausfluß unabänderlicher Gesetze anerkennt, unmöglich, das Leid in eine unmittelbare Beziehung zur Sittlichkeit zu setzen, so lange nicht der providentielle oder teleologische Charakter dieser Gesetze anerkannt und dieser Gedanke in allen seinen Consequenzen durchgeführt ist. Hierzu aber ist aller Spinozismus, Naturalismus und Materialismus außer Stande, um wie viel mehr der metaphysisch so unklare und unreife Rationalismus der Epikureer und Stoiker.

Ohne Zweifel liegt in der Stellungnahme dieses Rationalismus zum Leid ein großer Fortschritt über die theurgischen Bestrebungen eines eudämonistischen religiös-sittlichen Bewußtseins, der große Fortschritt, an dem Verhängniß nicht mehr eigenmächtig zu rütteln, sondern sich mit Ergebung in dasselbe zu fügen; aber mit der eudämonistischen Theurgie zugleich zerstört dieser Rationalismus auch die Keime eines ächten religiös-sittlichen Bewußtseins, das zwar die Ergebung in das gottverhängte Geschick mit ihm theilt, aber zugleich das Leid als sittliche Aufgabe, als Material zur sittlichen Bethätigung und Entwickelung erfaßt. Wenn der Urmensch, wie das Thier, das Leid gedankenlos hinnimmt, der Mensch auf der eudämonistischen Stufe des religiös-sittlichen Bewußtseins es als einen Fluch oder Racheact seines Gottes betrachtet, wenn der Rationalist es für eine sittlich bedeutungslose Nothwendigkeit ansieht, so empfängt der Mensch auf einer höheren Stufe des religiös-sittlichen Bewußtseins es als eine Gnade von Gott und begreift den Segen des Leids. Dieser Fortschritt zu einer höheren Betrachtungsweise des Leids vollzieht sich natürlich in der Geschichte nicht ohne Rückfall in eine irrationelle Weltanschauung, und erst einer späteren Zeit konnte es vorbehalten bleiben, nach vollendeter rationalistischer Läuterung derselben den bleibenden Kern der einen mit dem der andern zu verschmelzen. Der antike Rationalismus mußte dem Christenthum weichen, doch nicht ohne durch allmähliche rationalistische Auflösung desselben seine Vergeltung zu üben; diese Auflösung muß aber die positiv werthvollen Bestandtheile respectiren, wenn sie dieselben auch durch veränderte metaphysische Voraussagungen umgestaltet und neu begründet.

3. Die theologische Bedeutung des Leids.

Wie wir schon oben sahen, gewinnt das Leid dadurch zuerst eine moralische Bedeutung, daß die übelwollende Stimmung des dasselbe verhängenden Gottes als Zorn gedeutet wird, der aus einer vom Menschen erlittenen Beleidigung entspringt; die Beleidigung kann aber nur in der Mißachtung seines Willens gesucht werden, welcher in den religiös-sittlichen Geboten sich kundgiebt. Das Leid erscheint also als eine Rache des Gottes für die Verletzung seiner Gesetze und die Rache wandelt mit dem Fortschritt des sittlichen Bewußtseins ihre Bedeutung mehr und mehr in die der Strafe um. Die Strafe erscheint zuerst als bloße gerechte Vergeltung, später aber drängt sich mehr und mehr

Die Bedeutung des Leids.   29

die pädagogische Bedeutung in den Vordergrund, und der strafende Gott erscheint im Lichte eines Erziehers, der da züchtigt, wen er lieb hat, weil der nicht gezüchtigte Mensch auch nicht erzogen wird (ὁ μὴ δαρεὶς ἄνθρωπος οὐ παιδεύεται - Menander). Diese Auffassung liegt um so näher, je patriarchalischer das ganze Verhältniß des Menschen zu Gott ist, je mehr der letztere unter dem Bilde eines himmlischen Stammvaters und Stammhäuptlings verehrt wird; sie erhält sich aber auch dann, wenn die alterthümliche Unterwerfung unter einen Patriarchen des Stammes aufhört, wofern nur an Stelle des patriarchalischen Verhältnisses von Mensch und Gott das Familiäre tritt. Die Ausbildung des letzteren im talmudischen Judenthum und seine Herübernahme in's Christenthum liefert die geschichtliche Voraussetzung für die Auffassung des Leids als eines Mittels der göttlichen Pädagogik, wie dieselbe in der christlichen Religion ihre Durchbildung erhalten hat. Eine Zeit, welche den Begriff der Erziehung wesentlich in dem der Züchtigung realisirt hat, welche keine andere Erziehungsmethode als die Strenge, und kein anderes Erziehungsmittel als die Strafe kannte, mußte es ganz plausibel finden, daß der Vater im Himmel mit seinen Kindern nach derselben Schablone verfuhr, die auch der irdische Hausvater anwandte, wenn er als tüchtiger Zuchtmeister gelten wollte. Seitdem haben sich nun freilich die Ansichten über Erziehung geändert; wir suchen heute die Strafe auf das Brechen eigenwilliger Widersetzlichkeit gegen ausdrückliche Befehle einzuschränken und sind im Allgemeinen der Ansicht, daß Kinder, die nicht gerade bösartig veranlagt sind, mehr für Erziehungsfehler der sie beaufsichtigenden Personen als für eigene Verschuldung gestraft werden, und daß das Ideal der Erziehung nicht in der Züchtigung, sondern in der Entbehrlichmachung derselben zu suchen ist. Eine so veränderte Ansicht über die Aufgaben der Erziehung entzieht der jüdischchristlichen Auffassung des Leids als göttlichen Zuchtmittels in der Hauptsache den Boden; mindestens fordert sie eine radicale Umgestaltung des ihr zu Grunde liegenden Gedankens. Die kritische Beleuchtung dieser jüdischchristlichen Auffassung scheint aber nicht überflüssig zu sein, da dieselbe heute noch von allen Kanzeln gepredigt und in allen Schulen gelehrt wird, also in unserem Volksbewußtsein als lebendig wirkende Macht sich bethätigt.

Ein naives religiöses Bewußtsein überspringt überall die Verbindungsglieder, durch welche die empirischen Erscheinungen mit Gott als ihrem absoluten Grunde verknüpft sind; wie es Blitz, Donner und Regen unmittelbar aus Gottes Hand hervorgehen läßt, so reflectirt es auch nicht auf die Vermittelung, durch welche das menschliche Leid mit dem göttlichen Zorn in Beziehung zu setzen sei, sondern begnügt sich mit dieser einfachen Causalbeziehung, die um so moralisch bedeutungsvoller erscheint, je directer sie ist. Aber diese gänzliche Abweisung der Reflexion läßt sich doch nur in einem primitiven Culturzustand durchsetzen, während mit steigender Bildung die natürliche Vermittelung bei einem immer größeren Theile der gegebenen Leiden sich der Reflexion aufdrängt. Diese Vermittelung kann entweder eine solche durch Naturgesetze, oder eine durch den menschlichen Willen sein; im ersteren Falle handelt es sich um natürliche Folgen schuldbarer Handlungen, welche für das menschliche Bewußtsein den Charakter der Strafe aufweisen, im letzteren Fall um staatliche oder gesellschaftliche Strafen, welche dem religiösen Bewußtsein indirect zugleich als göttliche Strafen erscheinen. Nur bei Leiden, welche keinem dieser Fälle zu unterstellen sind, behält das religiöse Bewußtsein die vorläufige Freiheit, sie als unmittelbare Strafen Gottes anzusehen, bis eine fortschreitende Verstandesbildung auch hier eine natürliche, nur noch viel complicirtere Vermittelung erkennen läßt.

Wenn man sich über den pädagogischen Werth göttlicher Strafen klar werden will, so thut man jedenfalls gut, die Untersuchung zunächst bei den beiden ersten Klassen von Strafen anzustellen, wo die Art der Vermittelung zu Tage liegt, und dann erst jenen Rest der Leiden in's Auge zu fassen, der nicht unter die genannten Gesichtspunkte fällt. Die Hauptfrage ist immer, ob die jeweilig betrachtete Klasse von Leiden, selbst wenn sie dem Bewußtsein des Leidenden als Strafe erscheint, pädagogischen Werth hat, d. h. moralische Besserung herbeizuführen geeignet ist, die Nebenfrage, wie groß die Garantie, daß die betreffende Klasse von Leiden den Betroffenen auch wirklich als Strafe für bewußte Vergehen erscheint.

Eine sehr geringe moralische Bedeutung haben zunächst die sogenannten natürlichen Strafen, d. h. die schmerzlichen Reactionen der Natur auf unnatürliches und unvernünftiges Verhalten. Wer sich durch Uebermaß von Speisen Verdauungsstörungen, durch Uebermaß des Trinkens Katzenjammer, durch unästhetische und unfruchtbare Befriedigung des Geschlechtstriebes Krankheiten zuzieht, der hat gegen hygieinische Vorschriften gefehlt, die vor und jenseits aller Moral liegen, und darf sich freilich nicht beklagen, wenn er an den natürlichen Folgen zu leiden hat. Solche Leiden machen aber auch nicht moralisch besser, sondern höchstens vorsichtiger; ja sogar, sie können eben so gut wie zum naturgemäßen Verhalten auch zu einem Raffinement führen, welches den schädlichen Folgen vorzubeugen sucht, ohne von der Ueppigkeit etwas zu opfern (man denke an das Erbrechen der Römer nach ihren Schwelgereien und Aehnliches). Wer nur um der Folgen willen die Verletzung vernünftiger diätetischer Vorschriften scheut, der wird stets bereit sein, diese Vorschriften zu umgehen, wo er es ohne Nachtheil zu können meint; wo der gesunde Instinct aufgehört hat, ein zuverlässiger Leitstern zu sein, da bürgt nur ein in sich gegründetes sittliches Bewußtsein für eine naturgemäße Lebensweise, dieses thut es aber auch, ganz abgesehen von den schmerzlichen Folgen, welche mit ihrer Verletzung verknüpft sein mögen. Uebrigens hängt das Uebermaß, welches die Natur rächt, sehr von der Individualität und Gewohnheit ab; daher konnte der Pfarrer auf die Frage des Bauern, wie viel Maß Bier man ohne Unmäßigkeit trinken dürfe, mit gutem Recht antworten: „wer da eins verträgt, der trinke eins, wer da zwei verträgt, der trinke zwei, wer aber drei verträgt, der trinke drei, — ich z. B., ich vertrage dreizehn".

Nicht günstiger wird das Ergebniß lauten, wenn wir diejenigen Leiden betrachten, welche Staat und Gesellschaft ausdrücklich als Strafe verhängen über die, welche ihre Satzungen mißachten. In dieser Art von Leiden ist die Bedingung einer ausdrücklichen Declaration derselben als Strafen für bestimmte Vergehen erfüllt, dagegen bleibt es bei denselben immerhin zweifelhaft, ob sie als Strafen Gottes, wenn auch nur mittelbar durch Menschenhand, anzusehen seien; denn es ist wohl zu beachten, daß die naive Zurückführung selbst der menschlichen Gesetze auf den Willen Gottes im Bewußtsein moderner Völker im Absterben ist, während die speculative Zurückführung derselben auf den Willen Gottes durch seine Entfaltung in der Geschichte den zur Auflehnung Geneigten so fern liegt, daß letztere in den Gesetzen und der gesetzlichen Strafe immer mehr bloßes Menschenwerk werden sehen wollen. Dadurch wird aber die Rechtsfrage zu einer bloßen Machtfrage degradirt; der Große, Mächtige und Starke bietet durch seine Macht, der Schwache durch seine List den Gesetzen Trotz, und ereilt ihn die Strafe des Gesetzes, so muß er zwar seine Macht oder List als in diesem Falle überwunden anerkennen, aber er kann sehr wohl daraus sich allein die Lehre ziehen, künftig seine Macht und List besser zu Rathe zu halten, um nicht wieder überwältigt oder entdeckt zu werden.

Es ist freilich auch möglich, daß er die Macht des Gesetzes als die entschieden größere anerkennt, und es als thöricht einsieht, dieser Macht widerstehen zu wollen; dann kann eine Besserung im Vorsatze eintreten, wenn dieselbe sich auch zunächst nur auf die äußere Legalität des Verhaltens erstreckt. Die gesetzliche Strafe kann also das Gute haben, daß sie den aus herrischem Eigenwillen, aus trotziger Unbotmäßigkeit zum Verbrecher Gewordenen von der Verkehrtheit seines eigennützigen Strebens überzeugt, daß sie den verlehrten Stolz der Selbstherrlichkeit, den hochmüthigen Trotz der Gesetzlosigkeit in ihm bricht und den Gedanken die Bahn frei macht, daß es klüger sei, ein neues, dem übermächtigen Gesetz angepaßtes Leben zu beginnen. Solche heilsame Wirksamkeit der Strafe mag zu Zeiten, wo das Gesetz noch auf schwachen Füßen stand, z. B. bei aufständischen Vasallen, Raubrittern und Räuberhauptleuten, öfters stattgefunden haben; bei heutigen geordneten Zuständen, wo die Macht und die Wachsamkeit des Gesetzes außer Zweifel steht, bedarf es solcher Belehrungen kaum noch.

Wer sich heute einem Conflict mit dem Gesetze aussetzt, thut es entweder aus Unbedachtsamkeit, oder aus verzweifelter Noth, oder aus Gleichgiltigkeit gegen die Strafe. Nur auf die erste dieser drei Klassen kann die Strafe eine bessernde Wirkung haben, vorausgesetzt daß der Mangel an Vorbedacht nicht aus besinnungraubender Leidenschaft, sondern aus gedankenlosem Leichtsinn, aus sträflicher Fahrlässigkeit der Ueberlegung entsprang. Dem Leichtsinnigen wird durch die Strafe eingeschärft, daß er im Wiederholungsfalle seine Gedanken besser zusammen nehmen und vor dem Handeln dessen Folgen sich vergegenwärtigen solle; die Leidenschaft hingegen, wenn sie, wie der Jähzorn, zu Rückfällen neigt, wird weit schwerer einer psychologischen Einwirkung der Strafe Raum geben. Die Verbrechen aus Uebereilung und Unbedachtsamkeit liefern aber auch nur einen sehr kleinen Bruchtheil der Sträflinge. Größer ist schon die Zahl Derer, welche von bitterster Noth für sich oder die Ihrigen bedrängt, sich verzweifelnd dem Verbrechen in die Arme werfen, wohl wissend, wie klein die Chance ist, dadurch mehr als einen kurzen Aufschub des Verderbens zu erwirken. Diese Verbrecher leiden die Strafe lediglich als Consequenz ihrer gesetzlichen Androhung; der Versuch einer Besserung wäre bei ihnen überflüssig, sobald man sie der Noth entreißen könnte, er wäre bitterer Hohn, wenn man sie in ihrer verzweifelten Lage beläßt, oder in dieselbe zurückstößt. Aber auch die Quote der Verbrechen aus Noth ist geringfügig, gegen die überwiegende Zahl der Verbrechen aus Gleichgiltigkeit gegen die Strafe, bei denen also an eine Besserung schwer zu denken ist.

Hierher gehören alle in der Schule des Verbrechens Aufgewachsenen, im Zuchthaus als der hohen Schule des Verbrecherthums Ausgebildeten, insbesondere das starke Contingent der verschmitzten Schwachsinnigen, der erblich mit Verkommenheit oder Verderbtheit Behafteten, welche alle im Gefängniß nur die Ruhestationen einer in ruhmreichen Intervallen sich bewegenden Verbrecherlaufbahn sehen. Im Gefängniß ist die vermeintlich constatirte Besserung theils Heuchelei, theils Selbsttäuschung der Sträflinge; die einen suchen durch ihr correctes Verhalten kleine Vortheile in der Lebensweise oder Abkürzung ihrer Strafzeit zu erlangen, die anderen bilden sich wirklich in ihrem Mangel an Selbstkenntniß ein, daß sie das nächste Mal der Versuchung widerstehen werden, bis die Erfahrung sie dann später darüber belehrt, daß sie ihr doch erliegen, um so mehr als für den entlassenen Sträfling ein ehrlicher Lebensunterhalt weit schwerer zu gewinnen ist, als für den noch Unbescholtenen. Je menschlicher die Gefängnißeinrichtungen, je erträglicher die Leiden werden, welche die Strafhaft mit sich bringt, desto gleichgiltiger wird der Wechsel zwischen sorgloser Haft und sorgenvoller Freiheit, desto frecher werden die Verbrechen verübt im Bewußtsein dieser Gleichgiltigkeit, desto weniger ist die Strafe im Stande, auch nur hinsichtlich der äußeren Legalität eine Aenderung im Lebenswandel hervorzurufen. Die Rückfälligkeitsstatistik und die Acten der Vereine zum Schutz entlassener Sträflinge wissen beide davon zu erzählen, wie wenig die Strafe des Gesetzes den Zweck der Besserung erreicht.

Wäre die Besserung der alleinige oder auch nur der Hauptzweck der Strafgesetzgebung, so könnte man sagen, daß keine menschliche Einrichtung so sehr wie diese ihren Zweck verfehle; in der That geht aber auch ihr Zweck nicht auf die Verbrecher und deren Besserung, sondern auf die Unbescholtenen und ihre Abhaltung vom Verbrechen. Daß die Strafe wo möglich nebenbei auch bessernd auf die Verbrecher wirken möge, ist ein gewiß sehr natürlicher Wunsch, der durch Aenderungen im Gefängnißwesen vielleicht in höherem Grade als jetzt zur Verwirklichung gebracht werden kann, der aber in der Hauptsache immer unerfüllt bleiben muß, weil die Verstärkung der Versuchung für die entlassenen Sträflinge im Vergleich zu den Unbescholtenen nicht zu vermeiden ist. Die Strafe ist und bleibt ein brutaler Act der Selbstbehauptung der Gesellschaft gegen ihre Bedrohung durch den Eigenwillen, eine leider unvermeidliche und darum berechtigte Brutalität, von der man aber nur wünschen kann, daß sie mehr und mehr vermeidlich werden möge durch eine veränderte Organisation der Gesellschaft, welche die Versuchung zur Gesetzesverletzung abschwächt. Die wahre Förderung der Legalität durch die Strafgesetzgebung ist nicht in dem Vollzug der Strafe, sondern in ihrer Androhung zu suchen, und der Vollzug ist nur eine traurige Nothwendigkeit, mit deren Unterlassung die Androhung ihre Motivationskraft verlieren würde. Die Existenz der Strafgesetze und die Wachsamkeit und Macht der sie handhabenden Behörden wirken allerdings sehr vortheilhaft auf den Zustand der Legalität und dadurch indirect auch auf Förderung der Moralität; aber von dem Strafvollzug als solchem, von dem Leiden, das die Strafe für den Betroffenen mit sich bringt, kann man wohl nur in ausnahmsweisen Fällen einen heilsamen Einfluß behaupten.

Noch weniger günstig als bei den Strafen, die der Staat verhängt, möchte das Ergebniß der Untersuchung ausfallen in Betreff des heilsamen Einflusses der Strafen, welche die Gesellschaft verhängt. Alles, was gegen den Werth der ersteren gilt, bleibt auch für die letzteren giltig, aber es kommen noch weitere Bedenken hinzu. Der Gesellschaft fehlt es zwar nicht an einer Satzung, aber diese ist als Sitte doch höchst schwankend und kann den Vergleich mit der Präcision der Staatsgesetze nicht entfernt aushalten. Weit schwerer fällt in's Gewicht, daß es der Gesellschaft an ordnungsmäßigen Organen zur Feststellung des wirklichen Thatbestandes und zur Fällung des Urtheils, kurz an einem Gerichtshof und einer Gerichtsordnung gebricht, daß es in Folge dessen keine ordnungsmäßige Vertheidigung für den Verklagten, keine Appellation für den Verurtheilten giebt. Die Gesellschaft urtheilt oft nach den gewagtesten Indicienbeweisen, meist nur nach Hörensagen, und immer nach dem oberflächlichen Schein; das durch zufällige Umstände oder durch Verleumdung erregte Vorurtheil verblendet die Jury, und der Mangel eines geordneten Verfahrens macht den unschuldig Verurtheilten wehrlos und hilflos. Nicht wer Recht hat, behält Recht vor der Gesellschaft, sondern wer den Schwächen des Richtercollegiums am geschicktesten zu schmeicheln weiß, wer ihrer Urtheilslosigkeit zu imponiren, oder sie durch geschickte Machinationen zu berücken versteht. Von keinem Gerichtshof gilt in gleichem Grade wie von dem der Gesellschaft das Wort: die kleinen Diebe hängt man, vor den großen zieht man den Hut; keiner nimmt bei der schablonenhaften Beurtheilung der äußerlichen Legalität so wenig Rücksicht wie dieser auf die Individualität des Falles, auf die psychologische Motivation, auf mildernde Umstände, kurz auf den tieferen Hintergrund der Moralität. Endlich wirkt die Strafe der gesellschaftlichen Verfehmung ganz ungleichmäßig, je nachdem sie sich als reelle Einbuße durch Störung des Geschäfts oder Verkehrs, oder als blos ideelle Einbuße in der Meinung und Schätzung Anderer darstellt, je nachdem sie im letzteren Falle eine Individualität betrifft, welche von der Meinung Anderer in höherem oder geringerem Grade abhängig ist. Keine Strafe trifft häufiger den Unschuldigen, keine ist ungerechter vertheilt, keine der sittlichen Bedeutung des Vergehens weniger angepaßt, als die der Gesellschaft, keine kann deshalb auch weniger als diese auf sittliche Besserung wirken.

Alle Einflüsse, welche direct nur auf Förderung der Legalität, nicht der Moralität hinwirken, haben das gemeinsam, daß sie eben so sehr zur Umgehung als zur Befolgung des Gesetzes reizen; bei keinem ist dies aber mehr der Fall als bei dem Urtheil der Gesellschaft, weil dieses nur dem äußeren Scheine nach gefällt wird. Wer den Schein zu wahren versteht, der kann ruhig dem Urtheil der Gesellschaft trotzen, und wenn er neben der Wahrung des äußeren Scheins das Verbotene zu genießen versteht, so stellt ihn das in den Augen der Gesellschaft nicht tiefer, sondern geradezu höher. Der freigebige Schmeichler und Heuchler ist oben auf, wenn er auch noch so verruchten Lastern huldigt; die aus großmüthiger Hingebung gefallene Unschuld aber wird von der Verachtung der Gesellschaft zertreten und zermalmt. Aus allen diesen Gründen ist der Werth der Sitte ein sehr viel geringerer als der des Gesetzes, und sind die Leiden, welche die Gesellschaft auf Vergehen gegen die Sitte setzt, noch unendlich viel weniger dazu angethan, heilsam zu wirken, als die Strafen des Gesetzes.

Immerhin bleibt hier trotz aller Unproportionalität und häufigen Ungerechtigkeit der Strafe doch eine feste und zweifellose Beziehung zwischen Leid und Schuld (sei es wirklicher, sei es vermeintlicher Schuld), die bei anderen Leiden gänzlich fehlt, wenn sie für Strafen Gottes wegen vorhergehender Verfehlungen ausgegeben werden. Wenn wir so gesehen haben, daß schon diejenigen Leiden, bei denen der Charakter der Strafe außer Zweifel steht, den Zweck der Besserung wenig oder gar nicht erfüllen, so darf uns dies wohl vorsichtig machen bei der Aufsuchung des bessernden Einflusses solcher Leiden, bei denen eine vorausverkündete Beziehung auf bestimmte Vergehen fehlt.

Es ist nicht zu bestreiten, daß so lange, als der Glaube an die Bedeutung der Leiden als göttlicher Strafen besteht, der thatsächliche Eintritt von Leiden durch die vermeintliche Bewährung der göttlichen Strafgerechtigkeit die „Furcht Gottes" erhöhen und so indirect die Legalität des Handelns in ähnlicher Weise befördern kann, wie der Vollzug gesetzlicher Strafen. Insofern die Furcht vor der nach einer Gesetzesverletzung zu erwartenden göttlichen Strafe eine ganz unbestimmte nach Maß und Art der Strafe ist, wirkt dieselbe ähnlich wie die Furcht vor drakonischen Gesetzen und vor schrankenloser Richterwillkür; indem der Mensch nie weiß, welche und eine wie große Strafe für die kleinste Uebertretung oder größte Missethat ihn von Gott ereilen wird, wird der Gewissenhafte und Glaubensstarke in beständiger Angst erhalten, ob er nicht schon unwissentlich dem göttlichen Zorn verfallen sei, während der Gewissenlose und Zweifelnde es mit grosser Sünde ebenso wenig genau nimmt wie mit kleiner Uebertretung, vielmehr die grobe Gesetzesverletzung wegen des größeren Gewinnes vorzieht. Deshalb wirkt dieser Glaube quälend für den Guten, zu größeren Verbrechen ermunternd für den Bösen, und wenn er wahr wäre, könnte man den moralischen Nutzen einer so nebelhaften und unbestimmten Strafgerechtigkeit Gottes ebensowenig hoch anschlagen, als man Grund hat, sein Schwinden zu bedauern.

Macht die Theologie den Versuch, diesem Uebelstande dadurch abzuhelfen, daß sie eine Verschiedenheit der Strafe nach Maßgabe der Schuld behauptet, so zerstört sie damit unwillkürlich den Glauben an die Strafgerechtigkeit Gottes; denn dieser Glaube ist nur zu behaupten, wenn Art und Maß der Strafe völlig der richterlichen Willkür überlassen, also für den Menschen in undurchdringliches Dunkel gehüllt bleibt. Jeder Versuch, dieses Dunkel durch Aufstellung einer vernünftigen Proportionalität zwischen Schuld und Strafe zu lichten, tritt in so grellen Widerspruch mit der thatsächlichen Vertheilung der Leiden zwischen „Gerechten und Ungerechten", daß es unmöglich wird, die Leiden länger als göttliche Strafe anzusehen, und dieselben zu natürlichen Ereignissen herabsinken, wenn nicht das religiöse Gemüth es vorzieht, in das Dunkel des unerforschlichen göttlichen Rathschlusses zurückzuflüchten.

Hat sich einmal die Ueberzeugung Bahn gebrochen, daß auf Erden keine Proportionalität von Strafe und Schuld bestehe, so bietet sich als nächstliegender Ausweg dar, den göttlichen Strafvollzug aus dem Diesseits in das Jenseits zu verlegen, um die allzuscharfe Collision mit den Thatsachen der Wirklichkeit zu vermeiden. Diese Verlegung läßt nominell die irdischen Leiden als anticipirte Strafen des Jenseits bestehen; in Wahrheit streift sie den irdischen Leiden den Charakter der Strafe gänzlich ab, da sonst die Collision zwischen großem Leid und geringer Schuld ungelöst bleiben würde. Das heutige Volksbewußtsein duldet es wohl noch, wenn ein Prediger das Leid des Einzelnen als Folge seiner Schuld bezeichnet, aber es lehnt sich schon dagegen auf, wenn er einen allgemeinen Nothstand (z. B. die Hungersnoth einer Provinz) auf die Verschuldung der Betroffenen zurückführen will. Dies läßt erkennen, daß der Glaube an die Strafbedeutung der irdischen Leiden thatsächlich im Weichen begriffen und sein Aufhören nur ein Frage der Zeit ist. Der moderne Christ glaubt eben so wenig, daß Hiobs Leiden, der Meinung seiner falschen Freunde gemäß, die göttliche Strafe seiner Vergehen bilden, wie er glaubt, daß seine spätere Restitution in den Besitz neuer Weiber, Kinder und Heerden der göttliche Lohn seiner Standhaftigkeit ist.*)

---

*) Diese Schlußwendung muthet uns an wie das schlechte Verlegenheitsende eines tragisch angelegten Romans, und setzt einen Culturzustand voraus, in welchem Weiber und Kinder ebenso wie Rinder und Schafe nur nach der Stückzahl, nicht nach der Persönlichkeit geschätzt werden. Diese Schlußwendung ist gleichwohl typisch für das Verfahren optimistischer Theologen, welche von jeher den Menschen zugemuthet haben, einen äußeren Schadenersatz für ihr zertrümmertes Glück zugleich als innere Vergütung des erlittenen Leides gelten zu lassen.

Wenn aber der Glaube an die Strafbedeutung der Leiden im Volksbewußtsein (gleichviel ob mit Recht oder Unrecht) schwindet, so hört jedenfalls der indirecte Nutzen auf, den der Strafvollzug durch Bewährung der (wenn auch unbestimmten) Erwartung von Strafe haben könnte, und es kann dann den Leiden, gleichviel ob Gott sie als Strafen verhängt habe oder nicht, nur insofern noch ein heilsamer Einfluß beigemessen werden, als sie unabhängig von ihrer etwaigen Bedeutung als Strafe einen solchen besitzen.

Hier bietet sich nun der anderweitige Begriff der Prüfung dar, welcher schon früh hervorgezogen worden ist, um die klaffenden Lücken der ersteren Theorie zu ergänzen. Der Herr, der Herz und Nieren prüfet, braucht dazu die Leiden als Prüfstein; er verhängt die Leiden als Prüfung über den Menschen, um sich zu vergewissern, ob der Mensch die Probe besteht, oder ob er ihr unterliegt. Die Gottesverächter und Gottesfeinde braucht Gott nicht zu prüfen, sondern gerade seine Getreuen stellt er auf die Probe der Trangsal, um das Maß ihrer Treue zu eruiren; gerade ihnen bereitet er die Versuchung des Abfalls von Gott, wenn sie in Folge unverdienter Leiden sich entweder ungerecht von ihm behandelt oder gar von ihm verlassen glauben. Es ist klar, daß dieser Begriff der göttlichen Prüfung in noch weit höherem Grade als der der göttlichen Strafe ein Rest aus einer primitiven Periode des religiösen Bewußtseins ist und höchstens mit den anthropopatischen Bestimmungen des göttlichen Zorns und der göttlichen Rache auf gleicher Stufe steht; denn dieser Begriff beruht auf den Voraussetzungen: erstens, daß die Gottestreue des Menschen lediglich auf den ihm durch Gott zugewandten persönlichen Vortheilen beruhe und mit dem Wegfall dieser Vortheile oder ihrer Verkehrung in's Gegentheil ihr Fundament verliere; zweitens, daß Gott des Experiments bedürfe, um die praktischen Lücken seiner Allwissenheit empirisch zu ergänzen; und drittens, daß eine unverdiente Mißhandlung seiner Getreuen durch Gott zur Befriedigung seiner Neugier moralisch unanstößig sei. Ein Gott, der das Verlangen des Gehorsams und der Treue immer auf Lohnverheißung gründet, darf sich nicht wundern, wenn er zur Disposition gestellt wird, sobald seine Verheißungen unerfüllt bleiben, gerade wie der Fetisch vom Neger Prügel bekommt, wenn er den verlangten Regen nicht gemacht hat; der Begriff der Prüfung stellt den Anspruch an den Menschen, sich über diese endämonistische Stufe des religiösen Bewußtseins zu erheben, während doch ihr wesentlicher Inhalt als Voraussetzung des Begriffes festgehalten wird, muthet ihm zu, sich von dem lohnvertheilenden Gott zu dem Gott zu erheben, der über Gute und Böse seine Sonne scheinen und über Gerechte und Ungerechte regnen läßt, während doch der Zwang zu dieser Erhebung durch einen diesem gesetzmäßigen Gottesbegriff widersprechenden Eingriff in das Einzelschicksal herbeigeführt werden soll. Eine Prüfung hat keinen Sinn, wo Gottes Allwissenheit das schon umspannt, was durch das Experiment erst herausgebracht werden soll: der Zustand der sittlichen Gesinnung und sittlichen Kräfte des Menschen. Wollte aber Gott dennoch

Die Bedeutung des Leids. 37

dem Menschen unverdiente Leiden auferlegen, blos um seine apriorische Kenntniß von ihrem sittlichen Werth in der Prüfung sich empirisch bewähren zu sehen, so würde der also mißhandelte Mensch darin mit vollem Recht eine brutale Lieblosigkeit sehen, welche auch für ihn die fernere Möglichkeit eines Liebesverhältnisses zu Gott abschneidet, gerade wie die Halm'sche Griseldis ihrem brutalalen Eheherrn die Treue kündigt, nachdem sie erkannt hat, daß alle die glorreich bestandenen Prüfungen ihr nur zum Zweck der Prüfung auferlegt waren.

Der theologische Begriff der Prüfung gewinnt nur dann einen haltbaren Sinn, wenn das „auf die Probe stellen" gänzlich aus ihm ausgeschieden wird und er in den andern Begriff der Erprobung umgewandelt wird. Unter dem Erproben der sittlichen Kräfte ist zu verstehen die Bethätigung der sittlichen Anlagen, durch welche der Mensch sich seiner Kräfte und des Maßes seiner Leistungsfähigkeit vergewissert und zugleich dieselben durch Uebung stärkt. Wenn die Prüfung ein Ergebniß für Gott liefern soll, so soll die Erprobung ein solches nur für den Menschen hervorbringen: nämlich gleichzeitig die Entfaltung seiner sittlichen Anlagen und das Selbstvertrauen in die erprobte sittliche Kraft. Soll die bewußtlose Unschuld zur selbstbewußten Tugend heranreifen, so muß sie unweigerlich durch den Kampf zwischen Versuchung und Pflichtgefühl hindurchgehen; nicht jede Versuchung braucht ein Leid zu sein, aber viele werden sich in Gestalt von Leiden darstellen müssen, und jedenfalls ist der Kampf selbst, der Zwiespalt der Begehrungen im eigenen Herzen leidvoll genug. Ferner ist es unvermeidlich, daß in vielen Fällen die sittliche Kraft sich der Versuchung nicht gewachsen zeigt, daß sie ihr erliegt und in das Leid des Bösen eintritt, sei es nun, daß der Mensch im Conflict mit der sittlichen Weltordnung sich verzehrt oder bis an sein natürliches Ende verharrt, sei es, daß er in neuen und schwereren Kämpfen das Böse überwindet und sich wieder zur Harmonie mit der sittlichen Weltordnung emporläutert (oder religiös ausgedrückt: die Versöhnung mit Gott und seinem Willen wiederfindet).

4. Die ethische Bedeutung des Leids.

Es giebt kein Leid, das nicht in diesem Sinne segensreich werden könnte, wenn der Mensch es als ein ihm zur ethischen Bearbeitung gegebenes Material erfaßt; dieser Satz ist ebenso wahr wie der andere, daß das Leid als solches nur in seltenen Ausnahmefällen einen ethisirenden Einfluß auf seine Träger üben wird, wenn derselbe es nicht activ als ein ihm zur Ethisirung gegebenes Naturproduct ergreift. Nicht in dem Leid als solchem wohnt die ethisirende Kraft, sondern in dem sittlichen Bewußtsein des Menschen; aber das Leid ist eine der vorzüglichsten Gelegenheiten zur realen Entfaltung, zur Stärkung, Läuterung und Veredelung der sittlichen Kraft so wie zur Vertiefung des sittlichen Bewußtseins.

Zunächst ist das Leid der Anlaß zur Uebung und Bewährung der Selbstverläugnung, d. h. der Verläugnung der Selbstsucht, worin das (an und für sich freilich noch nicht positive) Fundament aller ächten Sittlichkeit zu sehen ist. Die meisten Menschen mit sittlichem Streben wissen, daß Selbstverläugnung die erste Forderung der Moral ist, und haben auch wohl den guten Willen, ihre Selbstsucht zu überwinden, vielleicht gar den guten Glauben, es zu thun; der Eintritt des Leids aber belehrt sie durch die in ihnen unwillkürlich sich dagegen erhebende Reaction des Gemüths, daß sie bisher in weit höherem Grade oder weit ausschließlicher, als sie meinten, dem Naturtriebe, ihre Glückseligkeit anzustreben, nachgegeben haben, und daß ihnen noch viel, sehr viel zu thun übrig bleibt, um dem Ideal des eignen sittlichen Bewußtseins auch nur annähernd zu entsprechen. Was sie bisher mit Eifer und Wichtigkeit behandelt, die kleinen und kleinlichen Bestrebungen ihrer Selbstsucht, Eigenliebe, Vergnügungssucht und Laune, das wird durch den Eintritt eines ergreifenden Leids auf einmal in völlig veränderte Beleuchtung gerückt und erscheint nun dem beschämten Blick in der ganzen Nichtigkeit werthlosen Plunders; das so lange von oberflächlichen Interessen beherrschte Gemüth, welches in der Wichtigkeit, mit der seines Gleichen diese Dinge behandelte, die beste Entschuldigung gefunden hatte, mit dem Strome des weltlichen Treibens zu schwimmen und sich die Kritik des wahren Werths dieses Treibens fern zu halten, geht erschüttert in sich, greift in die Tiefe des eigenen Busens und findet nunmehr in den Idealen seines sittlichen Bewußtseins den wahren Maßstab, um die versäumte Kritik gründlich nachzuholen. Die Freuden, welche es aus den jeweiligen Befriedigungen solcher oberflächlicher und eitler Bestrebungen geschöpft hatte, verlieren ihren Reiz, nachdem der Abgrund des Lebens sich einmal vor den Füßen geöffnet, aber auch die Mißerfolge der Eitelkeit und Vergnügungssucht bleiben dem von solchen Bestrebungen sich Abwendenden erspart, so daß er selbst in eudämonologischer Hinsicht bei dieser Abwendung doch mehr gewinnt als verliert.

Wie das Leid das Nichtige in seiner Nichtigkeit, das Unwichtige in seiner Unwichtigkeit, und das beiden gewidmete Streben in seinem Unwerth enthüllt, so eröffnet es auf der andern Seite den Blick für den Werth des Bedrohten oder schon Verlorenen, der aus Gewohnheit und aus Einwiegung in eine falsche Sicherheit des Besitzes unterschätzt oder verkannt war, und macht zugleich klar, wie viel mehr man für die Sicherung und Pflege des Bedrohten und Verlorenen hätte thun können, wenn man sich nicht in fahrlässiger Gleichgiltigkeit hätte gehen lassen, und nicht von nichtigen oder relativ unwichtigen Interessen zu sehr präoccupirt gewesen wäre. Nun eröffnet das Leid auch die Einsicht, daß dieser fahrlässige Mangel an Sorgfalt für das wahrhaft Werthvolle zugleich eine Pflichtversäumniß einschloß, deren Vorwurf man im Glücke mit der Entrüstung des guten Gewissens zurückgewiesen haben würde; nun erwacht der Eifer, durch verdoppelte Sorgsamkeit den versäumten Pflichten besser gerecht zu werden, das Bedrohte zu retten, oder wenn das nicht mehr möglich ist, wenigstens das noch Verbliebene thunlichst zu sichern. So entsteht durch das Leid nicht blos in negativer Hinsicht Selbstverläugnung und Zurücksetzung der eignen Neigungen, Launen und Liebhabereien, sondern zugleich auch positiv eine ernstere Auffassung und Wahrnehmung der Lebenspflichten.

Ist das Leid ein solches, welches im Kreise der Familie liegt, so ist das Endergebniß eine willigere Unterordnung des Strebens nach eigener Glückseligkeit unter die Ansprüche der Familienpflichten; ist es eine öffentliche Calamität (z. B. ein Brand oder eine Ueberschwemmung in der Gemeinde, eine Hungersnoth oder Seuche in der Provinz), ein Kriegsunglück im Lande, so resultirt aus dem Leid eine willige Unterordnung der Selbstsucht des Einzelnen unter die Interessen der Gemeinde, der Provinz, des Vaterlandes. Wie ein Familienunglück den Familiensinn, so stärkt ein öffentliches Unglück den Gemeinsinn und Patriotismus; wie ersteres die Familienmitglieder zu ernsterer und tieferer Lebensanschauung führt, so letzteres die Völker zur Sammlung und sittlichen Erneuerung. Wie ersteres das festeste Band um die Familienmitglieder schlingt, so letzteres um die Gemeindegenossen und Landsleute; das Leid ist die wahre Schule der Liebe und des Nationalgefühls. Im Glücke neigt der Mensch allzusehr dazu, seinem instinctiven Triebe nach eigener Glückseligkeit nachzugehen und ihn höchstens Anstands halber mit einem moralischen Mäntelchen zu bekleiden; im Glück wandelt Jeder seinen eigenen egoistischen Weg und benutzt den Andern nur als Sprosse seiner Glücksleiter, als Handlanger seines Vergnügens, als Werkzeug seines Genusses. Erst das Unglück schließt wahrhaft Herz an Herz, erst das Leid weckt das Mitleid, erst die Bedürftigkeit des Leidenden lehrt ihn die Wohlthat uneigennütziger Hingebung verstehen und erschließt das Gefühl der Solidarität, den uneigennützigen Wunsch, das Empfangene dem Geber oder einem anderen Bedürftigen zu erwidern. Nichts ist ein festerer Kitt für zwei Menschen oder für ein Volk, als gemeinsam durchlebtes Leid und die Erinnerung an die durch dasselbe hervorgerufene, wahrhaft uneigennützige, gegenseitige Hingebung.

Kann der Mensch dem Menschen sein Leid nicht mehr abnehmen, so kann er es ihm doch noch lindern, so kann er es ihm doch tragen helfen, indem er ihm seine Theilnahme bezeigt, und selbst das hat schon hohen und großen Werth und schlingt ein engeres Band um die Herzen. Kann der Mensch sich soweit innerlich frei machen vom Leide, daß er seine Leistungsfähigkeit ungeschmälert hält, und seinen Lebenspflichten fortdauernd genügt, so liegt darin ein großer Gewinn im Vergleich zu einer Hingabe an den Schmerz, die zu Allem untüchtig und unfähig macht. Ist das Leid zu mächtig, um es durch bloße Willenskraft hinreichend zu überwinden, lähmt es durch seine Beschaffenheit selbst die menschliche Leistungsfähigkeit, wie z. B. Krankheit es thut, dann ist es Sache des Menschen, sich in der Ertragung dieses größeren Leides stark und geduldig zu machen, um künftig kleinere um so besser ertragen zu können, dann kommt also die zeitweilige Verminderung seiner sittlichen Leistungsfähigkeit einer dauernden Erhöhung derselben für die Zukunft zu Gute. Droht aber gar das Leid, die Lebenskraft gänzlich aufzureiben, so daß von einem Gewinn für die Zukunft des Leidenden nicht mehr die Rede sein kann, so ist die von demselben in Ertragung des Leides aufgewendete sittliche Energie darum doch nicht vergeudet, sondern kann tausendfältige Frucht tragen durch das Beispiel eines sittlich geadelten Martyriums, indem es die engere und weitere Umgebung eines solchen Dulders zur Nacheiferung reizt, zur Geduld und Standhaftigkeit in ihrem leichteren Leide ermahnt, und überhaupt zur sittlichen Einkehr und Vertiefung auffordert. Die Macht des Beispiels ist unter allen Mächten im Bereich der Sittlichkeit die größte; diese Macht des Beispiels tritt überall als sittliches Motiv hinzu, wo noch das Motiv der sittlichen Selbstförderung durch Bewältigung des Leides wirksam sein kann; sie wird zum alleinigen, aber um so wirksameren Motiv, wo jenes andere Motiv der sittlichen Selbstförderung die Grenze seiner Wirksamkeit erreicht hat. So giebt es denn kein Leid, sei es klein oder groß, leicht oder schwer, vorübergehend oder dauernd, lähmend oder tödtlich, aus dem nicht eine Quelle des reichsten Segens abzuleiten ist, wenn die sittliche Gesinnung es richtig anfängt.

Im Lichte des sittlichen Bewußtseins gewinnt nun auch die Reaction auf das Leid, wie es auf früheren Stufen besprochen wurde, ein verändertes Ansehen. Wenn der Mensch seine Kräfte und seine Intelligenz anstrengt, um dem Leid thunlichst vorzubeugen, oder wenn er die unnützen Nachempfindungen, Vorempfindungen und Nebenempfindungen des Leids in sich auszurotten sucht, so thut er beides nur, um sich selbst das Leid zu ersparen oder doch zu verringern, also aus einem berechtigten Egoismus. Wenn aber erst das Leid ihn zu einer sittlichen Weltanschauung emporgeläutert hat, so sucht er nicht mehr blos sein Leid, sondern auch fremdes zu lindern und vorbeugend abzuwehren, so erkennt er, daß die Steigerung seiner Kraft, Geschicklichkeit und Intelligenz im Kampf gegen das Leid nicht mehr blos im Dienste der Selbstsucht geschieht, sondern zugleich die Erfüllung seiner ethischen Bestimmung fördert, so begreift er, daß das gleichmüthige und geduldige Ertragen des Leids und die Wahrung der inneren Ruhe und Heiterkeit der Seele in den äußeren Stürmen des Lebens nicht mehr blos eine Forderung klug berechnender Selbstsucht, sondern zugleich eine Forderung wahrer Sittlichkeit bildet, indem solches Verhalten am geeignetsten ist, die sittliche Leistungsfähigkeit auf möglichster Höhe zu halten und nicht durch das Leid lähmen und deprimiren zu lassen.

So werden die positiven Errungenschaften des Menschengeistes nicht etwa in der sittlichen Weltanschauung unbeachtet bei Seite gelassen, sondern conservirt, zugleich aber in eine höhere Sphäre erhoben, indem das, was auf niederer Stufe nur unter dem Gesichtspunkt der Klugheitsmoral geschah, nunmehr unter dem Gesichtspunkt uneigennütziger sittlicher Gesinnung erstrebt

wird. So wird einerseits der gesammte technische und intellectuelle Cultur=
proceß der Menschheit, der unter der Geißel der Noth und der unbefriedigten
Bedürfnisse seinen Ursprung und seinen mehr und mehr beschleunigten Fort=
gang nimmt, und andererseits das Ringen des Gemüths gegen das unauf=
hebbare Leid als ein äußerer und innerer Proceß von wesentlich ethischem,
wenn auch anfänglich noch nicht bewußt-sittlichem Charakter begriffen, der
von dem Augenblick dieser Erkenntniß an nothwendig nach bewußt-sittlichen
Normen fortgeführt werden muß. Beides stellt das Ringen der Menschheit
dar, sich frei zu machen vom Leide, um sich dadurch stark zu machen für
die Erfüllung der höchsten ethischen Aufgaben; der technische und intellectuelle
Culturproceß strebt diese Befreiung mit äußeren Mitteln an, indem er das
Leid nicht an den Menschen herankommen zu lassen bemüht ist, der Gemüths=
proceß strebt die Befreiung auf innerliche Weise an, indem es den wahren
Menschen auch dann noch als frei, d. h. unbedrückt und ungeschwächt vom
Leibe zu erhalten sucht, wenn er nicht umhin kann, es zu tragen.

So lange der Mensch nur aus Selbstsucht den Kampf gegen das Leid
aufnimmt, hat er nicht den geringsten Grund, ein anderes Leid zu berück=
sichtigen, als welches ihn selbst bedroht; wenn er auch anderer Menschen Leid
abzuwehren sucht, so kann er dies, falls er nicht unbewußt nach Instincten,
welche über die Selbstsucht hinausgreifen, handelt, vernünftiger Weise nur
insoweit thun, als er auf Vergeltung und Entlohnung zu hoffen berechtigt ist.
Diese Hoffnung ist aber höchst trügerisch, denn Undank ist der Welt Lohn,
und deshalb ist für den Standpunkt der Klugheitsmoral der einzig vernünftige
Grundsatz: Jeder für sich und Gott für uns Alle. Anders, wenn der Kampf
gegen das Leid als sittliche Pflicht begriffen ist, denn dann kommt die Frage,
ob für mich ein Nutzen bei dieser meiner Thätigkeit herauskommen werde,
gar nicht mehr in Betracht, vielmehr ist der Kampf gegen das Leid objectiver,
uneigennütziger Zweck, und die Person, welche den eudämonologischen Vortheil
davon hat, ganz gleichgiltig. Daß der Kampf der solidarisch verbündeten
Menschheit gegen das Menschheitsleid eine viel wirkungsvollere Operations=
basis besitzt, als die Summe aller Einzelkämpfe gegen alles Einzelleid, das
bedarf wohl keiner Ausführung; es bleibt ein weites Feld zum Siege unter
dieser Fahne, eine große Menge von Ursachen des Leids sind durch solche
ethische Solidarität oder Bekämpfung wirklich noch zu beseitigen, wenn auch
ein anderer großer Theil für immer unaufhebbar bleibt.

Diese letztere Einsicht könnte lähmend auf den ganzen Kampf wirken,
wenn derselbe nur aus dem Streben nach Glückseligkeit, sei es der des
Einzelnen, sei es derjenigen der Gesammtheit, entspränge: denn was hilft es,
beliebig viele Ursachen des Leids zu beseitigen, wenn deren immer noch genug
übrig bleiben, das Leben zu verleiden? Dies ist der geheime Grund, warum
alle philosophischen Standpunkte, die kein anderes Moralprincip als ein
eudämonistisches oder Glückseligkeits-Princip besitzen (sei es nun ein individual=
eudämonistisches, oder ein social-eudämonistisches, oder eine unklare Mischung

aus Beidem), nothwendig die Anerkennung des Pessimismus scheuen müssen, so lange ihr Instinct noch zu gesund ist, um sich von Quietismus gefangen nehmen zu lassen. Aber dieses Bedenken fällt weg, sobald das evolutionistische Moralprincip als das höhere gegenüber dem social-eudämonistischen erkannt ist, denn dann gilt es als sittliche Pflicht, den Entwickelungsproceß der Menschheit subjectiv und objectiv, individuell und social zu fördern, ganz unbekümmert darum, ob diese Fortschritte in der Entwickelung die Glückseligkeit der Einzelnen wie der Gesammtheit vermehren oder vermindern.

Wird der Kampf gegen das Leid nur aus der Hoffnung auf seine endliche Ueberwindung und auf die schließliche Erringung einer positiven Glückseligkeit (für die größtmögliche Zahl von Individuen) geführt, dann muß er freilich gelähmt werden und in Quietismus versinken, wenn diese Aussicht von Pessimismus als Illusion erwiesen wird; wird aber der Kampf gegen das Leid aus sittlichen Motiven geführt, weil dieser Kampf als die eigentliche Schule der Sittlichkeit nach allen Richtungen für den Einzelnen wie für die Menschheit erkannt ist, dann kommt es am Ende nicht mehr darauf an, ob der Menschheit für jede überwundene Form des Leids zehn neue Formen desselben erwachsen, wenn nur der sittliche Zweck des Kampfes dabei erreicht ist: der technische, intellectuelle und moralische Fortschritt in der Entwickelung der Gattung. Im Gegentheil, die Perspective auf einen künftigen Zeitabschnitt im Menschheitsleben, wo das Leid überwunden und die positive Glückseligkeit errungen ist, wäre zugleich die Aussicht auf einen endlichen Verfall der sittlichen Kräfte durch Aufhören ihrer Bethätigung, und auf einen schließlichen Ersatz der ächten Moral durch eudämonistische Pseudomoral. Soll die Sittlichkeit bis an's Ende des Menschheitslebens in Kraft bleiben, so muß auch der Kampf gegen das Leid (abgesehen von seinen besonderen Gestalten) unüberwindlich, so darf positive Glückseligkeit dem Menschen niemals erreichbar sein. Soll aber positive Glückseligkeit keinem Menschen erreichbar sein, so darf in keinem Individualleben die Totalbilance aller erlebten Lust und Unlust positiv, d. h. zu Gunsten überwiegender Lust, ausfallen, so muß mit anderen Worten alle Lustbilance negativ sein, in allem Leben die Unlust überwiegen, d. h. für alle Menschen der Gegenwart und Zukunft der Pessimismus eine Wahrheit sein.

5. Die providentielle Bedeutung des Leids.

Die Unentbehrlichkeit des Leids für die Menschheit, wenn dieselbe ihre ethische Bestimmung erfüllen soll, führt uns nun von der blos ethischen Auffassung des Leids zu der providentiellen, als zur letzten und höchsten Betrachtungsweise desselben. Nicht die praktische Stellungnahme zum Leid wird eine andre, als sie aus der ethischen Bedeutung des Leids sich ergiebt, aber die metaphysische Begründung dieser ethischen Bedeutung des Leids giebt derselben einen vertieften Hintergrund, eine speculative Gedankengrundlage, die in ihrer Rückwirkung auf das Gemüth zugleich als religiöse Vertiefung erscheint. In theologischer Redeweise könnte man sagen: nachdem Gott die

Welt geschaffen und es ihm darauf ankam, die vernünftigen Geschöpfe einer sittlichen Entwicklung entgegen zu führen, hätte er zu diesem Zweck das Leid erfinden müssen, wenn es sich nicht als natürliche Consequenz der Weltschöpfung von selbst dargeboten hätte, hätte er ferner dafür Sorge tragen müssen, daß in der Welt das Leid stets im Uebergewicht über Glück und Behagen vorhanden sei, wenn nicht auch diese pessimistische Forderung schon von selbst durch die Beschaffenheit der psychischen Elemente der Schöpfung miterfüllt gewesen wäre. Philosophisch gesprochen bedeutet dies: das Leid, und zwar nicht das vereinzelte, zur bloßen Dämpfung und Mäßigung positiver Glückseligkeit bestimmte, sondern das allüberall im Uebergewicht befindliche Leid ist eine teleologische conditio sine qua non für den Entwicklungsgang der Menschheit, ohne welche sie ihre ethische Bestimmung nicht erfüllen könnte.

Das echte, d. h. das über den Eudämonismus zur uneigennützigen Selbstverläugnung und Hingebung hinausgewachsene religiös-sittliche Bewußtsein erblickt in dem Leid und seiner Allgemeinheit und gesetzmäßigen Nothwendigkeit nicht mehr eine feindliche Erscheinung, nicht mehr blos eine traurige Naturnothwendigkeit, sondern zugleich eine providentielle Einrichtung, ein teleologisch unentbehrliches Glied im Weltplan; es ordnet sich dem Leide nicht mehr blos unter wie dem übermächtigen Zwang eines bösen Feindes, sondern wie der Vertrauen erweckenden Vorkehrung einer allweisen Vorsehung, es sucht sich weder epikuräisch über das Leid hinwegzutäuschen, noch in stoischer Ueberspanntheit seine schmerzvolle Realität zu läugnen, sondern drückt es an's Herz, indem es mit ihm ringt. Mit anderen Worten: der Pessimismus, der dem einen als Hirnverbranntheit, dem andern als Gotteslästerung erscheint, ist für das echte religiös-sittliche Bewußtsein eine selbstverständliche Voraussetzung seiner selbst, denn es weiß, daß es sich in seiner uneigennützigen Reinheit und idealistischen Hoheit nur so lange zu behaupten vermag, als diese Voraussetzung von der Allgemeinheit und Nothwendigkeit des überwiegenden Leids ihm als gottgegründete Wahrheit gilt, daß es aber auf eine tiefere, eudämonistische Stufe zurücksinken mußte, sobald die Illusion der Erreichbarkeit der Glückseligkeit (sei es im Diesseits oder Jenseits) wieder in seinen Augen Kraft gewönne.

Der Pessimismus und das echte religiös-sittliche Bewußtsein sind Correlate, die sich gegenseitig als Ergänzung fordern; wie wir so eben sahen, daß das ächte religiös-sittliche Bewußtsein die Wahrheit des Pessimismus als nothwendige Voraussetzung seiner selbst postulirt, sobald es sich selbst nur recht versteht, ebenso fordert der Pessimismus, sobald er seine unwahren und einseitigen Entwicklungsstufen überwunden und sich zum wahren, die teleologische Entwicklungslehre einschließenden Pessimismus emporgeläutert hat, die Erhebung des religiös-sittlichen Bewußtseins von seinen eudämonistischen Vorstufen zu der Höhe einer schlechthin uneigennützigen Hingebung an den Proceß des Absoluten (oder den Willen Gottes); es ist daher gleichgiltig, ob man die hier charakterisirte Stellungnahme zum Leid eine solche aus dem Gesichtspunkt des ächten religiös-sittlichen Bewußtseins nennt, oder ob man sie eine solche aus dem Gesichtspunkt des Pessimismus nennt. Wie man sagen kann, daß die Betrachtung des Leids im Lichte des echten religiös-sittlichen Bewußtseins eine gegen alle früheren wesentlich veränderte Auffassung ergiebt, ebenso gut kann man auch sagen, daß die Betrachtung des Leids im Lichte des wahren Pessimismus diesen höheren Standpunkt gewinnen lasse. Letztere Seite der Betrachtung kann ich hier um so eher übergehen, als dieselbe schon von A. Taubert hinlänglich erörtert worden ist*); das Ergebniß ist, daß der theoretische Pessimismus die günstigste unter allen möglichen Weltanschauungen ist, um dem Individuum die theoretisch rathsame Stellungnahme zum realen Leib auch praktisch zu ermöglichen, oder mit anderen Worten, daß von allen Menschen der (theoretische, nicht etwa Stimmungs-) Pessimist am besten und leichtesten mit dem Leib des Lebens fertig wird und am feinsten die höhere Lust des Lebens zu genießen vermag, also auch am ehesten sich Gleichmuth und innere Heiterkeit zu erringen und zu bewahren vermag. Das echte religiös-sittliche Bewußtsein und sein Postulat, der Pessimismus, gewähren dem Menschen denjenigen praktischen und theoretischen Halt, welcher das sittlich geführte Leben zugleich thunlichst in seinem relativen Glückseligkeitsniveau emporhebt, wenngleich dieses Niveau immer auf der negativen Seite des Nullpunktes bleiben muß; mit anderen Worten: die ethisch und teleologisch wirkungsvollste Stellungnahme zum Leid ist nebenbei zugleich die relativ ergebnißreichste in eudämonologischer Hinsicht.

Es bedarf wohl keines besonderen Hinweises mehr, daß die teleologische Nothwendigkeit auf dieser Stufe des religiös-sittlichen Bewußtseins nicht mehr als concrete Bestimmung jedes besonderen Falles durch göttliche Willkür, sondern nur noch als teleologische Wirksamkeit der natürlichen (materiellen und psychischen) Gesetze gedacht werden kann, daß also dieser Standpunkt ebensowohl wie der rationalistische die Naturnothwendigkeit anerkennt, aber in und mit dieser gesetzmäßigen Bestimmtheit zugleich eine teleologische Nothwendigkeit erkennt, die sich dem Menschen als religiös-ethische Bedeutung offenbart. Das religiös-sittliche Bewußtsein hat nur das Interesse, die providentielle oder teleologische Bedeutung des Leids (so wie überhaupt alles Geschehens) festzuhalten, aber keineswegs irgend ein directes Interesse daran, seine Naturnothwendigkeit, oder die natürliche gesetzmäßige Vermittelung seines teleologischen Werthes, zu läugnen; der Rationalismus hingegen hat nur das Interesse, die gesetzmäßige Naturnothwendigkeit des Leids zu behaupten, aber keines, seine teleologische oder ethische Bedeutung zu verneinen. Der Schein eines Widerspruches beider Seiten ist nur durch unwillkürliche Grenzüberschreitungen entstanden. Zuerst hatte das religiöse Bewußtsein in naiv-anthropopathischer Weise die teleologische Bedeutung nicht anders als durch göttliche Willkür hineinzulegen gewußt; die rationalistische Kritik hatte dann das anscheinend

---

*) „Der Pessimismus und seine Gegner" (Berlin, Carl Duncker, 1873). Cap. XI „Der Pessimismus und das Leben". S. 123—146.

untrennbar Verbundene auch ungetrennt gelassen und mit der göttlichen Willkür auch unbesehens die teleologische Bedeutung über Bord geworfen; darauf endlich hatte dann das religiös-sittliche Bewußtsein sich gewöhnt, den Rationalismus als seinen geschworenen Feind anzusehen und zu bekämpfen. In Wahrheit bekämpft aber der Rationalismus nur ein willkürliches Eingreifen der göttlichen Vorsehung in den gesetzmäßig geregelten Weltlauf, und sobald das religiös-sittliche Bewußtsein sich damit vertraut macht, die teleologische Bedeutung nicht außer der natürlichen Gesetzmäßigkeit, sondern in ihren Ergebnissen selbst zu suchen, entzieht es der rationalistischen Kritik jeden Angriffspunkt, ohne sich selbst und seinen Bedürfnissen das Geringste zu vergeben.

Nur so lange der Mensch noch Optimist und Egoist ist, verlangt er, daß Gott sich für ihn speciell bemühen solle, um seine Hoffnungen und Wünsche zu verwirklichen; sobald er Pessimist geworden ist, weiß er, daß jedes Leid gut ist als Material seiner sittlichen Bethätigung, daß es ihm jederzeit an solchem Material nicht fehlen wird, und daß Gott sich deshalb nicht zu bemühen braucht, um für ihn ein besonderes Leid zurecht zu machen. So lange das Leid als Strafe für begangene Sünden oder als Prüfung im ursprünglichen Wortsinn aufgefaßt wurde, konnte der Fromme wohl wähnen, daß Gott die Strafe seiner Schuld oder die Prüfung seiner Schwachheit anpassen werde; aber wo das Leid nur noch als Stoff und Antrieb zur Ethisirung gilt, hat eine solche Erwartung keinen genügenden Grund mehr. Bestände sie doch noch, so braucht man zu ihrer Widerlegung nicht erst das schwere Geschütz der rationalistischen Beweisführung herbeizuholen, da ein Blick auf die erfahrungsmäßig gegebene Vertheilung und Größe des Leids zu der Erkenntniß genügt, daß in den meisten Specialfällen die Annahme einer besonderen göttlichen Schickung mit der göttlichen Weisheit nicht vereinbar sein würde.

5. Die skeptische Bedeutung des Leids.

Um dies zu constatiren, braucht man nur mit ein wenig unbefangenem Blick in's Leben hineinzuschauen. Schon die Geburt des Menschen ist mit Leiden für ihn selbst und seine Mutter verknüpft, welche die Bibel nur als Erbstrafe für Adams und Evas Ursünde zu erklären weiß. Alle Leiden, welche das frühere Kindesalter betreffen, sind für die sittliche Entwickelung der Betroffenen werthlos, weil ihnen die Reife des sittlichen Bewußtseins fehlt, welche aus dem Leide Nutzen zu ziehen verstände. Das Gleiche gilt für die Leiden eines kindischen Greisenalters, oder für Leiden, welche noch längere Zeit fortdauern, nachdem sie selbst die Macht des Geistes über sich zerstört haben (z. B. Apoplexien, Entzündungen, Degenerationen im Gehirn und Rückenmark, die Irrsinn, Schwachsinn, körperliche und geistige Lähmung zur Folge haben). Alle solche für den Betroffenen werthlose Leiden können zwar der Umgebung Gelegenheit zu sittlicher Bethätigung geben, aber sie zerstören so oft das mühsam errichtete Gebäude des Familienwohlstandes, bringen so tiefes Elend hervor und wirken dadurch so lähmend auf die Schaffensfreudigkeit

der Umgebung, daß sie die sittliche Leistungsfähigkeit derselben weit mehr
beeinträchtigen, als sie dieselbe durch Gelegenheit zur Entfaltung des Martyriums
befördern. Nur zu häufig ist das Martyrium ebenso vergeblich für den, der
es duldet, wie für Andere; das Leid hat oft seinen schärfsten Stachel gerade
darin, daß es heimlich und vor aller Augen verborgen getragen, ja sogar
vor den Menschen abgeläugnet werden muß, oder wenn das nicht, so doch
wenigstens, daß keiner aus der Umgebung die heldenhafte Geduld des Leidenden
zu würdigen, also auch nicht aus ihrem Beispiel sittliche Förderung zu
schöpfen weiß. Geradezu gefährlich für die sittlichen Instincte ist das unver-
schuldete und unabsehbare Leid, das man nicht an sich selbst, sondern an
seinen Lieben erduldet; hier ist es weit schwerer als bei eigenem Leid, sich der
Gemüthsverbitterung zu erwehren, und verliert man nach langem Leiden ein
Wesen, an das man sein ganzes Herz gehängt hatte, so verfällt dieses Herz
leicht in eine Gefühlserstarrung, in ein scheues Grauen vor der Knüpfung
neuer Liebesbande, welche die nämliche isolirende, auf das eigene Ich
concentrirende Wirkung hat wie der Egoismus.

Corrumpirend und depravirend wirkt die gemeine materielle Noth; sie
zwingt zu einer Anspannung der Arbeitskraft über das für Geist und Körper
dienliche Maß, und lähmt dadurch die Elasticität und Energie des Geistes
sowohl in allen anderen Beziehungen als auch in sittlicher Hinsicht. Die gemeine Noth macht stumpfsinnig, weil nur der Stumpfsinn auf die Dauer sie
zu ertragen vermag; sie macht leichtsinnig, weil das Schlimmste täglich ertragen und etwas Schlimmeres nicht mehr gefürchtet wird; sie schraubt also
durch eine Art von instinctiver Accommodation den Menschen um so mehr
auf das psychische Niveau des Thieres zurück, je größer sie ist. Die gemeine
Noth macht aber auch gemein in der Gesinnung, sie treibt Scham und Scheu
aus, wenn es gilt, die dringendsten Bedürfnisse zu befriedigen, wie denn schon
im Homer die schamlose Gier der Bettler mit derjenigen der Hunde verglichen
wird. Der Stolz des auf sich selber stehenden Mannes, der Alles verschmäht,
was er nicht sich verdankt, wird durch die Noth gebrochen; sie macht dem
Schielen nach zugeworfenen Bissen Platz, und macht den Menschen dazu geneigt, die durch Arbeit vergeblich erstrebte Befriedigung seiner Bedürfnisse
durch unlautere Mittel anzustreben. Die Noth erhöht die Motivationskraft
jeder Versuchung um so mehr, je dringlicher sie ist: schon bei gleicher sittlicher
Kraft müßte also der in Noth Befindliche der objectiv gleichen Versuchung
leichter erliegen, um wie viel mehr, da die andauernde Noth die sittliche Kraft
untergräbt und lähmt. Alle die kleinen Practiken und Kniffe, durch welche
ein Mensch den andern zu übervortheilen sucht, alle Schmutzigkeit der Gesinnung, von welcher der im Wohlstand Geborene sich kaum einen Begriff
machen kann, wird durch die Noth systematisch großgezogen, nicht nur durch
die Noth der untersten Stufe der Armuth, sondern auch durch die Noth, das
gewohnte höhere Niveau der Lebensführung nicht behaupten zu können und
Schritt vor Schritt auf die gewohnte Befriedigung von Bedürfnissen verzichten

Die Bedeutung des Leids.

zu müssen. Was noch Edles und Gutes im Menschenherzen ausdauert, die Liebe zu Weib und Kind, wirkt dann nur als Vergrößerungsspiegel, der das Leid der Noth vervielfacht, und dadurch seine degenerirende und depravirende Kraft mit vervielfacht. Das aus Liebe gefallene Mädchen, das der eigenen Noth standhaft trotzen würde, sieht durch die Noth ihres Kindes ihren Stolz und ihre Scham gebrochen und ergiebt sich einem schimpflichen Gewerbe; der Beamte und Geschäftsmann, dessen Redlichkeit durch eigene Entbehrungen nie erschüttert werden könnte, greift zu unerlaubtem Gewinn, weil es über seine Kräfte geht, die Entbehrungen seiner Lieben länger mit anzusehen. Bekanntlich giebt es kein zuverlässigeres Mittel, um die sittliche Corruption in den Beamtenstand eines Landes einzuführen, oder dieselbe in ihm zu befestigen, als die Normirung der Beamtengehälter auf eine allzusparsame Höhe, welche den Beamten die Befriedigung der gewohnten Lebensbedürfnisse für sich und ihre Familien unmöglich macht. Ganz ebenso sittlich corrumpirend wirkt aber das Leid der Noth ganz allgemein, wenn ganze Schichten der Bevölkerung in einem Mißverhältniß zwischen Bedürfnissen und Befriedigungsmitteln leben; der Unterschied ist nur, daß die sittliche Corruption des Beamtenstandes von dem Mißbrauch der Beamtengewalt ausgeht, weil auf diesem Punkt die Versuchung am größten ist, daß aber die sittliche Corruption anderer im Nothstand befindlicher Bevölkerungsschichten direct die Beziehungen des geschäftlichen und socialen Verkehrs betrifft.

Erwägt man die Summe des Leids, welche ein auch nicht solcher Nothstandsschicht angehöriges Individuum von der Wiege bis zum Grabe zu durchleben hat, die Hilflosigkeit der früheren, die Schulplage der späteren Kindheit, die unglücklichen Lieben der Jugend, die Kränkungen des Ehrgeizes und die Verdrießlichkeiten des männlichen oder weiblichen Berufslebens im reiferen Alter, den Verlust der Eltern, einiger Kinder und vieler Freunde, die selbst durchzumachenden oder an Familienangehörigen mitzuerlebenden Krankheiten, einschließlich der fünf Wochenbetten für die Frau, der tägliche Kampf um die Sicherung der gewohnten Lebensweise für sich und die Seinigen, das fühlbare Erlahmen der geistigen und körperlichen Kraft im Alter, die bis an's Ende zunehmenden Beschwerden der Greisenzeit, der Kummer über Mißerfolge und Unglücksfälle bei Kindern und Enkeln, endlich die Schwierigkeit, vom Leben zu dem doch unvermeidlichen Tode zu kommen, — überschaut man diese ganze Summe des Leids, wie sie dem normal veranlagten Menschen selbst unter relativ günstigen Umständen beschieden ist, so kann man sich des Gefühls nicht erwehren, daß dieselbe entschieden zu groß ist für den Zweck sittlicher Entwickelung, daß ein bedeutend geringeres Durchschnittsmaß für diesen Zweck nicht nur ebensoviel, sondern mehr leisten würde, weil dann der lähmende Einfluß des Leids mehr zurückträte, und daß, wenn durch all dieses Leid der Zweck doch nur so unvollkommen erreicht wird, es sicher nicht an einem zu geringen Maße des Leids liegt, sondern daran, daß die subjectiven Vorbedingungen für die sittliche Verwerthung des Leids durchschnittlich in unzulänglichem Grade vorhanden sind. Hätte die Vorsehung also das Leid lediglich als Mittel für den ethischen Zweck geschaffen, so könnte man nicht sagen, daß sie in der vollkommenen Zweckmäßigkeit der Beschaffenheit des Mittels ihre Weisheit bewährt habe; da aber der Pessimismus lehrt, daß das Leid als eine nothwendige Consequenz aus den materiellen und psychischen Elementen des Weltprocesses sich ohnehin ergiebt, und die Vorsehung diese Consequenz blos noch obendrein teleologisch verwerthet, so darf es nicht Wunder nehmen, wenn das Maß oder die Vertheilung des Leids, die beide durch Naturnothwendigkeit bestimmt sind, über das teleologisch Erforderliche hinausgehen.

Das Mißverhältniß des Leids zu dem ethischen Zweck springt bei der Vertheilung des Leids an verschiedene Personen noch deutlicher in die Augen, als bei dem durchschnittlichen Maß desselben. Hier fehlt es an jeder Rücksichtnahme darauf, ob der vom Leide Betroffene denn auch die innerliche Vorbedingungen besitze, um aus dem erduldeten Leid irgend welchen Nutzen zu ziehen, und, wenn er diese besitzt, ob er nicht bereits mit Hilfe früherer Leiden einen solchen Grad von Vertiefung seines sittlichen Bewußtseins, von Seelenstärke und Geduld erreicht habe, daß eine weitere Steigerung dieser Eigenschaften praktisch überflüssig, hingegen ihre durch Leiden ungehemmte Entfaltung und praktische Verwerthung angezeigt erscheint. Es fehlt ferner jede Proportionalität in der Beschaffenheit der eine Person betreffenden Leiden und ihrem Charakter; Jeder bekommt ebenso häufig eine Art von Leid zu tragen, mit der er gar nichts anzufangen weiß, wie eine solche, die seine sittlichen Anlagen entfaltet. Ein energischer Charakter von starker Spontaneität, Initiative, Consequenz und Elasticität kann durch Leiden, die durch Thätigkeit überwindbar scheinen, zur äußersten Anspannung seiner Kräfte und zu den höchsten activen Leistungen getrieben werden, während er verzweifelnd und fassungslos zusammenbricht, wenn ihm ein Leid auferlegt wird, dem der Mensch nur Geduld und innere Seelengröße entgegensetzen kann; eine passive, innerliche, geduldige Natur erringt in der Ertragung solchen Leids die Krone des Martyriums, während sie einem Leid der ersteren Art gegenüber rathlos und thatlos die Hände in den Schoß sinken läßt.

Wie es Pflanzen giebt, die nur im Schatten, und andere, die nur in der Sonne gedeihen, so giebt es auch Menschen, welche in der Sonne des Glücks verdorren und vergeilen würden, die aber im Schatten des Unglücks gedeihen, und andere, die im Schatten des Leids verkümmern und dahinsiechen, aber sich aufrichten und die schönsten Blüthen treiben, sobald ein Sonnenstrahl des Glücks ihr Leben erwärmt und erleuchtet. Die letztere Art von Menschen sind gewöhnlich gerade die zartfühlenderen, die nicht die Brust mit dreifachem Erz umpanzert haben, um den Stürmen des Lebens zu trotzen; es sind meistens zugleich die besseren und feineren Naturen, die keiner Keulenschläge des Schicksals bedürfen, um ihren Blick in die Tiefen des eigenen Busens zu kehren, sondern zu tief und zu innerlich veranlagt sind, um durch den eitlen Tand des weltlichen Treibens sich von idealen Zielen ablenken zu lassen. Je hingebender sie ihre idealen Ziele verfolgen möchten, desto schmerzlicher fühlen sie sich von dem Contrast der Wirklichkeit, von dem Widerstand der stumpfen Welt betroffen, desto quälender werden ihnen die gewöhnlichen oder außergewöhnlichen Leiden, welche Abwehr heischen, oder doch mindestens ihren idealen Bestrebungen zeitweiligen Stillstand auferlegen; je weicher und resonanzfähiger sie organisirt sind, desto tiefer leiden sie unter eigenem wie fremden Schmerz, und werden von dem für sich als zwecklos empfundenen weit mehr bedrückt und gequält, als gröbere Naturen. Man braucht sich nicht zu wundern, wenn solche feine und edle Naturen, auf Schritt und Tritt in ihrem höchsten Streben gehemmt, von dem Leide nur den lähmenden Einfluß spüren, da sie Alles, was andere aus dem Leid gewinnen sollen, schon mitbringen, oder doch sich längst aus kleinem Leid errungen haben; man wird oft erstaunen, wenn man die wegen Mangels an Widerstand Gescholtenen durch einen kurzen Sonnenschein des Glücks aus melancholischer Depression erwachen und mit der entfesselten Energie zu positiv werthvollen Zwecken auch eine ungeahnte Liebenswürdigkeit entfalten sieht, welche Sonnenschein auf die ganze Umgebung verbreitet. Fehlen aber solcher Persönlichkeit die Zeiten des Glücks, oder richtiger bezeichnet die Zeiten eines leidverschonten Sichauslebens, dann steigert sich die trübe Bedrücktheit leicht zu stumpfsinniger Gleichgiltigkeit oder zu verzehrender Schwermuth, und das edelste Streben eines vornehmen Geistes verkümmert am Leid zu mürrischer Pflichterfüllung des hausbackenen Alltagslebens oder zu wirklichem Gemüthsleiden. Man könnte die Zahl der fein und edel veranlagten Naturen, besonders in dem zarteren weiblichen Geschlecht, leicht unterschätzen, welche auf diese Weise durch das Leid in die Gemeinheit herabgezerrt, oder ganz zu Grunde gerichtet werden; jedenfalls scheint das Bekenntniß nicht allzu schmeichelhaft für den Schöpfer, daß man robust und dickfellig sein muß, um sich leidlich durch seine Welt zu schlagen.

Wenn hiernach als erwiesen gelten darf, daß das Leid des Menschenlebens durchschnittlich für seinen Zweck zu groß und namentlich seine Vertheilung eine in teleologischer Hinsicht ganz zufällige und unzweckmäßige ist, daß es eine Unmasse von Leid in der Welt giebt, welche thatsächlich den Betroffenen nicht nur nichts nützt, sondern sogar sie corrumpirt und depravirt, so ist damit zwar außer Zweifel gesetzt, daß das Leid nicht ein im concreten Falle providentiell bestimmtes und bemessenes, sondern ein nur in seiner Allgemeinheit teleologisch werthvolles, im Besonderen aber durch gesetzmäßigen Naturlauf bestimmtes und für den Einzelnen nicht selten zweckmäßiges ist. So scheint aber damit auch die Stellungnahme zum Leid wieder in Frage gestellt, welche wir vorher auf Grund seiner providentiellen Bedeutung gewonnen hatten. Wenn ich zwar zugeben muß, daß ein das Glück überwiegendes Leid mir im Allgemeinen nothwendig ist, im besonderen Falle aber nicht weiß, ob gerade dieses Leid nicht überwiegend unzweckmäßig für mein Werden und Wirken mich betroffen hat, so scheint es, daß ich, unbeschadet der Anerkennung einer gewissen Nützlichkeit des Leids im Allgemeinen, doch jedem

4*

besonderen Leid gegenüber mich auf die rationalistische Position zurückziehen muß, welche sich damit begnügt, dasselbe als ein naturnothwendiges zu betrachten. Ja noch mehr, der Skepticismus könnte auf Grund der vorhergehenden Erörterungen selbst die providentielle Bedeutung des Leids im Allgemeinen in Zweifel ziehen, und die gelegentliche versittlichende Wirkung desselben als eine zufällige Nebenwirkung desselben ansehen, der die gelegentliche corrumpirende und depravirende Wirkung des Leids als ebenso zufällige gegenübersteht. Aber dies Alles ist doch nur oberflächlicher Schein, der vor einer tiefer in die Sache eindringenden Betrachtung nicht Stich hält.

6. Die speculative Rechtfertigung des Leids und seiner providentiellen Bedeutung.

Daß die Hinnahme des Leids als eines naturnothwendigen die unverrückbare Basis bildet und bilden soll für eine wahrhaft vernünftige Stellungnahme zu demselben, ist bereits zugegeben, aber es ist ebenso sehr betont, daß über diese Basis zur ethischen Auffassung und Verwerthung des Leids hinausgegangen werden muß. Es ist gezeigt worden, daß es kein Leid giebt, aus welchem nicht der Mensch für sich selbst oder für seine Umgebung einen ethischen Gewinn zu ziehen vermöchte; warum sollte nun dieser Schatz ungehoben bleiben? Ob der eventuelle ethische Gewinn mit dem erduldeten Leid theuer oder gar zu theuer bezahlt ist, das ist eine Frage, die gar nicht gestellt werden kann, so lange das Verhalten zum Leid als zu einem naturnothwendigen als Basis festgehalten wird; denn getragen werden muß das Leid ja doch, auch wenn dessen ethische Verwerthung versäumt wird, so daß also der eventuelle ethische Gewinn gar nicht mit dem Leid erkauft ist, sondern nur mit der Mühe und Arbeit, die es kostet, das ohnehin erduldete Leid ethisch zu verwerthen. Daß das Leid in so vielen Fällen die sittliche Leistungsfähigkeit lähmt, ist eine Folge, die ebenso naturnothwendig ist wie das Leid selbst, und deshalb, so weit der Wille sie nicht hindern kann, wie alles Unvermeidliche mit Würde und mit Geduld getragen werden muß; die ethische Aufgabe besteht dann eben darin, sich selbst und Anderen zu zeigen, wie viel auch bei pathologisch beschränkter sittlicher Leistungsfähigkeit mit gutem Willen noch geleistet werden kann. Einem blos psychisch deprimirenden Einfluß des Leids aber soll widerstanden werden, und der Kampf gegen denselben ist eine der sittlichen Hauptaufgaben des Lebens; die an dieser Aufgabe scheitern, sind oft grade solche, welche die Basis des ethischen Verhaltens zum Leid, d. h. die Stellungnahme zu demselben als zu einem naturnothwendigen, sich noch nicht theoretisch klar und praktisch zu eigen gemacht haben, so daß sie mit den Füßen ausgleiten, während sie mit den Händen nach den Sternen greifen. Daß endlich das Leid auch corrumpirende und depravirende Folgen haben kann, das kann im gegebenen Falle am allerwenigsten von der ethischen Verwerthung des Leids abhalten; im Gegentheil fordert die in dem Leibe lauernde sittliche Gefahr um so dringender dazu auf, auch den in ihm schlummernden Segen zum Leben zu erwecken, um dieser Gefahr ein Gegengewicht zu bieten, während die sittliche Bekämpfung dieser sittlichen Gefahr als weitere Aufgabe noch hinzukommt.

Hieraus geht hervor, daß die Ungewißheit des Menschen über den Grad des aus einem bestimmten Leid zu ziehenden ethischen Gewinns auf sein sittliches Streben nicht lähmend wirken kann, weil er das Leid und seine naturnothwendigen Folgen ja so wie so tragen muß, und ein, wenn auch nur kleiner, daraus zu schöpfender ethischer Gewinn immer noch besser ist als gar keiner. Gerade die gesetzmäßige natürliche Vermittelung der teleologischen Bedeutung des Leids schneidet dadurch, daß sie das Verhalten zum Leid als zu einem naturnothwendigen als unverrückbare Basis der ethischen Stellungnahme zu demselben bestehen läßt, alle Bedenken über die mangelnde Proportionalität zwischen der Größe des Leids und der Größe des aus ihm zu ziehenden ethischen Gewinns ab, welche das religiöse Gemüth dessen beirren müssen, der an eine providentielle Vertheilung des Leids glaubt.

Auf diese Weise fänden die aufgestellten Scrupel in der Hauptsache ihre praktische Erledigung nach der subjectiven Seite auch dann, wenn sich objectiv zu ihrer Entkräftung Nichts beibringen ließe; gleichwohl ist die Entkräftung derselben auch nach der objectiven Seite hin höchst wünschenswerth, weil sonst der Skepticismus wohl anerkennen könnte, daß der sittlich strebende Mensch an dem Leid eine ethische Aufgabe findet, aber läugnen könnte, daß diese Aufgabe, in ihrer Allgemeinheit genommen, einen providentiellen Ursprung habe. Die ethische Bedeutung des Leids bliebe dann zwar bestehen, aber seine religiöse würde in Frage gestellt, indem an Stelle einer metaphysischen oder providentiellen Zwecksetzung eine blos anthropologische, an Stelle des göttlichen Willens der menschliche, allerdings aus sittlicher Quelle entspringende Wille gesetzt würde. In diesem Sinne könnte auch der rationalistische Naturalismus sich die gekennzeichnete Stellungnahme zum Leid aneignen, wofern er nur die Selbsttäuschung aufrecht zu erhalten vermag, daß er in der Lage sei, mit seinen antiteleologischen Principien eine ächte Moral vereinigen zu können. Wer hingegen der Ueberzeugung huldigt, daß ächte Moral nur auf Grund der Realität objectiver Zwecke, also nur auf Grund einer nicht anthropologisch, sondern metaphysisch gesetzten Teleologie möglich sei, für den ist die Frage ohnehin entschieden; denn dann bleibt der Mensch entweder in dem ethiklosen Verhalten zum Leid als zu einem naturnothwendigen und in egoistischer Pseudomoral stecken, oder, wenn er über dieselbe zur ethischen Zwecksetzung hinauskommt, so kann er es nur auf Grund einer, gleichviel ob von ihm anerkannten oder nicht anerkannten objectiven sittlichen Weltordnung, welche selbst nur ein Ausschnitt des gesammten teleologischen Weltplans ist, also auch die providentielle Beziehung des naturgesetzmäßigen Leids auf die ethische Bestimmung der Menschheit in sich enthalten muß.

Soviel ist gewiß: ohne das überwiegende Leid könnte und würde die

Menschheit ihre ethische Bestimmung niemals erreichen, — mit demselben kann und wird sie dieselbe erreichen, trotz der über das Ziel hinausschießenden Größe, trotz der mangelhaften Vertheilung und trotz der schädlichen Nebenwirkungen des Leids. Hieraus allein schon entspringt die Wahrscheinlichkeit, daß das Leid im Ganzen eine objective teleologische Bedeutung beanspruchen kann, weil es ein Mittel ist, das seinen Zweck im Ganzen erfüllt, wenn es denselben im Einzelnen auch häufig verfehlt. Diese Wahrscheinlichkeit erhöht sich aber noch bedeutend durch die Wahrnehmung, daß das Leid im Verlauf der Menschheitsentwicklung seinen Zweck immer mehr und immer besser erfüllt, und zwar aus zwei zusammenwirkenden Ursachen: erstens, weil die subjectiven Vorbedingungen für die ethische Verwerthung des Leids im Anfang der Geschichte am wenigsten gegeben waren und sich erst in deren Fortgang in steigendem Maße entwickeln, und zweitens, weil die objective Gestalt, in der das Leid die Menschheit bedrängt, in einer beständigen Umwandelung begriffen ist, so daß es mehr und mehr zu sittlicher Verwerthung brauchbar wird.

Was die subjectiven Vorbedingungen der ethischen Verwerthung betrifft, so zeigen die gesammten vorhergehenden Erörterungen selbst die Wandlungen, welche die Stellung der Menschheit zum Leid im Lauf ihrer Culturentwickelung durchgemacht hat. Zwar ist die Steigerung der Kraft, Geschicklichkeit und Intelligenz ebenso wenig werthlos, wie die Erweckung eines theurgischen religiösen Bewußtseins, oder die rationalistische Zurückziehung des Bewußtseins auf sich selbst und seine eigenen Hilfsquellen; aber diese Wirkungen des Leids haben für die ethische Verwerthung desselben doch nur einen propädeutischen Werth, und selbst wenn eine sittliche Bedeutung des Leids mit Bestimmtheit als die maßgebende in's Auge gefaßt ist, dauert es, wie wir sehen, lange genug, bis diese Aufgabestellung eine widerspruchsfreie, mit den Thatsachen übereinstimmende Lösung findet. Es fehlt viel daran, daß diese Lösung schon jetzt allgemeinere Anerkennung gefunden hätte, im Gegentheil streiten heut mehr als je fast alle im Lauf der Geschichte aufgetauchten Auffassungen mit einander um die Herrschaft, und doch kann man eine ausgiebigere allgemeine ethische Verwerthung des Leids gar nicht erwarten, ehe nicht die allein stichhaltige religiös-ethische Auffassung allgemein zum Siege gelangt ist, da dann erst die subjectiven Vorbedingungen gegeben sind, auf Grund deren das Leid seinen ganzen Segen entfalten kann. Daß aber die bisherige Menschheitsentwickelung einen Verlauf genommen hat, durch den die wahre Stellungnahme zum Leid propädeutisch vorbereitet ist, und daß wir jetzt allen Grund haben, auf den, wenn auch langsamen Sieg der einmal zum Durchbruch gelangten Wahrheit zu hoffen, dies deutet allein schon auf eine providentielle Leitung dieser Entwickelung, welche die Zuversicht rechtfertigt, daß die Zeit nicht mehr fern sei, wo das Leid nicht mehr, wie bis jetzt, zum großen Theil ohne ethischen Gewinn erduldet wird, sondern wo sein Segen ganz und voll begriffen und ergriffen werden wird.

Die Bedeutung des Leids. 53

Was die andere Ursache, die fortdauernde Umwandlung der objectiven Gestalt des Leids betrifft, so braucht nur daran erinnert zu werden, daß aller Culturfortschritt in der Verminderung der Abhängigkeit des Menschen von der Natur und in der Vergrößerung seiner Abhängigkeit von der Gesellschaft besteht, um verständlich zu machen, was ich damit meine; denn es ist klar, daß die Leiden des Einzelnen, welche aus seiner Abhängigkeit von der Gesellschaft entspringen, einer sittlichen Verwerthung weit näher stehen als diejenigen, welche aus seiner Abhängigkeit von der Natur entspringen, da dort schon die sittliche Weltordnung, hier nur die Naturordnung herrscht. Hierin liegt auch die Lösung für die Paradoxie, daß der Mensch mit dem gegebenen Leid ringen soll, als wollte und könnte er es überwinden, während er doch weiß, daß das Leid überhaupt unüberwindlich ist, daß es sogar steigen muß mit dem Fortschritt des Culturprocesses, und daß für jede überwundene Art von Leid verschiedene neue Formen des Leids nachwachsen. Zwar ist der ethische Werth des Ringens mit dem Leid genügend, dasselbe zu rechtfertigen auch nach Zerstörung der eudämonistischen Illusion einer Förderung der individuellen oder collectiven Glückseligkeit durch diesen Proceß; aber es behält doch immer einen paradoxen Anstrich, eine subjective Förderung erzielen zu wollen durch ein Thun, das, rein objectiv betrachtet, in sich widersinnig scheint: nämlich das Leid steigert, das es zu verringern trachtet.

Diese Paradoxie löst sich nur dadurch, daß wir erkennen, nicht blos in subjectiver, sondern auch in objectiver Hinsicht sei unser Ringen mit dem Leid werthvoll, indem zwar nicht seine Gesammtgröße verringert, wohl aber seine Gestalt umgewandelt wird, und zwar aus einer ethisch minder werthvollen in eine ethisch werthvollere. Das Wesen des Culturprocesses besteht (abgesehen von der Entwickelung der subjectiven Anlagen) in der fortschreitenden Verstopfung der objectiven Quellen des Leids und in der dadurch bewirkten Aufhebung der Illusion, als ob das Leid wesentlich nur von außen käme; das ideale Ende des Culturprocesses wäre ein Culturzustand, in welchem durch Verstopfung aller möglichen objectiven Leidquellen und durch die Fortdauer des Menschheitsleids der empirische Beweis geführt wäre, daß die überwiegende Unlust des Lebens eine niemals objectiv zu beseitigende Folge der psychischen Grundfactoren des Lebens selbst ist. Eine solche absolute Zurückführung auf das eigene Innere, als wahre und unstillbare Quelle des Leids, würde die ethische Verwerthbarkeit des Leids zu seinem denkbaren Maximum führen, und alles besondere Leid aus äußeren, zu bekämpfenden Ursachen wäre nur propädeutische Vorstufe für dieses höchste und letzte Ziel, bis zu dessen Erreichung die Culturarbeit zur Umformung des Leibes nicht ruhen noch rasten darf.

Der Schwache wird in diesem Kampf zermalmt, und wenn er noch so ideale Neigungen und Wünsche hätte; wie sehr der Untergang des Schönen und Edlen unser Herz rühren möge, den Glauben an die Gerechtigkeit und Zweckmäßigkeit der sittlichen Weltordnung kann er nicht erschüttern, weil nur das Starke für den Proceß Werth hat, und darum das Schwache trotz der schönsten sonstigen Eigenschaften kein Recht zur Existenz hat. Aufgabe der Erziehung ist es, die Menschen stark und hart zu machen, damit sie nicht bloß ideale Ziele haben, sondern auch reale Kraft für deren Verwirklichung einsetzen können; diese Aufgabe aber kann die Erziehung nur lösen, wenn sie alle optimistischen Illusionen aus ihrem Kreise verbannt und die grausame Härte des Lebens klar in's Auge faßt, gegen welche es gilt, die jungen Kämpfer zu stählen, d. h. wenn die Pädagogik den Pessimismus zur Basis nimmt. Wenn irgend Etwas im Stande ist, dem Menschen in seinem schweren Beruf Muth, Kraft, Rüstigkeit, Ausdauer und Gleichgiltigkeit gegen jedes Risico der Pflichterfüllung zu verschaffen, so ist es der Pessimismus; wie die Menschen leben, als ob es gar keinen Tod gäbe, blos darum, weil sie überzeugt sind, daß jede Bemühung, ihm zu entfliehen, schlechthin nutzlos wäre, so werden sie auch praktisch so leben, als ob es kein Leid gäbe, sobald nur erst der Pessimismus in ihnen die Ueberzeugung geweckt hat, daß das Leid, abgesehen von der Form seiner Erscheinung, ebenso unentrinnbar ist wie der Tod.

Persönliche Begegnungen.
Elise.
Von
Paul Lindau.
— Berlin. —

Der Frühling war über Nacht gekommen. Bis über die Mitte des Monats April hinaus hatten wir unfreundliches, trübes und regnerisches Wetter gehabt; auf einmal war der Frühling da. Seit einigen Tagen hatten wir beständig den hellsten Sonnenschein und jene wundersame laue und weiche Luft, die die bekannten Frühlingslieder der Lyriker in besonderer Fülle zeitigt, nicht lyrisch veranlagte Menschen aber in ungewöhnlichem Maße nervös abspannt.

Es war um die Mittagsstunde so eines leuchtenden und warmen Apriltages. Ich hatte die Fenster geöffnet und saß an meinem Schreibpulte, um zu arbeiten; aber die rechte Stimmung wollte nicht kommen. Auf dem vor mir liegenden Bogen waren eben so viel Sätze ausgestrichen wie angefangen, und der freie Rand hatte sich mit alchymistischen Figuren und dem einzigen Gesichte, das ich zeichnen kann, in verschiedenen Exemplaren angefüllt. Ohne besondere Veranlassung sah ich immer wieder nach dem langweiligen Hause auf der andern Seite der Straße hinüber, wo gar nichts Besonderes zu sehen war. Da spiegelte sich in den Fensterscheiben der glitzernde Widerschein der Sonne. Ich hatte so lange zweck- und gedankenlos hinübergestarrt, daß mir die Augen schließlich weh thaten, und daß ich sie, um sie wieder zu stärken, einige Secunden geschlossen hielt. Ich wollte mich zwingen, mich auf meine Arbeit zu sammeln, aber die Vorstellungen verwirrten sich in mir; und ohne daß ich vorher die geringste Müdigkeit verspürt hatte, verfiel ich allmählich in den reizvollen Zustand zwischen Schlaf und Wachen.

Aus diesem wurde ich plötzlich durch den gellenden Anschlag der Glocke jäh aufgeschreckt. Ich hörte, wie die Corridorthür geöffnet wurde, und gleich darauf kam mein Diener Fritz, um mir zu melden, daß eine junge Dame mich zu sprechen wünsche.

Fritz hatte sich in der Praxis bei mir außerordentlich geschult. Er besaß eine sichere Unterscheidungsgabe und sah es den Leuten förmlich an, ob mir ihr Besuch gelegen käme oder nicht. Die Kunst des Verleugnens mit treuherziger Miene hatte er bis zur Virtuosität ausgebildet. Um so mehr befremdete mich nun die Meldung, da ich ihm die ausdrückliche Weisung gegeben hatte, daß ich ungestört arbeiten wolle und daher Niemanden empfangen könne. Fritz, der von meinen verdrießlichen Mienen meine Mißstimmung abgelesen hatte, motivirte seine Eigenmächtigkeit mit dem Satze: „Die junge Dame that mir so leid." Ich gab ihm also zustimmenden Bescheid und gleich darauf erschien die Angemeldete.

Es war ein Mädchen von 24—26 Jahren, das mir schüchtern und zaghaft entgegentrat und sich in großer Befangenheit auf den Stuhl, den ich ihr gewiesen hatte, niedersetzte. Das Erste, was mir an der Dame auffiel, war ein Pelzkragen von geringer Qualität und ziemlich abgetragen. Nichts macht mehr den Eindruck der Dürftigkeit und verschämten Armuth als ein Kleidungsstück, das mit der Witterung und Jahreszeit im Widerspruch steht, — als ein dünnes Umschlagetuch in der Winterkälte oder Pelzwerk in lauer Frühlingsluft.

Elise Böhmer — so hatte sie sich mir genannt — war durchaus nicht hübsch. Aber sie besaß eine Schönheit, die das vergessen machte: wundervolle Augen von tief graublauer Färbung mit herzensgutem, sehr schwermüthigem Ausdruck. Sie war sehr schlank, beinahe hager, ihre Bewegungen hatten etwas unbeholfen Eckiges.

Nachdem ich mich nach ihrem Anliegen erkundigt, gab sie mir den Bescheid, daß sie Schauspielerin sei, gegenwärtig ohne Engagement. Seit einer Reihe von Jahren hatte sie an verschiedenen Bühnen dritten und vierten Ranges — „und nicht ganz ohne Erfolg", wie sie mir sagte — das Fach der tragischen Liebhaberin ausgefüllt. In den kleinen Städten, in denen sie als Schauspielerin gewirkt hatte, waren immer nur sogenannte Saisontheater gewesen, also Bühnen, die blos während der Wintermonate Vorstellungen geben. Seit drei Wochen, Anfang April, war sie in Berlin und hatte sich vergeblich bei Directoren und Theateragenten um eine, wenn auch noch so bescheidene Anstellung bemüht. Man hatte sie von einem Tag auf den andern vertröstet, hin und her geschickt, sie wiederbestellt und wieder unverrichteter Sache heimgesandt; und darüber waren nicht nur die paar Thaler Baarschaft, die sie sich während des Winters erspart hatte, draufgegangen, sie hatte auch ihre Garderobe bei der Wirthin, die ihr Kost und Logis gab, versetzt und konnte sich nun berechnen, daß in wenigen Tagen ihre Ausgaben die Höhe dieser geringen Pfandsumme erreicht haben würden, und daß sie dann vor die Thür gesetzt werden würde.

Sie erzählte mir alles das mit leiser, aber nicht sehr bewegter Stimme. Sie hatte sich wahrscheinlich daheim ausgeweint und jetzt eine gewiße Objectivität des Schmerzes gewonnen.

Ich merkte es ihrer Darstellung sofort an, daß es sich nicht um ein Almosen oder auch nur ein Darlehn handelte. Sie gab mir dies auch durch eine Redewendung ausdrücklich zu verstehen. Was sie von mir wollte, war eine Empfehlung an irgend einen Director. Sie ging dabei von der irrigen Voraussetzung aus, daß ein Wort von mir genügen würde, um ihr sofort eine angemessene Beschäftigung an irgend einem Berliner Theater zu verschaffen.

Zu meinem wirklichen Bedauern mußte ich sie eines Andern belehren. Da biß sie die Zähne auf die Unterlippe und sagte dann ohne eine Miene zu verändern: „So? Ich hätte es mir denken können! Ich habe eben kein Glück!"

Sie wollte sich erheben; aber es kam mir zu traurig vor, unserer Unterredung ein so unbefriedigendes Ende zu machen, und ich stellte daher eine beliebige Frage an sie, um sie nicht in dieser Stimmung zu verabschieden.

„Haben Sie denn Talent, mein Fräulein?" fragte ich, um irgend etwas zu sagen.

„Ich glaube nicht," antwortete sie mir. „Aber ich habe mir doch eine genügende Routine angeeignet, um selbst an einer größeren Bühne in kleinen Rollen nicht zu stören."

Die Nüchternheit und Bescheidenheit dieser Antwort erregten mein Interesse immer mehr.

„Also haben Sie sich in der Wahl Ihres künstlerischen Berufs doch wohl geirrt?" fügte ich hinzu.

„Nein," entgegnete Fräulein Elise. „Ich habe mir niemals Illusionen gemacht. Ich habe ganz genau gewußt, daß ich es nicht weit bringen würde. Nicht der innere Drang hat mich auf die Bühne geführt, sondern die Noth hat mich dahin getrieben. Ich wußte nicht, was ich mit mir anfangen sollte. Zu Hause konnte ich nicht mehr bleiben, und ich hatte nur die Wahl, entweder als höherer, oder niederer Dienstbote, oder als Schauspielerin mir meinen Unterhalt zu schaffen. Am liebsten wäre ich als Gesellschafterin oder als Stütze der Hausfrau in eine stille Familie eingetreten. Es ist mir leider nicht geglückt. Ich hatte in meiner Heimat eine junge Schauspielerin kennen gelernt und mich mit ihr befreundet. An diese dacht' ich und wandte ich mich in meiner Bedrängniß, und durch deren Fürsprache wurde ich wirklich für kleine Rollen in Düsseldorf engagirt. Ich war damals fünf Jahre jünger, und es gelang mir durch Theateragenturen von sechs Monat auf sechs Monat Engagements an kleineren Bühnen abzuschließen und, wie ich Ihnen schon sagte, allmählich an diesen zu einem ersten Fache aufzusteigen. Bei den immer noch niedrigen Gagen und den Anforderungen, die an die Toilette gestellt werden, habe ich immer nur von der Hand in den Mund gelebt. Da ich mich mit der Bühne zu befreunden nicht vermocht habe, bin ich auch nur in sehr seltenen Fällen in näheren Verkehr zu meinen Collegen getreten. Meine unfreudige Stimmung habe ich trotz aller Mühe nie ganz verhehlen können; in Folge dessen bin ich auch stets ein bei den Directoren wenig beliebtes Mitglied gewesen und habe seit meinem ersten Debut bis heute unstät von dem einen zum anderen ziehen müssen. Jetzt werde ich älter; und da die Procente von meiner niedrigen Gage für die Agenten nichts Verlockendes haben, und da ich auch sonst keine besondere Vorzüge besitze, wird es, wie ich sehr wohl einsehe, immer schwieriger, mich unterzubringen. Meine einzige Hoffnung war: daß ich an einem größeren, vielleicht an einem hauptstädtischen Theater, wo sich kein Mensch um mich bekümmern würde, in kleinen Rollen dauernd beschäftigt werden könnte. Auch diese Hoffnung scheint sich zu zerschlagen, und ich werde nun wohl genöthigt sein, mich bei dem Gesindebureau zu melden und mich als Dienstmädchen irgendwo zu vermiethen. Es kommt mir sehr schwer an, denn ich habe von früher her noch gewisse Gewohnheiten beibehalten, die ich nur mit äußerster Ueberwindung werde abstreifen können, und die sich mit dem Staube, auf den ich jetzt angewiesen werde, nicht wohl vertragen. Ueberdies bin ich ziemlich schwächlich und weiß nicht, ob ich den körperlichen Anstrengungen, die von mir gefordert würden, gewachsen bin. Endlich ist es mir noch sehr fraglich, ob ich überhaupt eine solche Stelle bekommen werde. Eine gewesene Schauspielerin — es wird sich nicht so leicht eine Herrschaft finden lassen, die es mit mir versuchen möchte! Schlägt das auch fehl, dann — ja dann weiß ich wirklich nicht, was ich mit mir anfangen soll!"

Alles das erzählte mir Fräulein Elise so schmucklos und mit dem Ausdrucke einer so vollkommenen Wahrhaftigkeit, daß mich tiefes Mitgefühl mit diesem unglücklichen Mädchen überkam. Ich sah wohl ein, wie sehr sie im Rechte war, als sie mir vorher bemerkt hatte, daß ihr mit einer vorübergehenden Unterstützung keineswegs gedient sei; und so sehr es mir widerstrebte, den Vermittlern von Schauspieler-Engagements in's Handwerk zu pfuschen, versprach ich ihr doch, mit dem mir persönlich befreundeten Director einer großen Privatbühne zu sprechen und ihm ihre Angelegenheit an's Herz zu legen.

Sie dankte mir schlicht und innig und fragte mich, wann sie sich Bescheid holen könne. Da ich darauf eine bestimmte Antwort zu ertheilen nicht vermochte, gab sie mir ihre Adresse und bemerkte, daß sie den ganzen Tag zu Hause sei und daß ein Wort von mir jederzeit sie antreffe. Darauf verabschiedete sie sich.

Draußen schien noch immer die helle Sonne. Es war ein verlockender schöner Tag.

Nachdem mich Fräulein Elise verlassen hatte, verblieb ich einige Zeit in grübelnder Stimmung, und da ich befürchten mußte, daß ich, wenn ich die Sache nicht sofort in Angriff nähme, durch meine sonstigen Beschäftigungen möglicherweise auf längere Zeit davon abgezogen werden könnte, faßte ich schnell den Entschluß, den Director auf der Stelle aufzusuchen.

Ich fand denselben auch und in rosigster Stimmung. Am Tage vorher hatte ein Stück, von dem er sich gar nichts versprochen und dessen erste Aufführung er daher bis in den Frühling hinausgerückt hatte, einen vollkommenen Erfolg gehabt. Ich trug ihm mein Anliegen vor, und ganz wider mein Erwarten machte der Director gar keine Schwierigkeiten.

„Wenn sich die Dame mit ganz kleinen Rollen und mit einer entsprechenden Gage begnügt, wenn sie wirklich, wie Sie mir sagen, nicht häßlich ist und sogar interessant aussieht, und wenn sie sich auf der Bühne zu bewegen weiß, können wir sie immer gebrauchen. Es wird sich schon machen. Schicken Sie mir das Fräulein".

„Wann?" fragte ich.

„Wann Sie wollen . . . heute . . . morgen . . ."

„Nun, dann sofort!" bekräftigte ich. „Ich werde ihr selbst die gute Nachricht bringen. Sie erweisen dem armen Mädchen wirklich einen großen Dienst".

Ich begab mich geraden Wegs in die mir bezeichnete Wohnung, die zufällig unweit des großen Privattheaters lag; allerdings in einer kleinen Seitenstraße, von deren Existenz ich bis zur Stunde nichts gewußt hatte.

* * *

Der Bewohner der großen Stadt macht von Zeit zu Zeit die überraschende Wahrnehmung, wie klein der Fleck ist, den er eigentlich bewohnt, auf dem er sich Jahr ein, Jahr aus bewegt, auf dem er beständig verkehrt. Das, was man gewöhnlich „Berlin" und „Berliner Gesellschaft" nennt, hat sich fast vollzählig auf dem schmalen westlichen Streifen am Thiergarten zusammengedrängt, und die dort Angesiedelten kennen das alte und eigentliche Berlin sowie die Ausdehnung, die es nach Osten genommen hat, so gut wie gar nicht. Sie wissen aber, daß da auch noch Straßen liegen, die sie ja am Abend im Wagen durchrollen müssen, um sich nach den entfernten Theatern fahren und von dort heimbringen zu lassen.

Vor der Hausthür blieb ich einige Augenblicke zweifelnd stehen. Es kam mir ganz merkwürdig vor, daß diese Art von Häusern in Berlin noch existirt. Und wieviel mag es deren geben!

Ein paar ausgetretene Steinstufen führten durch die ziemlich schmale, offenstehende Thür in den Hausflur, der mit rothen Fliesen bedeckt war. Die Hälfte desselben wurde von der engen, rechts angebrachten Treppe eingenommen. Die andre Hälfte bildete den Gang nach dem Hofe, zu dem die Thür ebenfalls offen stand. Ich sah auf diesem, zu einem gräulichen Haufen zusammengekehrt, Schmutz und Staub, unter dem sogar noch grauer Schnee den Angriffen der Sonne widerstanden hatte, vermengt mit Eier- und Kartoffelschalen, welkem Grünzeug und ähnlichen Abfällen der Küche. Die hölzerne Treppe, die offenbar nur an hohen Festtagen gereinigt wurde — und wann mochten die Bewohner dieses Hauses wohl Festtage haben? — war mit einer tiefgrauen, unsauberen Färbung überzogen, und die Stufen derselben waren in der Mitte so verschliffen, daß die ursprünglich gerade Linie sich zu einer angenehmen Curve gerundet hatte. Trotz der Schmutzschicht, die auf ihnen lagerte, waren die Masern des Holzes doch noch deutlich zu erkennen, da sich grade in diese und in die Verästelungen der Staub am tiefsten eingefressen hatte. Das Geländer war durch den häufigen Gebrauch so abgegriffen, daß es wie mit einer goldigen Politur überzogen förmlich glänzte.

Ich blieb auf dem schmalen Gange des ersten Stockwerkes stehen und sah mich um. Hart an der Treppe war eine Thür, die zu den nach dem Hofe zu gelegenen Räumen führte. Eine andere Thür, die links von dieser war, führte nach den Vorderräumen. An der ersteren war ein blechernes Schild angebracht, auf dessen weißer Grundirung der Name der Wirthin von Fräulein Elise noch allenfalls zu lesen war. An vielen Stellen war der Lack schon abgesprungen und hatte die häßliche graue Farbe des Blechs blosgelegt.

Ich klingelte. In demselben Augenblick hörte ich einen Hund heftig anschlagen und kläffen. Eine geraume Zeit verging. An dem Geräusch, das ich vernahm, merkte ich indessen, daß meine Meldung nicht unbemerkt geblieben war. Endlich wurde mir die Thür geöffnet, und eine dicke Frau in einem blaukattunenen Kleide, mit Küchenschürze — eine gemüthlich aussehende Frau mit speckglänzendem Gesicht, mit schlichtem, doppeltgescheiteltem Haare und auffallend breitem Munde, öffnete mir und fragte nach meinem Begehr. Ich wurde ohne weiteres vorgelassen. Durch die Küche und das Wohnzimmer der Wirthin wurde ich in das Zimmer des Fräulein Elise geführt, das, wie ich später bemerkte, keinen besonderen Eingang vom Flur aus hatte.

Als ich eintrat, erhob sie sich schnell. Ein niedliches kleines Mädchen im Alter von etwa sechs Jahren, vielleicht die Wirthstochter, mit der sie sich unterhalten hatte, zog sich, sobald ich eintrat, unaufgefordert zurück. Fräulein Elise war offenbar von meinem Besuche sehr überrascht und zeigte wiederum, wie bei unserer ersten Begegnung, eine große Befangenheit. Auch ich fand nicht gleich das rechte Wort, denn die Umgebung, in der ich mich nun befand, machte auf mich einen ungemein unbehaglichen Eindruck. Ich mußte mich, bevor ich der Dame die Mittheilung überbringen konnte, hier zunächst ein klein wenig eingewöhnen und sah mich, während ich Fräulein Elise gegenüber Platz nahm, im Zimmer flüchtig um.

Es herrschte eine gewisse Einheitlichkeit darin. Es war Alles gleichermaßen häßlich und unerfreulich. Das Auge fand keinen Ruhepunkt und schweifte unstät von dem einen Gegenstande, dessen Unschönheit es verletzte, auf den andern, um auch von da durch etwas Abstoßendes verscheucht zu werden.

Die Wände waren mit den schlechtesten Tapeten bedeckt, von widerwärtig stumpfem, schreiendem Blau, mit gelblich-grünen Arabesken und Blumen gemustert. Als Schmuck sollten denselben verschiedene Bilder, ein ovaler Spiegel in Goldrahmen und, rechts und links von diesem, auf Sockeln zwei bronzirte Gypspuppen dienen, — ein Mazurka tanzendes Polenpaar in herausfordernder Positur. Der sich keck auf die Hüfte stemmende Arm des Polen war durch irgend einen Unfall abgebrochen gewesen und von kunstloser Hand ohne Heuchelei, mit ehrlicher Anerkennung der Thatsache, wieder angeklebt worden. Mit diesem Schmucke stimmten die Bilder überein. Das eine, eine colorirte Lithographie, sollte, wie ich vermuthen darf, den Kaiser Wilhelm und seinen Stab während der Parade auf Longchamps darstellen. Die primitivsten „besonderen Kennzeichen", wie der weiße Backenbart des Kaisers, der blonde Vollbart des Kronprinzen, das bartlose Gesicht Moltkes, die Kürassieruniform des Fürsten Bismarck, die Husarenpelische des Prinzen Friedrich Karl 2c. ließen in der That auf die Helden des Feldzuges schließen. Einige Invaliden, die rechts im Vordergrunde angebracht waren, waren ersichtlich dazu bestimmt, die Scene dramatisch zu beleben. Ein anderes Bild stellte in miserablem Stahlstich ein sich fest umschlungen haltendes Liebespaar in mittelalterlichem Phantasiekostüm vor, das sich unter einem blühenden Rosenstrauche offenbar allerlei Zärtlichkeiten zuflüsterte. Vorn schnäbelten sich zwei Täubchen. Es war die Gratisprämie zu irgend einem Colportage-Roman. Auch das religiöse Element war hier bildlich vertreten. Dem Spiegel gegenüber hing ein unglaubliches Heiligenbild, eine fabrikmäßig angepinselte Muttergottes in blauem Gewande mit aufgeklebten Goldborten. Auch die Krone aus gepreßtem Goldpapier auf ihrem Haupte war aufgeklebt, ebenso die in gleichen Distancen auf dem ultramarinblauen Hintergrunde angebrachten Goldsterne, die plastisch hervortraten. Es war eine ästhetische Gotteslästerung der schlimmsten Art. Dazu kamen noch ein Oeldruck „Mutterglück" und einige Photographien von Familienangehörigen in gepreßten Papiermaché-Rahmen.

Das Mobiliar war dürftig und auf das Nothwendigste beschränkt. Ein Sopha, davor ein ovaler Tisch, eine Kommode, ein Fenstertischchen, ein gepolsterter Lehnstuhl und verschiedene Rohrstühle. Ueber die Lehnen der Polster, über die Tische und die Kommode waren Häkeleien gebreitet. Auf dem Tische stand neben der Petroleumlampe — es war ein Page aus Zinkguß, der auf seinen schmalen Schultern das ungeheure Gewicht des fünfmal so breiten Petroleumbassins mit Glocke und Cylinder scheinbar mühelos trug, — ein Präsentirteller aus gemaltem Blech, auf dem eine Wasserkaraffe, ein Glas und ein Aschbecher aus Porcellan Platz gefunden hatten. Auf der Kommode waren zwei gewöhnliche Porcellanvasen mit großen Blumen und einige jener furchtbaren Nippessachen, wie man sie auf Jahrmärkten erwürfeln kann: ein braungefleckter, langhaariger Hund, ein Kind im Hemd 2c. und ein goldgerändertes Kaffeegeschirr, das offenbar lediglich als Zierrat verwandt wurde, aufgestellt. Hinter der spanischen Wand rechts vom Eingang stand vermuthlich das Bett.

Alles das zusammen und jedes Einzelne machte den Eindruck der Dürftigkeit, der Ungemüthlichkeit, des gelegentlich und wohlfeil Angeschafften.

Man merkte es dem Raume sofort an, daß die Bewohner desselben oft wechselten, und daß diese unstäten Leute kein Heim, keine Freude und kein Interesse an demselben hatten. Es war ein billiges Quartier ohne eine Spur von individuellem Gepräge. Das Einzige, was der zeitigen Bewohnerin eigenthümlich zu gehören schien, war der große Koffer, der zwischen den beiden durch Mullgardinen verhängten Fenstern stand.

Als ich Fräulein Elise mitgetheilt, was ich ausgerichtet hatte, rötheten sich ihre Wangen lebhaft und die Thränen traten ihr in die Augen. Sie war in diesem Augenblicke beinahe schön zu nennen. Sie folgte meinem Rathe, den Director gleich jetzt aufzusuchen. Ich gab ihr meine Karte mit auf den Weg, auf die ich einige empfehlende Worte geschrieben hatte. Wir stiegen zusammen die Treppe hinunter. Vor der Hausthür trennten wir uns. Sie versprach, mir über das Resultat ihres Besuches Bericht zu erstatten.

* * *

Es ist eigenthümlich, wie das Gefühl, Jemandem dienlich gewesen zu sein, unsre Theilnahme für den Betreffenden verstärkt. Fräulein Elise hatte mir zunächst nur die Empfindung ganz allgemeinen, und wenn ich ehrlich sein soll, ziemlich oberflächlichen Bedauerns eingeflößt, wie man es eben empfindet, wenn man hört, daß es irgend einem armen Teufel schlecht geht. Dadurch, daß ich durch meine mühelose Vermittlung die junge Dame aus ihrer traurigen Lage voraussichtlich befreit hatte, war sie mir, ohne daß ich mir recht Rechenschaft davon ablegte, um ein erhebliches Stück näher gerückt. Ich überraschte mich, daß ich im Laufe des Nachmittags, während ich mit ganz andern Dingen beschäftigt war und mit Leuten verkehrte, die mir befreundeter und interessanter waren, doch immer wieder an die merkwürdig schönen Augen des Mädchens dachte und mich in einer gewissen Unruhe darüber befand, wie der Besuch bei dem Director abgelaufen war. Ich wartete mit Ungeduld auf den angekündigten Bescheid.

Am Abend befand ich mich, ohne daß ich recht wußte, wie ich dahin gekommen war, im Theater. Ich hatte mir eingeredet, daß man das Stück, von dem so viel Gutes gesagt war, sehen müsse; aber eigentlich war ich doch blos des Zwischenactes wegen gekommen, in dem ich dem Director begegnen und ihn selbst fragen konnte. Ich traf ihn auch. Er war von guten Freunden und sonstigen Leuten umlagert, und ich konnte nur ganz flüchtig die Frage an ihn richten, die mir auf der Lippe brannte. Er antwortete in gleichgültigem Tone: „Jawohl, sie ist engagirt", und sprach dann von etwas Anderem.

Ich ging darauf befriedigt nach Hause, ohne weiteres Verlangen nach dem Kunstgenusse zu tragen.

Am andern Morgen fand ich unter meinen Briefen einen von einer mir unbekannten Damenhand, den ich in der richtigen Ahnung der Absenderin zuerst öffnete. Dieser Brief war ganz auffallend gut geschrieben, ohne irgend welche Prätension auf guten Stil, aber dabei doch vollkommen correct, schlicht und sachlich. Es war der Brief einer augenscheinlich sehr gebildeten Dame. Ich hatte das schon nach meinen Unterredungen mit Fräulein Elise geahnt; nun wußte ich es. Das war ganz geeignet, mein Interesse an der Schreiberin noch zu erhöhen. Es lag da irgend etwas Geheimnißvolles vor, das ich zu erfahren lebhaft wünschte.

Wie war diese Person dazu gekommen, ohne Neigung, ohne rechtes Talent und mit voller Selbstkenntniß ihrer ungenügenden Befähigung auf die Bühne zu gehen und sich dort mit einer ganz untergeordneten Beschäftigung, lediglich, um ihr Dasein zu fristen, zu begnügen? Sie hatte auf mich durchaus nicht den Eindruck gemacht, als ob irgend ein leichtsinniger Jugendstreich die Veranlassung dazu hätte sein können. Was also war es?

Ich suchte und fand im Laufe der nächsten Tage die Gelegenheit, mit Fräulein Elise noch mehrmals zusammenzutreffen. Sie war mir weit über Gebühr dankbar für die geringe Mühe, die ich mir gegeben hatte. Sie hatte für ein Jahr ausgesorgt, und das war das Einzige, was ihr wesentlich erschien. Ohne daß ich sie dazu aufgefordert hätte, — vermuthlich aus dem Gefühle heraus, daß sie mit ihrem Vertrauen, die Schuld, in der sie bei mir zu stehen glaubte, am besten abtragen könnte, — erzählte sie mir eines Tages, welches Geschick sie auf die Bretter geführt hatte.

Ich will diese Geschichte hier nacherzählen.

* * *

Der Name, unter dem ich mich Ihnen vorgestellt habe, begann sie, ist von mir für die Bühne angenommen worden. Ich bin die Tochter des Schriftstellers und Redacteurs X., der im Jahre 1848 eine gewisse Rolle gespielt hat, und von dem Sie vielleicht auch das eine oder andere Werk wenigstens dem Titel nach kennen. Mein Vater redigirte damals eine Zeitung, die eine große Verbreitung in den östlichen Provinzen hatte und eines der maßgebendsten Organe der liberalen Partei war. Mein Vater hatte eine unglückliche Leidenschaft: er war Spieler. Meine früheste Erinnerung aus der Kindheit ist die, daß ich als vierjähriges Mädchen an den Spieltisch treten und seine Karten berühren mußte, weil er behauptete, ich hätte eine glückliche Hand. Mein Vater verspielte sein kleines und das beträchtlichere Vermögen meiner Mutter. Er, der früher die Herzensgüte selbst war, wurde heftig, unduldsam und ungerecht. Ich denke noch jetzt mit einem wahren Schauder an meine Schulzeit zurück. Der Vater kümmerte sich nur um mich, wenn er mich zu strafen hatte, und meine Mutter, die nur achtzehn Jahre älter war als ich, und die ich selbst noch als blendende Schönheit gekannt habe, hatte eine Abneigung gegen mich, die ich nie habe verstehen können. Bei uns zu Hause herrschte nur Unfriede. Meine Eltern machten sich in meiner Gegenwart die bittersten Vorwürfe. Meine Mutter klagte meinen Vater an, daß dieser durch sein unseliges Spiel die Wirthschaft zu Grunde gerichtet habe, während dieser ihr wiederum vorwarf, daß ihr Hang zum äußeren Glanze, zur gesellschaftlichen Repräsentation, ihre Putzsucht ihn dazu getrieben habe, am Spieltisch den Versuch zu wagen, das Gleichgewicht im Budget herzustellen und ihn zu redlichem Gewinn und zur Arbeit unlustig, beinahe arbeitsunfähig gemacht habe.

Es versteht sich, daß unter diesen ungünstigen Verhältnissen auch die Zeitung, die mein Vater redigirte, zu leiden hatte. Ihre Abonnentenzahl ging zurück, und der Verleger, der wegen der früher geleisteten Dienste meinem Vater immer noch eine gewisse Wohlgesinnung bewahrt hatte, bestand darauf, daß zu seiner Stütze eine jüngere Kraft herangezogen würde.

Es wurde ein junger talentvoller Mann engagirt, der erst vor Kurzem die Universität verlassen hatte. Ich will ihn Dr. Robert nennen. Es war ein sehr geschickter und sehr fleißiger Arbeiter, ausnehmend klug, aber von zweifelhaften Charaktereigenschaften. Er verstand es sehr bald, die Freundschaft meines Vaters zu gewinnen, dem er die ganze Arbeit abnahm, und er wurde von diesem in unser Haus gezogen. Ich war inzwischen 16 Jahre alt geworden. Die Besuche des Dr. Robert in unserem Hause wurden immer häufiger, und schließlich gewöhnte er sich daran, in unsrer außerhalb der Familie an Zerstreuungen nicht eben viel bietenden Provinzialstadt jeden freien Abend bei uns zuzubringen. Mein Vater war während der Zeit fast immer im Wirthshaus.

Ich merkte sehr bald, daß ich die Beiden, Dr. Robert und meine Mutter, störte. Ich sah das ihren Blicken an, ich merkte es an dem gegenseitigen Zuflüstern. Meine Mutter, die durch meinen Vater allerdings in den letzten zehn Jahren nicht sehr verwöhnt worden war, fand offenbares Gefallen an der gesellschaftlichen Glätte und der interessanten Unterhaltung des Dr. Robert, der entweder wirklich schon viel erlebt hatte, oder doch viel erlebt zu haben vorgab. Er war ein ausgezeichneter Erzähler. Ich weiß nicht, wie weit die Intimität zwischen ihnen gediehen war; ich weiß nur, daß eines Tages ein sehr heftiger Auftritt zwischen meinem Vater und Dr. Robert stattfand. Mein Vater, dem in der That die Kündigung zugegangen war, behauptete, daß Dr. Robert ihn beim Verleger aus dem Sattel gehoben — und daß dieser ihm auch die Gastfreundschaft in der Familie mit schnödestem Undank gelohnt habe. Als meine Mutter die Vertheidigung des interessanten Doctors versuchte, gerieth mein Vater in eine so besinnungslose Wuth, daß sie sich flüchten mußte, um der angedrohten Mißhandlung zu entgehen.

Noch an demselben Abend verließ mein Vater die Wohnung und die Stadt.

Ich will mich kurz fassen. Von Seiten meiner Mutter wurde die Scheidungsklage, wegen böswilligen Verlassens, angestrengt und sie gewann den Proceß. Nach Verlauf von etwa einem Jahre heirathete sie Dr. Robert, der sechs oder sieben Jahre jünger war als sie. Ich war von den Gerichten meiner Mutter zugesprochen.

Ich meinte, das Schicksal habe mich nun genügend geprüft; aber es sollte noch ärger werden. Sobald Dr. Robert mein Stiefvater geworden war, veränderte sich sein Benehmen mir gegenüber ganz merkwürdig. Unter dem Vorwande der väterlichen Fürsorge wurde er von einer Zärtlichkeit, die mich ganz beängstigte und die noch in höherem Grade meine Mutter beunruhigte. Da ich von Hause aus eine ziemlich nüchterne und zurückhaltende Natur besitze, wurde es mir nicht schwer, in meinem Verhalten Dr. Robert gegenüber das Richtige zu treffen; aber es half leider nichts. Was ich zu glauben mich zunächst hartnäckig gesträubt hatte, mußte ich schließlich als die Wahrheit erkennen. Dr. Robert stellte mir nach, und meine Mutter war eifersüchtig auf mich, auf ihre Tochter! Um diesen Qualen und Verfolgungen zu entgehen, lief ich eines Abends davon und fuhr nach Breslau, wo mein Vater inzwischen eine kleine Stellung gefunden hatte.

Während der Zeit seiner Trennung von uns hatte ich einige recht liebevolle Briefe von ihm erhalten, und das hatte mir den Muth gegeben ihn aufzusuchen. Ich will es Ihnen nicht schildern, mit welchen Gefühlen ich von meinem Vater, den ich von meinem Kommen telegraphisch benachrichtigt und der mich am Bahnhof in Empfang genommen hatte, die Mittheilung erhielt, daß auch er sich vor einigen Wochen wieder verheirathet habe.

Die Frau, also meine Stiefmutter, stand in jeder Beziehung tief unter meinem Vater. Sie war eine ganz ungebildete Person und hatte, wie ich später erfuhr und wie ich es gleich im ersten Augenblick unserer Begegnung instinctiv heraus fühlte, ein keineswegs musterhaftes Leben geführt. Auch durch die Ehe war sie nicht gesittlicht. In dem Hause meines Vaters verkehrte ein Assessor, ein angeblicher Jugendfreund meiner Stiefmutter; dieser Assessor erinnerte mich sehr lebhaft an Doctor Robert, mit dem er sogar einige Aehnlichkeit hatte. Er spielte in der dortigen Gesellschaft eine gewisse Rolle. Er besaß ein kleines Vermögen, war leichtsinnig und lustig. Er sah nicht bedeutend aus, aber seine ganze Erscheinung wirkte gefällig. Andere junge Mädchen hätten ihn vielleicht hübsch gefunden. Er pflegte sein Aeußeres sorgfältig, ohne Stutzer zu sein. Man sah ihm auf zehn Schritt den Sohn wohlhabender Eltern an, der von Jugend auf anständig gekleidet worden ist. Er galt als ein umgänglicher und sogar als ein interessanter Mensch. Das letztere habe ich eigentlich nicht finden können. Aber er verstand sich auf allerlei gesellschaftliche Späße, die meine Stiefmutter entzückten. Er hatte einige musikalische Begabung, er spielte vortrefflich Tänze; er konnte den Carneval von Venedig mit Variationen auf den Tasten mit der Bürste abstreichen und den Marsch aus der Tell-Ouvertüre auf seinen Wangen trommeln. Er hatte gewiß viel gelernt und einiges behalten, nichts Tüchtiges und Geordnetes, aber gerade genug, um überall mitsprechen zu können.

Trotz seiner kleinen Vorzüge und trotz des Mangels an schwereren Fehlern war mir der Mensch unausstehlich. Jedesmal, wenn ich ihn sah, hatte ich mich zu überwinden, um nicht geradezu unhöflich gegen ihn zu werden. Ich fühlte, daß die neuerworbenen Rechte meines Vaters durch ihn gekränkt wurden, und ich hatte Recht. Ich habe später die Beweise dafür erlangt.

Meine Stiefmutter behandelte mich vollkommen lieblos. Das war mir nichts Neues, und ich hätte es ertragen. Im Wohnzimmer war ich nur geduldet. Ich hatte thatsächlich die Arbeiten eines Dienstboten zu verrichten. Mein Vater sah das mit Bedauern. Ich merkte es ihm deutlich an. Er war aber allmählich zu schwach geworden, zu energielos und seiner zweiten Frau gegenüber zu ohnmächtig, um in dieser Beziehung eine Veränderung zu meinen Gunsten durchzusetzen.

Eines Tages ließ mich meine Stiefmutter rufen und theilte mir mit, daß der Assessor um meine Hand angehalten habe. Ich traute meinen Ohren nicht. Der Assessor hatte allerdings häufig mit mir in seiner Weise gescherzt und mir, wenn ich den gewöhnlichen Ausdruck gebrauchen darf, bisweilen den Hof gemacht; aber ich hatte es immer kurz von der Hand gewiesen und dachte nicht im Entferntesten daran, daß dieser Spaß jemals eine ernsthaftere Wendung nehmen würde. Ich sagte das meiner Stiefmutter, und aus ihrer Entgegnung entnahm ich klar und deutlich, daß sich der Assessor erst durch ihren Einfluß — sie war wie gesagt zwar eine ungebildete, aber eine hübsche und äußerst energische Frau — zu dem sonderbaren Antrage hatte bestimmen lassen. Meine Stiefmutter wollte mich einfach loswerden und fand kein passenderes Mittel als dieses. Ihr moralischer Gesichtskreis war nicht so beschränkt, daß sie darum die Nothwendigkeit einer Veränderung ihrer freundschaftlichen Beziehungen zu dem Assessor eingesehen hätte.

Ja, ich erzähle Ihnen da hübsche Geschichten, ich gewähre Ihnen da einen Einblick in freundliche Verhältnisse! Aber ich wollte Ihnen die Wahrheit sagen und kann eben nichts daran ändern. Nun werden Sie schon begreifen.

Nachdem ich mich vergeblich an das Herz meines Vaters gewandt, nachdem ich ihm gesagt hatte, daß ich den mir zugedachten Gemahl nicht ohne Widerwillen ansehen könnte, nachdem alle Mittel der Ueberredung von meiner Seite erschöpft waren, nachdem ich Tage lang alle Unfreundlichkeiten von Seiten meiner Stiefmutter, die sich bis zu Schmähungen steigerten, und das ganze Ungemach meines Daseins in dem schrecklichen Vaterhause ertragen und schließlich eingesehen hatte, daß meines Bleibens dort nicht war, schrieb ich an meine Freundin in Düsseldorf, ging ohne Abschied auf und davon, und, so bin ich Schauspielerin geworden.

* * *

Das ist die Geschichte, die mir Fräulein Elise Böhmer erzählt hat. Ich habe das Mädchen im Laufe des Jahres noch einigemale gesehen. Nach Verlauf des Jahres wurde ihr Contract nicht erneuert. Sie ging davon, ohne mir Kenntniß von ihrem weiteren Schicksal zu geben, und entschwand so meinem Gesichtskreis.

Vor einiger Zeit hielt ich mich wegen Einstudirung eines neuen Stückes einige Tage in X. auf. Wie gewöhnlich hatten die Schauspieler bei den ersten Proben nicht genügend memorirt, und wie gewöhnlich wurde die Schuld auf den Sündenbock im grünen Kasten, auf die arme Souffleuse gewälzt.

„Sie brauchen mir kein Wort zu souffliren; ich kenne meine Rolle", sagte Dieser.

„Weshalb schlagen Sie denn nicht an? Wozu sind Sie denn eigentlich da?" sagte Jener.

„Aber ich bitte Sie, schreien Sie doch nicht so!" sagte ein Dritter.

„Wenn Sie Alles verschlucken, versteht man natürlich kein Wort", schalt ein Vierter; und so weiter.

Ich wechselte mit der Souffleuse, die alles das mit gewerbsmäßiger Ruhe ohne Protest über sich ergehen ließ, einen flüchtigen Blick des Einverständnisses, und die Probe hatte ihren Fortgang.

Am Tage der Aufführung herrschte, als ich zur Generalprobe auf die Bühne kam, große Aufregung. Die Souffleuse, über die man noch gestern und vorgestern weidlich gescholten hatte, und die man nun auf einmal als das Muster ihrer Gattung rühmte, hatte sich das Leben genommen. Als einziges Motiv der unseligen That hatte sie angegeben: Lebensüberdruß.

„Es war eine außerordentliche Person", sagte der Heldenspieler, „gebildet wie wenige, dabei bescheiden und ruhig in ihrem ganzen Verhalten, anspruchslos, unermüdlich und sehr tüchtig in ihrem Fach. Schade um die arme Person! Sie war gewiß unglücklich! Ich habe sie nie lachen hören. Das Unangenehmste bei der ganzen Geschichte aber ist, daß wir nun das Stück mit einem neuen Souffleur spielen müssen. Unsere Souffleuse kannte unsere Eigenthümlichkeiten so gut! Wenn sie sich nur einige Tage geduldet hätte! Schade! Die arme Person!"

„Wie hieß sie denn?" fragte ich.

„Elise Böhmer", antwortete mir der Heldenspieler.

Mir war doch so, als ob ich die Augen, die aus dem Kasten mit dem merkwürdig schwermüthigem Ausdruck zu mir heraufgeblickt hatten, schon irgendwo gesehen hätte.

Zur Physiologie der Schrift.
Von
Carl Vogt.
— Genf. —

Die nachfolgenden Zeilen haben nicht die Aufgabe, sich mit der Entwicklung des Alphabets, mit der allmählichen Umwandlung der Bildschrift in phonetische Wort- und Silbenzeichen und endlich in Buchstabenschrift zu befassen. Ueber diese Seite der Forschung steht mir kein Urtheil zu. Für meinen Zweck ist es völlig gleichgiltig, ob unser A sich aus einem Aleph entwickelt hat, und ob es ursprünglich ein Kameel oder ein Haus bedeuten sollte. Es genügt mir, aus den mühevollen Untersuchungen und so äußerst scharfsinnigen Schlußfolgerungen, die man darauf gestützt hat, das allgemeine Resultat festzuhalten, daß die Schrift als die letzte Entwicklungsphase einer langen Bildungsperiode betrachtet werden kann, welche erst in verhältnißmäßig später Culturepoche es möglich machte die Mittheilung der Gedanken durch das gesprochene und gehörte Wort mittelst des Gedächtniß- und eines zweiten, nämlich des Gesichtssinnes, zu vervollständigen. Ein wichtiger Fortschritt ohne Zweifel, der es ermöglichte, Dinge späteren Geschlechtern sogar in dem Falle mitzutheilen, wo die Sprache, deren die die Vorfahren sich bedienten, gänzlich ausgestorben war und keine Tradition den Sinn der Zeichen erhalten hatte, welche man vor Augen sah. Ob dieser Fortschritt bei dem einen Volke früher, bei dem anderen später Platz griff, kommt für mich nur insofern in Betracht, als die Uebertragung einer bestimmten Schreibweise, eines specifischen Alphabets, von einem auf das andere Volk nachgewiesen ist.

Ich bin zu den nachfolgenden Betrachtungen hauptsächlich durch eine Arbeit von Dr. Erlenmeyer, dem bekannten Vorsteher eines Instituts für Geistes- und Nervenkranke in Bendorf bei Coblenz, angeregt worden, welche unter dem Titel: „Die Schrift. Grundzüge ihrer Physiologie und Pathologie" vor einiger Zeit erschienen ist. Wenn ich auch reiche Belehrung dieser kleinen aber inhaltreichen Broschüre verdanke, so kann ich doch nicht läugnen, daß manche der darin entwickelten Ansichten den Geist des Widerspruches in mir wach riefen, der auch in einigen Artikeln in der „Frankfurter Zeitung" Ausdruck fand. Seitdem habe ich mich, neben manchem Nachdenken und vielen Discussionen mit Freunden über den Gegenstand, auch experimentell mit einigen einschlägigen Fragen beschäftigt und möchte jetzt auch weitere Kreise für dieselben zu interessiren suchen.

Die Arbeiten der Neuzeit haben festgestellt, daß bestimmte Hirntheile, die in der Schläfengegend gelegen sind, den wesentlichsten Antheil an der Bildung der Sprache haben; daß, um es mit einem kurzen Satze auszudrücken, die meisten Menschen mit der im Inneren der Schläfe gelegenen dritten Stirnwindung der linken Hirnhälfte sprechen. Das weiß Jeder, der nur einmal ein Buch über Physiologie gelesen hat, und ebenso weiß ein solcher Kundiger, daß die Bahnen der Nervenleistungen im Gehirn sich kreuzen, daß also die Bewegungen des linken Armes von der rechten Hirnhälfte, die des rechten umgekehrt von der linken Hirnhälfte abhängen, Blutergüsse, welche wir im gewöhnlichen Leben Schlagflüsse nennen, finden leider weit häufiger in der linken, als in der rechten Hirnhälfte Statt — ihre Folgen sind Lähmung der Sprache und der rechten Körperhälfte, während ein Bluterguß in der rechten Hirnhälfte wohl Arm und Bein der linken Seite, aber nur in seltenen Ausnahmefällen die Sprache lähmt.

Man darf sich nun wohl die Frage vorlegen, ob auch für die Schrift, das heißt für die wechselseitigen Momente derselben, ein solches Centrum existirt? Insoweit wir mit der rechten Hand schreiben, wird natürlich die Schriftbewegung durch einen Schlagfluß auf der linken Seite sistirt sein — aber da man auch mit der linken Hand schreiben lernen kann, so wird die physiologische Frage allgemeiner, dehnt sich über die Schreibebewegungen überhaupt aus und concentrirt sich schließlich auf einen Punkt: Giebt es Thatsachen, welche uns zur Annahme eines im Hirn gelegenen Centrums für die Schreibebewegungen führen? Oder, mit anderen Worten, können wir nachweisen, daß die Art und Weise, wie geschrieben wird, von physiologischen Gesetzen abhängig ist, die in der Structur des Gehirnes begründet sein müssen?

Alle Völker ohne Ausnahme schreiben mit der rechten Hand. Mag das Uebergewicht derselben auf diesem oder jenem Grunde beruhen, zum großen Theil auch eine Folge der Erziehung und Angewöhnung sein, einerlei — der schreibende Mensch schreibt mit der rechten Hand, also unter dem Commando der linken Gehirnhälfte.

Wenn dies allgemeines Gesetz ist, so darf es auffallen, daß die Aneinanderreihung der Buchstaben und Linien nicht dieselbe ist. Die Ostasiaten reihen die Buchstaben von oben nach unten und die Linien von rechts nach links; Westasiaten (Semiten) und Europäer stellen die Linien untereinander, reihen aber die Buchstaben nebeneinander und zwar die letzteren von rechts nach links, als centripetal, die ersteren von links nach rechts, als centrifugal.

In dieser Reihung der Buchstaben und Linien herrscht also eine große Mannigfaltigkeit, die nur dann einem physiologischen, also allgemein giltigen Gesetze untergeordnet werden könnte, wenn es möglich wäre, nachzuweisen, daß die Abweichungen von der natürlichen Schreibweise durch andere Gründe veranlaßt wurden.

Die Aneinanderreihung der Linien und Buchstaben ist wohl von der Bildung der Buchstaben an und für sich zu unterscheiden. Beide sind vollkommen unabhängig von einander; die Individualität des Einzelnen spricht sich vorzugsweise in der Bildung der Buchstaben aus, während in der Art und Weise, wie Linien und Buchstaben aneinander gereiht werden, gar kein individuelles Moment liegt.

Zur Entscheidung der Frage, ob nur eine einzige Art der Reihung von Buchstaben und Linien naturgemäß, also physiologisch begründet ist, oder ob die jetzt herrschende, dreispaltige Mannigfaltigkeit einzig und allein von äußeren Momenten bedingt wurde, gehört offenbar eine genauere Analyse aller dieser äußeren Einflüsse, welche beim Schreiben bestimmend mitgewirkt haben können. Dies zu untersuchen, wird unsere erste Aufgabe sein.

Wie die Lösung aber auch ausfallen mag, immerhin reicht die erhaltene Antwort nicht zu einer genauen Analyse der zu dem Schreiben in Thätigkeit gesetzten Functionen des Gehirnes aus. Die Bildung eines Buchstabens mittelst der schreibenden Hand setzt voraus, daß einestheils durch die Bewegung der Finger und der Hand, anderntheils durch den Gesichtseindruck, welchen die Augen vermitteln, in dem Gehirn eine Raumvorstellung erzeugt werde, welche, wie alle anderen Vorstellungen und Eindrücke, während einiger Zeit durch das Gedächtniß festgehalten wird. Das Gedächtniß ist eine wunderbare Eigenschaft — wird es häufig durch dieselbe Empfindung, dieselbe That in Anspruch genommen, so verkürzt sich die Zeit, die zur Ueberleitung des Willens nöthig wird, in solcher Weise, daß die Handlung fast unbewußt vorgenommen wird. Je mehr und je häufiger der Mensch schreibt, desto fester werden die durch Buchstaben und Linien hervorgebrachten Raumvorstellungen im Gehirn haften. Da aber diese Vorstellungen nur von dem Tast- und Muskelgefühle der einen rechten Hand zugeleitet werden, freilich unter Mitwirkung der beiden Augen, so werden vielleicht einestheils Versuche, anderntheils Beobachtungen an Kranken, bei welchen einzelne Hirntheile gelähmt sind, Aufschlüsse geben können über die Art und Weise, wie diese theilweise einseitig bedingten Vorstellungen sich in dem Gehirne bilden und erhalten. Auch auf diese Frage möchte ich einige Streiflichter werfen, ohne sie gänzlich erschöpfen zu wollen.

Beginnen wir mit der ersten Frage: In welcher Stellung, mit welchem Material schrieben die alten Völker und schreiben die heutigen? Läßt sich in diesen Bedingungen ein Zusammenhang erkennen mit der Art und Weise, wie Buchstaben und Linien gereiht werden?

I.

So viel wir wissen, hat sich alle Schrift aus bildlicher Darstellung entwickelt. Die amerikanischen Völkerschaften scheinen niemals über dieses Stadium hinaus gekommen zu sein, denn die eigenthümliche Zeichenschrift der Quipos, der verkarteten Bindfaden, welche die Azteken besaßen, war wohl mehr eine Ausbildung des mnemonischen Hilfsmittels eines Knotens im Schnupftuche, als eine wirkliche Schrift. Sonst aber findet man in Amerika nur Bilder auf Felsen, Gebäuden und Häuten, und noch bis zu den Kriegen um den Besitz Canadas und Louisianas stellten die Rothhäute gewisse Begebenheiten auf diese Weise dar. Nur die Mexikaner scheinen bis zu einer Art phonetischer Rebusschrift gekommen zu sein. Dieselbe Bilderschrift finden wir bei den Völkern der Südsee-Inseln bis in die neueste Zeit — Malereien und Schnitzwerke an Gebäuden, Thürpfosten, Tempeln und Clubhäusern. Alle diese Anfänge haben sich nicht weiter entwickelt. Die Aneinanderreihung der Figuren, welche eine Handlung oder einen geschichtlichen Hergang erzählen sollen, ist durchaus willkürlich und richtet sich absolut nur nach der Form und Zusammenstellung des Materials.

In der alten Welt entwickelten sich aus der ursprünglichen Bilderschrift drei ursprüngliche Schreibweisen. — Die ostasiatische, chinesisch-japanesische, die westasiatische oder Keilschrift und die egyptische Schrift. Von letzterer namentlich ist der Uebergang oder vielmehr die Umbildung der Figuren- oder Hieroglyphenschrift in die hieratische und dann in die demotische Schritt für Schritt nachgewiesen.

Auch bei den Hieroglyphen existirte durchaus keine Regel für die Reihung der Zeichen, dieselbe richtet sich durchaus nach der Größe und Gestalt des benutzten Raumes.

Wie vielen Antheil die Keilschrift einerseits, die demotische Schrift der Egypter anderseits an der Bildung der heutigen Schreibweisen und Alphabete genommen haben, ist für unsern Zweck völlig gleichgiltig, — genug, daß die westliche Erdhälfte jetzt drei Schreibarten hat: die chinesisch-japanische, welche die Buchstaben von oben nach unten, die Linien von rechts nach links, also centripetal ordnet; die semitische, welche die Buchstaben centripetal, von rechts nach links, ordnet und die Linien unter einander folgen läßt, und die indogermanische oder arabische Schreibart, welche die Buchstaben centrifugal, von links nach rechts reiht, die Linien aber ebenso untereinander ordnet, wie die Semiten es thun.

Beide letzteren Schreibweisen mit ihren entsprechenden Alphabeten mögen, wie schon bemerkt, aus Mischung egyptischer und mesopotamischer Keilschrift hervorgegangen sein. Jedenfalls haben sich beide aus Hieroglyphen entwickelt. Diesem Ursprung ist es zu danken, daß anfangs gar keine Ordnung, weder in Bezug auf Buchstaben noch auf Linien, hergestellt ist. „Erinnern Sie sich", sagt J. P. Lesley in seinen Vorlesungen über den Ursprung und die Bestimmung des Menschen, „erinnern Sie sich, was ich Ihnen über die offenbare Gleichgiltigkeit der alten Schreiber hinsichtlich der Stellung der Buchstaben sagte, vorausgesetzt, daß deren Gestalt so war, wie Sie wünschten. Ich meine hier nicht die Stellung der Buchstaben zueinander in dem Wort, obgleich das auch ein sehr wichtiger Punkt ist, auf den man in der Sprachwissenschaft, viel zu wenig geachtet hat. Aber die Worte wurden unregelmäßig bald vorwärts bald abwärts an einander gereiht; viele alte griechische Inschriften waren abwechselnd vor- und rückwärts geschrieben, von Linie zu Linie, wie der Bauer ein Feld pflügt; man nannte in der That diese Schreibeweise „bustrophedon" d. h. Ochsenwendig. Die Egypter schrieben oft in gleicher Weise". In der That kann, der Art der Charaktere gemäß, wie Stern sich ausdrückt, die Hieroglyphenschrift von oben nach unten, von links nach rechts oder umgekehrt laufen; das letztere ist, wie in semitischen Schriften, das Gewöhnliche.

Wir halten also die Thatsache fest, daß die Aneinanderreihung der Zeichen und Bilder, welche sich nach und nach in Buchstaben umwandelten, und der Linien so lange eine vollkommen regellose war, als dieselben auf unbewegliches Material, Stein, Holz u. s. w. aufgetragen wurden. Erst mit dem Augenblicke, wo der Mensch sich nicht mehr vor dem Material, sondern das Material sich von dem Menschen bewegte, wo man auf Täfelchen, Rinden, Papier u. s. w. schrieb, erst von diesem Augenblicke an traten feste Regeln in Beziehung auf die Aneinanderreihung ein, die wir oben nach den drei Hauptrichtungen der jetzigen Schriftsprachen charakterisirten.

Ursprünglich wird also die Reihung der Schrift gänzlich von dem Material beherrscht; auf einem horizontalen Kreis oder Querbalken reihte man die Bilder und Zeichen horizontal, auf einem Pfosten vertical, auf einer ringsum frei stehenden Säule vielleicht in Schlangenlinien, wie es eben paßte. Es existirt demnach für diese Zeit gar keine, auf physiologischem Grunde basirte Regel.

Gibt es einen solchen physiologischen Grund, wie neuerdings behauptet wurde, für die jetzigen Schreibweisen?

Um dies behaupten zu können, müßte man erst nachweisen, daß die verschiedene Stellung, welche die Schreibenden einnehmen, ihre Richtung gegen das Licht; ihre Bewegungen des Materials, auf welches sie schreiben, der Hand, mit der sie schreiben und das Material selbst keinen Einfluß oder nur einen solchen ausüben konnte, welcher den physiologischen, durch die Organisation des Gehirns und der bewegenden Theile gegebenen Impuls aufhob.

Untersuchen wir, um dieser Frage näher zu kommen, das Material und die Haltung der Schreibenden und beginnen wir mit der ältesten, der ostasiatischen Schreibweise.

Hier müssen wir zuerst constatiren, daß Chinesen und Japanesen, der gewöhnlichen Auffassung der Worte nach, nicht schreiben, sondern malen. Ihr Geräth ist der Pinsel, also ein an seiner Spitze äußerst biegsames Werkzeug, das eine weit größere Ausgiebigkeit in Bezug auf Feinheit oder Dicke der

Striche gestattet, als das spätere, nur elastische Material, dessen wir uns in Gestalt von Federn, Stiften u. s. w. bedienen. Wenn dies für die Form und Fettigkeit der Schriftzüge von Bedeutung ist und auch insofern einen Zwang auferlegt, als Schnellschreiben nicht leicht möglich ist, so darf man andererseits nicht vergessen, daß das Werkzeug der Ostasiaten Zeugniß für ihren Conservatismus ablegt, indem es offenbar von der früheren Bildnißmalerei mit herübergenommen ist.

Vielleicht liegt schon hierin eine Erklärung der verticalen Reihung der Buchstaben. Die Holzconstruction ist maßgebend in Ostasien; man bemalte vorzugsweise die Thürpfosten der Tempel; die von diesem Material bedingte Richtung ging von oben nach unten; so wie man den Pinsel beibehielt, obgleich man zu anderem Material überging, so behielt man auch die Richtung bei, die sogar für das Malen die natürliche, durch die Organisation der Finger und der Hand bedingte ist. Ich habe auch nie einen Maler oder Zeichner gesehen, der seine Striche anders als von oben nach unten geführt, noch keinen, der seine Zeichnungen und Gemälde von unten nach oben ausgearbeitet hätte; Professor de Blainville in Paris war der Einzige, der sich eingeübt hatte, eine Eidechse z. B. von der Schwanzspitze anzufangen; aber dies that er nur, um mit seiner Kunst vor seinen erstaunten Zuhörern zu renommiren.

Der Japanese führt überall sein Schreibzeug mit sich — ein Röllchen Papier, ein Futteral für den Pinsel und das Töpfchen mit Tusche hängt an seinem Gürtel; er schreibt stehend auf der linken Hand, indem er das Röllchen nach und nach zwischen der Hand und dem Körper abwickelt, oder hockend vor einem niederen Tische. In A. Humberts japanischer Reise sehen wir einen Schönschreiber, der das Papier so vor sich ausgebreitet hat, daß die schreibende rechte Hand das Zusammenrollen verhindert; links daneben liegt eine andere Rolle, die beschrieben ist und deren Zurückschnellen er mit dem Elbogen des linken Armes verhindert. Die Hand dieses Armes stützt den Kopf; die schreibende Hand ist unmittelbar hinter dem Armgelenke auf den Tisch aufgelegt, so daß die ganze pinselführende Hand frei über dem Papiere schwebt. Die Stellung entspricht so sehr der Stellung, die wir selbst einnehmen würden, wenn wir unter angestrengtem Nachdenken Etwas auf ein Papier zeichnen sollten, daß man sich fragen muß, ob man es anders machen könnte und jedenfalls eingestehen wird, daß dieser japanesische Schönmaler in der Aneinanderreihung seiner Buchstaben von oben nach unten die bequemste und damit auch naturgemäßeste Richtung gewählt hat. Die Entrollung des Papiers läßt ihm stets die ganze Länge der Linie frei, auf die er malen will.

Die Linien reihen die Chinesen und Japanesen von rechts nach links. Warum, weiß ich eigentlich nicht zu sagen — die entgegengesetzte Richtung erschiene uns naturgemäßer, da dann die Linke das schon beschriebene Papier halten und die Rechte das Zurückschnellen der Rolle hindern würde. Ich habe darüber keinen Aufschluß erhalten können.

Welche Stellung nimmt der Semite ein, wenn er schreibt? Ich habe über diesen Punkt mich von zweien meiner Collegen belehren lassen — beide vorzügliche Kenner des Orientes: Professor Segond, der Verfasser der mustergiltigen Uebersetzung des Alten Testamentes, in deren Interesse er Palästina bereiste, und Professor G. Oltramare, der viele Jahre in Cairo als Erzieher eines egyptischen Prinzen weilte und arabisch spricht, liest und schreibt. Beide haben mir in übereinstimmender Weise die Stellung vor Augen geführt. Der Araber, Türke, Beduine und mit diesem die muhamedanischen Negervölker sitzen mit untergeschlagenen Beinen auf der Matte; die rechte Hand, welche die Feder führt, schwebt mit dem ganzen Arme frei in der Luft, der Arm ruht nirgends auf. Die linke Hand hält das steife Papier entweder frei in der Luft oder auf einem untergelegten Täfelchen; sie schwebt ebenfalls frei in der Luft oder der Arm wird mit dem Elbogen auf das linke, etwas gehobene Knie gestützt. Beim Schreiben bleibt nun die rechte Hand auf derselben Stelle, nur die Finger werden zum Zeichnen der Buchstaben bewegt; dagegen wird beständig das Papier von der Linken her nach rechts unter der rechten Hand weggeschoben. So ordnen sich die Buchstaben von rechts nach links in ganz natürlicher Weise. Die Araber schreiben sogar am liebsten stehend; ein in Genf lebender junger Egypter stellte sich sogleich frei hin, als ich ihn aufforderte, mir etwas zu schreiben. Professor Oltramare schrieb mir so mit großer Schnelligkeit einige Zeilen; die linke Hand ging beständig wie ein Weberschiffchen hin und her; sobald die Zeile vollendet war, wo beide Hände sich berührten, wurde das Papier schnell zurückgezogen und dann beim Schreiben der nächsten Linie wieder unter der Rechten durchgeschoben.

Die von rechts nach links schreibenden Völker führen demnach den unseren entgegengesetzte Schreibebewegungen aus. Wir lassen das Papier in derselben Lage und halten es mit der Linken fest auf dem Tische, während wir den rechten Arm und Hand bewegen; sie bewegen das Papier mit der linken Hand und Arm, während die rechte Hand und Arm ihren Platz nicht ändern. Es ist derselbe Unterschied wie zwischen dem Sägen des Schreiners, der das Holz fixirt und die Säge vorwärts bewegt, und dem Arbeiten der Kreissäge, die sich um einen festen Punkt dreht und gegen welche das Holz bewegt wird.

Nur aus dieser vom Orientalen eingenommenen Stellung und der durch dieselbe bedingten Bewegungen wird auch eine Notiz erklärlich, die ich in Waitz' Anthropologie der Naturvölker, 2. Band, S. 228, finde. „Ueberall", heißt es dort, „wohin der Islam bringt, giebt es Lese- und Schreibschulen. Daß sich die Neger in der Aneignung dieses Bildungsmittel blos nachahmend und receptiv verhielten, läßt sich dem um 1833 von Doalu Bukere erfundenen Alphabet gegenüber nicht behaupten. Es ist ein phonetisches Silbenalphabet von 200 und einigen Zeichen, hervorgegangen aus dem Schooße eines Volkes, der Veis, das um nichts civilisirter ist als andere Negervölker . . . Der

Erfinder desselben hatte als kleines Kind von einem Missionär drei Monate Leseunterricht erhalten ... im Traume erschien ihm, so erzählte er, ein Mann mit einem Buche und hieran knüpfte sich bei ihm der erste Gedanke seiner Erfindung, die nach wenig Jahren bei Jung und Alt in seinem Vaterlande im Gebrauche war ... Die Veis schreiben mit Rohrfedern und einer aus Blättern bereiteten Tinte von rechts nach links, nicht umgekehrt, wie dies der Erfinder ursprünglich that". — Wir haben also hier ein Volk, das eine bei ihm erfundene Silbenschrift annimmt, dagegen die Richtung, in welcher es die Zeichen ordnet, umkehrt, um diese Anordnung in einer Weise zu vollziehen, die ihm bequem ist, obgleich der Erfinder, wahrscheinlich auf seinen kindlichen Erinnerungen fußend, die entgegengesetzte Anreihung ursprünglich eingeführt hatte. Wäre das Schreiben von links nach rechts, wie wir es thun, wirklich durch physiologische Gründe bedingt, so ließe sich nicht absehen, wie die Veis eine unnatürliche Schreibweise annehmen konnten, nachdem ihnen die natürliche gelehrt worden war. Nach Conestabile's Untersuchungen ist indessen schon bei den alten Etruskern eine ähnliche Umdrehung der Richtung vorgekommen, wie bei den Veis.

Professor Segond machte mich auf einen weiteren Grund der Buchstabensetzung von rechts nach links aufmerksam. „Das Gesetz", sagte er, „wurde von den Hebräern auf Rollen geschrieben. Da die rechte Hand die Feder hielt, konnte sie nicht zugleich die Rolle halten. Die linke Hand hielt also die Rolle und rollte sie allmählich auf, während die Rechte schrieb". Man braucht nur den Versuch zu machen, mit freischwebenden Armen stehend oder auf den Knieen auf eine Rolle zu schreiben, und man wird sogleich inne werden, daß dies nur von rechts nach links bei allmählicher Entrollung thunlich ist. Auf einem Tische mit gestützten Armen und Händen ist es freilich etwas Anderes, wie uns der Japanese gezeigt hat, — aber man kann nicht oft genug wiederholen, daß wir unsere Möbel und Gewohnheiten nicht in das Zelt des semitischen Nomaden übertragen dürfen, der weder Tisch noch Stuhl kannte und heute noch nicht kennt.

Sobald man diese durchaus verschiedenen Verhältnisse fest im Auge behält, verschwinden eine Menge von Einwürfen, welche man gegen das Schreiben von rechts nach links gemacht hat. Es komme ein Punkt, hat man gesagt, wo Feder und Hand für das Auge den Platz decken, auf welchem der Buchstabe gezeichnet werden soll. Ganz richtig bei unserer Stellung! Aber auch dann nur, wie ich mich durch Messungen überzeugt habe, und bei meiner Art die Feder zu halten, in einer Entfernung von etwas mehr als einem halben Meter, was die gewöhnliche Sehweite um das Dreifache übersteigt. Man müßte mit völlig ausgestrecktem, steifem Arme schreiben, um diesen Deckungspunkt zu erreichen! Bei dem Semiten aber kann dieser Punkt gar nicht vorkommen, denn er verändert beim Schreiben weder die Stellung der Augen, noch die der schreibenden Hand.

Dr. Erlenmeyer ist noch höher hinaufgegangen und hat, von dem Grund-

satze ausgehend, daß nur unſer Schreiben in centrifugaler Richtung natur=
gemäß ſein könne, die Behauptung aufgeſtellt, die alten Semiten hätten
urſprünglich mit der linken Hand geſchrieben, alſo ebenfalls in centrifugaler
Richtung von innen nach außen, von rechts nach links, und hätten ſpäter, als
ſie die rechte Hand benutzten, dieſe Richtung beibehalten. Zur Unterſtützung
dieſer etwas paradox klingenden Anſicht wird eine Stelle aus dem Talmud
angeführt, in welcher es heißt, daß nur mit der rechten Hand beſchriebene
Gebetriemen und Geſetzrollen verwendet werden dürften. Die Erklärer des
Talmud hätten dann beigefügt, daß man im Nothfalle auch mit der linken
Hand geſchriebene Gegenſtände verwenden dürfe. Die Erlenmeyer'ſche Anſicht
reducirt ſich alſo darauf, daß die Semiten anfänglich naturgemäß mit der
linken Hand geſchrieben hätten, dann aber die für die linke naturgemäße
Richtung in naturwidriger Weiſe beibehalten hätten, als ſie die rechte Hand
der linken ſubſtituirten.

Abgeſehen von der Stelle des Talmud, die ſich in ſehr verſchiedener
Weiſe erklären läßt, glaube ich, daß die angeführte Anſchauung Dr. Erlenmeyers
deshalb unhaltbar iſt, weil es einem Semiten gar nicht einfallen konnte, mit
der linken Hand zu ſchreiben. Die Begründung meiner Behauptung iſt leicht.

Die linke Hand iſt für den Orientalen unrein. Ein Türke, ein Araber
wird niemals ſeinen Bart mit der linken Hand berühren, keine Speiſe damit
faſſen; es gilt für eine tödtliche Beleidigung, einen Andern mit der linken
Hand zu berühren, aus dem einfachen Grunde, weil dieſelbe dem Orientalen
zu gewiſſen Reinigungen dient, die ich hier nicht näher bezeichnen will.
Niemand, der die Beharrlichkeit der ſemitiſchen Nomaden in ihren Sitten
und Gebräuchen kennt, wird darüber in Zweifel ſein können, daß dieſe Ver=
achtung der linken Hand aus den älteſten Zeiten datirt. Wie mir Profeſſor
Segond mittheilt, wird dies auch unter Anderem dadurch bewieſen, daß ſowohl
im Hebräiſchen, wie in den älteren Schweſterſprachen, im Altſyriſchen und
Chaldäiſchen, das Wort „die Rechte" geradezu für das Wort „Hand" gebraucht
wird, Hand und Rechte ſynonym ſind, oder vielmehr gar kein anderes,
urſprüngliches Wort für „Hand" exiſtirt.

Nun iſt aber alle gewöhnliche Schrift aus heiliger Figurenſchrift ent=
ſtanden. Das Schreiben war urſprünglich eine heilige Handlung, nur von
Prieſtern geübt. Wie hätte alſo ein altſemitiſcher Prieſter auf den Gedanken
kommen können, zu einer heiligen Handlung die unreine, verachtete, linke Hand
zu gebrauchen, die Unglückshand, die ſiniſtra! Er hätte vor ſeiner eigenen
Schrift, als einem unreinen Product, zurückſchaudern müſſen. Was uns, die
wir gegen unſere linke Hand keine Vorurtheile haben, möglich erſcheinen kann,
iſt für den Orientalen geradezu undenkbar.

Jede heilige Handlung bedingt bei dem Semiten die Wendung des
Geſichts nach Oſten. Ueberall, wo er auch ſei, ſucht der gläubige Semite
ſich zuerſt über die Lage der Himmelsgegend zu vergewiſſern, in welcher das
Geſtirn des Tages aufgeht. Sein Gebet, ſein Ruf nach Jehova oder Allah
ſind unwirkſam, wenn er das Antlitz nicht gen Oſten wendet.

Um zu schreiben, d. h. um eine heilige Handlung zu begehen, mußte der Semite des Alterthums sein Gesicht nach Osten wenden.

Nun denke man sich in die Stellung eines solchen Schreibenden.

Er hockt auf seiner Matte mit untergeschlagenen Beinen, das Gesicht nach Osten gewendet, das Tintenfaß am Gürtel, die Rohrfeder in der rechten Hand, die Rolle, die er beschreiben will, in der linken. Das Licht kommt ihm von Süden, von rechts her. Er schreibt also nothwendig von rechts nach links, zum Licht gegen das Dunkel, von dem entrollten Papyrus gegen die nach und nach sich abwickelnde Rolle hin. Wollte er von links nach rechts schreiben, so müßte die sich abwickelnde Rolle außerhalb seiner rechten Hand liegen und je dicker sie wäre, um so mehr den Raum beschatten, auf den er schreiben will. Er müßte in dieser Stellung mit der schreibenden Hand die Rolle allmählich zurückschieben und entrollen, wäre also in seinen Bewegungen nach Außen gehemmt. Man versuche einmal auf einem Tische gegen eine Papierrolle zu schreiben in der Art, wie wir es thun — es ist geradezu unleidlich und um so unleidlicher, je steifer das Papier, je besser gewickelt die Rolle ist. Wie viel mehr, wenn es gilt, mit schwebendem Arm und Hand, wie der Orientale, auf dem Knie zu schreiben!

Die Schreiberichtung der Semiten von rechts nach links war also für die ursprünglichen und ist noch für die von unserer Tisch= und Stuhl=Cultur noch nicht beleckten Orientalen die einzig naturgemäße, bedingt durch ihre Stellung beim Schreiben, ihre Orientirung gegen das Licht und durch das Material, das sie benutzten. Sie wird auch durch die Gewohnheit die bequemste. Alle Personen, welche ich befragte und die der hebräischen, wie einer westeuropäischen Sprache mächtig sind, Juden wie christliche Theologen, versicherten mich einstimmig, daß' ihnen das Schreiben des Hebräischen von links nach rechts ebenso unmöglich sei, ebenso unnatürlich vorkomme, als das Schreiben des Deutschen von rechts nach links.

Unsere Schreibweise, von links nach rechts, ist die jüngste von allen. Sie ist allen Ariern gemein, aber doch wahrscheinlich erst nach der Auswanderung aus deren ursprünglichen Stammsitzen entstanden — wenigstens haben wir westlichen Arier unsere Schrift und Weise, die Buchstaben aneinander zu reihen, von den Griechen und Römern übernommen. Angesichts dieser Thatsache der Jugendlichkeit unserer Schreibweise müßte man also, wie mir mein College Segond richtig bemerkte, nicht fragen, woher es komme, daß die Semiten anders schrieben, als wir, sondern man müßte die Frage so stellen: Wie kommt es, daß die Arier von der älteren semitischen Schreibweise abgewichen sind, um von links nach rechts, also centrifugal, zu schreiben?

Das Material kann der bestimmende Grund nicht sein. Die Alten schrieben entweder noch gar nicht, wie der homerischen Helden uncivilisirtes Raubgesindel, oder sie schrieben mit dem Griffel auf Wachstäfelchen, stehend oder auf den Knieen; der Schreibtisch oder das Pult sind erst späteren Ursprungs. Noch heute schreibt die gesammte französische Jugend der höheren

Unterrichtsanstalten ihre Notizen auf den Knieen; es gibt keine Pulte in den französischen Auditorien. Der französische Student hat ein besonderes kleines Portefeuille mit harter, meist aus Holz gefertigter Klappe; er legt dieses auf das übergeschlagene, rechte Bein, hält es mit der linken Hand fest und schreibt mit frei schwebendem rechten Arm und Hand.

Aber zum Unterschiede von dem Orientalen fixirt der auf dem Knie schreibende Franzose sein Papier mit der linken Hand und bewegt die rechte ebenso, wie wir bequemeren Leute, die wir an Tisch oder Pult schreiben.

Die Bewegungen der beiden Hände sind also denen des Orientalen entgegengesetzt und der Unterschied zwischen dem Knieschreiben der Franzosen und dem deutschen Pultschreiben besteht nur darin, daß bei jenen rechter Arm und Hand frei schweben, während wir uns zwei Stützpunkte für dieselben beim Schreiben schaffen, einen in der Nähe des Elbogens oder an diesem selbst für die Linienbewegung, einen zweiten an dem Außenrande der Hand oder des kleinen Fingers für die Buchstabenbewegung.

Aus dieser Wahl der Stützpunkte gehen zwei Eigenthümlichkeiten unserer Schrift hervor, welche bei der mit frei schwebendem Arme gefertigten Schrift nur dann bemerklich sind, wenn das Schreiben mit aufgelegtem Arme gelernt wurde, die aber sonst nicht vorkommen.

Unsere Linien streben schief von innen und unten nach rechts und oben. Betrachtet man diese Linien genauer, so sind sie nur Bruchstücke eines Kreisbogens, den der Arm bei der Drehung um den Stützpunkt beschreibt. Das Auge corrigirt beständig dieses Aufstreben der Linien und viele Personen können nur dann in geraden Linien schreiben, wenn sie dieselben entweder im Papier oder durch eine Unterlage vorgezeichnet haben. Unter zehn Personen, bei welchen man durch Verbinden der Augen deren Controle aufhebt, schreiben neun im Kreisbogen, d. h. mit schiefem Ansteigen der Linien.

Von dem in dem kleinen Finger oder dem Außenrande der Hand gegebenen Stützpunkte hängt die etwas geneigte Stellung der Grundstriche und geraden Striche der Buchstaben ab. Der Druck hat gerade Grundstriche, wo die Schrift schief von Oben, rechts nach Unten, links geneigte Striche hat. Es wird dies durch die Lage der Hand, wodurch die Finger nach innen freier werden, und durch den Umstand bedingt, daß die Beugemuskeln der Finger, wie des Armes überhaupt, stärker und kräftiger sind, als die Streckmuskeln. Ich will auf die specielleren Leistungen der einzelnen an den Fingern angebrachten Muskeln und der sie befestigenden Nerven hier nicht eingehen; Dr. Erlenmeyer hat dieselben in seiner Schrift vortrefflich für Fachleute dargelegt, welche mit den anatomischen Details vertraut sind. Es genügt hier zu sagen, daß für jede einzelne Leistung mehre Muskelgruppen, welche von verschiedenen Nerven bedient sind, einstehen können, so daß selbst bei Lähmung eines Nerven oder Muskels dennoch die Bewegungen ausgeführt werden können.

Die physiologische Uebermacht der Beugemuskeln gegenüber den Streckmuskeln an der ganzen vorderen Extremität ist auch die Ursache, weshalb bei Störungen der Schrift, welche von mangelnder Innervation der Muskeln herrühren, die nach Außen gerichteten Haarstriche zuerst, die Grundstriche zuletzt betheiligt werden. Die Ermüdung des Armes oder der Hand, erschöpfende Krankheiten, das Alter wie die erste Jugend zeigen hier dieselben Erscheinungen der „Zitterschrift", wie Erlenmeyer sie nennt. Die Zusammenziehungen der Muskeln, welche die Feder führen, sind ja, wie alle Muskelzusammenziehungen, aus einer Menge unendlich kleiner Stöße zusammengesetzt — sobald die Herrschaft über die Zusammenziehungen nicht mehr ganz vollständig ist, werden dieselben temporär unterscheidbar — der Greis, der Reconvalescent zittern, weil sie diese vollständige Herrschaft verloren haben: das Kind zittert, weil es sie noch nicht errungen hat. Je schwächer die Muskeln, desto mehr tritt dieser Umstand hervor, deshalb erscheint auch das Zittern zuerst in den von den Streckmuskeln ausgeführten Strichen der Buchstaben. Die Eckigkeit der einzelnen Buchstaben ist nicht minder eine Folge dieser Verhältnisse. Zur Ausführung einer krummen Linie, welche außerhalb der Hebelbewegung der Theile liegt, gehört eine erlernte Sicherheit der Muskelführung; unsere eckige Schrift hat in ihren Ecken und Winkeln einen Rest der kindlichen Unerfahrenheit bewahrt, welchen die Romanen längst überwunden haben.

Ich habe mich vergebens bemüht, über zwei Fragen nähere Auskunft zu erhalten. Die eine betrifft die Stellung des Körpers, in welcher die alten Arier schrieben?

Tische und Stühle sind gewiß sehr neuer Erfindung, und namentlich der Stuhl oder die Bank sind eine der unphysiologischsten Errungenschaften der Cultur, die man sich nur denken kann. Wie man es auch anstellen mag, wie man auch den Stuhl, den Sessel polstern und formen mag, immer wird beim Sitzen die untere oder hintere Fläche der Extremität durch die Schwere des Körpers auf den Sitz angestemmt und die in der Beinkehle verlaufende Hauptader des Fußes zusammengedrückt. Wir haben die kalten Füße und die Blutaderknoten an den Beinen nicht umsonst — sie werden mit durch unsere quälerische Art zu sitzen verursacht. Man betrachte aus diesem Gesichtspunkte die Art und Weise, wie andere Völker ruhen — bis zu dem Centralafrikaner, der sich ausruht, indem er beim Stehen den einen Fuß, auf den andern Schenkel setzt und den Körper mit der Lanze stützt, lassen alle beim Ruhen die Kniekehlen und die Circulation in den Füßen frei. Unser heutiges Schreiben beruht auf Stuhl und Tisch oder auf dem Stehen vor einem Pulte — wie schrieben die alten Germanen, die weder Stühle noch Pulte hatten? Wie gesagt, ich habe vergebens in den mir zugänglichen Schriften nach Aufklärung darüber gesucht, und doch wäre diese dringend erwünscht, um vielleicht dadurch zu einer Lösung der auffallenden und gegenüber den anderen Völkern exceptionellen Richtung, in welcher wir die Buchstaben aneinander reihen, zu gelangen. Jetzt, wo diese Richtung einmal angenommen und von

Geschlecht zu Geschlecht vererbt wird, richten wir uns, unsere Möbel, unsere Stellung natürlich so ein, daß wir den Erfordernissen in bequemster Weise genügen können. Wir suchen unsern Tisch oder Pult so zu stellen, daß wir beim Schreiben das Licht von links her erhalten, geben dem Tische und dem Stuhle die verhältnißmäßige Höhe u. s. w., worüber in den Schriften der erziehenden Hygieinisten und denen der hygieinistischen Erzieher das Ausführlichere zu lesen.

Wir suchen aber unter allen Umständen das Licht von links her, wie der Semite es von rechts her sucht. Bei beiden Richtungen schreibt man vom Licht in das Dunkel hinein. Wenn dies ein allgemeiner Charakter der geschriebenen Schrift ist, der sich auch für die verticale Reihung der Buchstaben bewahrheitet und wenn, wie wir bei den Semiten nachzuweisen versuchten, die Stellung der Schreibenden zum Lichte von religiösen Vorstellungen abhängig war, so könnte auch bei den Ariern ein gleicher Grund mitgewirkt haben.

Einer meiner Freunde hat mich darauf aufmerksam gemacht, daß die Arier gen Westen, der sinkenden Sonne nach auswanderten, daß für sie also links die Sonnen- und Lichtseite, rechts die Dunkelseite war; daß rechts dieselben Zeichen Unglück bedeuteten, welche links Glück verhießen; daß sie den Tag von Sonnenaufgang zu Sonnenaufgang, die Semiten dagegen von Untergang zu Untergang bestimmten. Wie für die Semiten, gilt auch für die Arier die gleiche Entwicklung der Buchstabenschrift aus religiöser Zeichenschrift. Lassen alle diese Punkte nicht die gleiche Möglichkeit der Deutung zu, nämlich, daß der Arier bei Vornahme einer religiösen Handlung das Gesicht nach Westen drehte, also das Licht von links her empfing und damit übereinstimmend, aus dem Licht in das Dunkel, also von links nach rechts schrieb? Es besteht merkwürdiger Weise noch heute ein Zusammenhang im Großen und Ganzen zwischen Schrift und Religion; die Ostasiaten, der Buddhismus und die aus ihm hervorgegangenen oder in ihm verlaufenden Religionen schreiben von oben nach unten; Mohammedaner, die wahren Fortsetzer des Semitismus, schreiben von rechts nach links, und mit dem Christenthum, das zwar im Semitismus gegründet, aber zu den Ariern ausgewandert ist, breitet sich das Schreiben von links nach rechts aus. Abgesehen von kleinen, durch besondere Verhältnisse bedingten Ausnahmen, hat also jede der drei großen Religionsrichtungen welche die Erde beherrschen, ihre eigene Schreiberichtung.

Wenn auch in unserer Beweisführung sich noch manche Lücken befinden, die ich um so bereitwilliger anerkenne, als sie Anderen Stoff zu weiterer Forschung geben mögen, so scheint mir doch so viel daraus hervor zu gehen, daß die Schreiberichtung nicht von physiologischen Ursachen, von dem Bau des Gehirns bedingt wird, sondern daß sie von äußeren Bedingungen dictirt wurde, die in vielen Fällen sogar wieder zurückgetreten sein können, deren Wirkung aber durch Gewöhnung und Vererbung beibehalten wurde. Unsere menschliche Organisation befähigt uns in vollkommen gleicher Weise, von oben nach unten, von rechts nach links, wie von links nach rechts zu schreiben — wenn wir das Eine thun und das Andere lassen, so geschieht dies nur deshalb, weil es uns so gelehrt wurde von unseren Voreltern her. Unsere Ahnen wurden aber durch äußere Verhältnisse bestimmt, diese oder jene Richtung des Schreibens vorzuziehen. Indem wir so die Richtung des Schreibens als ein Resultat der Vererbung und Weiterpflanzung durch Belehrung anerkennen, finden wir auch in dieser Thatsache genügenden Grund zu der Anpassung unserer Möbel, ja selbst unserer Wohnungen, an die ererbte Gewohnheit.

II.

Alle Völker ohne Ausnahme schreiben mit der rechten Hand und keines hat jemals mit der linken Hand geschrieben — auch die Semiten nicht, wie ich eben nachgewiesen habe. Die Schreibbewegungen werden also auf der ganzen Erde, da die Nervenfasern des Körpers im Gehirn sich kreuzen, von der linken Hirnhälfte commandirt. Nicht minder hängt die Sprache bei den meisten Menschen wenigstens, von der linken Hirnhälfte ab und bei dem engen Zusammenhange, welcher zwischen Sprache und Schrift nothwendig existirt, darf dies ja nicht verwundern. Dieser Zusammenhang ist so eng, daß in manchen Krankheitsfällen, wo nicht die ganze Sprache gelähmt ist, sondern nur einzelne Kategorien von Buchstaben oder Worten nicht mehr ausgesprochen werden können, auch diese Buchstaben oder Worte nicht mehr geschrieben werden können. Um nur einen prägnanten Fall dieser Art zu erwähnen, so berichtet mir ein Freund aus Stuttgart, daß in der Octobersitzung des dortigen anthropologischen Vereins, wo meine Artikel in der Frankfurter Zeitung discutirt wurden, Dr. Hölder mittheilte, er habe einen Finanzrath gekannt, welcher durch einen Schlaganfall die Sprache verloren gehabt, allmählich aber wieder gewonnen habe bis auf die drei Buchstaben F, L und R. Diese Buchstaben, die er nie mehr aussprach, sondern einfach beim Sprechen wegließ, habe er aber auch niemals wieder schreiben können, sondern stets an ihrer Stelle einen Haken gemacht.

Meines Erachtens beweist dieser Fall, wie so mancher andere, daß wir deßhalb mit der rechten Hand, also mit der linken Hirnhälfte schreiben, weil wir mit derselben Hirnhälfte sprechen; weil die Vorstellungen, die der Ton des gesprochenen Buchstabens oder Wortes hervorruft, mit den Raumvorstellungen, welche die Ansicht der Schrift weckt, zusammenfallen. Der ungeübte Anfänger im Lesen liest laut, um diesen Zusammenklang der gehörten und gelesenen Eindrücke hervorzurufen; der Schüler im Schreiben spricht die Buchstaben die er niederschreiben will, aus demselben Grunde laut aus. Erst durch fortgesetzte Uebung bringen wir es dahin, stumm zu lesen und zu schreiben, den Eindruck der Schallwellen durch den der Lichtwellen vollständig zu ersetzen, so wie auch der geübte Musiker die Musik hört, indem er die Noten liest.

Wenn wir freilich von einem Centrum im Gehirn für die Sprache oder die Schrift sprachen und dessen Lage in der linken Hirnhälfte bestimmten, so ist damit weder gesagt, daß nicht Ausnahmefälle existiren können, wo die rechte Hirnhälfte die Function übernommen hat, noch daß dieses angenommene Centrum ein einseitlich begrenztes sei. Es giebt Völker, welche sich der linken, wie der rechten Hand bedienen, obgleich Rechtshändigkeit weitaus vorwiegt; es giebt Individuen, welche die linke Hand wenigstens für gewisse Verrichtungen vorziehen und ich erinnere mich aus meinen Studienzeiten, daß solche „Linktatschen" beim Fechten sehr gefürchtet waren und ich mich gegen eine solche mit einem Freunde, der ebenfalls linkshändig focht, speciell einpaukte. Daß diese Rechtshändigkeit nicht auf einer vorwiegenden Ausbildung der linken Hirnhälfte beim Embryo beruht, wie ein französischer Forscher, Gratiolet behauptete, haben Ecker und ich längst nachgewiesen; daß sie zum großen Theile Folge der Erziehung ist, läßt sich ebenso wenig bestreiten, denn wir verweisen den Kindern den Gebrauch der linken Hand zu gar manchen Verrichtungen; aber daß sie nicht allein auf Erziehung und Vererbung beruht, geht schon aus der Allgemeinheit der Rechtshändigkeit hervor. Man wäre nicht darauf gekommen, der rechten Hand einen Vorzug durch die Erziehung zu gewährleisten und zu sichern, wenn dieselbe nicht einen ursprünglichen Mehrwerth für die meisten Functionen der Hände überhaupt besessen hätte.

Mit vollkommenster Entschiedenheit muß man aber den Versuch zurückweisen, den Dr. Erlenmeyer in seiner Schrift gemacht hat, die Rechtshändigkeit überhaupt aus der Schrift und deren Richtung abzuleiten. Derselbe sagt ausdrücklich „daß unsere Rechtshändigkeit, im Schreiben zuerst, dann aber in manuellen Fertigkeiten, die alleinige Folge unserer nach rechts hin laufenden Schrift ist"; daß wir „linkshirnig" sind, weil wir „rechtshändig" sind, nicht umgekehrt und daß wir „rechtshändig" sind, weil unsere Schrift mit der rechten Hand nach rechts hin geschrieben werden muß und er fügt noch hinzu: „daß nicht alle Menschen schreiben können und doch rechtshändig sind, ist eine Thatsache, die sich weder leugnen läßt, noch meiner oben ausgesprochenen Ansicht zuwiderläuft. Bei dieser, die ja die erhebliche Minorität ausmachen, kommt eben das Princip der zweckmäßigen Nachahmung in Betracht; sie sehen die meisten ihrer Mitmenschen rechtshändig mit Erfolg arbeiten, also machen sie es ebenso".

Ich weiß nicht, ob dies der Weg ist, wissenschaftliche Resultate zu erlangen. Die Schreibenden bilden die ungeheure Minorität der auf der Erde lebenden Menschen; ich weiß nicht, wie der Procentsatz Derjenigen, welche in den sogenannten Culturländern lesen und schreiben können, sich verhält — aber das weiß ich, daß die Piemontesen bei der Besetzung Siciliens vor wenigen Jahren nur 2 Procent Schriftkundige fanden! Und durch diese Minorität sollen die übrigen 98 Procent mit Rechtshändigkeit angesteckt worden sein! Aber auch angenommen, dies wäre geschehen und wir wären rechtshändig und linkssinnig, weil wir von links nach rechts schreiben, wo haben dann die weit zahlreicheren Millionen von Ostasiaten, die von oben nach unten schreiben, und die Semiten, die nach links hin schreiben, ihre Rechtshändigkeit her? Woher hatten die homerischen Helden, die Insulaner der Südsee, die nie vom Schreiben Etwas wußten, ihre Rechtshändigkeit und woher nahmen die alten Semiten ihre Verachtung der linken Hand, welche durch ihre Sprache schon längst ausgedrückt wurde, noch ehe sie schreiben konnten? Soll das spätere Schreiben auf die längst verstorbenen Voreltern rückwirkende Kraft geäußert haben?

Kehren wir zu dem einseitlichen Centrum im Gehirne zurück. Kein Zweifel, daß die beständige Uebung der linken Hirnhälfte durch Sprache und Schrift die Ernährung derselben befördern und daß die Vererbung den errungenen Vortheil auf spätere Generationen fortschleppen muß. Aber auch kein Zweifel, daß ein absoluter Einheitspunkt für Sprache und Schrift nicht angenommen werden kann, da beide Thätigkeiten bei genauerer Analyse sich als höchst complicirte Functionen darstellen, wo Erzeugung und Ueberleitung von Empfindung zum Willen und von da zur Ausführung eine ebenso wichtige Rolle spielen, als die Inanspruchnahme der geheimnißvollsten aller Gehirnfunctionen, des Gedächtnisses. Jede Unterbrechung dieser verschiedenen Leitungen, an irgend einer Stelle wird für uns in derselben Weise, durch Sprachlosigkeit, Aphasie, oder Schreiblosigkeit, Agraphie, in die Erscheinung treten und in manchen Fällen analysirt der Krankheitsanfall selbst diese Unterschiede in auffallender Weise. So ist auch der Zusammenhang des Sprach=Centrums mit demjenigen des Schreibens bald mehr, bald minder auffällig und dieses wieder mit dem Gedächtnisse — begegnet es uns ja häufig in dem gewöhnlichen Leben, daß wir einen Namen, ein Wort nicht finden können, daß wir auf das Papier stieren, ohne den Buchstaben machen zu können, den wir schreiben wollen. Ich habe seit meiner Jugend bis vor wenigen Jahren oft unsäglich an Migräne, an halbseitigem Kopfweh und zwar stets auf der linken Seite gelitten; ich wußte immer, daß ein Anfall kommen werde, wenn ich eine gewisse Schwierigkeit im Sprechen und Schreiben fühlte oder von einem Namen den Anfangsbuchstaben sagen konnte, ohne das Wort selbst finden zu können.

Wenn aber, wie so viele Beobachtungen darthun, alle cerebralen Thätigkeiten, die beim Sprechen und Schreiben in Betracht kommen, in der linken Hirnhälfte sich abspielen, so kann man fragen, ob die rechte Hirnhälfte, die doch gleich gebildet ist, dabei unthätig sein kann? Beschränken wir uns zur Analyse dieser Frage auf das Schreiben. Unzweifelhaft muß sich bei dieser Thätigkeit eine Vorstellung der Form des Buchstabens, des Wortes in dem Gehirne bilden, eine Raumvorstellung, die durch den Willen ausgeführt wird. Wir müssen diese Raumvorstellung im Geiste sehen, bevor wir sie bildlich durch unsere Hand darstellen, deren Muskelzusammenziehungen vom Willen zweckgemäß coordinirt werden. Bei dem Anfänger, dem Ungeübten lassen sich diese Momente der Zeit nach unterscheiden; er starrt die Vorlage an,

die er nachbilden soll und nur durch Uebung gelingt es ihm, dieselbe nach-
zubilden. Besonders große Mühe machen einzelne Buchstaben. In der Schrift,
wie sie vor 50 Jahren in Bern üblich war, zeichnete sich das große G
durch besondere Complicationen aus. Der Berner „Guckkasten", ein lokales
Charivari, brachte einmal ein heiteres Bild. Der alte Bauer saß, mit ver-
zweifeltem, nachdenklichem Gesichte am Tische, die Feder in der Hand. Die
Bäuerin beschwichtigte einen Hanfen lärmender Kinder. „Seid ruhig", sagte
sie, „haltet Euch still! Der Aetti muß ein großes G machen!"

Bei dem Geübten gehen alle diese einzelnen Momente ebenso schnell in
einander über und werden schließlich ebenso unbewußt durchgeführt, wie die
Fingerbewegungen bei dem geübten Musiker. Aber die Raumvorstellungen
bilden sich nichtsdestoweniger und wenn sie auch scheinbar unbewußt entstehen und blitzschnell mit andern abwechseln, so bleiben sie nichtsdestoweniger
in dem Gedächtnisse aufgestapelt und festigen sich schließlich so, daß die Handschrift ihren bestimmten individuellen Charakter bekommt, der selbst bei dem
Bemühen, die Handschrift zu verstellen, immer wieder durchbricht.

Daß die Raumvorstellungen in dieser Weise in dem Gehirn und zwar
in dessen linker Hälfte vorzugsweise aufgestapelt sind, läßt sich leicht durch
den Versuch nachweisen. Der Geübte schreibt leicht und leserlich mit der
rechten Hand bei geschlossenen Augen.

Ich habe jetzt mehr als hundert Blätter vor mir liegen, auf welche
ich von Personen verschiedenen Geschlechtes, die von 5½ Jahren bis 70 Jahre
alt waren, das Wort Abel zuerst mit offenen, dann mit geschlossenen Augen
durch die rechte Hand schreiben ließ. Keiner hatte jemals versucht mit
geschlossenen Augen zu schreiben; es befinden sich darunter französische runde
und deutsche eckige Handschrift, russische, türkische und hebräische Lettern;
Herr Dussaud, Schulinspector, hat mir außerdem 48 Blätter von Schülern
und Schülerinnen zwischen sieben und 14 Jahren verschafft. Alle behaupteten
sie könnten nicht mit geschlossenen Augen schreiben und dennoch finden sich
unter allen diesen Blättern der ersten Serie nur zwei, wo das mit geschlossenen
Augen geschriebene Wort dem mit offenen Augen geschriebenen nicht ähnlich
sieht, wie ein Ei dem andern; von diesen beiden Handschriften rührt die
schlechteste von einem Jungen von 5½ Jahren, die minder gute von einem
von 7 Jahren her. Bei der von Herrn Dussaud gelieferten Schülerserie
nimmt die Aehnlichkeit stetig mit den Jahren, d. h. mit der Uebung zu.
Bei allen älteren Individuen ist also die Raumvorstellung in dem Gehirne
gefestigt, denn nur nach dem im Gedächtniß feststehenden Bilde kann bei
geschlossenen Augen die Schrift gefertigt werden.

Wohl bemerkt aber: diese Raumvorstellung reicht nur aus für solche
Worte, wo die Buchstaben mit einander zusammenhängen; die Aehnlichkeit,
von der die Schreibenden selbst überrascht werden, tritt besonders auffallend
hervor, wenn mit Bleistift geschrieben wird, weil wir beim Handhaben der
Feder mit geschlossenen Augen den zum Ausführen der Haar- und Grund-

striche nöthigen Druck nicht gehörig bemessen können. Für die Entfernung der Worte von einander, für das Setzen von Punkten und Accenten, für die Richtung und Entfernung der Linien reicht die cerebrale Raumvorstellung nicht aus bei Solchen, die nie mit geschlossenen Augen geschrieben haben — sie kann aber erlernt werden.

Läßt man ganze Sätze und mehrere Linien mit stets geschlossenen Augen schreiben, so gestaltet sich die Sache anders. Punkte und Accente verirren sich; die Worte werden bald ungebührlich auseinander gerissen, bald ineinander geschmolzen; die Linien steigen, der Radienbewegung des Armes folgende, nach oben und außen in die Höhe und bewahren nicht mehr die richtige Distanz. Wir controliren also mittelst unserer Augen beständig die Distanzen und Richtungen, kaum aber die Form unserer Buchstaben. Aber auch diese Vorstellung von Distanz und Richtung kann man durch Uebung erwerben. Ich kann dies aus eigener Erfahrung belegen.

Als ich noch das Gymnasium in meiner Vaterstadt Giessen besuchte, hatten wir in Prima Tische mit offenen Laden darunter, in welche wir unsere Bücher und Mappen legen sollten. Einige Lehrer verlangten, daß wir keine Notizen machen, sondern ihre Vorträge nur nach dem Gehörten zu Hause ausarbeiten sollten. Einer dieser Pedanten bestand sogar darauf, daß wir die Nummern des Codices im Gedächtnisse behalten sollten, in welchen die Varianten sich befanden, mit welchen er uns quälte. Wir lernten schreiben, ohne zu sehen. Während wir den Herrn Doctor oder unsern Text anstarrten, steckten wir den rechten Arm tief in die Lade und schrieben auf einem dort befestigten Bogen den Vortrag nach. Als dieses entdeckt und verboten wurde, machten wir unsere Notizen mit kurzen Bleistiften auf steife Karten in der Hosentasche. Es sind seither 47 Jahre verflossen und ich habe während dieser langen Zeit nie mehr daran gedacht, mit geschlossenen Augen zu schreiben, bis ich jetzt wieder, bei Gelegenheit dieser Versuche, darauf zurückkam. Nun gut! Von 21 Personen, die ich schreiben ließ, bin ich der Einzige, dessen Linien nur einen sehr flachen Bogen bilden, dessen Punkte über die i gesetzt sind, dessen Worte in richtiger Distanz stehen. Die Buchstaben sind etwas größer, als meine gewöhnliche Schrift; die Linien sind um das Vier- oder Fünffache mehr auseinander gerückt; sonst aber ist es meine Schrift und ebenso leserlich, als wenn ich mit offenen Augen geschrieben hätte.

Ich bin selbst im höchsten Grade über dieses Resultat erstaunt gewesen; es beweist aber, wie fest und dauernd solche Raumvorstellungen wenigstens in gewissen Gehirnen haften. Ich muß freilich dazu bemerken, daß ich überhaupt vielleicht in dieser Beziehung von Anderen bevorzugt bin. Mein Ortssinn, der ja nichts anderes als die Erinnerung an räumliche Dimensionen ist, war von früher Jugend an sehr entwickelt; ich habe nie einen Weg verfehlt, den ich einmal gegangen war und ebenso fest haftete mir im Gedächtniß die Erinnerung an eine Zeichnung oder ein Bild, welche ich einmal genau betrachtet habe. Auch bei weiteren Versuchen habe ich mich überzeugt, daß die Gehirne in dieser Beziehung sehr verschieden begabt sind; diejenigen meiner Bekannten, welche Spiegelschrift nur sehr schlecht oder gar nicht zu Stande bringen konnten, gehören zu den Leuten, die sich regelmäßig verirren und um ein einzelnstehendes Haus dreimal herumlaufen, bevor sie die richtige Thüre finden.

Die beim Schreiben gewonnenen Raumvorstellungen entstehen, außer der unbewußten Hör-Empfindung, durch welche die Schrift mit der Sprache zusammenhängt und die wir hier bei Seite lassen können, nach dem Angeführten aus zwei Quellen: aus der doppelseitigen Empfindung der Augen und der einseitigen Empfindung der Bewegungen der Extremität; sie bilden sich also, vorzugsweise für Distanzen der Worte und Richtung der Linien in beiden Hirnhälften, für die Gestaltung der Buchstaben wesentlich nur in der linken Hemisphäre. Dies Verhältniß erklärt es, warum, bei Verstopfung der Augenquelle durch Schließung derselben, die doppelseitige Raumvorstellung, der Wortdistanzen und Linienrichtung, am meisten leidet, während die durch die Augen kaum beeinflußte einseitige Raumvorstellung, die wir durch die Bewegung der Hand erhalten, in ihrer fast vollständigen Integrität fortbesteht. Ich sage „fast vollständigen", denn immerhin üben die Augen auch ihre Controle auf die Bildung der Buchstaben, wenn auch, wie der Versuch beweist, in sehr beschränktem Maße.

Da man mit der rechten Hand schreibt, so wird bei allen Völkern ohne Ausnahme die Buchstaben-Vorstellung, um es mit einem Worte auszudrücken, in der linken Hirnhälfte sich bilden.

Aber da einestheils die Augen immerhin noch mitwirken bei dieser Vorstellung, anderntheils eine völlig einseitige Action einer Hirnhälfte nicht wohl angenommen werden kann (aus Gründen, welche ich hier nicht weiter entwickeln kann), so muß sich auch in der rechten Hirnhälfte, die dem beim Schreiben ruhenden linken Arme entspricht, eine Buchstabenvorstellung bilden, welche freilich nur sehr dumpf und unbewußt sein kann. Daß sie vorhanden, beweist der Umstand, daß wir auch mit der linken Hand bei verschlossenen Augen schreiben können und daß am rechten Arm Gelähmte ebenfalls zum Schreiben mit der linken Hand befähigt sind.

Wie ist diese, in der rechten Hirnhälfte niedergelegte Raumvorstellung beschaffen?

Auf diese Frage haben zuerst pathologische Erfahrungen geleitet und ich will hier aus der Erlenmeyer'schen Schrift, da mir die Originalarbeit von Dr. Buchwald nicht zur Hand ist, einen prägnanten Fall anführen. Voraus muß ich bemerken, daß die durch beständige Uebung im Sprechen und im Arbeiten mit der rechten Hand weit mehr in Anspruch genommene linke Hirnhälfte auch leider den meisten krankhaften Zufällen ausgesetzt ist. Der einseitige Kopfschmerz, die Migräne, sitzt meist links; die meisten Blutaustritte oder Arterienverstopfungen (Apoplexie und Embolie) so wie die weiteren Folgen mit Erweichung ꝛc. haben ihren Sitz in der linken Hirnhälfte und als äußere Erscheinung Lähmungen der rechten Körperseite. Das gelähmte Glied ist bei solchen Hirnzufällen vollkommen intact, Nerven und Muskeln desselben in normalem, leistungsfähigem Zustande; die Extremität ist gelähmt, weil diejenigen Theile des Centralnervensystems, welche sie dirigiren, nicht mehr leistungsfähig sind. Wie schon bemerkt, können je nach Sitz und Ausdehnung des Krankheitsherdes diese Lähmungen des Centrums in sehr verschiedener Art sich documentiren, vollständige oder nur theilweise Aphasie und Agraphie bedingen u. s. w.

Buchwald schreibt: „Es handelte sich um einen 45jährigen Arbeiter, Gottlieb Gärtner, der unter den gewöhnlichen Symptomen einen Schlaganfall erlitten und eine rechtsseitige Lähmung davongetragen hatte. Er zeigte eine gemischte Aphasie, nachdem die Somnolenz, welche in den ersten Tagen nach dem Anfall vorhanden, geschwunden war. Die rechte Hand konnte zum Schreiben nicht verwendet werden und ließen wir ihn Versuche mit der linken Hand machen. Auffallend geschickt schrieb er mit derselben von rechts nach links seinen Namen ꝛc. in Spiegelschrift. Ebenso geschickt wurden Zahlen von 1—10 mit Ausnahme der 8, die er Anfangs vergessen hatte, aufgezeichnet. Auf sein Schreiben aufmerksam gemacht, konnte er anfangs nicht bewogen werden, in anderer Weise von links nach rechts zu schreiben. Auch Vorschreiben seines Namens sowie der richtigen Zahlen hatte nur zur Folge, daß er mit dem Nachmalen und zwar mit ungeschicktem begann, dann aber wieder in die ursprüngliche Spiegelschrift zurückfiel. Die Zahlen 1, 2, 4, 6, 8, 9, schreibt er endlich richtig nach, 3, 5, 7 hingegen werden trotzdem wieder in Spiegelschrift hingezeichnet. Wurden ihm kleine Multiplications-Exempel aufgegeben und die Zahlen richtig hingeschrieben, so wird von ihm das Facit in Spiegelschrift hinzugesetzt. Patient wurde gegen 1/2 Jahr auf der klinischen Abtheilung behandelt und besserte sich allmählich die Aphasie, Agraphie und Alexie (Unmöglichkeit zu sprechen, zu schreiben und zu lesen), den Hang zur Spiegelschrift sehen wir aber fortbestehen. Auch jetzt noch versuchte Patient mit Mühe von links nach rechts nachzuschreiben; es gehe nicht anders mit der linken Hand, meinte er, mit der rechten würde er schon richtig schreiben. Half er mit der linken Hand seiner rechten, so wurde Einiges richtig geschrieben, Anderes nicht. Am schwersten wurde es ihm, die 5 zu schreiben. Auch mit der Rechten schrieb er jetzt noch die 5 in Spiegelschrift, mindestens zuletzt das Häkchen".

Erlenmeyer gibt Proben der Schrift eines rechtsseitig Gelähmten; die mit der linken Hand in der rechtläufigen Richtung geschriebene Schrift ist sehr schlecht, die mit derselben Hand geschriebene Spiegelschrift wirklich gut und leserlich.

Man hat auch auf eine Lähmung der rechten Hand, von welcher Leonardo da Vinci in seinen letzten Lebensjahren befallen war, als er in Amboise bei König Franz I. lebte, die Thatsache zurückführen wollen, daß eine Menge von Zeichnungen und Entwürfen desselben von Erläuterungen begleitet sind, die durch den Spiegel gelesen werden müssen: Ein Wiener Correspondent der Frankfurter Zeitung hat indessen gezeigt, daß Leonardo schon in seinen besten Jahren, als er noch in voller Blüthe seiner Kraft als Maler und Ingenieur stand, sich die Spiegelschrift angelernt hatte. Nicht minder lernen auch rechtsseitig Gelähmte nach und nach mit der linken Hand in gewöhnlicher Schrift schreiben. Den Beweis dieser Behauptung habe ich vor mir liegen. Es ist ein Brief eines angeheiratheten Oheims meiner Frau, eines Mannes, der mitten in angestrengtester Thätigkeit als Regierungsrath seines Cantons von einem Schlagflusse getroffen wurde, welcher ihm die rechte Seite ganz und die Sprache theilweise lähmte. Die rechte Hand war ganz unbrauchbar, das rechte Bein nur nach längerer Uebung nur als schlechte Stütze zu gebrauchen, die Sprache sehr undeutlich. Von dem politischen Leben mußte der Mann Abschied nehmen — aber etwa noch zwanzig Jahre hindurch war der Gelähmte Director einer Cantonalbank, Mitglied einer Eisenbahndirection und besorgte diese Geschäfte in untadeliger Weise, viel schreibend, Alles mit der linken Hand, aber in gewöhnlicher und nicht in Spiegelschrift. Der mir vorliegende Brief des Siebzigjährigen ist vollkommen leserlich, in kleiner, aber fester Schrift. Einen Argwohn könnte der Umstand erzeugen, daß die Grundstriche und die langen Buchstaben, statt schief von oben und rechts nach unten und links gerichtet zu sein, wie dies gewöhnlich ist, in umgekehrter Richtung verlaufen — der Mann schrieb aber so mit seiner rechten Hand vor dem Schlaganfalle und diese übergekippte Stellung der Schriftzüge galt in seiner Jugend, als er schreiben lernte, für besonders fein und zierlich. Der kürzlich verstorbene Bundespräsident Stämpfli legte die Schrift in derselben Weise um.

So viel ich weiß, lernte mein Oheim nur sehr mühsam mit der linken Hand schreiben — ob er aber Anfangs Spiegelschrift geschrieben, konnte ich nicht in Erfahrung bringen. Seitdem man aber darauf aufmerksam geworden ist, daß das vermeintliche Gekritzel Gelähmter Spiegelschrift ist, mehren sich die Fälle.

Jedenfalls ist die Spiegelschrift natürlich für die linke Hand.

Ich habe vor mehr als dreißig Jahren in der Lithographie von Nicolet in Neuchatel einen Künstler gekannt, der besonders für die Schrift verwendet wurde und alle Schrift auf den Stein, die ja Spiegelschrift sein muß, mit der linken Hand schrieb. Ein zweiter, ebenfalls Künstler im kalligraphischen Fache, wurde mir aus Frankfurt genannt. Jetzt schreiben, wie ich hier sah und mein Freund C. Mayer in Stuttgart constatirte, die Lithographen ihre Schrift auf den Stein zwar mit der rechten Hand, aber um auch mit dieser Hand von links nach rechts schreiben zu können, drehen sie den Stein, was man „auf den Kopf stellen" heißt, so, daß das Untere oben ist. Zu kalligraphischen Kunstschriften wendet man das Durchpausen an.

Diese Thatsachen gaben mir den Gedanken ein, den Gegenstand experimentell zu verfolgen. Ich ließ mir von mehr als hundert Personen die oben angeführten Schreibversuche weiter fortsetzen, so daß ich von jeder ein Blatt besitze, auf welchem achtmal das Wort Abel geschrieben ist; viermal in rechter Schrift, bei geschlossenen oder offenen Augen mit beiden Händen und viermal in Spiegelschrift, ebenfalls bei offenen oder verschlossenen Augen, mit der rechten und linken Hand. Indem ich die meisten mit Bleistift auf Pauspapier schreiben ließ, hatte ich zugleich den Vortheil, den Zweifelnden unmittelbar das Resultat ihrer Versuche in Spiegelschrift zeigen und zugleich, durch Umdrehen der Spiegelschrift, dieselbe sofort mit der richtigen Schrift vergleichen zu können.

Hier zeigte sich nun als erstes Resultat, daß nur bei Wenigen (16 Procent) die Rechtsschrift mit der linken Hand und bei geschlossenen Augen derjenigen mit offenen Augen in gleicher Weise ähnlich sah, wie bei der Ausführung mit der rechten Hand; daß dagegen die mit geschlossenen Augen mit der linken Hand ausgeführte Spiegelschrift der mit offenen Augen gebildeten ähnlich war, während die mit der rechten Hand bei geschlossenen Augen ausgeführte Spiegelschrift der bei offenen Augen gefertigten meist unähnlich war. Es zeigte sich also hier, daß das Bild der Spiegelschrift für die linke Hand bei geschlossenen Augen ebenso maßgebend war, wie dasjenige der Rechtschrift für die rechte Hand.

Ein einziger, dummer Junge von elf Jahren, der vielleicht auch bösen Willen hatte, konnte überhaupt nicht begreifen, was Spiegelschrift sein solle und lieferte mit beiden Händen, bei offenen und geschlossenen Augen sinnloses Gekritzel — 99 Procent brachten Spiegelschrift zu Stande. Dreizehn Procent konnten die Spiegelschrift nicht mit der rechten Hand bei offenen Augen, ebensoviel (und zwar andere Individuen) nicht bei geschlossenen Augen ausführen; ein Individuum brachte sie, wenn auch sehr schlecht, mit der rechten Hand bei beiden Augenstellungen, nicht aber mit der linken Hand fertig; vier Procent brachten sie mit der linken nicht bei offenen, ebensoviel nicht bei geschlossenen Augen fertig. Also ein ungemein großes Uebergewicht für die Spiegelschrift mit der linken Hand, das noch dadurch besonders erhöht wird, daß unter allen untersuchten Personen (106) nur Eine eine sogenannte „Linktatsche" war, keine aber jemals versucht hatte, mit der Linken zu schreiben. Der Linkshändige zeigte durchaus keinen Vortheil im Schreiben vor den Anderen.

Selbst hinsichtlich der Fehler im Schreiben zeigte sich das Verhältniß. Die meisten Schwierigkeiten machte das Umdrehen des e; sechs Procent verfehlten es bei geschlossenen Augen mit der rechten Hand; vier Procent bei geschlossenen Augen mit der linken Hand.

Neunzehn Procent schrieben Spiegelschrift mit der linken Hand bei geschlossenen Augen besser als bei offenen Augen; 38 Procent schrieben Spiegelschrift bei geschlossenen Augen mit der linken Hand besser als mit der rechten; fünfzehn Procent drehten sogar bei der Rechtsschrift mit offenen Augen und mit der linken Hand dennoch einen oder den andern Buchstaben zu Spiegelschrift um und dann vorzugsweise das e.

Bedenkt man, daß alle diese Personen niemals einen Bleistift oder eine Feder mit der linken Hand zum Schreiben genommen hatten, daß die Rechtsschrift bei offenen Augen mit der linken Hand stets so eckig und unbeholfen war, wie die eines Kindes, das zu schreiben anfängt, so sieht man, daß auch bei gesunden Personen die Spiegelschrift für die linke Hand die normale ist, sobald durch Schließung der Augen die Controle des Gesichtssinnes aufgegeben ist. Es ließ sich übrigens überhaupt bemerken, daß Diejenigen, welche ohne weiteres Nachdenken dem ersten Impulse folgten, weit leichter Spiegelschrift mit der linken Hand schreiben, dagegen dieselbe mit der rechten Hand nicht fertig bringen konnten, während sie im Gegentheil bei angestrengtem Nachdenken dazu gelangten.

Die Meisten folgten bei geschlossenen Augen der natürlichen Kreisbewegung des Armes; die mit der rechten Hand geschriebenen Worte stiegen von links und unten nach rechts und oben, die mit der linken Hand geschriebenen in umgekehrter Richtung. Bei den Meisten ließ sich bei der Schrift mit der linken Hand eine successive Vergrößerung der Buchstaben erkennen, sobald die Augen geschlossen wurden; das a war klein, das l am Ende gigantisch. Es hängt dieser letztere Umstand unstreitig damit zusammen, daß die Muskeln der ungeübten Hand nicht in dem Maße dem Willen gehorchen, als diejenigen der geübten.

Suchen wir diese experimentellen Ergebnisse zu analysiren, so müssen wir vor Allem bedenken, daß dieselben nicht so rein sind, als diejenigen, welche uns durch die pathologischen Vorgänge geboten werden. Wir können die Thätigkeit der rechten Hirnhälfte nur vermindern, nicht sie ganz ausschließen, wie dies bei dem Schlagfluß geschieht; wenn wir auch, bei geschlossenen Augen, vorzugsweise an die rechte Hirnhälfte appelliren durch den Gebrauch der linken Hand, so arbeitet die linke Hirnhälfte doch immer mit und wirkt umsomehr störend auf die Operationen der linken Hälfte ein, jemehr die Erinnerung durch das Nachdenken in Anspruch genommen wird.

Wie lassen sich aber diese Erscheinungen erklären?

Vielleicht in sehr einfacher Weise, wenigstens für den Laien.

Wenn wir uns vor einen Spiegel stellen und die rechte Hand centrifugal bewegen, so wird der Beschauer, welcher nicht weiß, daß er ein Spiegelbild sieht, glauben, das im Spiegel sichtbare Individuum bewege die linke Hand centrifugal. Wie wir wissen, wird dies ja bei vielen Gaukelspielen, Gespenster-Erscheinungen ꝛc. benutzt. Links- und Rechtsbewegung sind ja keine absolute, sondern nur relative Begriffe, während centrifugal und centripetal (im Verhältniß zu unserer Körperaxe gedacht) absolute Beziehungen sind. Wenn wir beide Arme ausstrecken, so vollführen wir eine centrifugale, wenn wir sie auf die Brust zusammenschlagen, eine centripetale Bewegung und dabei sind die gleichnamigen Muskelgruppen der Arme in Thätigkeit gesetzt, bei ersterer die Streckmuskeln, bei letzterer die Beugemuskeln. Wenn wir dagegen beide Arme nach rechts bewegen, so bewegt sich der rechte Arm centrifugal,

der linke dagegen centripetal und es sind bei dieser Bewegung die ungleich=
namigen Muskelgruppen in Thätigkeit coordinirt, rechts die Streckmuskeln,
am linken Arme die Beugemuskeln.

Man übertrage dies nun auf das Gehirn. So wie die linke Hirnhälfte
beim Schreiben mit der rechten Hand die Streckmuskeln für die centrifugale
Bewegung in Anspruch nahm, so wird die rechte Hirnhälfte für das Schreiben
mit der linken Hand die gleichnamigen Muskelgruppen in Anspruch nehmen —
das Resultat muß die Spiegelschrift sein, denn jede Bewegung des einen
Armes, der einen Hand ist ja die Spiegelbewegung der anderen Hand.

Es gibt Holzschnitte, Lithographien und Kupferstiche genug, auf welchen
Soldaten die Wehr an der rechten Seite tragen, Reiter mit der rechten
Hand den Zügel führen und mit der linken den Säbel schwenken, Maler in
der linken den Pinsel und in der rechten den Malstock halten. Die Künstler
haben direct auf das Holz, den Stein oder die Platte gezeichnet und nicht
daran gedacht, daß der Druck das Spiegelbild liefert. Man denke nun in
dieser Weise z. B. eine Klio ausgeführt, welche irgend eine Ruhmesthat mit
großen Buchstaben auf die Tafeln der Geschichte eingeschrieben hat. Wie
wird sich die Inschrift zeigen? Als Spiegelschrift!

Eine seitliche Bewegung, von einer Extremität ausgeführt, muß also in
der Hirnhälfte, welche den Bewegungen der andern Extremität vorsteht, als
Spiegelbewegung empfunden werden und da diese Empfindung durch das Ge=
dächtniß festgehalten, gewissermaßen aufgespeichert wird, um bei Gelegenheit
wieder sich in Willen und Bewegung umzusetzen, so wird dann, wenn die
entgegengesetzte Hirnhälfte in Anspruch genommen wird, die Spiegelbewegung
ausgeführt werden.

Das Bild eines durch Muskelbewegungen ausgeführten Buchstabens, das
in dem Gedächtniß der linken Hirnhälfte aufbewahrt ist, findet sich nicht
minder in der rechten, da diese, wie erwähnt, beim Schreiben wie bei allen
anderen Dingen, unbewußt mitarbeitet, aber es liegt dort als Spiegelbild
begraben, bis es durch das Bedürfniß, mit der linken Hand zu schreiben,
an die Oberfläche gebracht wird. Für den Kenner der Physiologie wird es
keinem Zweifel unterliegen, daß die Spiegeldrehung der im Gedächtnisse auf=
bewahrten Bilder mit dem Verhältnisse der beiden Augen zu einander im
Zusammenhange steht, wie ich das auch in einem Artikel der Frankfurter
Zeitung betonte; ich hatte nur insofern dort Unrecht, als ich die weitergehende
physiologische Begründung, die ich hier bei Seite lasse, eher auseinander setzte,
als die hausbackene Erklärung aus unmittelbar zu beobachtenden Erscheinungen.

Daß diese Erklärung die richtige sei, wird auch durch das Verhalten
der Semiten bewiesen. Ich habe zwei türkische Knaben, welche in dem be=
kannten Thudichum'schen Institute in Chatelaine bei Genf ihre Erziehung
erhalten und mehre gebildete Juden, welche sowohl der hebräischen Schön=
schrift, die dem Gedruckten ähnlich ist, als auch der gebräuchlichen Cursiv=
schrift vollkommen mächtig sind, in Anspruch genommen. Alle schrieben, wie

mit der rechten Hand, so auch mit der linken, centripetal. Wäre diese Richtung eine unnatürliche, so würde sie gewiß bei geschlossenen Augen mit der linken Hand nicht hervorgetreten sein. Ich ließ meine beiden Türken drei Worte in angegebener Weise achtmal schreiben: Mahomet, Nabucobonosor und Abel. Bei Halib gleicht das linkshändige mit geschlossenen Augen geschriebene Mahomet dem rechtshändig mit offenen Augen geschriebenen, wie ein Ei dem andern; ebenso ist es mit Nabucobonosor; dagegen gleicht das mit offenen Augen linkshändig gelieferte Spiegelbild von Abel am meisten der Rechtsschrift mit offenen Augen, bei Tewfik gleichen die linkshändig mit offenen Augen ausgeführten Spiegelbilder von Mahomet und Abel der rechtshändigen Offenschrift am meisten, während Nabucobonosor mit geschlossenen Augen besser ausgeführt ist.

Aehnliche Verhältnisse bei den Israeliten.

Ich bin demnach fest überzeugt, daß Chinesen und Japanesen mit der linken Hand ebenfalls Spiegelschrift, aber von oben nach unten schreiben würden, da für die beiden Schriften, die ich experimentiren konnte, sich dasselbe Gesetz herausstellt: Spiegelschrift mit Beibehaltung der zur Körperaxe gebräuchlichen Richtung, sei sie nun centrifugal oder centripetal.

Ein entscheidender Versuch in dieser Richtung, auf welcher außer mir auch Herr Manfred Berliner, Lehrer der Handelswissenschaft in Hannover, der mir durch seine Kenntniß des Hebräischen sehr nützlich war, verfiel, ist folgender. Man lasse eine Person zu gleicher Zeit mit beiden Händen dieselbe Phrase bei offenen oder geschlossenen Augen schreiben. Man wird dann bestätigt finden, was man bei Selbstversuchen sogleich entdeckt, nämlich, daß man unwillkürlich Spiegelschrift mit der Linken schreibt, während die Rechte gewöhnliche Schrift herstellt. „Es geht das ganz leicht, wie von selbst", sagten mir Alle, die ich zu dem Versuche benutzte. Die beiden Linien stoßen in einem mittleren Winkel zusammen, beide streben nach außen und oben auseinander. Man läßt bei unserer Schrift die beiden Hände in der Mittellinie anfangen. Will man dagegen auch mit der linken Hand Rechtsschrift darstellen, so wird die Aufmerksamkeit und der Zwang, den man sich anthun muß, bald unerträglich und nichts desto weniger werden immer einige Buchstaben gedreht. Um dies zu thun, muß die Linke von außen nach innen schreiben, also die entgegengesetzten Muskelgruppen für jede Bewegung in Anspruch nehmen und dies ist für die Meisten eben so unmöglich, als mit der einen Hand auf der Brust eine Kreislinie beschreiben, während man mit der andern Hand einfach den Takt schlägt.

Bei den untersuchten Semiten dasselbe Resultat. Sie fingen mit beiden Händen außen an, schrieben gegen die Mitte zu und die so hergestellte Schrift war links Spiegelschrift, rechts gewöhnliche Schrift. Beide deckten sich ebenso beim Falten des Papiers in der Mitte, wie unsere auf diese Weise hergestellten Linien.

Auch hier also dieselbe Erscheinung, die uns beweist, daß unsere Ausdrucksweisen, die sich auf Links und Rechts beziehen, in physiologischer Hinsicht durchaus fehlerhaft sind und nur verwirren. Die Physiologie, welche die Bewegungen der Extremitäten untersucht, kennt kein Rechts noch Links, sondern nur centripetale und centrifugale Richtung der Bewegungen und sobald wir uns einmal diesen Grundsatz eingeprägt haben, ist es uns leicht einzusehen, daß wir jedesmal mit der Linken Spiegelschrift hervorbringen müssen, sobald wir mit ihr dieselben, centripetalen oder centrifugalen Bewegungen ausführen, welche die Rechte vollbringt.

Es ist Zeit, diesen Aufsatz zu schließen. Er mag Anregung geben einer Sache weiter nachzugehen, die bisher wohl zu wenig berücksichtigt wurde und doch des höchsten Interesses werth ist. Es ist möglich, daß ich irre, wenn ich die Behauptung aufstellte und zu beweisen versuchte, daß die Richtung des Schreibens und der Aneinanderreihung der Buchstaben nicht von einer inneren Nothwendigkeit, sondern nur von äußeren Umständen verursacht wurde, daß also der Chino-Japanese und der Semite ebenso naturgemäß schreiben, als der Europäer; daß es niemals ein Volk gegeben hat, welches mit der linken Hand geschrieben hätte; daß die Spiegelschrift mit der linken Hand eine nothwendige Folge der Organisation unserer Augen, unserer Hirnhälften und unserer vorderen Extremitäten ist, und dies um so mehr, weil schließlich, bei fortdauernder Uebung, das Muskelgefühl die sämmtlichen Sinneseindrücke mehr oder minder ersetzt, die bei dem Erlernen des Schreibens in Anspruch genommen wurden.

Die Jungfrau von Orleans.*)

Von

Karl von Gebler.

n der heiligen Dreikönigsnacht, an welcher die Menschen froh an Christi Werk zurückzudenken pflegen, erblickte Johanna das Licht der Welt und, o Wunder, alle Bewohner des Ortes wurden von unnennbarer Freude ergriffen, ja, ohne etwas von der Geburt der Jungfrau zu wissen, liefen sie nach allen Seiten hin, zu erforschen, was denn Neues vorgefallen wäre. Manchem brach sogar das Herz vor Freude. Noch mehr, die Hähne, gleichsam als wollten sie das neue Glück verkünden, ließen nicht ihr gewöhnliches Krähen erschallen, sondern stießen bis dahin nie gehörte Laute aus und schlugen fast durch zwei Stunden mit den Flügeln, wie um des neuen Ereignisses großartige Folgen zu prophezeihen . . . .

So schildert Perceval von Boulainvilliers, Rath und Kammerherr Karls VII. in einem Schreiben vom 21. Juni 1429 an den Herzog von Mailand, Philipp Maria Visconti, die Geburt Johannas. Der Brief, welcher in seinem ferneren Verlaufe den Lebensgang der Jungfrau und ihre bisher vollbrachten Heldenthaten erzählt, ist wenige Wochen nach der Befreiung von Orleans und erst drei Tage nach dem durch Johanna erfochtenen großen Siege bei Patay geschrieben. Aus jeder Zeile ersieht man, daß sein Verfasser unter dem mächtigen Eindrucke dieser kolossalen Ereignisse die Feder führt. Die Geschichte wird ihm unter der Hand zur Mythe und er referirt fromm und gläubig die sagenhaften Gebilde, welche schon die Gestalt des Mädchens von Domremy umranken.

Die Geschichtsschreibung hat dies auch wohl erkannt und jenem Schreiben im Allgemeinen nur in so fern einen Werth beigemessen, als uns dasselbe

---

*) Fragment eines umfassenden Werkes über „die Jungfrau von Orleans", vor dessen Vollendung den hochbegabten jugendlichen Gelehrten der Tod ereilte.

so recht in den Geist jener Zeit versetzt; zu einer Quelle für die Geschichte Johannas aber durfte jener Brief seiner legendenhaften Tendenz wegen niemals werden. Und doch ist dies geschehen und zwar seitens wahrhaft berufener Autoren, unter welchen wir nur den so hochverdienten Herausgeber sämmtlicher auf die Geschichte Johannas Bezug habender Quellen, Jules Quicherat, „einen der bedeutendsten jetzt lebenden Forscher", wie ihn Professor Sickel mit Recht nennt, hervorheben wollen. Aus dem reichen Blumengarten der Mythe, welchen Boulainvilliers in seinem besagten Briefe so treulich hegt und pflegt, wird nämlich eine Blüthe lose herausgerissen und in den Boden der Geschichte verpflanzt. Es ist der Geburtstag der Heldin, angeblich die Nacht zum heiligen Dreikönigsfeste, also vom 5. auf den 6. Januar. Kritiklos findet man in sehr vielen Monographien Johannas dieses Datum als jenes ihrer Geburt angegeben. Wir können uns dem nicht anschließen, denn der Verdacht ist zu naheliegend, daß die Volksphantasie, die das ganze Sagengebilde erfunden, welches Boulainvilliers in seinem Briefe im Tone vollster Ueberzeugung als Thatsachen berichtet, auch die bedeutungsvolle Nacht der Epiphanie als Geburtszeit der dem Volksglauben nach ja Gottgesandten hinzugedichtet hat. Da aber in sämmtlichen Quellen kein Sterbenswörtlein über den Tag der Geburt Johannas zu finden ist, so müssen wir diese Geschichte mit dem ehrlichen Bekenntniß beginnen, das Datum dieses denkwürdigen Tages nicht angeben zu können.

Ja selbst mit der sicheren Bestimmung des Geburtsjahres der Heldin steht es mißlich. War sie nachmals doch selbst nicht im Stande, ihren Richtern darüber genaue Auskunft zu ertheilen, was uns aber nicht Wunder nehmen darf, da später im Revisionsprocesse all' die hohen Herren, Krieger, Juristen und Theologen, welche vernommen wurden, ihr Alter auch nur beiläufig anzugeben vermochten. Bei kritischer Vergleichung der Aussagen Johannas im Laufe ihres Processes erhält man jedoch das Jahr 1411 als das wahrscheinlichste ihrer Geburt. ²)

Der Heimathsort Johannas ist bekanntlich das kleine Dorf Domremy, zwischen Neufchateau und Vaucouleurs am linken Ufer der Maas gelegen. Da hier einstens die Grenzen der Champagne, Lothringens und des Herzogthumes Bar zusammenstießen, hat sich unter den französischen Geschichtsschreibern ein langer und ziemlich erbitterter Streit über die Frage entsponnen, ob die Retterin Frankreichs denn auch eine Französin im engeren Sinne oder

---

²) Im Verhör vom 21. Februar 1421 antwortete Johanna, um ihr Alter befragt, sie sei, so viel sie glaube, beiläufig (quasi) neunzehn Jahre alt. Das würde auf die Jahreszahl 1412 zurückführen. In den Verhören vom 22. und 27. Februar sagt sie aber bestimmt aus, sie habe im Alter von dreizehn Jahren ihre ersten Stimmen vernommen, und da sie in dem letzteren Verhöre weiter deponirt, es sei wohl sieben Jahre her, daß sie von den Stimmen geleitet werde, so ergiebt dies, daß Johanna im Jahre 1431 zwanzig Jahre zählte, also 1411 geboren war.

etwa eine Lothringerin gewesen sei? Es ist wohl zum guten Theile dem patriotischen Uebereifer mancher französischer Historiker, welche das Mädchen von Orleans durchaus auf französischem Territorium geboren wissen wollen, zuzuschreiben, daß diese Controverse sich so lange hinausgedehnt hat, ja noch heute fortbesteht. Die objective Untersuchung wird aber in Johanna keine Unterthanin Karls VII., sondern des Herzogs von Bar erkennen müssen. Der Ort Domremy wird nämlich durch einen Bach in zwei Theile geschieden. Der eine gehört nach Frankreich, der andere und zwar jener, auf welchem das elterliche Haus Johannas noch heute zu sehen ist, zum Herzogthum Bar, das erst im Jahre 1431 mit Lothringen vereinigt wurde. Mehr als zwanzig authentische Documente beweisen diese Zweitheiligkeit Domremy's, die übrigens in der damaligen Zeit als durchaus kein seltener Fall zu betrachten kömmt. — Quicherat sagt zwar, daß die Höhen der Abhänge, welche Domremy einerseits umgrenzen, zum Herzogthum Bar gehörten und die Thalwandungen auf dem rechten Ufer der Maas die Marken Lothringens bilden, die Thalsohle jedoch, also das Territorium, worauf Domremy sich befand, französisches Eigenthum war — eine Behauptung, für deren Richtigkeit aber Quicherat jeden Beweis schuldig bleibt. Sämmtliche Chronisten hingegen, welche überhaupt vom Geburtsorte Johannas sprechen, weichen nur darin von einander ab, daß einige sie von den Grenzen Lothringens, andere von den Grenzen des Herzogthums Bar nach Frankreich kommen lassen. Kein Einziger bezeichnet sie aber als innerhalb der Marken Frankreichs geborene, wohl aber Alle als Lothringerin. Auch Johann Hordal, ein Nachkomme eines Bruders der Johanna, schwankt nicht, sie in seiner Geschichte, die er 1612 von ihr schrieb, als eine Lothringerin zu erklären.

Uebrigens besitzen wir außer allen diesen indirecten Beweisen noch einen documentalen Beweis aus dem Jahre 1429, daß Johanna aus dem Herzogthum Bar stammt. Es ist dies ein Rechnungsbeleg des Generaleinnehmers der Finanzen Karls VII. über die Summe von 100 Livres, welche auf königlichen Befehl dem Ritter Johann von Metz „für seine Reisenkosten und für die der anderen Begleiter der Jungfrau, die unlängst zum König, unserem Herrn, aus dem Lande Bar gekommen, ..." ausgezahlt wurden.[1)]

Bevor wir zur Schilderung der Jugendgeschichte Johannas übergehen,

---

[1)] Qu. veröffentlicht dieses wichtige Actenstück, dessen Tragweite ihm jedoch entgangen zu sein scheint, im V. Bande 257 wie folgt:

Extrait du 8e. compte de Guillaume Charrier, receveur général de toutes les finances, fol. 194 du registre original détruit de la Chambre des comptes de Paris; imprimé par Godefroy, p. 907 de Histoire de Charles VII.

„A Jehan de Mets, escuier, la somme de cent livres pour le deffray de luy et autres gens de la compaignée de la Pucelle n'a guieres venue par devers le roy nostre sire, du pays de Barrois, des frais, qu'ilz ont faiz en la ville de Chinon, et quil leur convient faire ne voiage qu'ilz ont entencion de faire pour servir icelluy seigneur en l'armée par luy ordonnée pour le secours d'Orleans; aquelle somme a esté aux dessus dictz octroiée par lettre du roy du XXI. jour d'avriel mil CCCCXXIX".

möchten wir vorerst noch einen streitigen Punkt erledigt wissen: die Orthographie ihres Familiennamens. Die landläufige Schreibweise desselben ist bekanntlich d'Arc und wir zweifeln nicht, daß mancher Leser das Titelblatt unserer Schrift etwas erstaunt ja vielleicht kopfschüttelnd betrachtet haben wird. Und doch erscheint die Schreibweise Darc als die einzige durch die historische Forschung berechtigte. Findet sie sich ja nach dem Zeugnisse Villiaumé's in sämmtlichen uns überkommenen bestbeglaubigten Ausfertigungen der Proceßacten und muß hiernach Herrn Quicherat ein ernster Vorwurf daraus gemacht werden, daß er bei der gedruckten Herausgabe derselben den in den Manuscripten Darc geschriebenen Namen stets in d'Arc umsetzt, ohne diese Abänderung weder in einer Anmerkung auch nur anzuzeigen, geschweige denn zu begründen. Ja, er geht so weit, in der Adelsurkunde, welche Karl VII. im December 1429 der Familie Johannas in Anbetracht derer hohen Verdienste um Frankreich ausstellen ließ, und worin ihr Vatername nach der in Lothringen gebräuchlichen Aussprache Day geschrieben war, in d'Ay umzuformen! Johann Hordal, ein in unserer Frage als Abkömmling der Familie Darc wichtiger Gewährsmann, schreibt in seinem schon erwähnten Werke über Johanna consequent Darc, auch ist bei ihm der obenbesagte Adelsbrief zum ersten Male abgedruckt und findet man hier die dem handschriftlichen Originale gemäße Schreibweise Day beibehalten[1]). — Es läßt sich durchaus kein Grund für die gebräuchliche Apostrophirung finden, um so weniger, als die nachmals erfolgte Adelserhebung der Familie Johannas es außer Frage stellt, daß ihr Vater nicht adeliger Abkunft war. Man könnte also die Namen Danton, Daguerre, Daubigny[2]) und Andere mit ebenso viel Recht apostrophiren, als den Namen Darc.[3])

Die Eltern Johannas waren arme, schlichte Landleute, die von ihrer Hände Arbeit ziemlich kümmerlich lebten. Ihr Vater, Jacob Darc, war aus dem Orte Séfonds in der Champagne, ihre Mutter, Isabella Romée von Vauthon-le-Vas im Herzogthum Bar gebürtig. Der Name Romée wurde im Mittelalter oftmals denjenigen gegeben, welche die Wallfahrt zum Stuhle Petri unternommen hatten, und liegen auch keinerlei Indicien vor, daß gerade die Mutter Johannas eine solche fromme Reise je angetreten, so ist doch der Schluß berechtigt, daß deren Voreltern sich einstens dieser Pilgerfahrt unterzogen. Der besonders fromme Sinn in der Familie Darc erscheint demnach schon durch den Namen der Mutter gleichsam traditionell

---

[1]) Auch Edmund Richter schreibt in seiner handschriftlich noch vorfindlichen im Jahre 1628 von ihm verfaßten „Histoire de la Pucelle d'Orléans" deren Familiennamen stets Darc. — Jedem blinden Autoritätscultus fern, wollen wir hier nur erwähnen, daß sich auch Leopold Ranke in seiner „Französischen Geschichte" (1. Bd. S. 62) der Schreibweise Darc bedient.

[2]) Berühmter französischer Landschaftsmaler.

[3]) Die Folge dieser unmotivirten Apostrophirung ist, daß manche deutsche Schriftsteller, wie z. B. Guido Görres, consequent von Arc schreiben.

und nennen auch nachmals im Revisionsprocesse sämmtliche Zeugen aus der Heimath Johannas deren Eltern mit einer seltenen Uebereinstimmung: wahre, gute Katholiken.

Die bescheidene Hütte Johannas liegt, wie der ganze Ort Domremy, im Thale zwischen den Ufern der jungen Maas und einer Hügelkette, deren Abhänge mit Weingeländen bepflanzt sind, während ihre Höhen von dunklen sagenumrauschten Waldungen gekrönt werden, welche eben von der Schwelle der gewölbten Eingangsthür des väterlichen Hauses Johannas aus sichtbar sind. Die Heimathstätte der Retterin Frankreichs muß, selbst nach ihrem heutigen Zustande zu schließen, äußerst ärmlich bestellt gewesen sein. Einer alten, und wie es scheint, ziemlich verläßlichen Familientradition zufolge verdanken wir es in erster Reihe der sorgsamen Pietät Ludwigs XI., daß dieses altehrwürdige historische Denkmal uns erhalten geblieben ist. Geschichtlich beglaubigt erscheint freilich nur, daß der Generalrath des Departements der Vogesen im Jahre 1820 das Haus käuflich an sich brachte und in möglichst guten Zustand wieder herstellen ließ,[1]) aber es ist kaum denkbar, daß sich das nach Bauernart keineswegs sehr solid gebaute Häuschen durch über vier Jahrhunderte ohne besondere Nachhilfe erhalten haben soll.

Die inneren Räumlichkeiten des äußerst dürftigen einstöckigen Baues, der mit seinem hohen Giebeldach, niederen, ungleichen Fenstern und dem steinernen Kreuze des vierzehnten Jahrhunderts als ein Wahrzeichen längst entschwundener Zeiten in unsere modernen Verhältnisse hereinragt, bestanden, wie heute noch zu sehen ist, aus einer ziemlich großen lichten Küche mit dem bekannten umfangreichen Kamine des Mittelalters und einem daranstoßenden Wohnzimmer, welches das Gepräge der Armuth seiner einstigen Bewohner deutlich an sich trägt. Eng, nieder und finster wird es von roh angeworfenen, holperigen Wänden umschlossen. Nur durch ein kleines, schmales Fenster fällt spärlich das Licht in diesen traurigen Raum, das überdies unmittelbar auf den Leichenacker führt, der die nur ganz wenige Schritte entfernte Ortskirche umgibt. Die Mauer des Hauses selbst bildet nämlich hier einen Theil der Kirchhofseinschließung. Canonicus Barthélemy von Beauregard meint in seiner Geschichte der Johanna Darc, daß dieser Ausblick der gottesfürchtigen Jungfrau angenehmer gewesen sein müsse, als die lachendste Aussicht, was wir allerdings in Betracht ihrer historisch unzweifelhaft feststehenden begeisterten Frömmigkeit keineswegs bestreiten wollen.

Hier also wuchs Johanna mit noch drei Brüdern und einer Schwester heran. Von einem Schulunterrichte war, wie es bei den culturhistorischen

---

[1]) Der frühere Besitzer desselben, ein Herr Gérardin, hatte, obwohl in beschränkten Verhältnissen lebend, das Anerbieten eines preußischen Grafen, ihm 6000 Francs für die Ueberlassung des Hauses zu bezahlen, aus Patriotismus abgelehnt und trat es später dem Generalrathe des Vogesendepartements um den geringen Preis von 2500 Francs ab, welche schöne Handlung Ludwig XVIII. durch die Verleihung der Ehrenlegion belohnte. Siehe Barthélemy du Beauregard S. 5 Anmerk. 1.

Verhältnissen des fünfzehnten Jahrhunderts wohl nicht anders der Fall sein konnte, keine Rede. Traf man schon damals selbst bei den Frauen der höheren Stände die Kenntniß des Lesens und Schreibens durchaus nicht allgemein an, so erschien dieselbe bei Landleuten als eine große Seltenheit und ein Dörfler, der damals mühsam lesen und noch mühsamer schreiben konnte, war für die Landbevölkerung neben dem Pfarrer auf viele Meilen in der Runde eine sehr geschätzte Persönlichkeit. Indem also Johanna von ihrer Mutter das Pater noster, Ave Maria und Credo recitiren, dann spinnen und nähen lernte, und die letzteren Fertigkeiten so zwar, daß sie sich — wie sie nachmals ihren Richtern nicht ohne Stolz versicherte — in dieser Beziehung vor keiner Frau in Rouen fürchte, war ihr Unterricht und wohl auch die Erziehung vollendet.

Eine fabelhafte, nach Effecten haschende Geschichtsschreibung, vor Allem die Väter so vieler Lügen in der Historie, die phantasiereichen, weil fast stets nur halbunterrichteten Chronisten, haben in ihrer Sucht, die Gestalt der Jungfrau von Orleans zu idealisiren, aus ihr das idyllische Bild einer Hirtin geformt, welche, stets nur in Gesellschaft ihrer Lämmer, ihre ganze Zeit in frommer Contemplation hinbringt und da eines Tages durch Gottes Stimme den Befehl erhält, ihre Heerde zu verlassen und Frankreich zu retten. Diese Schilderung erhielt mitunter auch noch Ausschmückungen, und während der Eine die Verzierung beifügte, dieser Hirtin sei niemals ein Schäflein verloren gegangen, noch irgend eines je von einem wilden Thiere zerrissen worden, berichtet wieder ein Anderer, man behaupte fest, daß, als Johanna klein war und die Lämmer hütete, die Vögel des Waldes und des Feldes auf ihren Ruf herbeikamen, um vertraulich aus ihrem Schoße Brot zu essen. Nur Papst Pius II., ebenfalls ein Zeitgenosse Johannas, bringt in diese duftige Idylle einen etwas unsauberen Beigeschmack, indem er im 6. Buche seiner Commentaren, das von Johanna handelt, erzählt, sie habe zu Hause die Schweine gehütet.

Die Wahrheit ist, daß Johanna, so lange sie bei ihren Eltern war, genau dieselben Verrichtungen leistete, wie alle übrigen Landmädchen; das heißt, sie legte eben überall mit Hand an, wo es im gewöhnlichen bäuerlichen Leben Noth that. Sie half im Vereine mit ihren Geschwistern dem Vater das Feld bestellen, unterstützte die Mutter in der Hauswirthschaft, nähte und spann, trieb oftmals, besonders in ihrer ersten Jugend, das Vieh ihrer Eltern auf die Weide und hütete auch die Dorfheerde, wenn im Orte die Reihe des Viehhütens ihren Vater traf.

Die Zeugen aus der Heimath Johannas, zumeist ehrliche, doch äußerst einfache Bauersleute oder Landgeistliche aus Domremy und den umliegenden Ortschaften, entwarfen im Revisionsprocesse von Johanna ein Charakterbild, in welchem sich so ziemlich alle Tugenden, die es überhaupt giebt, vereinigt finden. Sie nennen Johanna ein gutes, sittsames, freundliches Mädchen, schlicht und doch dabei wieder sehr verständig, von heiligem und tugendhaftem

Lebenswandel, gehorsam, bescheiden und arbeitsam. Diese Charakteristik erinnert stark an die Schilderungen der Heiligen in den Legendenbüchern. Man darf eben nicht vergessen, daß jene Zeugen zu einer Zeit aussagten, in der noch ganz Frankreich von den Thaten Johannas widerhallte, und wo die verbrannte Vaterlandsretterin dem entflammten französischen Volksgeiste in der vollen Glorie des Martyriums erschien. Auch war die Tendenz des Revisionsprocesses wohlbekannt und wünschte schon jeder patriotische Franzose sehnlichst, die Gestalt Johannas von jedem Makel gereinigt zu sehen, so war dies bei den Bewohnern Domremy's sehr begreiflicher Weise in erhöhtem Maße der Fall. Und so überboten sich auch die braven Leute, von ihrer so berühmt gewordenen Landsmännin Gutes zu sagen und brachten auf diese Weise ein geradezu ideales Jugendbild Johannas zu Stande, welches einen überschwänglichen Biographen derselben sogar verleitete, ihre Jugend mit der Christi zu vergleichen, der mit zwölf Jahren die Schriftgelehrten durch seine Weisheit überraschte.

Wird also die objective Geschichtsforschung diesen überschwänglichen **allgemeinen** Lobreden jener Zeugen einen nur sehr relativen Werth beimessen dürfen, so verhält es sich ganz anders, sobald dieselben ihre Aussagen durch Aufzählung von **Thatsachen** bekräftigen, besonders wenn verschiedene Zeugen dieselbe Thatsache übereinstimmend berichten. Dies ist aber der Fall, sowie die Frömmigkeit Johannas zur Sprache gelangt. Sämmtliche Zeugen erzählen da nicht blos im Allgemeinen mit Rührung und Bewunderung von ihrer tiefgläubigen, begeisterten Frömmigkeit, was Angesichts der geistlichen Inquisitoren und mit Bezug auf den Zweck des Revisionsprocesses kaum unseres ganzen Vertrauens würdig wäre, sondern sie führen eine solche Menge darauf bezüglicher Einzelheiten aus dem häuslichen Leben Johannas an, daß diese allein schon genügen, die selbst für die damalige Zeit ungewöhnlich hochgradige Frömmigkeit des Mädchens von Domremy zu kennzeichnen. Damit werden aber die Grundmotive klargelegt, welche später jene welthistorischen Wirkungen zur Folge hatten, und das Verständniß zu dieser in der Geschichte so merkwürdigen Erscheinung wird auf rein menschlichem Wege überbrückt.

Johanna besuchte täglich die Messe und auch außerdem noch sehr häufig die Kirche und andere der Andacht geweihte Plätze; ja, als später die Kirche von Domremy abbrannte, fand sie sich an jedem Sonn- und Feiertage zum Meßopfer im Gotteshause des Nachbarortes Greux ein. Alle ihre kleinen Ersparnisse trug sie zum Ortspfarrer, auf daß er dafür Messen lesen möge, und da ihre Eltern sie draußen bei der Arbeit wähnten, war sie an heiligen Orten im Gebete vertieft. Es genügte ihr nicht, an den von der Kirche vorgeschriebenen Zeiten ihre Sünden zu beichten, sondern auch außerdem ging sie noch sehr oft und stets tiefergriffen zur Beichte. Befand sie sich auf dem Felde und hörte sie die Glocken läuten, so bekreuzigte sie sich und kniete nieder. Erwies sich jedoch der Küster in der Ausübung seiner Pflicht säumig und vergaß er einmal zum Gebete zu läuten, so stellte ihn Johanna darüber zur

Rede und versprach ihm eine Belohnung, wenn er fleißiger seines Amtes walten wolle.

Auf einem der Hügel zur Linken der alten Straße, die von Domremy nach Neufchateau führte, etwa eine halbe Meile von dem ersteren Oertchen entfernt, erhob sich damals eine Capelle, die Einsiedelei der hl. Maria von Vermont genannt. Dahin pilgerte Johanna mit besonderer Vorliebe, wie sie überhaupt ganz vorzüglich dem Marien=Cultus diente. Sehr oft, und regelmäßig am Samstag — dem Marientage — sah man sie mit ihrer Schwester oder mit anderen Mädchen und Knaben des Ortes nach diesem Kirchlein wallfahren, wobei sie Kerzen für das Muttergottesbild mitbrachte und dieselben fromm opferte: Dabei war ihre Inbrunst im Gebete und die ganze Art ihrer Andacht eine solche, daß dies die gewöhnliche Frömmigkeit des Mittelalters bei weitem überstieg. In der Kirche lag sie auf den Knieen, die Hände gefaltet, jetzt Gesicht und Blick zum Kreuze oder zum Bilde der heiligen Jungfrau erhebend und dann wieder sich tief verneigend. Ein Jugendgenosse Johannas berichtet, sie sei oftmals selbst mitten im Spiele zur Seite getreten, „um mit Gott zu sprechen", was ihr dann häufig den Spott und die Neckereien ihrer Spielgefährten zugezogen habe. Ueberhaupt war ihre Religiösität eine derartige, daß dieselbe allgemein auffiel und in Domremy und Umgebung Gegenstand des Gespräches wurde, ja, daß selbst die gewiß frommen Landleute meinten, eine solche Andacht sei übertrieben, während die Dorfjugend Johanna deshalb geradezu auslachte.

Aber sie ließ sich nicht irre machen, und da sie neben der frommen Contemplation auch eifrig nach den Lehren der christlichen Religion gute Werke verrichtete, so war sie im Dorfe allgemein beliebt. Aber selbst die Art und Weise, wie sie Gutes that, deutet wieder auf eine große Exaltation. Sie beschränkte sich nicht darauf, nach ihren Kräften Almosen zu geben, sondern verschenkte zu diesem Zwecke auch oft das Gut ihres Vaters. Es genügte ihr nicht, Kranke pflegen und trösten zu gehen und armen Reisenden Unterkunft zu verschaffen, sondern sie schlief auf dem Herde, damit diese in ihrem Bette besser ruhen könnten.

Jene Zeugin aus Domremy, welche nachmals aussagte, Johanna habe aus reiner Liebe zu Gott Almosen gegeben, charakterisirte damit auf das Schärfste den innersten Trieb Johannas, dem Frankreich später seine Rettung dankte. So concentrirte sich schon in ihrer frühesten Jugend ihre ganze Idee und Gefühlswelt einzig und allein auf die von der römisch=katholischen Kirche gelehrten Mysterien. Sie versenkte sich mit leidenschaftlicher Begeisterung in die Anbetung Gottes und in die Verehrung Marias und der Heiligen; sie mied möglichst die Belustigungen ihrer Jugendgenossen und, während diese tanzten und sangen, lag sie auf ihren Knieen, glühend betend, in der Kirche.

Bei diesem so hochausgeprägten Hange zum Uebernatürlichen, Mystischen mußte auch die mit Sagen reichdurchwürzte Heimathluft Johannas auf dem Entwickelungsgang eines so phantasiereichen, schwärmerischen Gemüthes von bedeutendem Einflusse gewesen sein.

In der Nähe von Domremy unterhalb des dunklen Forstes Bois chesnu unweit der früher erwähnten Marienkapelle, stand eine schon damals mehr als dreihundertjährige prachtvolle Buche¹). Ihre Aeste reichten bis zur Erde herab, so daß dadurch eine Laube gebildet wurde, während unweit davon eine Quelle vorbeisprudelte. Seit undenklichen Zeiten war der Aberglaube geschäftig gewesen, diesen Platz, der vermöge seiner seltsamen ländlichen Schönheit auffiel, mit Erzeugnissen der stets regen wundersüchtigen Volksphantasie zu umgeben. Es ging die Tradition, daß einstens die Feen dort verkehrten und unter dem herrlichen Baume Reigentänze aufführten, aber seitdem des Evangelium des hl. Johannes da verlesen worden sei, dürften sie um ihrer Sünden willen nicht wiederkehren. Doch gab es, wie bei derlei Gelegenheiten immer, einige alte Weiber, die noch selbst die Feen gesehen haben wollten; so z. B. eine der Taufpathinnen Johannas, welche dieses wundersame Factum ihrem Täufling mit aller Bestimmtheit erzählte. Uebrigens stand damals selbst in einer Handschrift ganz deutlich zu lesen, daß vor Zeiten ein Ritter von Bourlemant, welcher Familie der Wunderbaum gehörte, darunter Zusammenkünfte mit einer Fee gehalten habe, und im 15. Jahrhundert ließ man es sich nicht beifallen, dieses Stelldichein, wenn es überhaupt wirklich stattgefunden hatte, auf natürlichem Wege zu erklären. Auch die im Mittelalter eine so große Rolle spielende Alraunwurzel sollte dem Volksglauben zufolge in der nächsten Umgebung der allgemein „Feenbaum" benannten Buche, unter einer Haselstaude, im Schoße der Erde vergraben liegen und es kam nur darauf an, sie an den Tag zu fördern, um mit Reichthum und allen irdischen Glücksgütern gesegnet zu sein, doch galt ein solches Unternehmen für ebenso gefährlich als der Besitz der menschenähnlichen Alraunwurzel selbst.

Seitdem nun der Priester am Vorabende zum Himmelfahrtsfeste das Kreuz durch die Felder trug und vor jenem Baum wie bei der nahen Quelle das Evangelium las, hatten zwar die Feen und anderen heidnischen Geister vor jenem heiligen Symbol weichen müssen, doch war deshalb der ganze Platz, Dank dem Mirakeldurste der Landbevölkerung, keineswegs aller noch täglich wirkenden Wunderkraft entkleidet. — Die Reconvalescenten der umliegenden Ortschaften schleppten sich, sobald sie das Bett verlassen konnten, zu dem weitberühmten Baume, wo ihnen ja völlige Genesung werden sollte und Fieberkranke gingen entweder selbst zu dem nahe daran vorüberrauschenden Quell, oder ließen sich von seinem Wasser holen, das ganz besondere Heilkraft gegen Fieber besitzen sollte.

Wirft man einen Blick auf die Gebräuche, welche sowohl zur Zeit Johannas, als noch selbst zwei Jahrhunderte später bezüglich dieses sagenumsponnenen Platzes üblich waren, so gewinnt man die Ueberzeugung, daß hier, wie an so vielen anderen Orten, das Christenthum bei seiner Ein-

---

¹) Der Baum ist heute nicht mehr vorhanden, doch wird noch der Platz gezeigt, wo er einstens gestanden.

wanderung nur das Erbe keltisch-druidischen Heidenthums übernommen hatte. Die Heiden waren ja bekanntlich ebenso mirakelsüchtig als die Christen, und so fiel diesen häufig nur die Aufgabe zu, den heidnischen Aberglauben in gut katholischen umzusetzen. Solches hat sich einmal auch in jener Gegend bei Domremy zugetragen, wo allem Anschein nach der Wallfahrtsort „unserer lieben Frau von Bermont" und der heilkräftige Born in alten Zeiten den Sitz heidnischer Gottesverehrung und Wunderthätigkeit gewesen.

So wurden da noch bis zum 17. Jahrhundert die Frühlingsfeste, welche bekanntlich ganz speciell heidnischem Cultus entstammen, mit besonderem Eifer gefeiert. Damit aber das Christenthum diesen altheidnischen Brauch, den es nicht gut ausmerzen konnte, wohl zu einem völlig christlichen umwandle, war der vierte Fastensonntag, der sogenannte Sonntag Lätare, zum Tage der ersten Frühlingsfeier festgesetzt worden, die sich dann, jedoch stets an kirchlichen Festtagen, bis im Monat Mai öfters wiederholte. An solchen Tagen begab sich die Dorfjugend Domremy's und der benachbarten Ortschaften zu dem alten Feenplatze, bekränzte den herrlichen Laubenbaum mit Blumen- gewinden und führte um demselben Reigentänze mit Gesang auf. Im Orte wurden für diese Feier eigene Kuchen gebacken, die man mitnahm und draußen unter dem „Schönmai", wie die Buche im Lande auch genannt wurde, ver- zehrte, während man auf dem Heimwege das Wasser des nahen Heilquells trank. Blumenpflückend, singend und scherzend wurde der Rückweg von derlei fröhlichen Festen angetreten, die im Monate Mai durch Aufstellung eines „Maimännchens" noch eine besondere Zuthat erhielten.

Johanna that äußerlich wie die Anderen. Sie ging mit ihren Ge- spielen und Gespielinnen nach dem „Feenbaume", doch die Blumen, die sie da zu Sträußen und Kränzen wand, waren selten zum Schmucke der Buche bestimmt, sondern meistens für das Bild der heiligen Maria von Domremy. An den heiteren Spielen ihrer Genossen, nahm sie, besonders als sie der Kindheit entwachsen, geringen Antheil, und sang sie auch oft, so ging sie dafür desto mehr dem Tanze aus dem Wege, der zu ihrem stets mit Uebersinnlichem beschäftigten Gemüthe wenig paßte.

Ihren Richtern gegenüber war Johanna nachmals sehr beflissen zu erklären, daß sie weder an Feen noch an die Alraunwurzel glaube und Alles nur für Hexerei und sündhaften Zauber hielt. Es kann wohl auch nicht bezweifelt werden, daß Johanna, welche so ausschließlich von jener Mystik erfüllt war, wie sie die römische Kirche lehrte, niemals daran gedacht hat, auf dem Feenplatze die Zauberkünste des Mittelalters selbst zu betreiben. Dazu war sie viel zu katholisch-religiös. Hingegen geht aber aus jenen Aus- sagen Johannas unzweifelhaft hervor, daß sie keineswegs frei über den damals allgemein herrschenden Glauben an Zauberei, stand und deshalb erscheint diese Luft von Domremy, welche mit Feen, Wunderquellen, Alraun- wurzeln und anderem Spuck erfüllt war und die Johanna von ihrer Geburt an einathmete, sicher als besonders geeignet, ihren so mystisch angelegten Sinn wohl zu nähren und die vorhandenen Keime mächtig entwickeln zu helfen. Johanna muß nicht allein als ein Product ihrer Zeit, sondern ganz speciell des Lebens, dem sie entwuchs, angesehen werden. Das Samenkorn, aus welchem eine besonders prächtige Frucht reift, entstammt eben stets einer Muttererde, die alle nothwendigen Eigenschaften besitzt, das Gedeihen der Frucht bestmöglichst zu fördern.

II.

Am 10. November 1422 wurde der todte Körper des geistig längst erstorbenen Königs Karl VI. von Frankreich fast ohne Gepränge in der königlichen Begräbnißstätte zu Saint-Denis beigesetzt und der Wappenkönig Frankreichs rief über die frischgeschlossene Monarchengruft: „Möge Gott Erbarmen haben mit der Seele des sehr erhabenen und sehr trefflichen Fürsten Karl, König von Frankreich, seines Namens der VI., unserem natürlichen und unumschränkten Herrn!" Dann fügte er mit noch lauterer Stimme hinzu: „Gott gebe ein glückliches Leben Heinrich, von Gottes Gnaden König von Frankreich und England, unserm unumschränkten Herrn!"...
Fast um dieselbe Zeit entfalteten einige französische Ritter in Méhun-sur-Yèvre, in Berry vor dem letztverbliebenen Sohn des todten Karl VI. ein prächtiges goldgesticktes Lilienbanner und riefen dazu begeistert aus: „Es lebe König Karl, seines Namens der VII., von Gottes Gnaden König von Frankreich!"

Der Geist der Zwietracht, der seit mehr als einem halben Jahrhundert Frankreich mehr Schaden zufügte, als der sogenannte hundertjährige Krieg mit England, welcher nun bereits, allerdings mit oftmaligen langen Unterbrechungen, über achtzig Jahre währte, trieb in dieser doppelten Königswahl seine giftvollste Blüthe. Sie war die Frucht jener furchtbaren inneren Wirren, welche das schöne Frankreich, seitdem die Nacht des Wahnsinns in Folge eines allzu ausschweifenden Lebens über Karl VI. hereingebrochen, mehr denn je in der greuelvollsten Weise zerfleischten.

Statt die Epochen, wo der Krieg gegen England der dort tobenden Kämpfe wegen ruhte, zur Kräftigung des ohnehin politisch wie ökonomisch tief erschütterten Reiches weise zu benützen, waren hier die Männer, welche dem Throne am nächsten standen, die Prinzen von Geblüt, nur eifrigst darauf bedacht, sich zur Wahrung ihrer Sonderinteressen den Einfluß auf die Leitung der Staatsgeschäfte gegenseitig streitig zu machen. Des Königs Oheime, die Herzoge von Berry und Burgund, sowie sein eigener Bruder, der junge Herzog von Orleans, sie Alle lauerten nur auf die immer seltener wiederkehrenden lichten Augenblicke des Staatsoberhauptes, um demselben Decrete zu entreißen, welche, einzig und allein den persönlichen Vortheil der Prinzen im Auge haltend, zuweilen dem Könige selbst, allemal aber dem Lande zum Schaden gereichten. In Kurzem standen sich die Herzoge Ludwig von Orleans und Philipp der Kühne von Burgund als erbitterte, kampfgerüstete

Rivalen gegenüber, während der eben nicht übermäßig tapfere Herzog von Berry bald von dem Einen zum Anderen schwankte, wie es seine Interessen gerade erheischten. Der energische, staatsmännisch gewandte Burgunderfürst war dem leidenschaftlichen Wüstling und arbeitsträgen Mystiker Ludwig von Orleans entschieden überlegen und behielt deßhalb auch trotz aller Ränke seiner Gegner fast beständig die Oberhand[1]). Wohl verband sich der Herzog auf das Engste mit der ebenso schönen als ausschweifenden Königin Isabeau, welche „bei Verhindertsein des Königs" im Staatsrathe nominell den Vorsitz führte, aber diese aus baierischen Landen stammende Prinzessin, die schon im zarten Alter von vierzehn Jahren an den damals sittenlosesten Hof Europas verpflanzt worden war, bezeigte entschieden weit weniger Neigung für die Politik als für das tollste Genußleben. In dieser Beziehung zeigten sich also die neuen Bundesgenossen einander vollständig ebenbürtig und es fällt darum schwer, an eine Harmlosigkeit dieses sehr intimen Verkehrs zu glauben. Damit aber auch der blödsinnige Monarch an diesem Hofe, wo ja Alles von wilder Lüsternheit ergriffen war, noch als Idiot seinen Begierden fröhnen könne, ließ sich seine Gattin bei ihm durch ein junges, hübsches Mädchen, das Kind armer Eltern, vertreten, welches dann der Pariser Volkswitz mitleidig „die kleine Königin" nannte!

Wie das Schlechtere vor dem Besseren stets eine gewisse Scheu empfindet, so fürchteten Ludwig von Orleans und Isabeau den unbeugsamen Herzog von Burgund, der ebenso sehr dem Ehrgeize seines Vetters als der verschwenderischen Genußsucht der Königin im Wege stand. Auch athmeten diese hoch auf, als Philipp der Kühne im Jahre 1404 auf einer Reise nach den Niederlanden erkrankte und verschied. Jetzt durfte sich Herzog Ludwig als alleiniger Herrscher geberden, jetzt konnte Königin Isabeau ungehindert in bacchantischem Taumel den Thyrsusstab schwingen. Mit frevelhaftem Uebermuthe wurden die Summen, welche man dem unter der Last schwerer Steuern ohnehin fast erliegenden Volke durch immer neue Abgaben erpreßte, lustig verjubelt, während die Armen in den Straßen von Paris nach Brot schrien und der arg vernachlässigte König sammt seinen Kindern häufig am Nothwendigsten Mangel litt, ja oft geradezu hungerten!

In dieser Drangsal richteten sich die Augen des bedrückten Volkes und auch mancher Beisitzer des Staatsrathes, die mit Neid und Schrecken die immer wachsende Macht des Herzogs von Orleans erblickten, auf einen Mann, der allein den Muth besessen hatte, energisch, wenn auch fruchtlos, gegen eine neue Steuerausschreibung des Herzogs von Orleans zu protestiren: auf des verstorbenen Burgunderfürsten ältesten Sohn und Nachfolger, Herzog Johann, der Unerschrockene genannt. Selbst von verzehrendem Verlangen nach der Leitung des Staatsruders erfüllt, begrüßte er mit Freuden die ersehnte Berufung nach Paris, welche ihn Mitte August 1405 in seinen Heimathlanden

---

[1]) Relig. de Saint-Denis III. S. 36.

traf. Sofort brach er an der Spitze eines kleinen Heeres auf und näherte sich in Eilmärschen der Hauptstadt, worüber Herzog Ludwig dermaßen erschrak, daß er mit der Königin nach Melun flüchtete, während Herzog Johann einige Tage darauf, unter dem Jubel des Volkes in Paris einzog. Indessen sammelte aber der Herzog von Orleans unablässig Truppen, um seine erschütterte Machtstellung wieder herzustellen. In Paris bewaffnete Herzog Johann seinerseits das Volk, die Stadtthore werden geschlossen, die Straßen mit schweren Ketten abgesperrt; jeder Tag kann den Ausbruch eines verheerenden Bürgerkrieges bringen. Doch gelang es den unausgesetzten Bemühungen der übrigen Mitglieder des königlichen Hauses, zwischen den beiden Herzogen eine Uebereinkunft zu vermitteln, nach welcher beide im Staatsrathe verbleiben und Johann von Burgund hier die Stelle seines verstorbenen Vaters einnehmen sollte. Aber nach kurzer Zeit trat wieder die größte Spannung zwischen den beiden Rivalen ein. Jeder verschanzte sein mitten in Paris gelegenes Hotel, und die Friedensvermittler hatten ihre liebe Mühe, die Gegner nur auseinanderzuhalten. Doch ließ sich der Herzog von Burgund, wenigstens scheinbar, nochmals zu einer zweiten Versöhnung mit seinem etwas unpäßlichen Vetter herbei. Am 20. November 1407 wurde von beiden Theilen ein förmlicher Friedensvertrag unterzeichnet, sie umarmten und küßten sich, communicirten und speisten gemeinsam, ja schliefen sogar der Sitte gemäß als Zeichen des höchsten gegenseitigen Vertrauens in einem Bette zusammen — und drei Tage später fiel der Herzog von Orleans, des Abends unter dem Vorwande einer Berufung zum König mit geringem Gefolge auf die Straße gelockt, unter den Streichen einer Rotte von Herzog Johann gedungener Meuchelmörder.

Des andern Tags begab sich der Herzog von Burgund, wie die anderen Prinzen, zur Bahre des arg verstümmelten Todten, besprengte denselben fromm mit Weihwasser und äußerte mit wohlgeheuchelter Entrüstung: „Niemals noch ist in diesem Königreiche ein so verrätherischer Mord begangen worden". Beim Leichenbegängnisse vergoß er Thränen und hielt eine Ecke des Bahrtuches in der Hand. Als aber am folgenden Tage der Prevot von Paris im Staatsrathe erklärte, er verbürge sich, den Mörder ausfindig zu machen, wenn man ihm die Befugniß ertheile, die Hotels der Prinzen durchsuchen zu lassen, da erblaßte der unerschrockene Herzog Johann und raunte dem Herzog von Berry das Geständniß zu: „Ich bin der Mörder — der Teufel hat mich verleitet". Des andern Morgens hatte er noch die Verwegenheit, zur abermaligen Versammlung des Staatsrathes zu erscheinen und erst als der Herzog von Berry ihm den Eintritt verweigerte, kam ihm der Gedanke, man könnte ihn am Ende gar festnehmen, und flüchtete nun eiligst nach seinen Landen in Flandern. Aber schon im Frühjahre 1408 rückte er, umgeben von achthundert Rittern und zahlreichen Reisigen, trotz eines ausdrücklichen königlichen Verbotes in Paris wieder ein, vom Volke, das in ihm seit jenem Morde seinen Rächer erblickte, auf das Freudigste begrüßt. Der Hof, der

weder Geld noch Truppen besaß, wagte keinen Widerstand zu erheben und
mußte sich zu einer schamlosen Comödie hergeben, wie die Geschichte keine
ähnliche aufzuweisen hat. Herzog Johann beanspruchte nämlich nicht allein
Verzeihung für seine begangene Unthat, dieselbe sollte vielmehr gerechtfertigt
erscheinen und gutgeheißen werden. Zu diesem Ende mußte ein Franciscaner-
Mönch, Jean Petit, Doctor an der Universität von Paris, am 8. März 1405
vor der Königin, dem ganzen Hofe und einer zahlreichen Versammlung in
einer langen Rede klärlich beweisen, der Herzog von Orleans sei ein Hochverräther gewesen, der mittelst böser Zauberkünste die Person des Königs
zu Grunde richten wollte, um sich dann selbst der Krone zu bemächtigen;
auch habe er als verabscheuungswürdiger Tyrann geherrscht, der Herzog von
Burgund somit an ihm nur einen Tyrannenmord begangen. Jean Petit
deducirte aber in zwölf Artikeln „zu Ehren der zwölf Apostel" weiter, ein
Tyrannenmord verdiene nicht allein keine Bestrafung, vielmehr eine hohe
Belohnung, und so sei das königliche Haus wie das ganze Land dem Herzog
von Burgund für seine That nur den größten Dank schuldig. — In Folge
dieser absonderlichen Apologie, welche durch die zahlreichen Kriegsschaaren des
Herzogs Johann eine besondere Beweiskraft erhielt, ließ man den blöden
König einen Begnadigungsbrief für den Herzog von Burgund ausstellen, in
welchem der gewaltsame Tod des Herzogs von Orleans „als zum Heile und
Besten des Reiches vollbracht" bezeichnet wurde, und worin Karl VI. erklärte
„keinerlei Mißfallen gegen seinen sehr werthen und lieben Vetter von Burgund
zu empfinden, daß derselbe seinen Bruder aus der Welt geschafft!"

Der Friede schien wieder hergestellt; doch wie unnatürliche Verhältnisse
niemals von langer Dauer sein können, so kam es auch hier bald wieder zum
Bruch. Die Königin zog sich nach Melun zurück, wohin ihr nach und nach
alle Prinzen folgten, befestigte das Schloß und warb Truppen. Und als
vier Monate später ein Aufstand der Bürger von Lüttich den Herzog Johann
dahin abrief, benützte Isabeau sofort diese Gelegenheit, um an der Spitze von
3000 Mann in Paris einzuziehen und sich hier in aller Form des Rechtes
die Leitung der Regentschaft übertragen zu lassen. Jetzt mußte ein Bene-
dictiner Mönch vor derselben großen Versammlung, welche sechs Monate
früher die berühmte Rede des Franciscaners Jean Petit angehört hatte, in
einem sehr breiten Vortrage alle Anklagen, welche damals der Apologist des
Herzogs Johann gegen den Herzog von Orleans vorgebracht, widerlegen,
sowie die Berechtigung des Tyrannenmordes überhaupt bestreiten, worauf der
Begnadigungsbrief an Herzog Johann für null und nichtig erklärt ward.
Der Vollzug weiterer heroischer Thaten wurde in unangenehmer Weise durch
die Kunde unterbrochen, Herzog Johann habe gleich in der ersten Schlacht
(bei Hasbain) das starke Heer der Aufrührer vollständig vernichtet und nähere
sich nun mit seinem siegreichen Heere in Eilmärschen Paris. Isabeau that,
wie sie in ähnlicher Lage schon einmal gethan, das heißt, sie floh vor dem
Gefürchteten; nur lenkte sie diesmal statt nach Melun nach Tours ihre Schritte

und nahm dabei die Repräsentanten der Monarchie, den König und den Dauphin, mit sich. Dieser Vorsicht war es zu danken, daß der Herzog von Burgund, der doch nicht als Rebell gelten wollte, sehr bald nach seinem festlichen Einzug in Paris zu einer neuerlichen Versöhnungscomödie die Hand bot. Am 9. März 1409 „bat" Herzog Johann im Dome zu Chartres vor einer feierlichen Versammlung den König „wegen alles Geschehenen" um Verzeihung, welche, wie schon früher festgesetzt worden war, sogleich gewährt wurde. Hierauf mußten die jungen Prinzen von Orleans dem Mörder ihres Vaters über das offene Meßbuch die Hände reichen und sich „festen und vollständigen Frieden" zuschwören, wozu sie sich aber erst auf wiederholten Befehl des Königs und unter heftigem Schluchzen zu entschließen vermochten.

Der Narr des Herzogs von Burgund hatte diesen Tractat „une paix fourrée", einen Scheinfrieden, genannt und damit seiner Eigenschaft gemäß die Wahrheit gesprochen. Herzog Johann, der von der Richtigkeit dieses Witzwortes selbst am meisten überzeugt sein mochte, zeigte sich eifrigst bestrebt, seine Popularität beim Volke möglichst zu befestigen. Aber indem er den Parisern ihre alte Verfassung zurückgeben ließ mit dem Rechte der Errichtung von Bürgerwehren, der freieren Wahl ihrer Vorsteher, ja selbst des Besitzes adeliger Lehen und alter Privilegien, die sich daran knüpften, verstimmte er in hohem Maße die feudalen Herren. Diese Verstimmung steigerte sich zu offenem Haß, als zu Weihnachten 1409 der vierzehnjährige Dauphin, Herzog Ludwig von Guyenne, im Falle „des Verhindertseins des Königs" und der Abwesenheit seiner Mutter, mit der königlichen Autorität betraut und dessen Leitung seinem Schwiegervater, dem Herzog von Burgund, übergeben wurde. Konnte doch dieser jetzt unter dem Namen des Thronfolgers unumschränkt schalten, da der König zumeist „verhindert", das heißt, verrückt war und Isabeau sich in Folge ihrer immer zunehmenden Fettleibigkeit und Trägheit aus Melun nicht fortbewegen wollte. Alsbald verließen die mißvergnügten Prinzen Paris, um sich in Gien zu versammeln und hier unterzeichneten die Herzöge von Orleans, von Berry, von Bourbon, von Bretagne, die Grafen von Clermont, Alençon und Armagnac am 15. April 1410 jenen so berühmt gewordenen Allianzvertrag, worin sie sich gegenseitig verpflichteten, „den König in seine volle Majestät, Ehr' und Herrschaft wieder einzusetzen und Alle zu bekämpfen, die sich dem widersetzen würden". Den Mittelpunkt der neuen Faction bildete der ebenso thatkräftige als rücksichtslose Graf von Armagnac, welcher der Partei auch seinen Namen lieh, der seither mit blutiger Schrift in den Annalen der französischen Geschichte eingetragen steht.

Eifrig wurden nun auf beiden Seiten Truppen geworben und während der Süden und Westen Frankreichs sich für die „Armagnacs" bewaffnete, rüstete sich der Norden und Osten zu Gunsten der „Burgunder". Das Land ringsum verheerend, sengend, mordend und brennend, näherte sich dann das Heer der neuen Vaterlandsretter, verstärkt durch englische Hilfsschaaren, den Thoren von Paris, wo indessen die Bevölkerung Processionen und öffentliche

Gebete anstellte, um vom Himmel den Frieden zwischen den Prinzen zu erflehen. Wirklich kam nach langen Verhandlungen nochmals ein Vertrag zwischen den Parteien zu Stande, laut welchem sämmtliche Prinzen sich nach ihren Landen zurückziehen mußten und ungerufen bei Hofe nicht erscheinen durften; auch verpflichteten sie sich, mindestens bis zu Ostern 1412 nichts gegeneinander zu unternehmen. Allein schon im Frühjahr 1411 brachen die Armagnacs die Waffenruhe, die Prinzen von Orleans erklärten in einem langen Schreiben an Karl VI. den Tractat von Chartres für null und nichtig und begehrten energisch die Bestrafung des Mörders ihres Vaters, während sie gleichzeitig dem Herzog von Burgund ihren Fehdebrief übersandten.

Das völlig burgundisch gesinnte Paris rüstete sich sofort und in ganz eigenthümlicher Weise zur Abwehr. Hier gewann nämlich die ebenso rohe als lüsterne Zunft der Fleischer die Oberhand. Der König mußte den ergebenen Freund des Herzogs von Burgund, den Grafen von Saint-Pol, zum Stadthauptmann ernennen und dieser bildete aus fünfhundert Schlächtern eine furchtbare Cohorte, deren Hauptanführer neben einigen Metzgern der Henker Capeluche und der Kuheschlächter Caboche wurden. Bald waren die „Cabochiens", wie man diese „königliche Miliz" nannte, Herren der Stadt und es genügte, irgend einen reichen Bürger als „Armagnac" zu bezeichnen, um sein Haus der Plünderung und ihn selbst dem Tode preiszugeben. Indessen standen sich die Heere der Armagnacs und Burgunder an der Grenze der Picardie gegenüber und kam es auch zu keiner Schlacht, so wurde doch unendlich viel geplündert, in Brand gesteckt, gemordet und geschändet. Anfangs October erschienen die verbündeten Prinzen plötzlich vor Paris. Sie hatten gehofft, sich durch Ueberraschung der Stadt und vor Allem der Person des Königs zu bemächtigen, fanden aber statt dessen nur wohlgeschlossene und gutbewachte Thore vor. Die weltliche Macht erklärte sie jetzt in wiederholten königlichen Decreten als Hochverräther für immer aus Frankreich verbannt und ihre Anhänger für Rebellen, die geistliche Gewalt sprach über sie mit Berufung auf eine vom Papst Urban V. im Jahre 1362 gegen räuberische Freischaaren erlassene Bulle unter dem Geläute aller Glocken den großen Kirchenbann aus. Während die Armagnacs voll Verdruß ob all' dieser Widerwärtigkeiten die Umgebungen von Paris, ärger als Sarazenen hausend, überflutheten, zog Herzog Johann am 23. October mit 6000 Mann und 1200 englischen Bogenschützen, als Befreier begrüßt, in Paris ein. Mit Blitzesschnelle säuberte er, Dank seiner überlegenen Truppenzahl, die ganze Umgebung von den Armagnacs, die erschrocken von diesem ungestümen Anprall bis Orleans zurückwichen.

Diese raschen Erfolge verdankten die Burgunder zum guten Theile dem Umstande, daß Heinrich IV. von England es wegen seiner Verbindung mit Flandern für vortheilhafter befunden hatte, die Partei der Armagnacs aufzugeben und deren Gegner zu unterstützen. Die verbündeten Prinzen dachten nun mit Recht, daß, wenn sie der britischen Majestät noch größere Vortheile anbieten würden, diese dann wohl wieder in ihr Lager zurückkehren möchte. Und so entwürdigten sich französische Prinzen, dem Erbfeinde des Reiches für den Preis von 8000 Mann Hilfstruppen den Besitz des ganzen Herzogthums Aquitanien zuzuerkennen mit der Verpflichtung, ihrem neuen Lehensherrn Heinrich IV. bei Eroberung dieser Provinz mit Gut und Blut beizustehen. Als dieser schmähliche Vertrag in Paris bekannt wurde, hatte der unglückliche Karl IV. eben einen seiner lichten Augenblicke. Er weinte im Staatsrathe und fragte, was zu thun sei? Die Edlen baten auf den Knieen, gegen den Feind geführt zu werden. Anfangs Juni 1412 zog dann das königliche Heer, den blöden Monarchen mit der Oriflamme an der Spitze, diesem heiligen Banner, das bisher noch niemals in einem inneren Krieg entfaltet worden war, vor die Festung Bourges, wo sich die Vaterlandsverräther mit zahlreichen Truppen versammelt fanden. So tapfer die Belagerung und Vertheidigung im Juni begann, so sehr sehnten sich schon im Juli beide Theile nach Frieden. Es fehlte hüben und drüben an Geld und Lebensmitteln, dazu wüthete in beiden Lagern eine furchtbare Seuche und überdies konnte der Dauphin, welcher inzwischen immer selbstständiger wurde, die lustigen Hoffestlichkeiten von Paris nicht verschmerzen. Zum größten Verdrusse des Herzogs von Burgund ward am 14. Juli ein Vertrag abgeschlossen, der jenen von Chartres zur Grundlage nahm mit der Bedingung, daß die verbündeten Prinzen, die Allianz mit England aufgeben sollten.

Aber auch dieser Vertrag, welcher am 22. August in Auxerre mit großem Gepränge vom König und allen Prinzen des königlichen Hauses feierlich bestätigt und beschworen worden war, brachte Frankreich den so nothwendigen innern Frieden nicht. Blieb doch die Grundursache zu all diesen Wirren, nämlich die Rivalität zwischen den Prinzen, stets die gleiche. Dieselbe erhielt bald wieder neue Nahrung durch den Umstand, daß der siebenzehnjährige Dauphin, welcher die Nächte mit Freudenmädchen bei Spiel und Tanz, die Tage hingegen mit Schlafen verbrachte, sich immer mehr der ihm lästigen Bevormundung seines heftigen und herrischen Schwiegervaters zu entziehen suchte und sich deshalb nach und nach mit Anhängern der orleanistischen Partei umgab. Da erscheint eines Tages eine wildaufgeregte Menge von 20,000 Cabochiens, von Caboche selbst und dem alten Chirurgen Troyes geführt, vor dem Hotel des Dauphin. Dieser muß am Fenster erscheinen und nun hält ihm der alte Chirurg eine lange Rede über sein ungeregeltes Leben und fordert ihn auf, seine schlechten Räthe zu entfernen. Alle Einwendungen des vor Wuth und Scham weinenden Prinzen sind vergebens. Der Herzog von Burgund sieht mit Freuden, wie die Fleischer sich der „verdächtigen" Offiziere bemächtigen, sie theilweise in den Kerker schleppen oder theils gleich auf dem Wege niedermachen, während ihm der Dauphin in ohnmächtigem Zorne drohend zuruft: „Schwiegervater, dieser Aufruhr ist auf Euer Anstiften geschehen; aber Ihr werdet es einmal bereuen!" — Von nun an überwachen die Schlächter strenge die Sitten des Thronfolgers; ihre

Patrouillen umstreifen sein Hotel und wenn Musik und Tanz zu lange in die Nacht währen, so erscheinen einige Fleischer im Festsaale, um die Sitte und den Anstand wieder herzustellen! Dabei fanden immer neue Einkerkerungen statt und selbst der Bruder der Königin mußte drei Tage vor seiner Vermählung mit vielen anderen Edlen und fünfzehn Hofdamen Jsabeau's in den Kerker wandern, während ein dem König abgepreßtes Decret alle diese Thaten der „Cabochiens" anerkannte, rühmte und bestätigte. So erreichte der Terrorismus, den diese rohe Bande ausübte, bald jenen Höhepunkt, von dem es nur ein Herabrollen gibt. Die Prinzen der Armagnac'schen Partei sammelten in Verneuil Truppen und setzten sich mit der königlichen Familie in Verbindung, um diese und das Reich aus den Händen dieser furchtbaren Ochlokratie zu retten. Wohl versuchten die Caboche, Capeluche und, aus dem Hinterhalte, auch der Herzog von Burgund, diese Verhandlungen zum Abbruch zu bringen, aber diesesmal griffen an 20,000 der wohlhabenderen Bürger von Paris zu den Waffen, die Ruhe und Ordnung wieder herzustellen. Der Dauphin stellte sich an ihre Spitze und Dank dieser erdrückenden Uebermacht vollzog sich in den ersten Tagen des August 1413 die Contrerevolution ohne jedes Blutvergießen. Erst als die verbündeten Prinzen ihren fürstlichen Einzug in Paris gehalten, erhob die Reaction rachelustig das Haupt und Kerkermeister und Henker bekamen alsbald wieder viel zu thun.

Herzog Johann war vor der nahenden Vergeltung nach Flandern geflohen, doch weilte er kaum fünf Monate dort, als er schon vom Dauphin in geheimen Briefen bringend aufgefordert wurde, ihn mit einem Heere „befreien" zu kommen. Derselbe fuhr nämlich in seiner Weise fort, den Tag in Nacht und die Nacht in Tag zu verwandeln, und ließ sich nicht einmal bewegen im Staatsrathe zu erscheinen. Waren auch Jsabeau und die Prinzen gewiß keine strengen Sittenrichter, so waren sie doch bemüht, dieses tolle Treiben einzuschränken, und darum seufzte der biedere Jüngling nach „Befreiung". Seinem Schwiegervater kam aber dieser Ruf sehr gelegen und schon im Februar 1414 erschien er mit zahlreichem Kriegsvolke vor Paris. Nun spielte sich das genaue Gegenstück zu jenen Vorgängen ab, als die Burgunder in und die Armagnacs vor Paris standen. Jetzt war es Herzog Johann, der wohlverschlossene und gutbewachte Thore antraf und der sammt seinen Anhängern in königlichen Decreten als Rebell erklärt ward. Und als nun die Burgunder den Rückzug antreten mußten, folgte jetzt ihnen, wie dazumal den verbündeten Prinzen, ein stattliches königliches Heer, das verrückte Staatsoberhaupt mit der Oriflamme in der Mitte, nur mit dem Unterschiede, daß die „legitime" Partei diesmal ihren Weg statt nach Südwest nach Nordost nahm und der folgende Scheinfriede nach obligaten Verwüstungen, Mord, Brand und Schandthaten in Fülle nicht von Bourges sondern von Arras geschlossen wurde.

Frankreich blutete schwer aus den Wunden, die ihm Neid und Habgier der königlichen Prinzen geschlagen, die fürstliche Oligarchie lag trotz aller Friedenstractate und Versöhnungsschwüre in stetem Hader mit sich selbst und der Herzog von Burgund ging grollend vorläufig dem Jagdvergnügen in seinen Landen nach, da hielt Heinrich der V., der thatkräftige Nachfolger Heinrich IV., den Augenblick für günstig, um einen in England stets populären Eroberungszug nach dem zerrütteten Nachbarstaate zu unternehmen. Er erneuerte zu diesem Behufe vorerst die einstens von seinem Urgroßvater Eduard III. erhobenen Successionsansprüche auf den französischen Thron und erklärte dann großmüthig, er wolle sich, „um eine Sündfluth von Blutvergießen zu vermeiden", mit der Abtretung aller alten Provinzen, die England einst in Frankreich besessen und die beiläufig die Hälfte dieses Landes ausmachten, begnügen, vorausgesetzt, daß Karl VI. ihm die Hand seiner Tochter Katharina mit einer Mitgift von zwei Millionen Kronen gewähre! Und als der französische Hof bei aller Schwäche und Erbärmlichkeit, die damals dort in hohem Maße herrschten, diese unerhörten Forderungen nicht annehmen zu können erklärte, landete Heinrich V. Ende August 1415 mit 6000 Rittern, 24,000 Bogenschützen und zahlreichem Troß an der französischen Küste in der Nähe von Honfleur. Obwohl diese feste Stadt nach einmonatlicher kräftiger Vertheidigung eingenommen wurde, so mußte doch Heinrich V. jetzt schon den Gedanken auf ein Vordringen in das Innere Frankreichs aufgeben, da eine bei seinen Truppen ausgebrochene Dissenterie ihre Zahl binnen wenigen Wochen fast um ein Dritttheil verringert hatte. Um nun nicht ganz ruhmlos nach England zurückzukehren, beschloß er einen kühnen Marsch nach Calais mitten durch Feindesland zu unternehmen und dort Winterquartiere zu beziehen. Indessen hatte sich endlich ein ebenso zahlreiches als glänzendes französisches Heer gesammelt und zog dem englischen nach, das nur mehr 2000 Reiter und 13,000 Bogenschützen zählte. Die französische Streitmacht repräsentirte die vollzählige Armagnac'sche Faction. Wohl hatte man den Herzogen von Burgund wie von Orleans die persönliche Gegenwart bei der Armee untersagt, aus Sorge, es könnte sonst hier zum offenen Kampfe zwischen ihnen kommen; aber während Herzog Johann, ob dieses Befehls schwer beleidigt, in seinen Landen blieb und allen seinen Unterthanen verbot, dem königlichen Heerbann zu folgen, war der Herzog von Orleans mit seinem ganzen Anhang zu den königlichen Truppen gestoßen. Am 24. October erreichte das vornehme französische Heer unweit des Dorfes Azincourt die Engländer und Freitag am 25. wurde hier jene berühmte Schlacht geschlagen, wo ein Haufen zerlumpter, doch zweckmäßig geführter und wohldisciplinirter englischer Bogenschützen die vierfache, aber möglichst ungeschickt aufgestellte und schlecht befehligte feindliche Uebermacht, die Blüthe der französischen Ritterschaft, vollständig vernichtete. 8000 Edelleute deckten als Leichen das Schlachtfeld darunter die Herzoge von Alençon, Brabant und Bar. Die Herzoge von Orleans und Bourbon mit 1500 Rittern fielen in Gefangenschaft. Doch konnte Heinrich die Vortheile dieses glänzenden Sieges mit seinen ermatteten, von Krankheiten decimirten Truppen nicht weiter verfolgen und schiffte sich deßhalb mit denselben in Calais nach England wieder ein.

Noch niemals hatte sich die politische Entsittlichung Frankreichs in so traurigem Lichte gezeigt, als nach dieser furchtbaren Niederlage. Gedachte man im Lande doch kaum der erlittenen nationalen Schmach, sondern überließ sich mit schlecht verhehlter Freude der Hoffnung, daß nun die wenig beliebte Faction der Armagnacs vernichtet sei. Herzog Johann, der dies ebenfalls erwartete, näherte sich auch sofort mit 20,000 Mann Paris, aber der Herzog von Guyenne hatte inzwischen seinen verrückten königlichen Vater hierhergebracht und erließ an den Herzog von Burgund ein strenges Verbot, die Hauptstadt in Begleitung von Truppen zu betreten. Zugleich berief er das dem Blutbade von Azincourt entgangene Haupt der Armagnacs, den Grafen Bernhard, nach Paris. Als dieser am 29. December 1415 hier mit einer zahlreichen Ritterschaft eintraf, fand er jedoch eine wieder gänzlich veränderte Lage vor. Der Herzog von Guyenne war nämlich zehn Tage früher den Folgen seiner Liederlichkeit erlegen und der neue Dauphin, der 17jährige Herzog Johann von Touraine, zeigte sich als ein entschiedener Gegner der Armagnacs. Zu allem Glück für den Grafen Bernhard befand sich der neue Thronfolger noch bei seinem Schwiegervater, dem Grafen von Hainaut, in Valenciennes, während der Herzog von Burgund plötzlich von Wankelmuth befallen, nachdem er noch sechs Wochen in vollster Unthätigkeit in seinem Lager bei Lagny verblieben war, Ende Februar seinen Rückmarsch nach Flandern antrat.

Jetzt herrschte Graf Bernhard als neuernannter Connetable Frankreichs in Paris mit tyrannischer Willkür. Des Hasses der Pariser Bevölkerung sich wohlbewußt, ließ er dieselbe wiederholt entwaffnen, die Zunft der Schlächter wurde aufgelöst und viele Anhänger der Burgunder unter dem Vorwande einer entdeckten Verschwörung dem Henker überliefert. Aber auch das Baden in der Seine ward bei Todesstrafe untersagt, damit man die Leichname der heimlich des Nachts Ertränkten nicht zählen könne! Graf Bernhard verweigerte indessen hartnäckig dem Dauphin den Eintritt in Paris, so lange er sich nicht von der burgundischen Partei lossagen wollte, was aber nur bewirkte, daß dieser durch ein Bündniß am 12. November 1416 sich noch enger dem Herzog von Burgund anschloß. Die Lage des Grafen Bernhard gegenüber dem rechtmäßigen Thronfolger begann unter solchen Verhältnissen eine recht mißliche zu werden -- da starb dieser in den ersten Tagen des April 1417 mit einer verblüffenden Schnelligkeit. Nun erschien die Machtstellung des Grafen Bernhard befestigter denn je: der Herzog von Burgund war verbannt, der Herzog von Berri hatte schon vor etlichen Monaten das Zeitliche gesegnet und der nunmehrige Dauphin, der nachmalige Karl VII., war ein leicht lenksames Kind von 14 Jahren, das überdies den Armagnacs mit Leib und Seele anhing. Nur die Königin stand noch einigermaßen im Wege, obwohl sie sich schon seit langem weit mehr um ihre Liebhaber und um die Anhäufung ihrer Schätze als um die Politik kümmerte. Die „Sittenlosigkeit bei ihrem Hofe" mußte zum Vorwande dienen, um sie auf „königs lichen Befehl" als strengbewachte Gefangene nach Tours zu verbannen, welche gute Gelegenheit man benutzte, um den stets leeren Staatsschatz mit den Kostbarkeiten Isabeau's zu füllen.

Herzog Johann hatte inzwischen schon drei Wochen nach dem plötzlichen Tode des Herzogs von Touraine ein Manifest gegen die Armagnacs herausgegeben, in welchem er dieselben nicht allein der Vergiftung des Herzogs von Touraine, sondern auch der des Herzogs von Guyenne anklagte; er erklärte in diesem Schriftstücke weiter, er wolle die Schuldigen mit Feuer und Schwert verfolgen, und forderte die Bevölkerung auf, keine Abgaben mehr zu leisten, ein Befehl, der, wie man denken kann, die größte Sympathie erweckte. Am 10. August brach Herzog Johann mit einem starken Heere von Arras auf und marschirte gegen Paris, in allen auf dem Wege gelegenen Städten und festen Plätzen theils mit Gewalt, weit öfter aber unter dem lauten Jubel der Bevölkerung das rothe Kreuz der Burgunder aufschlagend. In raschem Siegeslaufe bemächtigte er sich dann fast aller um Paris gelegenen Ortschaften und war eben mit der Belagerung von Corbeil beschäftigt, als er hier plötzlich von der gefangenen Isabeau, seiner einst erbittertsten Feindin, in geheimer Botschaft die dringende Aufforderung erhielt, sie aus Tours befreien zu kommen. Die Entführung der liederlichen Mutter gelang ihm besser, wie einstens die versuchte „Befreiung" des liederlichen Sohnes. Er entriß sie durch einen kühnen Handstreich ihren Wächtern und brachte sie zuerst nach Chartres und später nach Troyes. Alsbald begann die sonst so träge Isabeau unter dem Hochdrucke des Herzogs von Burgund eine bedeutsame politische Thätigkeit zu entwickeln. In einem Manifeste aus Chartres vom 12. November 1417 erklärte sie energisch, daß „bei Verhindertsein des Königs" ihr allein das Recht der Regierung zustehe, und in einem Decrete aus Troyes vom 16. Febr. 1418 cassirte sie das Parlament wie den Rechnungshof in Paris als unter dem Einflusse der Armagnacs stehend und setzte ein neues Parlament und einen neuen Rechnungshof in Troyes ein; gleichzeitig decretirte sie dem Grafen Bernhard die Würde des Connetable von Frankreich weg und bekleidete damit den Herzog von Lothringen. Das unglückliche Frankreich erfreute sich nun neben eines Idioten als König und eines Kindes als Dauphin, zweier Regierungen, zweier Parlamente, zweier Rechnungshöfe und zweier Kronfeldherren, was die vollkommenste Zerrüttung des armen Landes zur nothwendigen Folge hatte. Dasselbe theilte sich jetzt in zwei große Heerlager, die sich mit aller Wuth bekriegten. Hie Armagnac! — Hie Burgund! Der Vater kämpfte gegen den Sohn, der Bruder gegen den Bruder, alle Bande der Sitte und Ordnung schienen gelöst. Dabei waren die nördlichen Provinzen den Eroberungszügen der Engländer schutzlos preisgegeben und Stadt um Stadt der Normandie fiel in Feindeshand.

Indessen war in Paris die Erbitterung gegen die Armagnacs auf das Höchste gestiegen. Noth und Elend herrschten in der Stadt und zudem wurden die Einwohner wie besiegte Feinde behandelt. Kein Bürger war seines Eigenthums, seine Frau ihrer Ehre sicher. Das fortgesetzte Vorrücken des Erbfeindes hatte die Anbahnung von Friedensverhandlungen zwischen dem König und dem Dauphin einerseits und der Königin mit dem Herzog von Burgund andererseits begünstigt, schon schien ein günstiger Ausgang gesichert, schon athmeten die Pariser hoffnungsfroh wieder auf, als der Graf Bernhard das Friedenswerk, welches ja, einmal zu Stande gekommen, seinen Einfluß bedenklich erschüttern mußte, mit peremptorischer Gewalt zerstörte. Stumme Wuth bemächtigte sich jetzt der Bevölkerung und es fehlte nur noch der Funke, um die vollgeladene Pulvertonne des Volkshasses zur vernichtenden Entladung zu bringen. Der Funke war, daß der Sohn eines der Stadt-viertelsmeister, Perrinet Le Clerc, eines Tages von den Armagnacs auf der Straße mißhandelt wurde. Er schwor bittere Rache, setzte sich mit den Burgundern in's Einverständniß, und in der Nacht vom 29. auf den 30. Mai die Schlüssel des Thores Saint Germain unter dem Kopfkissen seines Vaters entwendend, öffnete er dasselbe den Burgundern. Diese drangen in der geringen Stärke von nur achthundert Reitern unter dem Rufe: „Friede, Friede! Es lebe Burgund!" ein; aber bald schaarte sich das Volk um sie, der „befreite" König wurde auf ein Pferd gesetzt und im Triumphe durch die Straßen geführt, dadurch der begangenen That gleichsam die königliche Sanction ertheilend, während der Prevot von Paris Tannegui Duchatel den Dauphin nur noch mit Mühe rettete, indem er ihn aus dem Bette riß und halbnackt auf die Bastille brachte, von wo er ihn dann in Sicherheit nach Melun sandte. Die Kerker in Paris füllten sich nun in Kurzem mit Armagnacs dermaßen an, daß bald der Raum zu mangeln begann. Diesem Uebelstande wurde am 12. Juni durch die ergrimmte Bevölkerung in einer schauder-haften Weise abgeholfen. Durch täglich und nächtlich wiederkehrende falsche Alarme zur Raserei entflammt, stürmten die wilden Volksmassen an diesem Tage die Gefängnisse von Paris und richteten unter den Gefangenen ein furchtbares Blutbad an. Bernhard war einer der Ersten, welcher der ent-fesselten Volkswuth zum Opfer fiel. Durch dreißig volle Stunden währte die gräßliche Blutarbeit, welche in den Straßen fortgesetzt wurde. Wer sich eines Feindes oder Gläubigers entledigen wollte, rief: „Das ist ein Armagnac!" und stieß ihn nieder. Kein Alter, kein Geschlecht fand Schonung, selbst schwangere Frauen wurden gemordet und die entmenschten Gesellen ergötzten sich an dem Anblick des im zuckenden Körper sich bewegenden Kindes! — Einen Monat später, am 14. Juli, hielten die Königin und der Herzog von Burgund ihren festlichen Einzug durch die mit Blumen bestreuten Straßen von Paris und weihten denselben durch die Wiederherstellung der Fleischer-zunft ein. Am 21. August feierten die Schlächter ihre Rehabilitirung, indem sie unter Anführung des berüchtigten Capeluche zum zweiten Male die in-zwischen frischgefüllten Gefängnisse von Paris gewaltsam leerten und die Greuelscenen vom 12. Juni wiederholten. Herzog Johann, der mit Entsetzen die zunehmende Macht der Metzger gewahrte, entledigte sich auf geschickte

Weise von 6000 der wüthendsten Gesellen, indem er sie unter dem Vorwande der Bekämpfung der Armagnacs aus Paris entfernte. Kaum hatten sie die Stadt verlassen, so rollte auch schon das Haupt des Henkers Capeluche vom Schafott, bei welcher Gelegenheit der Meister seinem Amtsnachfolger noch eine letzte Lection über sein Handwerk ertheilte, ihm genau die Griffe anweisend, mit welchen er ihm den Kopf vom Rumpfe trennen sollte!

Der Zustand Frankreichs gestaltete sich inzwischen immer furchtbarer. Fast im ganzen Lande waren die Felder verwüstet und es fehlte an Händen, die neue Saat zu bestellen, denn die unglücklichen Bauern hatten ihre geplünderten, oft eingeäscherten Hütten verlassen und sich vor der rohen Soldateska oder den zahlreich umherstreichenden Räuberbanden in die Wälder geflüchtet, wenn sie aus Noth nicht selbst Räuber geworden waren. Dabei wurde das Kriegsführen immer schwieriger und theurer, da die ausgedehnte Veröbung eine andere Verpflegung der Truppen gebot, als die bisher gewohnte des Plünderns und Raubens. Der Staatsschatz war eben leer und, um das Unglück voll zu machen, brach in Paris eine Seuche aus, die innerhalb weniger Monate 40,000 Menschen dahinraffte. Im Januar 1419 traf auch noch die Schreckenskunde ein, Rouen, die letzte Stütze der französischen Macht in der Normandie, habe sich nach sechsmonatlicher heldenmüthiger Vertheidigung den Engländern ergeben; bald folgte nun der Fall sämmtlicher noch französischer Städte in der Normandie und schon kamen hier Münzen in Verkehr mit der Prägung: „Heinrich, von Gottes Gnaden König von Frankreich!" Das allgemeine Bedürfniß nach Frieden machte sich in einer Weise kund, die sich nicht mehr überhören ließ. Wohl standen Armagnacs wie Burgunder schon lange Zeit mit Heinrich V. in Unterhandlungen, doch dieser hielt beide Parteien hin und setzte unterdessen seine Eroberungen energisch fort. Isabeau und der Herzog von Burgund erklärten sich jetzt zu weitgehenden Concessionen bereit, aber Heinrich beharrte auf seinem ursprünglichen Verlangen, nebst der Tochter Karl VI. mit einer Aussteuer von einer Million Kronen die Provinzen Guyenne, Normandie, Bretagne, Maine, Anjou, Touraine — kurz halb Frankreich zu erhalten, und als er sah, daß sich der Herzog von Burgund zu einem so schmählichen Vertrage nicht herbeilassen wollte, beging er die Unvorsichtigkeit, dem Herzog die Drohung ins Gesicht zu schleudern: „Wißt, guter Vetter, wir werden entweder die Tochter Eures Königs haben mit Allem, was wir verlangen, oder wir werden ihn und Euch aus dem Königreiche jagen!" — Diese Beleidigung verwandelte den Herzog in einen guten Patrioten. Er wandte sich mit wirklich aufrichtigen Versöhnungsgedanken dem Dauphin zu, der mittlerweile den Titel eines Generalstatthalters des Königreiches angenommen und zu Poitiers ein Parlament eingesetzt hatte. Am 11. Juli fand eine Zusammenkunft zwischen den beiden Prinzen in der Nähe von Melun statt. Herzog Johann beugte das Knie, der Dauphin hob ihn auf, küßte ihn und hierauf schworen sie sich über das Evangelium „bei ihrem Antheil an das Paradies" Frieden und völlige Aussöhnung zu. Beim Abschiede hielt

Herzog Johann trotz aller Widerreden des Dauphin diesem den Steigbügel und der jahrelange Zwist schien endlich in wahrhaft aufrichtig gemeinter Weise geschlichtet zu sein. Aber die sehr bald dieser Unterredung folgenden Ereignisse ließen die friedfertigen Gesinnungen der beiden Prinzen, insbesondere des Dauphins, in ganz eigenthümlichem Lichte erscheinen. Der Letztere, ein 16jähriger, geistig und körperlich in der Entwickelung zurückgebliebener Jüngling, der vollständig unter dem Einflusse seiner Armagnac'schen Umgebung stand, war nicht zu bewegen, sich mit der Königin und dem Herzog von Burgund zu vereinigen. Auch fuhren die wackeren Ritter beider Parteien fort, sich unbekümmert um jeden Friedenstractat nach Herzenslust zu bekriegen. Da lud der Dauphin den Herzog Johann zu einer nochmaligen Unterredung ein, angeblich „um über die Wiederherstellung des Königreiches zu berathen". Anfangs meinte der Herzog von Burgund, es ließe sich dies weit passender am königlichen Hoflager besprechen, wohin sich eben der Dauphin begeben sollte. Doch einerseits von diesem, andererseits von seiner Maitresse, der Frau von Giac, haftig gedrängt, fügte sich Herzog Johann endlich. Die Yonne-Brücke bei Montereau wurde zum Platze der Zusammenkunft gewählt und dieselbe hierzu der argwöhnischen Sitte der Zeit gemäß passend hergerichtet. Man sperrte sie gegen beide Ufer hin mit festen Barrieren ab und in der Mitte der Brücke ward mittelst Brettern eine Loge hergestellt, innerhalb welcher die beiden Prinzen, jeder nur von zehn Begleitern umgeben, sich begegnen sollten. Diese Vorbereitungen wurden ausschließlich von Leuten des Dauphins so ausgeführt, daß eine sonst gebräuchliche in der Mitte der Loge anzubringende Barriere, welche die beiden Fürsten getrennt hätte, fehlte, wie denn überhaupt alle Anordnungen in einer Art getroffen waren, welche die Begleiter des Herzogs von Burgund veranlaßten, diesen noch in der letzten Minute zu beschwören, die Brücke nicht zu betreten. Aber Herzog Johann schlug Tannegni Duchâtel, der ihm im Auftrage des Dauphin entgegen gekommen war, auf die Schulter und rief ritterlich: „Dieser ist es, dem ich mich anvertraue!" Gegen vier Uhr Nachmittags betrat er den verhängnißvollen Raum, wo ihn der Dauphin Karl bereits erwartete, die Barrieren fielen hinter ihm zu — und einige Minuten später sah man den jungen Thronfolger die Brücke in größter Aufregung verlassen: Johann der Unerschrockene war von der Umgebung Karls verrätherisch niedergemetzelt und seine Begleiter theils getödtet, theils verwundet und gefangen genommen worden... Soviel ist von dieser Bluttat historisch festgestellt. Daß dieselbe nicht das Werk augenblicklicher Eingebung war, darüber kann wohl kein Zweifel walten. Auch erweckt es gerechte Bedenken, daß Frau von Giac, welche den Herzog zu jener Zusammenkunft überredet hatte, sich nach der Katastrophe unter den Schutz des Dauphins begab und diesen nicht mehr verließ. Ob aber der jugendliche Karl selbst in den Plan vorher eingeweiht war oder die Armagnacs sich seiner nur als blindes Werkzeug bedient haben, das ist eine Frage, welche die Geschichtsforschung niemals lösen wird. Der

Dauphin und seine Anhänger leugneten selbstverständlich jede vorbedachte Absicht, ja wollten der Welt glauben machen, Herzog Johann habe den Dauphin bedroht, worauf ihn erst Tannegni mit der Streitaxt niedergeschmettert hätte, eine Version, die aber weder damals noch in der Folge Vertrauen fand.

Was ein fast achtzigjähriger Krieg nicht vermocht, was so kolossale Niederlagen wie jene von Crézy, Poitiers und Azincourt nicht vermocht, das bewirkte die Bluttat auf der Brücke von Montereau: sie gab die Krone Frankreichs einem englischen König. — Der 23jährige Herzog Philipp von Burgund, Sohn und Nachfolger des Herzogs Johann, kannte nur ein Ziel: Rache für den gemordeten Vater! Jedes Mittel schien ihm gut genug, wofern es nur seinen Zweck zu fördern versprach — selbst der Vaterlands= verrath. Isabeau, die träge Schlemmerin, sehnte sich vor Allem nach Ruhe, dann liebte sie aber auch ihre Tochter Katharina und haßte den Dauphin Karl, dem sie den gelegentlich ihrer Verbannung nach Tours begangenen Raub ihrer Schätze zuschrieb. Es war also für sie eine Herzensfreude, die Stirne ihrer Tochter mit der doppelten Königskrone von England und Frank= reich schmücken und den Dauphin verstoßen zu können. Der König endlich war ein vollständiger Idiot, der gehorsam jedes vorgelegte Papier unterzeichnete. Dank dieser Factoren kam am 21. Mai 1420 jener berüchtigte Vertrag von Troyes zu Stande, laut welchem „Karl VI." dem englischen Monarchen die Hand seiner Tochter Katharina gab und „seinem lieben Sohne Heinrich" wie dessen Nachfolgern die Krone Frankreichs „auf immerwährende Zeiten" zuerkannte. Nur sollte sie erst nach dem Ableben des Schwiegervaters an den Eidam übergehen und dieser bis dahin „bei dessen Verhindertsein" Karl VI. das Land unter dem Titel „Heinrich, König von England, Erbe von Frankreich" mit Beiziehung des Staatsrathes regieren. In diesem uner= hörten Vertrage kamen aber auch Karl VI., Heinrich V. und der Herzog von Burgund überein, den Kampf gegen „die Rebellen", das heißt gegen die Anhänger des rechtmäßigen Thronfolgers, mit aller Macht fortzusetzen und sich mit dem „sogenannten Dauphin" in Anbetracht „seiner abscheulichen ungeheuren Verbrechen" nur bei gemeinschaftlicher Uebereinstimmung in Ver= handlungen einzulassen. Da nun überdies viele Städte „dem Erben Frank= reichs" den Eid der Treue verweigerten, so entbrannte der Krieg bald ärger als je und der Theil der Bevölkerung, welcher jenen schmachvollen Vertrag mit Ergebung aufgenommen hatte, in der Hoffnung, derselbe werde doch wenigstens endlich die baldige Herstellung des Friedens und der Ordnung herbeiführen, sollte sich in seinen Erwartungen bitter getäuscht sehen. Im ganzen Reiche wurde nur mit erneuerter Wuth belagert, geköpft und gespießt. Die Seine=Linie konnte von den schwachen Streitkräften des Dauphin nicht lange gehalten werden und fielen hier die ihm treu gebliebenen Städte nach und nach trotz oft schwerer Gegenwehr in die Gewalt der englisch=burgundischen Partei. Wohl schlug im Frühjahr 1421 eine Heeresabtheilung des Dauphin im Verein mit 7000 Mann schottischer Hilfstruppen die Engländer bei Baugé in offener Feldschlacht, was diesen auf französischem Boden seit Jahrzehnten nicht mehr geschehen war, aber alsbald rückte Heinrich V. mit einem frischen Heere von 30,000 Mann in Frankreich ein, vor welcher Macht der Dauphin alles Land bis zur Loire räumen mußte, sich hinter diese gewaltige Barriere nach Bourges zurückziehend. Und als endlich selbst das für uneinnehmbar gehaltene Meaux, der letzte starke Anker, den die Armagnacs jenseits der Loire besaßen, nach siebenmonatlicher verzweifelter Gegenwehr sich ergeben mußte, da war bald der ganze Norden Frankreichs dem fremden Reichsverweser unterthan.

Während sich auf französischem Boden diese kriegerischen Begebenheiten abspielten, trug sich im Schlosse Windsor, der Lieblingsresidenz der englischen Könige, ein für Frankreich sehr folgenschweres Familienereigniß zu: Königin Katharina gebar hier ihrem Gemahl am 6. December 1422 ein Knäblein, das den Namen Heinrich erhielt. Die Chronisten erzählen, daß Heinrich V., der sich schon krank fühlte, als man ihm die Nachricht von der Geburt eines Thronerben brachte, beim Empfange dieser freudigen Botschaft traurig ausgerufen habe: „Heinrich von Monmouth wird kurz regieren und viel erobert haben; Heinrich von Windsor wird lange regieren und Alles verlieren, der Wille Gottes geschehe!" Schon nach sieben Monaten ging der erste Theil dieser „Prophezeiung" in Erfüllung. Heinrich V. verschied am 31. August 1422, erst 34 Jahre alt im Schlosse zu Vincennes in Folge eines Geschwüres, das die noch auf Kindesbeinen einherwandelnde ärztliche Kunst des fünfzehnten Jahrhunderts nicht zu heilen vermochte . . . Sieben Wochen später, am 21. October, flackerte auch das Lebenslicht Karl VI. aus. — —

So kam es, daß im November 1422 der Wappenkönig Frankreichs über die Gruft des sechsten Karl von Frankreich feierlich verkündete: „Es lebe Heinrich VI. König von England und Frankreich!" während in einem abgelegenen Städtchen einige Getreue dem rechtmäßigen Thronerben begeistert zuriefen: „Es lebe Karl VII., König von Frankreich!"

Der Vater Karl von Geblers, Se. Excellenz, der k. k. österreichische Feldmarschall-Lieutenant Freiherr von Gebler, hatte die Güte, die Bitte der Redaction von „Nord und Süd" um einige Begleitworte zur letzten Arbeit seines Sohnes durch die folgenden Zeilen zu erfüllen.

Dieser vorstehende Aufsatz Karl von Geblers ist sein Schwanengesang für die deutsche Literatur. Er hatte ursprünglich beabsichtigt, ein größeres umfassendes Werk über die „Jungfrau von Orleans" zu schreiben, und hierzu bereits ausgedehnte Vorstudien gemacht, ja sogar auf seinen mehrmaligen Reisen die Irrenhäuser größerer Städte besucht, wo weibliche, von Hallucinationen befallene Irre vorzüglich sein Interesse erweckten. Unterdeß schrieb er obige Studie über Johanna.

Ein böses Geschick waltete über dem jungen Forscher. Unverständige ärztliche Behandlung in Meran (nach einjährigem Wohlbefinden), die mit unverantwortlichem Leichtsinn über das erste Stadium des Brustübels hinwegging, und so den Keim zu seinem Verderben pflanzte, verbunden mit einer seltenen Ausdauer in seinen rastlosen Bestrebungen für die Wissenschaft, ließ ihn für diese zum Opfer werden.

Stimmlos und abgemagert kehrte er Ende Juli 1877 von Rom zurück, wo er während der heißen Sommermonate im Vatican seinen zweiten Band über Galilei geschrieben hatte. Und doch raffte er sich im October wieder zu einer neuen Reise nach Italien auf, deren Ergebniß sein in der „Deutschen Rundschau" (Heft 7, 1878) erschienener Aufsatz: „Auf den Spuren Galilei's" war. Aber noch gönnte er sich keine Zeit zur Erholung; denn nach seiner zweiten Rückkehr aus Italien begann der literarische Kampf mit den Gelehrten, betreffs der Echtheit oder Unechtheit eines Documentes in den Proceßacten Galilei's, welches den Kern der Anklage wider ihn gebildet hat. Unter Ohnmachten, Erbrechen und Krämpfen schrieb er in freien Pausen seine Widerlegungen. Da unterlag endlich die Stärke seines Willens und seiner geistigen Kraft der Macht der unheilbar gewordenen Krankheit. Die Mineralwässer von Gleichenburg waren ihm eher schädlich als nützlich, und so ging er daher nach Graz, an die Stätte, wo er seine fröhlichen Knabenjahre zugebracht hatte. Dort fand er einen verständigen, trefflichen Arzt, der ihm große Erleichterungen verschaffte; aber es war zu spät, die Schwäche war zu groß. Umgeben von treuen Freunden und Freundinnen, unter der sorgsamsten Pflege hauchte er am 7. September 1878 sein junges, aber thatenreiches Leben aus, nachdem er noch Tags vorher an seinen betrübten Vater einen fröhlichen Brief geschrieben und ihn versichert hatte, daß es gänzlich unnöthig sei, sich seinetwegen die geringste Sorge zu machen. Er ahnte nicht die nahe Todesgefahr, denn noch etliche Stunden vor seinem Hinscheiden beschäftigte er sich mit Anstalten zur Rückkehr nach Meran. Karl von Gebler hat leider nur kurze Zeit, doch nicht umsonst, auf dieser Welt gelebt. Er hat aber auch in's jenseitige Dasein die Erkenntnisse und Bilder, die er von sich und seinem Organismus, von Gott und der Welt gewonnen, mit sich emporgenommen, und ist in jene Form des geistigen Lebens getreten, welche von den Gläubigen in symbolisch-sinnlicher Anschauung Himmel oder Paradies genannt wird.

Sahara und Sudan*).

Von
Friedrich Ratzel.
— München. —

I.

Man sagt von den Künstlern einer Epoche: Sie haben das Gebirge, die Gletscher, die Sturzbäche, und von denen einer anderen: Sie haben die weiten Prospecte der angebauten Flächen, die Laubstraßen, die Haiden entdeckt. So kann man heute von einer Gruppe von Reisebeschreibern sagen: Sie haben die Wüste entdeckt. Sie sind nicht die Ersten, die sie durchmessen und beschreiben, geschweige denn die Ersten, die sie gesehen haben, aber sie haben uns ein Bild gegeben, wo ihre Vorgänger einen dürren, hohlen Begriff für genügend erachteten. Dieser Fortschritt, oder wenn dieses Wort zuviel sagen sollte, diese Entwickelung steht nicht allein. Man kann unsere Zeit im Allgemeinen die Zeit der Detailmalerei, der Schattirung, der gebrochenen Farben, der Uebergänge nennen. Die Zeit der großen Umrisse, der breiten Farbenflächen, der starken Contraste, die nur um vier oder fünf Jahrzehnte hinter uns liegt, ist ihr Gegensatz. Vor fünfzig Jahren beschrieb man die Wüste nicht im Einzelnen, man glaubte sie so einförmig, so sehr überall dieselbe, so arm an bemerkenswerthen Einzelheiten, daß es vollständig genügend schien, ihren Namen zu nennen. Dieser sagte Alles. Außerdem bestrebte man sich vielleicht noch, den Eindruck ihrer ungeheueren Oede wiederzugeben. Damit hielt man sie für hinreichend gekennzeichnet. Eine einfache gerade Linie beschrieb ihren Horizont, eine sandgelbe Fläche ihre Farbe und ihr Eindruck war unveränderlich der der äußersten Oede, Einförmigkeit und Langweile. Und diese Vorstellung ist noch so wenig

---

*) Sahara und Sudan. Ergebnisse sechsjähriger Reisen in Afrika von Dr. Gustav Nachtigal. 1. Theil. Mit 49 Holzschnitten und 2 Karten. Berlin 1879. Weidmann.

alt und veraltet, daß Nachtigal es im Eingang seiner Beschreibung des Naturcharakters von Fessan für nothwendig hält, ausdrücklich zu erinnern, daß die große Wüste der Sahara nicht „eine unter dem Meeresspiegel gelegene wüste Sandebene, die in der Ausdehnung von ungefähr fünfzehn Breitegraden die Nordküste von den fruchtbaren Ländern des nördlichen Central-Afrika trennt".

Im Gegentheil: Diese Wüste, die größte und allerdings auch die entschiedenste, die wüsteste Wüste, die wir kennen, ist als Ganzes betrachtet erheblich über dem Meere gelegen, ist sogar in weiter Erstreckung Hochland; der Sand tritt felsigem und hartem Kiesboden gegenüber in den Hintergrund, und anstatt der Ebene haben wir eine ungeahnte Mannigfaltigkeit von Berg und Thal. Und die Formen der Berge, vorzüglich der kleineren, die sehr häufig vereinzelt auftreten, sind nicht nur nicht einförmig, sondern von einer oft geradezu bizarren Kühnheit. Gerade weil das nivellirende Element fehlt, das Wasser sammt dem zerklüftenden Eis, die die scharfen Gipfel und Kanten zerbrechen und in die Thäler hinabtragen, und weil der Wind, der mit scharfen Sandkörnern beladen ist, ihre Flanken aushöhlt und ihre Spitzen zuschärft, ist der Formenreichthum der Berg- und Felsgestalten, die man dort sieht, ein ungemein großer, größer als in den meisten von unseren Gebirgen.

Was will aber freilich dieser größere Reichthum der Bodenformation sagen inmitten der Armuth, welche das erste, allgemeinste und bezeichnendste Merkmal der Wüste ist? Die Wüste ist ja nicht im Stande, ihn zu nützen. Was sind die Thäler ohne Bäche und Flüsse, und was die Berghänge ohne Matten und Wälder? Die Farben, mit welchen die Sonne beim Auf- und Untergang diese todten Formen durchglüht, wie leuchtend sie sein mögen, genügen nicht ein Leben vorzutäuschen, welches in Wirklichkeit nicht vorhanden ist. Wir glauben gern den Wüstenreisenden, wenn sie die wasserlosen Thäler unheimlich und die vegetationslosen Felsenwüsten oft bis zur Rohheit öde, abstoßend finden. Ein Sinn bleibt ja in solcher Umgebung fast gänzlich unangeregt: das Gehör. Wie wesentlich gehört zum Eindruck des Reichen Lebendigen, Ueberquellenden unserer Gebirge in der gemäßigten, feuchten Zone, das Brausen, Wallen, Rauschen, Plaudern, selbst das Tropfen und Sickern des Wassers! Wer das Gebirge im Winter besucht, nachdem er es in einer lebendigeren Jahreszeit kennen gelernt, dem wird es wie eingeschlafen vorkommen in der tiefen Stille, welche beim Gebundensein alles Flüssigen über diese einst so reichbelebte Welt ausgebreitet ist. Und dieser Schlaf ist noch lange nicht wie der Tod, welcher in der Wüste seine Herrschaft aufgeschlagen hat. Träumt doch noch immer der Bach unter dem Eise fort und zeigt durch die Luftblasen, die vielbeweglich sich zwischen Wasser und Eisdecke hinschlängeln, daß er noch lebt. Der Wasserfall, wenn auch erstarrt, wächst doch noch immer fort, indem kleine herabrinnende Tropfen an seine phantastischen Zapfen und Säulengebilde anfrieren und ihre Masse vermehren. Selbst die Schneeflocken, die langsam herabschweben, sind nicht leblos und starr; es spricht etwas aus ihnen, wenn auch etwas Melancholisches. Und braucht man an das Erwachen aus diesem schönen Schlafe zu erinnern, welches bei jedem Sonnenstrahl sich jubelnd aus den Fesseln des Frostes löst? In der Wüste giebt es nichts der Art. Sie kann manchmal geradezu wie eine andere Welt, wie eine Verzauberung erscheinen, ihre Sanddünen wie mächtige Grabhügel und ihre Felsrippen wie die versteinerten Knochen einer untergegangenen Riesenwelt. Denn in der That ist sie fast leblos mitten in unserer lebendigen Welt und mag ein nicht ganz unzutreffendes Bild eines längst entschwundenen Urzustandes unserer Erde geben, in welchem das Wasser sich noch nicht zu Bachen gesammelt hatte und die Gebirge, ihres lebenspendenden Elementes beraubt, wie halbbegrabene, in Stein gebildete Glieder eines Organismus erschienen, denen mit dem Blute die Regung, das Leben fehlt.

Die Pflanzenwelt fehlt nicht der Wüste, wie man wohl meint, sie ist im Gegentheil durch eine nicht unbedeutende Anzahl von Arten vertreten, aber sie bedeutet nicht viel. Sie ist nur eben da. Der Eindruck aber wäre nicht viel anders, wenn sie auch fehlte. Die Geschichte der Pflanzenwelt scheint zu lehren, daß die Dattelpalme der einzige Baum ist, den diese Wüstenregion erzeugt hat, und selbst dieser ist nur den Oasen eigen. Die eigentliche Wüste, wenn sie nicht pflanzenlos ist, ist doch nahezu baumlos. Sie ist auch nahezu strauchlos, denn was an nennenswerthen, nicht ganz verzwergten Gesträuchen in ihr vorkommt, ist wesentlich auf jene noch immer etwas feuchteren Striche beschränkt, die am Rande der Sahara als „Saharasteppen" von der echten Wüste unterschieden werden. In der Nähe des Atlas kommen sie in solcher Ausdehnung und Dichtigkeit vor, daß sie für ganze Berberstämme zur Grundlage einer gewinnreichen Viehzucht werden konnten. Selbst die sonst immer am allermeisten zur Wüstenbildung neigenden Hammadas, die steinigen Hochflächen, bedecken sich dort mit dieser Gesträuchvegetation, aber es geschieht das in der Nähe des Gebirges, wo Luft und Boden, beide, nicht ganz arm an befruchtender Feuchtigkeit sind. In der Wüste selbst nimmt das Pflanzenleben gleichsam sclavische Formen an, um überhaupt eine Existenzmöglichkeit zu gewinnen. Um den wüthenden Wüstenstürmen zu entgehen, kriechen die Pflanzen (z. B. Ephedra) krummholzgleich am Boden, um der anstrocknenden Hitze so wenig Angriffspunkte wie möglich zu bieten, entkleiden sie sich aller zarten Theile und nehmen kahle Besenformen an (die Spartiumartigen); da sie ungemischtes Wasser nicht erlangen können, haben sie ihren Organismus an die Aufspeicherung grosser Salzmengen angepaßt, wobei sie sich selbst noch wählerisch zeigen, indem einige nur Kochsalz, andere Soda, andere Gyps aufnehmen und dem entsprechend nur da wachsen, wo diese Salze sich gleichfalls finden; um endlich die geringfügigen Mengen von Feuchtigkeit, welche sie aufzusaugen vermochten, gegen das allzu rasche Wiederverdunsten zu schützen, haben sie sich alle mit harter, wenig durchlassender Rinde bedeckt, so daß die kleinsten Pflänzchen mit verhältnißmäßig mehr Rinde umkleidet sind, als die größte, starkrindigste Eiche. Mit diesem starren Kleide sind als Luxusorgane, die ganz dem Standpunkte der Wüste entsprechen, Dornen, Widerhaken, Borsten in reichlichem Maße verbunden. Und bei all diesen Schutzmitteln gegen das Wüstenklima erlangt diese sclavisch sich anschmiegende Vegetation nirgends eine erhebliche Ausdehnung. Sehr selten sind größere Strecken mit Pflanzenwuchs bedeckt, gewöhnlich ist letzterer vereinzelt, und wenn wir auch in allen zuverlässigen Reisewerken, die diese Wüste oder andere beschreiben, nur selten der Angabe völliger Pflanzenlosigkeit begegnen — nur die Oberfläche der steinigen Hammadas, der erhöhten Felsenebenen und die Sanddünen sind häufig jedes Pflanzenwuchses bar — so ist dafür die Pflanzenarmuth die Regel, und was wächst, ist nicht grün, sondern grau und braungrau.

Die Farbe des Himmels stört nicht diese graue Farbenharmonie. Selten ist er, nach Nachtigals Schilderung, von der klaren tiefblauen Aetherfarbe, wie wir sie im subtropischen Gebiete, in den Ländern des Mittelmeeres bewundern, sondern meist weißlich oder bläulichweiß. Bis auf die Wolken erstreckt sich die Einförmigkeit. Andere Wolken als Cirri in der Höhe sind eine große Seltenheit. Haufenwolken ballen sich bei Winden aus nördlichen, westlichen, und südlichen Richtungen, aber die für die Farbenpracht der Sonnenuntergänge so günstigen Schichtwolken kommen fast nur bei nördlichen Winden und niedriger Temperatur vor. „Ich begreife nicht", sagt Nachtigal, „wie Reisende von dem ewig klaren, tiefblauen Wüstenhimmel sprechen können. Ich habe ihn weder zwischen Tripolis und Mursuk, noch südlich von Fessan gefunden. Selbst ohne verhüllenden Staub- und Sandschleier tritt das Blau der Atmosphäre gegen die Intensität des blendenden Sonnenlichtes zurück und der Himmel erscheint vielmehr bläulich-weiß". Es gehört die getrübte Luft zu den Schwierigkeiten, mit denen der Reisende in der Wüste beständig zu kämpfen hat. Dieselbe erlaubt keinen Fernblick. „Erst gegen Abend, wenn der regelmäßige Ostwind, der mit der Sonne stieg und fiel, schwieg, und wenn die schräg auffallenden Strahlen die Intensität des Lichtes abschwächten und dem Wanderer die freie Umschau erleichterten: dann klärte sich die Luft und weiter, immer weiter umfaßte das Auge die Umgebung, bis die Sonne sank".

Die Menschen sind nicht minder als die Pflanzen in der Wüste zu niedriger Existenz verurtheilt. Die Wüste hat sie wohl nicht äußerlich gekennzeichnet, wie jene. Das Material des menschlichen Organismus ist zu elastisch, um so leicht von seinen Umgebungen Form anzunehmen. Man findet im Gegentheil Völkerbruchstücke von halb Afrika, aus dem mittelmeerischen Küstenland und dem Süden, aus dem Nilthal und Arabien, aus dem Nigergebiet und dem Atlas, hier zusammengeweht, und sie tragen noch alle den heimischen Stempel, die Merkmale ihrer Rasse. Es scheint sogar, daß die Wüste mit ihren weit zerstreuten, nicht immer leicht zu erreichenden Wohnplätzen der Vereinigung der mannigfaltigsten Völkerbruchstücke sich günstig erweise, indem es an der Grundmasse eines zahlreichen, dichtwohnenden Volkes fehlt, das im Stande wäre, dem Ganzen seinen Stempel aufzuprägen, während die weite Entlegenheit der Wohn= und Weideplätze einem großen Theile der Bevölkerung eine ungewöhnliche Beweglichkeit mittheilt. Rings um die Wüste liegen dichtbevölkerte Gebiete, aus deren Ueberfluß dann und wann wohl ein Stamm, eine Familie, ein Einzelner nach dem dürren Boden abfließt, bis er in irgend einer Oase zur Ruhe kommt, wo er von der wenig zahlreichen einheimischen Bevölkerung nicht so leicht absorbirt werden kann. Man begreift unter diesen Verhältnissen die verwirrende Buntheit des Völkergemisches in einem Orte, der dazu noch an der Kreuzung einiger vielbegangenen Wüsten= straßen gelegen ist, wie Murfuk. „Alle Hautfärbungen, von dem städte= bewohnenden Türken aus Europa in seiner nordischen Weiße bis zur Ebenholz= schwärze, wie sie individuell bei Nigritiern gefunden wird, waren vertreten. Die röthlichen Araber oder Berber der Nordküste, die Wüstenberber in ihrer Bronzefarbe, die Tubu als weiterer Uebergang zu den eigentlichen Negern und diese selbst in aller Mannigfaltigkeit und Verschiedenheit bildeten eine endlose Stufenfolge... Hier wurde die arabische, dort die Tubu=, noch anderswo die Haussa=Sprache gesprochen, und am meisten hörte man die der Bornu-Leute, die Mana=Kanuri. Von Weitem erkannte man schon die eigent= lichen Wüstenbewohner, die finsteren Tuarik und die zierlichen Teda, an ihrem gemessenen Wesen, ihrer dunkeln Kleidung und dem womöglich dunkeln Gesichts= schleier. Kein Lächeln schlich über die Mienen des gravitätisch einherschreitenden Tariki und bedächtig spritzte der Tubu einen Strahl grünlicher Tabaks= flüssigkeit weithin durch die Zahnlücken, ehe er eine Mittheilung machte oder eine Antwort ertheilte. Ueberlegen und stolz im Gefühle ihrer fortgeschrittenen Civilisation sahen die reinen Araber und nördlichen Berber auf die Umgebung herab, und harmlos lachten und schwatzten die Neger... Dieser schloß sich durch seine Kleidung (Burnus, Jacke, Weste, Beinkleid) an die Bewohner der Nordküste; jener hatte das bequeme Sudanhemd gegen die nordische Kleidung eingetauscht, oder umgekehrt Jemand jenes mit dem tripolitanischen Shawl combinirt, und noch Andere trugen das primitive Schaffell ihrer heimathlichen Wohnsitze. Die Einen waren gewichtige Handelsleute, welche dem westlichen Sudan zustrebten und über Ghat in die industriellen Haussa=Länder zu reisen beabsichtigten; Andere kamen von dort und hatten als Reiseziel Tripolis, Bhengazi oder Kairo; noch Andere wohnten in Fezzan. Die vereinzelten Tuarik und Tubu kamen nie aus weiter Ferne und nur zu kurzem Markt= aufenthalte und die Neger waren Sclaven oder Freigelassene, welche dem Lande ihrer Geburt zustrebten oder ferne von demselben eine neue Heimath gefunden hatten, oder fromme Pilger, deren der westliche Sudan alljährlich eine so große Zahl nach Osten sendet und welche bisweilen ihren Weg über Fezzan und das nördliche Egypten nehmen".

Es sind indessen mehr die Zugewanderten oder noch im Wandern Be= griffenen als die Ansässigen, welche einen starken Beweis für die Beherrschung der Natur durch den Menschen liefern, indem sie die Wüste, eines der am meisten zur Oede und Einförmigkeit bestimmten Naturgebilde, mehr beleben als die Natur selbst es mit allen anderen Gebilden ihrer Schöpferkraft vermöchte. Die Einheimischen, das spricht aus allen Berichten, und aus diesem hier noch klarer als aus vielen Anderen, vermögen nicht dem Bann der Wüstennatur zu entrinnen. Sie sind, wir wiederholen, zu niedriger Existenz verurtheilt gleich allen anderen Geschöpfen, welche hier leben. Nicht nur ihrem Wohlstande sind enge Grenzen gezogen, sondern schon ihrer Ernährung. Es fehlt an der nöthigen atmosphärischen Feuchtigkeit. Zwar ist die Wüste nirgends gänzlich regenlos, aber schon Mursuk, über welches Nachtigal eine reiche Zahl von meteorologischen Beobachtungen mittheilt, hat selten Niederschläge und selbst Thau fehlt dort bei dem großen Mangel an Feuchtigkeit in der Atmosphäre fast ganz. Und doch ist Mursuk noch nicht ganz unter der Herrschaft des austrocknenden Passats und kann noch von den Winden erreicht werden, welche aus irgend einer nördlichen Richtung über das Mittelmeer herwehen. Wenn aber Ackerbau oder Viehzucht auf die seltenen, spärlichen und unregelmäßigen Regen- oder Thaufälle sich verlassen wollten, würden sie auf Sand gebaut haben. Man rechnet nicht nur nicht auf sie, sie sind sogar unerwünscht. Ein etwas reichlicher Regen wäscht die Lehmhütten weg und schädigt die wichtigste Cultur der Oasen, die der Dattelpalme. Ihren Fuß soll diese Palme, auf der mehr als die halbe Existenz der Wüstenbewohner ruht, bekanntlich im Wasser, ihr Haupt aber in der Sonne haben. Der Regen, welcher fällt, nimmt immer etwas von den Salzen auf, die überreichlich im Boden vertheilt sind, wenn er in die Tiefe sickert, und es scheint darum das Regenwasser den Wurzeln minder heilsam zu sein, als das aus der Tiefe zu Tage geförderte. Es klingt seltsam, aber man versteht es, wenn Nachtigal erzählt, daß ihm das Regenwasser als todt, das der Brunnen lebendig, lebenspendend bezeichnet wurde. Und dieses letztere gilt für um so besser, je tiefer der Brunnen, dem es entstammt. Je oberflächlicher der Brunnen, desto brackischer, je tiefer, desto süßer, aber auch spärlicher ist dieses Wasser. Wie verschieden nun auch seine Güte, es ist immer und überall in der Wüste unentbehrlich. Kein Nahrungsgewächs gedeiht ohne künstliche Bewässerung. Dieses gilt für das ganze Wüstengebiet, wie oasenreich es auch stellenweise sein möge. Auf dem bekannten Karawanenwege, welchen Nachtigal, von Tripolis nach Mursuk reisend, durchschritt, begann der volle Wüstencharakter schon einige Tagereisen südlich von dem Südabhang des nördlichen der Gebirgsstöcke, welche das Hochland der Sahara von der Küste trennen. Der Strich, in welchem natürliche Weide entwickelt ist und Getreide ohne künstliche Bewässerung gedeiht, ist höchstens 25 geographische Meilen breit. Daß nun dieser Cultur mit künstlicher Bewässerung enge Grenzen gezogen sind, begreift sich leicht. Nicht nur die verhältnißmäßig geringe Menge des zur Verfügung stehenden Wassers, sondern auch der Kräfteaufwand, den seine Hebung und Vertheilung bedingt, schränken dieselbe stark ein. Was damit erzeugt werden kann, genügt nur eben für den eigenen Gebrauch der Bewohner. Weil die Weiden für irgend beträchtliche Heerden von Rindern oder

Kameelen fehlen, müssen Menschen und in unbedeutendem Maße Esel die Ackerarbeiten fast alle verrichten. Man braucht viel Kräfte, dieselben wollen ernährt sein und die Erträge sind nicht übermäßig. So dreht sich das Leben dieser Wüstenbewohner immer in einem Kreise von Armuth, Mühe und Entbehrung. Reichthum anzusammeln ist Wenigen beschieden, die Handel treiben. „Alles", sagt Nachtigal, „was der Ackerbau den Fessauern liefert, reicht nothdürftig zur Fristung des Daseins hin und würde ohne die Beihilfe der Dattelpalme selbst dazu nicht genügen. Mit der ergänzenden Viehzucht ist zwar die Existenz gesichert, doch Niemand ist durch beide in die Lage gesetzt, für die Zeiten der Noth und des Alters zurückzulegen". Auch die Gewerbe können bei solcher Armuth nicht blühen. In dem berühmten, noch immer verkehrsreichen Mursuk gab es nur einen Zimmermann, der aber zugleich Schreiner, und einen Schmied, der zugleich Klempner, Schlosser und Goldschmied war; der letztere vermochte nur sehr einfache Fabrikate zu liefern er hatte oft keine Kohlen, und seine Zeit war durch Gartenarbeiten in Anspruch genommen, denen er obliegen mußte, da das Handwerk ihn nicht ernährt haben würde. Es bleibt nur der Handel, und dieser ist es, der wenigstens in Mursuk einst Reichthümer anhäufte und diese Stadt zu einer der berühmtesten von ganz Nordafrika machte. Hier strömten früher die nordischen Waaren aus Tunis, Tripolis und Egypten zusammen, welche in die Landschaften der Wüste und die Negerländer gingen, und hier stapelten sich umgekehrt die Producte dieser auf. Auch dieses ist anders geworden und nicht besser. „Die rückgängige Metamorphose, welcher die mohamedanischen Länder der Nordküste selbst unterlagen, schlechte Handelsverhältnisse in einem Theile des Sudan, Schaffung neuer Absatzwege und nicht zum geringsten Theile die Abschwächung des Sclavenhandels, haben einen traurigen Rückschritt zur Folge gehabt". Diese Ausfälle sind durch Nichts gedeckt worden. Außer dem Product einiger Natronseen lohnt gegenwärtig kein einziges Erzeugniß Fessans den langen Transport nach der Meeresküste. Der Reichthum ist gegangen, einst wohlhabende Familien sind verarmt oder ausgewandert und wenige andere konnten mit großer Regsamkeit — es gab Familien, in denen drei Brüder beständig auf Reisen waren nach Tripolis und Kairo einerseits, Ghat, Haussa und Bornu andererseits — nur die bescheidensten Resultate erzielen.

Ist es zuviel gesagt, wenn man in dieser Existenz die Armuth der Wüste und in ihrem Gefolge das gedrückte, sclavenhafte Leben wiedererkennt, das den anderen Wüstenbewohnern, pflanzlichen und thierischen, eigen? Die Erz der türkischen Beamten, die hierher in die Verbannung geschickt werden, und die sich Mühe geben, den Fessauern das Restchen von Wohlstand auszusaugen, das ihnen noch verblieben, machen das Bild nicht heller. Auch daß der Opiumgenuß in Ausbreitung begriffen, daß die Sitten der Bevölkerungen im Ganzen locker, daß ihre Bildung, selbst mit mohamedanischem Maße gemessen, gering ist, dies und alles Andere, was Nachtigal von ihnen erzählt, vermag kein Licht in dies graue Bild zu bringen. Sogar die Wohnstätten dieser Menschen treten aus dem grauen Rahmen nicht heraus. Sie sind im Aeußeren überall dieselben niedrigen, flachdachigen, fensterlosen Höhlen Die wesentlichste Verschiedenheit beruht darin, daß man, wenigstens in dem Theile der Wüste, den Nachtigal durchzog, im Norden mehr mit Stein, in dem trockeneren Süden mit Thonklumpen baut. Alle Städtebilder, die er entwirft, sind düster. Der erste Ort in Fessan, den er, von Norden kommend berührte, Bu N'dscheïm, ein Bezirksort, machte ihm einen wahrhaft trostlosen Eindruck, mit seinem halb zerstörten, finsteren, unbewohnten Castell und den wenigen Hütten zu seinen Füßen. Temenhint, ein anderer nicht unbedeutender Ort, hatte im Jahre vor der Hinkunft Nachtigals ein Dritttheil seiner Hütten durch Regengüsse verloren, die dieselben einfach wegwuschen. Murfuk selbst hat zwar eine übermäßig breite Straße, aber an der die aus Erde gebauten Häuser noch ärmlicher aussehen, wiewohl manche von ihnen Stockwerk, und mit Laden verschließbare Fensteröffnungen haben.

II.

Die Reise Nachtigals von Murfuk nach Tibesti und zurück ist eines der spannendsten, zugleich aber erschütterndsten Gemälde der Abenteuer, der Kämpfe und der Leiden, die einem civilisirten Menschen unter den Halbwilden der Wüste bereitet sind. So reich an thaten- und ereignißreichen Reiseunternehmungen in schwierigsten Gebieten diese letzten Jahrzehnte gewesen sind, wir kennen keine so dramatische, fast tragische wie diese. Von einem einzigen europäischen Diener begleitet, unternimmt der kühne Reisende die Erforschung eines Landes, das kein Europäer vor ihm betreten und dessen Natur schon nach allen Berichten als eine abschreckende sich darstellt. Der einzige Reisende vor ihm, der dahin vorgedrungen war und eine Beschreibung geliefert hatte, der gelehrte Scheich Mohammed Jbn'Omar et-Tunisi, ein gebildeter Muhammedaner, hat den Gesammteindruck, den dieses merkwürdige Land ihm machte, in die Worte zusammenfaßt: „Das Gebiet der Tubu Reshade ist ein versengtes Land, starrt von steilen und nackten Felsen und bietet nur eine traurige und kärgliche Vegetation". Man könnte sagen: dies ist die Wüste; wer erwartet hier etwas Besseres? Ist sie nicht überall menschenfeindlich? Aber nicht die Natur ist das Feindlichste. Das Volk, welches dieses Gebiet bewohnt, ist überall, soweit sein Ruf reicht — und seine Räubereien haben ihn weiter ausgebreitet, als den nahen und fernen Nachbarn lieb ist — überall als „wortbrüchig, verrätherisch, habgierig, diebisch und grausam" bekannt. Ein seltsamer Zufall wollte es, daß Fräulein Tinne, die unglückliche Holländerin, zugleich mit Nachtigal Murfuk verließ, um zu den westlich wohnenden Tuariks zu reisen, von welchen man sagt, daß sie fest auf Treu und Glauben und die Heiligkeit der Verträge halten. „Meine Reise", sagt Nachtigal, „mußte als ein höchst gefahrvolles Unternehmen bezeichnet werden, während die ihrige keinerlei ernste Gefahren mit sich zu bringen schien". Bekanntlich ist die Dame wenige Meilen von Mursuk schmählich hingemordet worden, während Nachtigal mit heiler Haut, wenn auch buchstäblich fast mit nichts als dieser aus Tibesti heimkehren durfte. Man mag hierin den begreiflichen Gegensatz der Klugheit und Thatkraft des Mannes zur vertrauensvollen Unvorsichtigkeit und Schwäche des Weibes vermuthen. Immer bleibt die Rettung des Ersteren ein Wunder. Selbst seine Freunde in Mursuk, von denen keiner Tibesti, wohl aber alle zur Genüge die Tubus kannten, und die ihm ausnahmslos von diesem Unternehmen abriethen, hatten die dortigen Zustände sich nicht so schlimm, die Gefahren, in die Nachtigal offenen Auges hineinging, nicht so groß vorgestellt. Als er zurückkehrte, nachdem sie ihn schon verloren gegeben, wurden sie nicht müde, seine Rettung als eine besondere Gnade Gottes zu preisen und als ein sicheres Zeichen des Gelingens künftiger Reisepläne. „Dein Leben wird lang sein, sagten sie, denn wen Gott aus solchen Gefahren errettet, dem hat er ein langes Leben bestimmt, und nachdem Du aus den Händen der Tubu Reshade wiedergekehrtest, kannst Du mit ruhiger Zuversicht überall hingehen".

Nachtigal verließ am 6. Juni 1869 Mursuk. Schon in den ersten Tagen der Reise kündigte sich das Unglück an, indem die Sonne dem unvorsichtig ohne genügende Bedeckung Schlafenden die Füße verbrannte. Er konnte mehrere Tage nicht gehen. Noch ehe sie die Grenze von Fessan überschritten, waren sie genöthigt, einen weiten und beschwerlichen Umweg zu machen, um dem räuberischen Anschlag einer Gesellschaft von Tubus zu entgehen, die an bekannter Raststelle des Weges ihnen auflauerten. Der Führer verlor in Folge dieses Umweges die Richtung und verfehlte die Brunnen. Knapp entging die kleine Karawane dem Tod durch Verschmachten. Die Schilderungen, die Nachtigal im 2. Capitel seines 2. Buches von den Qualen des Durstes und diesen weglosen Fahrten giebt, erregen tiefes Mitleid. Dem Durst entgangen, fiel er in dem ersten größeren Orte Tibestis, den er erreichte, in Tao, fast nicht minder dem Hunger anheim, denn er kam dahin zu einer Zeit, in der die Milch und die Grassamen fehlen, mit denen die Tubus sich sonst ernähren, und in der nichts ihnen zur Nahrung bleibt als die Frucht der Dumpalme, von denen sie selber gestehen, aufs Aeußerste begnügsam und gegen Hunger gestählt, wie sie sind, daß ihr ausschließlicher Genuß nur kurze Zeit das Leben zu fristen vermöchte. Von hier an war fast beständig Hunger der Begleiter unseres Reisenden und es kehrten Zeiten wieder, wo der Durst sich noch dazu gesellte und unter beider Wirkung eine stille Qual der graue Hintergrund alles Thuns und Denkens wurde. Hier auch und noch mehr in Zuar-Koi, einem anderen größeren Orte der Tubus, begann bereits das Raubsystem, welches in seiner naiven Naturwüchsigkeit und Consequenz tragikomisch erscheinen könnte, wenn es nicht zugleich so unerbittlich grausam, so hündisch oder schakalshaft gemein wäre. „Es war in der That merkwürdig diese zerlumpten, mit äußerster Armuth und beständigem Hunger kämpfenden Tubus die unverschämtesten Ansprüche in scheinbarem oder wirklichem Glauben an ihr Recht erheben zu sehen. Manche gaben nicht undeutlich zu verstehen, daß ihre aristokratische Würde eigentlich durch meine bescheidenen Geschenke geschädigt worden sei und also einer materiellen Reparatur bedürfe. Die Wohlwollendsten, die empfangen hatten, bewunderten meinen naiven Muth und meine Unverständigkeit, mit so geringen Mitteln unter ihnen zu erscheinen." So verwirrt, sagt er ein andermal, waren die Begriffe von Recht, daß der lahme Tangesi kommen und sich beklagen konnte, daß ich ihn bei der Vertheilung des getrockneten Kameelfleisches habe zu kurz kommen lassen; ein Mensch, den ich gar nicht kannte, der mir nicht einmal guten Tag sagte, wenn ich ihm zufällig begegnete, der auch nicht den kleinsten Gegendienst zu leisten geneigt war! Womit sollte ich erst den Häuptling und seine Genossen bei ihrem demnächstigen Besuche bewirthen und ihren Ansprüchen gerecht werden, ich, in dessen Eingeweiden der Hunger wühlte? Uns muß es seltsam erscheinen, dieses Schakalsrecht, das die Habe des Fremdlings ohne jeden Zweifel als gemeines Gut betrachtet und das seine Schranken nur in der Frage findet, wie dieselbe am passendsten je nach Stand und Stellung der Gierigen zu vertheilen sei. Es ist das Recht hungriger, in Entbehrung lebender und von Natur gierig angelegter Menschen. Der Reisende wurde demselben mit voller Strenge unterworfen. Aber selbst sein Leben, das Jenen nichts nützen konnte, war beständig gefährdet. Man berichtete, daß die Nachricht von seinem Kommen in Bardal, dem Häuptlingssitz des nördlichen Tibesti, die Bevölkerung in Aufruhr versetzt habe. Und doch barg die Rückkehr nach Fessan jetzt nicht weniger Gefahren, als das weitere Vordringen. Der Häuptling von Bardal lud Nachtigal ein zu kommen, und halb gezwungen ging er, um nur zu bald seine Vermuthung bestätigt zu finden, daß auch diese Einladung nichts Anderes bezweckt hatte, als sich am Rest seiner Habe zu bereichern. Er machte eine der mühevollsten Reisen über eines der hohen Gebirge von Tibesti, freilich auch eine der geographisch wichtigsten, um in Bardal von einer aufrührerischen Bevölkerung empfangen zu werden, die wüthend über das Kommen des Fremdlings, mit Wurfspießen ihn empfing. Die Gewinnsucht der Höheren, die ihn noch weiter auszubeuten gedachten, siegte über den Fanatismus der Massen und man hielt ihn vier Wochen im engen Umkreis eines Zeltlagerplatzes gefangen, aus dessen Grenzen er sich nicht herauswagen durfte, ohne sogar von Weibern und Kindern mit Schlägen und Steinwürfen zurückgescheucht zu werden. Als ihm genommen war, was er noch besaß, und seine gelegentliche Steinigung oder der Hungertod offenbar nur noch eine Frage der Zeit schien, gelang es ihm, die Hilfe eines der Häupter, die ihn am unbarmherzigsten gebrandschatzt, zu gewinnen und nächtlich diesem elenden Zustand zu entrinnen. Noch auf der Flucht trat der Tod des Verschmachtens nahe an ihn heran und gänzlich ausgeplündert, krank, in Lumpen gekleidet, die kaum seine Blößen bedeckten, kehrte dieser vielduldende Odysseus der Wüste endlich nach 16monatlicher Abwesenheit wieder nach Mursuk zurück.

Man begreift, daß die Ausbeute an sicher festgestellten geographischen Thatsachen nicht bedeutend sein konnte bei einer Reise, die unter so widrigen Verhältnissen durchgeführt ward. Nur unermüdlichem Fleiß und nimmer ruhendem, vielgeschultem und geschärftem Beobachtungstriebe konnte es möglich sein, in einem solchem Meer von Widerwärtigkeiten überhaupt noch sehen und hören zu wollen und sogar Aufzeichnungen zu machen. Aber freilich, jede einzelne Thatsache ist kostbar, die er uns bieten kann, und man darf füglich behaupten, daß dieser eine Ausflug nach Tibesti wichtiger für die Geographie und Völkerkunde von Afrika geworden ist, als eine ganze Reihe von großen Reisen, die über zehn= und zwanzigfache Meilenzahl sich erstreckten. Ein hohes Gebirge mitten in der Sahara widersprach allen Vorstellungen, die man von der Wüste hegte, aufs Entschiedenste, und doch gab es so viele Nachrichten, wenn auch fast alle erst aus zweiter oder dritter Hand, über dasselbe, daß man sein Dasein nicht mehr läugnen konnte. Es war nur die Frage, ob nicht von den arabischen Berichterstattern seine Höhe und Wildheit übertrieben worden sei. Jedenfalls lag hier für die Afrikaforschung keine von den gewöhnlichen „weißen Flecken" vor, sondern dieses unbeschriebene Feld unserer Karten südlich von Fessan umschloß ein Problem, dessen Lösung mindestens für unsere Vorstellungen von der östlichen Sahara, mittelbar aber von ganz Nordafrika, von der größten Wichtigkeit werden mußte. Nachtigal hat nun gezeigt, daß wir thatsächlich in Tibesti ein Berg= und Felsenland vor uns haben, in welchem Gipfel sich befinden, die mindestens an die Grenze des Hochgebirgshaften heranreichen. Er schätzt den ausgebrannten Vulkan Tarso, den er selber überschritt, auf 2500 Meter. Dieses Gebirgsland der Wüste hängt mit westlicher davon liegenden Gebirgen des Tuarik=Gebietes durch eine Hochebenenschwelle von 6—700 Meter zusammen und zieht in einer Ausdehnung von 700 Kilom. in westnordwestlicher und ostsüdöstlicher Richtung. Seine Breite ist schwerer festzustellen, überschreitet aber an einigen Punkten jedenfalls 100 Kilom. Tibesti, das mit diesem Gebirgsland im Ganzen zusammenfällt, kann auf 500,000 Q.=Kilom. oder ca. 9000 deutsche Q.=Meilen, also fast die Größe Deutschlands, geschätzt werden. Seine Flüsse sind wasserarme, einen großen Theil des Jahres trocken liegende Rinnsale, die aus dem Herzen des Gebirges kommen, um in der Wüste baldigst zu versiegen. Sie vertreten die Stelle der Einsenkungen, welche in den flachen Theilen der Wüste oasenzeugend auftreten und gleich diesen sind sie es allein, welche in diesem „versengten Berg= und Felsenland" eine karge Möglichkeit menschlicher Existenz eröffnen.

Aber welcher Existenz! Dieses Felseneiland, das aus dem Meere der Wüste unverhofft und fast überall unvermittelt aufsteigt, ist von Menschen bewohnt, welche von den ringsum lebenden Völkerschaften nicht minder scharf unterschieden sind, und zwar geistig nicht weniger als körperlich, und deren ganzes Wesen und Leben ebenso unerwartet ist, wie die Existenz des Gebirges, in dem sie wohnen und dessen harte Natur ihnen eine Härte und Schärfe gegeben hat, die man in Afrika nicht erwartet. In diesen Teda oder Tubu (ober Tibbu, wie wir sie auf unsern Karten finden und wie sie alle Sahara-Reisende von Hornemann bis Rohlfs genannt) haben wir eines der begabtesten und bedeutendsten, aber zugleich eines der gedrücktesten und verkommensten Völker vor uns, die der schwarze Erdtheil birgt. Sie treten uns aus diesen an anregenden und spannenden Schilderungen so reichen Reisebeschreibungen als die zweifellos markirteste Völkerpersönlichkeit entgegen, und ich wage zu behaupten, daß sie tiefer als alle anderen dem Gedächtniß des Lesers sich einprägen, fester seine Gedanken fesseln, lebhafter seine Phantasie anregen werden. Derselbe begegnet sich hier, wenn ich nicht irre, mit Nachtigal selbst, der dieses Volk mit einer eingehenden Theilnahme schildert, die es einem europäischen Gemüth wahrscheinlich unmöglich wäre, irgend einem Negervolke entgegen zu bringen. Nicht, als ob es seine oder unsere Sympathie in so ungemeinem Grade zu fesseln verstände. Im Gegentheil. Es stößt viel mehr ab als es anzieht. Niemals ist einem Reisenden schlechter, treuloser, räuberischer begegnet worden, als Nachtigal in Tibesti, und er selbst hat sich wohl in den sechs langen Jahren seiner Forschungsreise nie hilfloser, von aller menschlichen Umgebung mehr zurückgestoßen, nie mißhandelter gefühlt, als hier. Aber er zeigt sich gerade hierin als der geborene Forschungsreisende, der er ist, daß er die Stimmungen, welche seine schmerzenreiche Odyssee von Mursuk nach Barbar im Herzen Tibestis und zurück erwecken mußte, fern gehalten hat von den Eindrücken, die sein Geist von dem feindlichen Volke empfing. Wie er es im 7. Capitel seines 2. Buches schildert, könnte man glauben, die ungestörten Beobachtungen eines zum Studium wohlgeeigneten Aufenthaltes würden hier dargelegt, wenn nicht dann und wann eine unwillkommene Lücke des Berichtes an die Schwierigkeiten erinnerte, unter denen dieser Stoff zu einem der interessantesten Völkergemälde gesammelt wurde. Das Geheimniß, wenn ich nicht irre, liegt darin, daß dieses Volk zwar viele schlechte Eigenschaften hat, daß es aber nicht schwach, nicht seige, nicht nachgiebig unter dem Drucke ungünstiger äußerer Umstände, sondern im Gegentheil zäh, sinnreich, kraftvoll und muthig ist. Es gleicht einer Persönlichkeit, die man in keiner Weise lieben kann, die aber nicht betrachtet werden kann, ohne Interesse zu erwecken, und nicht am wenigsten vielleicht gerade wegen der Fehler, die ihr eigen.

Kein größerer Gegensatz schon im Körperlichen und Aeußerlichen, als die Bewohner Tibesti's und die der Wüste, welche rings die Völkerinsel einschließt. Hier eine bunte Mischbevölkerung, die im Einzelnen schwer zu entwirren ist, und nie, auch nicht bei festerer politischer Zusammenfassung, den reinen Begriff eines „Volkes" bietet; dort ein Volk, so scharf umrissen, wie wenige in Afrika, dem selten fehlende wesentliche Eigenschaften physischer und psychischer Gattung ein festes Gepräge geben. Hier kurz ihre hervortretendsten Merkmale: Es sind Leute von bescheidener Mittelgröße, von sehr proportionirtem und zierlichem Bau, vorzüglich in Händen und Füßen, von außerordentlicher Magerkeit, die ihre Beine und Arme schwach erscheinen läßt, bis man sich von der sehnigen Kraft überzeugt, die in diesen dünnen Gliedern wohnt. Gesichts- und Kopfbildung sind edler als bei den Negern. Die Nasen sind meist gerade, wenn auch nicht lang; neben vielen Stumpfnasen findet man auch genug, die der Adlernase sich annähern. Der Mund ist mäßig, sowohl in Größe als Lippenbildung, das ganze Antlitz von ovaler Form, das thierische Vorspringen der unteren Theile über die Stirn wenig ausgeprägt oder ganz fehlend, die Jochbogen nicht übermäßig entwickelt. Die Züge würden in ihrer vorwaltenden Regelmäßigkeit und Zierlichkeit gefällig und einnehmend genannt werden können, wenn nicht ein finsterer argwöhnischer, falscher Blick den ersten günstigen Eindruck sofort wieder verwische. Es ist der Blick der Gier, der Raubsucht und des Neides, den durch Generationen fortgesetzter Druck des Hungers und der Entbehrungen aller Art und der unter dem Gewande eines mit Förmlichkeiten überladenen friedlichen, menschlichen Verkehrs immer sprungbereite Kampf Aller gegen Alle in ihre Augen gezaubert hat. Nachtigal kommt mehrmals darauf zurück, daß edle, regelmäßige Gesichter häufig unter ihnen sind, häufiger vielleicht als bei den meisten Wüstenvölkern Afrikas, aber immer sieht er sich auch wieder genöthigt, die Einschränkung bezüglich dieses fatalen Ausdruckes zu machen. Uebrigens entspricht ihm auch der Körperbau, insofern derselbe selbst bei den Frauen von einer ganz ungemeinen Härte und Schärfe der Umrisse ist, die durch eine seltene Fett- und Fleischlosigkeit erzeugt werden. Dabei ist er aber von einer Fähigkeit des Entbehrens und Ertragens, welche erstaunlich ist und die Muskelkraft ist im Vergleich zur Fleischarmuth eine überraschend große. Es sind, mit einem Wort, sehnige Naturen, wie geschaffen für die Wüste.

Es entspricht dieser Anlage die geringe Entwickelung des Weiblichen sowohl im Körper wie im Geist und Gemüth der Tubu-Frauen. Nur in der Jugend ist ihrer angeborenen Schlankheit eine geringe Fülle gesellt, welche zusammen mit der in allen Lebensaltern ihnen eigenen stolzen, freien und eleganten Haltung aus ihren Mädchen reizende Erscheinungen macht. Aber schon früh bekommen ihre Gliedmaßen „bei aller Zierlichkeit etwas Dürres und Sehniges, bei aller Eleganz ihrer Bewegungen etwas Eckiges und Männliches, bei aller Formenschönheit der einzelnen Gesichtstheile ihre Züge etwas Scharfes und Hartes". Nachtigal meint zwar, daß vielleicht seine Beurtheilung gerade der Frauen dieses Volkes etwas unbillig geworden sein könnte unter dem Einfluß der wenig günstigen Verhältnisse, unter denen er während seines dortigen Aufenthaltes mehr vegetirte als lebte, und der schlechten Behandlung, deren er sich sogar von Seiten des zarten Geschlechts zu erfreuen hatte. Man braucht aber blos die Schilderungen seiner Vorgänger, vorzüglich diejenigen von Barth und Rohlfs zu lesen, um zu finden, daß Nachtigal auch in diesem Punkte durchaus gerecht und maßvoll ist. Uebrigens passen seine Tubu-Frauen ausgezeichnet gut in das Bild, das er von diesem Volk im Allgemeinen entwirft: nicht anders als so können wir uns die Grazien der Wüste denken.

Die Nahrungsfrage ist eine so hervorragend wichtige bei diesem Volke, daß es unmöglich ist, die geistige und gemüthliche Seite zu verstehen, ohne jene kennen gelernt zu haben. Es dürfte nicht viele Völker geben, die aus dem Hungern und Dürsten in solchem Maße eine Kunst, eine Wissenschaft möchte man sagen, gemacht haben wie die Tubns. Man kann in dieser Hinsicht von ihnen lernen, und wer weiß ob nicht manche von ihren Erfindungen noch einmal zu größerer Ehre kommen werden als die ist, welche sie heute bei den Reisenden finden? Wenn einmal die Erde doppelt so viel Bewohner zählte wie heute und eines erheblichen Theiles ihrer Fruchtbarkeit beraubt wäre, wer weiß ob nicht dann die Sitten unserer Nachkommen Manches gemein haben dürften mit denen der Tubus? Glücklicherweise sind wir zur Zeit noch in der Lage, nichts Anderes als seltsame Merkwürdigkeiten in ihnen zu sehen. Aber schon Nachtigal hat Gewinn ziehen können von der Kenntniß, die er so theuer von ihnen erkaufte. Als er und seine Gefährten bei der Flucht aus Barbai die Mundvorräthe fast aufgezehrt hatten, kam eine Zeit, wo „jeder sich eifrig mit der Verwerthung der in Tibesti gewonnenen Erfahrung bezüglich der Nutzbarmachung selbst der ungenießbarsten Dinge beschäftigte. Die Knochen wurden allmählich gepulvert, die Sehnen mürbe geklopft und Morgens zu der Mahlzeit abgezählter Datteln und Abends zu dem Näpfchen Mehlbrei genossen. Dazwischen ward getrunken, geschlafen und unbeweglicher Ruhe gehuldigt. Jeder unnöthige Schritt, jedes überflüssige Wort schien uns eine unverantwortliche Kraftvergeudung zu sein". Auch eine andere Sitte der Tubus ahmten sie treulich auf dieser Fahrt nach: sie umhüllten, trotz der Hitze möglichst dicht Mund und Nase, um die Vermehrung des Durstes durch Austrocknen der Schleimhäute zu verhindern.

Diejenigen Theile von Tibesti, welche im Stande sind eine Bevölkerung zu ernähren, wenn auch immer nur eine sehr spärliche, sind fast ausschließlich die unteren Abschnitte der Thäler, welche aus dem Gebirge herausführen. Hier giebt es Futterkräuter und an begünstigten Stellen wird die Dattelzucht möglich. Vereinzelt kommt die Dumpalme vor, deren steinharte Fruchtschale mit Steinen mühsam weichgeklopft wird, um eine sehr wenig nahrhafte, im Geschmack an Pfefferkuchen erinnernde Speise zu ergeben. Die Stelle der in fruchtbareren Theilen der Wüste gebauten Getreidearten wird kümmerlich von den Samen des Grases Panicum turgidum ausgefüllt. Die Kerne der Bittergurke oder Coloquinte werden gegessen, nachdem sie durch einen langwierigen Proceß, der die Mühe nicht zu lohnen scheint, von ihren Schalen und schädlichen Stoffen befreit worden sind. Aber die Hauptnahrungsquelle ist die Zucht von Ziegen, Schafen und Kameelen. Die Letzteren gehören zu den besten Rassen der Wüste und sind vor allem im Gebirge unübertrefflich. Gleich ihren Herren besitzen sie eine wunderbare zähe Ausdauer im Ertragen von Entbehrungen jeder Art.

Dieses alles genügt nicht zur reichlichen, gleichmäßigen Ernährung der Bevölkerung. Dieselbe ist gezwungen zu wandern, um sich Nahrung zu suchen, wenn solche am Wohnorte spärlich wird. Im Sommer und Herbst fällt häufiger Regen und es sprossen Kräuter hervor, welche den Kameelen und Ziegen genügende Nahrung geben, um die Milch zum Hauptnahrungsmittel der Bevölkerung zu machen. Bald kommen auch die Grassamen des vorerwähnten Panicum hinzu, die wie Getreidekörner behandelt werden. Aber im Frühjahr und Frühsommer ist eine schlimme, nahrungslose Zeit, wo nur noch getrocknetes Fleisch und Datteln, Dumpalmenfrüchte, Coloquintenkerne u. dgl. in höchst sparsamen Rationen genossen werden. Dies ist die Hungerzeit. Für die Ansammlung größerer Vorräthe ist die Ausdehnung des anbaufähigen Bodens zu gering und die Volkszahl zu groß. Zwar wandern die Tubus nach allen Seiten hinaus, auch in dieser Beziehung ganz den Bewohnern anderer armer Gebirgsgegenden folgend, und man findet sie in Fessan wie in Bornu und im Osten bis Kufara. Reisen und zwar womöglich Handelsreisen sind ihre Leidenschaft. Kein Wunder allerdings, wenn es ihnen zu eng in den armen heimischen Bergen wird. Auch sind ihre Nachkommenschaften nicht zahlreich, offenbar wegen der Schwierigkeit der Ernährung. Aus demselben Grunde ist fast allgemein Einweiberei die herrschende Form der Ehe, und es scheint, daß die Ueberzahl der Tubu-Weiber nach auswärts sich verheirathet. Im südlichen Fessan z. B. sind sie als Hausfrauen beliebt und gesucht, da sie Thätigkeit und Verstand mit Treue und Sittsamkeit verbinden: Eigenschaften, die gerade nicht zu den hervorragenden Gaben der Fessanerinnen gehören.

Die geistige Physiognomie der Tubus ist noch ausgezeichneter als ihre körperliche. Sie sind ein vorzüglich veranlagtes Volk. „Die Noth ist den Tubu eine energische Erzieherin und Bildnerin gewesen und hat nicht blos ihre Sinnesorgane geschärft und ihren Charakter gestählt, sondern auch ihr Urtheil gebildet und ihre Erfindungsgabe entwickelt Was auf Reisen, Handel, Ueberlisten, Stehlen sich bezieht, ist bei ihnen zur höchsten Entwicklung gediehen. Ihr Ortssinn, ihre Ausdauer, ihre Leichtbeweglichkeit lassen noch die der Araber hinter sich, und als Kaufleute, als überlistende Schwätzer, die Alles zu ihren Gunsten zu verdrehen wissen, und als Diebe haben sie weder unter den Arabern noch den Negern ihres Gleichen. Die Tubus z. B., welche in Bornu Handel treiben, überragen bald an Ausdehnung der Geschäfte und Gewinn Eingeborene und Araber. In der Heimath sind sie beständig beschäftigt, sich untereinander den Rang abzulaufen und darüber nachzusinnen, wie sie über die Durchschnittsstufe der dortigen Existenz hinausgelangen können, welche die der peinlichsten Sorge und Noth ist. Es ist bezeichnend, daß man sie fast niemals anders als im ausgesucht ärmlichsten Aufzuge sieht, einerlei was sie auch besitzen mögen. Ihre ersten Edelleute sehen mehr Banditen gleich, als irgend etwas Anderem, aber sie treten in ihren Lumpen so stolz auf wie ein anderer im Purpurburnus. Das arme und elende Aeußere gehört bei ihnen zur Politik des täglichen Lebens, denn das Werthvolle besitzen sie nur, um es zu verheimlichen.

Schade, daß die Noth, die diese Wüstensöhne so erfinderisch macht, sie zugleich auch gewissenlos werden läßt in der Wahl der Mittel, mit denen sie ihre Ziele zu erreichen streben. Nach dem, was wir von den Schicksalen Nachtigals erzählt haben, ist es nicht mehr nöthig, ihre Gewinnsucht und die daraus entspringende Treulosigkeit, Gewissenlosigkeit und Härte hervorzuheben. Man kann sie nicht treuer schildern, als sie es selbst in der Behandlung thaten, die sie dem unglücklichen Opfer ihrer Gewinnsucht angedeihen ließen. Aber eine Zusammenfassung ihres Charakters in den eigenen Worten Nachtigals mag hier zur Verschärfung der Hauptlinien ihres Bildes noch Platz finden: „Das Wettringen Aller nach dem kümmerlichen Besitz macht den Einzelnen rücksichtslos, argwöhnisch und betrügerisch. Jeder sucht den Anderen zu schädigen, wenn er ihm im Wege steht, und Alle stehen sich im Wege in jener Welt der Noth; man ist nicht allein bestrebt, den Nächsten in relativ legitimer Weise zu übervortheilen, sondern sucht sein Mitringen nach dem Preise unmöglich zu machen oder ihn irgendwie des letzteren zu berauben. Zu diesem Zwecke lügt, stiehlt und mordet der Teda, wenn es sein muß. Darum sehen wir ihn die Gemeinschaft des Menschen fliehen und versteckt in den Felsen seine einsame Hütte aufschlagen, sehen ihn auf seinen Wüstenpfaden durch die Spuren eines Stammgenossen mit Besorgniß erfüllt werden und mit Vorliebe die heimliche Nacht zur Ausführung seiner Pläne benutzen. So lebt Jeder für sich, und jeder Gedanke an die Stammesgenossen, jedes Gefühl für Volksleben, jedes Streben nach Gemeinwohl liegt ihm fern. Gemeinsame Gefahr von außen her oder gemeinsame Raubzüge vereinigen die Leute, niemals gemeinschaftliche Arbeit und harmloses Volksleben. Letzteres existirt kaum. Der Ernst des Lebens hat alle Harmlosigkeit von ihnen genommen. Ihre Volksversammlungen sind Uebungsvereine sophistischer Argumentation und schlauester Rechtsverdrehung und endigen wohl gar in blutigem Streit". Es ist ein sehr bezeichnender Ausdruck dieses, immer auf Kampf und List sinnenden Lebens, daß kein Teda ohne Waffen geht, selbst im heimathlichen Dorfe nicht. Sogar die Frauen tragen stets einen Dolch unter dem Gewand an der Hüfte und einen Knüppel am Lederriemen mit sich. Es klingt wie Ironie, wenn ein früherer Reisender diese Waffen mit den Liebesintriguen der Tubu-Frauen in Zusammenhang brachte. Nachtigal berichtet von prosaischeren Verwendungen wenigstens des Knüppels. Bei den unzähligen scharfen Wortwechseln, von denen die Tubu-Gemeinden widerhallen, sah er zu ihm, als zu dem letzten Beweismittel greifen, und er fand überhaupt die Weiber kaum minder streit- und gewinnsüchtig, hart und treulos wie ihre Männer. Aber bei alledem sind die Tubus Menschen voll Selbstgefühl und hocharistokratischem Sinn. Sie mögen Bettler sein, aber sie sind keine Parias. Viele Völker würden unter diesen Umständen weniger scharf und hart, aber elender, gedrückter, pariaartiger sein. Die Tubus haben Stahl in ihrer Natur. Und Nachtigal selbst hebt hervor, wie sie unter günstigeren Verhältnissen viele von ihren schlimmen Eigenschaften ablegen. Sie sehen dann ein, welche Banditen ihre

Landsleute sind, und entschließen sich, sehr ungleich unseren Gebirgsbewohnern, nur ungern, in die Heimath zurückzukehren; ja, sie denken endlich nur noch mit Furcht an die Gewaltthätigkeit und Treulosigkeit ihrer Landsleute.

Vergessen wir nicht, mit einem lichten Striche dieses Bild zu schließen: Die Frauen der Tubus sind bei allen Nachbarvölkern ebenso berühmt wegen ihrer ehelichen Treue, und dieses trotz der häufigen und langen Abwesenheit ihrer Männer, als um ihrer Tüchtigkeit im Hauswesen willen. Wir hoben schon hervor, daß sie im „Auslande" Tibestis, vorzüglich im südlichen Fessan, darum gern gefreit werden.

III.

Die Größe der Gegensätze, die imponirende Gewalt, mit der sie vorherrschend ihr Wesen in prächtiger Fülle zur Geltung bringen, ist der große Reiz Afrika's. Auf die Wüste der Sudan. Welcher Wechsel! Wir haben nun vielleicht schon in 6 Reisebeschreibungen immer wieder schildern gehört das Gefühl des Staunens, der ungeahnten Bereicherung aller Sinne, das die Reisenden befällt, die von der Wüste, der gelben, dürren, armen, wenn auch in ihrer Armuth großartigen, in den Sudan eintreten. Es scheint ihnen zu Muthe zu sein, wie Einem, der halbverdurstet in der Wüste nach einem Quell sich sehnt und dessen Ohr nun plötzlich gefüllt wird von dem Rauschen und Brausen eines gewaltigen Bergstromes. Es ist etwas Ueberschüttendes in der Fülle, die so hart an den Mangel sich anschließt. Und um so stärker wird dieses Gefühl, wo, wie in dem östlichen Theil der Wüste, den Nachtigal durchschritt, noch der Gegensatz erhöht wird durch Zwischenlagerung eines Dünengürtels von mehr als 100 Kilom. Breite, eines Miniaturgebirges aus beweglichen Sandhügeln, dessen Ueberschreitung zu den schwierigsten Theilen der Wüstenwanderung gehört. Erst jenseits dieser armen und öden Region, die in den meisten Beziehungen eine potenzirte Wüste genannt werden darf, bricht dann der Sudan an, und zwar ist sein Saum ein mit dichtem, frischem Pflanzengewächse bedecktes Steppengebiet, die Tintumma, auf welchem vereinzelte Bäume, theils die trauerweidenartigen Tundubs (Capparis sodada), theils Angehörige des artenreichen Geschlechtes der Akazien, bereits den weitherrschenden, im Grunde ganz Innerafrika eigenen Vegetationstypus des Sudan vorbereiten. In dieser Steppe erblickten die Reisenden zum ersten Male seit dem Verlassen des mittelmeerischen Küstenrandes wieder ausgedehnten und dichten Pflanzenwuchs, und wir glauben es gern, wenn sie uns berichten, daß es unsägliches Behagen gewähre, den mit jeder Meile sich vermehrenden Reichthum der Formen sowohl thierischen als pflanzlichen Lebens gerade in dieser gradweisen Zunahme zu verfolgen. Jeder Strauch, jeder Baum, jedes Papageienpaar, jede Antilopenheerde scheint eine neue Gewähr zu bieten, daß die Menschenfeindlichkeit der Wüste endgiltig überwunden ist. In der Entfernung von etwa 100 Kilom. vom Anfang dieser weiten Kräuter- und Strauchsteppe treten zusammenhängende Wälder auf, deren Bäume „die bescheidenen Entwidelungsformen der Wüstenbäume in den Schatten stellen, wie die fahle Färbung des Hedschlidsch, der dürftige March und der fast blattlose Tunbub vor dem frischen Grün der dichtbelaubten Siwakbüsche zurücktreten". Schon bedecken sich hier die Bäume mit rankenden Schmarotzergewächsen. In dieser Gegend stieß auch zum ersten Mal die Karawane auf die Spuren des schatten- und wasserbedürftigen Löwen, der viel mehr Steppen- als Wüstenkönig ist, und der Giraffe. Auf den Abhängen der reizvollen Bodenwellen graste die graziöse Mohor-Antilope, deren weißer Körper mit braunem Halskragen sich lebhaft von dem Grün der Umgebung abhebt. „Alles war voll Leben und Gedeihen, Anmuth und Fülle". Der Tsadsee, das Süßwassermeer des Suban, pflegt die Reisenden zu enttäuschen, welche nichts von der erwarteten Großartigkeit finden in diesen unbestimmten Ufern mit dem weit ins Innere der Lagune sich erstreckenden Schilfgewirr und den in der Ferne die Wasserfläche wieder durchsetzenden Laubstreifen. Aber die Fruchtbarkeit und die Fülle des Menschen- und Thierlebens an seinen Ufern entschädigen reichlich. „Die große Wiesenfläche", schreibt Nachtigal am ersten Tage, da sie sie berührten, „welche die offene Ortschaft umgab, war bedeckt mit Rindern, Eseln, Schafen, Ziegen; die Einwohner bewegten sich geschäftig hin und her; zahllose Wasservögel, fremdartige Störche, Reiher, Pelikane und dunkelfarbige Gänse gingen, unbekümmert um Mensch und Thier, ihrer Nahrung nach und nahe dem Dorfe stand am Rande des Wassers ein friedlicher Elephant, der seinen Durst löschte und sich mit Wasser den mächtigen Körper berieselte". Noch am selben Abend sah Nachtigal den plumpen Spielen von 20—30 Flußpferden zu, die auf den Wiesenflächen des Ufers sich tummelten. Die Natur eines großen, alten Continents umgab ihn. Es war kein Zweifel mehr — er stand im Herzen Afrika's.

Am 6. Juli, 1870 zog er in Kuko, der Hauptstadt von Bornu, ein. Damit lag der erste Theil seiner Reise hinter ihm. An die Stelle der Hindernisse, die in der Unwirthlichkeit, der Starrheit, der Oede der Wüste dem Reisenden sich entgegengestellt hatten, traten nun Schwierigkeiten entgegengesetzter Art. Hatte er dort lernen müssen, die Menschen zu entbehren, so erhob sich hier die vielleicht noch schwerere Aufgabe, mit Menschen zu verkehren, und zwar mit sehr vielen, vielartigen und neuen.

Der sehr complicirte Organismus eines großen innerafrikanischen Hofes wollte kennen gelernt, und die in ihm thätigen Kräfte, die zahllosen feinen Abstufungen der Sitten, der Gebräuche, des Respectes, der gefordert und gegeben wird, nach Gebühr geschätzt sein. Mit dem Sultan und seinen Prinzen, den Günstlingen und Würdenträgern waren gute Beziehungen aufrecht zu erhalten. Das Volksleben, die Wirthschaft, der Verkehr, die Verwaltung einer für afrikanische Verhältnisse so großen Stadt wie Kuka (50—60,000 Einwohner) mußte durch Miterleben beobachtet, die Sprache des herrschenden Volkes gelernt und die Verhältnisse des Reiches und der Nachbarländer erkundet werden. Ein halbes Jahr widmete Nachtigal diesen Aufgaben, und dann dachte er auf neue Reisepläne, mit deren Darlegung der erste Band seines schönen Werkes abschließt.

IV.

Wir bedauern, daß es uns nicht vergönnt ist, die größten Umrisse des Bildes nachzuzeichnen, das er von Bornu und Kuka entwirft. Aber freilich würde die Fülle der Thatsachen, die er giebt, sich unmöglich in den engen Raum eines Capitels drängen lassen, zumal es schwer gewesen sein würde, der Versuchung zu entgehen, seine Schilderungen zu jenen in Parallele zu setzen, mit welchen Barth und Rohlfs die deutsche Reiseliteratur bereichert haben. Begnügen wir uns hier zum Schlusse damit, seine Darstellungsweise mit der seiner Vorgänger zu vergleichen, so müssen wir sagen, daß Nachtigal's Sprache zu den passendsten gehört, die man sich für eine Reisebeschreibung denken kann. Sie schmiegt sich als ein einfaches und doch feines Gewand den Gedanken und den Bildern an, die sie zu umkleiden hat. Es ist etwas von orientalischer Gemessenheit und Würde darin, ohne daß sie doch je die Lust anzuwandeln scheint, sich auf Stelzen zu erheben, oder das hohltönende Mundstück des Bombastes vorzunehmen. Sie verbindet Kraft mit Klarheit, und zugleich ist sie von wohlthuendem Klang. Im Anfang wollte sie uns etwas eintönig vorkommen, besonders im zweiten Capitel, wo sie die an und für sich farblosen Scenen der Wüstenreise von Tripolis nach Mursuk zu schildern hat. Aber es ist ganz merkwürdig, wie man sich in sie hineinliest. Jeder Leser wird diese Erfahrung machen. Es giebt zwei extreme Stylarten für Reisebeschreibung: die künstliche, die mit gesuchten Ausdrücken und Wortstellungen, Wirkungen zu erzielen sucht, denen von vornherein die Spitze abgebrochen ist, weil man die Absicht zu deutlich merkt, und die übermäßig natürliche, bei der die Schlotterigkeit des Satzbaues und die Gewöhnlichkeit der ungewählten Worte uns auf Schritt zu erinnern suchen, daß wir doch ja von dem Allem nichts zu ernst nehmen möchten. Beide ermüden den Leser sehr bald, denn mit ihren kleinlichen Mittelchen hindern sie ihn, an die Sache zu kommen. Beide wollen erzählen und beschreiben, aber sie vereiteln sich selber den ersten und hauptsächlichsten Zweck der Erzählung und Beschreibung: die ruhige Mittheilung, welche jeden Augenblick die leichte Spannung befriedigt, in welcher sie nicht aufhört, den Leser oder Hörer zu erhalten. Nachtigal fällt in keines von diesen Extremen. Sein Buch gereicht auch der Form nach der deutschen Reiseliteratur zu hoher Ehre. Es ist, rein literarisch genommen, das Beste der deutschen Reisewerke über die Wüste und den Sudan. Aber diese Form ist allerdings nur möglich, wenn sie der Ausdruck einer vollendet klaren, reifen und maßvollen Auffassung ist, die ihrerseits auf dem Grunde der werthvollsten Eigenschaften des Geistes und Gemüthes beruht, welche man überhaupt einem Forschungsreisenden wünschen kann.

Fürst Bismarck
an der Jahreswende 1879.
Von
Menenius dem Jüngeren.

„Seid, was Ihr scheint, des Vaterlandes Freunde."
(Menenius Agrippa in „Coriolan". Act III., Scene 1.)

Ich habe keinerlei Einwand gegen das mir zur Last gelegte Vergehen oder gegen die mir angedrohte Todesstrafe; nur bitte ich, zu beschließen, daß mein Grabstein folgende Inschrift tragen möge:

„Epaminondas ist von den Thebanern mit dem Tode bestraft worden, weil er sie gezwungen hat, bei Leuktra einen Sieg über die Spartaner zu erfechten, — dieselben Spartaner, denen vorher nie ein Thebaner im Kampfe entgegenzutreten gewagt hatte, und weil er durch diese Schlacht nicht nur seine Vaterstadt Theben vom Untergange gerettet, sondern für ganz Griechenland die Freiheit wiedergewonnen hat".

Als der angeklagte Epaminondas vor dem Thebanischen Gerichtshofe seine Vertheidigungsrede mit diesen Worten geendet hatte, sollen nach der Meldung eines römischen Geschichtsschreibers, der die Schicksale des griechischen Helden mit naiver Einfachheit schildert, die Mitglieder des Gerichts in laute Heiterkeit ausgebrochen sein, so daß von einer Verurtheilung nicht ferner die Rede war, der Angeklagte vielmehr, umstrahlt von neuem Ruhme, die Gerichtsstätte verließ. Der Geschichtsschreiber endigt seine schlichte Erzählung, indem er sagt, es lasse sich zum Ruhme dieses Helden nichts Besseres hervorheben, als daß sich seine Vaterstadt Theben vor ihm und nach ihm in Abhängigkeit von anderen Staaten befunden habe, während sie, so lange er waltete, das herrschende Haupt des ganzen Griechenlands gewesen sei, woraus man entnehmen könne, daß der eine Mann mehr bedeutet habe, als ein ganzer Staat.

Der jugendliche Lateinschüler, welcher diese Erzählung in's Deutsche zu übertragen lernt, mag sie in seiner Seele den vielen merkwürdigen Ueberlieferungen des Alterthums anreihen, die ihm aus dem Studium classischer

Schriftsteller enthüllt werden. Wer sie aber als gereifter Mann wieder vornimmt, den kann sie in's Innerste des Herzens treffen. Muß die bittere Lehre, welche sie enthält, von der Geschichte hingenommen werden, so können Staaten und Völker unter der Führung geistig überragender Männer vorübergehend größer erscheinen, als sie in Wahrheit sind. Der Staatsmann vermag dem Volke, in dessen Mitte er lebt und waltet, höhere Impulse aufzuzwingen, er vermag es fortzureißen zu Zielen, die mit ihm selbst wieder verschwinden.

Wenn sich dies im Allgemeinen so verhalten kann, wie verhält es sich im Besonderen mit uns Deutschen? Sind wir unserer Größe theilhaftig als Frucht eigenen Ringens? Werden wir zu erhalten und zu befestigen vermögen, was wir geschaffen haben, und sind wir die eigentlichen Schöpfer? Der Blick nach vorwärts zur Beantwortung dieser Fragen ist nur zu schärfen, gleichviel mit welchem Resultate, durch einen Blick nach rückwärts. — —

Aus einem Zeitraum von Jahrhunderten vor dem Beginn der Freiheitskriege vermag jenes Deutschthum, welches seit Karl den Großen die deutsche Geschichte von mehr als tausend Jahren erfüllt hat, nicht eine einzige politische Großthat mehr zu seinen Gunsten aufzuweisen. Das deutsche Reich sank in Trümmer, und die Dynastie, welche die Kaiserkrone trug, zog sich je mehr und mehr auf ihre Erblande zurück. In jenen kahlen nordischen Ebenen aber, welche der Glanz vergangener deutscher Herrlichkeit nie bestrahlt hatte, erhob sich ein neues Leben, erstand die Wiege eines neuen gesunden Staatengebildes.

Hundert Jahre, nachdem der große Kurfürst sich zuerst dem europäischen Auslande als ein von hohen Zielen begeisterter deutscher Fürst zu erkennen gegeben, hatte sein gewaltiger Urenkel jene kahlen Nordebenen zu einem Staatswesen vereinigt, dem in blutigem Ringen die Anerkennung einer Großmachtsstellung gewonnen wurde. Freilich eine Großmacht absonderlicher Art! Denn einundzwanzig Jahre nach jenem Tage, wo die fremden Gesandten ihren Höfen berichten konnten, daß Europa von dem Drucke des kühnen Preußenkönigs befreit sei, lag der Staat Friedrich II. in Trümmern. Eines Federstrichs hätte es bedurft, ihn gänzlich aus der Welt zu räumen; und schwerlich hat der korsische Held, der ihn aus Höflichkeit bestehen ließ, sich träumen lassen, daß jenes Preußen von 1807 je im Stande sein könne, den Vernichtungskampf gegen ihn zu unternehmen und zum glücklichen Ende zu führen. Aber das war die unvergleichliche Spannkraft dieses in der Geschichte einzig dastehenden Staatswesens, daß es unter normalen Zeitverhältnissen nicht mehr als ein Mittelstaat war, und dennoch im Momente begeisterten Aufschwunges eine Großmacht bedeutete.

Auf dem Wiener Congreß hat den Gegnern Preußens diese Erkenntniß nicht gefehlt. Dasselbe Preußen, dessen Heere soeben von dem Schlachtfeld bei Waterloo heimkehrten, mußte für sich selbst und für das von ihm in Schutz genommene Deutschland sich jene nichtswürdigen Grenzen dictiren lassen, welche ein halbes Jahrhundert bestimmend auf die deutsche Entwickelung einwirken konnten. Die heilige Allianz war für Preußen die logische Folge seiner geographischen Lage. Der gewaltige französische Kriegesfürst schmachtete als Gefangener auf einem Felsen im fernen Ocean, die Ruhe Europas war gesichert, jeder Fürst und jeder Unterthan war zu dieser Zeit ein Fanatiker des Friedens. Die nationale Begeisterung mußte der mühseligen Arbeit, der Heilung grenzenloser Schäden Platz machen. In solchen Epochen war Preußen, wie gesagt, ein Mittelstaat.

Deutschland bestand nur nominell.

Es wurde regiert von einer Versammlung, welche als einzige charakteristische Eigenschaft die der Ohnmacht besaß. Dagegen gewannen die deutschen Staaten kleinen und kleinsten Kalibers unter der Herrschaft dieses deutschen Bundes, was sie vorher nie besessen: eine fast absolute Souveränetät. Und da gerade der weniger begüterte, kahle, freudlose Norden mit Preußen identisch war, während der wohlhabendere, freundlichere, von der Natur in jeder Beziehung begünstigte Süden, die Thüringschen Lande mit eingerechnet, vornehmlich das Gebiet der deutschen Mittel- und Kleinstaaten ausmachte, so konnte es nicht fehlen, daß im Verlaufe eines Menschenalters Nord und Süd in ihrer Entwickelung weiter auseinander gingen. Von dem kärglichen Ertrage seiner mühsamen Arbeit bezahlte das preußische Volk die enorme Schuldenlast der Freiheitskriege, und verstand es doch, zu gleicher Zeit seine Wehrhaftigkeit zu erhalten und zu stählen.

Der Süden kannte die Sorgen des Nordens nicht in gleichem Maße. War die Wehrkraft der Mittelstaaten mangelhaft, so war eine solche in den kleinen Ländchen so gut wie gar nicht vorhanden. Man ließ es sich wohl sein in der langen Epoche des Friedens. Der Bürger von Frankfurt, von Mannheim und Mainz pflegte in geschäftlichen und anderen Beziehungen eine intime Verbindung mit dem französischen Westen, und kehrte dem wehrhaften Norden Deutschlands kühl den Rücken. Kein deutscher Staat war, der sich nicht damit tröstete, daß ein Angriff des auswärtigen Feindes doch unter allen Umständen die preußische Kriegsmacht zu seinem Schutze heranziehen müsse. So wuchs im Süden und Westen ein Geschlecht heran, welchem der Begriff staatsbürgerlicher Pflichten mehr und mehr aus dem Gesichtskreis entschwand. Und was man vielleicht 1830 noch als einen durch die anomale Situation gebotenen Vortheil betrachtete, sah man dreißig Jahre später bereits als ein heiliges Recht an. Niemals, so lange die Welt steht, haben wohl absolut ohnmächtige, vertheidigungsunfähige Staaten so unangefochten und selbst mit einem Scheine des Rechts ein souveränes Dasein geführt.

Inzwischen wurde diese Seite der politischen Verhältnisse Deutschlands für Jahrzehnte in den Hintergrund gedrängt durch den gewaltigen Ansturm, vermöge dessen die Völker von Mitteleuropa, getragen von den Ideen von 1789, repräsentative Verfassungen zu erzwingen trachteten.

Das französische Beispiel von 1830, der Kampf in den Niederlanden, wie vorher in Griechenland, die Beschwerden des Polenthums, und vor Allem jene Verheißungen, die zur Zeit der nationalen Erhebung dem Volke geworden waren, griffen mächtig fördernd in einander. Mit bestrickender logischer Schärfe entwickelte der Königsberger Arzt Johann Jacoby dem Preußenvolke sein Recht auf eine Constitution. Es entstand eine Zeit des seligen Hoffens, eine Vorahnung großer Bewegungen; die gebildete Gesellschaft war von nichts so erfüllt, als von Politik. Die mit bescheidenem altfränkischen Hausrath ausgestatteten Salons der vierziger Jahre sahen um den Theetisch vereinigt ein Geschlecht hoffnungsvoller Schwärmer. Man flüsterte, man jubelte, man berauschte sich an schreckhaften Geheimnissen; verwegene Fremdlinge, denen man wichtige Missionen oder kühne Pläne nachsagte, erschienen im Kreise der schlichten Bürger und Frauen jenes Decenniums; und mit strahlenden Augen halb schaudernd hörte man die Pläne, welche die Erzähler entweder selbst über den bevorstehenden Freiheitskampf entwickelten oder die sie Andern zumaßen. Und dann an jenem Märztage sah diese Welt gebildeter Idealisten plötzlich die in der Stille gehegten Ideen in ihrer realistischen Wirkung auf die Massen. Eine brüske Entfaltung aufgeregter Volkshaufen, ein blutiger Kampf, für dessen Entstehen keiner die Schuld übernehmen mochte, und die Revolution war fertig.

War das wirklich eine Revolution, so war es mindestens eine sehr schwächliche Species. Sieben Monate nach ihrem Ausbruch erhob sich schon wieder das Königthum riesenhoch über die Clubs, die Bürgerwehr und die constituirende Versammlung. Das Reichsparlament hatte sich in der Romantik seines Wesens verzehrt; die Kaiserkrone, welche es bieten zu können glaubte, war ein Traum geblieben. Und dabei waren doch höchst revolutionäre Bestrebungen gerade von dem königlichen Preußen selbst ausgegangen. Im Dienste der nationalen Idee wurden in Schleswig-Holstein die preußischen Waffen geführt, wurde in Erfurt von preußischen Staatsmännern verhandelt. Aber hier hatte sich der Mittelstaat Preußen dem Befehl seiner mächtigen Alliirten zu beugen. Jenes Oesterreich, das erst mit russischer Hilfe seine Existenz zu erhalten vermocht hatte, setzte im Bündniß mit seinem Retter den nationalen Bestrebungen Preußens sogleich ein Ziel. Oesterreich blieb im Bunde, was es gewesen, Preußen rückte wieder ein in die zweite Stelle, und in den übrigen Bundesgenossen belebte sich die Hoffnung, daß sich ihr Schlaraffenthum nunmehr, nachdem die Revolution völlig niedergeworfen, in ungemessene Ferne werde fortsetzen lassen.

Das preußische Volk hatte allerdings eine Verfassung gewonnen; aber mit trübseligen Mienen wurde der Preis erwogen, um den sie erkämpft war. Das also nennt sich Revolution, — des Tages lästiger Dienst mit der Waffe, des Abends ermüdende Wortgefechte im Club, die Herrschaft des Königs übel ersetzt durch die Herrschaft großspuriger Redner, und der bescheidene Wohlstand aller Orten in Frage gestellt? Welches Wunder, daß nach Jahr und Tag die königliche Macht fester denn je gegründet war. Und wo waren, fragte man, die großen Männer, welche die Revolution hätte zeitigen müssen, wenn die revolutionären Ideen sich fortpflanzen sollten. Wer hatte gezeigt, daß er im Stande sei, bei einigem Glück diese Ideen für ein neues, geordnetes Staatsleben fruchtbar zu machen? Wenn auf diese Fragen nicht gut zu antworten war, so begreift es sich, daß nach Herstellung der alten Verhältnisse Jeder gern und mit doppeltem Eifer zu seiner Berufsarbeit zurückkehrte, und sich glücklich schätzte, wenn das früher Geschaffene nicht inzwischen bereits dem gänzlichen Ruin anheimgefallen war. Diejenigen, welche aus persönlichen Ursachen oder aus Erbitterung über die erlittene Niederlage mit dem neuen Stande der Dinge sich nicht versöhnen mochten oder konnten, wandten ihre Schritte nach England oder nach der Schweiz, oder suchten im amerikanischen Westen Heilung für Leib und Seele; den Zurückbleibenden aber begann mit einer Epoche der Reaction eine solche der fruchtbringenden Arbeit. Unter dem Einfluß hochconservativer Wahlen gestaltete sich das preußische Parlament zu einer durchaus gefügigen Körperschaft, deren Willfährigkeit die Regierung allzeit sicher war. Daneben wuchs aber der Wohlstand beträchtlich. Das kaiserliche Frankreich, welches in neuem Luxus schwelgte, machte diesen auch dem deutschen Norden zugänglich. Eine zuvor nicht gekannte Ueppigkeit entfaltete sich in den Wohnstätten Derjenigen, welche in dieser Epoche Reichthum zu erwerben verstanden. Und als nach zehn Jahren jene trübseligen Auswanderer vereinzelt zurückkehrten in die deutsche Heimat, fanden sie ein neues, fremdes Geschlecht, fanden sie selbst die alten Gesichter in neuer, fremder Umrahmung, die Herzen kühl gegen die Erinnerung jener rauhen Revolutionstage, die Schwärmer der vierziger Jahre erfüllt von Behagen an dem neu erworbenen reichlichen Besitz.

Und wieder eine neue Wendung. Der Thronwechsel führte einen mäßigen Liberalismus auf die Ministerbank. Diese Gestaltung der Dinge fand einen freudigen Widerhall im Volke. Nicht etwa, daß man die Herrschaft der Demokratie zurückwünschte oder zurückgekommen wähnte, aber man meinte nun jenes Parlamentarismus, den man der Form nach besaß, auch der Sache nach froh werden zu können. In schwächlichem Wellenschlage regte sich auf's Neue der liberale Gedanke, regte sich auch die nationale Idee. Wackere, gebildete Männer, die einem verständigen, humanen Regiment vor den heimatlichen Freunden gern das Wort redeten, rückten in großer Zahl als Abgeordnete in die Hauptstadt ein. Mit unendlichem Behagen las man aller Orten die ausführlichen Berichte über die Wortgefechte im preußischen Hause der Gemeinen. Jubelnd begrüßte man die Keulenschläge Vinckes gegen die feudalen Herren. Und als eines Tages dieser Führer der liberalen Majorität selbst die auswärtige Politik in urkräftiger Rede in den Bereich der Erörterung zog, war des Beifalls kein Ende. Man glaubte wirklich den ächten Constitutionalismus bereits zur Macht gelangt; das englische Unterhaus schien nichts mehr voraus zu haben vor dem preußischen. Und während man so im Innern Politik trieb, bei dieser Gelegenheit auch eine Anzahl recht verständiger Gesetze zu Stande brachte, wurde die nationale Idee in einer durchaus sinnverwandten Weise gepflegt.

Preußen sollte der Führer sein, aber es sollte nur moralische Eroberungen machen dürfen; wann und wodurch diese zu einem Abschluß gelangen könnten und zu welchem, darüber gab sich Niemand Rechenschaft. Dagegen wurde auf Schützen-, Sänger- und Turnerfesten der deutschen Einheit fleißig zugetrunken. Bei Bier und beizendem Toback ließ sich von je der Deutsche gern für politische Ideale entflammen. Fanden mehrere dieser Feste zur selben Zeit statt, so begrüßte man sich telegraphisch oder durch festlich geschmückte Deputationen „bei der gemeinsamen Wacht am Banner des Vaterlandes". Es war die alte Schwärmerei im neuen loyalen Gewande. Die nationale Idee lebte in der Brust jedes Einzelnen, aber Keiner vermochte zu sagen, wie sie jemals zur That werden sollte.

Ein hochwichtiges Project zur Aenderung der Militärverfassung in Preußen endigte diesen harmlosesten Abschnitt unserer inneren Entwicklung.

Nach einem vom Könige selbst mit aller Energie erfaßten Reorganisations-plane sollte die preußische Armee beinahe auf die doppelte Stärke gebracht und das Verhältniß der Landwehr durchaus reformirt werden. Nahezu zehn Millionen Thaler legte dieses Project dem preußischen Budget als jährliche Mehrbelastung auf. Je größere Sympathien dieser Plan in den Reihen der Armee selbst und der conservativen Kreise, insbesondere des zahlreichen Militär-adels fand, desto kühler trat ihm der liberale Theil der Bevölkerung gegenüber. Wozu die kolossale Armee? Warum jene Landwehr verdrängen, die, wie unsere Großväter berichten, im Freiheitskriege so Großes geleistet hat? Stehen wir am Vorabend eines großen Krieges? Wir wollen keinen Krieg, insbesondere auch keinen im Interesse der nationalen Sache! Hier zeigte sich, wie sehr ein fast fünfzigjähriger Friede das Volk über Kriegsgefahren im Allgemeinen zu täuschen vermochte, und andererseits, wie kolossal mächtig die königliche Gewalt in Preußen trotz der bestehenden Repräsentativverfassung auftreten durfte. Ohne den Muth, die Vorlage zu verwerfen, und auch ohne den Muth sie zu genehmigen, suchte die Vincke'sche Partei den kläglichen Ausweg der einstweiligen Genehmigung auf ein Jahr. Es läßt sich kein ärgeres Unding denken, als die Genehmigung von 32 preußischen Infanterie-regimentern auf die Dauer von zwölf Monaten. Indeß wurden diese Regimenter ungesäumt errichtet, und nach Ablauf eines Jahres selbstverständlich nicht entlassen.

Inzwischen fielen die neuen Wahlen wesentlich demokratisch aus, und der politische Horizont umdüsterte sich für den schwächlichen Liberalismus der herrschenden Partei in dem Maße, daß die ohnehin mit ihren Principien vielfach in Conflict gebrachten Minister die erste Gelegenheit zur Demission ergriffen, und einem ausgesprochen conservativen Cabinet den Platz räumten.

Zu immer heftigere Schwingungen gerieth nun der Streit, immer schroffer traten sich die Vertheidiger der jungen Verfassung und die von nicht geringerem Patriotismus als jene beseelten Vertreter der Heeresorganisation im parlamentarischen Kampf gegenüber. Während diese die Sicherheit des

Vaterlandes über Alles stellten, klammerten sich jene mit krampfhafter Zähigkeit an den Wortlaut der in der Praxis noch nicht erprobten Verfassungssätze. Selten ist auf politischem Gebiete ein Kampf geführt worden, bei dem die höchste und reinste Vaterlandsliebe die Kämpfer beider Seiten so gleichmäßig begeisterte.

Und je rücksichtsloser die Energie war, mit welcher die Regierung ihren Standpunkt vertrat, um so mehr wollte man auf einen neuen bedeutsamen Schachzug schließen, als am 24. September 1862 durch die preußischen Lande die Nachricht erging, daß der König seinen Botschafter in Paris, Herrn Otto von Bismarck, zum Minister des Aeußern und Präsidenten des Staatsministeriums ernannt habe.

Wer ist dieser Otto von Bismarck? fragte man sich im Volke.

Die Diplomatie kannte ihn wohl, aber sie steht nicht in Verbindung mit den Männern der innern Politik. Das herangewachsene Geschlecht kannte ihn nicht; desto mehr wußten die Männer von 1848 über ihn zu sagen. Einer märkischen, mäßig begüterten Landadelsfamilie entsprossen, ein Jünger der Rechtswissenschaft, aber seiner Neigung nach Landwirth, hoch angesehen in seiner Heimat und bei Allen, die ihn näher kannten, schroff, energisch, imponirend in seinem Wesen, übrigens im Kreise der Freunde ein wackerer Zecher, hatte er im 34. Lebensjahre die Revolution von 1848 als Abgeordneter zur Nationalversammlung mit angesehen, hatte sich durch kühnes junkerhaftes, aber ritterliches Auftreten begeisterte Anhänger im Kreise seiner politischen Freunde, durch eine Reihe origineller und geistvoller Reden auch unter den Gegnern Beachtung erworben, war nach dem Ende der Revolution vom Könige zum Bundestagsgesandten ernannt, und nach etwa neunjähriger Ausübung dieses Amtes als Botschafter nach Petersburg, von da endlich, ein halbes Jahr vor seiner Berufung an die Spitze des preußischen Cabinets, als Botschafter nach Paris entsendet worden.

Und was ist dieser Otto von Bismarck heute?

Antwort: Kanzler des deutschen Reiches, das er selbst geschaffen, vom Könige zum Fürsten erhoben, und mit fürstlichem Besitze ausgestattet, unbestritten der erste Staatsmann der Welt, verehrt und gefürchtet in allen Culturstaaten, bei allen Völkern, in allen Zonen, in die Geschicke fremder Völker fast wie in das des eigenen deutschen Volkes eingreifend, ohne je soldatischen Ruhm erworben zu haben, der nach den Lehren der Geschichte stets am schwersten wiegt, doch ein Held ohne Gleichen, und dies Alles unbeschadet der vollendeten Treue, der unwandelbaren Liebe gegen seinen Landesherrn, und gegen sein Volk.

Daß Solches nur von einem Genie erreicht werden kann, wird von Niemand bestritten: aber unter den Verehrern Bismarcks giebt es Viele, welche gern beweisen möchten, daß er alle seine großen Thaten in ihrer Aufeinanderfolge sich bereits bei Antritt seines Amtes vorgezeichnet habe. Ist das schon an und für sich eine thörichte Vorstellung, so wird sie noch verkehrter gegenüber einem Manne, der wie Bismarck nur im Praktischen gelehrig und findig ist. Als der König ihn an die Spitze der Geschäfte berief, stand die äußere Politik gar nicht im Vordergrunde. Die Bekämpfung der liberalen Mehrheit des Abgeordnetenhauses, die Durchführung der Heeresorganisation bildeten die vornehmste Sorge aller Regierungsmänner. Diese Aufgabe zu erfüllen gelang nicht, wenngleich ein gnädiges Geschick es Preußen vergönnt hat, daß selbst dieser Conflict, der noch länger als drei Jahre mit echt deutschem Puritanismus und mit aller Skepsis, deren der deutsche Charakter fähig ist, gekämpft wurde, in gewissem Sinne zum Segen des Landes ausschlug. Die Gegensätze verschärften sich zunächst, und stumpften sich wiederum nur so ab, wie es der schneidigsten Waffe bei allzuhäufigem Gebrauche widerfährt.

Um so wundersamer und bedeutsamer entwickelten sich unter Bismarcks Händen alsbald die Verhältnisse von Preußens äußerer Politik.

Als sollte sich die verlogene Schöpfung des deutschen Bundes noch einmal in der ganzen Glorie ihrer Lächerlichkeit zeigen, trat auf den Ruf des Kaisers von Oesterreich, dessen Rathgeber schon aus einer Initiative zu nationalem Gebaren eine nationale Führerschaft begründen zu können meinten, im Spätsommer 1863 der Frankfurter Fürstentag zusammen. Auch der König von Preußen war geladen; er sollte der Erste sein nächst dem Kaiser, der Zweite also im Rathe des deutschen Volkes. Auf Bismarcks Anstiften blieb er fern. „Wahren wir bundestreu dem mächtigen Preußen seinen Platz", sprach der Kaiser, — „dem ersten deutschen Mittelstaate", das war für jeden tiefer Blickenden der Sinn der kaiserlichen Worte. Der Frankfurter Fürstentag blieb ohne irgendwelche politische Consequenzen.

Um so wichtiger waren die, welche der am 15. November 1863 erfolgte Tod König Friedrichs VII. von Dänemark hervorrief. Nicht, daß Bismarck sofort die drohende Verwickelung und den Modus ihrer Abwickelung vorausgesehen hätte, als er Oesterreich den Vorschlag machte, in Gemeinschaft mit Preußen die Bundesexecution an Stelle der mittelstaatlichen Bundestruppen zu übernehmen. Vielleicht wollte er nur dem widerwärtigen Trödel der Eschenheimergasse ein Mal eine neue Seite abgewinnen. Bisher hatte man sich am Bunde immer ein kleines Deutschland mit Oesterreich gegen Preußen, oder ein kleines Deutschland mit Preußen gegen Oesterreich vorgestellt; der preußische Staatsmann erprobte ein Mal den dritten möglichen Fall: ein Oesterreich mit Preußen ohne das kleine Deutschland. Als aber dem Einmarsch der Armeen beider Großmächte nach einer Reihe von Siegen und nach Abschluß des Wiener Friedens ein gemeinschaftlicher Besitz der wiedereroberten Länder gefolgt, als dieser Besitz zu immer schärferen Conflicten zwischen den Mitbesitzern geführt hatte, als Bismarck erkannte, daß Oesterreich eine Ausdehnung Preußens durch Erwerbung von Schleswig-Holstein entschieden verhindern wolle, da mag ihm, vielleicht schon bei Abschluß der Gasteiner Convention, eingeleuchtet haben, daß jene durch die ganze preußische Geschichte seit Friedrich dem Großen sich ziehende Frage, ob Preußen ein Großstaat oder ein Mittelstaat sein solle, nunmehr zur endgiltigen, sei es selbst zu einer blutigen Entscheidung zu führen sei.

Die Thätigkeit Bismarcks ist seitdem bis auf den heutigen Tag eine ununterbrochene Folge von Triumphen gewesen. Aber niemals hat er sich größer gezeigt, als in jener Epoche, wo er mit allen Mitteln staatsmännischer Kunst das schwache Preußen und sein Königshaus für den Entscheidungskampf vorbereitete. Was mögen, was müssen es für Gespräche gewesen sein, in denen er einen Hohenzollern von der unbeugsamen Festigkeit Wilhelms I. dazu vermocht hat, mit allen Traditionen seines Hauses zu brechen, dem mächtigen Oesterreich den Krieg zu erklären, und deutsche Fürsten als seine Feinde zu behandeln! Und wenn der neidische Italiener Lamarmora ihn schmähen will, indem er verräth, daß sich Graf Bismarck, als diese Kriegsbereitschaft erreicht war, gar zaghaft und ängstlich über das zu versuchende Glück der Schlachten geäußert habe, — welch höheres Lob kann dem von Vaterlandsliebe beseelten Staatsmann zu Theil werden, als daß er bemüthig war in jenen Stunden, da das Schicksal seines Preußenlandes für immer entschieden werden sollte. Ränkevolle Italiener zu Bundesgenossen, den mißgünstigen Franzosenkaiser im Hintergrunde, das eigene Volk erbittert im vierjährigen Conflictskampfe, der mächtige Gegner bis an die Zähne gerüstet, und alle deutschen Staaten bis auf wenige Ausnahmen Feinde — das war die Lage Preußens am 14. Juni 1866, als nichtsdestoweniger der preußische Bundestagsgesandte den deutschen Bund für aufgelöst erklärte. Aus solcher Kampfesnoth erwuchsen unter der Führung dieses eisernen Mannes die neuen Anfänge deutscher Einheit!

Wie er dann nach erfochtenem Siege maßvolle Bedingungen anrieth und stellte, der Habsburgischen Dynastie nicht eine Handbreit Landes abforderte, damit diese die erlittene Niederlage ganz vergessen konnte, wie er den deutschen Staaten an Stelle schwerer Friedensbedingungen die Hand zum Bruderbunde bot, sodaß selbst die erbittertsten Gegner sich beugten vor der Vaterlandsliebe des lange geschmähten Staatsmannes, das sollte schon nach wenigen Jahren tausendfältige Früchte bringen.

Der Kampf des kaiserlichen Frankreichs gegen die deutsche Sache unter preußischer Führung war die logische Consequenz der erreichten Erfolge. Der Napoleonismus hätte sich selbst verleugnen müssen, wenn er ein Emporwachsen deutscher Größe ruhig ansehen und geschehen lassen sollte.

„Einst mächtig, groß und geehrt, weil einig und von starken Händen geleitet, sank das deutsche Reich nicht ohne Mitschuld von Haupt und Gliedern in Zerrissenheit und Ohnmacht ... niemals aber hat die Sehnsucht des deutschen Volkes nach seinen verlorenen Gütern aufgehört, und die Geschichte unserer Zeit ist erfüllt von den Bestrebungen, Deutschland und dem deutschen Volke die Größe seiner Vergangenheit wieder zu erringen ... Möge durch unser gemeinsames Werk der Traum von Jahrhunderten, das Sehnen und Ringen der jüngsten Geschlechter der Erfüllung entgegengeführt werden ..." —

so lauteten die Worte der Thronrede, mit welcher der König von Preußen am 24. Februar 1867 den constituirenden Norddeutschen Reichstag eröffnete. Solche Worte klangen dem Napoleonismus wie eine Verleugnung seiner Existenz. Der Mittelstaat Preußen hatte aufgehört zu existiren; durch den Kampf von 1866 war endgiltig ein Großstaat Preußen entstanden, war jene Stufe erklommen, welche den Staat Friedrichs II. von einer wahren Großmachtsstellung getrennt hatte.

Aber dem neuen Großstaat drohten auch neue Feinde. Und für wie günstig mußte der Franzosenkaiser seine Position gegen Preußen ansehen! Hatte er doch unglücklicher Weise genug Geschichte studirt, um zu wissen, daß die Deutschen seit 2000 Jahren fast niemals einig gewesen waren. Sollten sie es gerade hier sein zum Vortheil einer Macht, die ihnen kaum vier Jahre früher die Spitze des Schwertes auf die Brust gesetzt hatte? Sollte Oesterreich den Tag von Sadowa schon verwunden haben? Brütete nicht Graf Beust in der Uniform des österreichischen Reichskanzlers Rache für sein verlorenes Prestige? Und erspähte der Dänenkönig nicht den günstigen Augenblick, um seine verlorenen Provinzen zurückzugewinnen; gar nicht zu sprechen von dem umgestürzten Welfenthron und von den kleineren Thronen in Hessen und Nassau! Napoleon verstand sich wohl auf den Geist der Geschichte, aber er verkannte die Gluth, welche das Genie eines ächten Staatsmannes in den Herzen seiner Landsleute zu entzünden vermochte.

Napoleons Heere unterlagen, sein Thron brach zusammen, und in dem Riesenschlosse jenes französischen Königs, der einst Elsaß und Lothringen dem deutschen Reiche entriß, wurde nach des Grafen Bismarck Plänen das deutsche Reich von Neuem errichtet, um jene schmählich geraubten Lande seinen Grenzen sogleich wieder einzuverleiben. Wahrlich nur in sehr wenigen Fällen hat die Weltgeschichte sich dem Geschlecht der Lebenden so vollendet als das Weltgericht offenbart! —

Seitdem sind mehr als acht Jahre verflossen. Deutschland ist ein geordnetes Staatswesen geworden. Ein nach allgemeinem Stimmrecht erwähltes Parlament leitet in Gemeinschaft mit einem Staatenhause die Geschicke des Reiches, welches bisher von äußeren Erschütterungen glücklich verschont geblieben ist. Die Conflicte, ohne die nun einmal das alte europäische Concert nicht mehr bestehen kann, haben sich zeitweise vom Centrum auf die Peripherie verpflanzt. Ein neuer blutiger Anlauf der Russen gegen die türkische Macht hat die Verhältnisse Europa's in, wie es scheint, verhängnißvoller Weise umgestaltet. Dieser Kriegszug hat auch die Beziehungen Deutschlands zum russischen Reiche geklärt und, daß es nur gleich gesagt sei, der deutschen Volksanschauung besser angepaßt. Das Verhältniß Deutschlands zu Rußland war von jeher ein dunkler Punkt, schon seit jener Convention von 1863, die als eine übertriebene Rücksicht auf die russischen Interessen erschien. Rußland zeigte in den beiden für Preußen entscheidenden Kriegen eine entschieden freundliche Haltung. Wie das aber näher zusammenhing, wußte Niemand, weiß man bis auf den heutigen Tag noch nicht genau. Daß der russische Czar aus Liebe zu Teutschland allein die Feinde Deutschlands niederhalte, mochte Niemand glauben; erst der letzte Türkenkrieg hat über seine Motive den Schleier gelüftet. Bis dahin sprach man in geheimnißvoller Weise von Pflichten der Dankbarkeit, von einem intimen Freundschaftsbunde der Monarchen; und man war in Teutschland rücksichtsvoll genug, die dem Volke tief eingewurzelte Abneigung gegen das Russenthum nicht in dem Maße zum Ausdruck zu bringen, wie man es sonst wohl gekonnt und gewollt hätte. Aber das Ganze blieb ein dunkler Punkt, und nur das allgemeine Vertrauen zu der erprobten Hand, die unsere äußeren Geschicke leitet, schwächte die Opposition zu jener Zeit, wo russische Grenzbeamte straflos auf preußischem Gebiet Verhaftungen vornahmen, wo der russische Staat sich aller Freundschaft zum Trotz immer hermetischer gegen den deutschen Handel abschloß. Die letzten Monate haben, wie gesagt, einige Klarheit geschafft. Man weiß jetzt, daß die Ansprüche russischer Politik seit dem Frieden von Frankfurt wie ein Alp auf Teutschland gelastet haben, daß nach russischer Anschauung Deutschland nur so lange zu bestehen hat, als es Rußland beliebt, sich nicht mit Deutschlands Feinden zu verbinden, daß Teutschland deshalb zugemuthet war, die russischen Forderungen nach dem Ende des Türkenkrieges auf dem Congreß gegen Europa zu vertreten, und daß, als diese tollen Ansprüche mit Festigkeit zurückgewiesen wurden, Rußland geglaubt hat, erfolgreich mit seiner Ungnade drohen zu können.

Das Bündniß mit Oesterreich war Bismarcks Antwort.

Mit einem Schlage hat er Teutschland durch dieses Bündniß von der russischen Landplage befreit, und die Geschichtschreibung kommender Jahrhunderte wird diesen Schachzug als ein Meisterwerk ersten Ranges verzeichnen. Nicht etwa, weil es überhaupt ein Bündniß ist; schon oft hat man es auf diplomatischem Wege vollbracht, künstliche Combinationen herzustellen, welche zeitweise als Auskunftsmittel dienten, wenn ihnen auch auf die Dauer die bessere Erkenntniß der wahren Interessen hindernd entgegentrat. Das Meisterhafte an diesem Bündniß ist, daß es den wahren und höchsten Interessen beider verbündeten Staaten wirklich entspricht. Jenes Oesterreich, welches noch 1866 um die deutsche Hegemonie kämpfen zu müssen glaubte, besteht nicht mehr. Was ist die eingebildete deutsche Hegemonie gegen die Gefahr, im Süden und Südosten vom Slaventhum erdrückt zu werden. Der Schwerpunkt Oesterreichs liegt heute an seiner Südgrenze; das ist die Stelle, von der aus diesem Staate wirkliche Gefahr droht. Ein Rückzug aus Bosnien könnte für Oesterreich, dieses trotz aller Erschütterungen noch macht- und kraftvolle Reich, der Anfang des Endes werden. Der österreichischen Politik diesen Gesichtspunkt lebendig zu machen, auf diese Anschauungen hin mit Oesterreich zu pactiren, um sich so verbündet den gemeinsamen Feind vom Leibe zu halten, das ist das neueste Werk des deutschen Kanzlers.

Alle Ehren, die Souveraine überhaupt vergeben können, hat man von allen Seiten auf ihn gehäuft seit jenem Tage, da der erste deutsche Kaiser dem Wiederhersteller des deutschen Reiches den Fürstenhut verlieh. Es gibt wohl keinen Souverain in der Welt, der nicht schon einmal darüber nachgedacht hätte, wie trefflich er die Interessen seiner Dynastie fördern könnte, wenn Bismarck sein Minister wäre. Und entschlösse sich der Kanzler, nach Amerika auszuwandern, wer weiß, ob ihn nicht das amerikanische Volk, die einschränkenden Vorschriften seiner Verfassung mißachtend, zum Präsidenten wählen möchte.

Wie verhält sich aber zu alledem das deutsche Volk? Dem neugierigen Fragesteller, welcher vielleicht ein deutscher Auswanderer nach Canada oder den Südseeinseln ist, der sich seit Jahrzehnten nur aus den Zeitungen über deutsche Verhältnisse informirt hat, kann nicht leicht, und nicht ohne Erröthen geantwortet werden.

Das deutsche Volk scheidet sich, von einer kleinen Minorität abgesehen, in solche, die den Kanzler unthätig bewundern, und in solche, die ihm unthätig grollen. Der Bewunderer sind nicht wenige. Zu ihnen gehört namentlich der deutsche Bauer, in dessen Stube das Conterfei des Kanzlers hängt, und der von „seinem" Bismarck Schutz und Hilfe gegen jedwedes Aergerniß erwartet, sei dieses der Nationalfeind, oder der Socialdemokrat, seien es die hohen Steuern, die niedrigen Kornpreise oder selbst der Mißwachs. Ist er doch davon durchdrungen, daß die hohen Getreidepreise der jüngsten Zeit allein den Kornzöllen ihren Ursprung verdanken.

Dem Bauern vergönnt die öffentliche Meinung in Deutschland die Bewunderung des großen Mannes. Desto mehr verargt sie dieselbe dem Stadtbewohner. Die begeisterten Bewunderer Bismarcks in den Städten gerathen allesammt in den Geruch des Strebertums; denn Bewunderung, für wen sie immer besteht, ist der deutschen Skepsis ein Gift.

In leicht verdientem Ansehen steht daher die große Zahl der unthätigen Groller. Die Ursachen des Grolls sind tausendfältig. Man wirft dem Kanzler vor, daß seine Führung der Geschäfte auf die Bureaukratie zersetzend wirke. Das ist zweifellos richtig. Aber man darf sich wohl darüber trösten; die Schäden der Bureaukratie werden sich heilen lassen; die Bureaukratie hat stets unter der Genialität am schwersten gelitten, und das Leiden ist immer rasch geschwunden, wenn nur erst die Genialität geschwunden war.

Man beschuldigt ihn ferner, daß er sich durchaus mit dem Parlamentarismus nicht verstehen wolle; gerade, was dem Parlamentarier am heiligsten sei, die Partei, die Fraction, das Programm und, um das Beste zuletzt zu nennen, die Partei-Autorität, behandle der Kanzler mit kränkender Nonchalance. Auch das ist wahr, und dieses Zugeständniß soll nicht durch irgend eine spöttische Bemerkung verbittert werden. Aber trägt daran der Kanzler allein die Schuld, könnte der neugierige Canadier fragen, dabei vielleicht des römischen „difficile est, satiram non scribere" gedenkend. Wie groß ist wohl die Zahl der echten Politiker im deutschen Parlamente, verglichen mit der Zahl der echten Dilettanten? (Einem Canadier müßte man solche Fragen schon zu Gute halten, da er wahrscheinlich Europens übertünchte ꝛc., ꝛc. nicht mehr kennt). Und hat dieser selbe Kanzler nicht bei aller angeblichen Geringschätzung des Parlamentarismus das Verdienst, im deutschen Reiche den einzigen europäischen Staat geschaffen zu haben, der schon vom Tage seiner Geburt an constitutionell war? Hat er nicht in Preußen vom Parlamente Indemnität erbeten zu einer Zeit, als er ihrer zur Herstellung des Friedens vielleicht nicht mehr bedurft hätte? Er handelt auch gar nicht gegen den Willen der Majorität; er sucht nur die Majorität für sich zu gewinnen. Thut er damit etwas Anderes, als was jeder parlamentarische Führer anstrebt? Entschließt Euch, ohne ihn fertig zu werden, dann könnt Ihr ihm getrost Nein sagen; bedürft Ihr seiner, so beugt Euch seinem Willen! Welche Bedingungen würde nach dieser Richtung wohl ein Führer des Centrums stellen, wenn er gewiß wäre, daß man ihn nicht entbehren könne oder wolle?

Man beschuldigt ihn ferner, daß er den Culturkampf geführt habe. Mögen die Spuren dieses Kampfes sich nur niemals ganz verwischen; das ist dem deutschen Volke von Herzen zu wünschen. Andere klagen ihn an, daß er den Culturkampf schon beendigen wolle. Er geht nach Canossa! Er war schon in Canossa! Es giebt ein telegraphisches Canossa, man braucht im 19. Jahrhundert nicht bis nach Oberitalien zu reisen, um dennoch in Canossa gewesen zu sein — so lassen sich zahllose Ankläger vernehmen; und einige seiner intimsten Feinde sagen, er werde nur „wenn nöthig" nach Canossa gehen. Hier wäre Vertheidigung auf Seiten des Kanzlers eine Schmach, die er sich selbst zufügte. Mag der Deutsche sich nur erst Rechenschaft geben, wer ihn denn gelehrt habe, so kühn, so trotzig, und so würdevoll den Uebergriffen der Kirche entgegenzutreten! Seit wann versteht sich denn der Deutsche so vortrefflich auf kraftvolle Abwehr, daß er denjenigen schulmeistern will, vor dessen Stimme man selbst im Vatican erzittert, bis nach dessen Tode man vielleicht im Vatican die Wiedergewinnung des in Deutschland verlorenen Terrains vertagt hat! —

Aber die Zahl der Anschuldigungen ist noch bei weitem nicht zu Ende. Man wirft ihm vor, er habe Deutschlands wirthschaftliche Lage durch Einführung des neuen Tarifs schwer geschädigt. Ob das wahr sei, kann weder der Ankläger noch der Angeklagte mit absoluter Bestimmtheit beurtheilen. Der Kanzler ist eben nur im Praktischen findig; er lernt nur vom Leben, und mißachtet insbesondere eine Wissenschaft, deren Existenz er vorerst noch bezweifelt. Er glaubt gar nicht, das für alle Zeiten Richtige getroffen zu haben; aber er bestreitet, daß der Erfolg des neuen Tarifs schlechter sein kann, als die Resultate des bisherigen Systems es waren. Er verkennt nicht, daß der Freihandel ein vortrefflicher Hebel der Cultur ist, aber er erblickt im nationalen Wohlstand einen nicht minder vortrefflichen Hebel der nationalen Sicherheit, und glaubt, daß nationaler Wohlstand mehr durch

Consumirung eigener als durch Ankauf fremder Producte zu fördern sei. Die Entscheidung über Recht und Unrecht bleibt wohl hier noch auf lange Zeit ein Problem.

Zweifellos berechtigen diese wichtigen Dinge den Deutschen zum Kampfe, zum zähen Widerstande: nur berechtigen sie Niemanden zu unthätigem Groll. Ihr habt das Recht, Ihr Deutschen, ihm Widerstand zu leisten — das muß er dulden, da er Minister ist; Ihr könnt verlangen, daß er Euch Rede stehe, — das hat er zu thun als Beamter des Staates; Ihr dürft ihm entgegentreten mit all Eurem Wissen, Eurer Geistesschärfe, Ihr dürft es unternehmen, ihn zu überzeugen — Ihr werdet ihn vielleicht lernbegieriger finden, als Ihr glaubt; Ihr möget ihn nicht kränken ohne Grund — diese Rücksicht hat er verdient in jenen qualvollen Nächten, welche er durchwacht hat, um für des Vaterlandes Wiedergeburt zu arbeiten. Aber Eins dürft Ihr nicht, Ihr habt nicht das Recht, Euch der politischen Unthätigkeit hinzugeben. Ihr schuldet es ihm, Ihr schuldet es Euch selbst, daß Ihr fähig seid, das Werk zu erhalten, wenn dereinst, in hoffentlich fernen Tagen, die Feinde in allen Himmelsstrichen jubeln, weil er nicht mehr ist. Hüte dich, deutsches Volk, daß nicht ein strenger Geschichtsschreiber künftiger Tage von dir zu sagen habe, das Genie eines einzigen Mannes habe dich vorübergehend auf eine Höhe erhoben, auf der du dich zu erhalten nicht vermochtest. Hüte dich, daß, wenn du in ferner Zukunft deinen großen Staatsmann in einer deutschen Westminsterabtei zur Ruhe gebettet hast, und ein ehernes Standbild vor dem Kaiserschlosse künftigen Geschlechtern die Züge seines Antlitzes überliefert — hüte dich, daß du nicht im Schatten dieses Standbildes bei nächtlicher Weile die Umrisse einer traurigen, längst verschollenen Gestalt wieder erblickst, den gespenstischen Schatten deines unthätigen Grolls — den deutschen Michel. Laß es nicht wiedererstehen dieses traurige Gespenst, du deutsches Volk; sei so groß wie dein Ruhm! —

Bibliographie.

Eduard Dowden, Shakspere, sein Entwicklungsgang in seinen Werken. Mit Bewilligung des Verfassers übersetzt von Wilhelm Wagner. 8. XII u. 327 S. Heilbronn, 1879, Gebr. Henninger. ℳ 7.50

Eduard Dowden, Professor an der Universität Dublin, gehört zu den ausgezeichnetsten Kennern der Litteratur seiner Heimath. Damit ist gleichzeitig ausgesprochen, daß er auch wie wenige mit Shakespeare vertraut ist. Aus dieser tiefen Kenntniß des Gegenstandes heraus sind die Vorlesungen gequollen, welche Dowden dem „Schwan vom Avon" vor einigen Jahren gewidmet hat, aus beiden ist das vorliegende Buch geworden, das zu den bemerkenswerthesten Erscheinungen der neueren Shakespeare-Literatur gehört. „Dowden will aus Shakespeares Werken ein Bild von des Dichters Persönlichkeit und seinem Entwicklungsgange gewinnen und hat, um einen sichern Grund für seine Arbeit zu legen, nicht bloß Shakespeares Werke, sondern auch alle erheblichen Erscheinungen der englischen wie der deutschen Shakespeare-Literatur studirt, obwohl er sein Buch für den größeren Leserkreis bestimmt hat und die Erörterung gelehrter Fragen vermeidet. . . Besonders erfreulich für den deutschen Leser ist das deutsche Element, das sich ihm in diesem Werke zu erkennen giebt. Von dem trefflichen Furneß abgesehen, kennen wir keinen Shakespeare-Gelehrten englischer Zunge, der eine so ausgebreitete und tiefgehende Kenntniß der deutschen Shakespeare-Literatur besitze und derselben so viel Anerkennung und Wohlwollen entgegenbrächte als Professor Dowden. Wir zweifeln nicht, daß sein Werk auch unter den deutschen Shakespeare-Freunden zahlreiche und dankbar anerkennende Leser finden werde". Mit diesen Worten Karl Elzes, eines unserer bewährtesten Shakespeare-Kenner, sei die englische Arbeit, wie sie hier in gelungener Uebertragung und würdiger Ausstattung geboten wird, angelegentlich empfohlen.

Adam Asnik, Kiejstut. Trauerspiel in 5 Acten. (Aus dem Polnischen). Uebersetzt von M. v. Reden. 8. VI u. 90 S. Posen, 1880, Jolowicz.

Friedrich Latendorf, zur Erinnerung an Fritz Reuter. Verschollene Gedichte Reuters nebst volksthümlichen und wissenschaftlichen Reuter-Studien. 8. II u. 63 S. Poesneck, 1879, Latendorf.

Neben fünf verschollenen Gedichten Reuters enthält das Bändchen eine eingehende Untersuchung über des Dichters Vorfahren und Verwandte und den von dem Verfasser bei Reuters Tod diesem gewidmeten, tief empfundenen Nekrolog. Daran schließen sich, unter dem Gesammttitel „Reuter-Studien", die Aufsätze: „Fritz Reuter im Englischen", „Zur Körnerfeier", „Reuter und sein Neustrelitzer Vorleser (Kraepelin)" und endlich „zur Würdigung der Volksausgabe". Wie alle Arbeiten Latendorfs athmet auch die vorliegende wärmste Begeisterung für ihren Gegenstand.

Adolf Strecktuß, fünfhundert Jahre Berliner Geschichte. Vom Fischerdorf zur Weltstadt. Geschichte und Sage. 2. Aufl. Klein Quart-Format. 1195 S. Berlin, 1880, Brigl. Geb. ℳ 15.—

Das Werk liegt jetzt vollendet in einem stattlichen Quartbande vor. Ueber den

Inhalt desselben haben wir nach dem Erscheinen der einzelnen Lieferungen berichtet und können heute nach der Vollendung des Werkes nur bestätigen, daß das Ganze die Erwartungen voll erfüllt, zu denen der Anfang berechtigt. Der Verfasser hat sich durch seine Arbeit ein Verdienst um die Geschichtsschreibung Berlins erworben. Mit anerkennenswerthem Fleiß hat er das historische Material gesammelt, geordnet und gesichtet und in frischer, lebendiger, das Interesse des Lesers stets rege haltender, ja häufig sogar spannender Darstellung zu einem Gesammtbild der Geschichte Berlins seit 500 Jahren vereint. Daß der Novellist sein Erzählertalent auch bei der Geschichtserzählung nicht verleugnet, soll anerkannt werden, auch daß sein Werk trotz der fesselnden Darstellung doch niemals den streng historischen Boden verläßt, sondern ein wirkliches Geschichtswerk ist.

Otto Sievers, Robert Griepenkerl, der Dichter des „Robespierre". Biographisch-kritische Skizzen (Mit mehreren bisher ungedruckten Gedichten und Briefen.) 8. 176 Seiten. Wolfenbüttel, 1879, Zwissler. M. 3.—

„Mancher, der unter die Gebildeten gezählt zu werden beansprucht darf, wird, wenn er den Namen „Robert Griepenkerl" liest, das Conversationslexicon zur Hand nehmen oder wenigstens sein Gedächtniß anstrengen und sich erst fragen, wo und in welcher Verbindung er ihn schon gehört habe. Und doch wurde dieser Robert Griepenkerl, als er im Jahre 1849 mit seinem Trauerspiel „Maximilian Robespierre" vor das Publicum trat, nicht selten für den Messias unseres historischen Dramas, für den deutschen Shakespeare erklärt, der endlich gekommen sei, die große Lücke auszufüllen, welche Goethe und Schiller noch offen gelassen. Und doch wurde dieser Robert Griepenkerl in den Fünfziger Jahren von kunstsinnigen deutschen Fürsten in einer Weise durch Gunstbezeugungen geehrt, die fast an die weimarer Genieperiode erinnert. — Heut ist er so gut wie vergessen".

Das gut geschriebene und mit Benutzung ungedruckten Materials verfaßte Buch giebt die Antwort auf die von dem Autor in den vorstehenden Zeilen aufgeworfene Frage: es wird sicherlich zur gerechten Würdigung eines Dichters beitragen, von dem Sievers sagt: „es ist unglaublich, welch' ein Talent zum Unglück der Mann besaß".

Valeska von Gallwitz, Dem Tode abgerungen. Roman. 2 Bde. 8. 250 S. Breslau, 1880, A. Kiepert.

Die Arbeit eines beachtenswerthen Talents, nach Seite der Erfindung und künstlerischen Gestaltung.

E. L. Taschenberg, praktische Insektenkunde oder Naturgeschichte aller derjenigen Insekten, mit welchen wir in Deutschland nach den bisherigen Erfahrungen in nähere Berührung kommen können, nebst Angabe der Bekämpfungsmittel gegen die Schädlichen unter ihnen. 1. u. 2. Band. 8. Bremen, 1879, M. Heinsius. (1. Band: Einführung in die Insektenkunde. VI u. 233 S. Mit 40 Holzschnitten. — 2. Band. die Käfer und Hautflügler. VIII u. 401 S. Mit 98 Holzschnitten.)

Der Verfasser, in weiten Kreisen besonders bekannt durch seine Theilnahme an der Bearbeitung der entomologischen Partien von Brehms klassischem „Thierleben" hat es sich zur Aufgabe gestellt, die Kerfstenntniß zu einem Gemeingut für seine gebildeten Landsleute zu gestalten und zur Erreichung dieses Zieles durch seine bereits erschienenen vier größeren entomologischen Special-Werke beigetragen. Die Erkenntniß aber, daß in unserer neueren deutschen Literatur ein ausführliches Werk über allgemeine Insekten-Kunde fehle, veranlaßte ihn, zu der Herausgabe des hier angezeigten großen Werkes, dessen erster und zweiter Theil vorliegen. Der erste Theil „Die Einführung in die Insektenkunde" will nicht allein dazu dienen, das Verständniß der folgenden Theile zu vermitteln, sondern überhaupt diejenige Belehrung geben, welche jedem nöthig ist, der sich mit Insekten-Kunde im Allgemeinen, oder mit einer Ordnung im Besonderen beschäftigt.

In den folgenden Theilen werden nach systematischer Anordnung die Käfer, Hautflügler, Schmetterlinge, Fliegen, Netz- und Geradflügler, Schnabelkerfe und flügellosen Parasiten in ihren verschiedenen Ständen ausführlicher besprochen werden, welche zur menschlichen Oekonomie in Deutschland und denjenigen Theilen Europas, welche von der deutschen Fauna nicht wesentlich abweichen, (die Mittelmeerfauna wäre somit ausgeschlossen) in näherer Beziehung stehen. Demnach würden die folgenden Theile nicht nur eine Vereinigung alles des Materials bringen, welches bereits in den vorerwähnten vier Werken veröffentlicht ist, sondern auch Erweiterungen auf den betreffenden Gebieten, und vor allem durch solche Insekten finden, welche in der Häuslichkeit Menschen und Thieren lästig fallen. Die Darstellung ist einfach und allgemein verständlich, die Holzschnitte sind, wenn auch nicht grade fein, dennoch zweckentsprechend; die ganze Ausstattung ist zu loben.

Joh. Gust. Droysen, Geschichte Alexanders des Großen, 3. Auflage, 8. 404 S. mit 5 Karten von Richard Kiepert. Gotha, 1880, F. A. Perthes. ℳ 4.—

Die erste Auflage dieses in seiner Art classischen Buches erschien im Jahre 1837 und schuf den Ruf Droysens als Historiker, den er sich seitdem durch sein „Leben York's" und seine „Geschichte der preußischen Politik" auf breitester Basis gegründet hat. Seiner unermüdlich nachbessernden Hand ist es möglich geworden, seine Arbeit über Alexander auf der Höhe heutiger kritischer Forschung zu erhalten, ohne ihr in Form und Darstellung von der Jugendfrische des ersten Wurfs etwas zu nehmen. Die Resultate neuer geographisch-topographischen, numismatischen und der Inschriften-Forschungen sind überall benützt worden: die Anmerkungen am Schlusse des Buches geben darüber Rechenschaft. — Das Buch, als ein gründlich und geistvoll entworfenes Bild einer der gewaltigsten und erfolgreichsten Epochen der Weltgeschichte, wird ganz besonders dem aufstrebenden Jüngling hohe Anregung gewähren. — Der billige Preis des gut ausgestatteten Buches ist lobend hervorzuheben.

Meisterwerke der Holzschneidekunst aus dem Gebiete der Architektur, Sculptur und Malerei. Folio-Format, 81 Tafeln in Holzschnitt, mit 48 Seiten Text. Leipzig, 1879, J. J. Weber. Elegant gebunden. ℳ 16.—

Die um die Förderung der deutschen Holzschnitte hochverdiente Verlagsbuchhandlung sendet dem splendid ausgestatteten Werke einige Worte voraus, die wir hier, als warme Empfehlung der Sammlung, im Auszuge folgen lassen wollen.

„Nicht Jeder hat das Glück, Bildergalerien und Museen, jene Sammelstätten der Kunst, die doch innerhin das Vorrecht größerer Städte bleiben, besuchen zu können, und nicht zu jeder Zeit sind ihre durch alle Länder zerstreuten Meisterwerke dem Auge geboten. Noch bleibt für zahlreiche Kreise Anregung und Befriedigung des Schönheitssinnes ein nur ungern entbehrter Genuß.

Vielfach und auf's Neue von Künstlern und Kunstfreunden angeregt, von solchen Blättern der in unserem Verlage erscheinenden „Illustrirten Zeitung", welche sich durch künstlerische Auffassung und Durchführung emporheben, eine besondere, mit möglichster Sorgfalt ausgestattete Sammlung zu veranstalten, beginnen wir hiermit unter dem Titel „Meisterwerke der Holzschneidekunst" ein periodisches Unternehmen, von welchem wir hoffen dürfen, daß es sich des Beifalls des kunstsinnigen Publicums zu erfreuen habe; für die Stunden des häuslichen Lebens, für so manchen Augenblick zurückgezogener Muße ist ein Werk wie das hier gebotene sicherlich willkommen, welches in einer Fülle des mannigfaltigsten Stoffes und in technisch vollendeter Wiedergabe jene künstlerischen Originale wenigstens im Abbilde, daneben aber so manche selbstständige Leistung unserer besten Meister vorführt — ein Museum gleichsam im Kleinen, eine permanente Kunstausstellung am traulichen Familientisch.

Bei der Anordnung unseres Albums haben wir vorzüglich den Beschauer im Auge gehabt und uns an kein bestimmtes System gebunden. Ein kurzer Text zu den Bildern einer jeden Lieferung soll Denjenigen, welche sich näher für das Bild und dessen Autor interessiren, Belehrung und Unterhaltung zugleich bieten, während ein Inhaltsverzeichniß 12 Lieferungen am Schluß eines jeden Jahres zusammenfassen wird". — Der jetzt abgeschlossene vorliegende erste Jahrgang hält, was die Verlagsbuchhandlung gelegentlich des Erscheinens der ersten Lieferung versprochen hat. Dieser reich gebundene Band, mit seinen zum großen Theil ganz ausgezeichneten Holzschnitten nach den berühmtesten Originalen unserer letzten Ausstellungen, gehört unbestritten zu den bemerkenswerthesten und anregendsten Erscheinungen des diesjährigen Weihnachtsmarktes.

Für den Spessart. Ein Dichterbuch. Herausgegeben von Wilhelm Müller und Max Beilhack in Aschaffenburg. 8. 244 S. Aschaffenburg, 1880. Commissionsverlag von A. Wailandt.

Der Ertrag ist für arme Spessarter bestimmt! Fünfundsiebzig deutsche Dichter — darunter die besten — haben sich hier zu einem edlen Zweck vereinigt und in edelster Form. Für sie und

ihre Absichten möge das schöne Gedicht
sprechen, welches Oscar v. Redwitz dem
Dichterbuche vorausgeschickt hat. Und wenn
es diesem zur wärmsten Empfehlung ge=
reichen wird, wird es in guten Herzen nicht
nur hilfsbereite Theilnahme für die, welchen
es zunächst gegolten, sondern auch für die
im Osten des Vaterlandes Nothleidenden
erwecken.
Nun wird es Frühling und grünt es bald
In Büschen und ragenden Eichen.
Dann ist im deutschen Reich kein Wald
Dem Spessart zu vergleichen.
Und grüßt Dich drin so einsam traut
Ein Dörflein zwischen den Bäumen:
„O glücklich, wer sich hier angebaut!" —
Magst Du wohl friedlich träumen.
Doch hemme den Schritt! — Denn,
  Wanderer, ach,
Nur Trug ist, was Du gesonnen!
Was hilft der Noth ein schwellendes Dach,
Was all des Duftes Bronnen?
Und hörst Du den Hunger von Thür
  zu Thür
Mit hagerer Hand nicht pochen?
Es schlägt vom Herd kein Feuer herfür,
Denn ach, was sollen sie kochen?
Drum, mag der Duft aus saft'gem Laub,
Der Amsel Lied Dich erquicken,
Sei doch für Menschennoth nicht taub.
Berschließ' sie nicht den Blicken!
Aus sonnenlichtem Waldesgrün
Tritt ein in die dumpfige Kammer
Und sieh die Armuth drin sich müh'n
In sonnenlosem Jammer!
Doch feiert drin der kräftige Mann,
O schilt nicht, daß er träge:
Ach, daß er sich nichts erringen kann
Und ruhn muß Axt und Säge —
Drum starrt er so verhärmt ja drein,
Denn Weib und Kinder weinen:
Am liebsten möcht' er den Todtenschrein
Sich zimmern und den Seinen

Ja, lieber Wanderer, hemme den Fuß,
Wenn Dir solch Dorf begegnet,
Bis Du mit klingendem Frühlingsgruß
Der Armuth Hütte gesegnet.
Lied, Blume, Bronnen, Baum und Strauch
Wird doppelt dann Dich laben,
Und wirst Du Waldesfrühling auch
In Deinem Herzen haben!

Ludwig Salomon's Geschichte der deutschen
  Nationalliteratur des 19. Jahrhunderts.
  Stuttgart, 1879, Levy und Müller.
  Erscheint in ca. 8 Lieferungen.
  à Lieferung M. 1.

Das berühmte Wort von Gervinus,
daß die Deutschen noch vor Ablauf des
Jahrhunderts ein politisches Volk werden
würden, ist zur Ueberraschung der Welt
so vollständig erfüllt, daß heutzutage in
der That das politische Denken und
Fühlen einen übergroßen Raum in unserem
Volksleben einnimmt. Allerdings laufen
auch noch andere geistige Interessen neben
her, aber diese bewegen sich bis jetzt immer
noch in den längst ausgetretenen Geleisen
der ästhetischen Geistesarbeit des vorigen
Jahrhunderts, während die literarische
Thätigkeit unserer Tage, wenigstens so weit
es sich um große literarische Werke handelt,
überaus karg und unzureichend besprochen
wurde. Das vorliegende Werk weiß diesem
auffälligen Mangel in überaus eigenartiger
Gruppirung abzuhelfen. Der Verfasser
theilt seinen außerordentlich reichen Stoff
in durchaus naturgemäße und zutreffende
Kategorien und weiß dabei eine Präcision des
Ausdrucks und der Gesammtdarstellung zu
finden, in welcher der Rahmen eines handlichen
Buches nirgends überschritten wird. Man
darf das Werk als ein wirklich im besten
Sinne zeitgemäßes bezeichnen.

Redigirt unter Verantwortlichkeit des Herausgebers.

Druck und Verlag von S. Schottlaender in Breslau.

Unberechtigter Nachdruck aus dem Inhalt dieser Zeitschrift untersagt. Uebersetzungsrecht vorbehalten.

CARLSBADER
Sprudel-Pastillen

enthalten die wirksamsten Bestandtheile der Carlsbader Mineralwässer in ¹/₁ und ¹/₂ Schachteln.

Gegen Täuschung.

Jede Flasche ist mit obenstehender Schutzmarke versehen und mit der Firma:
Carlsbader Mineralwasser-Versendung
Löbel Schottlaender Carlsbad.

Loses Salz oder in anderer als oben bezeichneter Verpackung vorkommende Salze sind gefälscht und wird das Publikum hiervor gewarnt.

Carlsbader Sprudel-Salz

in Glas-Flaschen zu 500, 250 und 125 Gramm.

Gegen Täuschung.

Jede Flasche ist mit obenstehender Schutzmarke versehen und mit der Firma:
Carlsbader Mineralwasser-Versendung
Löbel Schottlaender Carlsbad.

Loses Salz oder in anderer als oben bezeichneter Verpackung vorkommende Salze sind gefälscht und wird das Publikum hiervor gewarnt.

Carlsbader Sprudel-Seife
in Stücken zu 125 Gramm
unter Controle der Stadt hergestellt.

Die Carlsbader Mineralwässer und Quellen-Producte
sind zu beziehen durch die

Carlsbader Mineralwasser-Versendung
Löbel Schottlaender, Carlsbad i/Böhmen
sowie durch alle Mineralwasser-Handlungen, Apotheken und Droguisten.
Ueberseeische Depôts in den grössten Städten aller Welttheile.

Apollinaris.
Natürlich Kohlensaures Mineral-Wasser
Apollinaris-Brunnen, Ahrthal, Rheinpreussen.

Gen.-Stabsarzt K. Univ.-Prof. **Dr. von Nussbaum**, München: Ein für sehr viele Kranke passendes, äusserst erquickendes und auch nützliches Getränk, weshalb ich es bestens empfehlen kann.

Geh. Med.-Rath Prof. **Dr. Virchow**, Berlin: Sein angenehmer Geschmack und sein hoher Gehalt an reiner Kohlensäure zeichnen es vor den andern ähnlichen zum Versandt kommenden Mineral-Wassern vortheilhaft aus. 24. Dezember 1878.

Dr. Oscar Liebreich, Prof. der Heilmittellehre a. d. Univ. Berlin: Ich habe Gelegenheit gehabt, die Apollinaris-Quelle bei Neuenahr genauester Prüfung zu unterziehen und zögere demnach nicht, mein Urtheil dahin auszusprechen, dass das natürliche Apollinaris-Wasser, wie es dem Publikum geboten wird, ein ausserordentlich angenehmes und schätzbares Tafelwasser ist, dessen chemischer Charakter es in hygiänischer und diätetischer Hinsicht ganz besonders empfiehlt und dessen guter Geschmack bei längerem Gebrauch sich bewährt. 5. Januar 1879.

Geh. San.-Rath **Dr. G. Varrentrapp**, Frankfurt a. M. Ausserordentliches Mitglied des Kais. deutschen Gesundheitsamtes: Ein sehr angenehmes, erfrischendes, ebenso gern genossenes als vorzüglich gut vertragenes Getränke unvermischt oder auch mit Milch, Fruchtsäften, Wein etc. In Krankheitszuständen, wo leicht alcalinische Säuerlinge angezeigt sind, ist gerade der Apollinaris-Brunnen ganz besonders zu empfehlen. 4. März 1879.

K. Univ.-Prof. **Dr. M. J. Oertel**, München: Von der vortrefflichen Wirkung seit vielen Jahren die überzeugendsten Beobachtungen gemacht; bei hochgradigen Ernährungsstörungen, in der Lungenschwindsucht, in Reconvalescenz schwerer Krankheiten, nach Typhus, Lungenentzündung, Gelenkrheumatismus und Diphtheria, damit immer die besten Erfolge erzielt, ebenso bei den verschiedensten andern Krankheiten, wo es galt, anregend auf den Magen und die Ernährung einzuwirken, zuletzt fast ausschliesslich davon Gebrauch gemacht. Als erfrischendes Getränke rein oder mit Wein gemischt, nimmt es unter den Mineralwässern sicherlich den ersten Rang ein. 16. März 1879.

Geh. Med.-Rath. Prof. **Dr. F. W. Benecke**, Marburg: Eins der erfrischendsten Getränke und sein Gebrauch, insonderheit bei Schwäche der Magenverdauung, sehr empfehlenswerth. 23. März 1879.

Käuflich bei allen Mineral-Wasser-Händlern, Apothekern etc.

Die Apollinaris-Company (Limited)
Zweig-Comptoir. Remagen a. Rhein.

Februar 1880.

Inhalt.

August Silberstein in Wien. Seite
    Der Laden des Naz 159
Ferdinand Hiller in Köln.
    In Wien vor 52 Jahren 180
Friedrich Albert Lange.
    Ueber philosophische Bildung (Schluß [siehe Heft 32]) 196
Max Kurnik in Breslau.
    Karl von Holtei. Ein Lebensbild 209
Wilhelm Jensen in Freiburg i. B.
    Faira. Ein erzählendes Gedicht (Schluß) 227
H. B. Oppenheim in Berlin.
    Aus den Mysterien der altfranzösischen Diplomatie 248
* † *
    Das Deutschthum in den russischen Ostseeprovinzen 269
Bibliographie 293

Hierzu das Porträt Karl von Holtei's, Radirung von W. Krauskopf
in München.

„Nord und Süd" erscheint am Anfang jedes Monats in Heften mit je einer Kunstbeilage.
—— Preis pro Quartal (3 Hefte) 6 Mark. ——
Alle Buchhandlungen und Postanstalten nehmen jederzeit Bestellungen an.

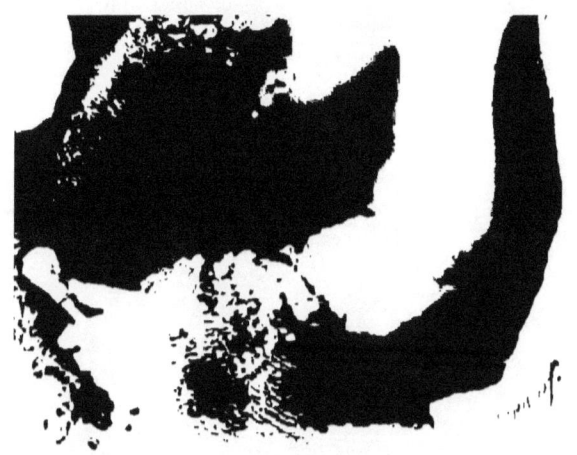

Verlag von S. Schottlaender in Breslau

Verlag von S Schottlaender in Breslau

Nord und Süd.

Eine deutsche Monatsschrift.

Herausgegeben

von

Paul Lindau.

XII. Band. — Februar 1880. — 35. Heft.

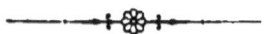

(Mit einem Portrait in Radirung: Karl von Holtei.)

Breslau.
Druck und Verlag von S. Schottlaender.

Der Laden des Naz.

Von
August Silberstein.

— Wien. —

Auf dem Wege von der Schwarzau in Nieder-Oesterreich, deren alpenfrisches Thal rings prachtvoll nadelbewaldete und felsenstarrende Berge hat, als läge sie bereits in Tyrol, im Kärnthnerland oder Salzburgischen — auf dem Wege von der Schwarzau an dem Oberberg vorbei, nach dem Sulzberg und „Gamsruck", über den sich eine der steilsten Mittelalpenstraßen in's Steirische hinüber und entgegen dem eisengewerkreichen St. Egyd am Walde windet, fuhr ein kleines Wägelchen.

Es war ein sogenanntes „Steirerl", ein offenes Korbwägelchen, neben dessen Deichsel nur ein einziges kleines, aber rundgefüttertes Pferd in der ausgefahrenen Spur lief. Auf dem schmalen Kutschbock saß Niemand, er war auch platt übergeschlagen, daß man ihn nicht sah, dagegen war trotz des schönsten Wetters das Spritzleder über die Knie eines Mannes schräg hinaufgezogen, den man kaum bemerkte, denn in dem hohen weichen Sitz war er seitwärts eingesunken, er war eingenickt und schlief den Schlaf des Gerechten.

Die Kohlenbauern und Holzfuhrleute, welche entgegenkamen, wichen auf der schmalen Straße still aus, ohne durch Geschrei den wohlbekannten Mann zu wecken, oder auch die Knechte und Bauern schliefen in dem sonnigen Wege wie er, und die gegenseitig erfahrenen Pferde trabten ihren mäßigen Schritt mit zeitweiligem Kopfnicken an einander traulich vorbei.

Das prächtige Gebirgswasser, rasch und rauschend, stellenweise klar bis zum Kiesgrunde, hie und da von Gebüsch überhangen, lief wie seit Urzeiten, jetzt neben der Straße, und die schwänzelnden Forellen im „flimmernden", flimmernden Gerinne schlugen zuweilen keck auf, als höhnten sie den Mann im Wägelchen, ihren eben ruhigen Feind, welcher deren schon große Mengen vertilgt hatte.

Es war der Chirurgus der Umgebung. Der „Baber", wie die Einen noch im alten Brauch sagten, der „Herr Docter", wie ihn die Anderen hochehrerbietig nannten, was ihm auch stets am allerliebsten war.

Die breite starke Hand hing lässig, schlapp, mit den Zügeln über dem Spritzleder nieder und wackelte bei jedem Grübchen der Straße hin und her, wie das feiste geröthete Gesicht unter dem breitrandigen schattenspendenden Filzhute, welcher theilweise mittelst der Sitzwand aufgekrämpt war. Die Leute wußten, der Baber müsse hie und da in den Häusern oder Hütten der Patienten dem „Wachholder" oder „Kirschenen" Bescheid thun, auch sei der Herr Doctor kein Feind vom „Enzian" oder gar Wein und derlei auf seinen weiten Wegen im Umkreise.

Heute mochte er schon viel geleistet haben — für Patienten nämlich — vielleicht auch schon frühauf mit seiner Taschenapotheke gewesen sein, und Einer oder der Andere der Fahrenden sah sich nach einer Weile um, den Straßenzug rückwärts verfolgend, um zu erfahren, wo der Baber etwa stehen bleibe, oder wie weit aus es mit ihm ginge.

Daß ihn sein rundes „Bräunl" im gleichmäßigen Dahinziehen oft viel weiter führte, als er es gewollt hätte, versteht sich unter solchen Umständen von selbst; ebenso, daß das „Bräunl" mit nicht zweckentsprechenden Erinnerungen vor einer Hütte stehen blieb, in welcher weder ein Mensch krank, noch überhaupt zu Hause war, bis der Herr Doctor, nach längerer Zeit erwachend, mit Erstaunen bemerkte, wo er sich eigentlich befand. Vor einem Wirthshause blieb „Bräunl" immer und in allen Fällen stehen, und äußerst selten täuschte er sich in seinen erfahrungsgemäßen Voraussetzungen.

Nach solcherlei Fährlichkeiten, mehrmaligen „Ruckern", zeitweiligem Anziehen der Zügel, setzte sich der Doctor-Baber endlich strammer auf, räusperte, blinzelte nach der Sonne und nach einem Waldstreif am Wege, durch dessen „Schlag" er seitwärts und allmälig aufwärts zu einer kleinen Hüttengruppe ziehen mußte, um zum „Nazen" zu gelangen, in dessen Hütte die Nazen-Sephin, wie ein Bote gestern mitgetheilt hatte, krank lag.

Der Naz hatte zu seiner Hütte nur das Nothdürftigste, er war Holzknecht, Fuhrmann, Zimmerer, Alles was man wollte, nur nicht undurstig. Der Naz und seine Sepherl waren schon lange ein Paar, sehr lange, die Jungen erinnerten sich gar nicht mehr welche Dauer, und die Alten waren beim Rechnen wirr, wollten das auch gar nicht recht wissen, weil sie ihre Zeit überhaupt dabei überdenken mußten, und zudem gibt man sich zwischen Wald und Berg am wenigsten damit ab; fragt auch Niemand darnach!

Der Naz war im „Schupfen" (Schoppen) neben der Hütte, wo er inmitten ausgiebigster Spinnengeweben seine Hobelbank, eine Hanselbank (Schnitzbank), Werkzeug und allerlei kunterbuntes Geräthe von Kisten, Kästlein, Fässern, Hobelspänen, Reisig, Hühnerställchen, Balkenstücken, Brettern, Gestänge und Topfscherben hatte. Auf dem niedern First des Schupfens bewegte sich statt des einfachen Windfähnleins ein hölzernes Männchen, das Holz sagte, zuweilen selbstverständlich wie rasend, und am Troge des Hausbrunnens, welcher immer plätscherte, ging ein kleines Mühlenrad, das rastlos klapperte. Allzusammen waren sie stolze Werke des hier hausenden Hüttlers und belebten die Stille der Gegend und der Behausung um ein Bedeutendes.

Die breite Thür des Schupfens war offen und die starke Nase im faltigen Gesichte des Naz kam vor und verschwand wieder in der Quere der Thürlichte, die braunrothe Zipfelmütze auf seinem Haupte wackelte nur stoßweise sichtbar, denn der Naz hobelte emsig. Bei jedem Ruck rauschte der Hobel, sauste und schnurrte es; bei seinem eigenen Lärm hörte er nicht, daß ein Wägelchen und ein Pferd zur Hütte herankamen. Vielleicht auch war der Naz im tiefen Sinnen und in bewältigenden, ihn ganz einnehmenden Gedanken.

Plötzlich stand der große breite Mann vom Wägelchen vor ihm. Er nahm fast die ganze Thürbreite ein. Rasch, trotz allen Fettes, war der Mann abgesprungen, hatte gehört, wo sich Leben in dem Hüttengebiete rühre und war an der richtigen Stelle.

„Grüß Gott — grüß Gott!" tönte es gegenseitig, und der Naz riß seine Zipfelmütze vom Kopfe, daß die starren weißen Haare in ihrer Kürze blinkten. Auch stöberte er seine alte, geflickte, weißblaue Barchent-Jacke, mit mangelhaften Beinknöpfen, die er im Hause trug, von Staub und Spänen ab und klopfte den Schürzenlappen, daß das Gewölk dem Gast unter die Nase und in's Gesicht wirbelte.

„O Meier-Baber, bist schon da?" sagte Naz hastig und blinzelte mit den kleinen glänzenden Augen aus den Falten ringsum. „Grüß Dih Gott, Doctor", sagte er, sich verbessernd, um aber wieder rasch in verwirrende Jugend-Erinnerungen zu fallen. „hätt's nit' glaubt, daß D'so schleuni' kommst, Baber-Franzl!"

Franz Meier, ein Schullehrersohn aus dieser Gegend, hatte somit in Kürze alle seine Namen und Titel im Auszuge oder in verschiedenen Zusammenstellungen vernommen.

Er stand ganz unerschüttert, nicht ungewohnt solcher zeitweiligen Vorkommnisse und sagte praktisch: „Na, wo fehlt's? Du bist g'sund, immer noch rüsti' beisammen; aber was is' mit Deiner Alten?"

„O mein, o mein! Schier aus is's, sie kann sich nit rühren — nit heben, nit legen — nit wenden, nit wageln — sie hat's gar schwer auf der Brust, der linken Seiten gar, der Athem fehlt und es geht z' End!"

„So?" sagte der Chirurg und sah ein wenig trüb darein.

„Recht is', daß D'kommen bist, Herr Doctor, aber helfen wirst ihr nit, Baber. Ih sag Dir Franz . . . schau, nehm mir's nit übel Doctor-Meier will ich sagen Franzen-Baber . . ." zischelte und stotterte ein wenig verwirrt der alte Hüttler . . . „oder Herr Churargicus, der Tod sitzt schon drin, eh' Du eini gehn kannst. Es nutzt Alles nix!"

„So? Und z'wegen was hast mich rufen lassen?"

„Jeder Tod will ein' Urſach haben, oder, mein ich, ein' Doctor. Verſtehſt, Herr Bader? Denn', wenn ih mein' Alte ſo ſtill in der Hütten eingehn laß', ohne daß Du's g'ſehn haſt und dabei g'weſen biſt, könnt ma ſchlecht von mir reden; Du kannſt's verantworten!"

Hätte der Arzt den Naz nicht ganz wohl und von Jugendzeit gekannt, er hätte hinter dieſen Worten üble Abſichten und allerlei bedenkliche Zuſammenſtellungen vermuthen können. Jedoch er war im Umgange gewohnt zu deuten was geſagt wurde.

„Du giebſt Dein' Weib aber auch ſchönen Troſt, wenn Du ihr epper (vielleicht) das Alles ſagſt".

„Das hab' ih ihr auch g'ſagt!" antwortete Naz kurzweg. „Ih hab ihr zug'redt, ſie ſoll ſich verſehgn laſſen. Das hat ſie auch gern gethan, und geſtern iſ' ſchon der Herr Kaplan dag'weſen. Es iſ' alles in Ordnung, es fahlt ſich gar nix mehr!"

Ueber dieſe ſeltſame Rede wollte Herr Franz Meyer, der Chirurg, denn doch eine abträgliche ſtärkere Bemerkung machen, denn dieſelbe ging ein wenig über jene Reden, welche alte Leute manchesmal geradeaus in ſolchen Fällen und gefaßterweiſe hören laſſen und die ihm nicht ganz neu waren. In dieſem Augenblicke aber krachte, rumpelte etwas; der Laden, das Brett, von beiläufiger Menſchen-Körperlänge, welches in die Hobelbank eingeſpannt geweſen war, fiel zu Boden und faſt mit der ſcharfen Kante auf die Füße des Herrn Chirurgus.

Er ſprang im Bewußtſein ſehr leicht ſchmerzhaft zu berührender Stellen hinweg und hatte weiter nichts zu beklagen.

Naz war dem Schraubhebel zu nahe gekommen, hatte ihn unverſehens bewegt und der gelockerte Laden rutſchte ab. „Siehſt es", ſagte Naz, „er meldet ſich ſchon, der Todten-Laden".

„Was?" rief plötzlich der Hörende aus.

„Ja wohl, ſiehſt Herr Bader, das iſ' ein Zeichen!"

„Wie meinſt?" frug jetzt intereſſirt und neugierig der Angeredete raſch.

„Na ja", entgegnete Naz ruhig, „helfen kann ih ihr nit, z'helfen iſ' ihr ah (auch) nimmer! was ſoll ih den ganzen Tag bei der Hütten thun? Da hab ih bald den Todten-Laden fein ſauber zugehobelt, auf den ſie z'liegen kommt. Er iſ' g'wiß ordentlich!"

Nach Landesüblichkeit gelangen nämlich die Todten-Bretter oder Todten= Laden, nachdem ſie zu dem einen ausſchließlichen Zwecke gebraucht wurden, ſodann in einer Hausgrundſtelle, als Gangbrett oder Ueberbrückung, zur Verwendung und werden dadurch auch Erinnerungszeichen — vergängliche!

„Und das haſt auch gemacht?" ſagte der Arzt raſch, indem ſeine Augen zwiſchen dem Sprecher und dem Laden irrten.

„Das Kreuz barauf mit der ſchwarzen Farb', und das J. G. dazu? Freilich; Joſefa Grubinger, wie's bei Lebzeiten g'heißen hat".

„Noch heißt — Du ſeltſamer Kund' Du! — Und J. G. — Naz, weißt, das kann ja auch Ignaz Grubinger heißen!"

— Der Laden des Naz. — 163

Naz machte plötzlich große Augen und sah den Arzt an. Nach kurzer Weile sagte er, wie überrascht: „Freilich wol! Aber fallt mir nit ein. Das Sterben heb' ih mir bis z'allerletzt auf. Da hat's noch lang' Zeit! Ih hab' noh auf der Welt viel Verrichtung, das weiß der Tod! — Und ih wehr' mih!" sagte Naz in seiner halb scherz-, halb ernsthaften Weise.

„Kann schon sein", sagte der Arzt; aber seitdem der Adam das Sterben aufbracht hat, is' kein' Menschen das Leben sicher. Und da weiß man nit einmal, ob er ein Wittwer oder die Eva eine Wittwe 'worden is'. — Ih soll wol nit so reden", sagte der Chirurgus; „aber Du bist ein zu seltsamer Kund'! Und jetzt wollen wir doch einmal zur Patientin sehen. Weißt", sagte der Arzt nach einer kurzen Pause gravitätisch zu Naz gewendet, „Kunst und Wissenschaft raufen immer mit dem Tod!"

„Er is' der Stirlere!" (Stärkere) wendete Naz mit ruhiger Gefaßtheit in diesem Falle ein. „Und gegen den Tod is' doch kein Kräutl' gewachsen".

Der Arzt schritt ruhig in die Hütten=Thüre, welche Naz, einen Schritt vorauseilend, geöffnet hatte, dann durch die rußige kleine Küche in die Stube.

In dem Winkel an der Hinterwand lag das Weib auf dem Siechenbette, tief eingesenkt in einem Gehäuse von schweren Kissen. Auf der hochgebauschten Federdecke lag ein Kruzifix, ein aus Holzkügelchen gereiheter Rosenkranz, lagen bunte Heiligenbildchen mit Sprüchen. Die niederen Stubenbalken drückten auf eine dumpfige Luft, die nur von den kleinen Fensterchen erhellt war.

Nichts regte und rührte sich, selbst den zahlreichen Fliegen schien das Summen zu lästig und sie saßen beschaulich oder schlummernd allerorts.

Der Arzt sagte sich bei dieser Stille und Reglosigkeit: Vielleicht ist sie gar schon im Jenseits und der sichere Laden des Naz muß gebracht werden.

Doch Naz trat, als sich nichts rührte, sogleich an's Bett und sagte, darüber gebeugt: „Du, Sepherl, hörst, der Bader is' ba, der Meyer=Doktor"; und noch mehr erwedend rief er hinzu: „Der Franzen=Chirurg! Na, Du kennst ihn ja eh gar gut".

Nach diesen Worten rührte sich's. Der mit allerlei Tüchern umwundene Kopf, das blasse Gesicht, aus dem graue, große Augen verglast blickten, wendete sich herbei nach welchem Stubenraume und dem Arzte.

„Weiberl", sagte dieser gutmüthig, „Sephin, was machst denn für Dummheiten; wer wird denn krank sein; schickt sih ja nit, daß Dich a frember Mann im Bett siehgt. Warst ja immer g'sund!"

„Und hast kein' Bader 'braucht", sagte der Gatte, ohne rechtes Bedenken geschwätzig.

„Wo fehlt's denn, wo is' denn z'helfen?" sagte der Chirurg, ohne auf Naz irgend Beachtung und Rede zu verwenden. „Gib b' Haud her, streck' die Zung' heraus".

Dies geschah langsam und mit bester Bereitwilligkeit von der sanften Dulderin.

„Is' bald mein' Zeit aus", sagte sie mit schwacher Stimme hauchend, „wie's Gotteswillen is'".

Der Arzt setzte sich auf einen Stuhl, der neben dem Bette stand und auf welchem ihm noch ein großer schwarzer Theehafen einigen Platz ließ.

„Hast es halt schwach auf der Brust, he?" sagte er, indem er sich die Worte Nazens in's Gedächtniß rief, mit dem Wissensstolze eines erkennenden Arztes. „Auf der linken Seiten besonders, he? Der Athem fehlt, kannst Dich nit rühren, nit wenden! . . . Hm hm!"

„O mein! Baber-Doktor", sagte die Kranke, indem sie ihm dankbar vertraulichst in's nachdenkliche Gesicht guckte, „wie Du Alles weißt!" Und dazu hauchte sie: „Gleich hast Du die Krankheit weg!"

„Der Franz is' ein Hauptkerl!" sprach Naz gleich darein, „hab ich immer zu sein' Vatern g'sagt". Und sich verbessernd, fügte er hinzu: „Du verzeihst schon Herr Doktor, aber es is' nur so eine Red'!"

„Schon recht", wendete der Doktor ein. „Aber deswegen, mein gut's Weiberl, brauchst nit zu verzagen; wird schon wieder Alles gut werden".

„Ja, im Himmel oben, beim Herrn Jesu sein' Erbarmen, und die Fürsprach der Gnadenmutter . . . ach! ach!" Sie wollte weiter reden, aber eine Schwäche, ein Druck auf Gehirn und Brust ließ sie nicht weiter zu Worte kommen, sie ächzte nur schwer auf.

„Schon gut, brauchst nix zu reden", sagte der Arzt zutraulich, „weiß Alles".

„Laß sie ausreden", sagte der Naz, „schad't eh (ohnehin) nix".

„Na, ih werd' Dir was verschreiben", sagte der Arzt, „ein Trantl', aber ih werd' Dir's nit erst z'haus machen, daß es nit morgen erst ein Bot' holen muß, ih' werd' Dir's gleich da mengen. Geh Naz, hol aus' mein' Wagen draußen die Ledertaschen".

In dieser Ledertasche war gewöhnlich die ganze bewegliche Apotheke des Landarztes und für seine eigenen Vorschriften rasch genügend. Für höhere und besondere Zwecke war allerdings daheim vorgesorgt.

Während der Hüttler Naz hinaus zu dem Wagen ging, erkundete der Heilkünstler noch einige zweckentsprechende Nebenumstände, welche die matte Kranke mit nur gehauchter Stimme, ergeben, eine widerspruchlose fromme Dulderin, mittheilte.

Der Naz kam wieder und sagte, daß er wol einen Habersack für's Pferd gefunden habe, aber keine Medizintasche.

„Hast Du gut nachgeschaut?" frug der Arzt.

„Hab auch das Sitzkistel ausgesucht und hint und vorn 'guckt; aber aus Nix hat Gott die Welt erschaffen, ich kann kein' Ledersack d'raus machen, Doctor; nix für ungut, Bader!"

Herr Franz Meyer, Chirurgus, sann einen Augenblick nach; er hatte heute nur bei einem beinbrüchigen Holzknecht nachgesehen und da Alles in der Ordnung war und belassen werden mußte, gar nichts bedurft; er hatte also die Wanderapotheke im Leder daheim vergessen. Gegeben mußte der alten Kranken jedoch etwas werden, des Respectes halber, des Trostes wegen und des wahrscheinlichen „Zu spät" für morgen.

Offenbar mußte doch Naz seine Ehehälfte aus einige Jahrzehnten langen Erfahrungen wohl kennen; „derlei alte, vom Arbeiten erschöpfte Gestalten verathmen langsam und scheiden sanft vom mühseligen Jammerthal", sagte sich der Arzt, indem er suchend an seinen Rocktaschen herumtastete.

In einer derselben fand er richtig das erhoffte und gesuchte Fläschchen. Es hatte eine Medicinflaschen-Form, und der gelbbraune Liqueur darin war absichtlich in eine solche Glaswandung gebracht, damit Patienten und andere Leute nicht eine Ausnahme bei dem eigenen Gebrauche des Arztes bemerken könnten, und er auch immer eine medicinische Nothwendigkeit beim Schlucken vorzuschützen im Stande sei. Er sah die Flüssigkeits-Menge an und sprach still in sich: es ist nimmer gar so viel, es ist auch einerlei, der Alten ist nimmer zu helfen, geben wir es ihr, lassen wir es da! — Mit scheinbar wissenschaftlich forschenden Blicken durchsah er dem Lichte gegenüber die gelbbraune Flüssigkeit in der Medicin-Flasche. Dann griff er in eine Westentasche, darin hatte er in einem zerknüllten Papierchen, zu eigener Anfeuchtung gegen Hustenreiz, Stücke weißen Zuckerkands, von diesem nahm er bedächtig einige Bröcklein, warf sie allmählich in die Flüssigkeit, schüttelte und schüttelte, bis er endlich wie selbstzufrieden gegen Naz gewendet sagte:

„Siehst Du, die Krankheit von Dein' Weib hab ich gleich errathen, wie's mir daheim gemeldet worden ist. Ich kenn' Euch ja lang' genug. Und da hab' ich die richtige Haupt-Medicin gleich eingesteckt, jetzt ist die Mischung ganz fertig geworden — und wenn noch eine Hilfe is' — so ist sie jetzt sicher. Jede Stund einen Löffel voll".

„Schad't nix, nutzt nix", sagte sich Naz, hatte es schon auf den Lippen sitzen, verhielt es aber noch zu rechter Zeit, in der Stube, da die Sterbenskranke noch hörte.

„Und halt Dich nur brav dazu, mein' gute Sephin", fügte der Arzt bei, sich zum Fortgehen wendend. „Morgen um die Zeit komme ich wieder nachsehen — wird Alles gut werden!"

Die schwache Alte hauchte leis' Gebete.

Kaum daß die Thür der Hütte noch geschlossen und die Rede des Arztes wegen morgen beendet war, nahm Naz draußen im Freien das Wort auf und sagte: „Ja, morgen kannst gleich zur Leichenb'schau kommen. Tröst's Gott, mein' Alte war ein braves Weibl, aber is' keine Hilf' mehr Bader-Doktor, aus und z' End is', morgen liegt' auf mein' Laden. Kommt an uns Alle, jetzt is's an ihr . . . . Ewigkeit, Amen!"

Die letzten Worte sprach er mit einer Art Rührung.

„Wohl Naz, Du bist ein gefaßter Mensch, Sie is' ja auch beim Herrgott gut aufgehoben. Hat nit viel gar Gut's im Leben gehabt, die arme Hascherin. Du weißt es, Naz!"

Naz schüttelte zustimmend mit dem Kopfe hin und her, es ging ihm allerlei Erinnerliches darin herum.

Nun aber ermahnte sich der Arzt auch innerlich, daß er nicht als Familienrath mit Rührung da zu sein habe, sondern in höherer Würde und gegen Taxe mindestens, daher sagte er mit einem gewissen Nachdrucke: „Schwerer Fall. Hohes Alter. Säfte nicht mehr in der Ordnung. Milz und Leber. Circulation des Unterleibes. Ja mein lieber Naz, was ich thun kann, hab' ich gethan. Die medicinische Wissenschaft, oh! Bei Gott is' Alles möglich, die Natur muß auch zur Kunst helfen. Aber die Natur . . . ."

Hier zuckte er die Achseln und die Augenbrauen, als wollte er es nicht gerade heraus sagen: hier läßt uns die Natur wahrscheinlichst im Stiche und holt sich ihr Alten-Theil.

„A Natur hätt sie immer eine gute gehabt; wenn nur nit der Hackl-Hies (Mathias) ihr Vater gewesen wär' und nach unserer Hochzeit zum zweitenmal geheirat' hätt. A Holzknecht!"

Der Arzt verstand, was der Alte sagen wollte und was sich demselben im Gedanken zusammendrängte, nämlich, die gute Natur hätte mehr Unterstützung bekommen, wenn die Sepherl einst etwas vom Alten bei Lebzeiten bekommen und vom Nachlaß, namentlich dessen Hütte, geerbt hätte.

Bei solcher Rede war der Arzt wieder an seinen Wagen gelangt und schwang sich mit Nazens Hilfe trotz aller Dickleibigkeit behend auf den Sitz im Korbe. Das nachdenklich gestandene Bräunl, welches sich zuvor schon am Grase und Blätterwerk ringsum erquickt hatte, warf den Kopf verständig, fühlte den Zügel und fing allmählich zu gehen an.

„B'hüt Dich Gott", sagte der Arzt von oben herunter. „Nur getröst'. Aber Medizin pünktlich eingeben. Moring! Moring!" (Morgen.)

Naz rückte an seiner braunrothgestreiften Zipfelmütze: „Gelt's Gott. A Weg-Zehrung soll s'haben. Und mein' Schuldigkeit wer' ich schon thun, Baber. Moring kannst den Todtenschein gleich mitbringen, es is' Dir ja ein Ding, Herr Franzl-Doctor".

Dagegen erwiderte der Doctor-Baber nichts, wie einverstanden. „Jetzt schau nur, daß Du gesund bleibst!" sagte er zu Naz, theils um etwas zu sagen, theils ihm Muth, in allem Schmerz und der Gefahr, zuzusprechen.

„O", sagte dieser, „ich komm Dir nit! Besser zehnmal ins Wirthshaus, als einmal zum Baber! Lieber der größte Rausch, als die kleinste Krankheit!"

Der Ausfahrende hörte nicht mehr, was Naz noch murmelte, er beschäftigte sich wieder mit dem Aufziehen und Aufrichten des Spritzleders, welches ihn vor Staub zu schützen hatte; als er aber bei einer Biegung des Hausträßleins zurücksah, blickte ihm der frischgehobelte Laden aus der Schupfenthür entgegen, er konnte im Augenblicke nicht recht unterscheiden, ob Naz sich wieder damit beschäftigte, oder derselbe gerade so in der Lichte bereit stand.

Die seltsame Medizin kam ihm dadurch sofort wieder in Erinnerung. Es ist ja ein Ding, wiederholte er sich Nazens Worte. Die armen Leute sollten etwas haben. Ich hab ihnen etwas geben müssen. Es schadt ihr nix mehr, es nützt ihr auch nix. Freilich hätt ich den Liqueur besser brauchen können, aber jetzt ist's geschehen und morgen zahlt's der Naz gleich aus, er ist so weit ordentlich und den Laden hat er sogar schon fertig. — „Hü!" schrie er den Bräunl an, als er an der Sonnenhöhe bemerkte, daß Mittag nicht mehr fern. Er zog mehr in Gewohnheit als in Nothwendigkeit einigemal am Zügel an, dann rückte er sich wieder zurecht, und halb saß, halb lag er im Polstersitze wie zuvor — die Hand hing über dem vom Staub gestreiften und gefleckten Spritzleder.

Naz begab sich allmälig wieder in die Stube zurück. Er sah auf die alte Schwarzwälder-Uhr, deren Perpendikel zwischen zwei Holzfigürchen an der Wand ging, die sich mit grimmigen Gesichtern und ausgestreckten Armen bald vor, bald zurück warfen, als zögen sie den Perpendikel hin und her, während sie doch von diesem gezogen oder gestoßen wurden — Nazens sinnreiches Werk. — Nachdem er sich die Stunde gemerkt hatte, sagte er zur Kranken: „Jetzt geht's grad' aus mit dem Mirks (Merken) von der Stund', jetzt kannst gleich anfangen mit der Mixturi".

Er ging an den Geschirrschragen nächst der Thür und nahm von dort erst einen Holzlöffel, dann aber bedenkend, steckte er ihn wieder zurück, nahm einen von der Abnützung schwarzen Blechlöffel, strich ihn zur Reinigung auf seiner Schürze ab und näherte sich damit dem Bette.

Er blinzte die Flasche, welche auf dem Stuhle neben dem rußigen Theetopf stand, von seitwärts an, hob sie, schüttelte, daß sich das letzte weiße Klümpchen löse, was auch zu seiner Zufriedenheit bald in den dunkleren und helleren Flüssigkeitsschichten der Fall war, und sagte sich: Es soll nix übrig bleiben. Und wenn sie's nimmer trinkt, trink' ich's, man kann nit wissen, für was es gut is', für 'was is's doch gut und schaden kann's ein' Kranken nix, ein' G'sunden noch weniger; a seltsamer Trank is' halb immer a Trank!"

Er rief sein Weib leise an und sagte: „In Gott's Nam'! Jetzt müssen wir Alles in Gott's Nam' thun. Du hast kein' Sünd' mehr und wirst mein' himmlische Fürsprecherin sein".

Das arme Weibchen wendete den kreuz und quer verbundenen Kopf, hob den Oberleib ein wenig, mühselig, leise ächzend, streckte die Zunge begehrlich so viel wie möglich heraus und nahm unter Nazens sorglicher Geschicklichkeit die Medicin, den nachgesenkten letzten Tropfen — dann wetzte sie die bleichen Lippen aneinander und seufzte wieder, aber etwas stärker, wie behaglicher, als hätte ihr des Doctors Mixturi geschmeckt. „Er meint's gut, er meint's gut mit mir", sagte sie sich, „er will mich wenigstens nit mit Bitterkeit aus der Welt schicken. — Wenn's dem armen Naz nur nit so sündi theuer käm'", sann das sorgliche Hausweibl. „Wie's Gott's Willen is'!"

Damit wendete sie sich leise um, perlte den Rosenkranz in der matten Hand langsam weiter, betete still und wurde ganz ruhig.

Jede summende Fliege konnte man in der düstern Krankenstube deutlich hören und das Ticken der Uhr glich förmlich dem eines laut schlagenden Herzens. Hin, her — hin, her. Die Männer an der Wand zogen — sie konnten nicht stille stehen. Aber der Sephin ihr Herz! Armes Menschenherz!

Naz ging leise aus der Stube; so oft er ging, tauchte er den Finger ins Weihwasserkesselchen am Thürpfosten und spritzte segnend zurück.

Die Leidende dämmerte sanft ein. Sie spürte nur die Medicin sich durch Kehle, Magen allmählich bewegen, sie hatte keine Nahrung mehr zu sich genommen, und in der Nahrungslosigkeit war auch Appetitlosigkeit wie Schwäche gewachsen.

Nach einer Stunde war Naz, welcher sich im Hause stetig beschäftigte, wieder pünktlich da. Er trat wieder an's Bett, beugte sich über die Darnieder=
liegende und bemerkte, daß sie wie dämlich lag. Ach, sagte er sich, es nützt Alles nix, und er schloß wie zuvor, daß es aus sei und zu Ende gehe. Dann redete er das Weib doch an, sanftmüthig, sie möge den letzten Topfen noch nehmen!

Sie wendete sich dann, die lechzend gestreckte Zunge empfing wie vor=
hin, und wieder wendete sie den Kopf zurück, es war als schlummere sie sanft ein.

Als Naz den letzten Tropfen, darüber gebeugt, wohl vom Löffel abgesenkt hatte, da duftete ihm etwas in die Nase. — Er roch und schnupperte, es war ihm dies Etwas nicht ganz klar, er dachte nur an die medicinische Apothekerei.

Und so ging er dreimal, viermal zu Stundenzeiten ab und zu, hatte auch zeitweise lauschend und athemhorchend am Bette gesessen. Die Kranke war nach seinem Einsehen offenbar nicht mehr zu retten. Es schienen ihr die Sinne zu vergehen, sie kam immer mehr in einen tiefen Schlaf, aber sie hatte ihn bei jedesmaliger Löffelgabe verglaster und verglaster angesehen.

Ob's diese Nacht noch durchdauert?

Sollte er die ganze Nacht wachen, mutterseelenallein?

Er könnte die nächsten Anrainer und Hüttler holen und bitten; aber mit denen hatte er in so vielen Streitigkeiten gelebt — und die alte Nach=
barin war gerade der alten Sepherl am meisten zuwider. Er konnte weit, so eine halbe Stunde weit gehen, wo ein Verwandter ... ja die thäten's sicher und ihnen gehört es eigentlich; aber könnte er es wagen, sich so weit zu entfernen?

Er horchte in die Todtenstille. Nur mit Mühe vernahm er ein leises, leises Hauchen — er sah es mehr am schwachen Rühren eines wegstehenden Tuchzipfelchens. Er guckte nach der Medicin. Die Flasche war groß, sie konnte bis morgen dauern und zur Zeit, wenn der Bader wieder kommt. Dies für den einen Fall, wenn die Sterbende noch so lange lebt, wenn sie tobt, was wahrscheinlicher, war der Flascheninhalt sündig zu viel!

Schon vorhin hatte er am Löffel etwas Bekanntes gerochen; er wußte nur nicht gleich was. Er ging hinzu, nahm ihn leise an sich, vor die Nase und zog den Athem sorglich ein.

Das war Anis, meiner Seel', Anis! Er hatte schon gehört, daß Anis zu allerlei Heilkräftigkeit und Heilkünstlichkeit gebraucht werde. Sollte seine Alte an einer solchen Krankheit gelitten haben, zu welcher Anis nothwendig? Er streckte die Zunge ein wenig aus und berührte mit der Spitze zaghaft den Löffel an der Stelle, wo am meisten etwas eingetrocknet sitzen geblieben. Das hatte süßen Geschmack. Er leckte mit breiterer Zungenstelle muthiger und fester am Löffel, immer süßer und schmackhafter kam's ihm vor.

Endlich nahm er die Medicinflasche, guckte davor und dahinter, öffnete den Stöpsel, aber dicht vor dem Gesichte, führte die geruchkräftige Nase an die Oeffnung, entschieden .... das roch merkwürdig gut und wie bekannt!

Er sah nochmals nach der Flasche, dann nach der Uhr, seine eigenen Männchen zogen kräftig, er berechnete die Zeit und die Löffel-Menge in der Flasche, er setzte herzhaft an und kostete.

Das war wunderbar gut! Wär's nicht eine Medicin, man könnte es für einen feinen süßen Schnaps halten! Doch der Doctor hatte zuguterletzt noch ein absonderlich Ding, glashelles Pulver und lateinisches Bröckl hinzugethan, da muß die besondere Heilkraft drin stecken! Tödten kann's nicht, nur beleben; dafür war's ja vom Franzl-Bader, vom Meyer-Doctor, vom Chirurgus da!

Als Naz den Schluck gethan hatte und wieder gegenüber dem Stuhl mit dem Topf und der Flasche saß, sah er immer nach letzterer und horchte auch sogleich nach der Patientin.

Er rückte mit seinem eigenen Stuhle leise näher zur Flasche und saß beschaulich, tief nachdenklich.

Es schnurrte plötzlich an der Uhr. Sie hob zum Schlagen aus. Es war wieder Zeit zum Medicin-Eingeben.

Er neigte sich leise über die Unhörbare. Er erlauschte keinen Athem. Herrgott! war sie hinüber, während er da gesessen hatte?

Ohne geweihtes Licht und Gebet?

Er erschrak tief im Herzen!

Doch nein, an der eingefallenen Wange bemerkte er deutlich ein Heben und Senken.

„Sepherl!"

Sie antwortete nicht.

„Sepherl!" wiederholte er stärker und rührte sie an.

Sie aber athmete nur deutlicher und wurde nicht erweckt.

„Sepherl!" rief er noch stärker.

Sie rührte die Lippen, sonst nichts.

„Sie schlaft", sagte er sich. Und dabei sah er gleichzeitig vor sich nach der Uhr. „Sie schlaft und hat die Medicin versäumt. Is' wieder eine

Stund', da kann ich ohne Schaden nehmen. Ich spür', mir thut's gut, daweil es ihr nix nutzt".

Er schluckte herzhaft aus der ziemlich ergiebigen Flasche.

„Und jetzt ist's aber wirklich die höchste Zeit, daß ich mir um ein' Beisteher in die Urständ' umseh'. — Wo aus? Ich muß doch weit gehen! Ich spür's in allen Gliedern, ich kann gehen, ich muß gehen. Arme Sepherl, das hast Du um meinetwegen verdient, daß ich Dir noch die letzte Treue recht thue, ja Du brav's, arm's Weiberl. O, mein Gott, wie hart ist's doch Wittwer zu werden! . . . Und in so alte Täg'; wenn's doch nur vor a Weil', vor fünfundzwanzig Jahren gewesen wär!"

Und er sah ganz betrübt nach dem Bette hin, wo sich nichts rührte.

Er erhob sich vom Sorgenstuhle, er wußte nicht, was es in ihm war, aber es war sicherlich ein innerer Drang und Trieb nach Freiheit, nach frischer Luft. Er hatte, da die Alte schon Tagelang nicht gekocht, schlechte Nahrung; Getränk, bei der Entfernung vom Wirthe, schon gar nicht; und die Medicin wirkte auf den herabgekommenen Magen um so mehr.

Naz erhob sich, innerlich getrieben, öffnete den Schrank und nahm seine Joppe heraus, schlüpfte mit den Armen hinein, all' das bei einer merkwürdig ihn überkommenden Wärme, hob dann die Rechte empor über den Rand des Schrankes, worauf sein Hut sich befand, stülpte ihn auf die Mütze, nahm den langen Stock aus dem Winkel und schickte sich an zu einer Wanderung.

Ob Sepherl wohl sterben wird, während er ausgeht und bevor er wiederkehrt?

Nein, gewiß nicht — so ein Kranken-Sterbens-Schlummer dauert lang und sie „rossett" noch nicht, sie „ziehgt" noch nicht — wofür hätte auch der Bader so viel Medicin dagelassen? Dieser brave Mann mit so guter annehmbarer Medicin, die ein jeder ehrliche Mensch trinken kann, habe das gewiß genau berechnet, und der Bader-Franzl ist ein geschickter Chirurgikus-Meyer-Doctor, oh gewiß, der Naz begreift das und kann in Ruhe aus der Stube gehen!

Er schickte sich an zum Weihbrunn zu gehen und seinen Segen rechtzeitig für alle Fälle zu ertheilen. Doch zuvor kehrte er noch zum Schmerzenslager zurück, beugte sich darüber und suchte die bis auf den kleinen Kopftheil unsichtbare Gestalt seines verhauchenden Weibes zu erblicken. Er neigte sein Ohr gegen ihren Leib, ihren Kopf — Athem, Athem, leiser, tiefer, so recht tief aus dem Innern kommender Hauch.

„Ja das ist's . . . das ist das Verfehlte! Kein Wachen, nur immer schlafen, duseln . . . und doch schon so viel Anis! Alles umsonst!"

Er wendete nun zum Weihkessel, gab seinen Segen, und als er den Tropfen ausspritzte, überkam ihn tiefe Rührung. Er sah ein, er mußte eilen wegen der Verwandten des guten, guten Weibels. Ja ein gut's Weibl' war's. O Du mein Gott, wie wir geheirat' haben, was für ein lieb's, lieb's Dirnl war's! Sie hätt' einen Bessern haben können als mich, aber

mir hats' ihr süß' Herz gegeben . . . so süß! Und als der erste Bub'
gekommen, der wieder gestorben is' und das Dirnl . . . oh mein, mein!
Wie sie bald nach dem Wochenbette gearbeitet hat, als wär's garnix gewesen
und wie sie gespart, jeden Bissen, den sie erobert hat, ihm zum Theilen gegeben oder ihm alles Beste ganz überlassen! Wird er's aushalten können
ohne sie? Es ist ja doch eine alte, lebenslange Gewohnheit. Mit den
runzeligen Händen hat sie noch gewaschen, gerieben, die Strümpf' gestopft
und die Hemden genäht. Wenn's still im Haus wird? Wenn sie auf dem
Laden? Wenn sie das gute Weibl dann zur Kirche und zum Friedhof tragen?
Und was hat sie im Leben gehabt? Während er oft bis tief in die Nacht
im Wirthshaus gesessen, hat sie bei einem Kienspan gestrickt und geflickt,
gesponnen und gehaspelt. Und ist sie ihm auf diesem Weg nicht zuweilen
entgegengekommen, in finsterer Nacht, im Stern- oder Mondlicht, sorglich, daß
er sich nicht schädige, falls er etwas über den Durst getrunken und wackele?
Hat sie ihn nicht unter den Arm genommen, wie ein schwach, hinfällig
Krankes und hat ihn in's Bett gebracht wie ein Kind — hat ihm Morgens
nur eine desto wärmere Suppe gebracht, daß er sich nicht innerlich verkühle
und ihm kein Leids geschehe! Er habe sich oft gebessert durch sie und war
zeitweise getreulich brav; auch falsch war er nie; aber ein so guts, kreuzbravs
herztausiges „bagschirlis" (von Baccio — küssig) und ängstli sparsam, haus-
hälterisch Weib, voll Geduld, Demuth und Sanftmüthigkeit, habe er doch nit
verdient, sie war zu gut, zu gut für diese Welt und für ihn . . . . !

Er dachte und redete sich still innerlich bis zu Thränen hinein und sie
flossen ihm wirklich über die Wangen.

Als er so dahinschritt und den Stock Schritt für Schritt vor sich setzte,
sah er oder wußte er eigentlich gar nimmer wohin er ging. Es krauseten
sich ihm die Sinne. Der Schmerz, die Hitze, die Wirrniß waren groß.

Sollte sie sterben, bevor er heimkehrt? Sollte er ihr nicht die letzte Lieb'
erweisen und ihren letzten Seufzer empfangen können? Nein, ihre Sehnsucht
nach ihm war zu groß, er hatte immer gehört, es lasse Eins die Sehnsucht nicht sterben, wenn das Erwartete, Geliebte in der Nähe. Und ich bin
da! sagte er sich.

Beten will sie auch, fügte er hinzu, und die Medizin steht an ihrem
Bett. So lang sie sich ein Biß'l rühren kann, nimmt die Rechtschaffene
wie's ihr geboten is' — und die Medizin ist gut! Schmerzhaft is' nur, daß
so eine gute Medicin erst zu allerletzt kommen muß. Uj! Uj!"

So dachte und redete er sich in tiefe Rührung hinein, sein Herz war
ganz gelockert. Und als er an's Steglein über den Bach kam, welchen er
zu überschreiten hatte, um auf den Steig zur Hütte des Verwandten Hans
Pointner zu gelangen, da fiel ihm ein: richtig, das Weib war um diese
Zeit immer von dem Grenzer-Bauer zur Feldarbeit gedungen und der Mann
kann ja vom Wald ohnehin noch nicht zu Hause sein. Wem sollte er
wegen des Beistandes und des Trauerfalles sagen? Der Bub ist bei der

Mutter oder weiß Gott wo. Mit den Alten müsse er reden. Da sei am besten, er gehe noch eine Strecke Weges zum Wirth. Beim Wirthshaus, dort, wo der alte Wegstein steht, beim alten Gemeinwirth nahe der Kirche, müßte der Mann sowohl wie das Weib vorbeikommen, dort werden sie anhalten, oder kann er sie anhalten lassen und mit Beiden zugleich reden, die Beiden zusammen sei noch besser als Eins von Beiden. Wohl. In's Wirthshaus gehe er, und er spüre ein gottesjämmerliches Dürsten. Kommt das von der Medicin? War etwas Schädliches in der Medicin, so treibe das der Wein aus. War gesund, was darinnen, so thut der Wein erst recht gut, denn er brauche Kraft zur schweren Seelenlast und um das arme Weib auf den Laden . . ."

Da verwirrten sich ihm ganz die Sinne, er wankte, stapfte, schritt aus, so viel er konnte, zum Wirthshaus.

Beim Wirth trat er still und düster, ja mit einem Seufzer, einem ungewöhnlich schweren, ein.

Er setzte sich, ohne ein Wort zu reden, an einen der nächsten Tische, ließ sich förmlich wie geknickt auf die Bank an der Wand nieder, daß sie ächzte und knackte. Das Gesicht wendete er erst düster abwärts, dann, wie sich erinnernd, nach dem Fenster zur Straße.

Der Wirth war gleich da. „Grüß Gott, Naz — und was reb'st nix und deut'st nix? Machst ein gar seltsam G'sicht. Was is' Dir? Dir is' was über Milz und Leber! glossen (gelaufen)?"

„Milz und Leber, mehr . . . a ganz a todts Weib!"

„Was? Mach keine Spaß!" schrie der Wirth erschreckt auf. „Wer is' todt?"

„O mein' arme Sepherl!" jammerte der Betrübte.

„Todt und gestorben? Gott tröst's! Aber was is g'schehgn, wie is das kummen; man hat ja kein Zügenglöckl' g'hört, nix, nix!" polterte der Wirth in Theilnahme und Blutfülle heraus. „Is' ein Unglück gschehgn?"

„Kein Unglück is' nit geschehgn", antwortete der schmerzhafte Naz: „Sie liegt daheim und rührt sich nit und hat die letzte Medicin vom Bader. Aus is'!"

„Also red'", sagte der Wirth, der sich noch nicht auskannte, „is' sie todt, oder is' sie lebendig?"

„Sie ist todt, aber doch schon lebendig", sagte der Schmerzverwirrte; „nein, will ich sagen, schon lebendig aber doch noch todt . . . o mein Gott sie stirbt, heut Nacht stirbt s', das is' g'wiß und kommt auf den Laden!"

Jetzt kannte sich der Wirth endlich aus, und ein Knecht nebst einem fremden Wanderburschen, welche an einem der nächsten Tische saßen, nahmen ihr klärend Verständnißtheil auch.

„Bist hald ein bißl verwirrt, armer Naz", sagte der Wirth gutmüthig. „Ja so was thut im Herzen weh, ein Weib hat man nur, immer eins!"

„Ich war mein Lebtag ein Wittwer", sagte Naz, „will ich sagen einschichtig, immer nur mit dem ein' Weibl. Ein Weibl und oh, was für Eine, die Eine! Und mehr als eine halbe . . ."

„Eine Halbe willst?" sagte der Wirth und wendete sich, um den Wein zu schänken.

„Eine halbe Lebenszeit hab' ich mit ihr verbracht", setzte Naz fort und murmelte und erzählte allerlei Schmerzhaftes.

Der Wirth setzte sich ein wenig neben ihn, sprach ihm Trost zu; sie kamen darin überein, daß es schmerzhaft sei, Wittwer zu werden, namentlich in alten Tagen, daß es etwas tief Ergreifendes, Erschütterndes sei bei einem sterbenden Weibe, dem man löffelweise den Tod eingeben müsse, auszuhalten, und daß es erklärlich, wenn der Mensch Stärkung, andere Menschen, Welt suche, in der doch Alles vergeht, Alles.

„Alles!" wiederholte Naz und sog dabei den noch im Glase gebliebenen Theil ein.

Der Wirth hatte ab und zu Geschäfte, Einer kam, ging, der Wirthende sprang zuweilen von der Bank auf und setzte sich wieder, Andere, Bekannte des Naz traten ein, und seine Trübsal fand Zusprache, Theilnahme, Mancher reichte ihm kameradschaftlich das Glas, und in solcher Lage darf ein Wirth nie mit dem Getränkereichen an den Trostbedürftigen kargen, selbst auf die Gefahr hin, daß es dieser augenblicklich schuldig bleibe.

Naz war wirklich sehr gerührt. Er behauptete sogar einmal, bereits in hoher Erregung, er halte das nicht aus; wenn man zur Verstorbenen kommen werde, werde man ihn als Leich' begrüßen. — Es war klar, Naz war ein sehr, sehr betrübter Mann und sein Leib erfordere Stärkung.

Einige (denn der dämmernde Abend brachte immer mehr Gäste), meinten, es werde nicht so arg sein, als ein betrübter treuer Ehemann glauben mache; Andere, welche des Naz Empfindungen und Aeußerungen im gewohnten Ernst nahmen, hielten zur Ansicht, es schade ihm selbst nicht, wenn er über die schmerzhaften Stunden mit einiger Phantasirerei hinwegkomme.

So gingen allmählich die Einzelnen ihrer Wege, Manche hatten die gewöhnliche Absicht zu bleiben, und so kam, als schon Licht in der Stube brannte und der Sternenhimmel herableuchtete, an den Naz die Nothwendigkeit und innere Forderung, heimzugehen.

Nach dem Verwandten, dem Pointner, hatte er gefragt, mit Worten gesucht, derselbe ward nicht gesehen, auch mußte ein Nachbar dem Pointner und dessen Weib Kunde geben. Und so erhob sich Naz, stöberte in der Tasche herum, wegen des Zahlens; der Wirth sagte aber, „laß gehn, kommst ja eh' (ohnehin) wieder mit der Freundschaft nach der Leich'". Dann wendete er sich, machte an der schwarzen Tafel mit der Kreide ein Kreuz, das bedeutete schon im Vorhinein den Todtenfall als Merks, und setzte dazu die Schuldziffer als ersten Posten für weitere.

Der Naz nahm beim Fortgehen aus der Thüre die Stufen beschwerlich, doch unter'm grünen Zeiger wird so etwas nicht genau genommen. Er hatte sein ganzes Kleiderwesen stramm beisammen und fing wieder heimzustampfen an, den gewohnten, altgewohnten Weg.

Ach wie oft war er ihn gegangen mit seinem Weibe! Ja in diesem Wirthshaus nahe der Kirche hatten sie den Hochzeitswein getrunken, und der schon verstorbene greise Pfarrer war damals ein junger Mann, so schön mit dem Kränzlein um den linken Arm und am Tische neben der Braut! Und auch als sie die Kindlein in den kleinen Särgen selbst trugen! — Rührung überkam ihn, er wollte umkehren und noch Trost beim Weine suchen. Doch nein, er empfand, er hatte genug, er hatte es sogar in den Beinen. Vom Wein war's nicht. Er fing zu überdenken an, wie viel er eigentlich getrunken. Es war nach seiner Erprobung nicht zu viel. Sollte die Medicin, die er getrunken, auf die Beine wirken? Auch auf die Augen, die zuweilen seltsam unklar wurden? In jedem Falle war die Luft heute sehr stark, und er fing zu spüren an, daß im Freien Herzensweh und Kopfweh mitsammen immer stärker wurden.

Zuletzt sagte er sich, Du hast etwas im Kopfe, ja richtig, aber es war unmöglich solchen Lebensgram ganz nüchtern auszuhalten, du hast den Herzenswurm inwendig tödten müssen!

Er wankte, er trat bei einem Stege über ein Wässerchen, statt auf neben die Balken und neben das Geländer, so daß er mit einem Fuße in die Tiefe zum Wasser rutschte; aber er erhielt sich am Geländer, dennoch zog er sich wieder empor, überschritt den Steg und wanderte weiter.

Immer seltsamer wurden ihm die Sterne und irrlichterten nach seinem Wege. Die Wolken schnitten Grimassen. Die Bäume senkten sich im Winde klagend zu ihm und säuselten ihm vom Tod, vom Sarg, vom Laden zu. Sie haben diesen hergeben müssen und hätten noch! An einer Hütte, an der sich ein zum Trocknen aufgehängtes Leinenstück bewegte, sah er leibhaftig sein Weib kommen und ihm sagen: was lassest Du mich allein, komm, komm! Er erkannte wieder, er sei im Irrthume, aber Eile habe er dennoch. Dann bäumte er sich, wie im Widerstande, wieder kräftig auf; o du Wald mit deinem Holz und Gestäng und Bretterwerk, ich hab dich tausendmal geschlagen und schlag dich noch, und mach' dir selbst deine eigenen Todtenladen! Ihr Gewässer da, rauscht mich nicht da so mit Vorwürfen und Todtengemurmel an; Ich werf' dich mit Steinen, ich mach' euch zu Koth! Und er neigte sich, um einen Erdklumpen oder Staub zu heben und ihn hineinzuschleudern; aber er fühlte, er wanke bedenklich und wäre beinahe auf's Gesicht gefallen. Er streckte sich wieder hoch auf, rief den Wind an, daß er landstreiche, kein Heim habe, er aber sei ein Hüttelmann, angesessener Hüttelmann. Juhe! Er schrie sogar lustig auf.

Diesem Allen folgte aber wieder Betrübniß über das ganze Leben, alle Bader, Medicinen, Sterben, Leichenbretter; endlich wankte er stumpf brütend dahin, ihm vergingen die Sinne — er wußte gar nichts mehr, er taumelte vorwärts.

Vorwärts wol; aber im Wäldchen nicht mehr den rechten Weg. Er ging auf einem Steige zu viel links. Er kam unmerklich immer etwas höher; seine verwirrten Sinne merkten instinctiv etwas, er hatte aber nicht mehr die Klarheit, sich zurecht zu finden, er wendete gerade dorthin wo es am übelsten war, wohin er hätte am wenigsten gerathen sollen, nämlich zu einer Stelle, die nach der Seite schroff abfiel. Er schritt zuversichtlich aus, weiter, weiter . . . ein vorgesetzter Fuß fand nicht mehr den Boden — er rutschte, stürzte ab und mit dem schweren Körper der Tiefe nach, er kollerte in den Steingrund!

Einen Schrei stieß er unwillkürlich aus! Sein Kopf war schwer auf einen kantigen, spitzrissigen Stein gefallen.

Erst jedoch fühlte er nichts — denn er lag ganz betäubt — dann und nach ungemessener Zeit war's ihm wie ein schmerzhaftes Erwachen — er empfand Stechen und schneidiges Weh im Kopfe — er tastete um sich, er lag im Steingebröckel, er fing zu stöhnen, zu jammern, zu ächzen, so laut oder so leise er vermochte, um Hilfe zu rufen an!

Eine Weile mußte er liegen — die Sinne vergingen ihm wieder — er hörte, fühlte, sah nichts mehr — sein blutender Fleischklumpen stöhnte nur.

Hans Pointner, der Verwandte, hatte in seine Hütte die Kunde bekommen, von der schweren Stunde der Nazen-Sephin. Sowohl der Mann, wie das Weib hatten sich nach der Kunde aufgemacht, um die letzten Bitten mit der Sterbenden zu Gott emporzusenden und ihr beizustehen in jener schweren Stunde, wenn der Angstschweiß auf die Stirne tritt und sich der Nebel in ihre Augen senkt. Das Weib hatte zur Vorsorge eine geweihte Kerze mitgenommen, um sie anzuzünden bei den letzten Hauchen, und die Pointner Franzl wischte im Gehen manche Thräne, denn die Sephin war ihr gut, war im ganzen Leben ein gut's Weibl und wenn dieselbe Jemand beistehen konnte, war ihr kein Weg zu weit, keine Last zu schwer und der letzte Kreuzer nicht zu theuer für die Gutthat, obwohl sie selbst doch nur ein armes Weibl war, die Nazen-Sephin.

Die Beiden gingen dahin in der Nacht, unter den Sternen, an denen Wollen jagten, und hatten das Wäldchen erreicht und sprachen gedenkend von manchen vergangenen Tagen, die sie mit Naz und seinem Weib verbracht, gedachten der Pflicht des Beistandes, da es doch Jedem und einst ihnen selbst zu wünschen, daß man ihnen in ihrer schweren Stunde beistehen möge, ja sie gingen und beteten im Gehen ein Vaterunser halblaut für die Stunde des Absterbens . . . da, mit einemmale war's ihnen im Walde als rühre sich etwas, oder hörten sie etwas seltsames.

Sie blieben stehen und lauschten.

Der Hans Pointner sagte, es wäre ein Windstoß gewesen, oder ein Eichkätzchen, oder vielleicht sei ein Käuzl geflogen, deren sich doch immer in Todtennächten hören lassen.

Sie gingen wieder weiter.

Da wiederholte sich's nach zwanzig, dreißig Schritten wieder.

Immer wieder konnte der Wind doch nicht gleich stoßen oder kein Baum so ächzen, oder kein Käuzl sich so genau melden.

„Horch!" sagte der Pointner stehen bleibend, faßte sein Weib bei der Hand, daß sie hielt. — Und als sie Beide athemlos minutenlang gelauscht hatten, sagte sie: „Mir is' schon gewesen, als ob ein Mensch sich gemeld't hätte". — Ihr Herz klopfte bang, als sie hinzufügte: „Sollt' sich die Sephin bei uns „anmelden" und uns anrufen, daß wir geschwinder zu ihr kommen?" Sie schlug ein Kreuz.

Doch der Mann sagte: „Hör, hör. Das is' eine besondere Stimme, da is' was nit richtig!" Und indem er einige Schritte seitwärts that, nach der Gegend, woher das Räthselhafte sich vernehmen ließ, sagte er endlich: „Das ist eine Menschenstimme! Es muß 'was geschehen sein, ein Unglück; vielleicht liegt wer; laß uns suchen — wir können nit weiter gehen ohne es zu wissen oder zu helfen".

Sie gingen langsam nach der Richtung, und immer deutlicher vernahmen sie mit Herzklopfen, und das Weib mit Beben, die Stimme eines Schmerzhaften, Stöhnenden, Wimmernden, matt Rufenden.

In diesem Augenblicke kam auch ein großer Hund angesprungen und stöberte und schnupperte; ihm nach folgte in kurzer Entfernung ein Mann mit kräftigen Tritten.

„Wer ist da?" rief man sich an und nannte sich.

„Mein Waldmann heult immer an der Thür in die Luft", sagte der hinzugekommene Reisenbichler, „und so thut er nur, wenn er etwas Besonderes wittert oder weiß. Das is' sein' Sprach'. Und mir war's auch, wie ich vor der Thür auf der Bank gesessen bin, um noch ein Pfeifl zu rauchen, als hätt' ich vom Weiten so etwas wie einen Schrei gehört. Ich geh' halb aus und geh' halb suchen!"

Der Hund war unter Gesträuch und Gebüsch gradeaus durchgekrochen und nach kurzer Zeit vernahm man sein stoßweises Aufheulen und Klagen.

Daß da ein Ereigniß, ein Unglück stattgefunden, war klar, und der Waldmann war ein abgerichteter Jagdhund. Die Menschen begaben sich so hastig und doch vorsichtig wie möglich an die Stelle, woher Menschenstöhnen und Thiergeheul gelangten.

Der Hans, der Pointner sagte: „Mein Weib hat eine Kerze da, wir wollen probiren, Licht zu machen. Halt' einmal; ich hab' nur Schwamm Stahl und Stein, aber keinen Zunder. Hast Du vielleicht Hölzl?"

„Wohl", sagte der Reisenbichler, langte dieselben schon aus der Tasche, das Licht zuckte kurz auf, zündelte blau und immer gelblicher dann am Docht der Kerze, die endlich mit ihrem Flämmchen gewünschten Schein gab.

Die Pointnerin hielt sie hoch und tiefer, nach Zweckmäßigkeit. Die Männer gelangten an's Gestein, vernahmen mit Bangen, daß sie immer mehr und da an der rechten Stelle waren, und endlich stiegen sie auf einen kleinen Umwege hinab. Das Weib war immer Helle gebend dabei.

Jetzt klapperten und rauschten die Tritte am Steingrund — jetzt traten sie Alle hinzu. Herrgott! ein blutender Mann, die Mütze halb über dem Gesichte... entstellte Züge...! Das Weib bebte, daß die Flamme wackelte als sie näher gerufen wurde... sie ergriff ein dünnes Reisigstück und zündete es an, daß es hellflammend loderte, sie leuchtete das Gesicht an: „Jesus, Maria und Josef! der Naz!"

In solcher Stunde... das sterbende Weib daheim... er da... die Thränen traten Allen in die Augen, und sie hätten unwillkürlich die Hände gefaltet, würde der aufdämmernde Rettungstrieb doch nicht auch zum werkthätigen Beistande gedrängt haben.

Sie beugten sich hinab, sie wendeten den in Geröll Gerathenen, sie hoben sein verwundet Haupt. Naz war todtenbleich und umsomehr sah er gespenstisch bleich, starrend aus, da das hellrothe Blut reichlich Streifen im Gesichte gezogen hatte.

Der Verwandte rief ihn an, der andere Helfer ebenfalls, Naz konnte nicht antworten, kaum lallen, die Augen bewegen und damit Zustimmung, Lebenszeichen geben.

Nach kurzer Verabredung nahmen die beiden starken Männer den Verunglückten beim Kopfe und Rumpfe und den Füßen auf, es galt, ihn eilig heimzutragen. Vielleicht waren sogleich zwei Leichen in einer Hütte, dann in eine Grube zu legen.

Das Weib weinte, wischte bald die Thränen, hielt bald den Kopf des armen Naz, wischte wieder mit Gruseln die Blutflecke oder ging leuchtend bald neben= bald vorneher.

So gelangte man in der stillen Nacht, ungesehen von Anderen, aus dem Waldstücke, dann an den Pfad zur Hütte, an diese.

Die verwandten Leute wußten sie zu öffnen. Da gab's keine andere Rücksicht, als den Naz vorerst in seine Stube zu bringen und dann über Tod und Leben Schau zu halten.

In der Hütte, in der stillen Stube, in welcher nur das Uhrwerk und der Todtenwurm im morschen Gehölz tickten, lag das kranke Weibchen einsam, verlassen, mutterseelenallein, lag im Siechenbette, schlief, schlief, eine eigene Wärme und ein Weltvergessen waren über sie gekommen. —

Plötzlich war's ihr leise dämmernd, als vernähme sie etwas... als regte und rührte sich's... wär's Naz... in ihrer Stube... bei ihr... sie öffnete die Augen, es war nicht Nacht... sie sah Licht... Kerzenlicht... Männer... einen liegenden Körper... Naz stand nicht bei den Männern... es schoß ihr durch Herz und Sinne... mit einem Sprunge war sie aus dem Bette... die Kraft war ihr wie ein heißer Blutstrom eingeschossen... sie schrie auf: „Was is'?! In Jesu Christi Namen, was gibts? Bin ich todt oder lebendig... noch in meiner Hütte... wo is' Naz?!"

„Da is' der Naz!" schrie sie auf, als sie den vorerst auf die Erde Gelegten erblickte, kniete hin und bedeckte das blutige Gesicht mit Küssen! Sie umarmte ihn, sie schluchzte bitterlich an seiner schwer verathmenden Brust.

War das Traum, war das Wirklichkeit, was die in der Nacht Gekommenen da sahen?

Die Todte oder Sterbende war gesund, wenigstens hatte der Schmerz, die Gefahr ihr Kraft verliehen; und jetzt war Jene, der sie das Todtenlicht zu halten gekommen waren, außer Bett, — und Jener, der sie zu der Sterbenden gerufen, lag sterbend, bald auf seinem Bette!

Naz lag stöhnend, die Augen wendend, nur mühselig noch Worte hauchend da.

Die alte Sephin kleidete sich rasch vollends an. Jede Krankheit war geschwunden, sie hatte sich gekräftigt, der abgezehrte sieche Leib hatte Feuer und Wärme bekommen, ach! doch nicht so viele Flüssigkeit, als aus ihren alten treuen Augen Thränen flossen! Thränen um den Mann, ihren alten, einzigen Naz!

Draußen klapperte das Mühlenräblein, der Mann am Holzbocke über dem First sägte wie toll, die beiden rastlosen Kräftigen nächst dem Stundenzeiger am Pendel zogen hin und her ... der Naz zog, nachdem er einmal leise und lange gesprochen hatte, mühselig, schwer und immer langsamer am Athem.

Dieselbe Treue und Barmherzigkeit, die ihr vermeint, wurde ihm erwiesen, dieselbe mitgebrachte, geweihte Kerze wurde ihm gehalten — er hauchte ein letztes Amen in ihrem Scheine — ihre Flamme erprobte, daß sie an seinem Munde nicht mehr verlösche, nicht mehr neige — er war — in Gottes Namen in der Ewigkeit, jenseits.

Die Fenster in der dumpfen Stube wurden geöffnet, daß seine Seele frei ausfliege.

Sephin saß gebeugt und schöpfte frische Luft; trotz allem Schmerz und allen Thränen, war's doch, als hätte die frische Luft die ihr früher gefehlt ein Erquicken.

Ueber ein Weilchen lag der Naz auf dem Laden, den er selbst zugerichtet: J. G. — der Baber=Doctor hatte Recht, Ignatius deutete er statt Josepha.

Am Tage wie verabredet, trabte Bräunl heran, zog, hielt das Wägelchen mit dem Spritzleder, unter dem sich diesmal neben dem Insassen eine ganz vorsorglich gefüllte Ledertasche befand.

Der Chirurgus hatte schon bei der Wendung nach der Hütte die offenen Fenster bemerkt und sich erfahrungsgemäß gesagt: Es ist zu Ende! Es hat also nix genützt und nix geschadt. Ja der Naz und sein Laden!

Hier war in jedem Falle noch Berufs zu walten, und ohne Weiteres trat der Medicin=Mann in die Hütte, in die Stube.

Wie erschrak er, als ihm die Sephin in's Gesicht sah, fast gerade aufrecht stand und ihn begrüßte!

Wäre er ein weniger studirter Mann gewesen, er hätte vor dem Gespenst einen Sprung zurück gemacht, oder zum Hilfsmittel gegen den „Gottseibeiuns" ein Kreuz geschlagen, oder auch einen Schrei ausgestoßen.

Er sah, mit fliegender Röthe und Blässe um sich, sein Blick fiel auf eine am Boden liegende Leiche.

Naz auf seinem Laden!

Die Alte erklärte mit geläufiger Zunge, was geschehen.

Der Doktor war sehr bewegt, sehr schwachstimmig, auch wie sehr verwirrt.

Er frug nach seiner Medicinflasche.

Diese war bis auf den letzten Tropfen leer.

Er ließ sich von der Nazen-Sephin die Hand reichen und befühlte den Puls. Er ließ von ihr auch die Zunge herausstrecken.

„Merkwürdig! Merkwürdig!" sagte er sich bei dem guten Befund, ohne weiters etwas laut werden zu lassen.

„O mein, gelt's Dir Gott tausendmal was Du Gut's mit Deiner Medicin gethan hast!" sagte die Sephin zum Bader. „Ja, Du bist der wahre Helfer: wenn nur für den armen Naz ein Mittel . . .!"

„Für den Naz hat die Kunst und Wissenschaft kein Mittel" . . . sagte Franz Mayer tief ernst.

Dann öffnete er seine Ledertasche, die er sogleich hereingebracht, versenkte die leere Flasche darein und hob den vollständig ausgefüllten Leichenbeschau-Zettel heraus. Mit seinem Stift strich er den Namen Josefa aus und schrieb Ignatius darüber.

Er hatte somit Alles gethan.

Gerade wie der Naz.

Der Wirth starrte das weiße Kreuz, das er auf die schwarze Tafel gemacht, nochmals und nochmals an. Seltsame Bedeutung! Nach dem Leichenbegängnisse konnte er das Kreuz über's Ganze machen, denn die Sephin und ihre Klageweiber kamen nicht in die Wirthsstube.

Aber der Doctor-Bader hatte die Geschichte vom Naz und seinem Laden noch oftmals dort zu erzählen, und jedesmal betonte er „die Wissenschaft und Kunst!"

So lange, bis auch ihm kein Kräutl gewachsen war und ihm der liebe Herrgott das rechte Licht und Heil klar machte.

In Wien vor 52 Jahren*).

Von

Ferdinand Hiller.

— Köln —

on der erlauchten Gesellschaft Concordia in schmeichelhaftester Weise eingeladen, hier einen Vortrag zu halten, begehe ich die verzeihliche Unvorsichtigkeit, der Aufforderung Folge zu leisten. Ich bemühte mich etwas zu Stande zu bringen, was einigermaßen den Ansprüchen genügen könnte, die ich bei solcher Veranlassung an mich machen zu müssen glaubte, trotzdem ich von Ihrer Nachsicht überzeugt war — allein es wollte mir nicht gelingen. Hier wo jeden Tag so viel Witz und Geist in Umlauf gesetzt wird in geprägtem Golde und in kleinster Scheidemünze, erschien mir mein Papiergeld, welches Beobachtungen und Betrachtungen darstellen sollte, zu tief im Course stehend. Gelinde verzweifelnd, statt mich gehoben zu fühlen, bei dem Gedanken an die schöne Kaiserstadt, wachten die Erinnerungen in mir auf, an meinen ersten unbefangenen Besuch derselben, vor langen, langen Jahren. Ich holte ein altes vergilbtes Tagebuch hervor, welches ich seit jener Zeit nur einmal wieder angesehen hatte und zwar zu einem bestimmten Zwecke. Diesmal aber las ich's von Anfang bis Ende durch, und leugne nicht, daß mich die Redseligkeit des fünfzehnjährigen Knaben, die Erzählungen dessen, was er mit Bewunderung und mit Befremden schaute und erlebte, nicht ohne Theilnahme ließen. Das Interessanteste, was jenes Heft enthielt, habe ich freilich bei einer andern Gelegenheit veröffentlicht — nämlich die Besuche bei Beethoven, die ich an der Seite meines Meisters Hummel machen zu dürfen das Glück hatte. Das Glück, sage ich, wenn es auch ein wehmuthsvolles war. Denn

---

*) Vortrag gehalten in dem Wiener Journalisten- und Schriftstellerverein „Concordia" am 22. December 1879.

ich sah den gewaltigen Mann in den letzten Wochen seines Lebens — noch während unseres Aufenthaltes hier verschied er. Beethoven noch gesehen und gesprochen zu haben, gab mir, seit dem ich davon Kunde gegeben, bei Vielen meiner jüngern Zeitgenossen fast den Charakter einer mythischen Person, so sehr, daß ich selbst mich zuweilen wunderte, nicht noch verschollener zu sein als ich es sein mag. Man macht jedoch oft genug die Erfahrung, daß Leute, die früh in's Leben getreten, für älter gehalten werden, als sie es in Wirklichkeit sind — berühmte Schauspielerinnen und Sängerinnen sollen zuweilen unangenehm hiedurch berührt worden sein. Männer jedoch, wenn sie auch nicht berühmt sind, freuen sich ins Allgemeinen, wenn sie zu etwas Nestorhaftigkeit gelangen, denn man verzeiht ihnen dann leichter ihre allzu erzählende Gesprächigkeit, die einen kleinen Ersatz bildet für so manches Entschwundene aus stilleren Zeiten. Wie dem nun sein mag, jenes knaben=
hafte, aber auch wieder altkluge Tagebuch brachte mich auf den kühnen Gedanken, geehrten Wienern und Wienerinnen Einiges mitzutheilen aus dem Leben und Treiben ihrer eigenen Stadt, wie es vor 52 Jahren vor meine jungen Augen trat. Ich rechne dabei vor Allem auf Ihre Vaterstadtliebe. Die einzige Befriedigung, welche ich sicher bin hie und da zu gewähren, ist die, die sich in den Worten ausdrückt: „das ist besser geworden".

So vor Allem die Reise hieher, die wir in den ersten Märztagen des Jahres 1827 unternahmen. Es lag noch dichter, dicker Schnee und wir brauchten von Weimar bis Leipzig volle 28 Stunden, von dort nach Dresden nicht viel weniger und zwar mit dem Eilwagen. Wie viele Tage und Nächte es währte, bis wir, mit Extrapost reisend, Wien erreichten, davon habe ich keine Vorstellung mehr. Herrliche Blicke auf die schneebedeckten böhmischen Höhen bei goldnem Sonnenschein sind mir im Gedächtniß geblieben — dann wieder Nächte, während welcher unser Wagen, nicht nur von vier Pferden gezogen, sondern zu gleicher Zeit von sechs Männern geleitet wurde, um uns wenigstens den verborgenen Fahrweg nicht verlieren zu lassen. Trotz der übermäßigen Ermüdung imponirten mir die verschiedenen Arme der Donau, über welche wir kamen, wie die Fahrt durch die Vorstädte in das Innere ganz gewaltig — es war die erste Weltstadt, die ich zu sehen bekam.

Bei der Zollabfertigung erwartete mich eine tragikomische Enttäuschung. Einer der weimarischen Staatsminister hatte mir einen dicken Brief in Quarto mitgegeben für den sächsischen Bevollmächtigten hier — mit einem wunder=
vollen Staatssiegel war er verschlossen — die Adresse enthielt hohe Namen und Bezeichnungen — als ich den Auftrag erhielt, kam ich mir schon wie ein Gesandtschaftsattaché vor und legte das Packetchen obenauf in den Koffer, den tiefen Eindruck vorschauend, den der Anblick desselben dem Zollbeamten machen würde. Auch entging es keineswegs seinen forschenden Augen. Auf sein Befragen erklärte ich die Sendung, woher sie kam, an wen sie ging, und es wurde mir in Folge meiner Explication — eine Strafe von einem

Dukaten auferlegt, für den freiwilligen Postdienst, den ich geleistet. Mein guter Meister war etwas verblüfft — aber bei dieser wie bei ein paar andern Gelegenheiten konnte ich beobachten, daß er wie Mephisto, mit welchem er sonst nicht die geringste Aehnlichkeit hatte, es nicht liebte, mit allem irgend Polizeilichen in Conflict zu gerathen — er bezahlte daher und schrieb's auf meine Rechnung.

Am folgenden Morgen erhielten wir den Besuch eines Staatsbeamten in unserer Privatwohnung, gegenüber dem Theater am Kärnthner Thor. Er legte uns eine Anzahl Fragen zur Beantwortung vor, worunter auch die nach der Religion. Ich hätte schon damals, nicht mit aber doch nach Schiller sagen dürfen: „keine, aus Religion", war aber doch erfahren genug, um zu wissen, daß man sich damit schwerlich zufrieden geben würde. Anderntheils war ich nie bescheiden genug, um zu verheimlichen, daß ich einem der ältesten Geschlechter der Erde angehöre; ich theilte also meine daher stammende Religion dem Beamten mit, wofür mir nun die Auszeichnung zu Theil wurde, jede Woche die Stadtkasse durch ein paar Gulden bereichern zu dürfen. Noblesse oblige!

Auf der Bastei vor Allem fand ich's göttlich und bin, so oft es mir möglich, immer wieder dahin zurückgekehrt. Die Paläste, die Vorstädte, im Hintergrunde die schönen Berge, auf den großen Straßen und Chausseen die sich durcheinander drängende Menge der Wagen und Fußgänger, stets entzückte es mich auf's Neue. Die im Geiste unserer Zeit liegende Unification hat sicherlich Wien erst zu einer wahrhaft großen und theilweise prachtvollen Stadt gemacht, ich denke mir aber, daß noch gar Mancher, der sich in seinen Jugendjahren auf der Bastei umhergetummelt, nicht ohne Sehnsucht an diesen überwundenen Standpunkt denkt, ohne deshalb reactionär zu sein. Das Bessere ist oft der Feind des S c h ö n e n.

Bisher hatte ich nur das bescheidene, kleinbürgerliche Theater meiner Frankfurter Vaterstadt gesehen und den Weimarer Musentempel, dessen Bedeutung eben so groß ist, als seine Größe gering. Das Opernhaus am Kärnthner Thor erschien mir daher colossal. Ganz besonders aber frappirten mich die geputzten Damen und Herren, die sich in den Logen zeigten — in Frankfurt und Weimar war das Publikum das „ohne Gage mitspielt", nicht vertreten gewesen. Das Erste, was ich in dem brillanten Hause zu hören bekommen sollte, war eine dem Ballet vorhergehende musikalische Akademie, deren Hauptpersonen der Pianist Schoberlechner, ein früherer Schüler Hummels, und seine Gattin, eine talentvolle Sängerin, bildeten. Schoberlechners Clavierspiel war fertig und gewandt, aber, wie ich es ausgedrückt finde, etwas trocken, und ich war verblüfft zu sehen, oder vielmehr zu hören, daß er einen Beifall erhielt, der meinen norddeutschen Ohren ganz unerhört vorkam — obendrein unendliche Bravos und Hervorruf. Noch verblüffter aber war ich, als man mir sagte, der Virtuose habe wenig Eindruck gemacht und geringen Erfolg gehabt — in verhüllterer Weise konnte das nicht in die Erscheinung treten.

Nach dem Concert kam das Ballet „Castor und Pollux" an die Reihe.

Die Pracht der Decorationen und Costüme blendete mein wenig verwöhntes Auge. Sonderbarer Weise aber gefiel mir hier mehr als alle tanzende Schönheiten, der Tänzer Guerra, durch seine Anmuth und Leichtigkeit — ob derselbe in der Choreographie ein berühmter Name gewesen oder gar geblieben ist, weiß ich nicht. Giebt es heutigen Tages noch berühmte Tänzer? Mir scheint, das schöne Geschlecht hat diesen Kunstzweig fast ausschließlich für sich in Anspruch genommen und damit dem unschönen einen doppelten Dienst geleistet. —

Eine zweite Tanzoffenbarung wurde mir zu Theil durch das Ballet: „Die Fee und der Ritter", in welchem Mademoiselle Brugnoli alle Welt entzückte, ohne schön zu sein. Aehnliches habe ich seitdem öfters erlebt. Es spricht für die Tanzkunst als solche, wenn sie vielleicht auch besser thäte, sich dieses Beweises ihrer Macht nicht zu bedienen. — Von Opernvorstellungen, denen wir beigewohnt, finde ich nur eine verzeichnet, die der Rossini'schen Semiramide, durch eine italienische Gesellschaft, unter welcher sich die schöne Frau Méric-Lalande befand, die jede ihrer vollendeten Roulaben mit einem unwiderstehlichen, etwas circusartigen Lächeln abschloß, — Lablache, dessen Name in der Geschichte der Oper unsterblich ist und das deutsche Fräulein Schechner mit ihrer herrlichen Stimme, die aber damals noch nicht sonderlich gewürdigt wurde. Ich war musikalisch viel zu streng erzogen, um gebildet genug zu sein, ein Genie wie Rossini würdigen zu können — es erfüllte meine junge Seele mit Schmerz, die Musikfreunde der Stadt, in welcher Beethoven lebte, einem solchen Götzendienst verfallen zu sehen. Als ich an einem folgenden Tage Beethoven meine Gefühle mittheilte, rief er aus: „man sagt vox populi, vox dei, ich habe nie daran geglaubt". Glücklicher Weise hat die Volksstimme ihn aber schließlich doch trotz seinem Unglauben als den wahrhaft Auserwählten bezeichnet.

Indem ich meinen musikalischen Erlebnissen jener Epoche weiter nachgehe, treten mir vor Allem die Klagen entgegen, welche aus der Musikerwelt, bis zu Beethoven hinauf, laut wurden gegen den herrschenden Dilettantismus. „Die Dilettanten spielten die Hauptrolle", hieß es überall, „sie bildeten eine Profession — raubten den Musikern den Unterhalt, gäben Unterrichtsstunden gegen Bezahlung, große Concerte desgleichen, seien sehr anmaßend in ihrem Urtheil und verbäten sich für sich selbst jede strengere Kritik, ihre Dilettanten= stellung als schützenden Schild vorhaltend". Wie weit diese Anklagen berechtigt, vermochte ich freilich nicht zu beurtheilen — auffallend erschien es aber doch dem jungen Menschen, dem ein lebhaftes Corporationsgefühl innewohnte, überall die Liebhaber eine so hervortretende Rolle spielen zu sehen. Die Gesellschaftsconcerte, die Concerts spirituels gingen von Dilettanten aus — keine größere Aufführung hatte Statt, mit welcher der Name eines angesehenen Ton= künstlers verbunden gewesen wäre, ja, die Musikabende des Schuppanzigh'schen Quartetts waren überhaupt die Einzigen, welche von Wiener Musikern während unseres sechswöchentlichen Aufenthaltes veranstaltet wurden. Ganz besonders anmaßend erschienen mir jedoch die Liebhaber, die in den Privatgesellschaften, in welche ich mit Hummels gehen durfte, die italienischen Gesangstücke sehr mittelmäßig vortrugen, welche man jeden Abend in der italienischen Oper vollendet zu hören bekam, und trotzdem dafür mit Beifall überschüttet wurden. Die heftigen Ausdrücke hierüber in meinem Tagebuch waren mir sehr erheiternd, — man wird mit den Jahren so unverzeihlich nachsichtig!

Ich muß hier eine kleine Kundgebung einschalten, die mich, wohl nur aus Unerfahrenheit, sehr frappirte. In einer dieser Soireen, bei einem angesehenen Banquier, fand ich die äußerst elegante Damenwelt durchwegs in Trauer gehüllt. Auf meine Frage nach dem Grund dieser Erscheinung wurde mir die Erklärung zu Theil: „Die Kaiserin von Brasilien ist gestorben" — es war also die Transposition einer Hoftrauer in theilnahmsvolle, bürgerliche Kreise.

Von den Programmen jener größeren Concerte finde ich, trotz der Gewissenhaftigkeit meiner damaligen Aufzeichnungen, nichts Näheres bemerkt, als Beethovens 9. Symphonie, die ich nie gehört hatte und die mir unklar blieb. Ich ahnte damals nicht, daß es einst meine größte Freude, mein größter Stolz sein werde, bei den herrlichen Aufführungen unserer rheinischen Musikfeste dieselbe dirigiren zu dürfen.

Die Schuppanzigh'schen Quartettabende hingegen enthusiasmirten mich — ganz besonders der Vortrag der Mozart'schen und Haydn'schen Meisterwerke. Die Ausführung des Beethoven'schen B-dur-Trios durch Czerny aber hatte nicht das Glück sich meines Beifalls zu erfreuen — ich fand sie exagerirt — caritirt. Das Schlimmste aber war, daß ich am andern Morgen im Haslinger'schen Musikladen mich in diesem Sinne gegen, ich weiß nicht wen, aussprach und daß dies nicht allein Czerny, sondern auch Hummels wieder zu Ohren kam. Die schöne und liebenswürdige Frau Kapellmeisterin hielt mir in Folge davon eine strenge Strafpredigt, sowohl beziehentlich meiner Anmaßung, als meiner Unvorsichtigkeit: — ihre fruchtbaren Worte fielen leider, leider auf einen steinigen Boden.

Hummel trat während dieses Aufenthaltes in seiner künstlerischen Heimath viermal auf. — Er gab eine höchst vornehme Matinée im Schwarzenberg'schen Palais, spielte sein Septett bei Freund Schuppanzigh, dann im Opernhaus und einige Tage nach Beethovens Tod, in dem Josephstädter Theater, zum Besten eines berühmten Freundes, des Kapellmeisters Schindler (Beethoven hatte Hummel persönlich darum ersucht.) Ich glaube nicht, daß mein Meister seinen Wiener Bewunderern viel Neues brachte — es war damit wohl wie mit der Nachtigall, von der Goethe singt: „was Neues hat sie nicht gelernt, singt alte liebe Lieder". — Die alten Lieder hatten aber ihre bezaubernde Kraft nicht verloren. —

Schindler war damals Musikdirector am Josephstädter Theater — er hatte uns zu Beethoven geleitet und wir sahen ihn dann öfters. Daß der erhabene Meister einen Ritter von so traurigster Gestalt durch eine Reihe von Jahren tagtäglich sehen konnte, wenn er ihm nicht gerade die Thüre gewiesen hatte, ist nur dadurch zu erklären, daß ihm in jener Zeit die Berührung mit der Außenwelt gleichgiltig geworden war und daß ihm ein intelligenter Diener vor Allem noth that. Ich bin weit davon entfernt, Schindler musikalisches Wissen und manche Geistesgaben absprechen zu wollen — aber sein Wesen war eben so dürr wie seine Gestalt und so trocken wie seine Gesichtszüge. Sicherlich hat er Beethoven mannigfache Dienste geleistet — sicherlich ist aber in der ganzen Weltgeschichte keine Freundschaft geschickter und glücklicher exploitirt worden. In späteren Jahren liebte es Schindler, wenn er Musikenthusiasten eine besondere Ehre anthun, eine besondere Freude machen wollte, sich denselben in einem wenig verlockenden Schlafrock zu zeigen, den einst Beethoven zu Grunde gerichtet hatte und gab hiedurch, ohne es zu fühlen, ein treffendes Bild seines Verhältnisses zu dem großen Menschen, der ihn erduldet.

Ich weiß nicht, bis zu welchem Grade man Kirchen- und Synagogenmusiken zu den öffentlichen Aufführungen zählen darf — sie haben zwar viele Zuhörer, aber kein Publikum. Letzteres beginnt erst, in Beziehung auf Musik wenigstens, mit der Bezahlung und der daraus entspringenden Forderung, zerstreut, unterhalten, angeregt oder gar beglückt zu werden. Die Messe, die wir eines Sonntags in der Hofkapelle hörten, erfüllte keinen dieser Ansprüche, was ihr aber, als Gratisvorstellung, nicht verübelt werden durfte. Hingegen waren wir höchlichst erbaut von dem musikalischen Gottesdienst in dem großartigen jüdischen Tempel. Ein vortrefflicher Sänger, von einem Discantisten, einem Tenoristen und etwa 12 Knaben unterstützt, ließ die Gebete in edlen Melodien erklingen, während die Gemeinde in tiefer Stille verharrte. Auch die Trennung der Geschlechter schien mir frommem Thun äußerst ersprießlich.

Im Gegensatz zu den musikalischen Soirèen, deren ich gedacht, waren es kleine Privatkreise, welchen ich einige meiner besten musikalischen Erinnerungen verdanke, — um so schönere, als etwas Egoismus dabei im Spiele. In dem Hause der Frau Beer, geb. Sylney, einer der besten Schülerinnen Hummels, verbrachten wir einige reizende Abende. Ich hörte dort Mayseder, wohl den Wienerischsten aller Geiger, dessen Spiel eben so liebenswürdig und elegant war wie sein ganzes Wesen, ferner den trefflichen Violoncellisten Merk; Hummel that, in der altbefreundeten Umgebung, sein Bestes und es herrschte eine ungemeine Begeisterung. An einem anderen Abend durfte ich ein Klavierquartett eigener Composition vortragen — Janja, Panny und Merk halfen mir dabei — Tobias Haslinger, der sich unter den Zuhörern befand, erbot sich, das Stück herauszugeben, und so erschien es denn auch im folgenden Sommer als mein Opus 1 und hatte sich einer günstigen Aufnahme zu erfreuen.

Zu einem Höhepunkte meines damaligen Aufenthaltes gestaltete sich ein Ausflug nach Hitzing, wohin uns die Einladung eines Kunstfreundes, des Herrn Krall, führte, welchem ich vor einigen Jahren hier als Tischnachbar wieder zu begegnen, die unerwartete Freude hatte. In seinem gastfreundlichen Hause fanden sich unter vielen Andern zusammen Mayseder, Clement, Schuppanzigh,

Merk, die den gefeierten Hummel umgaben, und last not least Frau Schroeder. Es wurde unendlich viel musicirt, die Schroeder declamirte, — auch ich durfte mitthun, was doch wesentlich zum Vergnügen gehört. Im besten Sinne des Wortes berauscht kehrte ich nach der Stadt zurück.

Nun aber muß ich von dem tiefsten musikalischen Eindruck sprechen, den ich damals empfing — von der Bekanntschaft mit Schöpfungen, mit Offenbarungen, die seitdem die ganze gebildete Welt in Begeisterung versetzt haben — ich hörte zum erstenmale die Gesänge von Franz Schubert. Eine Freundin meines Meisters von alten Zeiten her, die ehedem berühmte Schauspielerin Buchwieser, damals die Gattin eines reichen ungarischen Magnaten, lud Hummels und mich in ihrem Gefolge, ein paarmal zu Tische ein. Noch trug die liebenswürdige Frau Spuren ihrer früheren Schönheit, aber sie war äußerst kränklich, kaum noch mobil — ihr Gemahl empfing die Gäste mit Güte und Freude. Die Räume, in welchen man sich aufhielt, waren stattlich und glänzend, und es herrschte in denselben eine tiefe, ächt aristokratische Stille. Niemand war mit uns eingeladen als Schubert, der Liebling und Schützling der Wirthin, und sein Sänger Vogl. Eine kurze Weile nachdem man die Mittagstafel verlassen, setzte sich Schubert an's Klavier, Vogl zur Seite — wir andern machten es uns in dem großen Salon bequem, wo es Jedem am besten schien, und nun begann ein einziges Concert. Ein Lied, ein Gesang folgte dem andern — unermüdlich waren die Spendenden, unermüdlich die Genießenden. Schubert hatte wenig Technik, Vogl hatte wenig Stimme, aber Beide hatten so viel Leben und Empfindung, gingen so gänzlich auf in ihren Leistungen, daß es unmöglich gewesen wäre, die wunderbaren Compositionen klarer und zugleich verklärter wiederzugeben. Man dachte weder an Clavierspiel noch an Gesang, es war, als ob die Musik gar keines materiellen Klanges bedürfe, als ob die Melodien wie Geistererscheinungen vor vergeistigten Ohren sich offenbarten. Von meiner Rührung, von meinem Enthusiasmus darf ich nicht sprechen — aber mein Meister, der doch schon fast ein halbes Jahrhundert Musik hinter sich hatte, war so tief ergriffen, daß Thränen auf seinen Wangen perlten. Schubert selbst finde ich als einen „stillen Mann" bezeichnet — er scheint es nicht immer gewesen zu sein — war aber wohl gewohnt, sich nur seinen intimsten Freunden gegenüber gehen zu lassen. Als ich ihn in seiner bescheidenen Wohnung aufsuchte, empfing er mich freundlich, aber so respectvoll, daß es mich in große Verlegenheit setzte. Auf meine befangene unnütze Frage, ob er viel schreibe? (ein Manuscript lag auf seinem Stehpult) antwortete er: „ich componire jeden Morgen — wenn ich ein Stück fertig habe, fange ich ein anderes an". Offenbar that er eigentlich nur Musik — und lebte so nebenbei.

Hummel und seine Gattin brachten ihre Abende öfters zu Hause zu — en famille. Namentlich erschien der Bruder der Letzteren fast täglich; es war der frühere Tenorist Roeckel, wenn nicht der erste, doch einer der ersten Florestans, er hatte die Rolle noch unter Beethovens Oberleitung gegeben.

Ein freundlicher heiterer Mann, der viel von dem zu erzählen wußte, was in Wien hinter den Coulissen vorging. Seine beiden hübschen Knaben begleiteten ihn zuweilen. Den älteren fand ich später als Musikdirector am Hoftheater in Dresden wieder, wo er bekanntlich, angeregt durch seinen so berühmt gewordenen Freund, sich am Aufstand von 1849 betheiligte. Durch lange Jahre der Gefangenschaft mußte es der Aermste büßen. Glücklicherweise sind nicht alle Anhängerschaften so gefährlicher Natur. Mir war es vergönnt, die freien Abende in den verschiedenen Theatern zuzubringen. Der Besuch derselben war mir um so erwünschter, als ich während meiner Lehrjahre in Weimar zu einem leidenschaftlichen Bühnenanhänger geworden war. Vor Allen zog mich das Burgtheater an. Meine, über die Vorstellungen aufgezeichneten Notizen sind theilweise leere Worte für mich geworden, einzelne aber rufen mir die empfangenen Eindrücke mit großer Lebhaftigkeit in's Gedächtniß zurück. Nicht die leiseste Vorstellung habe ich mehr von einem Trauerspiel: „Das Haus Barcelona", von Rudolf vom Berge. Mein getreues Tagebuch behauptet, es sei ein schlechtes Spectakelstück und voller Knalleffecte, nach welchen auch manche der Schauspieler ungebührlich gehascht hätten. Befriedigter zeige ich mich mir von der Aufführung eines Iffland'schen Stückes: „Die Aussteuer", worin mir namentlich Krüger gefiel und der fast achtzigjährige Koch mich in Erstaunen setzte. Von einer Darstellung des „Belisar" von Schenk ist mir von einzelnen Figuren ein Bild geblieben, so vor Allen das des heldenhaften Anschütz und der unheimlichen Schroeder. Die tief durchdachte Auffassung der Letzteren bewunderte ich, gestand mir jedoch ganz insgeheim ein, daß sie mich innerlich kalt ließ. An Anschütz hatte ich nur auszusetzen, daß die Blindheit allzu abstoßend hervortrat und daß er zuweilen gar so heillos schrie — ich war eben dazumal äußerst kritisch.

Eine Vorstellung, deren Eindruck mir aber unvergeßlich geblieben war, auch ehe ich die Preishymnen meines Tagebuches wieder gelesen, ist die des Uhland'schen „Ernst von Schwaben". Ich habe dies echt deutsche Dichterwerk nie wieder darstellen sehen, und auch, ich gestehe es beschämt, nicht wieder gelesen: aber ich weiß, daß mich die Harmonie seiner Sprache, die durch die Darsteller auf's Klangvollste zur Geltung kam, wie ein süßer Traum umspann und daß mich die verherrlichte Treue und Liebe auf's Innigste rührten. Unauslöschlich aber haben sich die Züge und das ganze von edelster Weiblichkeit durchströmte Wesen von Fräulein Müller mir eingeprägt, und schmerzlich berührte mich, kurze Jahre nachher, die Nachricht von ihrem Tode. Sie gehörte wohl zu jenen auserlesenen Geschöpfen, die nicht auf ein langes Leben angelegt sind.

Im Josephstädter Theater langweilte ich mich bei einer Pantomime: „Arlequins und Colombinens Rettung". In dem vorhergehenden Lustspiel „Der Hofmeister in tausend Aengsten" fand ich einen Weimarer Bekannten wieder, der aber in der populären Gesellschaft viel toller und derber geworden war. Viel Lustiges fand ich hingegen in einer Parodie von „Kabale und Liebe", die auf dem Leopoldstädter Theater im Schwunge war. Der dicke klobige Ferdinand ist mir noch lebhaft vor Augen — vor allem jedoch Raimund als Stadtmusikus. Eine ergötzlich naive Aeußerung des Tagebuchführers muß ich mittheilen, die nämlich, tiefer Entrüstung über den Beifall der der Darstellerin der Luise gespendet wurde, einer, wie man ihm gesagt hatte, im höchsten Grade unsittlichen Person.

Zu den Unvergeßlichkeiten jener schönen Wochen gehört jedoch in erster Reihe die 48. Vorstellung des „Bauer als Millionär". Das naiv poetische Durcheinander der Feen- und Geisterwelt und des reellen provinzialen Lebens mit seinen verschiedenen Dialekten und Sitten, fand ich eben so originell wie ansprechend, die moralische Tendenz erinnerte mich an Schillers ideale Anschauungen, und nun das wunderbare Talent Raimunds in seiner Identificirung mit der Hauptrolle, alle die feinen, der Natur abgelauschten Züge, mit welchen er seinen Bauern ausstattete, bis zum Uebermuth des Parvenu, und herunter bis zur Elendigkeit des armen Aschenmannes — es war so bewundernswerth wie entzückend. Welch eine wahrhaftige Schöpferkraft besaß dieser Mann, und wie hoch steht er über so manchen gespreizten Leuten, die man aus Bildung glaubt bewundern zu müssen! Daß die begeisterte Theilnahme, die er hier fand, der Beifall, mit dem man ihn überschüttete, ihn nicht bewahrten vor einem so unglücklichen Ende, bleibt eben so beklagenswerth als unbegreiflich.

Mit meiner Kenntnißnahme der unvergänglichen Werke der bildenden Künste darf ich Sie nicht behelligen; ich betrachtete mir Alles, die Galerien, die Schatzkammer, die Kaisergruft, Canovas Arbeiten, „wie ein bedächtiger Mann schicklich die Reise benutzt". Den tiefsten Eindruck machte mir jedoch die Stephanskirche, vollends bei Mondschein mit beneidenswerther Leichtigkeit stieg ich zur höchsten Spitze des Thurmes hinauf. Auch mein guter Meister gerieth in ihrer Nähe in eine so gehobene Stimmung, wie ich sie bei ihm, außer am Clavier, kaum erlebt hatte, und sagte zu mir: „Sehen Sie, das haben Menschenhände erbaut" — Die Hände die dabei im Spiel, waren wohl weniger idealer Natur gewesen als seine eigenen.

Zu einer andern Gebäulichkeit führte mich Hummel — vielleicht weiß man hier noch, zu welcher — ich habe es aufzuschreiben versäumt, weil mich die Bedeutung derselben allzusehr in Anspruch nahm — es war nämlich das Haus, in welchem er als achtjähriger Knabe bei Mozart gewohnt und dessen Unterricht empfangen hatte. Der Meister ging ganz auf, in seinen Erinnerungen. Indem er mich durch die verschiedenen Zimmer führte, die keine Veränderungen erlitten zu haben schienen, beschrieb er mir ihre frühere Einrichtung. „Hier, sagte er, stand Mozarts Flügel, an welchem ich Unterricht erhielt, — hier das Schreibpult, an dem er componirte — hier in dieser Stube stand mein Clavier und dort in der Mitte des Zimmers ein Billard. Eines Tages versuchte ich mit der Queue zu hantieren und stieß ein Loch in's Tuch. Die Strafe (er versinnlichte sie pantomimisch) blieb nicht aus".

Andere Geschichten aus seiner Kindheit, die er einflocht, habe ich leider weder aufgeschrieben, noch behalten — ich erinnere mich nur, sehr gerührt gewesen zu sein.

Ich muß nun von einigen mehr oder weniger hervorragenden Männern sprechen, deren Bekanntschaft zu machen mir vergönnt war, und beginne mit dem Hofkapellmeister Eibler, dessen bescheiden behagliches Aeußeres meinem Gedächtniß nicht gänzlich entschwunden ist. „Ein Mann, der sich glücklich fühlt in seiner stillen Lage. Bei seinem schönen Talent hat er an den Ruhm nie gedacht. Vor Kurzem erst entschloß er sich, durch besondere Umstände veranlaßt, eine seiner Compositionen herauszugeben. Zufrieden verlebt er still seine Tage, freut sich der Gunst seines Monarchen, deren kleinste ihm unendlich groß erscheint, im heitern Bewußtsein, seine Pflicht zu erfüllen." So lautet wörtlich was ich über ihn aufgeschrieben, und es mag leidlich bezeichnend sein. Mich däucht die Race dieser Gattung von Componisten ist ausgestorben — wenn noch einzelne Exemplare existiren, so kennt man sie kaum. Wir sind heutigen Tages insgesammt zu gute Christen, um unser Licht unter den Scheffel zu stellen, und zu bescheiden, um uns mit dem guten Gewissen zu begnügen, wenn seine Stimme nicht auch durch Zeitungsreferate in die Ferne klingt.

Ferner sprach ich den Ritter von Seyfried, der mir trotz der Höhe, aus welcher er zu mir herab sprach (sie betrug sicherlich 6 Fuß) ein „sehr lieber Mann" zu sein schien. Es gehört zu den Vorrechten der Weltstädte, Männern von geringerem Talent Gelegenheit zu geben zu angemessenen Arbeiten und sie Theil nehmen zu lassen an dem Glanze, der von diesen privilegirten Stätten aus weithin leuchtet. Wie viele Künstler, die einen Namen haben (jene Art von Namen, die man bei der Taufe nicht erhält), würden gänzlich unbekannt geblieben sein, wenn sie statt in Wien oder Paris in Pögstall oder in Grenoble gelebt hätten. Wie weit diese Bemerkung auf Seyfried anzuwenden ist, weiß ich nicht — ich habe nie etwas Anderes von ihm kennen gelernt, als ein wunderschönes Adagio von Mozart, welches er instrumentirt hat, und Beethovens Compositionsstudien, welche von Albrechtsberger herrührten. — „Doch Brutus ist ein ehrenwerther Mann".

Auch zu Castelli brachte mich mein Meister. Sein heiteres Geplausche in Wiener Mundart sprach mich ungemein an. Der Eindruck, den dieser Dialekt, so lange er uns verständlich bleibt, auf Mittel- und Norddeutsche macht, ist viel anmuthender, vertrauenerweckender, als man es sich hier zu Lande irgend vorstellen mag; daß etwas Unwahres in demselben ausgesprochen werden könne, scheint uns ganz unmöglich! — Um aber auf Castelli zurückzukommen, muß ich noch einer seiner Eigenthümlichkeiten Erwähnung thun — er war ein leidenschaftlicher Sammler. Zuerst zeigte er uns seine Collection deutscher dramatischer Stücke — sie belief sich auf 13,000 Nummern — und wir zweifeln zuweilen an der dramatischen Productionskraft unseres Volkes!! Ferner hatte er eine Sammlung von Bildnissen ausgezeichneter Künstler jeder

Art und Gattung — ohne Zahl. Das Originellste waren mir jedoch seine Schnupftabaksdosen. Alle Gefäße und Formen, in welchen sich Etwas aufbewahren läßt, sogar die einer Tabakspfeife, waren angewandt zur Aufnahme jenes Pulvers, das aus der Mode gekommen, in der Geselligkeit jener Zeit aber eine so hervorragende Rolle spielte. Unsere gegenwärtigen Virtuosen würden sehr erstaunt sein, wenn sie von hohen Händen mit Tabatièren beschenkt würden — damals gab es für dieselben keine kostbarere Gattung realer Anerkennung, vollends wenn sie statt des Schnupftabaks Dukaten enthielten.

Ihren größten Dichter, Grillparzer, hatte ich, nicht lange vorher, in Weimar, auf einem großen Diner bei Hummel kennen gelernt — d. h. ich hatte ihn von Weitem essen sehen und war ihm vorgestellt worden. Hier hingegen genoß ich ihn mehrmals auf's Vollständigste und seine Persönlichkeit, die schlanke Gestalt, die anmuthigen Züge und vor Allem die geistsprühende Rede machten den tiefsten Eindruck auf mich. Das erstemal bei dem sächsischen Gesandten, Herrn von Piquot, wo die Zahl der Tafelgäste nicht einmal die der Musen erreichte, wo aber Grillparzer als Apollo die Gesellschaft vollständig beherrschte. Er sprach über Musik und Poesie, über den Dilettantismus, über Weimar und Wien, in eben so poetischer wie anspruchsloser Weise — über sich selbst jedoch etwas elegisch, ja selbstquälerisch. Besonders auffallend war mir seine Anwendung zahlreicher und treffender poetischer Gleichnisse. Ganz berückt schied ich aber von ihm, nachdem ich ihm einen Besuch in seiner Wohnung abgestattet und wohl über eine Stunde mit ihm allein gewesen war. „Er beschäftige sich so viel mit Musik", sagte er mir, „daß es fast seinen literarischen Arbeiten Eintrag thue". Auch sprach er nur über Tonkunst und Tondichter. Ausführlich erzählte er von seinem Verhältniß zu Beethoven, für den er auf sein Verlangen ein Opernbuch geschrieben habe, eine Melusine (sie fiel später Conradin Kreutzer zu). Am längsten verweilte er bei Schubert, über welchen ich mich enthusiastisch geäußert hatte, den er sehr hoch stellte, dem er aber Talent zur dramatischen Composition gänzlich absprach. Mit Erläuterungen, in welchen jedes Wort auf die Goldwaage gelegt schien, suchte er diese Meinung zu begründen. Ich meinte, es könne keinen zweiten Laien geben, der so viel von Musik verstände, und sicherlich keinen Musiker, der sich so darüber auszusprechen vermöchte. Die Rechtfertigung, ihm einen Besuch zu machen, hatte ich schriftlich mitgebracht. Dr. Eckermann, der bekannte Famulus Goethe's, aus dessen letzter Lebenszeit, hatte folgende Verse in mein Stammbuch geschrieben:

„Komm du von Wien nach Weimar nicht zurück,
Du bringst denn Grillparzer uns zurück!
Wenn nicht ihn selbst, ein Zeichen doch von ihm,
Und schrieb er auch nur seinen Namen hin.
Will diesen er mir gegenüber schreiben,
Werd' ich ihm lebenslang verbunden bleiben."

Er blieb es und wird es, denke ich, auf immer bleiben, denn Grillparzer schrieb als Antwort:

„Kommst du von Weimar, dem schönen Ort,
Wohnen so Große wie Goethe dort,
Wohnen so Gute wie Eckermann,
Was sprichst du uns arme Wiener an?
Wir sind ein Völklein dumpf und jung,
Nur stark in Lieb und Bewunderung;
Gehst du nach Weimar, geh' mit mir,
Mein ganzes Wesen folget dir."

„Dumpf und jung, Nur stark in Lieb' und Bewunderung!" — das ist doch wohl auch anders geworden?

Das Denkwürdigste meines damaligen Aufenthaltes, unsere Besuche bei Beethoven, erlaube ich mir Ihnen aus einem früheren Berichte*) mitzutheilen. Eine schriftliche Variation desselben würde zwecklos sein.

„Obschon man damals weniger über die größten Männer zu hören bekam, als man heutigen Tages allwöchentlich über die geringsten erfahren kann, war die Kunde von Beethovens Krankheit doch bis nach Weimar gedrungen. Er litt an der Wassersucht. In Wien wurde uns von den Künstlern, die Hummel aufsuchten, das Schlimmste über seinen Zustand berichtet. Derselbe sei einestheils hoffnungslos, anderntheils unendlich traurig. Gänzliche Gehörlosigkeit, stets wachsendes Mißtrauen aller Welt gegenüber, dazu jetzt körperliches Leiden — erfolglose Operationen — Unmuth und Einsamkeit — ja, fast schreckenerregendes Aeußere. So vorbereitet fuhren wir in die Vorstadt hinaus. Durch ein geräumiges Vorzimmer, in welchem hohe Schränke dicke, zusammengeschnürte Massen von Musikalien trugen, kamen wir in Beethovens Wohnzimmer und waren nicht wenig erstaunt, den Meister, dem Anscheine nach ganz behaglich, am Fenster sitzend zu finden. Er trug einen langen, grauen, im Momente gänzlich geöffneten Schlafrock und hohe, bis an die Kniee reichende Stiefel. Abgemagert von der bösen Krankheit, erschien er mir, als er aufstand, von hoher Statur, er war nicht rasirt, sein volles, halb graues Haar fiel ungeordnet über die Schläfen. Der Ausdruck seiner Züge wurde sehr freundlich und hell, als er Hummels ansichtig wurde, und er schien sich außerordentlich mit ihm zu freuen. Die beiden Männer umarmten einander auf's herzlichste; Hummel stellte mich vor. Beethoven bezeigte sich durchaus gütig und ich durfte mich an's Fenster ihm gegenüber setzen.

Es ist bekannt, daß die mündliche Unterhaltung mit Beethoven zum Theil schriftlich geführt wurde; er sprach, aber diejenigen, mit welchen er sprach, mußten ihre Fragen und Antworten aufschreiben. Zu diesem Ende lagen dicke Hefte gewöhnlichen Schreibpapiers in Quartformat und Bleistifte stets in seiner Nähe. Wie peinvoll mag es für den lebhaften, wohl leicht ungeduldigen Mann gewesen sein, jegliche Antwort abwarten zu müssen, in

---

*) Erschienen in: Aus dem Tonleben unserer Zeit. N.F. — Leuckart'scher Verlag in Leipzig.

jeder Minute des Gespräches eine Pause eintreten zu lassen, während welcher seine Denkthätigkeit gleichsam zum Stillstand verdammt war! Auch verfolgte er die Hand des Schreibenden mit begierigem Auge und übersah das Geschriebene mehr mit einem Blicke, als daß er es las. Der Lebhaftigkeit des Gespräches that die fortwährende schriftliche Arbeit der Besuchenden natürlich großen Eintrag.

Das Gespräch drehte sich zu Anfang, wie üblich, um Haus und Hof, Reise und Aufenthalt, mein Verhältniß zu Hummel und was dergleichen mehr. Nach Goethes Befinden erkundigte sich Beethoven mit außerordentlicher Theilnahme, und wir durften das Beste melden. Hatte mir doch vor wenigen Tagen noch der große Dichter einige freundliche, auf die Reise bezügliche Verse in mein Stammbuch geschrieben. Ueber sein Befinden klagte der arme Beethoven gar sehr. „Da liege ich nun schon vier Monate", rief er aus, „man verliert die Geduld!" Auch sonst schien Vieles in Wien nicht nach seinem Sinne und er äußerte sich in der schärfsten Weise über den „jetzigen Kunstgeschmack" und über den „hier Alles verderbenden Dilettantismus".

Hummel, der ein praktischer Mann war, benutzte den momentan günstigen Zustand Beethovens zu einer Mittheilung, welche aber längere Zeit erforderte. Der Nachdruck stand damals in Teutschland in der höchsten Blüthe. Bei der Herausgabe eines Concertes meines Lehrers (ich glaube, es war das in E-dur) hatte es sich ereignet, daß das Stück, von welchem ein Exemplar aus der Officin des rechtmäßigen Verlegers entwendet worden war, nicht allein nach- sondern vorgestochen wurde — der Dieb veröffentlichte es nämlich früher, als es dem Eigenthümer gestattet gewesen. An den hohen Bundestag wollte nun Hummel sich mit einer Bittschrift wenden, damit dem Unfuge gesetzlich gesteuert werde, und die Unterschrift Beethovens erschien ihm dabei von der größten Wichtigkeit. Er setzte sich, den Gegenstand schriftlich zu erörtern, und mir wurde unterdessen die Ehre zu Theil, das Gespräch mit Beethoven fortsetzen zu dürfen. Ich that mein Bestes und der Meister ließ auch weiterhin seinen wehmüthig-leidenschaftlichen Ergießungen in zutraulichster Weise ihren Lauf. Sie betrafen zum großen Theil seinen Neffen, den er sehr liebte, der ihm bekanntlich viel Ungemach bereitet und zu jener Zeit wegen einiger Lappalien — (so schien es Beethoven wenigstens anzusehen) — mit den Behörden in Verdrießlichkeiten gerathen war. „Die kleinen Diebe hängt man, die großen läßt man laufen!" rief er verdrießlich aus. — Nach meinen Studien sich erkundigend und mich ermunternd, sagte er: „Man muß die Kunst immer fortpflanzen", und als ich von dem ausschließlichen Interesse sprach, welches damals die italienische Oper in Wien in Anspruch nahm, brach er in die denkwürdigen Worte aus: „Man sagt vox populi, vox dei, — ich habe nie daran geglaubt".

Am 13. März nahm mich Hummel zum zweiten Male mit zu Beethoven. Wir fanden seinen Zustand wesentlich verschlimmert. Er lag zu Bette, schien starke Schmerzen zu haben und stöhnte zuweilen tief auf, trotzdem sprach er viel und lebhaft. Nicht geheirathet zu haben, schien er sich jetzt sehr zu Herzen zu nehmen. Schon bei unserem ersten Besuche scherzte er mit Hummel hierüber, dessen Gattin er als junges, schönes Mädchen gekannt hatte. „Du", sagte er diesmal lächelnd zu ihm, „du bist ein glücklicher Mensch; du hast eine Frau, die pflegt Dich, die ist verliebt in Dich — aber ich Armer!" — und er seufzte schwer. Auch bat er Hummel, ihm doch seine Frau zu bringen, die sich nicht hatte entschließen können, den Mann, den sie auf der Höhe seiner Kraft gekannt, so wiederzusehen. Man hatte ihm kurz vorher ein Bild des Hauses geschenkt, in welchem Haydn geboren worden — er hatte es in der Nähe des Bettes und zeigte es uns. „Es hat mir eine kindische Freude gemacht", sagte er, — „die Wiege eines so großen Mannes!" Ferner wendete er sich mit einem Anliegen an Hummel, den später so viel genannten Schindler betreffend. „Es ist ein braver Mensch", sagte er, „der sich viel um mich bemühte. Da soll er nächstens ein Concert geben, zu welchem ich ihm meine Mitwirkung versprochen habe. Aber daraus wird nun wohl nichts werden. Nun möchte ich, daß Du mir den Gefallen thätest, darin zu spielen. Man muß armen Künstlern immer forthelfen". Hummel gab selbstverständlich seine Zusage. Das Concert hatte denn auch — zehn Tage nach Beethovens Tode, in dem Josephstädter Theater Statt. Hummel phantasirte in offenbar sehr gehobener Stimmung auf das Allegretto der A-dur-Symphonie — das Publicum kannte die Veranlassung seines Auftretens, und Leistung und Aufnahme bildeten ein wahrhaft begeisterndes Ganze.

Kurz nach unserem zweiten Besuche verbreitete sich in Wien die Nachricht, daß die Philharmonische Gesellschaft in London Beethoven hundert Pfund Sterling gesandt habe, um ihm sein Krankenlager zu erleichtern. Man fügte hinzu, daß diese Ueberraschung auf den großen armen Mann einen solchen Eindruck gemacht, daß er sich auch körperlich überaus erleichtert fühle. Als wir am 20sten wieder an seinem Bette standen, ging zwar aus seinen Aeußerungen hervor, wie sehr jene Aufmerksamkeit ihn erfreut, aber er war überaus schwach und sprach nur leise und in abgebrochenen Sätzen. „Ich werde wohl bald nach oben machen", flüsterte er nach unserer Begrüßung. Aehnliche Ausrufungen kamen öfters wieder; — dazwischen aber sprach er von Entwürfen und Hoffnungen, die sich freilich leider nicht realisiren sollten. Von dem edlen Gebahren der Philharmonischen Gesellschaft redend und die Engländer preisend meinte er, sobald es besser mit ihm stehe, die Reise nach London anzutreten. „Ich will ihnen eine große Ouverture componiren und eine große Symphonie". Und dann wolle er Frau Hummel auch besuchen (sie war mitgekommen) und sich, ich weiß nicht mehr wo überall, aufhalten. Ihm etwas aufzuschreiben kam uns nicht in den Sinn. Sein Auge, welches das letzte Mal, als wir ihn gesehen, noch ziemlich lebendig gewesen, fiel heute zusammen und es wurde ihm schwer, sich von Zeit zu Zeit aufzurichten. Man konnte sich keiner Täuschung mehr hingeben — das Schlimmste stand zu befürchten.

Trostlos war der Anblick des außerordentlichen Mannes, als wir ihn am 23. März wieder aufsuchten — es sollte das letzte Mal sein. Matt und elend lag er da, zuweilen leise seufzend. Kein Wort mehr entfiel seinen Lippen — der Schweiß stand ihm auf der Stirn. Als er zufällig sein Schnupftuch nicht gleich zur Hand hatte, nahm Hummels Gattin ihr feines Batisttüchlein und trocknete ihm mehrmals das Antlitz damit ab. Nie werde ich den dankbaren Blick vergessen, mit welchem sein brechendes Auge zu ihr hinan sah. —

Während wir am 26. März im kunstliebenden Hause des Herrn von Liebenberg (der früher Schüler von Hummel gewesen) in heiterer Gesellschaft weilten, wurden wir zwischen 5 und 6 Uhr durch ein starkes Gewitter überrascht. Ein dickes Schneegestöber wurde von heftigen Donnerschlägen und den Saal durchleuchtenden Blitzen begleitet. Wenige Stunden später kamen Gäste an mit der Nachricht, Ludwig van Beethoven sei nicht mehr — er war um 5 3/4 Uhr verschieden. Das eigenthümliche Zusammentreffen jenes Phänomens mit dem Tode eines so großen Menschen würde in frömmern oder heidnischeren Zeiten gewiß als kein zufälliges angesehen worden sein.

Am Donnerstag den 29. März hatte das Begräbniß Statt. Man versammelte sich in der Wohnung des Verstorbenen im Schwarzspanier-Hause Nr. 200, am Glacis vor dem Schottenthore. Von da setzte sich der Zug um 3 Uhr in Bewegung und begab sich nach der Dreifaltigkeitskirche. Acht Capellmeister (unblutige Marschälle der Kunst), Eibler, Hummel, Seyfried, Kreutzer, Weigl, Gyrowetz, Würfel und Gänsbacher, hielten den Zipfel des Leichentuches. Der Sarg war mit Kränzen bedeckt — Orden lagen keine darauf — Beethoven hatte nie einen erhalten. Eine große Anzahl von Tonkünstlern umgaben den Sarg, Kerzen tragend (die mächtige Gestalt Lablache's unter ihnen ist mir noch gegenwärtig). Der Zug war endlos, die Volksmassen, die sich in Bewegung gesetzt hatten, zählten nach Tausenden — ganz Wien schien auf den Straßen zu sein. Seyfried hatte einigen Beethoven'schen Posaunensätzen Männerchor hinzugefügt — es klang ergreifend. In das Innere der Kirche gelangte ich nicht, fuhr aber von dort mit Hummel nach dem Währinger Kirchhofe, der wie übersäet von Menschen war. Wir stellten uns am Grabe auf und erwarteten daselbst die Ankunft des Leichenwagens. Bis zum letzten Momente war es nicht entschieden gewesen, ob Anschütz, der berühmte Schauspieler, eine Rede vortragen dürfe, welche Grillparzer abgefaßt hatte — schließlich sprach Anschütz draußen vor dem Eingange zum Kirchhofe, und so ging uns dieser Moment der Feier verloren. Nach ziemlich langer Zeit kam der Zug an. Der Sarg ward in die Erde gesenkt — tief bewegt warf Hummel einige Lorbeerkränze darauf — andere folgten. Es wurde weder gesprochen noch gesungen, soviel ich mich erinnere, aber Jeder schien den Ernst des Augenblicks tief zu fühlen, und durch die ganze große Volksmasse zog es wie ein Wehen von Ehrfurcht und Trauer.

Nicht Viele mögen noch leben, welche an jener königlichen Bestattung Theil genommen haben im vollen Bewußtsein der Größe des Mannes, welchen die Erde barg. Aber Millionen sind seitdem herangewachsen, in deren geistigem Leben Beethoven eine Stelle ausfüllt, welche durch Nichts und Niemanden zu ersetzen sein würde. Wenn die Hülle zu Staub geworden, dann erst steht der wahre Genius in vollendeter Wesenheit da und die unendlichste Liebe umgiebt den, der selbst keine mehr zu spenden hat".

Als ich damals Wien verließ, stand ich in jenem Lebensalter, in welchem man das Unmögliche für möglich hält, das Erreichbare aber für gesichert. Mendelssohn gestand mir eines Tages ein, er habe als Knabe gedacht, er könne wohl auch einmal so nebenbei Minister werden. So hoch verstiegen sich meine Träume nicht; immerhin aber hoch genug um — Träume geblieben zu sein. Daß ich aber nach einem halben Jahrhundert hier würde stehen und Ihnen sprechen dürfen von den Erlebnissen und Eindrücken, die ich täglich buchte, das hätte ich mir wahrlich nicht träumen lassen, und ich bin meinem Schicksal dankbar dafür, daß es mir vergönnt worden. Ein langes Leben ist, trotz aller Widerwärtigkeiten, die es mit sich führt, immerhin eine gute Gabe — wir kennen wenigstens vorläufig nichts Besseres. Dann aber hat eine so eigenthümlich freundliche Verknüpfung von Umständen, wie sie stattfinden mußte, um mir diesen Abend zu bereiten, etwas höchst Reizvolles. Dinge, die sich so fern standen, verbunden zu sehen, kann zu dem frommen Glauben führen, Eines in unserm Leben sei um des Andernwillen da, nichts sei vergeblich gewesen und das Ganze biete eine verständig geordnete, wohlgefügte, wenn auch aus verschiedenen Elementen zusammengeschmiedete Kette! Die Kette wird wohl immer das Sicherste bleiben! — die Theilnahme jedoch, die Sie mir durch Ihre Gegenwart hier erweisen, ist eine Perle, welche an meine Lebenskette befestigen zu dürfen, mich eben so sehr freut, als ich Ihnen für ein so kostbares Geschenk von Herzen erkenntlich bin und bleiben werde.

Ueber philosophische Bildung.*)

Von

Friedrich Albert Lange.

IV. Die Bildung zur Philosophie.

Alle Philosophen sind darin einig, die Philosophie eine Wissenschaft zu nennen; alle stimmen aber auch darin überein, daß sie behaupten, die Philosophie ergreife das ganze Wesen des Menschen; der Philosoph müsse nothwendig nicht nur intelligent, sondern auch gerecht und weise, für alles Schöne und Gute empfänglich und ein zuverlässiger Führer und Berather seiner Mitmenschen in ihrer privaten Lebensordnung, wie in ihren politischen und socialen Einrichtungen sein. Im Alterthum haben bekanntlich die Stoiker am meisten diese Rolle gespielt, und es hat eine Zeit gegeben, in welcher diese sonst viel verspottete „Secte" vom Kaiserthron bis herab zur Hütte des Armen ihren wohlthätigen Einfluß ausdehnte und, gleichsam ein Interval zwischen der Herrschaft der alten Götter und des Christenthums, die Philosophie wie eine lautere und aufgeklärte, aber eble und trostreiche Religion in der sich auflösenden Gesellschaft wirksam machten. In neuerer Zeit hat man oft die Philosophie als „die Religion der Gebildeten" bezeichnet und, wenn auch dieser Ausdruck keineswegs ganz treffend ist, so zeigt er doch, daß man von der Philosophie etwas mehr verlangt, als ein bloßes Wissen, daß man annimmt, sie müsse ein nach allen Seiten wirksames Lebensprincip sein.

Diese Forderung und Voraussetzung, die freilich von neueren „Philosophen" (Schopenhauer!) oft schlecht genug erfüllt wird, läßt sich mit der Bezeichnung der Philosophie als Wissenschaft nicht etwa einfach dadurch ausgleichen, daß diese Wissenschaft ja in der That das ganze Leben nach allen Seiten umfaßt; daß sie neben dem rein theoretischen Theil einen praktischen bietet, daß die Aesthetik und die Ethik, das Naturrecht und die Gesellschaftswissenschaft philosophische Disciplinen sind. Diese Allseitigkeit des philosophischen Wissens

---

*) Vergleiche „Nord und Süd", Heft 32.

hängt allerdings zusammen mit der Totalität der Wirkung, welche die Philosophie anstrebt, allein zunächst ist sie doch eben nur eine Allseitigkeit des Wissens, und das bloße Studium der Aesthetik und der Ethik ist keineswegs ausreichend, um in unserem Sinn und Gemüth die Ideen des Schönen und des Guten zur dauernden Herrschaft zu bringen.

Auch tritt die Philosophie heut zu Tage nicht, wie z. B. im pythagoreischen Bunde, als eine praktische Schule der Ethik auf. Sie hat keine vorgeschriebene Lebensordnung für die Jünger. Ihre Meister nehmen keine Autorität in Anspruch, als diejenige, welche der lautere Gedanke sich selbst erwirbt.

Soll also wirklich Philosophie den ganzen Menschen ergreifen und zu einem besseren Dasein führen, so kann dies nur in der Art liegen, wie sie sich zu ihrem Gegenstande verhält und wie sie denselben auffaßt. Nicht der Stoff des Wissens in seiner Vereinzelung kann sittlich erheben und den Geschmack veredeln, wie das Urtheil befreien; die Form des philosophischen Wissens und der philosophischen Lehre, der Geist, in welchem wir philosophiren, der Zweck, der uns beim philosophischen Denken leitet, muß den Lebensjunken in sich haben, und deshalb gehört die Totalität der Wirkung auf den Menschengeist der theoretischen Philosophie nicht minder an, wie der praktischen.

Man könnte versucht sein, den streng wissenschaftlichen Charakter aller Philosophie mit ihrer ethischen Tendenz durch die alte sokratische Lehre zu verbinden, daß die Tugend ein Wissen sei, und in Wirklichkeit hat wohl dieser Gedanke, der auch das platonische und das aristotelische System beherrscht viel dazu beigetragen, daß die besondere Pflege der philosophischen Lebensführung, wie sie im späteren Alterthum namentlich bei den Stoikern und bei den Epikureern ausgebildet war (auch bei Neuplatonikern, Neupythagoräern :c.) mit der Zeit der reinen Theorie gewichen ist. Noch mehr aber mag die eigenthümliche Stellung dahin gedrängt haben, in welcher das ganze Mittelalter hindurch die Philosophie sich neben und unter der Theologie und den kirchlichen Einrichtungen befand. Von der intellectuellen Seite ging die Befreiung aus und wir haben uns daher nicht darüber zu wundern, daß es in der neueren Philosophie eine Zeit lang scheinen konnte, als sei diese Befreiung der Intelligenz von der Autorität des Kirchenglaubens und der blinden Ueberlieferung das eigentliche Wesen der Philosophie.

Die ganze Geschichte der neueren Philosophie bis auf Kant neigt zu dieser einseitigen Betonung der Erkenntnißaufgabe, die freilich auch eine sehr bedeutende und durch den Act der Befreiung indirect auch ethisch wirksame war. Eine glänzende Ausnahme macht unter den Engländern namentlich Lord Shaftesbury, unter den Franzosen, wiewohl minder harmonisch gestimmt, Rousseau, zwei Männer, die bekanntlich auf die classische Epoche unserer Literatur, in welcher sich Philosophie und Poesie so nahe traten, einen tiefgehenden Einfluß geübt haben.

In Deutschland haben sodann vor Allen Kant, Fichte, Schiller und

Schelling das Eis gebrochen und die lebendigen Beziehungen der Philosophie zur Kunst und zum Leben wiederhergestellt, ohne davon abzugehen, daß die Philosophie zunächst auf ein Wissen gerichtet ist. Das erneute, auf die reinen Quellen zurückgehende Studium der griechischen Philosophie hat der Herstellung eines höheren Begriffs von der Aufgabe der Philosophie nur Vorschub leisten können, und wenn wir heute wieder bei Plato lesen, daß die Tugend ein Wissen ist, so verstehen wir, wie eng diese Lehre mit seiner Auffassung des Wissens, der Erkenntniß zusammenhängt.

Müssen wir auch gegenwärtig dem empirischen Wissen eine ungleich höhere Würde zuschreiben, als Plato, Aristoteles und das ganze Mittelalter; müssen wir auch die Deduction aus den allgemeinsten Principien, welche jenen das Ganze aller wahren Wissenschaft umschloß, auf ein enges Feld beschränken, so hat doch die platonische Ideenlehre auch für uns ihre Bedeutung noch nicht ganz verloren. Wir glauben nicht mehr an die übersinnliche Welt für sich existirender reiner Begriffe; wir werden selbst den Glauben an eine von der Sinnlichkeit absolut freie „Vernunft", welche diese Begriffe schauen soll, aufgeben müssen; allein wir verzichten niemals darauf, uns gleich Plato in unserm Geiste jene Urbilder und Musterbilder aller Wesen zu erzeugen, die wir, Vernunft und Sinnlichkeit versöhnend, das Allgemeine im Individuellen darstellend, als Ideale bezeichnen, und die Philosophie ist nicht nur da, um trügerische Illusionen zu zerstören und der nackten Wirklichkeit zu ihrem Rechte zu verhelfen, sondern auch, um den göttlichen Schein einer aus den Tiefen des Geistes geborenen idealen Auffassung über alles Wirkliche zu verbreiten und den Quell alles Idealen in der Menschenbrust zu nähren und befruchtend in alle Gebiete des menschlichen Lebens zu leiten.

Man kann geradezu behaupten, daß die höchste Aufgabe aller Philosophie diejenige ist, durch das Licht und die Wärme einer idealen Weltanschauung den von den Kämpfen und Nöthen des Lebens ermatteten Geist zu erquicken und damit die edlere Gestaltung aller menschlichen Wirklichkeit zu befördern.

Grade in dieser höchsten Aufgabe durchbricht nun aber offenbar die Philosophie das Gebiet des bloßen Wissens; sie erhebt sich zur Dichtung, wie dies schon Plato that, der freilich um so mehr in die niedere Form des Mythus zurückfallen mußte, je mehr er den Anspruch erhob, daß seine Dichtung nur Symbol eines reinen Wissens sein sollte, das doch in der ihm vorschwebenden Ablösung von allem Wirklichen und Sinnlichen eine Unmöglichkeit ist.

Es muß einmal dahin kommen, daß dies Verhältniß aller speculativen Philosophie zur Dichtung offen anerkannt werde in seinen Consequenzen nach allen Seiten. Anderseits aber muß hervorgehoben werden, daß damit zwar eine Schranke gezogen ist zwischen der Speculation und der strengen, nur auf die Thatsache gerichteten Forschung, daß aber diese Schranke, gültig für die scharfe Sonderung der beiderseitigen Erzeugnisse, keineswegs dem inneren und tieferen Zusammenhang zwischen Speculation und Wissenschaft aufhebt.

All unser Wissen erwächst aus synthetischen und analytischen Elementen und in jeder Synthesis, vom einfachen Sehen der Dinge als Dinge (statt als bloßer Farben, Formen, Bewegungen u. s. w.) bis zur einheitlichen Weltanschauung des Philosophen, liegt ein synthetisches Element, wie dies namentlich in allen wahrhaft inductiven Schritten der Naturforschung sich verräth. Freilich ist die Dichtung der Synthese in jenen einfachsten und allgemeinsten Functionen ein Schaffen, nicht des Individuums, sondern der Gattung. Es sind die unveräußerlichen Züge der Menschennatur, die sich in der Nothwendigkeit und Allgemeinheit jener Synthesen spiegeln.

Aber danach strebt auch die Speculation; wiewohl sie es in ihrer unendlichen Aufgabe nicht vollkommen zu leisten vermag. Auch die philosophische Weltanschauung, so nothwendig sie Dichtung, Schöpfung des Geistes sein muß, so möchte sie doch auf jedem Standpunkte unserer Erkenntniß die nothwendige Synthese aller Erfahrung — äußerer und innerer — zu einem Gesammtbilde sein, und je mehr dies Streben nach Nothwendigkeit in der Speculation hervortritt, desto tiefere Verwandtschaft hat sie mit dem Wesen der Wissenschaft; je mehr dagegen die Synthese an sich eine vollkommen befriedigende, Einheit in der Mannigfaltigkeit, Reichthum und Fülle in der Consequenz des Princips darbietende ist, desto mehr Verwandtschaft hat sie mit der Kunst, mit der Dichtung.

Gerade in diesem höchsten Streben aller Philosophie aber liegt auch ihre Wirkung auf die Gesammtheit unsrer Gemüthskräfte begründet. Sie wirkt auf die Intelligenz, indem sie unter Zusammenfassung der wohlgeprüften Resultate aller positiven Wissenschaften in strenger Arbeit des Nachdenkens ihren Bau zu begründen strebt; sie wirkt auf den ästhetischen Sinn durch ihr Streben nach Harmonie und Vollendung, nach Umfassung einer reichgegliederten Mannigfaltigkeit in der Einheit des Princips; sie wirkt endlich auf die ethischen Kräfte des Gemüthes schon durch den Geist freier Forschung und männlichen Muthes, der mit aller echten Philosophie verbunden ist; dann aber auch dadurch, daß nur harmonische Stille des Gemüthes und Freiheit von Leidenschaften den Boden bilden kann, auf dem ein harmonisches Weltbild entsteht. Endlich aber trachtet ja alle Philosophie nach dem Ideal, und nichts ergreift so mächtig die innersten Kräfte der Seele, an jenen platonischen Mythus von der Heimath der Seelen im Ideenlande mahnend, als eben das ächte Ideal, das uns zur Tugend fortreißt durch seine bloße Erscheinung vor dem Blick unsres Geistes.

Wie nun aber die höchste Leistung der Philosophie in dieser Herstellung der Harmonie im Innern unseres Gemüthes, in der Herrschaft des Ideals über unsere Lebensregungen und in der Ausgleichung der Noth des Wirklichen durch die Vollkommenheit der inneren Schöpfung unseres Geistes zu suchen ist, so ist es offenbar auch das höchste Ziel der philosophischen Bildung für den Einzelnen, das zu leisten, was der große Philosoph, in einem auf Generationen berechneten Musterbild, hinstellt. Der Einzelne mag sich dabei an die großen Systeme anlehnen, er mag diese mächtigen Idealbilder läuternd und erhebend auf sich wirken lassen, im Wesentlichen muß er doch eine neue Schöpfung in sich selbst erzeugen: denn wie sehr auch jede Philosophie darnach strebt, das Nothwendige, für alle Menschen Geltende, in sich zum Ausdruck zu bringen, so bricht sich doch dies Streben tausendfach an der Natur der Individualität, da ja Jeder nicht etwa nur mit dem abstracten Verstande, sondern mit seinem ganzen Wesen eintreten soll, um diese Schöpfung in sich zu erzeugen.

Hier tritt nun aber wieder ein gemeinsamer Zug der Philosophie und der Religion hervor, daß grade das letzte und höchste Ziel aller philosophischen Bildung in gewissem Sinne das nächste und einfachste ist, und auf dem kürzesten Wege (freilich nicht immer und nicht von Jedem) verlangt werden kann.

Wie alle Tiefe theologischer Studien oft nur abzieht von dem einfachen stillen Lebensgeheimniß der Religion, das sich dem schlichten Sinne des einfachsten Menschen wie ungesucht enthüllt, so kommt es auch vor, daß wir Personen, welche nie tiefere philosophische, ja auch nur wissenschaftliche Studien gemacht haben, Philosophen nennen dürfen, daß wir ächt philosophischen Sinn und Geist mit mäßigem Umfang der Kenntnisse vereinigt finden, während wir bei Personen, die den ganzen Cursus der allgemeinen Bildung und der philosophischen Disciplinen durchlaufen haben, diese gleichsam verklärte Einheit der Gemüthskräfte gänzlich vermissen.

Man darf daraus nicht etwa schließen, daß jene Eigenschaft, die man auch bei wenig gebildeten Personen als „philosophischen Geist" bezeichnet, etwas wesentlich anderes sei, als der Geist der Philosophie. Freilich spielt der Mißbrauch der Sprache auch hier seine große Rolle und es wird manchem Menschen „stoische Ruhe" oder ein „philosophischer Charakter" zugeschrieben, der sich eher durch bloßen Stumpfsinn und Phlegma auszeichnet. Diese Fälle sind aber sehr wohl zu unterscheiden von den echten, und in diesen ist in der That auch der ächte Geist der Philosophie lebendig, so bescheiden auch der Stoff sein möge, in dem er sich ausprägt.

Sehr unrichtig wäre es aber, sich diese Philosophen des täglichen Lebens zum Muster zu nehmen und alle Bildung durch Philosophie zu verschmähen, weil man auf kürzerem Wege auf eigne Hand das Ziel aller philosophischen Bildung erreichen könne; oder wenn vollends ein Mann von wissenschaftlichen Studien sich den philosophischen Schuhmacher, wie Jacob Böhme, oder selbst den reichen und weltgewandten philosophischen Kaufmann, den uns Lessing in seinem Nathan schildert, zum Muster nehmen wollte. Es kommt dabei nicht nur stets etwas Unnatürliches heraus, sondern es widerspricht auch schon dem ersten Princip aller philosophischen Bildung, wenn wir den einmal gewonnenen geistigen Inhalt ignoriren und mit der Philosophie gleichsam von vorn anfangen wollten, statt da anzuknüpfen und das weiter zu führen, was einmal durch Neigung und Lebensgang in uns angebahnt ist. Endlich aber bedarf die Gesellschaft, um selbst von philosophischem Geiste durchdrungen und dadurch

auf eine höhere Stufe gehoben zu werden, der philosophischen Bildung in
allen Individuen von einflußreicher und hervorragender Stellung, und diese
können nicht neben ihrem sonstigen Beruf Philosophen im Winkel werden,
sondern sie müssen mit philosophischem Geist zum mindesten das Material und
die Verhältnisse beherrschen, welche sich ihnen in ihren Studien und in ihrem
Wirkungskreise darbieten.

Da nun aber nach oben hin — wenigstens bis zu einem gewissen
Grade — die Theilung der Arbeit zunimmt, so wird der Schritt zur Philo=
sophie immer schwieriger, und wir brauchen uns nicht zu wundern, wenn wir
oft die schamloseste Verleugnung alles philosophischen Sinnes grade bei jungen
Gelehrten finden, die sich in irgend einer Specialität an die Spitze der gegen=
wärtigen Leistungen emporgeschwungen haben, und die nun von ihrem Ast
aus den ganzen Stamm verachtend anblicken, mit derselben Gemeinheit des
Geistes, mit welcher sich der geldstolze Industrielle etwa von der Wissenschaft
überhaupt abwendet, als von etwas, das er „nicht nöthig hat".

Hier bietet sich nun allerdings in erster Linie ein ausgedehnteres Streben
nach allgemeiner wissenschaftlicher Bildung und namentlich auch die Bildung
durch das Studium der Philosophie als Hilfsmittel der Erhebung über
die Einseitigkeit; aber zur Philosophie selbst, zu philosophischem Geist und
Wesen führen doch alle diese Studien nur, wenn der Sinn von vornherein
recht fest auf jene Einheit und Totalität des menschlichen Wesens hingelenkt ist.

Aus diesem Streben bildet sich dann eine Methode hervor, alles
Einzelne, das man in sich aufnimmt, mit allem Anderen in Verbindung zu
setzen, und in der Stille des Gemüthes jeden neuen Eindruck zu verarbeiten
und dem einheitlichen Lebenszwang völlig zu unterwerfen.

Schleiermacher schildert in seinen Monologen dies Verfahren als eine
persönliche Eigenthümlichkeit, während es doch in der That ein allgemeines
Kennzeichen philosophischer Gemüther und ein Muster der erwähnten Me=
thode ist:

„Mir ist's versagt, wenn etwas Neues das Gemüth berührt, mit hef=
tigem Feuer gleich in's Innerste der Sache zu dringen und bis zur Voll=
endung sie zu kennen. Ein solches Verfahren ziemt dem Gleichmuth nicht,
der von meines Wesens Harmonie der Grundton ist. Gerade aus meines
Lebens Mitte würde es mich werfen, mir irgend etwas so zu vereinzeln, und
in dem Einem mich vertiefend, würde ich nur das Andere mir entfremden,
ohne Jenes doch als mein wahres Eigenthum zu haben. Niederlegen muß
ich erst jede neue Erwerbung im Inneren des Gemüths und dann das gewohnte
Spiel des Lebens mit seinem mannigfachen Thun forttreiben, daß sich mit dem
Alten das Neue erst mische, und Berührungspunkte gewinne, mit Allem, was
schon in mir war. Nur so gelingt es mir allmählich, eine tiefere und
innigere Anschauung mir zu bereiten; es muß der Wechsel zwischen Betrachtung
und Gebrauch gar oft sich wiederholen, ehe ich etwas ganz durchdrungen und
ergründet zu haben mich erfreuen mag".

Gewiß ist es kein Zufall, daß diese stille, ruhige Methode dem Manne eigen war, der sich in folgenden mächtigen Worten als ein lebendiger Diener des Idealen bekannte.

„Wo ich einen Funken des verborgenen Feuers sehe, das früh oder spät das Alte verzehren und die Welt erneuern wird, da fühl' ich mich in Lieb' und Hoffnung hingezogen, wie zu den geliebten Zeichen der fernen Heimath. Auch wo ich stehe, soll man in fremdem Licht die heilige Flamme brennen sehen, den abergläubigen Knechten der Gegenwart eine schauerliche Mahnung, den Verständigen ein Zeugniß von dem Geiste, der da waltet. Es nahe sich in Liebe und Hoffnung Jeder, der wie ich der Zukunft angehört, und durch jegliche That und Rede eines Jeden schließe sich enger und erweitere sich das schöne freie Bündniß der Verschworenen für die bessere Zeit".

Nach dem gewöhnlichen Sprachgebrauch ist man geneigt, denjenigen, der philosophische Bildung hat, vom Philosophen so zu unterscheiden, daß man dem ersteren Kenntniß der Philosophie, Uebung im philosophischen Denken und eine gewisse Hingebung des Gemüths an philosophische Ideen zuschreibt, während man vom Philosophen eine geschlossene, einheitliche und originelle Weltanschauung voraussetzt. Der philosophisch Gebildete hat den Inhalt der Philosophie auf sich wirken lassen, der Philosoph hat diesen Inhalt neu in sich erzeugt und gestaltet.

Wir haben nun aber gesehen, daß gerade das Höchste, was Philosophie auch weiteren Kreisen zu bieten hat, die Wirkung auf die Totalität aller Geisteskräfte, ihre Bedeutung als Lebensprincip, nicht gewonnen werden kann, ohne daß jeder Einzelne in gewissem Sinne selbst zum Philosophen wird; denn erst in der Erhebung der Philosophie zum Ganzen einer Weltanschauung, in dieser höchsten Synthesis, wird sie zur Dichtung und gewinnt jenes belebende Feuer der Idee, welches von da aus über alle einzelnen Gebiete des Lebens und Denkens zurückstrahlt. Insofern aber müssen wir dem gewöhnlichen Sprachgebrauch sein Recht lassen, als wir philosophische Bildung auch da anerkennen, wo das Ziel dieser höchsten Synthesis zwar nicht völlig erreicht, wohl aber durch die den Gemüthskräften verliehene Richtung angebahnt und vorbereitet ist.

Ein wesentliches Mittel zu diesem Zwecke haben wir kennen gelernt: jene stille und tiefe Verarbeitung aller neu aufgenommenen Eindrücke, durch welche sie mit dem schon früher gewonnenen Inhalt des Geistes in eine enge und natürliche Verbindung gebracht werden.

Dieser geistige Assimilationsproceß, wie ihn Schleiermacher nach seiner inneren Erfahrung von sich beschreibt, führt zur Philosophie, wie er denn schon aus einer philosophischen Stimmung des Gemüthes hervorgeht. Er ist um so wichtiger, je breiter die Grundlage der allgemeinen Bildung gelegt wird, je mehr sich der Einzelne getrieben sieht, sich auch bei seinen Nachbarn auf dem großen Arbeitsfelde umzusehen, und wo möglich einen Einblick in den Plan des großen Ganzen zu erlangen. Nichts unterscheidet sicherer den

Philosophen vom Polyhistor, als die tiefe und innige Verbindung, in welche Jener alle Kenntnisse und die Resultate seiner Erfahrung und Forschung gebracht hat, während bei diesem die Kenntniß des Einzelnen gleichsam wie in einem Wörterbuche für sich dasteht und ohne fruchtbare Verbindung mit Anderem für die Gelegenheit irgend eines untergeordneten Gebrauches reservirt wird.

Man kann nun aber fragen, ob es nicht bei alledem für Jeden, der eine ernste Berufsarbeit in einem speciellen Fache zu erfüllen hat, unmöglich wird, auf diesem Wege sich zu einer philosophischen Weltanschauung zu erheben. Der Philosoph, wird man sagen, stellt sich von vornherein mit seiner Berufsarbeit selbst in den Mittelpunkt des Ganzen. Er sucht die Logik, die Methodologie zu beherrschen, die ihre Fäden über das ganze Gebiet wissenschaftlicher Arbeit erstreckt. Er macht die Functionen des Geistes in der Psychologie zum Gegenstande seines Studiums, Functionen, die wieder allem Wissen und Erkennen, wie aller Kunst und Poesie, aller Erhebung an sittlichen Ideen zu Grunde liegen. Schon bevor er sich zur Ausarbeitung eines eigenen „Systems" entschließt, hat er in der Geschichte der Philosophie die ganze Reihe früherer Versuche, sich zu einer einheitlichen Weltanschauung zu erheben, tagtäglich vor sich. Wie viele Ansatzpunkte für jeden neuen Stoff müssen sich da ergeben, die anderswo zu fehlen scheinen; wie leicht muß sich Alles ordnen und zum Ganzen schließen, wo der Grundriß gewissermaßen zum Voraus fertig ist und nur der Erfüllung mit reichem Stoff entgegenharrt.

Aber man übersieht bei dieser Meinung, daß es sich nicht um eine abstracte, von einem absoluten Mittelpunkt ausgehende Einheit der Weltanschauung handeln kann, sondern nur um eine individuelle, von einem bestimmten Punkte aus lebendig ergriffene. Wie eine reiche Gebirgslandschaft sich nur auf dem Plan in ihrer abstracten Totalität darstellen kann, während man von jedem vorspringenden Hügel, von jedem Bergesgipfel aus ein reiches, lebensvolles Gesammtbild erhält, bei welchem der Standpunkt des Beschauers zum natürlichen Mittelpunkt wird: so ist es auch im weiten Reiche menschlicher Erkenntniß, und die einförmige Vogelperspective verliert durch ihre Entfernung von allem Einzelnen und Concreten mehr an Werth, als sie durch die Gleichmäßigkeit aller perspectivischen Gesichtslinien gewinnt. Zwar ist in der Philosophie bisweilen der Anspruch erhoben worden, daß die philosophische Weltanschauung als die absolute, dem Plane des Gebirges vergleichbar, schlechthin für ein adäquates Bild der Dinge, wie sie an sich sind, genommen werden müsse; allein dieser Anspruch ist unhaltbar. Es ist uns nicht einmal die Gleichmäßigkeit jener Vogelperspective vergönnt, wiewohl wir mit jedem Versuche, uns ihr allzusehr zu nähern, die Armuth und Leere empfinden, die aus einer solchen Entfernung von Allem, was uns im Leben nahe steht, hervorgehen muß. Selbst der leitende Philosoph, der mit seiner Anschauung für eine kürzere oder längere Periode maßgebend wird, steht nicht abstracter über den Dingen, sondern erfaßt sie oft im Gegentheil gerade mit der kräftigsten und frischesten Individualität, denn es scheint ein Naturgesetz des geistigen Lebens zu sein, daß zu einer großen und allgemeinen Wirkung auf die Gemüther zwar erforderlich ist, auszusprechen, was in Vielen angebahnt ist und vielleicht in Allen keimt, aber daß dies Allgemeine zugleich in einer originellen Weise unmittelbar aus den Tiefen persönlichen Lebens hervorbreche. Wir können aber in unserm persönlichen Leben Inneres und Aeußeres, Gemüthsanlage und Beruf nicht so trennen, daß wir etwa alle Individualität in der Anlage, in unseren Geisteskräften bewahren würden, während unsere ganze Thätigkeit nur darauf gerichtet wäre, die Dinge aus der natürlichen Folge, in welcher sie uns begegnen, loszureißen und ihre Abbilder im Geiste nach einem künstlich entworfenen Schema zu ordnen.

Wir dürfen uns daher nicht wundern, wenn wir nicht nur das höchste Maß philosophischer Bildung oft mit einer bestimmten Berufsthätigkeit verbunden sehen, sondern wenn wir sogar leitende Philosophen vom größten Ansehen und Einfluß finden, welche weder in vollständiger Muße der philosophischen Forschung lebten, noch auch etwa als Lehrer der Philosophie ihren Beruf fanden in der Verbreitung einer philosophischen Weltanschauung und in der Förderung philosophischer Studien.

Diejenigen Philosophen, welche vielleicht unter allen den tiefsten Einfluß auf den Geist der neueren Jahrhunderte geübt haben, wie Baco von Verulam, Locke, Hume und in neuerer Zeit Stuart Mill, unter den Deutschen Leibniz, waren nicht „Philosophen" nach ihrem äußeren Lebensberuf und meist mit Staatsangelegenheiten beschäftigt. Aehnlich stand es in Griechenland in der vorsokratischen Zeit, während allerdings die späteren griechischen Philosophen gleich den Deutschen meist auch Lehrer der Philosophie von Beruf waren.

Unter den Männern von eminenter philosophischer Bildung, an denen namentlich Deutschland seit der zweiten Hälfte des achtzehnten Jahrhunderts so reich ist, finden wir die verschiedensten Lebensstellungen vertreten. Staatsmänner wie Wilhelm von Humboldt, Juristen wie Körner, der Freund Schillers, Theologen wie Herder, Gelehrte wie Lessing und Fr. A. Wolf, Naturforscher wie Lichtenberg und G. Forster, sind für uns in gleicher Weise leuchtende Vorbilder dafür, daß sich der Geist mit aller Hingebung einem Berufe widmen oder in die speciellsten Studien versenken und dennoch zur Erfassung des Höchsten im allgemeinen Streben des Menschengeistes emporschwingen kann.

Allerdings kommt es dabei vor, daß solche Männer anscheinend ein Doppelleben führen, wie Körner. Selbst W. v. Humboldt erscheint uns in seinen Briefen oft so, als fehle ihm die volle innere Einheit des Wesens, als seien ihm die Staatsgeschäfte nur zur Last, während er allein in den Tagen wissenschaftlicher Muße wahrhaft er selbst wäre. Allein wir brauchen nur einmal Humboldts politische Arbeiten näher anzusehen, um eine Fülle von Belegen dafür zu finden, wie eng in ihm die beiderseitigen Gedankenreihen, die philosophische und die politische, verschmolzen und verbunden waren.

(Man vergleiche z. B. nur den kleinen Aufsatz „über geistliche Musik" vom 14. Mai 1809. Werke V., S. 319, insbesondere auch die später getilgten Stellen des Conceptes.)

Daneben finden wir aber auch Männer, die, wie Fr. A. Wolf, ganz in ihrem Berufe leben und von deren philosophischen Bildung wir in ihren Werken kaum ein andres Zeugniß haben, als den hohen, stets auf das Bedeutendste gerichteten Geist, in welchem sie jedes specielle Problem anfassen. Andere wieder, wie z. B. unsere philosophisch gebildeten Naturforscher, geben zwar gern gelegentlich auch weiteren Kreisen Kunde von ihrem Sinnen und Denken über die allgemeinsten Fragen, allein sie entwickeln gleichzeitig eine so energische und großartige Thätigkeit in ihrem speciellen Fache, daß man wohl sieht, wie sie hier den Mittelpunkt ihrer gesammten Thätigkeit haben.

Solche Männer nun, welche sich, von dem ihnen gegebenen Punkte aus, über die weitesten und höchsten Fragen zu orientiren wissen, ohne darüber die ernste Arbeit an ihrer besonderen Aufgabe zu versäumen, sind uns die eigentlichen Muster für das, was philosophische Bildung auch für weitere Kreise sein kann und soll, so glänzend neben ihnen auch manchmal Andere hervorragen mögen, bei denen, wie z. B. bei Lessing, bei W. v. Humboldt, bei Herder, die philosophische Weltanschauung schon die überwiegende Summe ihrer Kräfte in ihren Dienst gezogen hat.

Auch darf Niemand befürchten, daß der Fortschritt in der Bildung zur Philosophie ihm ein mit voller Liebe ergriffenes Specialfach gleichsam herabdrücken und in eine bloß dienende Stellung versetzen werde. Hierüber hat sich schon Schelling sehr treffend ausgesprochen: „Je mehr ein Gelehrter seinen besonderen Kreis als Zweck an sich selbst begreift, ja ihn für sich wieder zum Mittelpunkt alles Wissens macht, den er zur allbefassenden Totalität erweitern möchte, desto mehr bestrebt er sich, Allgemeines und Ideen in ihm auszudrücken. Dagegen je weniger er vermag, ihn mit universellem Sinn zu fassen, desto mehr wird er ihn, er mag sich nun dessen bewußt oder nicht bewußt sein, weil das, was nicht Zweck an sich selbst ist, nur Mittel sein kann, nur als Mittel ergreifen".

Es gilt also, den philosophischen Geist in jeden Stoff hineinzutragen, ohne ihn deshalb seinem innersten Wesen zu entfremden. Im Besonderen das Allgemeine auszuprägen, ist höchste wissenschaftliche Leistung, wie es die Aufgabe aller ächten Kunst ist.

Aber ist es denn nicht auch eine Angelegenheit der Kunst in erster Linie, was wir hier der Wissenschaft zugeschrieben haben, die Aufgabe, den Menschen von der Entwürdigung seiner Person im Dienst der Einseitigkeit zu befreien und ihm das Bewußtsein seiner vollen Menschenwürde, der Totalität seines Wesens wiederzugeben?

Allerdings hat kein Geringerer als Schiller in seinen tief philosophischen Briefen über die ästhetische Erziehung des Menschen diesen Gedanken durchgeführt.

„Alle anderen Uebungen", heißt es im zweiundzwanzigsten Briefe, „geben dem Gemüth irgend ein besonderes Geschick, aber setzen ihm dafür auch eine besondere Grenze, die ästhetische allein führt zum Unbegrenzten. Jeder andere Zustand, in den wir kommen können, weist uns auf einen vorhergehenden zurück und bedarf zu seiner Auflösung eines folgenden; nur der ästhetische ist ein Ganzes in sich selbst, da er alle Bedingungen seines Ursprungs und seiner Fortdauer in sich vereinigt. Hier allein fühlen wir uns wie aus der Zeit gerissen und unsere Menschheit äußert sich mit einer Reinheit und Integrität, als hätte sie von der Einwirkung äußerer Kräfte noch keinen Abbruch erfahren".

„Haben wir uns dem Genuß echter Schönheit dahingegeben, so sind wir in einem solchen Augenblick unserer leidenden und thätigen Kräfte in gleichem Grade Meister, und mit gleicher Leichtigkeit werden wir uns zum Ernst und zum Spiele, zur Ruhe und zur Bewegung, zur Nachgiebigkeit und zum Widerstand, zum abstracten Denken und zur Anschauung wenden.

„Diese hohe Gleichmüthigkeit und Freiheit des Geistes, mit Kraft und Rüstigkeit verbunden, ist die Stimmung, in der uns ein echtes Kunstwerk entlassen soll, und es giebt keinen sichereren Probirstein der wahren ästhetischen Güte".

Und in der Recension „über Bürgers Gedichte" heißt es: „Bei der Vereinzelung und getrennten Wirksamkeit unserer Geisteskräfte, die der erweiterte Kreis des Wissens und die Absonderung der Berufsgeschäfte nothwendig macht, ist es die Dichtkunst beinahe allein, welche die getrennten Kräfte der Seele wieder in Vereinigung bringt, welche Kopf und Herz, Scharfsinn und Witz, Vernunft und Einbildungskraft in harmonischem Bunde beschäftigt, welche gleichsam den ganzen Menschen in uns wieder herstellt. Sie allein kann das Schicksal abwenden, das traurigste, das dem philosophirenden Verstande widerfahren kann, über dem Fleiß des Forschers den Preis seiner Anstrengungen zu verlieren und in der abgezogenen Vernunftwelt für die Freuden der wirklichen zu sterben. Aus noch so divergirenden Bahnen würde sich der Geist bei der Dichtkunst wieder zurecht finden, und in ihrem verjüngenden Licht der Erstarrung eines frühzeitigen Alters entgehen. Sie wäre die jugendlich blühende Hebe, welche in Jovis Saal die unsterblichen Götter bedient".

Lesen wir aber weiter, so finden wir, daß die Dichtkunst diese ihre Aufgabe nur erfüllen kann, wenn sie aus einem allseitig und tief gebildeten Gemüthe hervorgeht. „Die Sitten, den Charakter, die ganze Weisheit ihrer Zeit müßte sie, geläutert und veredelt, in ihrem Spiegel sammeln, und mit idealisirender Kunst aus dem Jahrhundert selbst ein Muster für das Jahrhundert erschaffen".

Was heißt dies aber Anderes, als daß auch vom Dichter, bevor er jenes Höchste leistet, philosophische Bildung zu fordern ist, wie der Philosoph nicht ohne einen Funken echt poetischen Feuers sich an die höchste Synthesis wagen darf.

Die Philosophie, welche in der Bearbeitung der Begriffe stecken bleibt, ist nur eine anstrengende und ermüdende Geistesarbeit, vielleicht mehr als jede andere geeignet, Erstarrung des Geistes und Armuth des Herzens und der Phantasie hervorzubringen.

Wir dürfen uns daher nicht wundern, wenn unter allen Vertretern der deutschen Philosophie gerade derjenige, welcher sich von den Ueberschwänglichkeiten der Begriffsromantik am strengsten fern gehalten und am consequentesten den Pfad des nüchternen Verstandes bis in die Abgründe transscendenter Speculation hat verfolgen wollen, wenn gerade dieser auch davor warnt, die philosophische Bildung zu früh auf ihr letztes Ziel, die vollendete Gemüthsruhe und die Einheit mit sich selbst, auslaufen zu lassen.

„Nichts Anderes", sagt Herbart gegen Schluß seiner Abhandlung ‚Ueber philosophisches Studium' „ist so täuschend, so verführerisch, als das Gefühl solcher Zustände, worin die innere Disharmonie aufhört vernommen zu werden". Statt der Eintrachtsbegierde will die Zwietrachtsbegierde leben, weil nichts dafür bürgen könne, daß die lauteste Stimme in unserm Innern auch die richtigste sei. Viel Standhaftigkeit gehöre dazu, die Qual jener Zwietracht zu ertragen, durch's Denken die Gedanken, durch die Gedanken sich selbst zu berichtigen. „Der Irrthum aber, den der Zweifel verläßt, ist ein bergabrollendes Rad, das mühelos verwüstet und bald Ruhe findet unter den Trümmern".

In diesen finsteren Worten haben wir nur den Reflex der unglücklichen Meinung vor uns, als könne der Mensch mit beharrlich fortgesetztem Verstandesgebrauch je die letzten Räthsel alles Daseins vollkommen lösen und eine die Grenzen der Erfahrung überschreitende Kenntniß der Dinge, wie sie an sich selbst sind, erlangen.

Gewiß hat die schärfste Kritik ihr Recht, so lange es noch einen Schein falscher Verstandeserkenntniß zu zerstören, so lange es noch ein Vorurtheil blinden Autoritätsglaubens zu vernichten gibt, und nichts wäre dem Manne, welcher nach höherer Bildung strebt, verderblicher, als wenn er weichlich dem Kampfe mit dem Irrthum entschlüpfen und sich an einem „Worte des Wahnes" erbauen wollte. Vorab die Freiheit, die Aufklärung auf die Gefahr einer inneren Entzweiung; dann aber dürfen auch für den Philosophen die „Worte des Glaubens" kommen: nicht eines Glaubens, der ein Fürwahrhalten todter Ueberlieferung ist, sondern des Glaubens an das Ideal, das wir selber hervorbringen. Auch von dem harmonischen Weltbild, das der Philosoph als einen Reflex der Harmonie seines Inneren in sich erzeugt, gilt das Wort Schillers:

> „Was kein Ohr vernahm, was die Augen nicht sah'n
> Es ist dennoch das Schöne, das Wahre!
> Es ist nicht draußen, da sucht es der Thor:
> Es ist in Dir, Du bringst es ewig hervor".

Deshalb ist aber auch auf dem Wege zu dem großen Ziele, bei dem Streben nach philosophischer Bildung die Hingabe des Gemüthes an wahre und große Dichtung der beste Bundesgenosse des arbeitenden Gedankens und Niemand darf befürchten, unter dem Einflusse dieser ernsten und erhebenden Macht in jene Weichlichkeit zu verfallen, die den Proceß der geistigen Befreiung hemmt und die Gährung der Uebergangskämpfe zu einem vorzeitigen Abschlusse bringt.

Wenn wir aber auf diesem Wege zur Philosophie keine unfehlbare, keine vermeintlich absolute Wahrheit erreichen, so ist das kein Verlust, sondern nur Gewinn. Auch wenn die Philosophie jemals nach dem von Kant entworfenen Plane zum ewigen Frieden gelangt, wird sich das Weltbild nicht in ewigem Einerlei in allen Gemüthern malen, sondern die ertödtende Einförmigkeit wird sich brechen an der Mannigfaltigkeit individueller Bildung. Auf der Fähigkeit, diese Mannigfaltigkeit in den Gemüthern der Gebildeten hervorzubringen und selbst den Reiz des Gegensatzes nicht fehlen zu lassen, an dem sich so oft der Funke neuen Lebens entzündet, hierauf beruht nichts Geringeres als die Erhaltung des geistigen Lebens der Nationen, das im Einerlei der Herrschaft eines bindenden Systems rettungslos verkümmern und ersterben müßte.

Auch von den Philosophen darf dann aber gelten, was Schiller den Künstlern zuruft:

> Auf tausendfach verschlungenen Wegen
> Der reichen Mannigfaltigkeit
> Kommt dann umarmend euch entgegen
> Am Thron der hohen Einigkeit!
> Wie sich in sieben milden Strahlen
> Der weiße Schimmer lieblich bricht,
> Wie sieben Regenbogenstrahlen
> Zerrinnen in das weiße Licht,
> So spielt in tausendfacher Klarheit
> Bezaubernd um den trunknen Blick,
> So fließt in einen Bund der Wahrheit
> In einen Bund des Lichts zurück.

Karl von Holtei.

Ein Lebensbild
von
Max Kurnik.

— Breslau —

r hat drei Menschenalter gesehen und ist gegenwärtig der Nestor unter den deutschen Poeten. Seine Jugendzeit traf mit der geistigen Jugendzeit des deutschen Volkes zusammen. Goethes Auge hat, wie eine untergehende Sonne, mit Wohlgefallen auf ihm geruht, und die hellsten Sterne des Jahrhunderts warfen ihren Glanz auf seinen Lebensweg. Er hat mit den Romantikern von mondbeglänzten Zaubernächten geträumt, den Sturm und Drang der Jungdeutschen durchlebt, mit der modernen Lyrik im Bunde gestanden und bis zu Beginn des letzten Viertels des Jahrhunderts rüstigen Schrittes den Weg mit den jüngsten erzählenden Dichtern eingehalten. Er hat die Erniedrigung des Vaterlandes nach dem Tage von Jena schmerzlich mitempfunden, ist dem Rufe des Königs, wo „Alle, Alle kamen" als Freiwilliger gefolgt, und durfte dem ruhm= und siegesgekrönten Sohne dieses Königs als deutschem Kaiser seine poetische Huldigung darbringen.

Will man von dem Leben eines solchen Mannes reden, so muß man mit großen Zahlen rechnen, zumal in einer knappen Skizze, wie sie hier geboten werden soll. Holteis Leben eingehend zu beschreiben, seine Schriften ebenso zu analysiren, würde ein mehrbändiges Buch erfordern. Auch sind ja die letzteren so allgemein bekannt und so vielfach commentirt, daß ich mir an dieser Stelle in erster Linie nur die Aufgabe stellen möchte, die Persönlichkeit des Dichters, den Menschen Holtei, zu fixiren. Diese Persönlichkeit ist von ganz eigenartigem Gepräge, eine Individualität, wie sie in der heutigen Zeit kaum mehr möglich und gar Vielen darum auch unverständlich und von gar Manchem darum auch verkannt und verlästert ist. Ich will es versuchen, dieser Gestalt in der nachfolgenden Besprechung gerecht zu werden. Nicht in der Weise des Panegyrikers, der einen Lobgesang auf seinen Helden anstimmt, sondern in schlichter, wahrheitsgetreuer Darstellung, für deren Authenticität ich den einen Umstand anführen will, daß es mir vergönnt war, durch fast ein ganzes Menschenalter mit dem Dichter in vertraulichem freundschaftlichem Verkehr zu leben. Und wie ich ihn in dieser langen Zeit befunden, davon will ich Zeugniß ablegen.

Ist es ein Lob oder ein Tadel, ich weiß es nicht, aber ich schreibe es ohne Bedenken nieder: als hervorstechender Zug in dem Wesen Holteis erscheint mir die **weibliche Gemüthsart** desselben, und seine Vorzüge wie seine Schwächen (auch die in seinen Dichtungen) haben offenbar in dieser Quelle ihren Ursprung. Opferwillig und hilfsbereit für Bedrängte bis zur Selbstverleugnung, gemüthsrein, leichten und naiven Sinnes bei allen Irrungen und Verirrungen des Lebensganges, mittheilsam und leichtgläubig, selbstquälerisch bis zur Krankhaftigkeit, weichherzig und gerührt bis zur Thränenseligkeit, maßlos im Lieben wie im Hassen, kritiklos im Urtheil, das meist nur vom Herzen, nicht vom Verstande, von Sympathie und Antipathie für die Person sich bestimmen läßt, bescheidenen Sinnes und einen unerschöpflichen Born von Dankbarkeit im Herzen für jedes Zeichen von Freundschaft und Anerkennung, von entzündlicher Begeisterung für alles Edle, Gute, Schöne und von flammender schrankenloser Entrüstung gegen das Gemeine und Niedrige, aufbrausend, aber schnell besänftigt, rasch entschlossen, aber ohne Energie und Ausdauer, als Freund von höchster Zuverlässigkeit, als Feind jeder Versöhnlichkeit geneigt, im Verkehr von den verbindlichsten Formen und zugleich (auch Damen gegenüber) von einer fast erschreckenden Ungenirtheit — so und niemals anders habe ich den „Breslauer Alten", wie sich Holtei mit Vorliebe nannte, bis über das 80. Lebensjahr hinaus gefunden. Dankbarkeit, Anhänglichkeit und Opfersinn leuchten wie ein Dreigestirn aus dem Seelengrund des greisen Dichters uns entgegen.

In dem Verkehr mit berühmten Schriftstellern ist es mir, wie gewiß auch manchem Anderen, häufig begegnet, daß das Bild des Autors, das ich mir lediglich nach seinen Schriften von ihm entworfen, in Folge der persönlichen Bekanntschaft Vieles an seinem Glanze einbüßte. Bei Holtei trat der umgekehrte Fall ein. Im persönlichen Verkehr lernte ich auch den Schriftsteller nur um so mehr schätzen und achten, fand ich sogar erst das rechte Verständniß für seine Schriften. Denn wie kaum bei einem Zweiten sind dieselben bei Holtei die reinsten Ausstrahlungen, das klarste Spiegelbild seiner ganzen Individualität. Kennt man diese in ihrer vielgestaltigen Eigenthümlichkeit, so gewinnt man von seinen Dichtungen den Eindruck mitgetheilter Erlebnisse, wie man andererseits bei der Verfolgung seines schicksalsreichen Lebens den Eindruck einer **Dichtung** empfängt. Werfen wir nun zunächst einen flüchtigen Blick auf den äußeren Verlauf dieses vielbewegten, wechselvollen Lebens.

Karl von Holtei ist um zwei Jahre älter als das laufende Jahrhundert. Er ward geboren zu Breslau am 24. Januar 1798 (nicht 1797, wie es in den Literaturgeschichten und im Conversations-Lexikon irrthümlich heißt) als „Husarenlind". Seine Mutter starb, nachdem sie ihm das Leben gegeben, ein Vater, ein Husaren-Offizier, wußte nicht, „was er mit einem schreienden Kinde beginnen sollte". So kam er in das Haus eines reichen Verwandten, eines Freiherrn von Arnold, wo er seine Kindheit unter den wunderlichen Zuständen alter schlesischer Adelsfamilien verlebte. Seine Erziehung war auf das Verkehrteste betrieben und wenig oder nichts geschah, um dem lebhaften Knaben Festigkeit, männlichen Ernst und ausdauernde Kraft zu geben. Er wird in eine Pension gethan, ist aber ein fauler Schüler. Und doch hätte es hier sehr Noth gethan, fleißig zu sein, denn das ihm zugedachte Vermögen der Pflegemutter schmilzt in Folge der politischen Ereignisse immer mehr zusammen. Er war Tertianer des Magdalenäums, als ihn der Theaterteufel in der Erscheinung Ludwig Devrients auf der Breslauer Bühne packte. Er träumte von diesem Augenblicke an von nichts Anderem, als Schauspieler zu werden, und um ihn von der Theaternarrheit zu heilen, schickte man ihn auf das Dorf Obernigk (bei Breslau), um dort als Eleve der Landwirthschaft einzutreten. Aber die Leidenschaft für das verhängnißvolle Brettergerüst läßt ihn nicht los, und so beginnt er Schauspiele und Operntexte zu schreiben. Aus dieser qualvollen Existenz befreit ihn nach Verlauf eines Jahres — die Rückkehr Napoleons von Elba. Er eilte als freiwilliger Jäger in das Schlesische Reserve-Armeecorps, kam aber nicht weiter als bis nach Quedlinburg. Nach seiner Rückkehr nach Breslau erklärte er sich Willens, „Student zu werden", und sein Schicksal führte ihn mit dem damals vielgenannten Schriftsteller und Dramatiker Carl Schall zusammen. Von der Zeit ab war er dem Theater verfallen. Er schrieb Drama auf Drama, und versuchte sich auf dem Schloßtheater des Grafen von Herberstein in Grafenort (bei Glatz) sogar auch schon als Schauspieler. Zu dem hier geschlossenen Bündniß mit der Schauspielkunst gesellte sich auch das Liebesbündniß mit der daselbst als Gast anwesenden Berliner Hofschauspielerin Luise Rogée, seiner späteren ersten Frau. Ein Jahr später (1817) finden wir den Studenten, Dichter und Schauspieler als „Freihäusler" wieder in Obernigk, wo er sich idyllischen Träumereien überläßt, und 1819 erscheint sein erstes Stück auf der Breslauer Bühne, das Lustspiel: „Die Farben". In demselben Jahre wagte er, Angesichts der hochadeligen schlesischen Verwandtschaft, auch auf der Breslauer Bühne als Schauspieler zu debütiren, und zwar als „Mortimer" in „Maria Stuart". Der Versuch fiel leidlich aus und er wurde, freilich nur für kurze Zeit, engagirtes Mitglied des Breslauer Stadttheaters.

Für kurze Zeit nur. Denn nun beginnt das Wanderleben, in dem er volle drei Decennien verharren sollte. Er zieht hinaus in die weite Welt, als fahrender Sänger und wandernder Schauspieler. Den letzteren hängt er indeß schon nach einem Jahre abenteuerlichen Umherirrens an den Nagel) um sich in sein Obernigker Landhäuschen zurückzuziehen, wo er sich (1821, mit der erwähnten Schauspielerin Luise Rogée verheirathet. Sie wird als Liebhaberin, er als Theaterdichter am Breslauer Stadttheater engagirt, wo er gleichzeitig ein größeres Journal gründet: „Deutsche Blätter für Poesie, Literatur, Kunst und Theater". — Aber wiederum nur für kurze Zeit. Ein Jahr darauf schon treffen wir ihn mit seiner Frau auf einer Gastspiel-Wanderschaft, zuerst in Prag, dann in Wien, später in Hamburg, um endlich in Berlin Rast zu machen, wo seine Frau wieder am Hoftheater auftrat. Für ihn beginnt hier eine erhöhte Thätigkeit auf dem Gebiete der dramatischen Poesie. Das Hoftheater führt mehrere seiner Liederscherze auf, wie die „Wiener in Berlin" und „Berliner in Wien", und er weiß sich die Gunst der vornehmsten Männer in Kunst und Wissenschaft zu gewinnen. Nach dem frühen Tode seiner Luise (1825) übernimmt er den Posten eines Directionssecretärs und Bühnendichters bei dem damals in großem Aufschwung begriffenen Königstädtischen Theater, und wiederum nur für kurze Zeit. Er brachte in dieser Stellung ebenfalls mehrere Stücke zur Aufführung, worin Schauspieler wie Schmelka, Spitzeder, Röside und auch bereits Beckmann (als Anfänger) glänzten, und trat außerdem schon damals mit großem Erfolge als Shakespeare-Vorleser in die Oeffentlichkeit. Aber die Herrlichkeit dauerte nicht lange und wir finden ihn im nächsten Winter als Begleiter seines Grafenorter Gönners, des Grafen Herberstein in Paris, wo er mit den hervorragendsten Männern der Weltstadt in Berührung kommt. Wir nennen nur: Cherubini, Paër, Auber, Scribe, Boieldieu, Cousin, Delavigne, Humboldt, Lafayette, Benjamin Constant, Meyerbeer, Rossini, Ancelot und noch viele Andere, worüber man in Holteis „Vierzig Jahren" höchst interessante Details findet. — Das Herrlichste aber sollte ihm bei der Rückreise im Frühjahr beschieden werden, wo er durch einen Zufall in Weimar festgehalten wird und bei Goethe die freundlichste Aufnahme findet. Das Talent der Causerie, das Talent anmuthig und natürlich zu plaudern, das unserem Holtei bis in sein spätestes Alter so viele Herzen gewonnen, es gewann ihm auch damals die Zuneigung des Olympiers in Weimar, den er durch ergötzliche Mittheilungen der Pariser Erlebnisse zu fesseln verstand.

Er kehrt nach Berlin zurück, schreibt seine „Lenore", die im Königstädtischen Theater mit kolossalem Erfolge gegeben wird. Julie Holzbecher spielte die Titelrolle und ein Jahr später ist sie seine Frau. Vorher war noch ein anderes Stück von ihm mit glücklichem Erfolge in Scene gegangen: „Johannes Faust, der wunderthätige Magus des Nordens". Auch die erste Ausgabe der „Schlesischen Gedichte" fällt in dieses Jahr 1828, das eines der glücklichsten seines Lebens war. Nur das Verhältniß zu dem Director des Königstädtischen Theaters scheint kein ungetrübtes gewesen zu sein, und schon finden wir ihn mit seiner jungen Frau wieder auf der Wanderschaft nach Darmstadt, wo Julie in den Verband des Hoftheaters trat. Freilich war es nur vorübergehend. Ein Jahr später ist das Wanderpaar wieder bei Cerf in Berlin, wo Holtei für seine Frau das Stück „Ein Trauerspiel in Berlin" schreibt, und worin auch Beckmann als Eckensteher „Nante" solches Furore machte, daß die volksthümliche Figur eine Weltberühmtheit erlangte. In derselben Zeit entsteht auch der vielbekannte Operntext „Des Adlers Horst", von Gläser in Musik gesetzt. Eine ganze Anzahl anderer Neuigkeiten schrieb er eigens für den Zweck seines Wiederauftretens als Schauspieler, was im Jahre 1833 im Königstädtischen Theater geschah, und zwar mit Erfolg. Er debütirte mit seinem „Hans Jürge", spielte den Wachtmeister in der „Lenore", und reussirte als Dichter und Darsteller zugleich namentlich in seinem neuen Stücke „Lorbeerbaum und Bettelstab", das ja noch bis heute ein beliebtes Repertoirestück geblieben ist. Trotzdem gelingt es ihm nicht, von Cerf einen dauernde, gesicherte Anstellung zu erlangen, und so wird denn wieder eine große Gastspielreise durch Deutschland angetreten. Der Höhepunkt dieser Reise war der Aufenthalt in Wien, wo Holtei es verstand, sich den Ruf eines begabten Poeten zu sichern. Erzeugnisse seines Wiener Aufenthalts waren: „Wiener in Paris" und „Shakespeare in der Heimath". Und wieder geht es zurück über Dresden nach Berlin, wo sich für Julie die Aussicht auf ein Engagement beim Königlichen Theater eröffnet hatte. Als sich auch diese Hoffnung zerschlägt, da faßt er den Entschluß, sich ganz von dem Theater abzuwenden. „Fahre hin, du letzter meiner lang geträumten Jugendträume. Von nun an setze ich mein Bestreben an eine Gattung Schriftstellerei, die nicht von Wind und Wetter, nicht vom Augenblick vernichtet werden kann; ich schreibe für die Lesewelt. Frau und Tochter (letztere aus erster Ehe) will ich durch meine Feder schon ernähren." Und so setzt er sich denn im Beginn des Jahres 1837, da er eben in sein 40. Lebensjahr eingetreten ist, hin und beginnt den ersten Band seiner später so berühmt gewordenen „Vierzig Jahre". — Aber auch dieser Entschluß sollte keinen Bestand haben. Holtei folgt einem ehrenvollen Rufe als Director des neu errichteten deutschen Theaters in Riga, und der dortige Aufenthalt muß, nach seinen Memoiren zu schließen, für ihn wie die Familie ein höchst beglückender gewesen sein. Doch schon vor Ablauf des zweiten Jahres stirbt Julie in Folge einer unglücklichen Entbindung, und nun schnürt der unstäte Mann wieder sein Bündel. Es duldet ihn nicht länger an der Unglücksstätte, und allem Zureden der Freunde, in Riga zu verbleiben, setzt er das trostlos trotzige Wort entgegen: „Ich kann nicht, ich will nicht!" Er übergiebt seine einzige Tochter Marie der Pflege eines befreundeten Pastors, sucht seinen alten Shakespeare hervor und zieht als öffentlicher Vorleser kreuz und quer durch die deutschen Lande. 1840 treffen wir ihn wieder in Berlin. Zu Ende desselben Jahres sehen wir ihn vorübergehend auf der Bühne des Carltheaters in Wien, hauptsächlich aber unter ungeheurem Andrang der Wiener Bevölkerung als Vorleser auftreten. Im stolzen Bewußtsein der errungenen Bedeutung durfte der sonst so bescheidene Mann damals über sich selbst die Worte niederschreiben: „Deshalb alle Bescheidenheit bei Seite, brauch' ich die Bühne nicht; und wenn ich auch eben kein berühmter Schauspieler bin, bin ich doch immer auch Jemand". Nachdem er im Jahre 1842 seine Tochter an einen angesehenen Advocaten in Graz (Steiermarl) verheirathet, lehrte er nach Berlin zurück, wo es im Plane war, ihn zum Vorleser des Königs Friedrich Wilhelm IV. zu machen. Die Sache zerschlug sich indeß. Er läßt inzwischen die ersten Bände der „Vierzig Jahre" erscheinen und tritt im Sommer 1844 als Vorleser eine Kunstreise an, die diesmal ganz Deutschland umfassen sollte. Aber schon auf der zweiten Station, Liegnitz, packt ihn der Theaterteufel auf's Neue, und er nimmt den verlockenden Antrag an, in seiner Vaterstadt stellvertretender Director des Stadttheaters zu werden, in welcher Stellung er es freilich wieder nicht länger als ein halbes Jahr aushielt. Schon im Frühjahr 1845 flieht er Breslau und folgt einer Aufforderung des Fürsten Hatzfeld auf Schloß Trachenberg, wo er den 5. und 6. Band der „Vierzig Jahre" vollendet. Im Winter hält er wieder sehr zahlreich besuchte Vorlesungen in Breslau, tritt dann die unterbrochene „Kunstreise" durch Deutschland an, überall Gönner und Freunde findend, überall mit Ehren überschüttet. Es ist ein Siegeszug. Der fünfzigjährige Poet ist wieder voll Sang und Klang und inmitten der Seinigen in Graz erhält er im Sommer 1847 einen Ruf des Trachenberger Fürsten, der „seinem ländlichen Aufenthalte auch ein Stück von einem Hauspoeten einverleiben will". Der Fürst handelte offenbar in der wohlwollenden Absicht, daß der fahrende Poet den Rest seiner Tage friedlich und zum Nutzen der Musen zubringen möge, was zum Theil auch erreicht wurde. Denn dem Trachenberger Aufenthalte verdanken wir eines der besten und frischesten Werke Holtei's: die „Stimmen des Waldes". Aber er sollte sobald keine Ruhe finden. Der Märzsturm des Jahres 1848 jagt ihn auf aus dem stillen Asyl. Als eifriger Royalist, der kein Blatt vor den Mund nimmt, fühlt er sich bei der damaligen Zeitströmung an keinem Orte sicher und behaglich. Er pilgert gen Norden, hält wieder Vorlesungen in Hamburg, Bremen, Lübeck, Schwerin rc., bearbeitet Shakespeare's „Comödie der Irrungen" und „Viel Lärm um Nichts" für die Bühne, rückt auch mit einem neuen Stück heraus: „Zum grünen Baum", das als ein Zeitstück vielfach angefochten wird, schreibt den 7. und 8. Band der „Vierzig Jahre" und kehrt endlich 1850 nach Graz zurück, wo er sich einen Schreibtisch kauft.

Mit diesem Schreibtisch beginnt ein entscheidender Wendepunkt in Holtei's Leben. Der müde Wanderer kommt zur Ruhe, er wird seßhaft. Aus dem fahrenden Liedersänger wird ein fleißiger Bücherschreiber. Es beginnt die Epoche seiner Roman-Schriftstellerei, und, bezeichnend genug für sein bisher geführtes Vagabundenleben, erscheint sein erster Roman unter dem Titel: „Die Vagabunden" (1852). Er ist seßhaft und fleißig. Von jetzt ab vergeht kein Jahr, ohne daß er der Lesewelt einen Roman, oder eine Erzählung brachte, so daß die Trewendt'sche Verlagshandlung bereits in der Zeit von 1861—1866 eine Gesammte Volksausgabe von Holteis „Erzählenden Schriften" in nicht weniger als 37 Bänden veranstalten konnte. Nicht weniger fruchtbar ist das folgende Jahrzehnt (1866—1876), nachdem er 1864, und diesmal für immer, nach seinem geliebten Breslau übergesiedelt war. Sein Leben verläuft in dieser letzten Epoche wie ein ruhiger Strom im milden Abendschein. Wohl stellen sich die Gebrechen des Alters ein, aber bis nahe dem 80. Lebensjahre bleibt seinem ganzen Wesen ein gewisser Hauch von Jugendlichkeit. Seine bescheidene Wohnung im dritten Stock eines alten Hotels („Zu den drei Bergen") ist der Mittelpunkt des regsten geistigen Verkehrs, und selbst der greise Fürstbischof Dr. Förster scheut die drei Treppen nicht, um eine Stunde der Unterhaltung mit Holtei zu genießen. Täglich kehren Männer und Frauen jedes Alters, jedes Standes und aus den verschiedensten Berufskreisen bei dem „Breslauer Alten" ein, und stets ist er es, der die Kosten der Unterhaltung trägt. Kein junger Lyriker, kein angehender Dramatiker, kein beginnender Bühnenheld, der nicht bei Holtei anklopft und seinen Rath, seinen Beistand erbittet. Kein Schriftsteller oder Künstler, der Breslau passirt, der nicht zur kurzen Rast bei dem „Alten vom Berge" einkehrt. Es ist wie ein ununterbrochenes Wallfahrten nach der mansardenartigen Wohnstätte des greisen Dichters. Sie kommen von Nah und Fern, Männlein wie Weiblein, ehrwürdige Matronen wie zierliche Backfischchen, um dem liebenswürdigen Alten zu huldigen und sich ein Autograph oder ein Bildchen zu erbitten. Er wird in allen möglichen Tonarten angesungen und noch mehr vielleicht angebettelt. Ist es doch allgemein bekannt, daß er den letzten Silberling mit dem Hilfsbedürftigen theilt, und wenn die eigenen Mittel nicht ausreichen, scheut er weder Mühen noch Strapazen, um Hilfe und Beisteuer aus anderen Quellen zu beschaffen. Und er thut dies Alles mit einer Freudigkeit und in so schonender Art für den Hilfesuchenden, daß man ihn ohne Uebertreibung der geringen Zahl von Edlen beizählen darf, als deren Lebensdevise das Dichterwort gilt: „Edel sei der Mensch, hilfreich und gut". Schwerer dagegen wird es ihm, den zahlreichen Ansprüchen zu genügen, welche die Geselligkeit an ihn stellt. Wo irgend eine Abendgesellschaft versammelt ist, soll der Alte vorlesen oder erzählen, zu Festlichkeiten soll er Gedichte fabriciren, und selten nur versagt er seine Dienste, so lange es seine Kräfte nur gestatten. Er wird die populärste Persönlichkeit in den schlesischen Gauen. Wenn die hohe, vom Alter ungebeugte Gestalt mit dem ehrwürdigen, von Silberhaar reich umwallten Haupte, aus dessen hellblickenden blauen Augen Milde und Güte strahlen, durch die Straßen und über die Promenaden von Breslau dahinschreitet, da sammeln sich die Schulkinder auf seinen Wegen und grüßen ihn als den altbekannten „alten Holtei", und die Hökerfrauen auf den Marktplätzen rufen sich zu: He, da kommt unser alter Holtei! Die Sorgen um die materielle Existenz sind von ihm genommen. Er wird zuerst Pensionär der Schillerstiftung, später wendet ihm auch die schlesische Provinzial-Standschaft eine gleiche Pension zu, und er wird endlich auch Pensionär des Königs, der ihn am 80. Geburtstage auch mit dem Ritterkreuz des Hausordens der Hohenzollern schmückte. Dieser 80. Geburtstag wurde in allen deutschen Ländern und auch darüber hinaus, wie in Riga, ja sogar jenseits des Oceans, mit festlichen Aufführungen aller Art begangen, ganz besonders aber in Schlesien und seiner Hauptstadt. Schlesien feierte seinen Dichter. In den kleinsten Städten und Flecken der Provinz, ja selbst auf Dörfern wurde der Holtei=Tag gefeiert, in großartiger Weise namentlich in Breslau selbst, wo sich ein Fest=Comité Behufs Gründung einer Holtei=Stiftung gebildet hatte. Die bei dieser festlichen Gelegenheit aus mannigfachen Beiträgen aufgebrachte ansehnliche Summe (die deutsche Kaiserin betheiligte sich daran mit 1000 Mark) wurde der deutschen Schillerstiftung überliefert, welche die Verwaltung der Fonds mit der Verpflichtung übernahm, die Zinsen derselben alljährlich unter dem besonderen Vermerk „Holtei=Stiftung" an hilfsbedürftige Schriftsteller zu verwenden; daß damit so verfahren werde, geschah in Uebereinstimmung mit den Wünschen des Jubilars.

Er selbst aber, dem zu Ehren an diesem denkwürdigen Tage so viel festliche Kränze geflochten, so viel Hymnen gesungen wurden, er saß in einsamer Zelle im Hospiz der „Barmherzigen Brüder", wohin er sich seiner körperlichen Gebrechen wegen in Pflege hatte begeben müssen. Wie ein letzter Sonnenblick streifte dieser 24. Januar noch das greise Haupt des müden Wanderers. Unaufhaltsam brach jetzt die Dämmerung traurigen Siechthums über ihn herein, schwere Leiden halten ihn erbarmungslos in ihren Banden, und nur einzelnen Getreuen ist es noch gestattet, von Zeit zu Zeit an dem Schmerzenslager des langsam absterbenden Poeten zu verweilen. Was er einst in der Fülle des Lebens sich gewünscht: „Zu sterben ohne Aerzte, Betten, Wärterin, und Arzneiflaschen, am lauen Sommerabend, eingesungen vom Schlafliede der Finken . . . das müßte ein schöner Tod sein" — es sollte sich ihm nicht erfüllen. Seit Jahr und Tag empfindet er das Leben nur noch als schwere Bürde und hofft täglich und stündlich auf den großen Erlöser — Tod.

Die Summe dieses unstäten Erdenwallens hat Professor Weinhold in seiner Festrede am 24. Januar 1878 kurz und treffend mit folgendem Passus gezogen: „Holtei ist ein vielseitig entwickeltes Wesen; er ist Dichter, Redacteur, Schauspieler, Liedersänger, künstlerischer Vorleser, Meister im plaudernden Gespräch und im Briefwechsel gewesen; er war ein wilder fahrender Geselle und ein fleißiger Bücherschreiber; er verlor sich in leichtsinniges, thörichtes Treiben, und gab sich kindlich weich dem stillen Leben der Natur hin und lauschte den ernsten Geheimnissen der menschlichen Seele. Eine dunkle Macht jagt ihn in früher Jugend auf die wirren Pfade seines Lebens, und dieser Macht ist er gefolgt, wohin sie ihn führen wollte, ohne ihr bewußten Willen entgegenzustellen". Diese charakteristische Darstellung Weinholds möchte ich durch die vielleicht etwas gewagte Bemerkung ergänzen, daß Holteis Individualität in mehr als einem Zuge an J. J. Rousseau erinnert. Wie dieser ließ sich unser schlesischer Dichter gern gehen und schwamm gern auf den Wogen des Gefühlsmeers. Wie bei dem Verfasser des „Emile" überwog auch bei Holtei das Gemüthsleben alle anderen Strömungen des Geistes, und auch darin erinnert er an Rousseau, daß er gleich diesem, immer gern auf sich zurückkehrend, seine Enttäuschungen, Fähigkeiten und Unzulänglichkeiten selbstquälerisch zergliederte und diesen Betrachtungen häufig auch die Selbstverspottung hinzufügte. Wir treffen ferner bei ihm, wie bei dem Genfer, ein reich entwickeltes Naturgefühl, eine seltene Natürlichkeit, zu der sich eine tiefe Empfindsamkeit gesellt, mit dem Unterschiede jedoch, daß diese Züge bei Holtei von dem wohlthuenden Schimmer des Humors durchleuchtet werden. Man empfindet diesen Vorzug insbesondere, wenn man Holtei's „Vierzig Jahre" mit Rousseau's „Confessions" vergleicht. Wie in diesen erzählt der Verfasser in den „Vierzig Jahren" mit einer zuweilen erschreckenden Offenheit die Erinnerungen seines Lebenswandels. Aber während die Bekenntnisse Rousseaus meist einen widerwärtigen Eindruck machen, berühren sie uns bei Holtei mit dem Zauber eines naiven Humors, der dem Leser über das Cynische des Geständnisses leicht hinweghebt. Holtei schildert seine Verirrungen anmuthig und bescheiden, er verbreitet über die tollen und leichtsinnigen Streiche seiner Jugendjahre einen solchen Duft, daß man ihm gar nicht gram werden kann, ihn öfter sogar um die Erlebnisse beneiden möchte. Im Uebrigen geben diese „Vierzig Jahre" nicht bloß den Schlüssel zu der inneren Geschichte seiner Werke, sondern sind zugleich auch eine der reichhaltigsten Quellen für die geschichtliche Kenntniß der Cultur-, Literatur- und Bühnenzustände in der ersten Hälfte unseres Jahrhunderts. Man erkennt darin auch bereits das große Talent des Autors für die Romanschriftstellerei, das erst später zu so reicher Entfaltung gelangen sollte. Denn die „Vierzig Jahre" sind gewissermaßen als ein „autobiographischer Roman" anzusehen.

Unter den zahlreichen Göttern und Götzen, zu denen sich unser Dichter in seinem ruhelosen Leben bekannt, ragen indeß zwei Idealbilder hervor, zu welchen er in unwandelbarer Liebe und Verehrung ausharrt und die ihm auch auf den dunkelsten Irrwegen als helle Leitsterne den Pfad erleuchteten. Die Liebe zu dem preußischen Königsthum und zu der schlesischen Heimath ist die Axe, um die sein Geistesleben rotirt, der Born, aus dem ihm Begeisterung und Schaffenslust zuströmt. In dieser Doppelliebe ruhen die Wurzeln seiner ganzen Kraft. Aufgewachsen in den Traditionen des Altpreußenthums, erfüllt von den gewaltigen Eindrücken, die seine junge Seele an Ort und Stelle des königlichen Aufrufs „An Mein Volk" in sich aufnahm, bei seinem Aufenthalt in Berlin, der ihm zur zweiten Heimath ward, durch die Huld und Gunst des Königs auf das Schmeichelhafteste ausgezeichnet, empfand er die Liebe zu dem Hause der Hohenzollern wie eine Naturnothwendigkeit. Das patriarchalische Regiment eines Friedrich Wilhelm III. erschien ihm das Ideal aller Regierungsformen, und so kam es, daß er vom Jahre 1848 ab als „Reactionär" verrufen wurde. Er war nichts weniger als das, vielmehr durch und durch ein freisinniger Mann. Nur sein preußisches Königshaus durfte nicht angetastet werden, in dieser Beziehung konnte er sich zu keinerlei Concession entschließen. Und versuchte man es etwa in der Discussion ihn durch die Darlegung der politischen Nothwendigkeit von der Einschränkung des Königthums zu überzeugen, so flüchtete er sich hinter die Schutzmauer: „Von Politik verstehe ich nichts!" Daß er sich aber gegen die Bewegung der Zeit nicht ganz blind verhielt, davon überzeugt uns eine seiner Aufzeichnungen gerade aus dem Jahre, in welchem seine royalistischen Gefühle am empfindlichsten verletzt wurden, aus dem Jahre 1848. In der Bedrängniß, wohin sich bei diesen politischen Stürmen wenden, blieb sein Blick auf Hamburg haften. Hamburg, dachte er, ist ja eine freie Stadt, und hat Alles, weßwegen die „Agitatoren" bei uns Dorf und Stadt aufrühren. In Hamburg schreibt er dann Folgendes nieder: „Ach! es bedurfte nur weniger Tage, um mir anschaulich zu machen, daß es in Hamburg nicht anders stand, als ich es in Graz, Wien, Preßburg, Breslau verlassen. Diese Wahrnehmung schlug mich nieder. Aber sie erhob mich auch wieder, geistig und gläubig, weil sie mir mit eindringlicher Stimme zurief, daß es kein zufälliges, werthloses, übermüthiges Beginnen sein könne, welches der Sturm der Zeit durch alle deutschen Länder bis an die Küsten des Meeres hin anfachte; daß der Geist Gottes auch im Unwetter walte; daß auch aus dem Wahnsinn des Augenblicks die Weisheit des Ewigen rede!"

Als vollends allgebietende Macht über Holtei erwies sich durch sein ganzes Leben seine Liebe zum schlesischen Heimathslande. Mit treuerer Liebe hängt kein Kind an seiner Mutter, wie unser Dichter an Schlesien. Dieses Heimathsgefühl lodert wie eine heilige Flamme auf dem tiefsten Grunde seines Herzens, an diesem Gefühl befruchtete sich sein Talent mit stets neuen Trieben. Ob sich Leid auf sein Haupt herniedersenkte, ob ihn Freude und Glanz umgab, die schlesische Heimath war es allein, in deren Schatten er Trost und Erquickung suchte und auch stets fand. In den „Schlesischen Gedichten" finden wir schon aus dem Jahre 1828 ein in Berlin geschriebenes Gedicht, das diesem Heimathsgefühl lebhaften Ausdruck giebt. Das Gedicht ist überschrieben: „Derheeme" und hat folgende Schlußstrophe:

> „Die Sehnsucht (nach Schlesien nämlich) will ich wie an'n Schatz verwahren,
> Denn meiner Seele ihs se Honigseem,
> Und ihs 's nich ehnder, is 's mid weißen Haaren;
> Eh=b=uf a Stirbs ich giehn thu, mußß ihch heem;
> Ja, wenn's noch irschte nach m'em Tode wäre! —
> Giebt's nich de Längde, giebt's doch in de Quäre.

Noch bezeichnender für diese seine Gefühlsrichtung ist das reizende Gedicht „Suste nischt, ack heem", worin die hübsche Geschichte erzählt wird, wie Flurs Friedel, der kleine Hirtenbub, ein „Prinzel" aus dem Wasser rettete und zum Dank dafür von den fürstlichen Eltern als ihr eigenes Kind auf das Schloß genommen wird. Der Bub aber „zergrähmte" sich schier in der fürstlichen Umgebung und die besorgte Fürstin redet ihm freundlich zu und spricht:

„— — Was wünscht sich denn Dei Härze?
Was möcht'st De denn? Sperr's Guschel uf und sprich.
Du hast mer meines Läbens Glücke ja
Verhalten. Was Du han willst, das geschieht!
Was willst D' benn, hä?"
Darauf Friedel:
„Sen Sie nur schund nich biese Frau Durchlauften,
Heem möcht' ihch; suste weiter nischt; ack heem!"
Und nun zum Schluß die Anwendung auf den Autor selbst:
— — — — — — Mir
Giehts akkerat nich anderseh, wie däm Friedel:
Mich han se ooch schund manchmal da und durten
Gar siehr traktirt und han mer Gut's gethau;
Bei Fürschten und Herzogen und Grafen,
Scheene Frauwölter und gelehrte Herrn,
In größern Städten und auf hochen Schlössern,
In fremden Landen, oder suste wu,
Daß ihch mihch eegen schaamte, weil ich's im
Nich werth bihn! — Nu 's gefiel mir schund, o ja!
— Im besten Freu'n, im allergrüß'ten Teebse,
Ließ sihch doch immerzu de Sehnsucht spieren.
Nach wahs? — Nu globt mer'sch, oder globt mer'sch nich:
Heem will ihch, suste weiter nischt, ack heem!"

Ja, so war's stets um ihn bestellt. Au welches Ufer die wilden Meereswogen im Leben ihn auch trieben, der Heimath konnte er nicht entfliehen, und so finden wir ihn Tage und Jahre: „Das Land der Schlesier mit der Seele suchend".

War es eine Tugend, war es eine Beschränktheit, genug, diese Liebe zur schlesischen Heimath beherrschte sein ganzes Thun und Lassen, und sie auch war es, die ihn zum Dichter machte, zu dem Dichter wenigstens, als welchem ihm die Geschichte der Poesie einstens einen unbestrittenen Ehrenplatz in ihren Annalen anweisen wird. Und hier bin ich an dem Punkte angelangt, wo es sich darum handeln wird, wie bisher dem Menschen Holtei, so nun auch dem Dichter Holtei gerecht zu werden, obwohl dies bei den mir angewiesenen räumlichen Grenzen nur in dem Hauptpunkte und nur andeutungsweise geschehen kann. Ueber diesen Hauptpunkt gehen die Literaturgeschichten unsers Jahrhunderts, wo sie auf Holtei zu sprechen kommen, stillschweigend hinweg. Sie beurtheilen den Lyriker, den Dramatiker, den Romanschreiber mit mehr oder weniger Wohlwollen, der fundamentale Standpunkt aber, auf dem unser Dichter erst seine richtige Beleuchtung erhielte, wird meist ignorirt. Und er ist doch so leicht erklärlich und in das Auge springend!

Karl v. Holtei ist der vorzüglichste und eigentlichste Vertreter von Schlesiens Antheil an deutscher Poesie.

Bekannt genug ist, was Schlesien, diese östlichste Provinz Deutschlands, für die deutsche Poesie geleistet hat. Fast für ein ganzes Jahrhundert, das siebzehnte, hatte sich die gesammte deutsche Poesie in diese äußerste Ecke des deutschen Vaterlandes geflüchtet. Der erste Lyriker seiner Zeit, Martin Opitz, der

talentvollste Dramatiker, Andreas Gryphius, der witzigste Epigrammatiker,
Logau, und der gebildetste Romanschriftsteller, Lohenstein, sämmtlich
Schlesier, und noch viele andere Söhne dieser Provinz, sie repräsentiren das
ganze Wachsthum und die volle Entfaltung der deutschen Poesie des Jahrhunderts, und es ist wohl nicht zu viel gesagt, wenn man wie Goethe für
das 18. Jahrhundert, so namentlich Opitz für das 17. als den „Culminations-
punkt deutscher dichterischer Triebkraft anerkennt". — Ziemlich geringfügig
ist Schlesiens Antheil an der dichterischen Entwicklung im 18. Jahrhundert
geblieben, wo hingegen es im 19. durch ein stattliches Contingent hervorragender
Poeten vertreten ist. Ich nenne nur: Raupach, Eichendorff, W. Alexis,
Laube, Freytag, Strachwitz, die alle in Schlesien geboren sind. Schlesien hat
Deutschland also viele und bevorzugte Dichter gegeben. Wenn ich Holtei
aber trotzdem den vorzüglichsten Repräsentanten Schlesiens in der deutschen Poesie
nenne, so geschieht das in einem ganz anderen Sinne, als der bloßen Ab-
stammung nach. Hervorgegangen aus Schlesien sind sie allerdings, die
Vorerwähnten, als specifisch schlesischer Dichter aber ist Holtei vor
Allen zu nennen. In seinen Werken ist die ganze Eigenart des Schlesiers
zu ihrem reinsten Ausdruck gelangt, und er schien dazu geboren, das
schlesische Volksthum dichterisch zu verkörpern. Der volksthümlich-
vaterländische Ton, die heimathliche Farbe, die alle seine Bücher charakterisiren,
das ist es, was ihnen auch einen gesicherten Platz in der deutschen Literaturgeschichte für die Zukunft verbürgt. „Holtei ist der literarische Vertreter der
schlesischen Art" — sagte Weinhold in der erwähnten Festrede — „nicht weil
er Gedichte in schlesischem Dialekte verfaßte, sondern weil die Adern des
schlesischen Blutes durch seine Persönlichkeit gehen und seine Schriften von
seiner Person unzertrennlich sind". — Sehr schön finden wir denselben
Gedanken auch in einem schon vor vielen Jahren von Dr. S. Meyer
gedichteten Festlied ausgedrückt, dessen vorletzte Strophe folgendermaßen lautete:

„So tief fuhr Keiner in den Schacht
Des Schlesiervolkes ein,
Noch Keiner hat herauf gebracht
Solch köstliches Gestein;
Den Geist des Volkes hat enthüllt
Dein helles, kerniges Lied,
In allen deutschen Gauen gilt
Das schlesische Gemüth".

Nachdem ich hiermit den allgemeinen Grundzug in Holteis dichterischem
Schaffen präcisirt, werde ich, in Berücksichtigung des Raumes, bei der Würdigung
seiner zahlreichen Werke dieselben nur gruppenweise in Betracht ziehen
können, was übrigens dem eigentlichen Zweck dieser Skizze vollständig Genüge
leistet.

Wie schon aus dem skizzirten Lebensgange des Dichters zu ersehen,
gliedert sich seine poetische Gesammtthätigkeit in zwei große Hälften, wovon

die erste den lyrischen und dramatischen Schöpfungen angehörte. Sprechen wir also zuerst von diesen.

An die Spitze der lyrischen Productionen Holteis sind zwei Werke zu stellen, deren Werth man noch in den spätesten Zeiten würdigen wird, nämlich: die „Stimmen des Waldes" und die „Schlesischen Gedichte". Auf die unzähligen Gedichte, die er sonst verfaßt und die ihm durch sein ganzes langes Leben gewissermaßen das Geleit gaben, kann ich hier nicht eingehen. Es sind fast lauter Gelegenheitsgedichte, die aber meist aus dem besonderen Anlaß die allgemeine und poetische Nutzanwendung ziehen. Er selbst sagt darüber:

> „Für etwas Höheres hielt ich mich nie
> Als für den Dichter der Gelegenheit,
> Wie man es nennt. Vergebens bin ich nicht
> Ein Schlesier — und was das heißen will
> Bei lyrischen Poeten, jeglich Handbuch
> Der Literargeschichte meldet's Euch
> Seit grauen Jahren! Wohl ein Segen ist's,
> Ein Segen, den ich oft empfunden habe:
> Den Augenblick erfassend frisch und froh,
> Sich der Gelegenheit rasch zu bemächtigen,
> Den Ton zu treffen, edle große Kreise
> Durch Wort und Klang gesellig anzuregen
> Im Ernst, wie Scherz — noch leben Viele,
> Die mir's bestätigen. Ein Segen ist's —
> So lang es dauert".

Nun, es hat lange genug gedauert. Bis in sein spätestes Alter war er stets bei der Hand, „sich der Gelegenheit rasch zu bemächtigen" und „edle große Kreise durch Wort und Klang gesellig anzuregen". In ganzer Größe zeigt sich der Lyriker Holtei aber erst in den erwähnten zwei Werken. In den „Stimmen des Waldes" offenbart sich das tiefe Naturgefühl des Dichters in mannigfacher Form. Aus dem Gewühl der Menschen hat er sich in die Waldeinsamkeit geflüchtet, wo er dem Rauschen der Bäume, dem Singen der Vögel lauscht und in der Beobachtung des Thier- und Pflanzenlebens Ruhe und Erquickung sucht. Der Leser findet sie mit ihm. — Vom großartigsten Erfolge begleitet waren die „Schlesischen Gedichte". Habent sua fata libelli. Die erste Ausgabe dieser Gedichte erschien 1830 und trotz der sehr bescheidenen Ziffer der Auflage bedurfte es voller 20 Jahre, ehe an eine zweite Ausgabe gedacht werden konnte. Von dieser Zeit aber (1850) wächst die Theilnahme für die Gedichte in solchem Maße, daß sie in Tausenden und aber Tausenden von Exemplaren, in Miniatur-, Volks- und illustrirten Pracht-Ausgaben verbreitet werden und bis zur 15. Ausgabe (letzter Hand) gelangen. Man kann ohne Uebertreibung sagen, daß die „Schlesischen Gedichte" in unserer Provinz in den Palästen wie in den Hütten anzutreffen sind, und daß sie gewissermaßen wie Gesangbuch und Kalender zu jedem Haushalt der Schlesier gehören. Ihren Titel „Schlesische Gedichte" verdienen sie aber nicht blos wegen der schlesischen Mundart, in der sie gedichtet sind, sondern noch weit mehr durch das eigenartige schlesische Leben, den specifisch schlesischen Charakter, der ihnen aufgeprägt ist. „Wer Schlesien und die Schlesier kennen lernen will, greife zu Holtei's Gedichten", schrieb Göbekes Wochenschrift schon im Jahre 1854, und seitdem haben auch gar viele tausend Hände darnach gegriffen. Die „Schlesischen Gedichte", nach Hebels Vorbildern und aus dem Gefühle innigster Heimathsliebe entsprungen, sind ein Werk von so seltenem poetischen Werthe, daß es allein hinreichen würde, den Namen des Autors bis auf die Nachwelt zu bringen. Mit diesem Werke hat sich der Lyriker Holtei das dauerndste Denkmal gesetzt.

Ein gut Stück Lyriker ist übrigens auch in dem Dramatiker Holtei noch anzutreffen, dem ich mich jetzt zuwende. Denn ein lyrischer Grundzug geht durch die meisten dramatischen Productionen Holtei's, die das ganze Gebiet von der Posse bis zur Tragödie umfassen. Er hat ein halbes Hundert Stücke und darüber geschrieben, von denen er aber in die zweite Ausgabe „letzter Hand" (6 Bände 1867) nur 31 aufnahm. Das erste Stück „die Farben" erschien 1819, die letzte dramatische Production war „Jung und Alt" (1855). Ich lasse nachstehend das Verzeichniß dieser Stücke folgen, wobei ich jedoch von einer chronologisch geordneten Reihenfolge absehe. (Die mit gesperrter Schrift angeführten Stücke sind in Breslau gegeben worden und die beigefügte Jahreszahl bezeichnet die erste Aufführung in Breslau). Die Stücke heißen: Die Farben (1819), Die Königslinde (1819), Der Solosänger (1820), Stanislaus (1822), Stoberl als Robinson, Dr. Johannes Faust, Anna Rossignol, Die Sterne, Theodor und Leonhard, Schwur und Erfüllung (1822), Das akademische Erinnerungsfest (1822), Drei Neujahrscherze (1822—23—45), Vorspiel zum travestirten Hamlet, König Mai, Die deutsche Sängerin in Paris (1826), Der Debütant, Tauber und Taube (1845), Lenore (1829), Der dumme Peter (1834), Ein Trauerspiel in Berlin (1834), Der alte Feldherr (1826), Robert der Teufel, Wiener in Berlin (1824), Berliner in Wien (1828), Wiener in Paris (1834), Pariser in Wien, Lorbeerbaum und Bettelstab (1834), Goethes Todtenfeier, Des Adlers Horst (1833), Der Kalkbrenner (1826), Shakespeare in der Heimath (1838) Die weiblichen Drillinge (1834), Erinnerung (1834), Der Dichter im Versammlungszimmer, der Berliner Droschkenkutscher, Margarethe (1845), Welch ein Auftritt!, Hans Jürge (in 1 Act 1845, in 2 Acten 1866), Des Sohnes Rache (1839), Der Brunnenarzt, Sie schreibt an sich selbst (1844), Herr Heiter (1834), Ein Achtel vom großen Loos (1834), Erich, der Geizhals, Das Liederspiel (1834), Dreiunddreißig Minuten in Grünberg (1839), Zum grünen Baum (1849), Jung und Alt (1855). — Von Shakespearischen Stücken in Bearbeitung von Holtei sind folgende zur Aufführung gekommen: König Heinrich IV. Erster Theil (1822), Coriolan (1845), Viel Lärm um Nichts (1849) und die Comödie der Irrungen (1852).

Von diesen Stücken ist eine ganze Anzahl bis auf den heutigen Tag populär geblieben, und dem Schauspiel „Lenore" wurde noch im Jahre 1866, bei Gelegenheit des Einzuges der Armee in Berlin, die Auszeichnung zu Theil, als nationales Festftück neben Lessings „Minna v. Barnhelm" auf der königlichen Bühne gegeben zu werden. Ohne die vielfach von der Kritik gerügten Schwächen der dramatischen Muse Holteis zu verkennen, muß doch andererseits zugegeben werden, daß ein schon 60 Jahre andauernder Erfolg auf der Bühne sicherlich eine Thatsache ist, die ein gewichtiges Urtheil in sich schließt, eine Thatsache, die man fast als ein Ereigniß bezeichnen möchte, da, wenn man von den Classikern absieht, die Zahl der dramatischen Autoren, denen eine gleiche Lebensdauer auf der Bühne beschieden war, äußerst gering ist. Und der Grund dieses seltenen Erfolges liegt in der eigenthümlichen Mischung von Humor und Sentimentalität, die sich, wie in der Persönlichkeit des Dichters, so auch in seinen dramatischen Werken offenbart. Er verstand es, in seinen Stücken zu rühren und zu ergötzen, er verstand es vor Allem, volksthümlich zu sein, und hierbei kam ihm sein großes Talent für das Lied mächtig zu statten. Im Fache des Liederspiels ist er von Keinem mehr erreicht worden, ja diese Gattung hat er für die deutsche Bühne gewissermaßen neu geschaffen. Ein ganzes Menschenalter lang waren die Lieder aus „Lenore", dem „alten Feldherrn" 2c., Lieder, wie „Schier dreißig Jahre bist du alt", „Fordere Niemand mein Schicksal zu hören", „Denkst du daran, mein tapferer Lagienka" 2c. in aller Welt Mund und erfreuten sich einer außerordentlichen Popularität. Holtei selbst hat sein dramatisches Talent unterschätzt. Er meint, er habe sich lange über seinen Beruf für die Bühne zu schreiben im Irrthum befunden. Erst im reifen Mannesalter habe er die Erkenntniß gewonnen, der dramatisch-theatralischen Poesie eigentlichstes Wesen gar nicht begriffen und epische und lyrische Elemente unverarbeitet mit scenischen Effecten gemengt zu haben. Gegen solche harte Selbstkritik müssen wir den Autor in Schutz nehmen. Wahr ist nur, daß der Lyriker bei ihm dem Dramatiker häufig im Wege steht, daß er mit einer gewissen naiven Sorglosigkeit verfährt, und daß man an ihm die fortreißende dramatische Energie vermißt. Daß er aber tiefe dramatische Gedanken hatte, mit der Technik wohl vertraut war und ein feines scenisches Gefühl besaß, dafür spricht eben die Wirkung nicht blos seiner Liederspiele, sondern auch der ernsteren Stücke, wie „Lorbeerbaum und Bettelstab", die noch heute einen mächtigen Eindruck hervorbringen. Die deutsche Bühne hat ihm viele werthvolle Gaben zu verdanken und wird ihn stets zu ihren Lieblingen zählen.

Indeß sollte das dicke Ende bei unserem Dichter nachkommen, ich meine seine Romanschriftstellerei, der er sich erst in der zweiten Hälfte seines Lebens zuwandte. Er war, wie schon oben angeführt, über die Fünfzig hinaus, als er die Feder an seinen ersten Roman (die Vagabunden) ansetzte, und die Zahl seiner erzählenden Schriften wuchs seitdem ebenfalls über fünfzig Bände hinaus. Auf diesem Gebiete kam, wie der erwähnte Festredner treffend hervorhob, das Hauptprincip seines Schaffens am entschiedensten zum Ausdruck. Alle Vorzüge wie alle Schwächen seines dichterischen Talents kommen hier zur vollsten Entfaltung. Sein Schlesierthum, seine Vaterlandsliebe, sein abenteuerndes Wesen, seine Natürlichkeit, seine Sentimentalität, sein milder Sinn, seine Lebenswahrheit der Darstellung, seine Neigung für die Idylle, sein Humor wie seine Plauderhaftigkeit, das Alles gewinnt in seinen Erzählungen Gestalt und Leben. Sie zeigen uns das Bild des Dichters in ganzer Lebensgröße, sie sind die Incarnation seiner Individualität. Was diese Schriften in erster Linie auszeichnet, ist ihre Lebenswahrheit. Sie schildern im großen Ganzen genommen nichts als Erlebnisse. „Mögen meine Erzählungen" — heißt es im Vorwort zu seinen „Bildern aus dem häuslichen Leben" — „noch so unvollkommen befunden werden, immer sind sie auf Erlebtes basirt. In jedem meiner Bücher treten Persönlichkeiten auf, die mir theuer und werth, oder wichtig und merkwürdig waren, sei es als Hauptfiguren, sei es als vorüberziehende Gestalten. Nicht daß es ängstliche Copien der Wirklichkeit sein wollten! Dergleichen soll es, glaub' ich, nicht geben. Vielmehr möchte ich unbedingt unterschreiben, was George Sand davon sagt: Personen eines Romans dürfen nicht nach einem Modell gezeichnet sein. Man muß tausend Menschen gekannt haben, um einen einzigen schildern zu können. Wenn man eben nur einen abmalen wollte, würde dieser Keinem gleichen, er würde unmöglich sein". Aehnliches hatte er schon in den „Vierzig Jahren" niedergeschrieben, wo es im 6. Bande heißt: „Man muß ein Leben, und zwar ein bewegtes hinter sich haben, bevor man lebendig erzählt".

Und daß er lebendig zu erzählen verstand, braucht wohl erst nicht besonders anerkannt zu werden. Wer nur einmal seine „Vagabunden" zur Hand nahm, diesen ersten Löwenwurf seiner erzählenden Muse, der hat den Zauber von Holteis Erzählungskunst im reichsten Maße empfunden. Der Erfolg dieses ersten Romans war ein ungeheurer und ist eigentlich von keinem seiner späteren Romane wieder erreicht worden. Holtei gab hier gewissermaßen die Quintessenz seines Lebens in einem bunten Gemälde, voll klarster Anschaulichkeit und frischester Lebendigkeit, ohne in ermüdende Weitschweifigkeiten zu verfallen, wie sie sich in manchen seiner späteren Romane finden. Die „Vagabunden" haben zahlreiche Auflagen erlebt und sind als echter Volksroman in die verschiedensten Gesellschaftskreise gedrungen. Für ein Meisterwerk der erzählenden Literatur möchte ich den breit angelegten Roman „Christian Lammfell" halten, obwohl er den „Vagabunden" an Wirksamkeit nachsteht. Die Handlung geht durch drei Generationen hindurch, und die Bilder der lang ausgesponnenen Geschichte sind durch eine Kraft des Humors und eine Tiefe des Gemüths zusammengehalten, daß sie den mächtigsten Eindruck in dem Leser hinterlassen. Das Jahr 1878 brachte eine Jubiläums-Ausgabe des Werkes in einem Bande.

Von den ferneren Erzählungen Holteis seien hier nur noch „Ein

Schneider", „Die Eselsfresser", „Noblesse oblige", „Der letzte Comödiant", „Haus Treustein" als größere Romane erwähnt, denen sich eine lange Zahl von Novellen und kleineren Erzählungen anschließt, deren Handlung zumeist in Schlesien spielt und deren Personen zum größten Theil das Gepräge schlesischer Physiognomie tragen. Die Literaturgeschichte wird unserem Erzähler einen Ehrenplatz unter den zeitgenössischen Romandichtern nicht versagen.

Das Charakterbild des alten Breslauers, das ich im Vorstehenden möglichst treu nach dem Original zu entwerfen versucht habe, würde indeß lückenhaft bleiben, wenn ich zum Schluß nicht noch ein paar Striche hinzufügte, die dasselbe hinsichtlich zweier Besonderheiten ergänzten. Dieselben sind freilich nur von ganz temporärem Gehalte, aber sie gehören wesentlich zu Holtei's Persönlichkeit, an der sie wie zwei helle Lichtpunkte glänzen. Ich meine: seine Vorzüge als Vorleser und Plauderer. In beiden Beziehungen war er ein seltener Meister, und Beides hat ihm auf den vielverschlungenen Lebenspfaden gar oft die Wege ebnen geholfen. Der Vorleser Holtei war weit und breit in Deutschland berühmt. Ob er als Schauspieler, wie Manche behaupten, nicht mehr als Dilettant gewesen, kann ich nicht beurtheilen, da ich ihn nie auf der Bühne gesehen; als dramatischer Vorleser aber war er entschieden ein vollendeter Künstler. Als Hauptaufgabe für seine Vorlesungen hatte er sich Shakespeare gewählt, und es muß ihm das Verdienst zuerkannt werden, zum Verständniß, wie zur Verbreitung des britischen Dichters in Deutschland außerordentlich viel beigetragen zu haben. Thatsache ist, daß seine Leseabende in Berlin und Wien, zu denen sich stets große Zuhörerkreise einfanden, mehr als einem Shakespeare'schen Stücke erst den Weg zur Bühne frei machten. Daß er dieses seltene Vorlesertalent überdies aller Orten auch zur Linderung von Noth und Armuth ausnutzte, soll nur beiläufig erwähnt werden.

Geradezu einzig aber war sein Talent in der gesellschaftlichen Plauderei, in der Causerie. Seine Gespräche waren von einem unbeschreiblichen Zauber, und in welchen Kreisen er immer weilte, unter Männern oder Frauen, unter Jungen oder Alten, da hing Alles an seinen Lippen, da gruppirte sich Alles um den unermüdlichen Plauderer. In seiner Nähe gerieth die Unterhaltung nie in's Stocken, und selbst in Tagen körperlichen Leidens war er es, der die Kosten der Unterhaltung trug. Schier unerschöpflich war die Schatzgrube, aus der er Heiteres und Ernstes, lustige Schnurren und Anekdoten aus der vornehmen Welt, aus Volkskreisen, aus dem Schauspieler= und Künstlerleben in immer neuer Abwechselung heraufholte, wobei ihm namentlich sein außergewöhnliches Gedächtniß vortreffliche Dienste leistete. Ich habe ihn in den vielen Jahren unseres Verkehrs niemals sich wiederholen hören. Und nicht minder gut, wie zu erzählen, verstand er es auch zuzuhören. Er war niemals aufdringlich mit seinem Talente, sondern nur stets bereitwillig, dasselbe im Dienste der Geselligkeit zu verwenden. Einem gleichen Meister in der

Begabung liebenswürdigen Gesprächs wird man schwerlich so leicht begegnen, und ich meinerseits weiß nur Einen zu nennen, der ihm in dieser Begabung einigermaßen nahe kam, das war der vielgenannte, seit einigen Jahren verstorbene Stuttgarter Hofschauspieler M o r i tz.

Zum Beschlusse dieser Skizze mögen noch die paar Verszeilen Platz finden, die der Dichter im Jahre 1863 unter sein, mir als theueres Angedenken verbliebene Portrait gesetzt. Sie sind bezeichnend für die ganze Gemüthsart des Mannes. Sie lauten:

„Viel hab' ich im Leben erlebt, gesehen,
Viel Gutes, viel Uebles ist mir geschehen;
Meine redlichsten Freunde: Kummer und Schmerz,
Meine bittersten Feinde: ich und mein Herz.

Nun, wir ehren und lieben sie, diese seine „bittersten Feinde"! Verdanken wir ihnen doch den Poeten, zu dem sich das ganze Schlesierland mit dem freudigen Gefühle bekennt: „Er ist unser!"

Faira.
Ein erzählendes Gedicht
von
Wilhelm Jensen.
— Freiburg i. B. —

(Schluß.)

Sie spricht es athemlos; die fremde Schaar
Vernimmt es durch der beiden Künder Mund,
Doch schütteln alle stumm den Kopf und nur
Der Admiral giebt Antwort: Täuschung sei's,
Unmöglich, denn bei Lebensstrafe hab'
Der König jedes Weibes Aufenthalt
Am Bord des Schiffs versagt.
                              So wißt Ihr's nicht!
Ruft Folkma laut — so hat sie Euch getäuscht
Wie mich im Anfang! — Angstvoll sinnt ihr Kopf
Nach deutlichem Beweis — da klingt das Wort,
Das fremde Wort von Cendriks Lippen ihr
Mit heißem Herzschlag auf, das selig durch
Die Nacht verhallt, als sich die Schatten neigten.
Und stammelnd spricht sie's nach: „Alienor" —

Alienor — ein Echo tönt's zurück
Aus eines greisen Spaniers Mund, der blaß
Zum Tod' erschrickt, nach Athem ringt, doch schnell
Sich fassend, freudigen Glanz im Auge, ruft:
O santa virgen! Heilige Jungfrau Dank!
Ich dachte mit den Anderen sie am Grund
Der wilden See — straft mich, mein Admiral,
Doch helft ihr, rettet sie! Mein ist die Schuld!

Don Miguel, Corunas reichster Schiffsherr,
Ihr Vater, dessen Dienst ich erst verließ,
Als Ihr mich rieft, mein Herzog, hatte sie
Dem alten Don Felipe zum Gemahl
Bestimmt — ein schnöder Judenhandel war's,
Gold wider Gold — sie weinte, rang umsonst
Die weißen Hände; zornig riß am Haar
Don Miguel sie auf und trieb zur Hast
Noch mehr den Priester an, der Tag stand fest
Und der Altar geschmückt. Da kam zu mir
Am Abend sie und faßte meine Knie —
Ich hatte tausendmal sie drauf gewiegt —
So groß — und starren Lides sprach sie — Herr,
Ihr saht es nicht — wenn ich nicht helfe, sei
Kein Freund mehr auf der Welt für sie, als dort —
Des Hafens bleiches Grau wies ihre Hand —
Aus meinem Schrein hob ich ein Schifferwamms,
Schnitt kurz ihr langes, seidenweiches Haar —
Wir liefen aus in jener selben Nacht,
Ich nahm sie mit — straft mich, mein Admiral,
Doch rettet sie! Der Jungfrau Dank! Sie lebt!
Ich sterbe gern.
           Er spricht's und Folkma hört's.
Die Worte nicht, doch ihren Klang und Sinn,
Des Alten freudig-fleh'nden Blick erfaßt
Ihr Ohr und Aug. Sie wirft sich auf die Knie
Und bittend streckt auch sie zum Herzog jetzt
Die Hand empor. Er nickt, und milden Ernst
Im Antlitz spricht er:
           Deine Schuld erlosch
Im Meer, mein alter Freund; sein Wasser wusch
Sie von Dir ab. Doch sei's ein Zeichen mir,
Daß muthig auch vor seines Richters Blick
Mein greises Haupt jetzt tritt. So rüstet gleich
Zur Abfahrt euch; an Cendriksburg vorbei
Nordwärts zum Hitland steuern wir, um dort
Vom Zwang das Mädchen zu befrei'n und heim
Mit uns zu führen. Unter meinem Schutz
Wird sie der Vater zum verhaßten Bund
Nicht ferner zwingen.
           Folkma hört's, erfaßt
Der Worte Deutung wiederum — ein Ton
Des Dank's, des Glückes ringt aus ihrer Brust,
Doch stockt; sie wankt, und kraftverlassen sinkt
In todesähnlich schweren Schlaf sie hin.

      *   *   *

Und so im tiefen Schlaf noch trug der Kiel
Sie schaukelnd heimwärts. Hingestreckt im Boot
Auf einer Matte lag sie, neben ihr
Als ihres Schlummers treuer Wächter, saß
Der greise Herzog. Hinter ihnen drein,
Als sei's ein Abbildsohn der mächtigen,
Unüberwindlichen Armada, zog
Ein winzig Kahngeschwader am Gestad
Der Insel hin; fünf Böte trugen leicht
Der stolzen Flotte letzten Rest zurück.
Doch waren sämmtlich sie mit Segelwerk
Und Rudern wohl versehn, mit Waffen auch,
Wie Fairas Holz und Eisen sie verliehn,
Denn Feindessee umgab sie, Feindesland
War ihrer Umfahrt Ziel. So zogen sie
Gen Norden fort, ein Flüchtlingsschwarm, versprengt
In irrer Fremde, doch im Fall der Noth
Bereit, die Rückkehr in die Heimath sich
Erobernd zu erstreiten. Spähend ging
Ihr scharfer Blick umher und überflog
Den weiten Meerkreis. Grauer Zeiten Bild
Schien aus der Flut geweckt, darin am Bug
Der Normann schweifend stand, die Hand am Schwert
Und Falkenblick im dunklen Augenstern.
Er sprach auch hier von blitzend kühnem Muth,
Der, todverachtend, festen Willens war,
Sein Ziel zu fassen, sei's mit List, mit Kraft,
Als Freund und Feind, wie's fiel, wenn's nöthig, Trotz
Mit Trotz zu brechen.
     Rudernd am Geklipp
Des Eilands wanderte der Zug entlang,
Das stille Wasser furchend; schlaff nur hielt
Der Wind die Segel kaum gespannt, und oft
Mit Täuschung trog die Fahrt. Sie wähnten lang
Schon nah sich Cendriksburg, doch immer hob
Einförmig leblos sich ein neu Gewirr
Von dunklen Skerries auf, und immer hielt
Unweckbar Follma noch des Schlafes Bann;
So zogen auskunftslos sie langsam fort.
Für manche Stunde noch verhieß sein Licht
Der Sommertag, doch wob ein grüner Kreis
Sich mälig um die Sonne selbst, und fern
Im Westen deckte, weißer Schneewand gleich,
Ein Etwas, unbewegt, den Kreis der See.
Verwundert hing der Blick daran; es war,
Als sei des Nordpols weites Eisgestad
Dorthin herabgerückt, doch reglos blieb's,

Noch leiser ward der Wind. Dann spähte scharf
Ein Auge vorwärts und ein Ruf erscholl:
Dort ist's! — Um Ward-Hill hob die Cendriksburg
Ihr Dach weit sichtbar auf, die Sonne warf
Ihr gelbes Licht drumher; in Grün getaucht
Erschien es dann und rann zu blassem Grau,
Und hurtiger schlugen nun die Ruder ein.

Doch hielt auch drüben, unfern dem Gehöft,
Ein Auge seinen Blick hinausgewandt:
Zwiefachen Blick, denn auf dem Felsengrat
Stand Cendriks Hochgestalt, sein Arm umschloß
Eng an ihn hingeschmiegt die rothe Stirn
Alienor's. Verwandelt traf das Licht
Des Abends sie: Ein Mädchen stand sie da,
In Kleid und Tracht der Jungfraun Hitlands, draus
Fremdartig sich ihr dunkler Scheitel hob.
Doch faßte kaum der Blick die Täuschung mehr,
Mit der das Schifferwamms zuvor ihn trog.
Gleich einer Tropenblume, festgerankt
An starkem Baumstamm, schloß ihr Antlitz weich
Und magdlich sich an seine Brust; im Kelch
Der schönen Blüthe glänzte traut und scheu
Der braune Doppelstern, und leiser Hauch
Durchspielte lispelnd auf der feinen Stirn
Den Rand des knabenhaften Haargelocks.
Sie schwiegen Beid', doch trug der Lippen Roth
Von holder Zwiesprach, die sie lang getauscht,
Sein Merkmal noch, und ob dem Wellenspiel
Des dunklen Scheitels blickte Cendrik stumm
Hinaus jetzt nach dem weißen Schneegebild
Am Rand des Himmels. Träumerisch umflog
Ein Lächeln seinen Mund und leisen Tons
Sprach nickend vor sich hin er: Nehal webt
Ein Brautgewand —
          Doch fuhr zugleich gen Süd'
Sein Angesicht herum. Gleich einem Flug
Weißbrüstig großer Möwen kam's von dort
Am Inselrand daher. Fünf Reihern gleich
Erschien es auch, doch regten dutzendfach
Sie hurtigen Fuß, der schimmernd aus der Flut
Sich hob und fiel. Scharf blickte Cendrik nun:
Da war's ein Bootgeschwader, näher kam's
In raschem Anlauf, schwarzes Haar, wie das
Alienor's, umfloß die Sonne drin.
Im vordersten der Böte plötzlich dann
Zu gleißend heller Flamme glomm ihr Strahl

— Faira. —

Auf einem Scheitel — Folkmas Goldgelock —
Kein zweites gab's so licht und sonnenhaft
Im ganzen Hitland, und mit jähem Blitz
Erhellt es Cendrik Alles, was geschehn.
Nur einen Herzschlag lang weicht ihm das Blut
Aus Wang' und Schläfe, deutend weist sein Arm
Dann auf die Nahenden, sein Auge taucht
Sich fragend in den Blick Alienors,
Der ihn versteht und zitternd Antwort giebt:
Ich bin ein Theil von Dir, Dein Eigenthum,
Und will, was Du willst — hilf uns, sprich, befiehl!
Sie kommen uns zu trennen — lieber todt! —
Er schlingt um sie den Arm, sein Blick bemißt
Nun rasch der Spanier Zahl, den Mauerwall
Der Cendriksburg, doch wieder hebt er sich
Im Nu gen West und murmelnd wieder spricht
Die Lippe: Nehal webt —
                         Im Ocean
Auf dunkler Insel, die kein Mensch noch sah,
Thront Nehal, grau in Schleier eingehüllt,
Denn grau ist Alles dort, dem Antlitz gleich,
Das sie verbirgt, der Hand, mit der sie webt,
Und dem Gespinnst, das ihre Spule wirkt.
Sie war von Anfang, doch kein Schlaf umfing
Noch ihre Wimper; rastlos ist ihr Thun,
Ein Schiff ihr Wagen, immer webend kreist
Mit ihm sie nächtlich um ihr Heimgestad'
Durch Meer und Luft. Von ihren Fingern rinnt
Das graue Fadenwerk: es wallt und wogt,
Den Wolkenmähnen ihrer Pferde gleich,
Und auf den grauen Wellen wiegt sich's fort,
Ein Nachtgewand aus lock'rem Aschengarn.
Dann winkt dem Winde Nehal's Runzelhand,
Und seufzend fährt er aus der Kluft. Er wirft
Auf seine breiten Schultern ihr Gespinnst
Und trägt's davon. Noch kämpft er mit dem Schlaf,
Der ihn gefesselt hielt, doch mählig dehnt
Sich seine Brust und trinkt in tiefem Zug
Die Meerluft ein und stößt sie schnaubend aus.
Den mächtigen Fittig breitet er und schlägt
Zum Himmel ihn hinauf, zur Erd' hinab,
Und brausend schleudert Nehals Aschengarn
Er rings umher. Noch schimmert sonnbeglänzt
Wie Schnee von fern es auf; da jagt's heran,
Ein graues Nichts, und löscht in Nichts die Welt.
Der Vogel kauert sich erschreckt zum Grund,
Sein Aug' erblindet, Dämmernacht verschlingt
Das Licht, den Laut der Luft.

Und so nun flog
Ein Nebeldickicht, windgepeitscht, im Nu
Die Insel deckend, auf. Fels, Strand und See
Verschwanden; kaum den Boden, den der Fuß
Betrat, noch fand der Blick. Als ob sein Schlund
Sich aufgerollt, versank die Cendriksburg,
Und grauen Weltenanfangs Zwitterlicht
Durchwob das All. Doch auf den Armen rasch
Mit sichrem Schritt, der nicht des Lichtes, nur
Des Sinns bedarf, mit dem das Dunkel noch
Die blinde Schwalbe kreuzt — so unbeirrt,
Auf Pfaden, draus verständlich jeder Stein
Seit Knabenzeit zu seinem Fuße sprach,
Trug Cendrik nun Alienor. Hinab
Mit seiner schönen Last, die fest um ihn
Die Arme schloß, stieg er zur Hafenbucht
Rechtshin am Wall des Hofs. Jetzt hielt den Fuß
Er lautlos an; linkshar im Nebel scholl
Der Ruderschlag, der suchend am Gestein
Des Ufers irrt, und Folkma's Stimme rief:
Hieher! Legt an, wo's seil Sind wir am Land,
Führ' ich euch sicher bis zum Haus empor. · ·
So viel, die Worte zu verstehen, hat
Der Spanier Ohr erlernt; sie landen, dicht
Im schweren Nebel dröhnt vom Klippenrand
Ihr Schritt herauf — fast streift die athemlos
Am Fels zurück Gebogenen Folkmas Kleid —
Sie deutet vorwärts: Dort — Alienor —
Nun hallt's vorbei, zur Cendriksburg hinan.
Noch, lauschend, kurzen Augenblick verharrt
Ihr flüchtiger Herr, dann strebt er blindlings fort
Nach seinem Ziel — er tastet mit der Hand
Und hat's erreicht, ein leichtes Boot. Es nimmt
In seine Höhlung eilig Mann und Weib,
Und leis gedämpften Rudereinschlags schwebt
Es rasch zur Bucht hinaus.

* * *

Doch drüben klang
Die Stimme Folkmas fragend durch das Haus
Nach seinem fremden Gast. Das Hofgesind'
Sah stumm verwundert ihrer harrenden
Begleiter Kreis, der eifrig jetzt mit ihr
Von Thür zu Thüre drang. Vergebens, leer
Stand jede Kammer, jeglicher Versteck,
Umsonst durchforscht, bot die Gesuchte nicht.
Doch fanden Meth die Spanier im Gewölb'
Des Kellerraums, und wie Eroberer

Der Cendriksburg sich dünkend, leerten sie
Mit Seemannsdurst das Faß. Der Herzog ließ
Es schweigend zu, denn Blick und Wort verrieth
Halbtrunken schon, daß sein Verbot von Trotz
Mißachtet würd'. Nur Folkma lief noch irr
Umsonst durch jeden Winkel des Gehöft's;
So rannen Stunden hin.
     Da, hehren Blicks,
Zum Kampf bereit im Silberhelmesglanz
Taucht Nehals alter Feind am Himmel auf.
Von Anbeginn herrscht zwischen ihr und ihm
Rastlose Zwietracht; ihn nur fürchtet sie,
Sonst bietet Jeglichem sie Hohn. So alt
Und runzelgrau ihr Antlitz mürrisch dräut,
So leuchtend flammt, so ewig jung sein Blick,
Und lachend hascht er Nachts ihr Aschengarn
Mit weißer Strahlenhand. Kein Mädchen wirrt
So hurtig ihres Rockens Werggeflock
Zum Faden ab, wie tausendfältig er
Das Spulwerk Nehals löst. Noch deckt es weit
Den Erdball unter ihm, doch kaum umglänzt
Sein heiteres Augenlicht das Nachtgespinnst,
Da zuckt's am grauen Rand, da steigt's und fällt
Und wankt und weicht — nun weht ein Silberhauch
Von seinen Lippen, kühl, ein säuselnd Lied
Des dunklen All's — da wirbelt's auf und stürzt,
Ein blind vom Schreck gefaßtes Heer, zur Flucht.
Im Meer versinkt es, wesenlos zerrinnt's
Dem Blick in Luft und Licht. Tiefathmend hebt,
Von Nehals Zauberbann befreit, die Welt
Ihr hundertfältig wechselnd Angesicht,
Und freudig strahlt ob dem versprengten Feind
Der schöne Sieger hin.
     Auf Folkma traf
Sein heller Blick jetzt, draußen das Gehöft
Vergeblich noch umkreiste sie. Vom Mond
Beglänzt, wuchs langsam wieder Fels und Dach
Um sie herauf, das graue Lailach auch
Der See zerriß, und breiter Spiegelglanz
Stieg aus der Flut. Da fiel ihr Aug' in ihm
Auf dunklen Punkt, schon weit, wie schwarzer Kopf
Des Eisseetauchers sich vom Wasser hebt;
Ihr lauschend Ohr traf ferner Ruderschlag,
Ganz leis, kaum hörbar mehr —
     Im Kreise hat
Der Nebel Cendriks Boot seit Stunden rund
Umhergetrieben; wie das Licht jetzt kehrt,

Gewahrt den Hof er vor sich noch, fast reicht
Des Ward-Hills Schatten ihm an's Ruder noch,
Und rascher taucht er's ein. Wohin? Er sinnt —
Doch kurz, der Inselmitte Wildniß birgt
Die beste Zuflucht; rechtshin steuernd, dreht
Zurück sein Fahrzeug.
              Da, was ist's? Es drängt
Von Cendriksburg sich schwarz zur Bucht hinab.
Auf Folkmas Ruf sind sie herausgestürzt,
Sie deutet — trunkner Fluch entgegnet ihr,
Und wie der Fischaar nach der Beute taucht,
So in die Böte schießt der dichte Schwarm.
Doch dort verfliegt ihr Rausch, am Ruder nur
Befeuert er mit regerer Kraft die Hand,
Vom Ufer schnellt ihr Nachen.
                         Cendrik siehts —
Zu spät; sie drängen von der Insel ihn,
Faßt er den Strand zuvor, so folgen sie
Hart auf dem Fuß ihm nach. Erwägungslos
Lenkt er herum, gradaus, in's offne Meer.
Frohlockend schlägt ein Jauchzen ihm an's Ohr;
Sie haben ihn, den kurzen Vorsprung macht
Die Zahl der Ruder wett. Doch Hünenkraft
Birgt Cendriks Arm, sie wächst im Sturm des Blut's,
Der seine Brust durchrast. Er peitscht die Flut,
Ein Blitz durchschießt sein Hirn, ein einziger
Gedanke seines Kopf's: Gradaus gen Nord!
Nach Hitland!
           Todesstill sind Wind und See.
Kein Hauch; mit leiser Dünung wölbt sich kaum
Des Meeres Rücken, leuchtend zieht der Mond
Und füllt des Kieles Spur mit Silberglanz.
O stürzt' er löschend nieder aus der Luft
Und Nehals graue Hände deckten ihn
Mit ewiger Aschennacht! Verwünschung spricht
Dem alten Freund der Kindheit Cendriks Blick.
Er weist der Flüchtigen Spur, dem Licht des Tag's
Erst weicht das seine. Rastlos geht die Jagd
Durch's Mondesrieseln, drin nun hier, nun dort
Die Ruderfunken sprühn. Auslugend späht
Vom Schiffsbug der Verfolger Folkmas Blick,
Dem Compaß gleich, der nordwärts zeigt, so weist
Ihr Arm die Richtung stets. Doch Stunden gehn,
Der Wille Cendriks, seine Stärke trotzt
Der Gegner Ueberzahl; kaum schmälert sich
Der Trennungsraum. Es sinkt der Mond, im Grau
Des Morgens stürmt die Jagd.

      Da bricht die Kraft
In Cendrifs Arm. Noch nicht, doch fühlt er's nahn
Wie ein Gespenst, das aus der Tiefe greift
Und nach den Rudern hascht; nur kurze Frist,
Dann hält's mit starren Fingern seine Hand.
Noch regt er sie, sein Auge haftet stumm
Im Blick Alienors. Sie fühlt's mit ihm,
Liest seiner Züge bang verhaltenes Wort
Und deutet schweigsam abwärts: Lieber todt,
Vereint mit ihm am Meergrund, als allein
Zurück zur Heimat! — Blendend steigt im Ost
Die Sonne nun, und jäh zerrissen thürmt
Gen Nord sich Hitlands Felsenwildniß auf.
Zu spät! er fühlt's — ein Mensch ist nur ein Mensch,
Und Ohnmacht webt mit Zitterfäden ihm
Am Wimperrand.
     Doch dort — was zittert dort
Am schwarzen Haar Alienors vorbei?
Ist's Trug? Er zwingt das Augenlid und starrt —
Es kräuselt sich die See, es rückt heran,
Pfeilschnell, und flimmert, spielt. Nun kommt's — nun ist's —
Da haucht's mit kühlem Mund, und Cendrik springt
Vom Rudersitz. Er packt mit irrer Hand
Den Mast, das Tauwerk fliegt, das Segel rollt,
Und lauter summend bläht der Morgenwind
Das Linnen auf.
     Ein Fluch der Spanier
Begrüßt sein Pfeifen; fast erhascht, entschwebt
Auf Flügeln ihre Beute, die der Wind
Um Spanne Zeit vor ihnen nur beschwingt,
Doch reicht sie aus, den kurzen Scheideraum
Auf's Neu zu dehnen. Und verwandelt nun
Stürmt es dem Blick dahin. Ein weißer Flug
Von Möven scheint's, der, dicht auf's Meer geschmiegt,
Den hurtigen Fittig einer fliehenden
Seeschwalbe scheucht. So jagen sie, der Schaum
Zischt auf am Bug, ein quirlendes Gestock
Umsprüht den tiefgesenkten Mast. Die See
Bäumt schwellend sich empor, als schleudre sie
Gleich einem Wurfspeer der Verfolger Boot
Nach seinem Ziel, und dumpf herdonnernd dröhnt
Von Hitlands Felsenküste, die sich nah
Und näher aufreckt, wilder Brandungsschwall.
Mit sichrem Netz, dem nichts entrinnt, umstellt
Das Ufer er; die Treiber jauchzen laut,
Ihr Wild ist wieder fest. Zurück, die See
Gewinnen kann's nicht mehr, es muß an's Land,

Dort haben sie's. Und vorwärts, auswegslos
Dem haschenden Geklipp entgegen bauscht
Das Segel Cendriks.
    Da zerreißt vor ihm
Mit einem Spalt, kaum breiter als sein Boot,
Die Felsenwand. Zernarbte Kluft durchwühlt
Der Malstrom mit gewundenem Schrundenbett,
Die Woge stockt davor; wie vom Gebiß
Des jäh gebannten Rennpferd's Schaumgeflock
Die Schranken überfliegt, so zornigen Gischt
Zum Himmel stiebend, füllt der Brandung Wuth
Mit weißem Cataract die Todesnacht
Des schmalen Durchbruchs. Scheu vorüber schießt
An ihm die Möve, sein Gebrüll verschlingt
Ihr scharfes Kreischen.
    Keine Wimper zuckt
An Cendriks Lid. Noch einmal taucht sein Blick
Sich in den Augenstern Alienor's,
Dann bohrt er fest sich in den weißen Schlund —
Am Steuer krampft die Hand — ein Ruck — umzischt
Vom Wogengeifer schießt die Mövenbrust
Hinein — hindurch — lebendig oder todt —

Dicht hinter ihrem Fittig jagt der Feind.
Da schwindet sie dem Blick — der Spanier stutzt,
Weiß gleich dem Wellenschaum entfärbt die Stirn
Sich unter'm schwarzen Haar. Sein Steuer fliegt
Entsetzt herum — zurück. Die Jagd ist aus.

    *   *   *

Kurz flicht der Sommer seinen kargen Schmuck
Um Hitlands Felsenstirn. Dem Scheitelkranz
Aus grünen Myrtenblättern gleicht er, den
Am Hochzeitsmorgen eine junge Braut
In's Haar sich drückt und schon am Abend löst.
So eines flüchtigen Tages Lust und Rausch
Mit rother Wangen traumverhängtem Blick
Ist Hitlands Sommerzeit; doch bringt die Nacht
Ihm nicht Erfüllung des verheißenen Glücks.
Der Abendschatten zerrt mit rauher Hand
Den Kranz herab, verstreut im Winde fliegt
Sein welkend Laub, und ein verlassenes Weib
Mit graugebleichtem Haar, den trüben Blick
Von feuchtem Gram umflort, blickt Hitland starr
Auf's weite Meer hinaus. Der Sturm nur pfeift
Ein Hochzeitslied mißtönig schrillen Hohn's,
Und stöhnend braust die See den Leidgesang
Einsamer Brautnacht drein.
    Und Herbst nun war's

In kurzer Tage Wandlung; braun und öd'
Vom Berghang sah verdorrt das Haidekraut.
Des Sommers Gäste, die der Wanderzug,
Der Schwingen Muth vereinzelt bis hierher
Mit muntrem Lied getragen, waren schon
Gen Süd zurück entflohn; leer stand das Feld
Vom kargen Halm, der drauf gereist, vom Rind,
Dem keinen Graswuchs mehr der Thalgrund bot,
Und knisternd sprühten Winterflammen schon
Vom Herd und sammelten zum Abendkreis
Wortarmen Mund der Männer und das Schnurr'n
Des dunklen Webstuhls.
     Lerwick's Gassen nur
Sahn ungewohntes Schauspiel. Seltsam dort
Hat fremder Gäste Schaar vom Süden her
Der Herbst gebracht; sie schritten keck und stolz,
Gewaffnet durch den Ort, zwei Wochen schon,
Ob Freund, ob Feind, ob bittend oder Trotz
Und Drohungsblick im Aug', galt schwer die Wahl.
Man gab, was sie begehrten, that's bereit,
Doch wünschte Jeder heimlich den Besuch
In's Spanierland zurück. Zum erstenmal
Nahm seines Amtes Obhut Hitlands Vogt
Den Schlaf der Nacht; im Zaum und Zügel hielt
Zur Noth der Herzog noch den Schwarm, doch stand
Auf schwanken Füßen seine Herrschaft nur;
Er selbst empfand's, und rasch, wie Anlaß nun
Zur Heimkehr durch ein Handelsschiff sich bot,
Verließ er Mainland. Zwei nur folgten ihm
Von den Genossen seines Untergangs.
Die Andern blieben. Unter ihnen war
Der alte Seemann aus Don Mignels Dienst,
Der schwer von seinem Admirale schied,
Doch nicht zur Heimath wollte, bis sein Kind —
So hieß er Alienor — gefunden sei
Und mit ihm ziehe. Sein Gesicht verrieth,
Daß ernst und wahrhaft solcher Grund ihn hielt,
Indeß der Mehrzahl schien's ein Vorwand nur,
In ungebundner Willkür hier und dort
Die Insel zu durchstreifen, halb als Gast,
Halb als Pirat zu suchen, was Begehr
In ihnen weckte. In des Alten Hut
Zog Folkma schweifend mit von Bucht zu Bucht,
Nach den Entschwundenen spähend, die kein Blick
Seit jener Meeresjagd gewahrt. Verbarg
Noch ein Versteck sie? Hatte sie der Schlund
Des Stroms hinabgewirbelt? Keine Spur

Gab Auskunft, nirgendwo im Rundgebiet
Der öden Scheerenwelt. Von Faira nur
Traf Botschaft ein, daß Cendrick nicht dorthin
Zurückgekommen; oft allein durchstrich
Im Nachen Folkma so das Inselreich,
Dann wieder im Geleit des fremden Schwarms,
Doch Schutzes nicht bedurfte sie im Troß
Der wilden Meergesellen. Ihre Stirn,
Dem Marmor gleich, ihr schweigsam fester Blick
Aus blauem Stern hielt alle fremd und scheu
Von ihrer Schönheit fern. Und seltsam fast
Wie einer Herrin schien das schwarze Haar
Sich ihr allein zu fügen. Sie gebot
Durch Wink und Weisung, und gehorchend kam
Die trotzige Sippschaft ihrem Wunsche nach.

Dann mälig den Bewohnern Herwick's ward
Der Gäste steigend frecher Uebermuth
Zu lästig, Streit entspann sich Tag um Tag,
Zur Drohung kam's, gefangen sie als Feind
Nach England auszuliefern. Ihre Zahl
Stand der zum Ernst vereinten Kraft des Volks
Zu schwach entgegen; segelfertig lag
Ein deutscher Schooner noch in Lerwick's Bucht,
Der letzte Handelsgast, zum nächsten Tag
Abfahrtbereit. Da stürmten in der Nacht
Die Spanier das Fahrzeug, scheuchten die
Vom Schlaf geschreckte Mannschaft über Bord
Und hißten, eh' vom Land her Beistand kam,
Die Segel auf. Der Wind trieb sie gen Nord,
Und unerreichbar auf dem einzigen Schiff,
Das noch der Herbst an Mainlands Strand beließ,
Entrannen sie dahin.
     Nun wandte sich,
Seeräubern ähnlich, ringsumher ihr Flug.
Zu Bressa, Fetlar, Yell umschwärmten sie
Den Klippenrand; sie warfen Anker aus
In sichrer Felsbucht, eilten an's Gestad
Und nahmen mit Gewalt, was ihrem Wort
Verweigert ward. Doch hielten stets sie noch
Den Vorwand aufrecht, ihres Umzug's Zweck
Verfolge nur, die Tochter ihres Land's
Zu finden und aus Drangsal zu befrein.
So blieben jene, denen dieses Ziel
Allein vor Augen stand, der alte Freund
Alienor's und Folkma, hoffend stets
Am Bord des Schiff's, das nun noch mehr gen Nord

Zur Insel Unst, dem letzten Schollenstück
Der Meeresherrschaft Englands, weiter zog.

Hier scheint der Schluß der Welt. Wie ein Polyp,
Der hundertarmig Felsenglieder reckt,
Ein Cerberus der See am Nebelthor,
Der Schrecken Niflheims, steigt Unst empor.
Zerrissener zuckt am alten Erdenleib
Kein Glied, vom unablässigen Uferstrom
Ruhlos durchwühlt. Titanenkraft warf einst
Aus der Cyclopenwerkstatt rother Glut
Dies Riesensteingeblöck zum Himmel auf.
Dann stand's erkaltet, leblos, nackt und schwarz,
Bis krachend nordher sich auf den Basalt
Das Eis des Poles warf. In wildem Kampf,
Ein weißer und ein brauner Vorzeitsbär,
Hielt sich's gepackt, umkrallt, zerfletschte sich;
Wie Donner brüllt ihr Rachen, langsam narbt
Das Eis sich in des Feindes Panzerbauch
Und frißt hindurch. In neuer Weltgestalt
Zerrann zu weichem Kiefer sein Gebiß.
Als Woge blieb es nur, und leckend wusch
Sie des bezwungenen Leibes Wunden aus.
Wild starrte Kluft an Kluft, wo sich der Zahn
In's tiefste Mark gebohrt, doch seltsam hob's
Jetztdrinnen sich: Bald enggewundener Gang,
Bald hoch, ein riesig Domgewölbe, stand's
Im Schooß der Erdnacht. Nichts, was Leben trug,
Bemaß nach Hunderttausenden die Zahl
Der Jahre noch, drin sickernd, sinternd nun
Einförmig durch der Höhlen Finsterniß
Mit immer gleichem Klang der Tropfen fiel.
Vom Boden wuchs es auf, vom Dachgeröll
Hing es herab, zusammen schmolz der Kalk
In ewiger Nacht. Dann trat das Meer zurück,
Ein neuer Umschwung riß zu andrem Rand
Der Welt es fort, nur halb den Zugang noch
Umschloß die Flut. Da brach das erste Licht
In ihre nächtige Werkstatt. Wundersam
In Farben prangend sah der junge Tag
Wie eines Münsters Halle ringsumher
Von Säulen, Pfeilern weiß und roth und grün
Das Felsendach gestützt, und Augen auch
Erschauten jetzt die neue Wunderpracht,
Doch stumpfen Blick's. Es kam der Höhlenbär,
Und in der sichren Grotte knurrend zog
Die Brut er groß. Sein Hunger staunte nicht

16*

Der Stalaktiten schlanken Märchenbau,
Nach Beute schwimmend trieb es ihn hinaus,
Gefräßig fiel er selbst das Mammuth an
Und mit dem Fleisch des Urs, des Riesenhirschs,
Des Rehs, des Elenns in der Erde Bauch
Kroch es zurück. Dann wieder eines Tags
Vom Nord schnob der Orcan und wälzte neu
Den Ocean heran. Mit Zorngebrüll
Warf sich die Hochflut auf ihr altes Reich;
Im Nu verschloß ihr Schwall die niedre Thür,
Mit tausend Zungen leckend schäumte weiß
Sie in der Höhlen Grund, am Orgelbau
Des Tropfsteins schwoll sie auf — Geheul der Wuth,
Der Angst, ersticktes Röcheln, wie der Grimm
Des stärkeren Raubthiers nun das schwächere packt —
Dann ward es still, und Knochen reden nur
Aus Schutt und Schlamm nach ungemessener Zeit
Von jenem Kampf. Und wieder schritten stumm
Jahrtausende dahin; im Wechsel schwand
Das Meer und kehrte, löschte schweigsam stets
In langer Folge neuer Höhlenbrut
Geschlechter aus. Dann kam der Mensch, verfolgt
Von Stein und Keule seines eignen Stamm's,
Und suchte Zuflucht hier. Im Anfang selbst
Dem Thier noch gleich, doch milder ward sein Sinn,
Erfahrener seine Hand. Mit weichem Flaum
Der Eiderente schuf für Weib und Kind
Ein trocknes Nest er in den Tropfenstein;
Nicht mehr des Armes Schwimmkraft, roh gefügt
Trug ihn der Kahn hinan. Im Sonnenglanz,
Im Blau des Himmels, aus dem Wunderlicht
Der Münstersäulen seiner Unterwelt
Schlich Ahnung eines „großen Geistes" ihm
In's Herz hinein, und Drudenzeichen grub
Er in den Fels. Als Vorzeitsräthsel stehn,
Verschollener Geschlechter Rest, sie da —
Wer zählt sie, nennt sie, weiß von ihnen noch?
Sie schwanden auch, und einsam klang der Fall
Des Sintertropfens fort im Höhlengrund —
Die Sage spricht: mit zaubrischer Musik
Den Sinn berückend, traumhaft wie ein Ruf
Aus Nixenmund, der zu sich niederlockt.
Doch jedes Ohr entfloh, die Fledermaus
Umschwirrt allein das dämmernde Geklüft
Als letzte Herrscherin. So liegen heut
Die Höhlen Unst's, seit jenem Tage so,
Zu denen früh'ste Menschenkunde reicht.

* * *

Nur da und dort aus dieser Wildniß hebt,
Dem Felshorst großen Meergevögels gleich,
Vereinzelt sich ein niedres Dach am Strand.
Aus Plankenwerk und Trümmerholz vom Sturm
Am Riff zerschlagener Schiffe sind zumeist
Erbaut die Hütten, Fischer wohnen drin,
Denn andre Nahrung, als die „Frucht der See"
Reift hier nicht mehr; kaum ringt der Hunger ihr
Rastlosen Arm's das nackte Dasein ab,
Und seine Armuth reizt nicht die Begier
Nach Schätzen auf. Doch hatte sich trotzdem
Der spanischen Piraten Schooner jetzt
Hieher verirrt. Der Mittag schwand noch kaum
Und Dämmerfäden webte schon die Luft;
Gleich wie der Wind auf Stoppelröhren summt,
Umstrich gen Nord ein murrend dumpfer Laut
Den Himmelskreis, so hatten sorglich schon
Zu früher Stunde sichre Ankerbucht
Im fremd unheimlichen Gewässer sich
Die Spanier ausersehen. Ein Fischerhaus,
Unfern dem Platz, lag einsam im Geklipp,
Doch stachelte sein öder Anblick nicht
Die Habgier auf. Nur Folkmas Nachen schwamm,
Vom Schiffsrumpf abgelöst, hinan; sie trat,
Sich bückend, durch den niedren Zugang ein,
Wo, an zerrissenem Netze bessernd, sie
Erstaunt des alten Fischers Blick empfing.
Doch wortkarg frug er kaum nach ihrem Zweck,
Schob gastlich ihr nur Trunk und Brotlaib hin,
Und horchend sprach er: Nordsturm giebt's zur Nacht;
Schon langher braut's. Rafft euer Tuch am Mast
Und dreht euch luv, sonst packt der Krebs eu'r Schiff
Und knackt's wie morsches Holz. — Es hörte kaum
Gleichgültig Folkma drauf, sie hob zurück
Zur Thür den Fuß, fast aus Gewohnheit nur
Noch einmal wandte sie die Stirn und frug:
Ob jener etwa unter seinem Dach
Landfremden Gast gesehn — vielleicht gehört
Aus Andrer Mund — ein Weib mit schwarzem Haar
In Seemannstracht; mit ihm zugleich ein Mann,
Haupthoch noch größer, als der Fischer selbst. —
Der Alte schüttelte die Stirn: Nein, nichts. —
Dann hob den Blick er: Nichts von schwarzem Haar;
Doch einen fremden Mann von Hünenwuchs
Vor Kurzem sah ich, weiter aufwärts, wo
Auf Norrwick-Bay die Höhlen niedersehn.
Ich kannt' ihn nicht, fern war's; er stand, so schien's,

Nach Möveneiern suchend, die wie Tang
Das Riff dort gürten. Hoch, sein Schatten fiel
Weit hinter ihn.
    Im Auge Folkmas glomm
Ein irrer Strahl: Wo, sagst Du, war's? — Er wies
Gen West die Scheerenbucht: Zwei Stunden sind's
Bis dort, wo ich ihn sah. — Hab' Dank! — Ihr Fuß
Durchflog die Thür. — Was willst Du? rief er nach;
Chiassi greift zur Nacht nach Jbans Haar.
Fahr' an Dein Schiff und heiß' an's Land sie gehn,
Eh' Loki's weißer Blick noch ihnen dräut. —

Sie hörte nicht; ihr Ruder schlug schon ein
Und trieb gen West den Kahn. Bald engte sich
Die Bucht zusammen, thurmhoch, scheitelrecht
Stieg links und rechts das schwärzliche Gezack
Der Steinwand auf, ein vielgeschürztes Band
Mit dunklen Schleifen, wand das Wasser sich
Um ihren Fuß; zu weitrem Becken dann
Lag es gebreitet, tonlos, spiegelglatt.
Nur geisterhafte Spur des Lebens zog
Der Nachen Folkmas, Schweigen herrschte rings
In todter Oede, drin am nackten Fels
Kein Halm im Anhauch rann. Zuweilen strich
Ein Ruf des schwarzen Singschwan's klagend durch
Die graue Luft, aus der wie Aschenfall
Langsame Dämmrung troff. Ein bleiern Licht,
Nicht Tag, nicht Nacht; ein nebelnd Mittelreich
Am trüben Schattenthor der Unterwelt,
Zu der des Todtenfergen stummer Kiel
Das dunkle Wasser furcht.
    Ein Schauer lief
Durch Folkmas jungen Leib. Was trieb ein Wahn
Selbst schattengleich sie her? Was suchte sie
Mit warmem Blut in diesem Todesreich?
Zurück zu den Lebendigen! Hier klopft
Kein Herzschlag, keine Brust hebt stürmisch sich
In Weibesglück und Bangniß. Nebeltrug,
Ein Wahnbild ihres Hirn's nur lockte sie
Hierher — zurück!
    Sie drehte hastigen Schlag's
Den Nachen rückwärts auf der Glimmerspur,
Die er gefurcht. Doch nun zerrann's — umsonst
Lief rund ihr Blick — kam sie von hier? von dort?
Die schweigsam düstre Flut gab Antwort nicht;
Ein Schlangenknäul, verstrickt und aufgelöst,
Durch Skerries hundertfach wand sich ihr Leib.
Fort trieb der Kahn, gradaus; umspähend hob

Sich Folkmas Blick: Auf dies Geklipp traf nicht
Er bei der Herfahrt. Seitwärts bog sie ab,
Doch fremd und wildgethürmt, den Athem fast
In ihrer Brust erdrückend, ringsumher
Schloß es sie ein. Ihr Ruder irrte noch
Ziellos dahin: das letzte Licht entschwand,
Mit unsichtbaren Scheeren reckte sich,
Nun hier, nun dort das Riff und knirschend hielt's
Den Kahn gepackt. Nacht war's, kein Ausweg mehr.
Ein düstres Murren nur, mit stätem Klang
Wie ferne Brandung, rollte dumpf und schwer
Hoch ob den Felsengipfeln; kreischend nun
Durchschoß die Finsterniß ein jäher Schrei
Von tausend Meeresvögeln, schrill verklang's
Im nächsten Augenblick, sie jagten fort,
Und nur das Murren schwoll in dunkler Luft.

Doch nicht zum erstenmal betraf die Nacht
Der Nordwelt Kind in leerer Wildniß an.
Zum Ufer jetzt gewandt zog Folkmas Arm
Den Kahn herauf, umschlang mit seinem Tau
Den Nadelstein und streckte furchtlos sich
Zur Seite hin. Das geisterhafte Licht
Zuvor wob Schreckensbilder um sie auf,
Die Nacht nicht mehr. Sie saß, und wacher Traum
Umfing sie, zog mit leisem Gaukelspiel
Ihr am geschloßnen Lid vorbei. Doch nicht
Gleich jenen Träumen Nachts in Cendriksburg,
Ein lieblich Flüstern war's, draus hell und hold
Durch Nebelgrau die Sommersonne brach.
Ganz leis, ein Schimmer kam und wuchs empor,
Und mit ihm deckte weich und lenzesgrün
Der Thalgrund sich; warm bis in's Herz hinein
Zog süße Luft, und durch den milden Hauch,
Ihm gleich, rief ihren Namen laut ein Mund:
Wo bist du, Folkma? — Hier! — Komm auf die See!
Sie singt uns wieder Freyas Sonnenlied! —
Ein Netz, von goldnen Fäden zitternd, noch
Umschloß den Rufenden, nun stand er da,
Blauäugig, lachend, um die Knabenstirn
Das blonde Haar —
     Sie schlug die Augen auf —
Doch fast entsetzt zuckt ihre Wimper scheu
Herab, zurück. Was ist's? Tränmt sie noch fort
Mit offnem Blick? Verblieb der Traum vor ihm?
Nicht Nacht ist's um sie her, die Sonne hellt
Mit rothem Licht die Luft, den Fels, die See,

Wie zu des Sommers Hochzeit Mitternachts
Vom Meerrand sie der Erde Schlaf umglüht.
Verwirrt blickt Folkma nochmals auf — dann fällt
Der Traum von ihr, Besinnung fällt ihr Aug'
Mit rechter Deutung: Nordschein ist's vom Pol!

Doch reglos starrt noch in die rothe Nacht
Ihr Lid hinaus — da tönt ein Plätscherlaut,
Wie der, mit dem vor Wetterausbruch sich
Der Fisch im Wasser schnellt — es kehrt und taucht
Sich wechselnd ein; nun kommt's, ein Ruderschlag —
Ein Schatten biegt's vorauf am Uferhang —
Und jetzt — ein Kahn — und hoch, vom Nordlichtsglanz
Umhellt, steht Cendrik drin.
                            Zurückgepreßt
Im Schatten blickt wie einer Wahngestalt
Ihm Folkma nach. Er sieht sie nicht, beschwingt
Von reger Hast, treibt er den Nachen fort.
Er hört nicht, daß ein anderer gleitend sich
In's Wasser taucht und lautlos hinter ihm
Die Flut durchfurcht. Bald drückt sich in's Geklipp
Das Ruder Folkmas, bald mit leichtem Schlag,
Wie einer Möve Flug die Welle streift,
Hebt es sich auf, doch stetig folgt es drein.
Dann plötzlich schwindet spurlos Cendriks Kahn,
Die Bergwand schlingt ihn ein. Betroffen starrt
Das Auge Folkmas, doch das Räthsel weicht:
Taghell umstrahlt die rothe Nacht im Fels
Ein dunkles Steingewölb, vom Rand der Flut
Nur halb bedeckt. Und eine Spanne Zeit
Hält Folkma wartend an; nun gleitet sie
Dem Boote Cendriks in den nächtigen Gang
Der Erde nach. Doch flüchtig streift ihr Haar
Die Felsendecke nur, da weitet sich
Aufwärts und rechts und links der Raum. Der Grund
Hält stillen Wasserspiegel rings verhüllt,
Aus seiner Tiefe leuchtend, scheint das Licht
Der Außenwelt geheimnißvoller noch
Zurück zu glühn. Ein Traumes-Wunderbau
Mit blauen Pfeilern, weißen Säulen wölbt
Sich über Folkmas Stirn, dazwischen webt
In Märchenpracht des Nordlichts rother Glanz
Und zittert Purpurfunken durch den Raum.
Doch schaut sie's nicht; ihr Blick gewahrt allein
Den Nachen Cendriks, der am Klippensaum
Verlassen liegt. Darüber im Gestein
Hebt Stufenwerk sich auf, von Menschenhand

Aus grauer Vorzeit in den Fels gehau'n;
Nach Oben führt's, schon fliegt ihr Fuß hinan
Um jähen Rand. Um eine Buchtung jetzt,
Da öffnet kleinere Kammer sich im Schooß
Der großen Höhle, vor dem Tropfenfall
Des Sinterquells geschützt. Gleich einem Nest
Deckt Flechtenmoos und Eiderflaum den Grund,
Matt fällt des Lichtes Abglanz nur bis hier,
Doch auf dem Lager hellt es schwarzes Haar
Um bleiche Frauenstirn. Ein andrer Kopf
Verdeckt sie nun, am Felsgrund klirrt ein Fuß,
Und: Cendrik! — Folkma! ruft's — dann seh'n verstummt
Sie sich in's Antlitz. Lange Zeit; kein Laut
Als nur der Tropfen rieselnd gleicher Fall;
Er spricht zuerst: Was willst Du? — Deutend streckt
Die Hand sie vor: Das Mädchen dort! — Mein Weib! —
Ein jähes Zucken bebt um ihren Mund:
Sie warten draußen, denen sie gehört,
Soll ich sie rufen? — Athemlos nach Luft
Ringt Cendriks Brust, ein Blitz des Hasses sprüht
Aus seinem Aug', er hebt besinnungslos
Die starke Faust nach Folkmas Stirn. Sie steht
Hoch aufrecht, furchtlos: Triff mich! Tödte mich! —
Da fällt sein Arm zurück und schlingt sich fest
Um Nacken, Haupt und Haar Alienors;
Stolz ruft sein Mund: So geh! Verrathe mich
Zum andernmal dem Feind, der Freund dir ward!
Doch nicht dem Lebenden, dem Todten nur
Entreißt ihr sie! — Ein Schauer überrinnt
Mit Grabesblässe Folkmas Angesicht.
Sie schaut den Blick, den todverachtend er
Hinunter in den braunen Augenstern
Alienors, in ihre Seele taucht,
Und jammernd schreit sie auf. Dann plötzlich fliegt
Ihr Goldhaar auf ihn zu, sie schlingt den Arm
Um seinen Nacken, preßt die Lippen fest,
Den Athem raubend, lang' ihm auf den Mund —
Nun läßt ihn ihre Hand, er steht betäubt
Und blickt sie wortlos an. Da jauchzt sie laut,
Frohlockend, irren Augenlichtes auf:
Mein bist du doch! Ich habe dich geküßt,
Und eine Wila bin ich, eine Braut —
Dort steht mein Hochzeitsbett! — Und raschen Sprungs
Den Felsenabsturz wirft sie sich hinab
Zum Grund der Höhle. Drunten klatscht die Flut —
Von Grausen kalt durchrüttelt abwärts fliegt
Die Stufen Cendrik — reglos liegt sie da,

Zerschellt, Goldfäden schwimmen um sie her
Im blutigen Purpurfunkenlicht des Pols.
Die Todte hebt er in den Nachen, stumm
Und zitternd ihm gefolgt, steht neben ihm
Alienor. Er faßt die nasse Hand,
Aus der noch Wärme quillt, so blickt er starr
Auf sie hinunter. Um ihn quirlt und gluckt
Mit geisterhaftem Ton das Wasser jetzt;
Wie tausend Zungen reckend, leckt's empor
Und schnalzt rund an den Wänden, spült sich weiß
Am Stufenrand hinan. Er hört es nicht,
Er sieht der Todten weißes Antlitz nur —
Da schüttert's dumpf der Erde Bauch und rollt
Wie Donner rings vom Stein. Nun fährt er auf —
Was ist's? — Der rothe Schein der Nacht erlischt,
Vom Höhleneingang wälzt ein dunkler Kamm
Sich brausend her und zischt, in Gischt zersprüht,
Ihm bis zur Brust. Die Hochflut ist's, die See,
Der Ocean — er stürmt sein altes Reich
Und krachend schleudert bröckelndes Gestein
Er vor sich her. Besinnungsblitz durchflammt
Die Stirne Cendriks, seine Hand ergreift
Alienor und zu der Todten reißt
Er in den Nachen sie. Mit Riesenkraft
Peitscht er das Boot dem schmalen Ausgang zu,
Fast zwingt er's noch hindurch, da brüllend schnaubt
Ein Wogensturz, und rückwärts schießt der Kahn.
Noch einmal, wie Verzweiflung kämpft, — umsonst,
Das Meer verschließt die Thür, kein Ausweg mehr.
Im Innern steigt die Flut, mit stärkerem Arm
Peitscht wüthend der Orkan sie auf — zurück!
Im Dunkel tastend nach den Stufen irrt
Der Nachen Cendriks, schon zur Hälfte deckt
Die Brandung sie. Auf seinen Armen trägt
Mit schwanken Füßen er Alienor
Hinan, bis sinnverwirrt er unter sich
Den weichen Grund der engen Kammer fühlt,
Dort sinkt er um. In todter Finsterniß
Schwillt an des Tropfsteins Orgelbau die Flut;
Sie hebt den Kahn mit Folkmas kaltem Leib
Langsam zum Steingewölb. Ein Flüstern irrt
Im Dunkel noch, ein qualvoll süßer Traum —
Dann wird es still, wie Folkmas Lippe still
Und odemlos. — Doch draußen wirft die See
Im blutigen Nordschein noch der Spanier Schiff
Weithin gen Süd, zum Heimatstrand zurück.

———

Faira.

In alte Zeit zurück trug euch mein Lied:
Zu Namen, fremd dem Ohr, zu Menschen, lang
In Wind und Meeresschaum verweht, verstummt.
Sie waren; Hitland blieb. Heut' rauscht am Fels
Die See wie damals, schattenhaft im Süd
Schwebt Faira, grauem Geistersegel gleich,
Im Norden reckt sich Unst am Nebelthor
Der Unterwelt. In seinen Höhlen schwillt
Und ebbt die Flut, zum Domgewölbe steigt
In Farben prangend Wundersäulenbau,
Vom Tropfenfall erhöht, und einsam tönt,
Wie messend stäter Pendelschlag der Zeit,
Der Fall des Sintertropfens fort im Grund —
Die Sage spricht: mit zaubrischer Musik
Den Sinn berückend, traumhaft, wie ein Ruf
Aus Nixenmund, der zu sich niederlockt —
Und Folkmashöhle nennt sie Volksmund.

Aus den Mysterien der altfranzösischen Diplomatie.

Von
H. B. Oppenheim.
— Berlin. —

Daß die Sprache erfunden sei, um die Gedanken, beziehungsweise die Gedankenlosigkeit zu verbergen, ist ein von und für Diplomaten in Cours gesetzter Gemeinplatz, welcher der weit verbreiteten Vorstellung entspricht, daß die Kunst der Diplomatie wesentlich in Lügen, Betrügen, Irreführen und Aushorchen bestehe. Es mag ja sein, daß die Kaste, welche die internationalen Beziehungen pflegt, zur Erfüllung ihrer eigensten Aufgaben sich Vieles gestattet, was dem strengen Sittengesetze zuwiderläuft. Fast jeder Stand hat seine eigene Moral, oder vielmehr seine eigene Immoralität, wie z. B. der Kaufmannsstand selbst nach den Autoritäten des römischen Rechtes das gelinde Uebervortheilen. Je näher man aber mit der Geschichte der diplomatischen Verhandlungen bekannt wird, desto weniger Werth legt man auf die vielgerühmte und bewunderte Virtuosität der Talleyrands und überhaupt auf die selbstständigen Wirkungen der in ein System gebrachten Intrigue. Freilich, ein kluger Mensch ist überall an seinem Platze und ein dummer nirgends, aber es kommt durchschnittlich für das politische Gewicht eines Staates weniger auf die Verschlagenheit seiner einzelnen diplomatischen Vertreter an, als auf die gesunden Traditionen seiner Gesammtpolitik und die in sich widerspruchslose Haltung seiner Staatslenker; darauf, daß die leitenden Minister wissen, was sie wollen und sollen, und daß sie überall gut informirt seien. Neben der wirklichen politischen Arbeit tritt die prunkvolle und doch geheimnißkrämerische Schein-Thätigkeit der exterritorialen Diplomatie weit zurück. Ein Staat, der seine Macht bewährt oder den Glauben an dieselbe zu bestätigen versteht, hat mit Leichtigkeit Erfolge aufzuweisen, welche irrthümlich der Findigkeit oder Pfiffigkeit einzelner Staatsmänner zugeschrieben werden. Auf diesen einen Punkt kommt fast Alles an: einer entschiedenen Veränderung der über die reale Macht eines Staates geltenden Anschauungen gegenüber helfen die verzweifeltsten Anstrengungen der bisherigen Diplomatie nichts. Der Starke freilich, welcher neben dem Bewußtsein der Macht auch die Mittel der Ueberlistung nicht verschmäht, erleichtert sich manchen unblutigen Erfolg; aber ebenso häufig bringt sich der Schwache vermittelst diplomatischer Verwickelungen in falsche Positionen, wo er auf dem geraden Wege viel besser davon gekommen wäre. Man liebt es, hohe diplomatische Posten an ausgezeichnete Militairs zu vergeben, und traut ihnen dafür einen besonderen Aplomb zu; aber ein guter General dient der Diplomatie seines Landes gewiß am besten, wenn er die Wehrkraft und Vertheidigungsfähigkeit desselben erhöht.

Daß die Kunst und die Wirkung der eigentlichen Diplomatie vielfach überschätzt wird, ist wohl auf eine Selbsttäuschung der Diplomaten zurückzuführen. Aber gerade von Denen, welche diese Uebertreibung hegten und beförderten, wurde es nur zu oft erlebt, daß sie sich in ihren eigenen Netzen fingen und der begönnerten Sache mehr schadeten, als nützten. Als Beleg hierfür sei an ein Stück geheimer Diplomatie aus den Jahren 1750—1775 erinnert, von welchem, bis auf eine umfassendere Darstellung der neuesten Zeit, nur die äußeren Umrisse bekannt geworden waren.

Von dem liederlichsten aller Könige, von Ludwig XV., ist schon bei seinen Lebzeiten die unglaubliche Thatsache erst vermuthet und dann gewußt worden, daß er neben der Diplomatie seines auswärtigen Ministeriums noch dieser unbekannte, geheime Agenten unterhielt und in mancher auswärtigen Angelegenheit die Action seiner eigenen Minister kreuzte.

Allmählich bezeichnete man einzelne solcher geheimer Agenten, aber das Ganze blieb in Dunkel gehüllt. Weder die Organisation noch die Tendenz wurde jemals offenbart. Die größten Verwirrungen und Verlegenheiten stellten sich ein, ohne daß man erfuhr, woher sie kamen. Wurden die Verdächtigen von den Ministern verfolgt, so nahm sich der König keineswegs ihrer an, aber die Spuren dieser versteckten Machinationen verriethen sich immer wieder. Es war eben die Zeit der geheimen Agenten, der diplomatischen Manöver von Aristokraten, Höflingen und Abenteurern, und der König widerstand der Versuchung nicht, an dieser Mode theilzunehmen. Entfernt erinnert das Verhältniß an die vervielfältigte geheime Polizei unter Louis Napoleon, besonders in dessen ersten Jahren, wo die Polizei-Präfectur, die politische Polizei im Ministerium des Innern und die Polizei der persönlichen Anhänger des Souverains sich gegenseitig auf den Dienst lauerten, einander ausspionirten und verdächtigten.

An einem sonst ehrenwerthen Manne, dem Träger eines großen Namens, haftete unter Louis XV. der Verdacht, seines Königs geheimer Oberdiplomat zu sein, am Grafen Karl Franz von Broglie (1719—1781).

Die Broglie gehören zu den zahlreichen Italienern, welche, von den Medicis und Mazarin bis zu den Bonaparte und Gambetta, an Frankreichs politischer Größe einen so beträchtlichen Antheil haben. Erst um die Mitte des 17. Jahrhunderts war diese Familie aus Piemont eingewandert, und schon gestatten die großen Kriege, welche Frankreich zumal um die spanische Erbfolge führte, hervorragenden Gliedern derselben, zu den höchsten militärischen Würden und dem Herzogsrang emporzusteigen. Der älteste Sohn des ersten Herzogs von Broglie war der dritte Feldmarschall des Namens; er zeichnete sich im siebenjährigen Kriege aus und spielte auch noch unter der Revolution eine Rolle, auf Seiten des Königthums. Dessen um ein Jahr jüngerer Bruder ist der Graf von Broglie, mit welchem wir uns hier zu beschäftigen haben.

Die Broglies, welche unserem Jahrhundert angehören, stammen von dem älteren Bruder, dem Herzog und Marschall ab. Dessen Enkel, der Schwiegersohn der Mme. de Staël, war unter Louis-Philippe mehrmals Minister, einmal auch Conseil-Präsident, und konnte eine Zeit lang für das Haupt der „doctrinären" Partei gelten. Dessen ältester Sohn ist Albert von Broglie, geb. 1821, der sich schon frühe als Schriftsteller, besonders auf kirchenrechtlichem und kirchengeschichtlichem Gebiete, einen Namen machte und einen Sitz in der Akademie erwarb. Unter Louis-Napoleon gehörte er jener vornehmen und akademischen Opposition an, welche in Männern, wie Guizot oder Montalembert oder auch dem gleichfalls schriftstellernden Vater unseres Albert von Broglie, ihre Führer verehrte. Unter Mac-Mahon stand er bis zuletzt an der Spitze der monarchischen Reaction. Den Liebhabern der guten französischen Literatur ist er als ein Schüler und jugendlicher Freund Doudan's bekannt geworden, dessen klassische Briefe und Essays nach seinem Tode von einigen auserlesenen Mitgliedern des Broglie'schen Kreises in fünf Bänden gesammelt und veröffentlicht wurden. —

Nachdem im Jahre 1866 vor dem Archivdirector Boutaric eine fleißige, aber trotzdem noch sehr lückenhafte Arbeit unter dem Titel: „Correspondance secrète inédite de Louis XV. sur la politique étrangère avec le comte de Broglie, Tercier etc.", veröffentlicht worden, sah sich Albert von Broglie veranlaßt, aus den Familienpapieren das Andenken seines Urgroßonkels herzustellen und dessen diplomatische Thätigkeit aufzuklären. Die Ausbeute war augenscheinlich nicht gering, denn die „Revue des deux mondes" brachte bereits in den Heften vom 15. Mai 1870 und vom 15. Juni 1870 zwei Arbeiten über Ludwigs XV. geheime Politik, welche in das, uns nun vorliegende, umfangreiche Werk wörtlich als die beiden ersten Capitel aufgenommen worden sind.

Weder Boutaric, noch Broglie, noch Michelet, der kurz nach dem Erscheinen des Boutaric'schen Werkes dasselbe im 17. Bande seiner französischen Geschichte nach seiner subjectiven Anschauungsweise verwerthete, führen die geheime Politik des Königs auf irgend einen tiefen Plan oder leitenden Gedanken zurück. „Es wäre", sagt Michelet, „eine piquante Entdeckung gewesen, daß Ludwig XV. seine Minister hassend und, ein Verräther am Verrath, sich als heimlicher Patriot enthüllte". Man findet Nichts davon. Michelet fährt fort: „In seinen verstohlenen Briefchen strebt er nur nach einer gewissen polizeilichen Zerstreuung. Es ist die ängstliche Freude des schlechten Schülers, der seinen Vorgesetzten einen Streich zu spielen hofft. Nirgends erscheint er miserabler. Er fängt sich in seinen eigenen Netzen, betrügt seine eigenen Agenten, belügt und verräth die, welche für ihn lügen sollen, verliert den Kopf, giebt zu, daß er sich verwirrt".

Dieses Urtheil ist nicht zu scharf ausgefallen, es wird von den späteren Broglie'schen Ermittelungen nur noch bestätigt.

Einem Zufall verdankt diese geheime Diplomatie, welche dem Lande nichts genützt, große Summen gekostet und einige bedeutende Menschen brach gelegt hat, ihr Entstehen.

Der Aachener Frieden (1748) brachte Frankreich in eine sehr geminderte Stellung und legte der Regierung die Nöthigung auf, ihre Beziehungen und Verpflichtungen einzuschränken. Zu den traditionellen Allianzen der westlichen Großmacht, welche so lange mit dem österreichischen Kaiserhause um die Suprematie in Europa gerungen und sich, besonders seit dem Westphälischen Frieden, durch Beschützung der Staaten zweiten Ranges zu verstärken gesucht hatte, war auch die Verbindung mit dem polnischen Wahlreiche gezählt worden. Aeußere politische Gründe und überkommene Sympathien, welche letzteren seitdem so vielen Enttäuschungen getrotzt haben und noch heute nicht ganz erloschen sind, waren geeignet, das Band zu erhalten und zu befestigen, wäre nicht allmählich dem durch Anarchie geschwächten Polenstaate in dem Czarenreiche ein mächtiger und begehrlicher Nachbar erwachsen, dem gegenüber Frankreich, besonders das Frankreich jener Zeit, die Protector-Rolle nicht aufrecht halten oder doch nur mit Opfern und Gefahren behaupten konnte. Schon die große Entfernung nöthigte unter den obwaltenden Umständen zu einer discreten Haltung und einer Politik der Resignation. Die polnische Königskrone war damals in den Händen des kurfürstlich sächsischen Hauses, mit welchem die französische Dynastie verwandtschaftliche und andere Beziehungen unterhielt, und war auch für die nächste Zukunft der Hauptgegenstand sächsischen Ehrgeizes. Da kam, noch vor Abschluß des Aachener Friedens, eine heimliche Botschaft polnischer Edelleute, aus jenen von Alters her Frankreich zugewandten Familien, nach Paris, um dem Prinzen von Conti, einem allgemein geachteten und auch vom Könige geschätzten Verwandten desselben, für den bevorstehenden Thronwechsel die polnische Königskrone in Aussicht zu stellen. Conti wendete sich deshalb vertraulich an den König und erhielt den Rath, oder vielmehr die Erlaubniß, die Sache nicht von der Hand zu weisen. Hinter dem Rücken des Ministers der auswärtigen Angelegenheiten und mit Umgehung des beim Kurfürsten-König in Dresden residirenden französischen Gesandten wurde der in Warschau accreditirte französische Resident direct vom König angewiesen, sich mit Conti in Verbindung zu setzen, und dessen Pläne zu fördern. Bei mehrfachem Personenwechsel im diplomatischen Corps wußte Conti in den nächsten Jahren auch an andere befreundete Höfe seine Anhänger oder Creaturen zu bringen.

Aber erst 1752, da die Gesandtschaft am sächsisch=polnischen Hofe neu zu besetzen war, traf Conti Veranstaltung, diesen, für seinen Zweck erheblichsten Posten in das Netz der geheimen Diplomatie zu ziehen. Der officiellen Diplomatie war damals ohnedies die wichtige Aufgabe gestellt, den polnischen Staat, trotz seines Königs, von dem (für Sachsen vollzogenen) Beitritt zu der Allianz der östlichen Kaiserhöfe abzuhalten.

Ludwigs XV. Wahl fiel, nach Contis Vorschlag, auf den Grafen von Broglie, der, 32 Jahre alt, in seiner bisherigen militärischen Laufbahn schon einen hohen Rang erreicht hatte. Rulhière schildert ihn als einen sittenstrengen und äußerst begabten, höchst ehrgeizigen, auch in der Hof=Intrigue nicht unerfahrenen Mann, von unermüdlicher Thätigkeit, aber unruhig und hochmüthig; er tadelt seinen maßlosen Eigensinn und seine Heftigkeit. Makellos in seinem Privatleben, unbeugsam in der schroffsten Beurtheilung der Anderen, hat ihn die Leidenschaft doch manchmal vom geraden Wege abgeführt. Gewandt in der Wahl seiner Werkzeuge, hat er sich in der Erwägung der Verhältnisse zuweilen getäuscht. Aber die Begeisterung für den Ruhm und die Ehre des französischen Namens überwogen stets bei ihm.

Ein solcher Mann war nicht blos zu gut, sondern auch zu groß für das gebrechliche Fahrzeug, dem er sich auf des Königs Wunsch und Befehl anvertraute, dessen Führung ihm zwar bald anheim fiel, soweit hier eine dauernde Führung möglich war. Auf einen solchen Charakter waren Ludwigs XV. Velleitäten nicht berechnet. Und dennoch blieb, wie mit unsicht= baren Klammern angeschmiedet, der Graf von Broglie sein Leben lang in den Fesseln der von ihm eingegangenen, unklaren und zweideutigen Ver= pflichtungen, so leidenschaftlich gern er sie gelöst hätte, um sich in der großen und öffentlichen Politik zu bethätigen. Selten wurde ein getreuer Diener in diesem Grade von seinem Herrn mißbraucht und zwecklos geopfert. So wenig Graf Broglie gerade eine sympathische Figur ist, so erregt sein uner= müdliches aber vergebliches Ringen doch unsere höchste Theilnahme. Er wurde der Sklave eines ersten falschen Schrittes, der ihn der Willkür eines launischen und feigen Monarchen preisgab und ihm sogar jeden Appell an die Gerechtigkeit des öffentlichen Urtheils abschnitt.

Des Grafen Debüt in der neuen Laufbahn war vielversprechend. Es gelang ihm, in Polen die französische Partei wiederherzustellen und den für Rußland manövrirenden Czartoryskis entgegenzuwirken. Graf Brühl, König August's III. bekannter Minister, beklagte sich über ihn in Versailles. Diesmal noch vermag Conti den Sturm zu beschwören, ohne das Geheimniß preiszu= geben. Allein Broglie betrachtet sich nicht als das Werkzeug eines Prinzen, sondern als den Diener seines Vaterlandes. Er weiß selbst den Grafen Brühl gegen die Czartoryskis zu gewinnen und stellt sich der sächsischen Politik, näher. Man sieht deutlich, daß er einer gesicherten Allianz die entfernten Chancen der Conti'schen Candidatur opfern würde.

Mit einem solchen Programm in der Tasche verlangt er Urlaub, um über Dresden nach Versailles zu gehen und an diesen beiden Höfen seinen Entwurf zur Geltung zu bringen.

Während nun unser Mann sich auf Reisen begiebt (1756), verändert sich plötzlich die ganze europäische Scenerie wie mit einem Zauberschlage. Es ist noch heute nicht ganz aufgeklärt, was jenen gewaltigen Umschlag verursachte, der Frankreich zum Alliirten Oesterreichs machte und gegen Preußen bewaffnete. Die früher allgemein angenommene Erklärung, daß die Pompadour, von Friedrich II. in ihrer Eitelkeit gekränkt, von Maria Theresia durch einen schmeichelhaften Brief umgarnt, ihren Einfluß in dieser Richtung siegreich bethätigt habe, erweist sich kaum als zureichend, wenn man nicht an den bewußten und berechneten Verrath der hervorragendsten Staatsmänner glauben will. Noch weniger aber steht die Erklärungsweise, welche die ganze Wendung auf Friedrichs selbständige Initiative zurückführt, im Einklang mit den Thatsachen und den Daten. Jedenfalls schloß das französische Kabinet leichten Muthes eine Allianz, welche weder seinen maßgebenden Ueberlieferungen, noch seinen unmittelbaren Interessen entsprach.

Broglie, der die große Neuigkeit auf der Reise erfuhr und selbstverständlich ohne Instructionen war, suchte seine Pläne danach zu modificiren. Es konnte ihm nicht entgehen, daß eine französisch-polnische Verständigung durch Preußens Feindschaft selbst in Friedenszeiten sehr erschwert sein würde; im Allgemeinen aber glaubte er auch unter der neuen Conjunctur an dem Grundsatze, daß Frankreich für die schwächeren Continentalstaaten als Schutzmacht auftreten müsse, festhalten zu können. Er selbst gerieth unterwegs schon mitten in den Krieg. Nachdem er in Dresden die Regierung mit seinen Rathschlägen unterstützt und der von der preußischen Invasion bedrängten Königin zur Seite gestanden, verließ er diesen Ort erst zwangsweise auf preußischen Befehl.

In Versailles, wo man seine Pläne und Vorschläge selten einer Antwort, niemals einer Berücksichtigung gewürdigt hatte, wurde er glänzend empfangen. Er sollte, wie es scheint, dadurch für die Unfruchtbarkeit seiner Stellung schadlos gehalten werden. Er fühlte das, forderte seine Entlassung und erhielt sie nicht; aber ebenso wenig konnte er, trotz der veränderten Sachlage, neue Instructionen erlangen.

Warum der König ihn nicht missen wollte, warum er die geheime Correspondenz nicht aufgab, obgleich Conti jetzt von derselben zurückzutreten erklärte, ist mehr aus psychologischen, als aus politischen Gründen zu erklären. Die allmächtige Maitresse des Königs verfügte durch ihre Günstlinge über die Mittel der officiellen Regierung; der schwache König suchte sich dagegen einen geheimen Einfluß und die Möglichkeit einer stillen Opposition zu wahren. Zu feig und unthätig, um seine Werkzeuge gegen die herrschende Clique zu schützen, ist er doch selbstbewußt, zähe und souverain genug, um seine Werkzeuge nicht freizulassen. Die geheime Correspondenz, welche bei den damaligen Communicationsmitteln nur mit großer Anstrengung durchzuführen war, konnte Nichts nützen, aber nach allen Seiten compromittiren und Verlegenheiten bereiten. In ihrer Leitung wird nun Conti von Tercier ersetzt, welcher „Erster Commis der auswärtigen Angelegenheiten" war. Mit Mr. Tercier drang also die geheime Correspondenz in das Auswärige Amt selbst ein. Nach unseren constitutionellen Vorstellungen muß es als eine wunderbare Anomalie erscheinen, daß der einflußreichste und verantwortlichste Beamte des Ministeriums, der noch dazu persönlich ein gewissenhafter und umsichtiger Mann gewesen zu sein scheint, sich zu dieser Doppelstellung hergab. Diplomaten, welche eine heimliche Correspondenz mit dem Monarchen, mit dieser oder jener Hofpartei führten, gab es zu allen Zeiten in absolutistisch wie in constitutionell regierten Ländern, aber bei Unterstaatssecretairen, Ministerialdirectoren oder Divisionschefs (wie der Titel des ersten Commis jetzt in Frankreich lauten würde) hat die Sache doch noch eine viel bedenklichere Seite, selbst wenn sie ein harmloses Spiel gewesen wäre, als was sie eine Zeit lang erscheinen konnte, was sie aber schließlich — wir werden das noch erfahren — durchaus nicht war. Der „erste Commis" im auswärtigen Amte (in der letzten Zeit vor der Revolution gab es deren zwei) hatte die ganze diplomatische Correspondenz zu führen, die Instructionen zu ertheilen, die Schriftstücke zu entwerfen. Es waren die bürgerlichen Schultern, auf welche die wirkliche Last der Arbeit geladen, bürgerliche Fähigkeiten, denen die entscheidenden Leistungen übertragen waren, während dem Ehrgeiz und der Habgier des Adels die glänzenden Stellen vorbehalten blieben.

Die Verbindung zwischen dem König und Tercier wurde durch einen vertrauten Kammerdiener vermittelt. Zwischen Tercier und den eingeweihten Gesandten waren andere Schwierigkeiten zu überwinden; mit ihnen hatte Tercier natürlich eine doppelte Correspondenz zu führen, die officielle ministerielle und die geheime königliche, die letztere oft auf Schleichwegen.

Mit mehr Energie, als man ihm sonst wohl zutraute, bestand der König auf der Fortsetzung seines Systems und auch darauf, daß Broglie auf seinen Posten nach Warschau zurückkehre. Dieser nahm seinen Weg diesmal über Wien, wo er zwar persona grata war, aber für die polnische Sache Nichts erreichte. Während er in Warschau die Nationalpartei zu reorganisiren suchte, rückten die Russen auf polnisches Gebiet ein, angeblich, als ob es auf einen Durchzug ankäme, augenscheinlich aber, um das Land besetzt zu halten. Graf Brühl findet hier wiederum Broglies Proteste unbequem und beschwert sich über seine Einmischung; auffallenderweise wird Brühl dabei von dem französischen Gesandten in Petersburg unterstützt, dem Chevalier Douglas, der gleichfalls zur geheimen Correspondenz des Königs gehörte. Douglas und Broglie haben aber nichts von einander gewußt; sie handelten überdies nach einander direct widersprechenden Instructionen, allerdings mit der Be-

— Aus den Mysterien der altfranzösischen Diplomatie. — 255

sonderheit, daß sich Broglie weniger um die ihm ertheilten speciellen Instructionen kümmerte, als um das Interesse der Sache, wie es ihm einleuchtete. Douglas war, wie ein schon von Boutaric veröffentlichtes Actenstück besagt, bereits 1755, aber nur zur Auskundschaftung, auf eine geheime Mission nach Rußland geschickt worden und hatte sich allmählich als ein leidenschaftlicher Champion der französisch-russischen Allianz entpuppt. In dem erwähnten Actenstücke wird beiläufig bemerkt, daß seine Eigenschaft als Nicht-Franzose ihm die Aufgabe der Orientirung erleichtere. Die darin enthaltenen complicirten Vorschriften über die Art der Abfassung und Sendung seiner Berichte zeigen, wie weitläuftig in einer Zeit, wo man der Post nirgends trauen konnte, der diplomatische Verkehr für Diejenigen sein mußte, welche nicht über eigene Gesandtschafts-Couriere verfügen durften. Nachdem er jene geheime Mission befriedigend vollzogen, verschaffte ihm der König, durch Prinz Conti's Verwendung, beim auswärtigen Ministerium den officiellen Gesandtschaftsposten in Petersburg. Nun stand aber Douglas noch mit dem König fortwährend durch Conti in Verbindung, Broglie durch Tercier. Broglie, der in der solchergestalt geschaffenen Verwirrung, deren eigentliche Ursachen er jedoch noch nicht durchschaute, kein Mittel unversucht ließ, wandte sich wiederholt an Conti, erhielt aber auf seine Berichte keinen Bescheid.

Die geheime Diplomatie war also eine doppelzüngige und absurde geworden; sie scheint es für eine „Politik der freien Hand" gehalten zu haben, wenn sie widersprechende Instructionen gegen einander ausspielte. Schließlich möchte man an eine unbezähmbare Manie der Intrigue und der Geheimnißkrämerei glauben, der zu Liebe ein Souverain in einer an sich schwierigen politischen Lage, ohne Noth, aus frivolem Spieltrieb gleichsam, die Schwierigkeiten vermehrt und, wie ein böser Bube, nützliche Werkzeuge heimlich zerstörte.

Daß Douglas und Brühl mit ihren Beschwerden bei dem neuen Minister der auswärtigen Angelegenheiten, dem Cardinal Bernis, Anklang fanden, läßt sich schon aus dessen Charakter erklären. Tercier, der die Mahnungen und den Tadel des Vorgesetzten zu übermitteln hatte, suchte die Pille zu versüßen. Heimlich fügte er noch ein äußerst versöhnliches und sehr schmeichelhaftes Geleitschreiben bei. (21 October 1757.) Broglie ließ sich auch nicht einschüchtern und errang in der That noch einen großen Erfolg, indem er die Abberufung Poniatowski's von dem sächsischen Gesandtschaftsposten in Petersburg erzwang und dadurch einem der gefährlichsten Widersacher der französischen Politik seine einflußreichste Wirksamkeit entzog.

Aber Broglie gehörte nicht zu den glücklichen Diplomaten; so oft er sich dem Ziel zu nähern glaubte, wurde er durch irgend ein unvorhergesehenes Ereigniß gekreuzt. Diesmal war es die Schlacht bei Roßbach, welche dem französischen Einfluß in ganz Europa momentan ein Ende machte. Nunmehr wurde Poniatowskis Rückberufung rückgängig gemacht, Broglie desavouirt und von Bernis streng getadelt. Er wandte sich an den König, erhielt in langen Fristen die üblichen ausweichenden Antworten, bat wieder um seinen Abschied und bekam ihn endlich.

Wohlbemerkt, den Abschied als Gesandter, nicht als geheimer Correspondent des Königs. Mittlerweile wurde an Broglies Stelle der in Warschau als französischer Resident angestellte Herr Durand durch Tercier in die geheime Verbindung eingeweiht, nachdem er eben an Broglie die Erfahrung gemacht, wie gefährlich ein zu großer Eifer in solchen Doppelstellungen ist. Seine geheimen Instructionen sollte Durand künftig durch Broglie empfangen.

Graf Broglie verblieb also im Vertrauen des Königs zu derselben Zeit, wo er, von demselben nicht vertheidigt, ja im Stich gelassen, in Ungnade gefallen zu sein schien. Die tonangebende Partei der Pompadour verhinderte jede Gunstbezeugung für ihn. Allein der Ernst des Krieges, die erlittenen Niederlagen eröffneten ihm eine andere Laufbahn. Sein Bruder erschien als der Mann der Situation, und in der allgemeinen Noth mußten die Feinde des Broglie'schen Hauses nach zähem Widerstand die Segel streichen: der Herzog von Broglie erhielt das Commando einer in Deutschland operirenden Armee, und unser Held ward ihm auf seinen dringenden Wunsch als „Maréchal général des logis" beigegeben.

Die geheime Verbindung mit dem Könige wurde darum nicht abgebrochen; in der gegenwärtigen Lage gewährte sie auch dem Grafen Broglie die Aussicht, die Stellung seines Bruders zu befestigen und gegen dessen zahlreiche Feinde, Neider und Rivalen zu vertheidigen. Wenn die herrschende Hofpartei auch nothgedrungen sich darein schickte, demjenigen, den die öffentliche Meinung als den fähigsten bezeichnete, den Feldherrnstab zu überlassen, so unterließ sie doch nicht den Versuch, ihm etwa in der Person eines Prinzen von Geblüt, z. B. des Duc de Condé, einen scheinbaren Vorgesetzten zu geben, der ihn wenigstens um den größeren Theil der zu erwerbenden Lorbeeren brächte. Die Sitte, Arbeit und Erfolg auf verschiedene Schultern zu vertheilen, herrschte damals nicht blos in der Diplomatie. Aber der Herzog von Broglie verlangte die ungetheilte Verantwortlichkeit und darum auch die ganze Leitung und die ganze Ehre; was um so billiger war, da die begangenen Fehler doch immer ungetheilt auf seine Rechnung gestellt worden wären. Auch die Broglies hatten ihre Partei am Hofe; ein älterer Verwandter, der Abbé de Broglie, der eigentliche Familiendiplomat, übte mit großer Gewandtheit seinen starken persönlichen Einfluß zu Gunsten seiner strebsamen Neffen aus. Der Hof des Dauphin und seiner Gemahlin, einer kursächsischen Prinzessin, war ihnen hold.

Zu gleicher Zeit aber, da sie die Hauptsache durchsetzten, vollzog sich ein Ministerwechsel, der ihnen keineswegs förderlich war. Choiseul trat an Bernis Stelle; ein Mann, der, mit den philosophischen und literarischen Salons schön thuend, die öffentliche Meinung für sich und die Pompadour gewann und selbst im Widerspruch mit den Thatsachen oft eine günstige Beurtheilung fand. Niemals wurde es ihm angerechnet, daß gerade er die Hand von der polnischen Sache abzog und dem Durand einschärfte, sich in Nichts zu mischen. Er scheint von der geheimen Correspondenz Wind gehabt zu haben und setzte Tercier als „Ersten Commis" ab. Der Marquis v. Paulmy, welcher als Gesandter nach Warschau geht, erhält, wie Durand, polenfeindliche Instructionen, aber er wird beeinflußt von Hennin, Durand's Nachfolger, der dem Geheimniß des Königs affiliirt war. Graf Broglie corresponbirte über dies Alles vom Feldlager aus. Unterdessen siegt der ältere Broglie bei Bergen und bei Korbach, während der Marschall Contades bei Minden eine Niederlage erleidet. Ueberhaupt wird Marschall Broglie an der Ausnutzung seiner Erfolge durch die fehlerhafte Kriegführung der anderen französischen und alliirten Truppen gehindert, und nebenbei noch durch Schwierigkeiten, die ihm in seiner nächsten Umgebung erregt werden', gereizt und gehemmt. Choiseul hatte nun auch das Portefeuille des Krieges übernommen, und beging den unverzeihlichen Mißgriff, die Rheinarmee zu theilen, um dem, von Roßbach her bekannten, Marschall Soubise ein Commando zu geben. Dies war die Ursache der nächsten verlorenen Schlacht (bei Fillinghausen). Broglie war zu früh, Soubise zu spät gekommen. Wie immer in solchen Fällen, blieben die wechselseitigen Anschuldigungen nicht aus. Der Minister nahm Partei für Soubise, hatte diesmal aber die öffentliche Meinung nicht für sich, denn die Evidenz der Thatsachen entschied im Ganzen zu deutlich gegen Soubise, wenn auch nicht geleugnet werden mag, daß in dem einzelnen, dem entscheidenden Momente Broglie, mit einem höherem Grade von Selbstverleugnung, anders hätte eingreifen können.

Nach dem unglücklichen Ende des Feldzuges von 1761 eilen die Brüder nach Versailles, um des Herzogs Handlungsweise zu erklären und zu rechtfertigen. Mit der ganzen unerschöpflichen Ausdauer, die hier als Familienzug erscheint, treten sie in den Streit ein und suchen auch den König zu einer entscheidenden Aeußerung zu drängen. Dieses Bestreben macht sich in einigen gewagten Schritten Luft und führt dazu, daß die beiden Brüder — nach Broglie, ihrem Stammsitz in der oberen Normandie, verbannt werden.

Da es uns weniger, als dem pietätvollen Herausgeber des „Königlichen Geheimnisses" auf die persönlichen Erlebnisse der Herren von Broglie ankommt, wohl aber auf deren Zusammenhang mit der geheimen Diplomatie ihrer Zeit, so haben wir auch dieser interessanten Schicksalswendung nicht dieselbe Wichtigkeit beizulegen, wie er. Die Verbannung ist eine jener Strafarten, deren Schwere ganz von der subjectiven Schätzung der Betroffenen abhängt; für einen französischen Hof- oder Staatsmann jener Zeit glich die Entfernung vom Hofe und den Geschäften, die Verweisung in die Einsamkeit des provinzialen Landlebens dem bürgerlichen Tod, einer völligen Annullirung seiner Persönlichkeit. Es war unmöglich, von dort aus seine Verbindungen fortzusetzen, unmöglich, auch nur über das, was vorging, unterrichtet zu bleiben; der Verbannte wurde ohnedies in der Regel von seinen Standesgenossen gemieden. Der König hatte natürlich das Recht, vom Hofe, d. h. aus seiner persönlichen Umgebung zu entfernen, wer ihm mißfiel; aber es bestritt ihm auch in dieser Hof-Atmosphäre Niemand das Recht, nach Belieben, ohne strafrechtliches Motiv, ohne ausdrückliches Erkenntniß irgendwen auf unbestimmte Zeit an den oder jenen Ort zu verweisen. Die Unbestimmtheit der Zeitdauer erhöhte die Härte der Strafe. Ludwig XV. war nur grausam aus Bequemlichkeit, nicht aus Entrüstung oder Leidenschaft; er wollte sich nur vom Halse schaffen, wer ihn gerade genirte, und zwar wo möglich, ohne eine endgiltige Entscheidung zu treffen. Die Internirungen politischer Persönlichkeiten auf ihren Gütern wiederholten sich unter ihm: bekannt ist der glänzende Auszug des später derartig verbannten Herzogs von Choiseul. Es sei auch erwähnt, daß unter keiner Regierung die Lettres de cachet so häufig waren wie unter ihm. Und wie nach dem Bastillesturm Gefangene gefunden wurden, deren Schuld oder Vergehen nirgends zu ermitteln war, so sind auch Höflinge im Exil gealtert, deren Conflicte mit ihren Personen längst vergessen waren und die in Versailles Niemanden gestört hätten. Auch gegen die beiden Broglies war Louis XV. unerbittlich, so lebhaft sich auch gewichtige Persönlichkeiten, und selbst der Dauphin, für sie verwendeten, und so sehr er darauf hielt, den Grafen Broglie für seine geheime Diplomatie zu verwerthen. Trotz aller Anstrengungen mußten sie — mit Ausnahme einiger Tage, die zu dem Leichenbegängniß ihrer Mutter gewährt wurden — über zwei Jahre im Exil schmachten, und auch dann war es nicht der König, sondern Choiseul, welcher die Initiative zu ihrer Rückberufung ergriff, allerdings aus Gründen, die mit der Gerechtigkeit nichts zu thun hatten. Ihre Rückkehr fällt ungefähr mit dem Tode der Pompadour zusammen. —

Auf Terciers Anfrage hatte der König verfügt, daß des Grafen Broglie Thätigkeit an der geheimen Correspondenz trotz der Verbannung ihren ungestörten Fortgang haben solle. Es mußten demnach wohlberechnete und sehr umständliche Veranstaltungen getroffen werden, um die Correspondenz des Königs dem Spürblick der Behörden und der Nachsucht des leitenden Ministers zu entziehen. Der Thronwechsel in Rußland (Anfang 1762), welcher eine Frontveränderung dieser Macht zur Folge hatte, diente zur Bestätigung des Broglie'schen Programmes und ihm zum Anlaß sehr ausführlicher diplomatischer Instructionen. Doch konnten diese noch kaum an's Ziel gelangt sein, da fiel Peter III. unter den Streichen der Meuchelmörder und Katharina II. bestieg den Czarenthron.

Indessen mochte die Autorität eines geheimen Oberdiplomaten, der seine Circularschreiben aus der Verbannung, nämlich aus seinem eigenen Hause, datirte, nicht Jedermann einleuchten, und Breteuil, der sich auf der andern Seite gebunden glaubte, erlaubte sich zu widersprechen. Da erhielt er von des Königs Hand ein ausführliches Schreiben, welches ganz in Broglies Geiste Frankreichs Verhältniß zu Rußland und sein Interesse am Bestande des polnischen Staates besprach. Selten hatte der König so viel politischen Ernst bewiesen. Das königliche Schreiben findet sich schon in der „Geschichte der französischen Diplomatie" (T. VI. S. 340) von Flassan, der es den Papieren des Baron Breteuil entnommen hat).

Die bald darauf erfolgten Friedensschlüsse von Petersburg und Paris bestätigten Frankreichs Schwäche und Polens unhaltbare Lage. Poniatowskis Candidatur wurde von Rußland machtvoll vertreten; vergebens sah sich Broglie nach Mitteln um, die Nationalpartei mit der sächsischen zu einer einheitlichen Action zu vereinigen. Der französische Gesandte, Marquis de Paulmy, war eine lächerliche Null und dem Hennin fehlte jeder Rückhalt, auf den er sich hätte stützen können. Auch Conti verweigerte seine Mitwirkung.

Was Rußland im Schilde führte, war sonnenklar und wurde energisch betrieben. Dem gegenüber mußte Frankreich eine feste Position nehmen oder sich ganz enthalten. Als Broglie einsah, daß er für die Rettung Polens nichts vermochte, wollte er wenigstens Frankreichs Ansehen nicht unnütz exponiren und neigte sich der Politik der Enthaltsamkeit zu. Doch auch dazu hätte es einer gewissen Consequenz in der Leitung bedurft. Die Verwirrung war mindestens ebenso lächerlich als gefährlich und schließlich wurde sie unentwirrbar. Es ergab sich, daß Poniatowski in einer ganz confidentiellen Weise bei Hennin eine Annäherung an Frankreich versuchte. Wenn dies ein Schachzug der russischen Politik war, so konnte er den Zweck haben, daß Frankreich entweder seine letzten Absichten verriethe oder seine Machtlosigkeit eingeständige und seine Anhänger abschrecke. Die einzige polnische Thron-Candidatur, mit welcher die französischen Interessen unmöglich zu vereinbaren waren, das war selbstverständlich die des Günstlings und Werkzeugs der Kaiserin Katharina. Indessen stattete der treue Hennin dem Könige seinen Bericht ab und bat um die Erlaubniß, auch den Minister des Auswärtigen in Kenntniß setzen zu dürfen. Der König verzögerte die Antwort, um endlich eine zweideutige zu geben, obgleich mittlerweile der Tod König Augusts III. gemeldet wurde. Als endlich Hennin seinen Minister (den Duc de Praslin) von Poniatowskis Annäherungsversuch unterrichten durfte, expedirte Praslin einen geheimen Agenten nach Polen und zwar einen Offizier Namens von Mounet, der durch besondere Verhältnisse zu den Czartoryski's (dem Hause Poniatowski's) in intimen Beziehungen stand und sogar eine jährliche Pension von ihnen empfing. Der König gab Praslin zu dieser geheimen Mission seine Zustimmung, ohne sein geheimes Cabinet alsbald davon zu unterrichten! Dazwischen kam auch Paulmy nach Warschau zurück und zwar mit Instructionen, welche der Candidatur des kursächsischen Prinzen Xaver (des Schwagers des Dauphins) günstig waren — so daß nun Frankreich dreifach vertreten war und sich nach drei verschiedenen Seiten engagirte. Dies erregte große Erbitterung bei den verschiedenen Parteien.

Es waren die Purzelbäume einer toll gewordenen Diplomatie, in deren vielfältigtem Narrenchor Broglie und Hennin ungehört Vernunft predigten. Schließlich mußte man, damit die Lächerlichkeit und die Verächtlichkeit nicht allzu auffallend würden, dem Residenten Hennin gestatten, den Gesandten de Paulmy gleichsam zu desavouiren und seine Parteinahme für Sachsen als eine fictive und unaufrichtige darzustellen. Somit war mit dem größten Aufwand diplomatischer Hilfsmittel gerade diejenige Richtung befördert worden, welche der französischen Politik am wenigsten genehm sein konnte. Nach dieser Demüthigung wurde die französische Gesandtschaft von der polnischen Interims-Regierung (dem Fürsten Primas von Gnesen) in einer höchst verletzenden Weise genöthigt, Warschau zu verlassen. Natürlich folgten ihr die geheimen Agenten bald nach.

Der Vollständigkeit wegen sei noch erwähnt, daß, trotz aller dieser Erfahrungen, noch schwächliche Einmischungsversuche von Frankreich ausgingen, welche weder der Würde eines großen Staates, noch dem Ernst der Situation entsprachen. Wenigstens wurden von Choiseul, kurz vor dessen Sturz, und auch von seinem Nachfolger, dem Duc d'Aiguillon, französische Emissaire an die Conföderation von Bar geschickt, um den Widerstand zu ermuntern, eventuell zu dessen Organisation beizutragen. Darunter befand sich ein geistvoller und verwegener junger Offizier, der später als General Dumouriez durch seine Leistungen und Schicksale berühmt werden sollte. Wir werden ihm in der Geschichte der geheimen Diplomatie noch begegnen, zu deren Ergänzung noch eine oder die andere Episode nachzutragen ist, welche sich nicht auf Polen bezieht.

Im zweiten Jahre seines Exils, gleich nach dem Abschluß des bemüthigenden Pariser Friedens verfaßte Graf Broglie für den König einen Kriegsplan gegen England, welcher des Königs Billigung fand. Um die Einzelheiten des Entwurfs, namentlich was die Landung an der britischen Küste betraf, auszuarbeiten, wurde ein Herr de la Rozière nach England geschickt und durch Broglie an den ersten Secretair der französischen Gesandtschaft, den Chevalier d'Eon gewiesen, auf dessen Fähigkeiten Broglie mit Recht große Stücke hielt, über dessen Zuverlässigkeit er sich aber in einer verhängnißvollen Weise täuschte. Da das, was diesen Abenteurer am schärfsten marquirt und am meisten in's Gerede gebracht hat, im Verlauf unserer Darstellung noch erwähnt werden muß, so können wir uns seine Vorgeschichte ersparen. Er war Soldat gewesen und dann in die Diplomatie eingetreten, hatte unter Douglas in Petersburg gedient und stand nun unter dem unbedeutenden Herzog von Nivernais, dem er sehr nützlich war. Broglie hatte ihn für das geheime Cabinet schon angeworben, als er zur Auswechselung der Ratificationen des Pariser Vertrages nach Versailles kam; er erhielt von Broglie besondere Instructionen und einen eigenhändigen Brief des Königs. Ja, in der Zwischenzeit, als Nivernais den Gesandtschaftsposten in London verließ und sein Nachfolger noch nicht ernannt war, versah b'Eon die Geschäfte der Gesandtschaft unter dem Titel eines bevollmächtigten Ministers. Das stieg dem Glücksritter in den Kopf, und als der Marquis de Guerchy den Gesandtschaftsposten antrat, wollte er den Titel nicht wieder aufgeben, obgleich er das Amt nicht behielt. Darüber kommt es zum offenen Krieg zwischen ihm und be Guerchy und selbst zum Widerstand gegen den Duc be Praslin. Er geberdet sich wie ein Rasender, macht dem Gesandten öffentlich eine Scene und behauptet, selbst vor Gericht, daß be Guerchy an ihm einen Vergiftungsversuch verübt habe. Er weiß in England dem Skandal eine große

Publicität zu geben und selbst angesehene Leute, ja die Tagespresse und den Pöbel für sich zu interessiren.

So schmachvoll das Alles war, der König trug sich dabei nur mit der einen Sorge, daß b'Eon ihn nicht comprimittire und den geheimen Briefwechsel nicht verrathe. Guerchy soll die Papiere reclamiren und wird zu dem Behufe in das Geheimniß eingeweiht, welches allerdings nach und nach ein Allerweltgeheimniß geworden war. Allein in England würde die Veröffentlichung der feindseligen Projecte aus Ludwigs XV. unmittelbarer Umgebung einen furchtbaren Eindruck gemacht und vielleicht den kaum besiegelten Frieden ernstlich gefährdet haben.

Guerchy setzte bei b'Eon Nichts durch, ebenso wenig ein Vermittler, den ihm Broglie sandte. Die Angst des Königs wurde noch durch allerlei Zufälligkeiten gesteigert. Gerade als sich Broglie anschickte, mit den Aufträgen des Königs selbst nach London zu reisen, wurde in Calais (am 10. Januar 1765) ein Courier der geheimen Correspondenz verhaftet, welcher Briefe von b'Eon in allgemein verständlicher Schrift bei sich trug. Hugonnet, so hieß der Mann, war von Choiseul's und Praslin's Polizei längst beargwöhnt und beobachtet worden. Der Adressat der Briefe war Drouet, Broglie's Secretair. Hugonnet und Drouet wurden in die Bastille gebracht und dem Könige von seinen Ministern — schwerlich ganz ohne Jronie — als zwei neu entdeckte Staatsverräther geschildert. Louis XV. wußte sich nicht anders aus der Verlegenheit zu helfen, als daß er nun auch Sartines, den Polizei-Chef zu seinem Vertrauten machte. Mit seiner Unterstützung konnte man die compromittirendsten Papiere, auch von denen, welche in Drouet's Wohnung mit Beschlag belegt worden waren, bei Seite schaffen und für das gerichtliche Verfahren eine harmlose Komödie arrangiren. Praslin, der der Sitzung beiwohnte, merkte wohl, daß er zum Narren gehalten wurde, fand sich aber doch in dem eigentlichen Jnhalt der königlichen Verschwörung nicht zurecht. Obgleich die gerichtliche Procedur ohne Resultat verlief, wurden die beiden Arrestanten doch nicht gleich freigelassen. Für Drouet freilich verwandte sich der König wirksam genug, weil derselbe von Anfang an mit Enthüllungen gedroht hatte, aber der arme Hugonnet, von welchen Praslin noch Etwas zu erforschen hoffte, blieb längere Zeit sitzen, ohne daß der König sich um ihn bekümmerte. Louis XV. kam also nochmals mit dem Schrecken davon; welche Angst er ausgestanden und wie er sich vor Sartines gedemüthigt, dafür finden sich die naiven Bekenntnisse in seinen Briefen an Broglie und Tercier. Diese beiden aber liefen ernstere Gefahren; zweifelsohne würde der König sie im Nothfall geopfert haben.

Nach einiger Zeit (am 11. Juli 1766) kam denn auch mit dem Ritter b'Eon der Friede zu Stande, aber ein fauler Friede. Mr. Durand, der uns von Warschau her als ein Mitglied der geheimen Correspondenz bekannt ist, vermittelte ihn als Unterhändler für den König dahin, daß b'Eon gegen eine lebenslängliche Jahres-Rente von 12,000 Frcs. den eigenhändigen Brief des Königs (vom 5. Juni 1763) herausgab. Broglie aber vermochte nicht, seine Briefe und Auseinandersetzungen den Händen dieses gefährlichen Menschen zu entreißen, obgleich er Schmeichelei und List anwandte und auch zu materiellen Opfern bereit war.

Die Präoccupationen des geheimen Cabinets in den nächsten Jahren bezogen sich auf Polen uub sind von uns schon erwähnt worden. Die französische Diplomatie war auf allen Feldern geschlagen; als nun Choiseul in seiner unsicheren und unzuverlässigen Haltung zu einem Zeitpunkte, da es für reale Erfolge zu spät war, wieder andere Saiten aufzog und eine provocirende Politik einschlug, war der König einsichtig genug, ihn und seinen Vetter Praslin zu beseitigen. Es kam dazu, daß er auch in der inneren Politik, in Bezug auf die Parlamente und die Finanzen, schwere Fehlgriffe begangen, und daß ihm mit dem Tode der Pompadour die kräftigste Stütze entzogen war. Die Nachfolgerin dieser Dame war ihm und den Seinigen nicht hold; er wurde bei ihr von Hofkreisen überholt, welche zu den mit ihm verbündeten auf gespannten Fuße standen. Auch der stolze, sittenstrenge und selbst kirchlich fromme Graf Broglie bewarb sich um die Gunst der Gräfin Dubarry, doch, wie es scheint, weder mit dem Elan, welcher in solchen Fällen den Erfolg verbürgt, noch mit der Leichtigkeit, welche verführt. Nach einem langen Provisorium, in welchem, nach der Höflinge Meinung, zwischen ihm und dem Duc d'Aiguillon die Waage hin und her schwankte, wurde Letzterer mit dem Portefeuille des Auswärtigen betraut. Die erste Theilung Polens war bevorstehend; auch b'Aiguillon konnte nicht davon überrascht sein; dennoch afficirte er eine große Entrüstung und erregte sogar in Wien die Besorgniß, daß er die Allianz mit Oesterreich lösen wolle. Annäherungsversuche, die er in Berlin gemacht, waren dem sehr gut bedienten Cabinet Maria Theresias nicht entgangen, und der österreichische Gesandte in Paris, Graf Mercy, erhielt den Auftrag, deshalb dem Grafen Broglie Vorstellungen zu machen. Soweit war dessen Stellung schon eine anerkannte geworden. Frankreich aber hatte damals nur die Wahl zwischen der bisherigen Allianz oder der Isolirung. Alsbald drehte sich auch wieder der Wind bei b'Aiguillon, der bisher allerdings einer gewissen Strömung in der öffentlichen Meinung gefolgt war. Beiläufig bemerkt, konnte man auch an Frankreich damals constatiren, daß in despotisch regierten Ländern der öffentliche Geist, von dem Einfluß auf die inneren Angelegenheiten ausgeschlossen, sich oft leidenschaftlich an den auswärtigen betheiligt.

Sehr bald fand sich die Gelegenheit, den Wiener Hof über b'Aiguillons Beziehungen zu Preußen zu beruhigen, und zwar folgende: Gustav III. hatte in Schweden den Thron bestiegen und durch einen Staatsstreich die königliche Gewalt wiederhergestellt. Es handelte sich hier um Beseitigung von Adels-Privilegien, welche aus Schweden ein zweites Polen hätten machen können und welche darum den mächtigen Nachbaren, Preußen und Rußland, höchst schätzens- und erhaltungswerth erschienen. Gustav war schon als Kronprinz, obgleich von seinem mütterlichen Oheim, Friedrich II. von Preußen, gewarnt mit dem Plane umgegangen und hatte sich darüber mit den Staatsmännern der alten Schutzmacht Schwedens benehmen wollen. Als er aber nach Paris kam, fehlte es gerade an einem Minister des Auswärtigen, und bevor d'Aiguillon ernannt war, rief ihn der Tod seines Vaters zurück. Doch war der französische Gesandte in Stockholm sein vertrauter Rathgeber gewesen, de Vergennes, der, wie schon oben erwähnt wurde, seit langer Zeit unter de Broglies geheimer Leitung stand. Die Sache des schwedischen Königs war in Paris populär. Der Drohung der Nordmächte gegenüber war eine französische Demonstration zu Schwedens Gunsten unumgänglich. Das französische Cabinet führte wieder eine stolze Sprache, zu deren Unterstützung bei Toulon 12,000 Mann und im Hafen von Brest die Flotte kriegsbereit gehalten wurden. Indessen konnte man nicht an die schwedischen Küsten gelangen und daselbst operiren, ohne auf England Rücksicht zu nehmen, selbst wenn England, wie zu vermuthen war, auf Seiten Schwedens stand. Der Minister schickte deshalb, nach Verabredung mit dem Könige, einen Special=Agenten nach London. Weder Broglie erfuhr davon, noch der französische Gesandte in London Mr. de Guines, der ein Freund Choiseuls und ein Schwager des Grafen de Broglie war. Man muß gestehen, daß das eine eigenthümliche Art war, große Politik zu treiben. Wenn man dem Herrn de Guines mißtraute, warum beließ man ihn auf dem schwierigsten Posten? Und wie konnte man vollends dem Chef der geheimen Diplomatie eine solche Mission unterschlagen, kurz nachdem der König bei ihm ein Gutachten über den Stand der auswärtigen Beziehungen Frankreichs bestellt hatte? Dies war um so merkwürdiger, als Broglie fortwährend darauf bestand, daß für Schweden Etwas geschehen müsse. Der Chevalier de Martange wurde ganz geheimnißvoll durch eine dem Minister vertraute Dame an den britischen Staatssecretair des Auswärtigen, Lord Rochford, gewiesen.

Martange fand die Stimmung gut für Schweden, schlecht für Frankreich. Der englische Staatsmann bedauerte, mit den nationalen Vorurtheilen rechnen zu müssen, welche sich bei dem Erscheinen einer französischen Flotte in den nordeuropäischen Meeren bis zu kriegerischer Wuth steigern würde, stellte eine friedliche Vermittelung mit den Nordmächten in Aussicht, und gelangte endlich zu dem ebenso seltsamen, als unverschämten Vorschlage, die französischen Truppen auf britischen Handelsschiffen zu transportiren und von britischen Kriegsschiffen escortiren zu lassen! Diese Proposition, die allerdings dem geheimen Unterhändler nur mündlich mitgegeben wurde, beweist, wie tief das Ansehen Frankreichs gesunken war.

An diese Demüthigung knüpft sich nun eine Geschichte, die unglaublich erschiene, wenn sie nicht actenmäßig feststände.

Dumouriez, der gerade von seinem mißlungenen Abenteuer aus Polen zurückgekehrt war, hatte den Ausgang der Martange'schen Unterhandlung erfahren und sich alsbald bei dem Kriegsminister Mr. de Monteynard mit dem Antrage gemeldet, in Norddeutschland für Schweden Freischaaren werben zu dürfen. Seiner Berechnung nach würden sich wohl 7—8000 verwegene Kerle zusammentrommeln lassen, die unter französische Offiziere gestellt und auf hanseatischen Schiffen nach Schweden eingeschifft werden könnten. Der tolle Plan leuchtete Monteynard ein und gefiel dem Könige. Dumouriez sollte alsbald nach Hamburg reisen, um das Terrain zu studiren, aber, das war des Königs ausdrückliche Bedingung, d'Aiguillon durfte Nichts davon erfahren. Dumouriez stutzte; bei aller Tollkühnheit war er klug genug, zu durchschauen, daß er möglicherweise einmal als Staatsverbrecher belangt und, wenn vom König im Stiche gelassen, zu der höchsten Strafe verurtheilt werden würde. „Wenigstens", sagte er zu Monteynard, „muß der König mir persönlich seine Befehle ertheilen". Dies geschah. Dumouriez wurde vom Kriegsminister mit Geld und Pässen versehen und zu einem geheimen Briefwechsel mit demselben angehalten, wofür einem untergeordneten und wenig bekannten Offizier, namens Ségur die Vermittler-Rolle zugetheilt war. Der Kriegsminister sollte danach dem Könige Bericht erstatten, sowohl hinter de Broglie's, als hinter d'Aiguillon's Rücken. So häuften sich die geheimen Correspondenzen um den König, jede einzelne der anderen verborgen, zu einem wahren Versteckensspiel.

Solche Verhältnisse üben eine große Anziehungskraft auf Glücksritter und sonstige problematische Naturen. Einem Manne von Dumouriez' Schlage lächelte die Huld des Augenblickes nicht in dieser Weise, ohne daß er versucht hätte, sie gehörig auszunutzen. Er vertraute sich deshalb einem Freunde an, der, früher in der Diplomatie beschäftigt, seinen Beruf gleichsam verfehlt hatte, aber trotzdem für einen welterfahrenen und sehr befähigten Mann galt. Dieser, Herr Favier, war zufällig der Schriftsteller, von welchem Broglie das für den König bestimmte Mémoire über Frankreichs auswärtige Beziehungen (siehe oben) ausarbeiten ließ. Beide erkannten nun ihre Wichtigkeit und gründeten hohe politische Pläne darauf, für das Wohl Frankreichs, für ihre Gönner, zunächst aber für sich selber. Wie alle mißlungenen Diplomaten, war Favier ein Projectenmacher. Er benutzte nun seine alten Verbindungen und gab Dumouriez Empfehlungsbriefe nicht blos z. B. an einen in Brüssel ansässigen Agenten der geheimen Diplomatie, sondern auch an den Prinzen Heinrich von Preußen.

Den Sommer 1773 brachte Dumouriez in Brüssel und Hamburg zu, politisirend, correspondirend, ohne viel an schwedische Rüstungen zu denken. Aber er war beobachtet und denuncirt worden, der schwedische Gesandte hatte den Herzog von Aiguillon auf ihn aufmerksam gemacht, und eines Tages wurde er in Hamburg durch den französischen Minister-Residenten und einen französischen Polizeibeamten in d'Aiguillons Auftrage verhaftet. In der Bastille waren Favier und Ségur schon vor ihm eingetroffen. Auch ein Diener von Favier wurde später eingezogen, weil er eine Versäumniß der Behörden benutzt hatte, um die vorhandenen Schriftstücke bei Seite zu schaffen. Hätte man die Papiere Faviers gefunden, so würde man zweifelsohne — aus jener anderen, ziemlich unverfänglichen Veranlassung — auch

Broglie's Handschrift oder der seines Secretairs begegnet sein, und Broglie wäre dann nicht mit dem bloßen Verdacht davon gekommen. Schwerer war der Kriegsminister compromittirt. D'Aiguillon glaubte einer weittragenden Verschwörung auf der Spur zu sein. Der König drehte und wendete sich wieder in der äußersten Verlegenheit, bis es ihm gelang, Sartines (s. oben) in die Untersuchungscommission zu bringen. Sartines verstand es, die Angelegenheit auf die kleinsten Dimensionen zurückzuführen und den Gefangenen selbst die äußerste Discretion aufzuerlegen. Ein richterliches Urtheil wurde nicht gefällt, die Angeschuldigten wurden aber auch nicht freigelassen, sondern in verschiedenen Staatsgefängnissen untergebracht.

In derselben Zeit spielte eine Hof-Intrigue gegen den Grafen Broglie, die sich auf ganz andere Dinge bezog, nämlich auf eine Ehrenbotschaft nach Turin in einer dynastischen Familien-Angelegenheit (Einholung der Braut des Comte d'Artois, späteren Karls X.) für welche der ehrgeizige Graf vom König eine Zusage erlangt hatte, während die Kaste der Ducs et Pairs dergleichen für sich in Anspruch nahm. Broglie wurde wieder einmal das Opfer seiner Heftigkeit: ihm wurde nicht nur die zugesagte Botschaft wieder abgenommen, er wurde auch (Ende Sept. 1773) nach seinem Schloß Ruffec verbannt, von wo aus er alsbald, wie vor zwölf Jahren, an seine biplomatischen Jünger ein ausführliches Circular erließ, um die Geschäfte von diesem einsamen Landsitz aus mit erhöhtem Eifer fortzusetzen. Auch diese zweite Verbannung hatte die mißliche Folge, daß sie dem Betroffenen (wie damals dem älteren Bruder) die Vertheidigung gegen schwer lastende Verdächtigungen abschnitt, ja den Argwohn bestärkte und seinen Feinden freies Spiel ließ. Der König war durchaus nicht geneigt, seine Rückkehr so bald zu gestatten; er liebte den Mann nicht, der ihm so oft unangenehme Wahrheiten sagte, mochte aber seine Dienste nicht entbehren. Der Tod des Königs (Mai 1774) traf ihn noch in seiner Verbannung.

Mit diesem Todesfall hatte die ganze Verwirrung der sich überschlagenden und sich gegenseitig paralysirenden Geheimnißkrämereien und Intriguenspiele ein Ende. Es war nicht zu fürchten, daß der Nachfolger in diese Bahn einlenken werde; es blieb nur übrig, die Verbindungen und Rechnungen der geheimen Diplomatie zu liquidiren.

22 Jahre waren verflossen seit jenem ersten Manöver, das Prinz Conti mit Broglie's Hilfe für seine ehrgeizigen Pläne in Scene setzte. Broglie, der immer die bedeutendste und eingreifendste Persönlichkeit dabei gewesen war, hatte seit Terciers Tode (Januar 1767) auch die nominelle Leitung gehabt; gleichsam als ein geheimer Minister des Auswärtigen neben dem officiell angestellten. Welche Bitterkeiten und Gefahren barg ihm die geheimnißvolle Stellung, aus der ihn der König nicht los ließ, weder in's Privatleben, noch, wie Broglie zu hoffen kaum aufhörte, zu hohen öffentlichen Aemtern und Würden. Aus Gründen, welche sich selbst unserer gedrängten Darstellung entnehmen lassen und die zum größten Theil auf den Charakter des Königs

zurückzuführen sind, waren Gewicht und Einfluß der geheimen Correspondenz nicht mit ihrem äußeren Umfange gewachsen. Was diesen betrifft, so waren bei Terciers Tode die Fäden angeknüpft mit den Gesandtschaften in Konstantinopel (de Vergennes, der später in Stockholm; nach de Vergennes der Comte de Saint-Priest bei der hohen Pforte), in Holland, in Schweden (de Breteuil, der vorher in St. Petersburg), mit subalternen, aber brauchbaren diplomatischen Agenten in Petersburg, London (d'Eon) Genf (Hennin, früher in Warschau). Wien und Neapel wurden später besetzt, auch Warschau wiederum; Wien mit dem Durand, den wir auch von Warschau her kennen.

Man sieht hier neben einer Reihe vornehmer Herren auf hohen Posten einen kleinen festen Stamm tüchtiger und beweglicher Leute niederen Ranges, die bald hier, bald dort verwendet werden. Wenn man die prekäre Stellung und undefinirbare Verantwortlichkeit dieser geheimen Agenten bedenkt, welche sich selbst häufig genug fremder Werkzeuge zur Erkundigung und Vermittelung bedienen mußten, so kann man sich nicht wundern, daß das Geheimniß nicht blos früher in Versailles, sondern später auch an fremden Höfen — in Wien wahrscheinlich mit allen Details — verrathen worden war. Erstaunlich aber war jedenfalls die unermüdliche Arbeitskraft des einzelnen Mannes, der mit wenigen Gehülfen und ohne amtliche Hilfsmittel diese ganze künstliche Maschinerie in Gang brachte und hielt. Man möchte glauben: wenn Louis XV. keinen de Broglie gefunden hätte, dessen rastloser Thätigkeitsdrang selbst für das ihm verleidete Geschäft kein Ende fand, so hätte der König es bald satt bekommen. Zumal das geheime Cabinet — abgesehen von der unfruchtbaren Genugthuung, bisweilen besser unterrichtet zu sein, als die amtliche Diplomatie, — für alle Mühen, Kosten und Verlegenheiten niemals und nirgends positive Früchte trug. —

Drei Tage nach seiner Thronbesteigung erhielt Ludwig XVI. vom Grafen Broglie einen kurzen, aber exacten Bericht über Vergangenheit und Gegenwart des geheimen Cabinets bis zu den letzten unklaren Begebenheiten, die der Berichterstatter auf eine Intrigue des d'Aiguillon und der Du Barry zurückzuführen suchte. Zum Schluß natürlich die Bitte, daß der König über das Schicksal der geheimen Correspondenz verfügen möge.

Ludwig XVI. antwortete kühl, als ob er glaubte, mit einem Intriguanten zu thun zu haben, und nicht ohne einen gewissen Widerwillen gegen die in Frage stehende Sache zu verrathen. Doch versprach er dem Verbannten Gerechtigkeit. In einem späteren königlichen Schreiben wird de Broglies Rückkehr unter der Bedingung gestattet, daß er das geheime Cabinet auflöse und alle bezüglichen Papiere verbrenne. Auf diesen letzten Punkt, das Verbrennen der Acten, glaubte der Graf nicht eingehen zu dürfen, weil er vorkommenden Falls nur aus diesen Papieren gegen alle Verleumdungen den Beweis seiner Unschuld schöpfen konnte. Auch machte er den König respectvoll darauf aufmerksam, daß die Auflösung des geheimen Cabinets nicht ganz so einfach sei, als es den Schein habe, daß eine Menge persönlicher Verhältnisse und selbst Rechtsansprüche dabei geschont und berücksichtigt werden müßten.

Da mittlerweile de Vergennes, den wir aus der geheimen Correspondenz kennen, zum Minister des Auswärtigen ernannt worden war, so mußte de Broglies Angelegenheit glatt verlaufen. Vergennes und mit ihm der Marschall be Muy, ein allgemein anerkannter Ehrenmann, sollten die Papiere prüfen. Nach sieben vollen Monaten fiel das erste Verdict dieser Männer in allen Punkten zu Broglies Gunsten aus, sowohl was seinen Charakter, als was seine Fähigkeiten und Leistungen betrifft. Alle Welt war zufrieden, nur er selbst nicht; er bestand noch darauf, daß die letzte Bastillen=Affaire (von Dumouriez Favier und Ségur) untersucht werde. Selbstverständlich klärte sich auch diese zu seiner Ehre auf. Jedoch konnten alle diese Rechtfertigungen ihm nicht die Gunst des Königs oder eine seiner würdige Anstellung zuwenden, weil er seit langer Zeit, und auch noch gemäß der späteren, durch Favier verfaßten Kritik der französischen Allianzen, der österreichischen Partei am Hofe als ihr Gegner anrüchig war. Es war eben der Hof der Marie=Antoinette.

Allen seinen Mitarbeitern mußte Broglie reichliche Pension zu verschaffen. Nur d'Eon war nicht zu befriedigen. Er hatte eigentlich seit den oben erzählten Ereignissen keine politische Stellung mehr eingenommen, aber er hatte bis zuletzt, dem geheimen Cabinet allgemeine politische Berichte aus England geschrieben, welche, neben ihrem wirklichen Werth, noch den Vorzug hatten, den König zu amüsiren. Er wurde ferner, wie so mancher bessere Mann im vorigen Jahrhundert, gelegentlich dazu verwendet, die Veröffentlichung irgend eines Skandal=Products der damaligen Revolverpresse zu hintertreiben. (So einer Biographie der du Barry.) Aber Broglie hätte auf diese Dienste gerne verzichtet, wenn er den frech aufdringlichen Bettler los geworden wäre, der stets auf die in seinen Händen verbliebenen Staatsacten verdächtige und empfindliche Anspielungen machte.

In den letzten Jahren hatte d'Eon eine ganz neue Art von Skandal auszuführen begonnen, um das Publikum mit sich zu beschäftigen. Gestützt auf ein ziemlich bartloses Gesicht und eine gewisse geschlechtliche Indifferenz, wußte er das Gerücht zu verbreiten, daß er weiblichen Geschlechts sei, und bot damit dem englischen Sport einen piquanten Gegenstand für Wetten, der frivolen Welt reichen Stoff für schlüpfrige Anekdoten. Louis XVI. empfand sehr lebhaft, wie peinlich es wäre, wenn ein solches Individuum, sei es zu Erpressungen, sei es aus Skandalsucht, sich auf seine geheime Verbindungen mit der verstorbenen Majestät berufen und Papiere dafür vorzeigen könnte. Aber d'Eon stellte enorme Forderungen, welche die ersten Unterhändler und auch den König abschreckten. Der habsüchtige Schwindler bereute vielleicht, zu weit gegangen zu sein; da führte der Zufall den berühmten Beaumarchais nach London und ihm in den Weg. Auch Beaumarchais hatte einen geheimen Auftrag vom Ministerium seines Landes: er sollte der im Ausland straflos wühlenden Revolverpresse eine gegen die Königin gerichtete Broschüre abjagen. In Beaumarchais' Biographie (von Loménie) sind die Verhandlungen, welche Beaumarchais als freiwilliger Diplomat, ohne irgend einen Auftrag, mit dem Ritter d'Eon führte, ausführlich erzählt. Es steht fest, daß der tapfere Ritter ihm das Märchen seiner Weiblichkeit ernsthaft aufgebunden*) und daß er sogar dieses Geständniß mit Thränen und Liebeserklärungen ausgeschmückt hat. Beaumarchais wandte sich an Vergennes, dem er eine rührende Schilderung des verfolgten Weibes entwarf. Die Geldfrage war diesmal bald geebnet; auch wollte b'Eon sein Ehrenwort verpfänden, daß er allen Händeln mit den Mitgliedern der Familie be Guerchy aus dem Wege gehen werde. Diese Garantie war schon deshalb ungenügend, weil sie nicht auch dem jungen be Guerchy verbot, das Andenken seines Vaters mit den Waffen in der Hand zu rächen. Dagegen gab es ein anderes Mittel: wenn b'Eon wirklich ein Weib war, so sollte er das durch weibliche Tracht und Gebahren bestätigen. Mit Frauen duellirt man sich nicht. Auf dieser Grundlage kam zwischen P. A. Caron de Beaumarchais, als Bevollmächtigtem seines Königs, und der großjährigen Demoiselle Charles Geneviève Louise Auguste Andréa Timothée b'Eon de Beaumont 2c. ein Vergleich zu Staude, kraft dessen b'Eon alle betreffenden Papiere ausliefert, auf alle Reclamationen und Verfolgungen, auch gegen die Guerchy's, verzichtet und sich feierlich zur Anlegung weiblicher Tracht verpflichtet.

Das Weitere hat hier für uns kein Interesse. Mit diesem lächerlichen Nachspiel ist die Geschichte der geheimen Correspondenz beendigt.

Aehnliche geheime Verbindungen mögen ab und zu auch in anderen und selbst in besser regierten Ländern vorgekommen sein, aber ein König an der Spitze einer permanenten amtlichen Gegen-Organisation, die einer Verschwörung gleicht, ist jedenfalls eine seltene Erscheinung. Ludwig XVI. sagte in seinem zweiten Brief an Broglie: wenn die beiden Cabinette übereinstimmten, so wäre das geheime überflüssig, und wenn sie nicht übereinstimmten, verursachte es Hetzerei und Unruhe („des tracasseries"). Mit dieser naheliegenden Alternative ist aber die Ungeheuerlichkeit des Verhältnisses nicht erschöpft. Neben der büreaukratischen Anomalie ist die psychologische in's Auge zu fassen; wir sehen da Männer von Stolz, Rang und Ehre in Stellungen festgehalten, welche zur Lüge zwingen und zu dem öffentlichen Wohl in ein schiefes Verhältniß bringen. Unter ähnlichen Eindrücken mag Montesquieu sein Capitel von der Ummobelung der Charaktere durch den Despotismus geschrieben haben. Sicherlich hat er den französischen Hofadel im Auge gehabt. Noch interessanter als die großen Herren sind dabei die kleinen Leute, jene manchmal geistvollen, zumeist gewissenlosen Abenteurer, welche zu den charakteristischen Zügen des achtzehnten Jahrhunderts beitragen. Diese werden häufig mißhandelt, aber selten mißbraucht; sie rächen sich für die erlittene Geringschätzung durch Ausbeutung ihrer Vorgesetzten. In dem zwischen Dumouriez und Favier gepflogenen und zum Theil später den Acten einverleibten Briefwechsel wird von den herrschenden Zuständen und den leitenden Persönlichkeiten mit der äußersten Verachtung gesprochen und von Dumouriez mit Bestimmtheit die bevorstehende Revolution prophezeit.

---

*) Nach b'Eon's Tode wurde sein Geschlecht zweifellos festgestellt.

Das Deutschthum in den russischen Ostseeprovinzen.

Von
* † *

Wer kennt nicht Goethes „Zauberlehrling"! Und wer ihn kennt, wird er nicht beim Hinblick auf die russischen Zustände immer aufs Neue an den Thatenmuthigen gemahnt, der die Eimer hat das Wasser holen heißen und sich hernach nicht mehr auf das Wort zu besinnen vermag, welches ihnen wieder aufzuhören gebietet? — Seit mehr wie einem Jahrzehnt können wir beobachten, wie in Rußland die Anhänger der sogenannten „Moskauer Nationalpartei" rastlos thätig sind mit dem Ein= und Ausfüllen der panslavistischen Doctrinen, daß bereits halb Rußland darunter ertränkt erscheint; und noch immer harrt die Welt vergebens auf das Stillstand gebietende Machtwort. — Indessen gewahren wir hie und da Landstrecken gleich Inseln aus der großen Ueberfluthung hervortauchen, die naturgemäß unser Interesse fesseln müssen, indem die Frage laut wird, wie lange wohl diese einzelnen Complexe sich des zerstörenden Elementes erwehren vermögen? Vor Allem bemerken wir den weiten fruchtbaren Landstrich, der drei Provinzen Kurland, Livland und Esthland, auch unter dem Gesammtnamen der baltischen oder der russischen Ostsee=Provinzen bezeichnet, seltener unter dem der russisch=deutschen Provinzen. Auch höre ich es hier gleich zurücktönen: „Die russisch=deutschen Provinzen!? Woher der Name? Ist uns doch nicht bekannt, daß diese Provinzen deutsch gewesen, noch deutsch sind". — Ja freilich, das Deutschthum dieser Provinzen ist im deutschen Reiche derart in Vergessenheit gerathen, daß man nur hin und wieder im Gelehrtenstande eine genauere Kenntniß davon findet; am meisten noch beim deutschen Adel, dessen Sympathien sich auch am natürlichsten den directen Abkömmlingen der alten deutschen Ritterorden zuwenden, welche seit mehr denn vier Jahrhunderten in genannten Provinzen die Herrschaft geführt. Und doch sind diese Länder nicht schlechter, als das mit so vielem Blutvergießen zurückeroberte, der eignen

deutschen Gesinnung unter der französischen Herrschaft verlustig gegangene
Elsaß-Lothringen. — Sie haben keine reichen Minen, aber sie haben köstliches
Wald- und Getreideland; sie haben nur wenig Fabriken, aber sie haben auch
kein Proletariat; sie sind nicht reich an sogenannten Sehenswürdigkeiten, wohl
aber an achtungswerthen Leistungen; sie haben eine spärliche Bevölkerung, dagegen genug fruchtbaren Boden, um noch in Jahrhunderten kein Auswanderungs-
schiff befrachten zu müssen. Und dazu haben sie einen Stamm so echt gesinnter Deutscher, daß diese, durch Nichts beirrt, bereits Jahrhunderte hindurch in unsterblicher Treue ihr Deutschthum allen Angriffen und allen
Lockungen zum Trotz vertheidigt haben, obschon von Niemanden im deutschen
Reiche deshalb gepriesen oder unterstützt. Jetzt sehen wir diese deutschen
Provinzen auch dem Anprall der panslavistischen Fluthen, durch welche noch
der Nihilismus seine schlammigen Wogen wälzt, isolirt, wie immer, und
muthig, wie immer, ihre Deiche bauen. Erwacht da nicht auch einmal bei
den deutschen Brüdern im sichern deutschen Reiche das Verlangen, etwas
Eingehenderes aus der Vergangenheit wie Gegenwart dieser russisch-deutschen
Provinzen zu erfahren? — Ich möchte es glauben, und zeichne hier deshalb
eine Skizze aus der Geschichte derselben für alle diejenigen hin, welche die
deutsche Treue zu schätzen wissen, indem sie das Gefühl der deutschen
Nationalität treu in der eignen Brust wahren. —

Die von wilden, heidnischen Völkerschaften bewohnten Ostseeländer jenseits der Weichsel, welche uns unter dem Namen Kur-, Liv- und Esthland
bekannt sind, waren bis zum zehnten Jahrhundert nur dänischen und schwedischen,
hernach auch betriebsamen sächsischen und westphälischen Handelsleuten bekannt
geworden, welche namentlich der Gewinn des Bernsteins hinlockte. Ende des
zehnten Jahrhunderts fühlte sich Bischof Adalbert von Prag in frommem
Eifer berufen, auch das Christenthum in jene Länder zu tragen, und wanderte
als Apostel in dieselben ein. Alsbald entfachten aber die Götzendiener den
Haß ihrer Getreuen gegen ihn, und er wurde erschlagen 997.

Um das Jahr 1159 wurden Kaufleute aus Bremen an die Düna
verschlagen, worin der Mönch Meinhard einen Fingerzeig der Gottheit
erkannte, die erste christliche Kirche zu Yleskola zu gründen, 1186, worauf
ihn der Papst zum Bischof von Livland ernannte. Seine Macht als solcher
blieb aber illusorisch. Erst als ihm unter Innocenz III. der Domherr
Albert von Apeldern zu Bremen in der Bischofswürde gefolgt war, wurden
die begonnenen Bekehrungsversuche mit nachhaltigem Erfolg erneuert. Albert
gründete Riga 1201, und stiftete, mit Unterstützung seitens des Papstes,
den Orden der Schwertbrüder unter dem Befehl eines Heermeisters,
1202, aus Abenteurern und fahrenden Rittern zusammengesetzt, vermittelst
deren Tapferkeit der größte Theil des Landes der Liven und Esthen unterworfen wurde, wonach König Philipp (von Schwaben) dem Bischof von
Riga die Würde eines deutschen Reichsfürsten ertheilte. 1206—1224
war die Eroberung Esthlands vollendet, mit Ausnahme des nördlichen Theils,

welchen die Dänen behaupteten. Der Stamm der Letten aber, welcher in Kurland und auch einem Theil Preußens heimisch war, blieb nach wie vor so halsstarrig in Vertheidigung seiner Freiheit und seines Götzendienstes, daß sich der Bischof endlich gezwungen sah, im Bunde mit Herzog Conrad von Masovien gegen Abtretung des Culmer Landes den Orden der Deutschherren zu Hülfe zu rufen, welcher im Lande Preußen seine Herrschaft auszubreiten begonnen hatte. Der Großmeister Hermann von Salza entsandte nun zum Beistand seinen Verweser der preußischen Lande, Hermann Balk, mit einer Schaar Ritter, welcher immer neue Zuzüge nachfolgten, nachdem der Papst den Streitern an der Ostsee dieselben Segnungen wie den Kreuzfahrern zugesprochen hatte, wobei der irdische Gewinn kaum weniger lockend wirkte. 1232 wurde der Orden von Friedrich II., getrennt vom Bisthum, als reichsunmittelbar erklärt, und 1236 vereinigte er sich völlig mit dem Deutschorden, und Hermann Balk zog nun als erster Landmeister in Livland ein, Riga zur künftigen Hauptstadt des Ordens wählend, nachdem die seitherigen Heermeister der Schwertbrüder ihren Hauptsitz in der Ordensburg Wenden gehabt.

Fortan wurde planvoll gegen die Heiden vorgegangen, bis ihr Widerstand in ihrem eigenen Blute ertränkt war, und Kaiser Friedrich II. den Orden mit dem eroberten Kurland, Lithauen und einem Drittel von Semgallen belehnte, während das Uebrige dem Bischof verblieb. — Danach wurden von den Ordensrittern in Preußen die Städte Culm, Thorn, Marienburg, Königsberg u. s. w., in Kurland die Städte Goldingen, Windau 1244, Mitau 1265 gegründet, und deutsche Gewerbtreibende und Handelsleute herbeigezogen, welche, unter freier Municipalverwaltung und mit städtischen Rechten versehen, ein reges Leben führten und den raschen Aufschwung der Orte herbeiführten. Das Land aber theilten die Ordensglieder zu Rittergütern unter sich, errichteten an Stelle der zerstörten heidnischen Burgen neue Herrenschlösser und machten die Besiegten zugleich dem Christenthum und ihrer eigenen weltlichen Herrschaft unterthan. Nur die Wenigen der Unterworfenen, welche alsbald ihren Besiegern die Heeresfolge und Treue gelobt hatten, behielten ein zinsbares Eigenthum.

Es brachen noch ein paar Mal furchtbare Empörungen aus, und noch lebt unter den Letten die Tradition fort von der großen Niederlage, welche die Ordensbrüder bei Turben in Kurland erlitten, 1260. Die Deutschen blieben aber doch Sieger, erkauften 1341 noch das nördliche Esthland von Dänemark und geboten nun über das reiche Land von der Weichsel bis zum finnischen Meerbusen. Sie befestigten jede Ausdehnung ihrer Herrschaft mit neuen Gräueln. Längere Zeit hindurch ergingen alljährlich Einladungen an die Befreundeten im deutschen Reich zu den sogenannten „Heidenjagden", bis das Volk zu einer Leibeigenschaft herabgedrückt war, welche dem Gutsherrn sogar die Gewalt über Leben und Tod seiner Bauern verlieh. Nun war der Widerstand endlich gebrochen, und die Ritter durften von den „Heidenjagden" übergehen zu Jagden auf Bären und Wölfe und zahmeres Wild, von welchen sie immer reiche Beute heimbrachten.

Doch Sicherheit macht lässig. Schon Ende des vierzehnten Jahrhunderts fand sich der Ordensmeister Winrich von Knieprode veranlaßt, der unter seinen Rittern eingerissenen Rohheit und Unwissenheit ernstlich entgegen zu arbeiten, und die deutsche Herrschaft durch strammere Aufrechthaltung der Gesetze und Ordnung zu befestigen. Die zunehmende Macht des Adels jedoch, namentlich einzelner Familien, pflegte den Geist des Ungehorsams und Abfalls auch weiterhin, was zur Schwächung des ganzen Ordens führen mußte. Dies benutzte Polen, und in der Schlacht von Tannenberg wurde das Heer der Ordensritter dermaßen geschlagen, daß der Hochmeister gezwungen war, sich unter Polens Schutz zu stellen. — Danach steigerte sich nur das eingetretene Zerwürfniß zwischen den Städten und Rittern, während Letztere über dem Genuß der errungenen Selbstherrlichkeit bald so viel von der frühern Kriegslust eingebüßt hatten, daß sie den tapfern Hochmeister Heinrich von Plauen absetzten, weil er es für nöthig erachtete, dem drohenden Polen gegenüber eine gerüstete Stellung zu behaupten. Die Folge war, daß der Orden unter dessen Nachfolger im schimpflichen Frieden zu Thorn 1466 seine schönsten Preußischen Besitzungen an Polen abtreten mußte und mit Verlegung des Hochmeistersitzes nach Königsberg immer mehr in Abhängigkeit von dem Königreich gerieth.

Zu den weltlichen Streitigkeiten sollten mit dem Eindringen der Reformation in die Ordensstädte auch religiöse kommen, wonach aus der Zugehörigkeit zum deutschen Reiche immer größere Schwierigkeiten erwuchsen. Da entschloß sich der Hochmeister Albrecht von Brandenburg 1525 zur Reformation überzutreten, den Orden zu säcularisiren und sich vom deutschen Reiche loszusagen, indem er Preußen zu einem Erbherzogthum erklärte und es unter polnische Oberherrlichkeit stellte. 1521 hatte er den Schwertbrüdern, in Folge einer Geldunterstützung seitens des Landmeisters von Plettenburg im Kriege gegen Polen, wieder größere Unabhängigkeit vom Deutschorden, und das Recht, sich wieder selbst Heermeister zu wählen, zugestanden. Jetzt folgte Walther von Plettenburg mit Livland dem Beispiel Albrechts von Brandenburg, obschon er noch katholisch blieb. Bald darauf wurden aber auch Schweden und Polen in die religiösen Streitigkeiten hineingezogen, und Esthland ward zu einer schwedischen, Livland zu einer polnischen Provinz, so daß dem letzten Heermeister des Ordens, Gotthard Kettler, nur noch Kurland und Semgallen blieben. Als Ersatz jedoch erhielt er jetzt diese Lande zu Einem vereint, zugleich mit der Würde eines Herzogs von Kurland, vom König Sigismund von Polen zum Lehn, 1561.

Seitdem blieben Esthland und Livland die Zankäpfel der benachbarten Staaten, bewahrten indessen, bei allem Wechsel ihrer Herren, die deutsche Verfassung, deren Eigenthümlichkeiten ihnen auch nach ihrer Abtretung an Rußland im Nystädter Frieden 1721 vom Czaren Peter eidlich gewährleistet wurden.

Inzwischen hatten sich in Kurland Gotthard Kettlers Nachfolger in der Herzogswürde zu behaupten vermocht, auch zwischen innern Zerwürfnissen und äußern Kriegen durch Anlegung von Fabriken und Ausdehnung des Handels — kurze Zeit sogar mit einer Besitzung in Westindien — den Wohlstand des Landes zu heben gewußt. Die Vermählung des Herzogs Friedrich Wilhelm mit Peters Nichte, Prinzessin Anna, knüpfte jedoch das Band, an welchem auch Kurland in russische Unterthänigkeit hinübergezogen werden sollte. Der Herzog starb bald, und sein Oheim und Nachfolger Ferdinand lebte im Ausland, was im Lande zu vielen Aergernissen Veranlassung gab. Deshalb glaubte Polen nach Ferdinands, gleichfalls kinderlosem, Tode, Kurland sich einverleiben zu dürfen. Rußland wollte jedoch davon nichts wissen, und nachdem die verwittwete Herzogin Anna den russischen Thron bestiegen und sich bei August II. Wahl zum König von Polen, denselben sehr verpflichtet hatte, setzte sie mit dessen Zustimmung wiederum die Wahl ihres Günstlings Biron zum Herzog von Kurland durch, 1737. Nach vielen Wechselfällen überließ dieser, drei Jahre vor seinem Tode, die Regierung seinem Sohne Peter. Indeß vermochte auch dieser nicht, weder die herzogliche Macht zu consolidiren, noch das Vertrauen des Landes zu gewinnen. Der regierende Adel schwankte zwischen Rußland und Polen hin und her, bis er, als Letzteres durch den Vertrag der Ostmächte 1793 zu einem Krüppel verstümmelt worden war, auf dem Landtage des 18. November 1795 den Entschluß faßte, die Freiherren von Firds und von Heyding mit einer Unterwerfungsurkunde an die gewaltige Czarin Katharina II. zu senden, wonach Kurland fortan eine russische Provinz sein sollte, gegen eidliche Zusicherung seitens der Czarin, von jedem ihrer Nachfolger neu beschwören zu lassen, daß das Herzogthum in Sprache, Religion und Verfassung, einschließlich aller Privilegien des Indigenatsadels, ungeschädigt bleiben sollte, gleichwie Peter der Große es Livland und Esthland zugeschworen hatte. Katharina nahm natürlich die kostbare Gabe gierig entgegen und leistete bereitwillig den geforderten Eid. — Herzog Peter aber, welcher wohl oder übel in die Abtretungsurkunde gewilligt, und sie mit seiner Unterschrift versehen hatte, lebte fortan von einer ihm und seinen zwei Töchtern bewilligten lebenslänglichen Jahrespension in Petersburg.

Also zeichnet sich die Vergangenheit der Ostseeländer Esthland, Livland und Kurland. Sie zeigt uns einerseits viele Uebelstände, andrerseits aber wie das Deutschthum sich mit einer Zähigkeit in den eroberten Ländern behauptet, welche Achtung verdient. Im Verhältniß von 5 bis 7 Procent zu den unterworfenen Volksstämmen zählend, wiederholt in zerrüttete Verhältnisse gerathend, ein Bischofthum in eine Ordensherrschaft, diese in ein weltliches Herzogthum umwandelnd, stets die Oberherren wechselnd, stets von mächtigen Nachbarn bedroht, bedrängt, bekriegt, behaupten die Nachkommen der Ordensbrüder, Allen zum Trotz, ihre ererbten Rechte, mit dem Deutschthum den in ihm aufgegangenen Protestantismus, mit der eigenthümlichen Verfassung die Privilegien des Erbadels. Und Polen und Schweden und

endlich auch Rußland sträuben sich nicht, bei der Unterwerfung dieser Ordens=
länder unter ihre Oberhoheit solche Rechte eidlich zu gewährleisten.

Danach würde sich folgern lassen, daß, nachdem dies Deutschthum sich
also durch verschiedene Sturm= und Drang=Perioden zu behaupten vermocht,
es hernach in der langen Friedenszeit, deren es unter russischer Herrschaft
genießen sollte, in bester Weise erstarken, und seinem civilisatorischen Berufe
auf's Segensreichste nachkommen mußte. Denn, hatte auch Rußland seit Ende
des letzten Jahrhunderts noch manchen schweren Krieg zu bestehen, so wurden
die deutschen Ostseeprovinzen davon verhältnißmäßig wenig betroffen. Selbst
die Kriegsfurie, welche Napoleon I. auch über Rußland hinjagte, streifte nur
ihre Grenzen. Ebenso war's im polnischen Kriege. Und im Krim=Kriege
geschah ihnen auch nichts Schlimmeres, als der große Seeheld Napier an
der Dondangenschen Küste ein paar armselige Fischerleute ihrer Schweine
beraubte, resp. ihre Hütten in Grund und Boden schoß.

Leider müssen wir aber bekennen, daß der Adel bei aller treuen Ver=
fechtung des Deutschthums in seinem Stande, sich auch nicht der Aufgabe
gewachsen zeigte, dies Deutschthum zugleich im Boden der Bevölkerung feste
Wurzeln gewinnen zu lassen, aus welchem der germanische Eichstamm immer
frische Säfte zu ziehen vermochte. Dieser Adel beging zwei Fehler, die nicht
mehr gut zu machen sind: er versäumte, das unterworfene Volk zu ver=
deutschen, und versäumte, in dem deutschen Gewerbe= und Gelehrtenstand
sociale Freunde und politische Bundesgenossen zu gewinnen. Mehr und mehr
in seiner Selbstherrlichkeit aufgehend, vergaß er seiner Culturpflicht, das
Wachsen des Deutschthums mit wachsender Einigkeit zu erzielen. Ja, in ver=
blendeter Eifersucht auf seine persönliche Macht, huldigte er vielmehr der
Ansicht, dem unterworfenen Volk, welches jetzt den Bauernstand bildete, die
Civilisation vorenthalten zu müssen, um es desto leichter in Knechtschaft zu
erhalten. Die deutsche Sprache, als Leiter zu solcher Civilisation, blieb des=
halb aus dem Verkehr mit ihnen verbannt. Und selbst nach endlicher Ein=
führung von Volksschulen auf den Gütern wurden das Lettische und Esthnische
als einzige Unterrichtssprachen zugelassen*), „weil diese Bauern nichts mehr
zu lernen brauchen, als etwas lesen, schreiben und rechnen", obschon diese
Bauern ein im Allgemeinen sehr befähigtes und insbesondere noch mit einem
großen Sprachtalent ausgerüstetes Volk sind. Ebenso ließ die verblendete
Eifersucht auf seine persönliche Macht den Adel der Ostseeprovinzen jeden
Antheil an derselben dem Mittelstande vorenthalten, und diesen in einer
Abhängigkeit verbleiben, welche peinlich und empörend einwirken mußte. —
Diese Fehler wurden von der Zeit zu einer Schuld gestempelt, deren Folgen
nicht ermangeln konnten, sich zu rächen.

Nachdem alle Versuche der von den Ordensrittern unterworfenen
heidnischen Bewohner der Ostseeküsten zur Wiedergewinnung ihrer früheren
Unabhängigkeit erfolglos geblieben, sank das Volk der Besiegten auch moralisch

---

*) Die Liven sind in den Letten und Esthen aufgegangen.

immer mehr herab. Die Erfahrung, daß jeder Aufstand nur der Knecht=
schaft Verschlimmerung gebracht, führte zur stummen, trostlosen Resignation.
Aus solcher Resignation entkeimte den Geknechteten allmählich der
tiefe Wunsch nach Aussöhnung mit dem ihnen auf gezwungenen, harten
Geschicke, und sie fanden diese zuletzt darin, daß mit der Freiheit
der Existenz zugleich die Sorge um diese ihnen genommen war. Der
Bauer hatte kein eigenes Feld, kein eigenes Haus mehr; er gehörte mit
Allem, was sonst sein war, dem deutschen Herrn; dagegen hatte dieser Herr
alle Sorge um Wohnung, Nahrung, Kleidung der seiner Botmäßigkeit Zu=
gefallenen auf sich genommen. Gab es theure, harte Zeiten, ging es nur
den Herrn an, der alsdann seine Magazine nicht den fremden Kaufleuten für
klingende Münze zu erschließen hatte, sondern seinen nothleidenden Leibeigenen.
Die Herabwürdigung des hier einst herrschenden Volkes, seine lange
Verdammung zu kindischer Unselbständigkeit und geistiger Trägheit, sie ließen
es endlich seine Sklaverei lieb gewinnen. Das darin begangene historische,
wie moralische Verbrechen sollte aber in eigenthümlicher Weise für die
spätern Nachkommen der Eroberer verhängnißvoll werden. In den
Jahren 1813 — 1819 wurde in den Ostseeprovinzen die Aufhebung
der Leibeigenschaft verkündet. Alte Leute wissen sich aber noch zu erinnern,
mit welchen Klagen, welchem Jammer dies vom Volke aufgenommen wurde,
als sollte diese Freiheitserklärung nur tiefstes Elend herbeiführen. Erst im
Laufe der Jahre erwuchs die Anerkennung, daß damit eine Verbesserung der
Zustände gegeben war, indem die seither auf dem Bauernstande ruhenden
Lasten keineswegs erhöht wurden, die Sorge der Herren um das leibliche
Wohl ihrer Untergebenen dieselbe blieb, Letztere aber das Recht erhalten
hatten, sich einem harten Gebieter durch Auswanderung zu entziehen.

Im Jahre 1819 als die „Gemeindegerichte" in Kurland eingeführt
wurden, stieß man nicht nur auf Klagen, sondern auf bebauerlichen Wider=
stand. Die Gemeindegerichte haben seitdem aus drei, von der Gutsgemeinde
gewählten Bauern, unter dem Vorsitz eines gutsherrlichen Schreibers, bestanden
und haben nicht allein bei den unter den Bauern des Gebietes, sondern
auch bei den zwischen den Bauern und ihrem Herrn vorkommenden Streitig=
keiten Recht zu sprechen, und die Strafe zu dictiren, wonach die Betheiligten,
im Fall der Unzufriedenheit mit dem gefällten Urtheil, an's nächste Kreis=
gericht appelliren dürfen. 1819 aber, als diese wohlthätigen Gemeindegerichte
eingeführt werden sollten, konnte es auf einzelnen Gütern nur mit Hülfe von
Soldaten geschehen, indem die Bauern sich hatten einreden lassen, daß sie
mit dem, von den zu wählenden Gemeinderichtern verlangten Schwur, in
die alte Knechtschaft zurückgeschworen werden sollten.

Gleiche Schwierigkeit hatte die Einführung der Pachten. — Während
im mittleren, wie westlichen Europa alle „Errungenschaften" der Neuzeit
seitens der niederen Klassen in schwerem Kampfe erstritten werden mußten,
blieb in den baltischen Provinzen das eigenthümliche Verhältniß herrschend,
daß der privilegirte Adel dem Bauern jeden Act zur Förderung seiner

materiellen und gesellschaftlichen Stellung, daß er ihm jede Erhebung zu einer Gleichberechtigung vor dem Gesetze aufzwingen mußte. Der große Tag war gekommen, an welchem auch in den Ostseeprovinzen der Frohndienst als aufgehoben erklärt und zur Pachtvertheilung geschritten wurde. Und wieder begegnete man bei den Bauern nur Mißtrauen gegen die neue Ordnung, wieder regte sich die Unzufriedenheit bis zum Widerstand. „Man will uns jetzt mit Aufbürdung der Pachten zu Bettlern machen" hieß es. — Nur das persönliche Vertrauen zu einigen der gütigsten Gutsherren ließ einige Wenige auf das Wagniß einer Gesindepacht*) eingehen. Deren Beispiel folgten andere, bis die Zeit den Beweis der Vortrefflichkeit auch dieser neuen Ordnung so weit geführt, daß nun alle diejenigen Bauerschaften revoltiren wollten, bei denen die Pachten noch nicht eingeführt waren, resp. noch nicht hatten eingeführt werden können.

Keine günstigere Aufnahme fand auch der kaiserliche Befehl, nach welchem die Bauern die gepachteten Gesinde durch Ankauf erblich an sich bringen dürfen, resp. sollen, wobei der jedesmalige Pächter das Vorkaufsrecht beanspruchen darf. Die gestellten Bedingungen sind vortheilhaft. Durchschnittlich bestimmt das gezahlte Pachtgeld, als fünfprocentige Zinszahlung angenommen, den Capitalwerth des Landes. Das Capital selbst soll, je nach getroffener privater Vereinbarung, erst nach 25 bis 50 Jahren im vollen Werthe, oder in jährlich abzuzahlenden kleinen Summen von 30 bis 100 Silberrubel abgetragen werden. Dennoch trat die Abneigung auch gegen diese Neuerung so offen zu Tage, daß sich die Regierung zur Stellung der Alternative veranlaßt sah, daß, je nach dem Belieben der Bauern, diesen das Gesindeland verkauft, oder nochmals auf 12 Jahre in Pacht gegeben werden sollte, wonach zahllose der bereits abgeschlossenen Kaufcontracte auf Wunsch der Käufer wieder annullirt wurden. Auf dem Gute eines Freiherrn von Korff wurden zur Zeit meines flüchtigen Besuches daselbst im Sommer 1874 sechszehn solcher Contracte zerrissen. Gut, wo es sich so leicht reguliren ließ. Auf vielen Gütern, wo sich die Herren solcher abermaligen Umkehrung der Verhältnisse nicht gleich willig zeigten, ging es schlimm einher.

Wie nun die Generationen ritterlicher Freiherren einerseits versäumten, das Volk dem Deutschthum zu gewinnen und dessen nationale Interessen innig mit den eignen zu verketten, so entfremdeten sie sich andererseits mehr und mehr den deutschen Mittelstand, welcher meist in den Städten Wohnung genommen und in einwandernden Ausländern und verdeutschenden Letten und Esthen steten Zuwachs gefunden hatte. — Die adeligen Ordensbrüder hatten nach Besitznahme der Ostseeländer und Parcellirung des Grund und Bodens unter sich auch das Recht geschaffen, daß für alle Zukunft ihre adeligen Nachkommen in diesen Ländern allein Güter besitzen, die Forsten durchjagen,

---

*) Gesinde bezeichnet in den Ostsee-Provinzen den Bauernhof, mit welchem ein Complex Landes von 60 bis 100 Morgen Feld- und Wiesenlandes verbunden ist. Alles Waldland gehört dem Gutsbesitzer, doch hat der Bauer stets die Gerechtsame gehabt, das ihm nöthige Brennholz daraus zu holen.

Beamte wählen, Gesetze erlassen, Recht sprechen durften. Diese feudalistische Bevorzugung des Adels mußte, wie anderswo, auch hier, im Laufe der Zeit viele Mißverhältnisse und viel Unzufriedenheit erzeugen, zumal auch hier bald genug aus dem Mittelstande die Haupt-Repräsentanten künstlerischer und wissenschaftlicher Bildung, aus ihm allein Lehrer und Prediger, Aerzte, Professoren hervorgingen. Diese Herren übersahen und übersehen noch heute nach ihrer geistigen Ausbildung die meisten der adeligen Junker, mußten sich jedoch bis vor Kurzem von diesen mit der größten Ueberhebung begegnen lassen. Ja, selbst Beleidigungen, die sonst kein Mann ungestraft lassen mag, mußte der Bürgerliche dem Adeligen gegenüber ruhig „einstecken". Er stand diesem unter der Würde des Duells.

Ganz im Gegensatz zu dem beschränkten Treiben der Junker erkannte der übrige Adel wohl die Gefahr, welche aus der socialen Spaltung der Stände den Ostseeprovinzen erwachsen mußte, und in hochherziger Repräsentation des Deutschthums zugleich nach seiner alten Ritterlichkeit und nach seiner neuzeitlichen Bildung begann er auch in Kurland nach früherem Vorgang Liv- und Esthlands, die Versöhnung einzuleiten mit dem wichtigen Landtagsbeschluß, welcher den Bürgerlichen die Erwerbung adeliger Güter für die Dauer von neunzig Jahren gestattete, welche 90 Jahre durch Kaiser Nicolaus nur vorübergehend auf 10 Jahre beschränkt wurden. — Es folgte die Schaffung einzelner bürgerlicher Lehen, welche nie wieder in adlige Hände gekommen sind. Dagegen hielt er noch einstimmig sein exclusives Recht des erblichen Güterbesitzes aufrecht, hierbei weit mehr als seine standesherrlichen die deutschen Interessen vertheidigend, indem mit diesem wichtigsten Prärogativ des Adels zugleich ein wichtigstes Bollwerk des Deutschthums gegenüber dem Russenthum fiel. Auf dem Landtag von 1864 zu Mitau wurde jedoch mit Aufstellung des Princips „Alles an Alle" auch dies wichtigste Privilegium durchstrichen. Auf demselben Landtag wurde der weitere Vorschlag zur Sprache gebracht, fortan den bürgerlichen Gutsbesitzern auch das Stimmrecht als „an den Gütern klebend" zu ertheilen, was auch auf dem folgenden Landtag geschah. Dennoch existiren die vornehmsten der vielhundertjährigen Privilegien des Indigenatsadels der deutschen Provinzen nicht mehr, und die Bürgerlichen stehen ihm hier nur noch darin nach, daß zu den höheren Beamtenstellen kein Bürgerlicher vorgeschlagen und gewählt werden darf.

Der erste Jubel des Bürgerstandes jedoch über diese fortschrittlichen Neuerungen sollte bald genug verhallen. Den jauchzenden Lobsprüchen, welche den liberalen Beschlüssen des Adels gezollt wurden, hinkte die alte Unzufriedenheit nach. Man wollte die fremden Güter ferner nicht mit Dank zu empfangen, man wollte sie zu fordern haben. Deshalb entstand in Manchen die Frage, ob es nicht noch immer besser sei, mit dem Russenthum zu halten? Renegaten aus ererbtem, unvertilgbarem Adelshaß, schämten sie sich nicht des Gedankens und nicht des Wortes: „Freilich steht und fällt hier das Deutschthum mit dem Adel, doch mag das Deutschthum fallen, wenn nur der Adel nicht stehen bleibt". Gewiß würden kaum Einzelne im Fall der Entscheidung nach solchen Worten handeln, in welchen sich meist nur der quälende Zorn verpuffen soll, um hernach wieder im Herzen der treu deutschen Gesinnung die Herrschaft zu lassen. Aber fremde Ohren lauschen gierig auf diese Aeußerungen, und speichern sie auf in fremdem Gedächtniß, zur Rechtfertigung fremder Thaten.

So haben die Fehler, welche die Vorfahren begangen: die Versäumniß, das Volk zu verdeutschen, die Versäumniß, in dem deutschen Mittelstande sociale Freunde und politische Bundesgenossen zu gewinnen, sie haben sich bereits an den heutigen freiherrlichen Geschlechtern der Ostseeprovinzen zu rächen begonnen, und die Aufgeklärten erschrecken vor den Consequenzen, welche die sogenannte russische Nationalpartei daraus ziehen möchte.

Während in den deutschen Ostseeprovinzen die erwähnten Reformen nur ganz allmählich das Alte in's Neue umgestalten, gewann im eigentlichen Rußland ein Geist des Umsturzes die Oberhand, welcher, alle weise Mäßigung und mäßige Weisheit außer Acht lassend, das Bestehende rücksichtslos niederzureißen gebot, ehe der bessere Ersatz nur sein Fundament gewonnen hatte.

Die Jung-Russen wurden mächtig, unter anderen Namen die Ziele der Panslavisten verfolgend, welche bekanntlich nicht allein die verschiedenen slavischen Nationen staatlich fest zu verbinden wünschen, sondern auch die Ueberschmelzung aller andern, zur Zeit dem russischen Scepter unterworfenen Nationalitäten in's Russenthum erstreben. Solchen Bestrebungen mußten die deutschen Ostseeprovinzen ein besonders lockendes Feld dünken. Somit sorgten denn auch die Jung-Russen bald dafür, daß ihre Emissaire die Besuche der Esthen bis in die weiter gelegenen Gebiete der Letten ausdehnten, welche ihnen seither noch nicht zugänglich geworden waren. Der kaiserliche Ukas, nach welchem, wie erwähnt, die lettischen Bauern die in Pacht genommenen Gesinde durch Ankauf erblich an sich bringen sollten, bot unter den mancherlei Gelegenheiten eine der besten zu Agitationen. „Ihr wollt die Gesinde kaufen" hieß es, welche Thorheit! Thut es ja nicht, Brüderchen! Vertraut uns, wir sind Slaven, und ihr seit Slaven,*) darum wollen wir Euch helfen. Wartet nur noch zwei bis drei Jahre, und ihr kriegt Eure Gesinde umsonst, wie die Bauern in Rußland ihre Gesinde umsonst erhalten haben. Die Deutschen haben Euer Land geraubt, haben Euch zu Knechten gemacht, haben Euch dumm erhalten. Nur nach ihrem Ausscheiden werdet Ihr Eure Selbständigkeit wieder erlangen. Um es zu ihrem Ausscheiden zu bringen, müßt ihr selbst Grundbesitzer werden; doch nicht schuldenbelastete, wie Ihr es wäret, kauftet Ihr jetzt Eure Gesinde von den deutschen Herrn. Wartet, bis Ihr sie von dem Väterchen, unserm Kaiser, umsonst erhaltet. Hernach kriegt Ihr als Grundbesitzer auch das Stimmrecht im Lande. Und habt Ihr das, so stimmt Ihr alle diesen deutsche Räuber aus Macht

---

*) Die Letten werden von Geschichts- und Sprachforschern den indogermanischen Stämmen zugezählt.

und Ansehen und aus dem Lande hinaus. Vertraut uns nur, nur uns; wir helfen Euch schon".

In Folge solcher Einflüsterungen erklärten denn auch die Bauern vieler Gemeinden, daß sie ebensowenig ihre Gesinde laufen, als ferner für dieselben Pacht entrichten wollten, indem sie wohl wüßten, daß sie bereits freie Herren auf denselben wären und den Edelleuten keinen Groschen mehr zu entrichten brauchten. Die Gutsherren mußten sich nun an die Behörden wenden, und die Bauern wurden vor Gericht gefordert. Sie erklärten aber auch diesem keinen weitern Gehorsam schuldig zu sein. Natürlich folgten Strafen, Aussetzen der aufständischen Pächter, gewaltsame Herstellung der Ordnung. Solche Vorkommnisse können aber nur dazu dienen, daß die Kluft zwischen den deutschen Edelleuten und ihren esthnischen oder lettischen Bauern sich erweitert und damit die Bestrebungen der Jung-Russen fördert.

Mit der politischen Aufhetzung der Bauern gegen die deutschen Edelleute geht verschiedener Privatschwindel Hand in Hand. Ein gewisser Woldemar, hatte eins der gefälligsten Histörchen erfunden. Herr Woldemar durchzog mit seinem Agenten das Land und band den Bauern auf, daß, weil sie in der engern Heimath immer noch Knechte seien, er ihnen aus lauter Sympathie gegen Einzahlung ganz bescheidener Summen in diesem und jenem Districte Rußlands herrlichen freien Grundbesitz erwerben wolle, auf welchem sie binnen Kurzem reiche Leute werden müßten. Die Gegenvorstellungen der deutschen Gutsherren und Geistlichen blieben umsonst. In Kurland war's, zumal in den Gebieten Dondangen, Rurmhausen, Postenden, wo Zahllose ihre Pacht kündigten, ihre Habe zu Geld machten und in's russische Paradies zogen. Bei ihrer Ankunft daselbst stellte es sich jedoch heraus, daß dieses aus Morästen, und seine einzige Aehnlichkeit mit dem mosaischen Paradiese in der Abwesenheit jeglicher Wohnung und jeglichen Ackergeräthes bestand. Sie suchten nun, und gelangten auch endlich zu Herrn Woldemar. Er entschuldigte sich gegenüber den Erbitterten damit, daß er selber das Land im Winter gekauft, daher nichts von seiner morastigen Beschaffenheit gewußt habe. Sie gelangten endlich auch zu russischen Behörden, bei welchen sie ihre Klagen gegen den Betrüger vorbrachten — und welche sie abwiesen. Wer nun von den Betrogenen in den ihnen angewiesenen sumpfigen Einöden nicht dem Hunger oder dem Fieber erlegen war, kehrte als Bettler, in Lumpen gehüllt, heim, um hier die Barmherzigkeit der Gutsbesitzer zu neuer Aufnahme in ihren Gebieten anzuflehen. Danach fühlten sich die Unglücklichen veranlaßt, ihre Prediger zu ersuchen, daß sie im Namen der Betrogenen eine Warnungsepistel an ihre lettischen und esthnischen Brüder veröffentlichten, damit nicht noch Andere von ihnen verführt würden. Was hat es geholfen? „Diese Schrift enthält ja nur Lügen, von Euren deutschen Gutsherren ersonnen, um Euch ihren Gebieten zu erhalten", flüsterten die russischen Volksfreunde; „traut doch nicht den Deutschen, traut uns allein, Euren stammverwandten Brüdern".

— Und der Bauer, der das geschilderte Elend nicht mit eigenen Augen geschaut, lauschte gläubig neuen Histörchen. Und abermals fanden Auswanderungen statt, nur hieß es jetzt statt „nach den Woldemar'schen Gütern" — „nach den Gütern des Kaisers". — Zur Charakteristik dieser Umtriebe mag aber Folgendes dienen. Ein mir bekannter Arzt hatte von einem Bauern Wagen und Pferde gemiethet. Unterwegs bemerkte der fahrende Bauer: „Wißt Ihr, Herr, daß ich nach Rußland auswandere?"

„Und weshalb wollt Ihr dies thun? Euch scheint es doch sehr gut zu ergehen".

„Kann über nichts klagen, Herr, aber dort ist's besser". — Und der Bauer ergeht sich in Berichten über die in Rußland zu findenden Herrlichkeiten mit dem Schluß:

„Uns ist aber geschrieben worden, wir sollen ja in keinen Krug einkehren".

„Weshalb denn nicht?" fragt der Doctor weiter. Wo sollt Ihr denn ein Unterkommen finden für die Nacht, und wo Eure Mahlzeiten halten?"

„Weiß noch nicht, wie wir es einrichten werden, Herr, aber wir haben einen Brief erhalten, da steht es geschrieben, daß die Gutsbesitzer alle Krüger auf dem Wege, den wir nehmen müssen, bestochen haben, daß sie uns im Brote Gift geben".

„Und glaubt auch Ihr solchen Unsinn?"

„Weiß nicht, Herr. Denke, die Gutsbesitzer wollen uns damit von der Auswanderung zurückschrecken. Ein Russe hat mir erzählt, daß er selbst eine Menge Bauern getroffen habe, die ein Krüger vergiftet hatte; der Soldat hat aber zum Glück ein Gegengift gekannt, und damit die Leute vom Tode gerettet".

Auch hier blieben alle Vorstellungen umsonst. Denn jede Hetzerei gegen die deutschen Edelleute findet nahrhaften Boden in dem Bewußtsein der Letten und Esthen, daß sie die Nachkommen der von den Rittern mit Feuer und Schwert unterworfenen, frühern Besitzer des Landes sind.

Das Jung-Russenthum hat sich aber auch andere Wege zu eröffnen gewußt, auf denen es noch erfolgreicher gegen das Deutschthum anzustürmen vermag, indem es zugleich Einfluß auf die Regierung und die Redaction der weitverbreiteten Moskauischen Zeitung gewonnen hat, während die einzige deutsche Zeitung, welche, in Vertretung der deutschen Interessen, wichtige Entgegnungen zu liefern vermöchte, die Riga'sche, zum Stillschweigen darüber verdammt ist.

In den ersten Jahren nach seiner Thronbesteigung zeigte Alexander II. offenbar deutsche Sympathien, welche sich auf seinen damaligen Thronfolger soweit fortgeerbt zu haben schienen, daß die Gerechtsame der deutschen Ostseeprovinzen als für lange hinaus gesichert betrachtet werden durften. Prinz Nikola, der damalige Thronfolger, verbrachte mehrere Sommer hinter einander die Badesaison in dem deutschen Hafenort Libau, und hatte mit seinen Lobpreisungen des hier entdeckten weltgemüthlichen, deutschen Daseins in der kaiserlichen Familie den Beinamen „der neue Columbus" erworben. So jung er war, zeigte er bei seiner Anwesenheit zu Libau, daß es ihm Ernst war um die

Wohlfahrt der deutschen Provinzen, die, seitdem die russische Herrschaft auf ihnen lastet, sich immer trotz derselben, nie durch dieselbe im Fortschritt erhalten haben. Den Kaufleuten gab er sein Wort, daß sie die langersehnte Eisenbahn haben sollten. Mit dem Adel unterhielt er sich über die Verwaltung des Landes und die Bauernverhältnisse; den protestantischen Predigern bezeigte er seine Achtung, den Lehrern sein Interesse an den Schulen, und auch dem Volke bewies er sein verständnißvolles Wohlwollen in leutseliger Unterhaltung mit Tagelöhnern und Bauern. Der Tod dieses Prinzen idealster Gesinnung hat deshalb die baltischen Provinzen unbeschreiblich schwer betroffen. Mit Recht, denn sein Bruder, der jetzige Thronfolger, und dessen dänische Gemahlin verrathen nichts weniger, als deutsche Sympathien. Dies zeigte sich gleich bei ihrem ersten Besuche Rigas nach ihrer Verheirathung verletzend genug. Hier wies der Thronfolger jede, ihm seitens der deutschen Einwohner dargebrachte Huldigung mit abgewandtem Antlitz und abwehrender Handbewegung ab, selbst das von der Bürgerschaft gebotene „Salz und Brot", während er das ihm von einem russischen Kaufmann mit den Worten überreichte „Kaiserliche Hoheit, das ist russisches Brod" dankend entgegennahm. Sein Deutschenhaß geht Hand in Hand mit den panslavistischen, resp. jung-russischen Bestrebungen. Auch ist zumeist den Bemühungen seiner Partei der Ukas zuzuschreiben, welcher auch in den deutschen Provinzen die neuen russischen Bauernverhältnisse einzuführen gebot, so wenig dieses den Sachkundigen thunlich erschien und so erfreulich sich hier bereits die wünschenswerthen Verbesserungen angebahnt hatten. Als einzige Gunst wurden 15 Jahre Zeit bis zur vollständigen Regulirung der neuen Ordnung gewährt. „15 Jahre gebe ich Euch Zeit zur Regulirung der neuen Bauernverhältnisse", lauteten des Kaisers, an den Baron von der Recke, Kurlands Landesbevollmächtigten, gerichtete Worte. — Recke äußert noch einige Bedenken bezüglich der drängenden russischen Partei. „Gilt Dir mein kaiserliches Wort so wenig?" entgegnet der Monarch. — Drei Monate später ist Recke wieder in Petersburg. „Nun, wie steht es mit den neuen Einrichtungen?" fragt der Kaiser; „seid Ihr bald fertig?" „Fertig?" wiederholt Recke, „Ew. Majestät gaben uns ja 12 Jahre Zeit". — „Nun ja — ja — das sagte ich wohl. Ihr müßt aber doch eilen, denn lange kann ich Euch nicht schützen". — Danach sollten binnen zwei Jahren alle Gesindeslande arrondirt und an die Bauern verkauft sein, und nur die vielfach ausgesprochene Abneigung der Letzteren gegen diese Maßregel führte die oben erwähnte Abänderung des Ukas herbei.

Eine andere mächtige Umwälzung sollte die neue Justizordnung herbeiführen. Die Regierung berief zur Berathung darüber eine Commission nach Riga. Alle Vorschläge aber, welche diese unterbreitete, wurden zurückgewiesen bis endlich der Präsident, Baron von Hoven, der Commission den Vorschlag machte, sich aufzulösen, indem sie hier doch nur dem Schein diente, und dem Lande nutzlos die hohen Diätengelder kostete. Da trat der General-Gouverneur, Graf Schuwaloff, in die Versammlung und sprach: „Seien Sie nicht so thöricht, meine Herren, an eine Auflösung der Commission zu denken. Wenn

Sie forttagen, können Sie doch vielleicht Eins oder das Andere von der Regierung zu Ihren Gunsten erlangen; lösen Sie aber die Commission auf, muß die Sache immerhin fertig werden, nur kriegt dann meine Kanzlei alle Arbeiten, und Sie wissen am besten, daß Sie dann nichts zu erwarten haben". Danach tagte die Commission fort — mit gleichem Mangel an Erfolg. Graf Schuwaloff erschien aber wieder eines Tages und erklärte, er halte sich veranlaßt, der Commission mitzutheilen, daß die Regierung bereits beschlossen habe, den Ostseeprovinzen das Wahlrecht bei Besetzung der Beamtenstellen zu nehmen, weshalb er der Commission riethe, dieses Recht in Zeiten freiwillig aufzugeben, ehe der Zwang solches erheische. — Die Commission benachrichtigte hiervon die Landesbevollmächtigten der drei Provinzen Livland, Esthland und Kurland. Die beiden Ersteren eilten sofort nach Petersburg; Baron von der Recke begiebt sich aber erst noch zu Schuwaloff, um persönlich von diesem die Bestätigung des ihm unglaublich Scheinenden zu vernehmen. Der General-Gouverneur läßt ihm keine weiteren Zweifel. Jetzt fliegt auch Recke nach Petersburg und wird gnädigst empfangen. Recke spricht mit entschiedener Offenheit: „Sobald uns das Wahlrecht genommen wird, Ihre Majestät, sind wir verloren. Mit der Aufhebung desselben sind der Intrigue, der Bestechlichkeit und Corruption Thür und Thor geöffnet. Mit den russischen Beamten kommt die Demoralisation in unsere Rechtspflege". — „So lange ich lebe, soll Euch das Wahlrecht nicht genommen werden", wiederholte der Kaiser. — Recke erwähnt nun auch der fortdauernd gegen die deutschen Ostseeprovinzen gerichteten Angriffe und Verläumdungen seitens der Moskauischen Zeitung, während keine der von der Rigaschen Zeitung gebrachten Rechtfertigungen in irgend einem russischen Blatte aufgenommen wird. „Und glaubst Du, daß ich diese Artikel billige?" fragte der Kaiser. „Weder ich, noch irgend Einer am Hofe. Ich hasse diese Moskauische Zeitung. Oder — das ist zu stark gesagt; im Französischen kann ich mich besser ausdrücken: elle me dégoûte. Seid nur ruhig und arbeitet an der Gestaltung Eurer Landesverhältnisse fort". — Der Empfang des Landesbevollmächtigten bei Sr. Majestät hätte kein freundlicherer, ja freundschaftlicherer sein können. Auch mußte Schuwaloff seine Drohung zurücknehmen, begrüßte die Commission mit Lächeln und erklärte, er freue sich, mittheilen zu dürfen, daß den deutschen Provinzen ihr Wahlrecht bleiben solle. Immerhin vermochte seitdem kein Vertrauen mehr in die Herzen der deutschen Unterthanen einzuziehen. Auch ist bald genug in anderer Weise ein furchtbarer Eingriff gethan in die von den deutschen Provinzen vorbehaltenen und ihnen von den russischen Kaisern beschworenen Rechte.

Kaiser Nicolaus, der Autokrat, hatte bereits mehrere Male den Versuch gemacht, die russische Sprache in die Regierungsbehörden seiner deutschen Provinzen einzuführen, hatte aber wieder die darauf bezüglichen Befehle zurückgenommen auf die Vorstellung hin, daß die Ausführung derselben nur Unzufriedenheit erwecken und eine heillose Verwirrung hervorrufen müßte, da die russische Sprache den Beamten der deutschen Provinzen eben so fremd geblieben sei, wie dem Volke. — Kaiser Alexander II. aber, der Liberale, der Humane, spricht in seinem darauf bezüglichen Ukas die Ueberzeugung aus, daß seine loyalen Unterthanen der deutschen Ostseeprovinzen seither allen Fleiß daran gewandt haben werden, sich die russische Sprache anzueignen, wonach diese russische Sprache vom 1. August 1867 an in allen Regierungsbehörden der deutschen Ostseeprovinzen als eingeführt gelten müsse. Und so ist's geschehen. Die zugleich mit der russischen Sprache eingeführten Tschinownik's*) wissen aber bereits den Verkehr mit den anders redenden Provinzialen durch Geltendmachung des Princips zu erleichtern, welches bekanntermaßen noch immer die russische Verwaltungs- und Rechtspflege dahin vereinfacht, daß, wer zahlt, Recht bekommt, ausgenommen, wenn sein Gegner sich entschließt, noch mehr zu zahlen, alsdann Letzterer Recht bekommt. Haben doch die Zehn-Rubel-Scheine in den baltischen Provinzen bereits den Spitznamen „Domainenscheine" erhalten, als gangbarste Bittgesuche, seitdem hier Tschinowniks in den Domainengerichten fungiren.

Es wird aber mehr gethan; die Regierung hat bereits eifrigst Sorge getragen, der russischen Sprache auch in den deutschen Schulen diejenige Wichtigkeit zu verleihen, welche eine baldige Russificirung der deutschen Provinzen erheischt. In allen öffentlichen Unterrichtsanstalten ist der Unterricht in russischer Sprache so sehr auf Kosten des Deutschen erweitert worden, daß in vielen Klassen 5 bis 6 russische Stunden auf 2 deutsche kommen. — Diese Unterrichtsmethode sollte auch in den ganz privaten, von den deutschen Gutsherren errichteten und erhaltenen Volksschulen eingeführt werden, was jedoch nicht durchzusetzen war, weil die Gutsherren sonst ihre Schulen eingehen lassen wollten. — Um so entschiedener ist man gegen die höchste deutsche Lehranstalt, die Universität Dorpat, vorgegangen. Bereits seit lange hat sie die fortwährenden Angriffe der russischen Journalisten zu erfahren, bezüglich ihrer „unnützen Existenz als deutsche Universität", der es Noth thäte, russisch zu werden". Auch sind manche deutsche Professoren von russischen verdrängt worden, welche die von deutschen Gelehrten in deutscher Sprache geschriebenen wissenschaftlichen Werke ins Russische übersetzen zu russischen Vorträgen vor ihren deutschen Zuhörern. Auch wird bei jedem öffentlichen Examen, selbst dem der deutschen Gouvernanten, vor Allem die Kenntniß der russische Sprache gefordert.

Wenn dessen ungeachtet bis jetzt immer nur wenige die octroyirten russischen Straßennamen zu lesen vermögen, so offenbart dies allein — einen entsetzlichen Mangel an Sprachtalent bei diesen „baltischen Deutschen".

Sprache und Religion knüpfen die festesten nationalen Bande. Es ist demnach eine gerechtfertigte Erscheinung, daß die russische Partei sich bemüht, zugleich mit der Sprache dem griechisch-orthodoxen Glaubensbekenntniß in den

---

*) Tschin benennt den russischen Verdienstadel, welcher 14 Klassen zählt, in denen die russischen Beamten, je nach ihrer Rangerhöhung, emporsteigen; daher ihre allgemeine Bezeichnung unter Tschinownik.

deutschen Provinzen mehr und mehr Boden zu gewinnen. In den vierziger Jahren war es die Noth, die entsetzliche Noth des Hungers, welche ausgenutzt wurde, um die Leute aus den protestantischen in die griechisch-orthodoxen Kirchen zu locken. Damals verbreiteten sich allerlei wunderliche Missionäre der griechisch-orthodoxen Kirche über das Land, beurlaubte Soldaten, Holzhacker, Wegearbeiter u. dgl. m., welche mit Anpreisung des „alten" russischen Glaubens mit seinen Heiligen und ihrer mächtigen Fürbitte bei den höheren Instanzen des Himmels Rettung aus aller Noth, Getreidespenden, unabhängiges Besitzthum der Gesinde, dazu 30 R. S. jeder Seele*) verhießen, welche die protestantische Confession abschwören und sich „griechisch" taufen lassen wollte. Es heißt, „die Noth lehrt beten"; hier lehrte sie das Gebet verkaufen. Ganze Schaaren der gewonnenen „Seelen" zogen nach Riga, dem Sitz des griechisch-orthodoxen Erzbischofs von Riga und Mitau, traten in die russische Kirche, fühlten vom russischen Geistlichen mit dem „heiligen Oel" das Kreuz über ihre Stirn gestrichen und gehörten fortan unwiderruflich der russischen Kirche an. Mit ihnen ihre Kinder. Was sie dabei von den Lehren der griechisch-orthodoxen Kirche wußten, oder nicht wußten, war gleichgiltig: genug, daß 10,000 Seelen ihren Uebertritt zu derselben beschworen. Das für die Convertirten bestimmte Capital reichte nicht, die Getreidesendungen blieben aus, die Gesinde blieben dem Herrn zugehörig, der Hunger wüthet fort, und die bittere Reue stellte sich zu spät ein. Dazu kam, daß die „seelenlosen" Frauen viel zäher im Festhalten ihres religiösen Bekenntnisses blieben, so daß mancher Gatte es für rathsam erachtete, die russische Taufhandlung ohne Vorwissen seiner Ehehälfte an sich vollziehen zu lassen, mit Recht annehmend, daß sich über geschehene Dinge weniger, als über erst beabsichtigte streiten läßt. Wie viele tragische Familienconflicte böten sich aus dieser Zeit der Aufzeichnung dar. Mir fällt wieder eine Mutter ein, deren Gatte, nachdem er die Taufhandlung an sich hatte vollziehen lassen, den Popen ins Haus bringt, damit er auch sein Kind taufe. Das Weib will nichts davon wissen. Sie fällt dem Gatten, dem Priester zu Füßen, sie fleht verzweiflungsvoll, ihr Kind dem Glauben der Väter erhalten zu dürfen, welchen sie für den allein richtigen erkannt. Umsonst! Der Vater ist griechisch geworden, sein Kind muß es auch werden. — Endlich faßt sich das Weib und erbittet sich nur noch eine kurze Frist, um den Täufling zur heiligen Handlung zu schmücken. Wenige Minuten später kehrt sie wieder, ihr Kind im Arme — jedoch mit durchschnittenem Halse. „Da", ruft sie, es dem Popen vor die Füße werfend, nun kannst Du es taufen, die Seele ist nicht mehr drinnen". — Der Pope entfernte sich, und das Gericht kam, schloß die Kindesmörderin in Fesseln, sprach das Urtheil „Sibirien", drückte das Brandmalzeichen auf ihre Stirn, schmiedete sie mit andern Verbrechern

---

*) Eigenthümlicherweise zählt man in Rußland die Einwohner nach „Seelen" und zwar nur nach männlichen.

an die Eisenstange und sandte sie den langen, trostlosen Weg der „Verschickten"*).

Seitdem ist von Alexander II. der segensreiche, eines edeln, freisinnigen Monarchen würdige Ukas erlassen worden, nach welchem in den Ostseeprovinzen die Eltern gemischter Confession weiterhin nicht mehr gezwungen sind, ihre Kinder nach griechischem Glaubensbekenntniß taufen zu lassen; desto ehrgeiziger zeigt sich aber jetzt die russische Geistlichkeit, die Ungeölten**) durch mannigfache Ueberredung zu ihrer Kirche hinüberzuziehen, wobei dem Besitz- und dem Unabhängigkeitsschwindel nicht weniger wie früher geschmeichelt wird. Fast in jedem Städtchen der deutschen Provinzen sind russische Kirchen errichtet worden, ohne daß eine Gemeinde da war, die ihrer bedurft hätte. Hier zahlt nun ein Pope für jeden Uebertritt zur orthodoxen Kirche 25 Rubel S.; dort gründet ein anderer ein freies Asyl mit freier Schule für diejenigen armen Knaben, welche die Eltern der griechischen Kirche überlassen wollen; und Sonntags stolziren die kleinen Pfleglinge in russischen, glänzendrothen Kattunhemden, mit Hosen, welche in hohen Stiefeln stecken, zur russischen Kirche, mit ihrem, in die Augen fallenden Anzuge den Neid zahlloser anderer armer Kinder, wie deren Eltern erweckend. — In G... erhält sich ein von allen Besseren jeder Confession verachteter Pope allein durch das Proselytenmachen unter dem Auswurf der Gemeinde, denn liegt auch nichts an den verworfenen Eltern selber, so liegt doch etwas an deren Kindern. Nun hört der Hauptmann v. d. B., daß auch eine sonst achtbare Wittwe sich für Geld und gute Worte habe zum Uebertritt verleiten lassen, läßt sie kommen und fragt sie, ob es mit den Gerüchten bezüglich ihres Glaubenswechsels Richtigkeit habe. Die Frau gesteht, daß man sie mit Ver-

---

*) Zur Zeit Kaiser Nicolais herrschte noch das Gesetz, nach welchem alle kleineren Städte ihre mit dem Brandmaal Gezeichneten in die Provinzial-Hauptstadt sandten, wo, nach abgehaltener Heerschau über die Unglücklichen, diese nach dem Loose zu Paaren an eine Eisenstange geschlossen wurden. Dann ward die Escorte aufgestellt, und der führende Unterofsizier sah sich bis zur nächsten Station zum unumschränkten Befehlshaber des Zuges ernannt. Ihm war's recht, und er suchte seinen Auftrag möglichst zu seinem Vortheil auszubeuten. Er berechnete, daß er von dem ihm anvertrauten Provisionsgelde, welches 3 bis 4 Kopeken Sb. (1 bis 1½ Sgr.) täglich für die Person gab, noch 1 bis 1½ Kopeken zu ersparen vermochte. Er machte sich selbst damit einen guten Tag, wobei er auch den Soldaten einen „Schluck" gönnte. — Für die Nacht wurde dann „die ganze Stange", d. h. die an der Stange Befestigten, in irgend einer Scheune unter Gewahrsam gebracht. So ging es von Station zu Station. Auf einer jeden ward neue Inspection gehalten, und fand sich unter den Verschickten ein Sterbender oder Todter, so ward er losgeschlossen, um in das Hospital oder in die Gruft geschafft zu werden. Wer nur krank, aber noch nicht sterbend war, mußte weiter, um, falls er unterwegs verendete, von seinem Nebenmann bis zur nächsten Station fortgeschleppt zu werden, da ein Schlüssel zu ihren Ketten eben nur auf jeder dieser Stationen gerichtlich deponirt ward.

**) Die „Ungeölten", eine Bezeichnung der mit keinem „heiligen Oel" geweihten Protestanten seitens des russischen Volkes.

sprechungen mannigfacher Unterstützung bei der Erziehung ihrer drei Söhne, wie bedeutender Geldgeschenke dazu willig gemacht, worauf ihr der Hauptmann vorstellt, daß ihr Uebertritt gerechtfertigt sei, wenn religiöse Ueberzeugung sie dazu leite; doch solle sie ja nicht allein um irdischen Gewinnes willen das Heil ihrer Seele auf's Spiel setzen. Wenige Wochen darauf wird dem Hauptmann v. d. B. durch den Gouverneur ein Schreiben des russischen Erzbischofs Platon aus Riga zugestellt, in welchem Letzterer gegen den Hauptmann v. d. B. die Beschwerde führt, „daß der Erzbischof vernommen, ‚gewisser B.' mache sich der Verfolgung der Griechisch-Gläubigen schuldig, wie er z. B. der Wittwe P. mit allerlei Ungemach gedroht, wenn sie zum griechischen Bekenntniß übertrete, wogegen er für ihre drei Söhne habe sorgen wollen, bliebe sie dem Protestantismus treu. Danach solle der Gouverneur ‚gewissen B.' vor jeder Einmischung in Sachen der Religion verwarnen, andernfalls der Erzbischof sich veranlaßt sehen werde, ‚sich höheren Orts' dahin zu verwenden, daß ‚gewisser B.' unschädlich gemacht werde". —

In Schoben, an der kurländisch-litthauischen Grenze, hatten zwei Russen ein Bureau aufgeschlagen, in dessen Vorzimmer zwei Juden die verdolmetschende Kanzlei bildeten. Es war verkündet worden, daß die erwähnten Personen sich nach dem Willen einer bauernfreundlichen Regierung installirt hätten, um die Namensunterschriften aller derjenigen Bauern der Baltischen Provinzen zu sammeln, welche den Wunsch hegten, in Rußland Landeigenthum und damit die Mittel zu gewinnen, binnen Kurzem reich zu werden. Die Leute strömten herbei. In der Kanzlei wurde es ihnen nun begreiflich gemacht, daß sie für das Land selbst freilich nichts, wohl aber für Anfertigung der Bittschrift eine kleine Summe von 3—5, bis 10 R. Sb. zu entrichten hätten, und ferner, um der Gewährung ihres Gesuchs ganz sicher zu gehen geloben müßten, das griechisch-russische Glaubensbekenntniß anzunehmen. — Viele der Herbeigekommenen kratzten sich hinter den Ohren und gingen fort. Andere beruhigten ihr Gewissen damit, daß sie nicht für sich selbst, nur für ihre Kinder in solchen Religionswechsel willigten. Wieder Andere unterschrieben unbedingt. Eine hübsche Zahl wurde aber, ehe ihnen noch die Fassung der in russischer Sprache aufgesetzten Bittschrift übersetzt war, zur Unterzeichnung ihres Namens förmlich herangehetzt, indem es hieß, der Inhalt der Documente sei ja bereits bekannt, die Kanzlisten seien aber von Arbeit so überhäuft, daß bei dem Andrang von Bittstellern, Jeder, der noch etwas gewinnen wolle, keine Zeit zu verlieren habe. Später erfuhren die Geprellten, daß die unterzeichneten Papiere, statt die Gewährung reicher Ländereien, die Erlaubniß zum Uebertritt in die russisch-griechische Kirche erbeten hatten. — Solcher Unfug rief nun freilich Klagen seitens der deutschen Behörden, wie seitens der Betrogenen hervor, und das erwähnte Bureau wurde aufgehoben, seine Insassen wurde arretirt. Vierzehn Tage darauf waren aber die Arretirten wieder frei. Die protestantischen Prediger jedoch, welche zu Schoben und in der Umgegend sich erdreistet hatten, von der Kanzel herab Warnungen an ihre Gemeinden ergehen zu lassen, die Seele nicht für Judasgeld zu verkaufen, sie wurden ernstlich bedroht, sich ja vor Angriffen auf die russische Kirche zu hüten, anders sie sich eine Stelle in Sibirien würden suchen müssen. — Am meisten hatten aber die proselytischen Umtriebe im Umkreise von Riga und Mitau um sich gegriffen, wo die russische Geistlichkeit sich direct von dem Erzbischof Platon angespornt fand. Der Uebertritt war auch hier wie sonst, ein leer formeller, ohne Berücksichtigung der eigentlichen Ueberzeugung, und bald genug machte sich das betäubte Gewissen der verführten Leute wieder so weit geltend, daß sie das Abendmahl durchaus nicht nach griechischem Cultus empfangen wollten, sich vielmehr zu den protestantischen Predigern zurückwandten, und diese so lange mit Flehen und Thränen bestürmten, bis sie auf's Neue zum Genuß des Kelches und Brotes zugelassen wurden. Der Erzbischof Platon erhob lebhaft Klage gegen zwei schuldige Geistliche, entschieden auf deren Absetzung bringend, da melden sich zu den bezeichneten Geistlichen 21 andere, gleich schuldige. Sollen alle 23 abgesetzt werden? Die Regierung schloß diesmal lieber die Augen, der Erzbischof wandte aber seinen Eifer einem andern Gegenstande zu.

Der Propst Db. hatte in den vierziger Jahren ein Werk über die im fünften Jahrhundert stattgefundene Lostrennung der griechischen Kirche von der römisch-katholischen geschrieben, in welchem er auch der Mißbräuche der griechischen Kirche tadelnd gedacht. Dies benutzt Platon zu einer Anklage Db.'s auf böswillige Verleumdung und Verfolgung der griechischen Confession". Es folgt nun ein Schriftwechsel, in welchem Db. verschiedene, von dem Erzbischof in lettischer Sprache verfaßte, an Bauern naher wie ferner Gemeinden gerichtete Briefe citirt, in denen Platon die protestantische Kirche eine „verfluchte" nennt und mit aller ihm zu Gebote stehenden Beredtsamkeit den Uebertritt zur griechischen Kirche befürwortet. — In Folge dieser Enthüllungen wurde der Erzbischof an den Dom versetzt. Er ging aber als ein „Märtyrer"; die Griechisch-Gläubigen überschütteten ihn mit kostbaren Geschenken, und in den russischen Kirchen wurde öffentlich für ihn gebetet. Auch ist bald genug erklärt worden, Platons Versetzung sei durchaus nicht als eine Strafe anzusehen. Propst Db. aber ist zwar in seinem Amt geblieben, hat aber die Propstwürde eingebüßt.

In geschilderter Weise dauern die Religionswühlereien in den deutschen Provinzen fort, während jedes darüber aufklärende Wort im Abgrund der Censur verschwindet. So die Broschüre des Herrn von Bock, welche für jene Provinzen so gut wie nicht existirt. Dennoch verlangte der General-Gouverneur Albedinsky vom livländischen Landmarschall Lilienfeld, daß er bei der livländischen Ritterschaft darauf antrage, Herrn von Bock's Schrift als lügnerisch zu erklären, und den Verfasser aus der Adelscorporation zu stoßen. Herr von Lilienfeld erwiderte jedoch darauf, die Ritterschaft könne besagte Schrift nicht als „lügnerisch" erkennen, indem sich Herr von Bock auf lauter Utase beriefe, welche die Regierung öffentlich anerkannt; sie könne nur ihr Bedauern aussprechen, daß Herr von Bock der Verfasser der Schrift sei. Der General-Gouverneur durfte die Sache augenblicklich nicht weiter verfolgen.

19*

Müssen nun die Deutschen diese Mühewaltungen anerkennen, welchen man sich russischerseits zur Russificirung der deutschen Provinzen unterzieht, so müssen sie auch des heiligen Wortes eingedenk bleiben: „Du darfst dem Ochsen, der da drischt, das Maul nicht verbinden", und sich banach die höchste Besteuerung unter den Provinzen des Reiches gefallen lassen, ja die doppelte — — weil sie die einzigen sind, welche bisher noch nie mit ihren Abgaben an die Regierung im Rückstand blieben. Deshalb zahlen sie seit 1867 als Kopfsteuer statt 1 R. S. 2 Rubel 4 Kopek. Diese verhaßte Kopfsteuer, welcher der Bauernstand, der Handwerkerstand, der Kaufmannstand niederer Gilde, überhaupt ein Jeder unterworfen war, der nicht zum Indigenatsadel, zum Stande der Prediger, Aerzte, Lehrer höhern Grades gehörte, oder einen Tschin (russischer Adelsrang, 14 Grade umfassend) erdient hatte, diese verhaßte Kopfsteuer war für die sogenannten Occladisten (die zu einer Stadt Angeschriebenen) in eine Immobiliensteuer verwandelt worden, ist aber wieder eingeführt, während die Immobiliensteuer geblieben ist. Der Grund und Boden war frei von Abgaben — jetzt ist er mit einem Groschen per Deßcatine besteuert, u. s. w. Nebenbei hat auch die Regierung verschiedene, beeidigte jährliche Geldzahlungen eingezogen, z. B. 53,000 R. Sb., welche auf einzelne Städte als Ersatz für die erlittene Einbuße der ihnen früher zugeflossenen Zollgebühren repartirt wurden. Libau wagte dagegen zu protestiren, mußte aber doch die Anwartschaft auf die ihr zukommenden 23,000 Rubel S. streichen. Von diesen abgesehen, erhielt sie noch 10,000 R S. jährlich, welche seit dem Bestand des Gymnasiums hauptsächlich zu dessen Erhaltung verwandt wurden. Auch diese sollte sie einbüßen — trotz neuer Proteste, und ein 1867 gefällter Kaiserlicher Machtspruch gewährte als einzige Gnade, daß Libau die Einbuße der 10,000 R S. nicht gleich im vollen Gewichte tragen, vielmehr noch während zehn Jahre einen Geldzuschuß haben sollte, der sich im Laufe dieser Zeit von 10,000 R S. jährlich um 1000 R S. verringern mußte, bis die Null erreicht war.

Mit der auch in den deutschen Zeitungen des Auslandes besprochenen Aufhebung des Generalgouvernements für Esth- Liv- und Kurland 1876 hat kein Bruch der bei Annexion der deutschen Provinzen ihnen gewährleisteten Rechte stattgefunden. Die russische Regierung hatte es zur Vereinfachung der nothwendigen Sonderverwaltung der deutschen Provinzen geschaffen, indem deren gemeinsame Interessen darin ihre Gesammtvertretung fanden, einerseits alle Erlasse der Regierung an die betreffenden Provinzen, andrerseits alle Anträge der Letztern durch das Generalgouvernement übermittelt, resp. zupassend modificirt wurden. Meinte nun die Regierung, jetzt mit Aufhebung des Generalgouvernements einen Kostenaufwand ersparen zu dürfen, so hatten die Provinzen kein verbrieftes Recht zum Protest. Dessenungeachtet fiel der Ukas, welcher diese Aenderung in dem seitherigen Regierungswege gebot, gleichfalls als ein gegen das Deutschthum der Provinzen gerichteter Keulenschlag dröhnend nieder, indem mit demselben das Band ihrer festen Zusammgehörigkeit als deutsche Provinzen zerrissen ward. Seitdem hat jede der Provinzen für sich durch ihren Gouverneur an das betreffende Ministerium in Petersburg zu berichten, dessen rein russische Elemente eben so wenig Sympathien als Verständniß für das den deutschen Provinzen Zukommende haben, und liegt einer oder der andern Provinz ganz besonders an einer Unterstützung ihres Verfahrens seitens der Schwesterprovinzen, so muß eine Verständigung darüber auf mühsamen Umwegen erzielt werden. Solches kann nicht verfehlen, hemmend und trennend zu wirken, und das ist's was Jung-Rußland freut.

Daß auch der Ukas, welcher für Rußland die allgemeine Wehrpflicht einführte, von den deutschen Provinzen nicht besonders bewillkommnet wurde, hat seinen Grund weder in irgend einen Mangel an Loyalität, noch in der Besorgniß, in der damit aufgezwungenen nothwendigen Erlernung des Russischen, das Deutschthum gefährdet zu sehen, sondern allein in dem physischen und psychischen Unbehagen, welches den deutschen Militairpflichtigen bei der Vorstellung von den öden, schmutzigen Quartieren überläuft, die ihnen aus den verschiedenen, von aller Civilisation abgelegenen Gegenden Rußlands entgegenwinken.

Die neuen Agrarverhältnisse, welche die Regierung auch in den deutschen Provinzen eingeführt zu sehen wünscht, haben die Letzteren die Erlaubniß gehabt abzuweisen, was auch auf dem diesjährigen stürmischen Landtage zu Mitau beschlossen worden ist. Sie haben unter den deutschen Gutsherren viele Vertheidiger gefunden; grade die Mehrzahl der erfahreneren und besonneneren hat sich gegen sie ausgesprochen. Uebrigens kann das Deutschthum mit ihrer Annahme oder Verwerfung kaum in Verbindung gebracht werden.

Das Angeführte wird als Beweis genügen, daß die russische Regierung, oder, nach Andern, die sogenannte Nationalpartei, welche die Regierung zu meistern versteht — es für zeitgemäß erachten will, das in den deutschen Provinzen seither herrschende Recht mit der deutschen Sprache und protestantischen Religion, als unzeitgemäß geworden, zu beseitigen.

Dieses Vorgehen wird seitens einer Anzahl russischer Schriftsteller, unter der Führerschaft eines Samarin, kräftig unterstützt, indem diese Größen der „herrschenden Race" sich eifrigst bemühen, die Sache so darzustellen, als sei die russische Regierung — synonym mit dem Czar — nicht allein mächtig, sondern berechtigt genug, mit den deutschen Ostseeprovinzen ganz nach höchstem Belieben — synonym mit „dem Belieben der herrschenden Race" — zu verfahren. — Solche Darstellung beruht entweder auf einer strafbaren Unwissenheit der Autoren, oder auf ihrer noch strafbareren Absicht, sich die Unwissenheit des Volkes durch absichtliche Fälschung der Geschichte dienstbar zu machen.

Hauptsächlich sind es Esthland und Livland, gegen welche die russische Presse ihre Angriffe richtet, indem sie diese als die eroberten Provinzen hinstellt, welche den seitherigen Fortbestand ihrer Sonderrechte und Sonderverwaltung allein der Gnade des je regierenden Czaren zu danken haben, welchen aber, in Berücksichtigung der „herrschenden Race", durchaus alle Privilegien entzogen werden müssen, indem solche nur der Ausbreitung des civilisatorischen Rußlands ein feindliches Bollwerk entgegenstellen. Kurland, als diejenige

Provinz, welche unleugbar ohne jedweden Waffenzwang, nach freiem Entschluß sich in das Verhältniß der Zugehörigkeit zu Rußland begeben, und danach eben so unleugbar sein Recht gehabt, Gegenforderungen zu stellen, erleidet nicht solche directe Angriffe, ist es ihm auch eben so unleugbar bestimmt, indirect in das über die anderen deutschen Provinzen verhängte Geschick hineingezogen zu werden. Wie steht es aber um die Eroberung Livlands und Esthlands? wie steht es mit ihren Rechten?

Die 1699 von Friedrich IV. von Dänemark, August II. von Polen und Peter d. Gr. von Rußland geschlossene Triple-Allianz, welche den nordischen Krieg hervorrief, bezweckte, dem erst 17 jährigen Karl XII. von Schweden die während des dreißigjährigen Krieges und später von den verbündeten Mächten an seine Krone verlorenen Besitzungen zurückzuerobern. Darnach sollten Livland und Esthland wieder an Polen fallen, während Peter d. G. die am finnischen Meerbusen gelegenen schwedischen Länder zu gewinnen beabsichtigte. Bekanntlich leistete jedoch Karl XII. einen unvorhergesehen-heldenmäßigen Widerstand, und Livland und Esthland blieben der Schauplatz eines zwanzigjährigen Waffenkampfes. Bald war es von den Truppen der einen, bald von denen der andern Macht besetzt, bis es den russischen den Ruhm zusprechen mußte, Land und Leute in der entsetzlichsten Weise heimgesucht zu haben. Die Correspondenz zwischen Peter d. Gr. und seinem Feldherrn Scheremetjeff hat für die Unsterblichkeit dieses Ruhmes am besten Sorge getragen. Gut, daß die Aufbewahrung solcher Urkunden nicht von dem Willen Einzelner abhängt. So können wir noch heute Scheremetjeff's Berichte vom Jahre 1702 lesen, wie er, während Karl XII. die Sachsen aus Polen vertrieb, den ganzen Kreis Dorpat wüste gelegt, 12 Ortschaften „mit steinernen Schlössern" verbrannt, dazu viele Kirchen mit dem Volke, das die Soldaten zuvor hineingetrieben hatten. Er triumphirt, daß er des Czaren Wunsch hat erfüllen können, und — das ganze Land vom Peipus-See bis Pernau, von Reval bis Riga also verwüstet habe, daß außer den genannten Orten alle anderen nur noch auf der Karte zu finden seien. Die Gefangenen aber habe er nicht zu zählen vermocht, die vornehmen seien in die Kerker gesperrt, in welchen, wegen der Ueberfüllung, Seuchen ausgebrochen seien; die Esthen habe er den Kosacken überlassen. — Auch der Knaben und kleinen Mädchen sei nicht geschont worden.

Vom Jahre 1703 liegt ein gleicher Triumphbericht vor. Abermals durchziehen die russischen Truppen Livland und Esthland, alles, was noch im vorhergehenden Jahre verschont geblieben war, in die Verwüstung hineinziehend. Und sie ermöglichen es sogar, an Vieh und Pferden das Doppelte auszurauben, und so viel Esthen zu Gefangenen zu machen, daß sie sich hiernach veranlaßt sehen, einen Theil derselben wieder zu den zerstörten und verbrannten Wohnungen hineinzujagen, einen Rest niederzuhauen. Der Czar aber rühmt seinen Feldherrn, „daß er in Livland so trefflich gehaust habe".

Da erheben sich die Proteste Augusts II. und er läßt dem Czaren schreiben, daß die Zurückgewinnung Livlands für Polen keinen Werth mehr haben könne, wenn es dasselbe völlig verheert und des besten Theils seiner Einwohner beraubt erhalte. Zugleich müßte er dem Czaren bemerken, daß dessen „unter Christen unerhörte grausame Art zu kriegen, bei Freunden und Feinden höchsten Abscheu und Ekel verursache, Ihrer Czarischen Majestät Actionen einen allgemeinen Haß zu Wege bringe, seinen Negotien an christlichen Höfen schlechten Credit schaffe, und zugleich dero Alliirte obios mache". „Auch mache er es diesen Alliirten unmöglich, ihm ferner gegen Schweden beizustehen, indem in einem ruinirten Lande nicht Krieg zu führen ist (b. h. die Verpflegung der Truppen ganz unthunlich wird)".

Der Czar wird sich nun wohl geschämt haben, wenn nicht seines „unchristlichen", so doch seines unpolitischen Verfahrens. Er zieht andere Saiten auf. 1704 erneuert er zu Narva das Bündniß mit Polen. Und nachdem August II. vom Schwedenkönig gezwungen war, der polnischen Krone zu Gunsten Stanislaus Leszinskys zu entsagen, und die baltischen Provinzen an Karl XII. zurückgefallen waren, bestand der Vertrag mit Polen doch fort, und wurde zu Lemberg 1707 nochmals erneuert. Karls XII. Besiegung bei Poltawa 1709 und sein langes Verweilen in der Türkei gestatteten August II., den polnischen Thron wieder einzunehmen und das Bündniß mit Rußland und Dänemark aufzufrischen, während Peter d. Gr. die günstige Constellation benutzte, um Finnland, Esthland und Livland wiederum zu besetzen. Immerhin hatte er sich damit den Besitz dieser Länder nicht gesichert, weil die westlichen Mächte insgesammt ihm denselben nicht gestatten mochten.

Darnach bekannte sich Peter d. Gr. zu einer andern Politik und trat in den baltischen Provinzen nicht mehr als mit und für Polen erobernd auf, sondern als Schirmherr der von Schweden übel behandelten, welches Scheremetjeff, als er 1709 zur Belagerung Rigas herbeizieht, durch Universale verkündet. Der schwedische Statthalter vertheidigt die Festung, bis der Hunger sie zur Ergebung zwingen will. Da sendet Scheremetjeff einen Parlamentär zur Verhandlung mit „der Ritterschaft und einem Ehrbaren Rath und der Bürgerschaft wegen der Subjection des Landes, indem die armen Unterthanen, welchen von ihren schwedischen Herren die durch so viele publique Eide beschworenen Rechte nicht gehalten worden, ihrerseits von ihrem vormals so genau und wohl observirten devoir dispensirt seien".

Der schwedische Statthalter überlegt mit den in der Stadt befindlichen Ständen, und nach stattgefundener Unterhandlung wird im Juli 1710 mit der Capitulation der Stadt die Subjection des Landes unter russische Herrschaft beschlossen und „nachdem die Provinz Livland sammt der Stadt Riga mittelst ertheilten Accord dem Czaren subject geworden", folgt die Huldigung. Der Czar aber gelobt „alle Einwohner und Eingeborene dieser Provinz" in ihre vormals erworbenen Rechte, Privilegien, Freiheiten, Possessionen und Eigenthümer zu restituiren, die Gerichte bei den alten Gewohnheiten und dem deutschen Rechte zu erhalten, die Justiz des Landes zu conserviren, ebenso die Kirchen und Schulen des Landes bei der evangelischen Religion u. s. w.

Dies wird vom Czaren im Nystädter Frieden für „ewige Zeiten" auf's

Neue gelobt, indem es Art. 9 heißt: „Seine Czarische Majestät versprechen (daneben), daß die sämmtlichen Einwohner der Provinzen Livland und Esthland, wie auch Oesel, adlige und unadlige, und die in selbigen Provinzen befindlichen Städte, Magistrate, Gilden und Zünfte bei ihren unter der schwedischen Regierung gehabten Privilegien, Rechten und Gewohnheiten beständig und unverrückt conservirt, gehandhabt und geschützt werden sollen".

Demnach sind Livland und Esthland von Peter d. G. dieselben Rechte gewährleistet worden, wie die von Kurland bei seiner freiwilligen Unterwerfung ausbedungenen, in einsichtsvollem Verständniß der moralischen und politischen Anforderungen, welche das Deutschthum in diesen Provinzen zu erheben berechtigt war. Und diese Rechte sind von jedem nachfolgenden Czaren neu bestätigt worden. Freilich befindet sich in der General-Confirmation des Czaren Peter d. G., wie in der von Katharina II. mit Kurland abgeschlossenen, die Clausel „so weit sich die Gerechtigkeiten und Freiheiten derselben auf jetzige Herrschaft und Zeiten appliciren lassen". Indeß holte sich die vorsichtige Ritterschaft alsbald von des Czaren General-Bevollmächtigten die beruhigende Erklärung darüber ein, indem er erwiderte „die Nachwelt könne aus solcher Clausel keine den confirmirten Privilegien zuwiderlaufende Deutung ziehen und Ihre kaiserliche, gnädige Intention schmälern, indem sie nur ein terminus generalis und ein solch reservatum wäre, welches in solchen Fällen bei allen Potentaten gebräuchlich, und welches sie sich nicht nehmen ließen. Hätte also auch deßfalls die Ritterschaft nicht Ursache, an Seine Majestät sich zu wenden, weil dieselbe ohnedem so genereuse wären, daß Sie die Privilegien eher vermehren, als vermindern würden". Indeß nimmt sich der Czar die gezeigte Besorgniß der livländischen Ritterschaft so weit zu Herzen, daß er bei der Capitulation der esthländischen Ritterschaft ihren Privilegien die General-Confirmation ohne Clauseln ertheilt.

Wenn nun trotz alledem die Vertreter der „Nationalpartei" heute erklären, die kaiserlichen Eide seien nur als freundliche, aber null und nichtige Redensarten hinzunehmen, welche die „herrschende Race" der Russen in richtigem Verständniß dessen nicht zu respectiren habe, so ist für die übrige Welt ebensowohl der Standpunkt gekennzeichnet, welchen diese Race zur Moral und zum Recht einzunehmen geneigt ist, als das für die deutschen Provinzen in Aussicht Stehende, sobald sie bei Verleugnung ihrer Rechte seitens der herrschenden Race allein von deren Wohlmeinung abhängig werden.

Liv- und Esthland haben sich nach ihrer Einverleibung in Rußland vermittelst der nachher genossenen Schonung und der nicht zu entmuthigenden deutschen Betriebsamkeit wie vermittelst der vortrefflichen Lage ihrer Hauptstädte Riga und Reval, welche von der Natur zu Centren eines verbreiteten Handels ersehen sind, allmählich wieder zu einem mittlern Wohlstand emporgearbeitet, sind auch die Jahre der unter Scheremetjeff erlittenen Verwüstung nicht gut zu machen, ebenso wenig wie für Deutschland die Entsetzensjahre des dreißigjährigen Krieges. Kurland, dessen Hauptstadt 5—6 Meilen vom Meere ab, an dem unbedeutenden Flüßchen Aa, auf morastigem

Boden gelegen ist, dessen Libau und Windau zur Zeit nur unbedeutende, obschon für Vergrößerung sehr geeignete, Häfen sind, und deren Handel noch dazu, seitens der Regierung, in besonderer Berücksichtigung des eifersüchtigen Riga, höchst beschränkt ist, rühmt sich immerhin noch einer größeren Wohlhabenheit, als die deutschen Schwester=Provinzen, soll auch dieselbe seit herzoglichen Zeiten abgenommen haben. Gar gern habe ich selbst noch den Berichten alter Leute aus jenen herzoglichen Zeiten gelauscht, in welchen das abscheuliche Papiergeld im Lande noch unbekannt war, womit die russische Regierung allmählich alles Silber und Gold herausgezogen hat, so daß im Handel und Wandel ein kaiserlicher Silberrubel bereits zu einer gleichen Curiosität geworden ist, wie ein herzoglicher Thaler. Damals, zu herzoglichen Zeiten, waren die kurländischen Edelleute um nichts so verlegen, als wie sie zu Johanni, wo ihre Geldgeschäfte sie nach Mitau führten, in Abwesenheit einer Landesbank — die erst in den dreißiger Jahren durch das Verdienst des verdienstreichen Landesbevollmächtigten Dietrich von Grotthuß zu Mitau gegründet wurde — ihr überflüssiges Silber unterbringen sollten, welches ihnen ihre Knechte in schweren Ledersäcken über die Straße nachtrugen. — Gleichviel, ob es mit vollen, oder bereits geleerten Geldsäcken war, jedenfalls brachten Ritterschaft, Magistrate, Gilden, Prediger, Offiziere ꝛc. auch die germanische Loyalität in das Verhältniß zum neuen Landesherrn mit. Und die Czare erkannten diese Treue wohl an, wie noch eine Kaiser Nikolaus gegen einen früheren Spielgenossen und späteren Freund gemachte Aeußerung beweist: „Ich weiß, in den deutschen Provinzen könnte ich mein Haupt überall ruhig hinlegen". — Im Krimkriege exaltirte sich diese Loyalität sogar so weit, daß der kurländische Adel dreißig junge Leute aus seiner Mitte für „seinen Kaiser" ausrüstete und in's Feld schickte, welchem Beispiel die livländischen und esthländischen Edelleute folgten. — Allen Verdächtigungen, allen Angriffen russischer Deutschfeindlicher haben die Deutschen immer nur ihre Treue zu Kaiser und Reich entgegengehalten. Selbst, da im Kriege von 1870—1871 das Lied von „der Wacht am Rhein", welches Kaiser Alexander II. sich täglich vorsingen ließ, nur in den deutschen Provinzen nicht öffentlich gesungen werden durfte, entflammte diese Unbill kein einziges poetisches Gemüth zu einem Lied von der Wacht an der Düna oder der Embach*), obschon diese Wacht jahraus, jahrein, selbst dem so loyal verehrten Kaiser gegenüber, für's Deutschthum gehalten wird. Dennoch hat die Moskauer Nationalpartei entschieden, dies Deutschthum müsse vernichtet werden. — Dem Russen ist nun einmal der Deutsche ein störendes Geschöpf. Er ist ihm besonders fatal, weil er ihn nach Bildung und Moral über sich zu stellen gezwungen ist. Den Deutschen der baltischen Provinzen mag er aber am wenigsten leiden, weil dieser ihm von der Regierung stets als Muster vorgehalten wird und er es ihm im Militär wie Civil an Tüchtigkeit zuvorthut. Am ärgerlichsten ist ihm aber, daß er sich in eigener, persönlicher Unabhängigkeit veranlaßt

*) Riga liegt an der Düna, Dorpat an der Embach.

sieht, gleichfalls überall Deutsche hinzuberufen, wo es die Besetzung eines Vertrauenspostens gilt, sei es als Erzieher seiner Kinder, als Verwalter seiner Güter u. f. w. Deshalb ist es, nach russischer Logik, am besten, man rottet den Deutschen aus. Predigen es doch die Nationalen heimlich und laut, daß innerhalb des Reiches ein Deutschthum neben dem Russenthum nicht bestehen dürfe. Und werden mit diesem Deutschthum in den baltischen Provinzen zugleich die Pflanzstätten der Wissenschaft und Cultur, des unbestechlichen Rechts, des Fleißes und der Ordnung vernichtet, welche seither dem ganzen Reiche zu Gute gekommen sind: was kümmert das den stolzen Russen?! Fühlt er doch aus seinem Slavophilenthum tausend andere Civilisationsquellen entspringen. Der große Slavophile, der Held der Moskauer Nationalpartei, Fürst W. A. Tscherkassky, wie viel herrliche Segnungen hätte er noch über Polen gebracht, wäre er nicht durch jene unzeitgemäßen, hartnäckigen Vorstellungen des Grafen Berg*) bei dem Kaiser an der Vollendung seines preiswürdigen Planes verhindert worden! Sobald sich nur die günstige Gelegenheit bietet, der Regierung einen andern Tscherkassky für die deutschen Provinzen empfehlen zu dürfen, soll Nichts versäumt werden, um hier Radikales zu erzielen. Rußland soll kein Recht dazu haben?! Veralteter Begriff! Das Motto der Slavophilen ist: „Wir erlauben uns, wozu wir die Macht haben". Denn die Macht schafft das Recht. Das Volk soll aber die Macht haben. Darum wollen wir unsere guten slavischen Brüderchen, die so schmachvoll beraubten und geknechteten Esthen und Letten von ihren Unterdrückern befreien und mit ihnen alle diejenigen Deutschen, welche die nichtswürdigen baltischen Edelleute gleichfalls in schmachvoller Abhängigkeit erhalten und die sich danach sehnen, im Slaventhum aufzugehen.

Also formen sich die panslavistischen Zukunftsträume.

Wir aber im deutschen Reiche, haben wir nur das Zusehen?

Die russisch-deutschen Provinzen haben seither die Rolle der ausgesetzten Kinder gespielt, welchen gegenüber die Mutter aller Verpflichtungen los sein will. Dessenungeachtet bewahren sie ihre Ansprüche an Mutterliebe und Muttersorge. Und darf auch das deutsche Reich aus politischen Rücksichten an eine Wiedergewinnung der baltischen Provinzen nicht denken, so darf und sollte es doch seine Stimme für sie erheben und fordern, daß Rußland die Eide halte, mit denen es den Fortbestand ihrer Rechte nach Gesetz und Verwaltung gewährleistet hat.

Mir ist's, als schaue ich den Genius des deutschen Volkes, wie er über die weiten Länder hinblickt, wo deutsche Sprache und deutsche Sitte herrschen, und trauernd sein Haupt verhüllt, da die Geschichte niederschreibt: das deutsche Reich hat es verschuldet, wenn in den baltischen Provinzen das Deutschthum vernichtet wird. —

---

*) Des Großfürsten-Statthalters Nachfolger in den sechziger Jahren.

Bibliographie.

H. Düntzer. Goethes Leben. 8. XII u. 658 S. mit 50 Holzschnitten und 4 Beilagen (facsimilirte Autographien). Leipzig, 1880, Fues' Verlag.

Düntzer hat es sich zur Aufgabe gemacht, eine Darstellung von Goethes Leben zu geben, welche, gestützt auf genaueste Untersuchung der massenhaften Einzelnheiten, die Knotenpunkte der menschlichen und dichterischen Entwicklung, sowie die Verhältnisse und Umstände, welche diese bedingten und bestimmten, einfach klar bezeichnet, ein anschauliches, allseitiges Bild seines vielverschlungenen Lebensganges entrollt und zugleich auf den Einheitspunkt, in dem alle Richtungen seines Strebens und Wirkens wurzeln, und auf die sein Wesen begründenden, überall durchleuchtenden Charakterzüge hindeutet, auf den reinen Edelmuth, das tiefe Pflichtgefühl, den festen Glauben an die gewogene, allwaltende höhere Macht, die rastlose unerschöpfliche Thätigkeit und den Drang zur vollendeten Ausbildung der ihm verliehenen Anlagen. Düntzer hat seine Aufgabe gelöst, wie es von einem so ausgezeichneten Kenner aller auf Goethe bezüglichen Verhältnisse erwartet werden durfte; sein Buch kann, unbeschadet der in ihrer Art mustergiltigen Arbeiten von Goedeke, Lewes, Schaefer, und Viehoff als die beste aller vorhandenen Goethebiographien gelten. Die Ausstattung ist musterhaft.

Deutsche Dichter des 16. Jahrhunderts. Mit Einleitungen und Worterklärungen. Herausgegeben von Karl Goedeke und Julius Tittmann. 13. Band: Die Schauspiele der englischen Komödianten in Deutschland. 8. LXIII und 248 S. Leipzig, 1880, Brockhaus. ℳ 3.50.

Dieser neue Band der überaus verdienstvollen Sammlung enthält neben einer erschöpfenden, von Julius Tittmann herrührenden literargeschichtlichen Einleitung die folgenden Komödien: „Von der Königin Esther und hoffärtigen Haman" — „Von dem verlorenen Sohn, in welcher die Verzweiflung und Hoffnung gar artig introduciret werden" — „Von Fortunato und seinem Seckel und Wünschhütlein" — „Eine schöne lustige Comödie von Jemand und Niemand" — „Von Julius und Hippolita" — „Eine schöne lustig triumphirende Comödi von eines Königs Sohn aus Engelland und des Königs Tochter aus Schottland" — „Ein lustig Pickelhäringspiel, dorinnen er mit einen Stein gar lustige Possen macht".

Rudolf Niggeler, Gedichte. Zweite unveränderte und vermehrte Auflage. 8. X und 258 S. Bern, 1880, Dalp.

Eine sehr beachtenswerthe lyrische Begabung spricht aus diesen Gedichten. Sie charakterisirt sich durch frisches Zugreifen, seine Naturempfindung, Gefühlsreichthum, durch eine gesunde, hoffnungsreiche Lebensanschauung. Auch formale Reinheit ist den Dichtungen nachzurühmen, wenngleich dieselbe sich auch nicht gleichmäßig und überall geltend macht. Die mitgetheilten Uebersetzungen nach Poe, Longfellow und Bryant zeigen den Dichter auch als berufenen Nachbildner. Einzelne dieser Ueber tragungen, wie z. B. die des Gedichtes „Dämmerung" von Longfellow, sind vortrefflich gelungen. Textsuchenden Componisten dürfte die Sammlung gute Ausbeute liefern.

Hieronymus Lorm, Gedichte. Gesammt-Ausgabe. 8. 262 S. Dresden, 1880, E. Pierson.

Der gedankenreiche Feuilletonist zeigt sich in diesen gesammelten Gedichten auch als gedankenreicher, formgewandter Poet. Daß die Sammlung bereits zu einer dritten Auflage gediehen ist, spricht deutlich für das Interesse, welches unsere Zeit der philosophischen Lyrik entgegenbringt, zu deren hervorragendsten Vertretern H. Lorm zu rechnen ist.

Alfred Tennyson, Enoch Arden. Aus dem Englischen übersetzt von Robert Waldmüller (Eduard Duboc). Autorisirte Ausgabe. 18. Auflage. 12. 57 S. Hamburg, 1879, Grüning. Gebunden.

Tennysons berühmtes Gedicht in meisterhafter Uebertragung, welche, soweit die Eigenthümlichkeit der Tennyson'schen Sprache eine ganz getreue Verdeutschung überhaupt gestattet, den vollen Reiz des ergreifenden Gedichtes in sich wiederspiegelt.

Theobald Kerner, Dichtungen. 8. VIII u. 487 S. Hamburg. 1879, Karl Gradener. M. 6.

Durch die Gedichte des ersten Theils wie durch die liederdurchwobenen kleineren Erzählungen des zweiten zieht sich eine tiefgefühlte, innige Naturanschauung, frische Originalität und lebensvoller Humor; seine Satyre gesellt sich dazu. So wird der Dichter zu einer eigenartigen Erscheinung unter den zeitgenössischen Lyrikern. Daß der Sohn dennoch hier und dort an den Vater (Justinus Kerner) erinnert, soll eher im guten Sinne hervorgehoben sein. — Das Buch gewährt den Einblick in eine abgeschlossene Natur, die zu eigenen Ansichten über alle tiefer liegenden Fragen des Lebens gelangt ist und sich nicht scheut, dieselben offen zu bekennen. Daß man oft nicht beizustimmen vermag, kann dem poetischen Werthe der Dichtungen keinen Eintrag thun.

Paul Pogge, im Reiche des Muata Jamwo. Tagebuch meiner im Auftrage der „deutschen Gesellschaft zur Erforschung Aequatorial-Afrikas" in die Sunda-Staaten unternommenen Reise. 8. VIII u. 247 S., mit 6 Holzschnitten, 6 lith. Tafeln und einer Karte von R. Kiepert. Berlin, 1880, D. Reimer.

Pogges Reisetagebuch gehört zu den bemerkenswerthesten Erscheinungen der neueren Afrikaliteratur; es verdient neben den Arbeiten von Schweinfurth, Nachtigal, Rohlfs ꝛc. ehrenvoll erwähnt zu werden. Die ursprüngliche Frische von Form und Sprache machen das Buch, ganz abgesehen von seiner wissenschaftlichen Bedeutung, zu einer überaus ansprechenden und fesselnden Lecture. Die Ergebnisse welche Dr. Pogges Reise für die Bereicherung unseres Wissens von Afrika geliefert hat, werden — im Zusammenhange mit anderen Leistungen auf demselben Gebiete — demnächst besonders in „Nord und Süd" gewürdigt werden.

F. J. Lauth, aus Aegyptens Vorzeit. 1. Heft. Die prähistorische Zeit. 8. 100 S. Berlin, 1879, Th. Hofmann. M 2.—

Der Verfasser, einer der ausgezeichnetsten Aegyptologen, will in dem hier begonnenen Buche einen „Ariadnefaden" für das vielgestaltige fast labyrinthisch zu nennende Leben und Weben der alten Aegypter gewinnen. Zuvörderst entwirft er ein chronologisches Gemälde, sodann wird zu der Götterlehre übergegangen. Die zunächst angereihten Abhandlungen sind „das ägyptische Elision oder Paradies", „die ägyptische Fluthsage", „der ägyptische Babelthurm". Sie gehören gemeinsam der Vorgeschichte an. In den folgenden Heften sollen die Hauptpunkte der ägyptischen Geschichte mit besonderer Rücksicht auf die Cultur, d. h. Religion, Kunst und Wissenschaft übersichtlich und leichtfaßlich vorgeführt werden.

Eine solche genetische, von romantischer Erdichtung freie Darstellung, die sich dem weiteren Kreise der Gebildeten anpasst, entspricht einem wirklichen Bedürfniß, und der Verfasser ist von den Meisten zur Lösung dieser Aufgabe berufen.

P. D. Fischer, Post und Telegraphie im Weltverkehr. Eine Skizze, IV u. 158 S. Berlin, 1879, Dümmlers Verlag.

Eine sehr sachliche und lehrreiche Darstellung der Mittel und Wege des Postverkehrs und der Telegraphie, ihrer Organisation und ihrer Leistungen.

In dem ersten Abschnitte werden die verschiedenen Formen des Postverkehrs

(Fußboten, Reiter, Wagen, Segel und Ruderboote, Dampfschiffe, Luftpost) behandelt, in dem zweiten die Telegraphie (die bewegende Kraft, Apparate, oberirdische, unterirdische und unterseeische Leitungen, Welttelegraphennetz). Ein anderer Hauptabschnitt beschäftigt sich mit der Organisation des Weltpost- und Allgemeinen Telegraphenwesens, während in einem letzten von dem Brief-, Postpacket-, Geld und Depeschenverkehr, den Verkehrshindernissen und Kriegsleistungen von Post und Telegraphie gesprochen wird. Der Verfasser, ein hervorragendes Mitglied der deutschen Reichspostverwaltung steht den geschilderten Verhältnissen als einer der competentesten Beurtheiler gegenüber. Das Buch ist sehr gut geschrieben.

Chopins Werke. Ausgabe für Clavier zu zwei Händen. 9 Bde. Pr. Stargardt, H. Alexander. *M.* 15. —
Diese Ausgabe ist des Meisters würdig. Prachtvolles großes Format, gutes Papier, deutlicher Stich — kurz, es vereinigt sich Alles, um diese elegant ausgestatteten Bände ein beredtes Zeugniß für die Leistungsfähigkeit unserer deutschen Musikverleger ablegen zu lassen. Der Preis für die einzelnen Bände ist bei der gediegenen Ausstattung ein billiger zu nennen. Während man früher für eine leidlich gute Ausgabe der sämmtlichen Walzer etwa 4—5 Mark zahlen mußte, erhält man dieselben in dieser Prachtausgabe schon für 1 M. 80 Pf. franco geliefert. Die sämmtlichen Werke, welche unseres Wissens in schlechterer Ausgabe bisher etwa 50 Mark gekostet haben, liefert die Verlagshandlung von H. Alexander in Pr. Stargardt schon für 15 Mark. Die Ausgabe ist durch alle Buch- und Musikalienhandlungen zu beziehen.

David Müller, Geschichte der deutschen Völker in kurzgefaßter übersichtlicher Darstellung zum Gebrauch an höheren Unterrichtsanstalten und zur Selbstbelehrung. 8. verbesserte Auflage. Besorgt von Frdr. Junge. 8. XLI u. 489 S. Berlin, 1880, Bahlen. *M.* 4.20.
Diese neue Auflage des bewährten und in seiner Art kaum übertroffenen Buches unterscheidet sich nach Anlage und Haltung nicht von ihren Vorgängern. Dagegen hat sich der Herausgeber mit Erfolg bemüht die Angaben des Buches mit dem Standpunkte heutiger Geschichtswissenschaft in Anklang zu bringen und Unebenheiten der Darstellung und des Ausdrucks zu beseitigen. Im Ganzen bestätigt das Werk in seiner jetzigen Gestalt das früher ausgesprochene Urtheil, „daß die Geschichte des deutschen Volkes in keinem der vorhandenen Handbücher ähnlichen Umfangs auf dem Grunde historischer Studien, politischen Klarbleibens und unbefangenen historischen Urtheils so liebenswürdig erzählt ist, wie hier".

Carl Alfred Hase, Herzog Albrecht von Preußen und sein Hofprediger. Eine Königsberger Tragödie aus dem Zeitalter der Reformation. 8. VIII u. 396 S. Leipzig 1879, Breitkopf u. Härtel.
Der Verfasser, dem die Literatur bereits eine sorgsame Auswahl von Luther-Briefen und eine anerkannte Monographie über Sebastian Franck verdankt, liefert in dem vorliegenden Buche einen werthvollen Beitrag zur Geschichte der Ausbreitung der Reformation in den preußischen Erblanden, auf Grund bisher unbenützten Materials. Das Königsberger Stadt-Archiv bewahrt die Correspondenz Herzogs Albrechts mit seinem 1566 wegen Landesverraths hingerichteten Hofprediger Funck. Sie ist dem Verfasser zum Ausgangspunkt für dieses Buch geworden, in welchem das tragische Geschick Funcks, umrahmt von der Geschichte des jungen Herzogthums Preußen, erzählt wird. „Nicht ohne die Schuld Funcks war die Verwirrung der kirchlichen und politischen Dinge bis zu einem Grade gediehen, daß die Existenz des Herzogthums auf dem Spiele stand. Aber nicht nur das Geschick Funcks ist das Tragische in dieser Geschichte; auch sonst viel edle Kraft ist damals verschwendet worden. Herzog Albrecht, der so heldenhaft anfing, klagte am Ende: „Mein Gott, in was für verkehrte Zeiten hast Du mich aufbehalten." Das Buch ist, wie der Verfasser ausdrücklich hervorhebt, ohne Tendenz geschrieben. Das culturreiche geschichtliche Material ist mit Sorgfalt gesichtet, Sprache und Darstellung klar und gefällig, an die vortreffliche Art des Vaters (Carl August Hase in Jena) erinnernd. Die Ausstattung ist wie alle Verlagsartikel der berühmten Firma musterhaft.

Konrad Telmann, Im Frühroth, Roman, 3 Bände. Breslau, 1880. S. Schottlaender. *M.* 16.
Noch lagern die Schatten der Nacht, und es wirren und wogen die Nebel, aber

dort im Osten beginnt es schon sich heller zu färben, gleichsam zaghaft, des Sieges noch nicht gewiß, zittern Streifen von Licht hinein in die Dunkelheit, und es wird die Stunde schlagen, in der diese gewichen ist dem vollen, leuchtenden Morgen! In diesem Bilde hat uns der hochbegabte Autor, Konrad Telmann, einen politisch-socialen Roman geschaffen. „Im Frühroth" nennt er ihn — noch schauen wir die Verdunkelung da oben am Fürstenhofe sowohl, wo ein an sich edler Fürst nicht Herr wird der Hinfälligkeit seines Menschthums, als unten im Volke, wo Leidenschaft und Niedrigkeit noch den Sieg haben über Mäßigkeit und Wahrheit. Und es wirren und wogen die Nebel des Fanatismus, der Verderbtheit, des selbstischen Ehrgeizes, elender Habsucht, ekler Frivolität und entfesselter Sinnlichkeit — aber fest ruht in reinen Händen das Banner des Fortschritts, unter dem einzig die Menschheit ihre Ziele erkämpfen kann, und schon fängt an ein Frühroth zu leuchten und es wird und muß Tag werden, und dann wird jenes Banner wehen, frei und stolz im ganzen, weiten Vaterlande. — Es ist ein hochinteressantes Buch, das Konrad Telmann geschaffen; einen Tendenzroman darf man es nennen; aber in spannendsten Situationen, in farbenreichen Bildern, in Typen der Gesellschaft, und nicht in langathmigen Auseinandersetzungen kommt hier die Tendenz zum Ausdruck, und darum ist das umfangreiche Buch fesselnd und unterhaltend vom ersten bis zum letzten Blatt.

Albert Bielschowsky, Friederike Brion. Ein Beitrag zur Goethe-Literatur. 8. 47 S. Breslau, 1880. Schletter'sche Buchhandlung.

Eine aus genauer Kenntniß der „Friederikenliteratur" hervorgegangene Studie über Friederike von Sesenheim und ihr Verhältniß zu Goethe. Die Darstellung ist sorgfältig und für den weitern Kreis der Gebildeten geeignet.

Elise Polko, Miniaturen und Novellen. Breslau, 1880. S. Schottlaender. M. 3.50

Wenn Elise Polko uns Geschichten erzählt, so ist's immer, als hörten wir neue Kunde aus jener köstlichen Jugendzeit, in der lauter, als alles Geräusch der Welt, das Herz seine Sprache spricht. Und dieses Mal scheint die gefeierte Dichterin uns in besonders geweihten Stunden erzählt zu haben, diese „Miniaturen und Novellen" halten wir für werthvollste Perlen in dem reichen Geschmeide ihrer Schöpfungen, wir wissen in der deutschen Literatur nur wenig Geschichten, in denen die Macht der Liebe sich mit so naivunmuthiger Magie kund thut, als hier in „Hilflos", der ersten Erzählung des anspruchslosen und doch des Besitzes so werthen Bäubchens.

Caspar Butz, Gedichte eines Deutsch-Amerikaners. 8. VI und 412 S. New-York (u. Chicago) 1880, E. Steiger. gebunden M. 9.—

Butz gehört zu jener großen Zahl, welche durch die Enttäuschungen der Jahre 1848 und 49 über das Meer getrieben worden. In seiner neuen Heimath zu Rang und Ansehen gelangt und ihr mit ganzem Herzen zugethan, ist er dennoch im Empfinden ganz deutsch geblieben. „Bin längst ein Meister fremder Zunge — Mein neues Land hat ganz mein Herz — Doch in der Rede höh'rem Schwunge — Blick ich noch immer heimathwärts." Eine starke Natur, der nichts Menschliches fremd ist, Begeisterungsfähigkeit, lebendiger Sinn für alles Ideale, insbesondere für alle im edelsten Sinne freiheitlichen Strebungen der Menschheit sprechen aus diesen Gedichten, die formgewandte Sprache eines wirklichen Dichters. Will man Butz mit einem unserer zeitgenössischen Poeten vergleichen, so würde man zuerst an Rittershaus und O. E. Scherenberg zu denken haben. Dem ersteren ist die Sammlung durch ein warm empfundenes Gedicht zugeeignet. Einige in ihr enthaltenen Uebersetzungen aus dem Englischen sind ganz vorzüglich. Besonders gelungen ist die Uebersetzung des hier wiederzugebenden „Thanatopsis" von W. C. Bryant. Die Ausstattung des Buches ist gut.

Redigirt unter Verantwortlichkeit des Herausgebers.

Druck und Verlag von S. Schottlaender in Breslau.

Unberechtigter Nachdruck aus dem Inhalt dieser Zeitschrift untersagt. Uebersetzungsrecht vorbehalten.

CARLSBADER
Sprudel-Pastillen

enthalten die wirksamsten Bestandtheile der Carlsbader Mineralwässer in ¹/₁ und ¹/₂ Schachteln.

Gegen Täuschung.

Jede Flasche ist mit obenstehender Schutzmarke versehen und mit der Firma:
Carlsbader Mineralwasser-Versendung
Löbel Schottlaender Carlsbad.

Loses Salz oder in anderer als oben bezeichneter Verpackung vorkommende Salze **sind gefälscht** und wird das Publikum hiervor gewarnt.

Carlsbader Sprudel-Salz

in Glas-Flaschen zu 500, 250 und 125 Gramm.

Gegen Täuschung.

Jede Flasche ist mit obenstehender Schutzmarke versehen und mit der Firma:
Carlsbader Mineralwasser-Versendung
Löbel Schottlaender Carlsbad.

Loses Salz oder in anderer als oben bezeichneter Verpackung vorkommende Salze **sind gefälscht** und wird das Publikum hiervor gewarnt.

Carlsbader Sprudel-Seife
in Stücken zu 125 Gramm
unter Controle der Stadt hergestellt.

Die Carlsbader Mineralwässer und Quellen-Producte
sind zu beziehen durch die

Carlsbader Mineralwasser-Versendung
Löbel Schottlaender, Carlsbad I/Böhmen
sowie durch alle Mineralwasser-Handlungen, Apotheken und Droguisten.
Ueberseeische Depôts in den grössten Städten aller Welttheile.

Apollinaris.
Natürlich Kohlensaures Mineral-Wasser
Apollinaris-Brunnen, Ahrthal, Rheinpreussen.

Gen.-Stabsarzt K. Univ.-Prof. **Dr. von Nussbaum**, München: Ein für sehr viele Kranke passendes, äusserst erquickendes und auch nützliches Getränk, weshalb ich es bestens empfehlen kann.

Geh. Med.-Rath Prof. **Dr. Virchow**, Berlin: Sein angenehmer Geschmack und sein hoher Gehalt an reiner Kohlensäure zeichnen es vor den andern ähnlichen zum Versandt kommenden Mineral-Wassern vortheilhaft aus. 24. Dezember 1878.

Dr. Oscar Liebreich, Prof. der Heilmittellehre a. d. Univ. Berlin: Ich habe Gelegenheit gehabt, die Apollinaris-Quelle bei Neuenahr genauester Prüfung zu unterziehen und zögere demnach nicht, mein Urtheil dahin auszusprechen, dass das natürliche Apollinaris-Wasser, wie es dem Publikum geboten wird, ein ausserordentlich angenehmes und schätzbares Tafelwasser ist, dessen chemischer Charakter es in hygienischer und diätetischer Hinsicht ganz besonders empfiehlt und dessen guter Geschmack bei längerem Gebrauch sich bewährt. 5. Januar 1879.

Geh. San.-Rath **Dr. G. Varrentrapp**, Frankfurt a. M. Ausserordentliches Mitglied des Kais. deutschen Gesundheitsamtes: Ein sehr angenehmes, erfrischendes, ebenso gern genossenes als vorzüglich gut vertragenes Getränke unvermischt oder auch mit Milch, Fruchtsäften, Wein etc. In Krankheitszuständen, wo leicht alcalinische Säuerlinge angezeigt sind, ist gerade der Apollinaris-Brunnen ganz besonders zu empfehlen. 4. März 1879.

K. Univ.-Prof. **Dr. M. J. Oertel**, München: Von der vortrefflichen Wirkung seit vielen Jahren die überzeugendsten Beobachtungen gemacht; bei hochgradigen Ernährungsstörungen, in der Lungenschwindsucht, in Reconvalescenz schwerer Krankheiten, nach Typhus, Lungenentzündung, Gelenkrheumatismus und Diphtheria, damit immer die besten Erfolge erzielt, ebenso bei den verschiedensten andern Krankheiten, wo es galt, anregend auf den Magen und die Ernährung einzuwirken, zuletzt fast ausschliesslich davon Gebrauch gemacht. Als erfrischendes Getränke rein oder mit Wein gemischt, nimmt es unter den Mineralwässern sicherlich den ersten Rang ein. 16. März 1879.

Geh. Med.-Rath. Prof. **Dr. F. W. Benecke**, Marburg: Eins der erfrischendsten Getränke und sein Gebrauch, insonderheit bei Schwäche der Magenverdauung, sehr empfehlenswerth. 23. März 1879.

Käuflich bei allen Mineral-Wasser-Händlern, Apothekern etc.
Die Apollinaris-Company (Limited)
Zweig-Comptoir: Remagen a. Rhein.

Buchdruckerei von S. Schottlaender in Breslau.

Band 12. — Heft 36

Nord und Süd.

Eine deutsche Monatsschrift.

März 1880.

Breslau.
S. Schottlaender.

März 1880.

Inhalt.

Oskar von Redwitz in Meran.
    Ein Brautkranz in Sonetten 299
John Paulsen in Norwegen.
    Ein römisches Abenteuer. Novelle 309
Siegmund Schlesinger in Wien.
    Der Theatermann Dingelstedt. 370
B. Volz in Potsdam.
    Fürst Kaunitz 385
F. Eyssenhardt in Hamburg.
    Der Ursprung der romanischen Sprache 404
K. Koßmann in Heidelberg.
    Die Bedeutung des Einzellebens in der darwinistischen Weltanschauung 414
Isolde Kurz in München.
    Haschisch. Aus dem Tagebuch eines Philosophen 423
Bibliographie 431

Hierzu das Porträt Franz von Dingelstedt's, Radirung von W. Krauskopf in München.

„Nord und Süd" erscheint am Anfang jedes Monats in Heften mit je einer Kunstbeilage.
—— Preis pro Quartal (3 Hefte) 6 Mark ——
Alle Buchhandlungen und Postanstalten nehmen jederzeit Bestellungen an.

Beilagen zu diesem Hefte
von

Vieweg & Sohn in **Braunschweig** (Globus, Jllustr. Zeitschrift für Länder und Völkerkunde.)
L. Staackmann in **Leipzig** (Friedrich Spielhagens sämmtliche Werke.)
Bibliographisches Institut in **Leipzig** (Jahres-Supplement zu Meyer's Konversations-Lexikon.)

Breslau, im März 1880.

P. P.

Vielfach ausgesprochenen Wünschen entsprechend sind zu den Bänden von „Nord und Süd" geschmackvolle

Original-Einbanddecken,

im Stil des jetzigen Umschlags der einzelnen Hefte, mit schwarzer und vergoldeter Pressung aus englischer Leinwand hergestellt worden.
Die Einbanddecken zu Band XII. (Januar — März 1880), wie auch die zu den früheren Bänden I.—XI. können jederzeit bezogen werden.
Der Preis ist 1 Mark 50 Pf. pro Decke; zur Bestellung wolle man sich des untenstehenden Zettels bedienen.

Die Verlagsbuchhandlung

S. Schottlaender.

Bei der Buchhandlung von

in

bestellt hierdurch
Einbanddecke zu Band XII. (Januar — März 1880)
von „Nord und Süd".
Einbanddecke zu Band
═ Preis 1 Mark 50 Pf. pro Decke. ═
(Verlag von S. Schottlaender in Breslau.)
Wohnung: Name:

Um gefl. recht deutliche Namens-Unterschrift wird höflichst gebeten.

Nord und Süd.

Eine deutsche Monatsschrift.

Herausgegeben

von

Paul Lindau.

Zwölfter Band.

(Mit den Porträts von Fürst Bismarck, Karl von Holtei und Franz von Dingelstedt.)

Breslau.
Druck und Verlag von S. Schottlaender.

Inhalt des 12. Bandes.

Januar — Februar — März
1880.

F. Eyssenhardt in Hamburg.   Seite
    Der Ursprung der Romanischen Sprachen 404

Karl von Gebler.
    Die Jungfrau von Orleans 94

Ferdinand Hiller in Köln.
    In Wien vor 52 Jahren 180

Eduard von Hartmann in Berlin.
    Die Bedeutung des Leids 23

Wilhelm Jensen in Freiburg i. B.
    Faira. Ein erzählendes Gedicht 1

R. Hoffmann in Heidelberg.
    Die Bedeutung des Einzellebens in der Darwinistischen Weltanschauung 414

Max Kurnik in Breslau.
    Karl von Holtei. Ein Lebensbild 209
        Mit dem Porträt Karl von Holtei's. Radirung von W. Krauskopf in München.

Isolde Kurz in Florenz.
    Haschisch. Aus dem Tagebuch eines Philosophen 425

Friedrich Albert Lange.
    Ueber philosophische Bildung (Schluß [siehe Heft 32]) 196

Paul Lindau in Berlin.
    Persönliche Begegnungen. Elise 55

Menenius der Jüngere.
    Fürst Bismarck an der Jahreswende 1879 140
        Mit dem Porträt des Fürsten Bismarck. Radirung von Paul Halm in München.

Inhalt des 12. Bandes.

H. B. Oppenheim in Berlin. Seite
    Aus den Mysterien der altfranzösischen Diplomatie 244
John Paulsen in Norwegen.
    Ein römisches Abenteuer. Novelle 309
Heinrich Ratzel in München.
    Sahara und Sudan 121
Oskar von Redwitz in Meran.
    Ein Brautkranz in Sonetten 299
Sigmund Schlesinger in Wien.
    Der Theatermann Dingelstedt 370
        Mit dem Porträt Franz von Dingelstedt's. Radirung von W. Krauskopf in München.
August Silberstein in Wien.
    Der Laden des Naz 159
Karl Vogt in Genf.
    Zur Physiologie der Schrift 68
B. Volz in Potsdam.
    Fürst Kaunitz 385
* † *
    Das Deutschthum in den russischen Ostseeprovinzen 269
Bibliographie 154. 295. 431

Nord und Süd.

Eine deutsche Monatsschrift.

Herausgegeben
von
Paul Lindau.

XII. Band. — März 1880. — 36. Heft.

Nord und Süd.

Eine deutsche Monatsschrift.

Herausgegeben

von

Paul Lindau.

XII. Band. — März 1880. — 36. Heft.

(Mit einem Portrait in Radirung: Franz von Dingelstedt.)

Breslau.
Druck und Verlag von S. Schottlaender.

Ein Brautkranz in Sonetten*).
Von
Oscar v. Redwitz.
— Meran. —

Vorwort.

Da ich, durch langen Siechthums Noth bezwungen,
Verbannt hier war, den schwachen Leib zu pflegen,
Hat fern daheim der ersten Liebe Segen
Der Tochter Herz als heilig Lied durchklungen.

Auf's Kindeshaupt, vom Brautkranz hold umschlungen,
Konnt' ich die treue Vaterhand nicht legen;
So hab' ich ihr auf einsam stillen Wegen
Dies Lied der Vaterliebe zugesungen.

Und Tag für Tag begann die frohe Reise
Zur theuern Tochter eine and're Weise;
So war mein Geist daheim, wenn auch so ferne.

Bedenk': nicht prächtig eitle Verse sind es,
Nur Vaterworte für das Herz des Kindes —
Für seiner Brautzeit Himmel traute Sterne.

I.

Mein theures Kind, wie lohnst du doch mein Lieben,
Und wie beglückt schließ' ich ins Herz dich ein,
Weil du die Wahrheit suchtest, nicht den Schein,
Von erster Liebe reinstem Geist getrieben!

---

*) Dieser Sonettenkranz ist von Oskar von Redwitz niemals zur Veröffentlichung bestimmt gewesen. Sein Ursprung datirt vom März 1870. Der Verfasser weilte damals fern von den Seinigen — die älteste Tochter war Braut — in Meran. „Gewöhnlich während der Musik auf der Winteranlage", schreibt uns der Dichter, „concipirte ich eines dieser Gedichte im Kopfe fertig, eilte dann schnell heim, um es niederzuschreiben, und schickte es dann, sechzehn Tage hintereinander, immer mit derselben Post nach München, wo es Punkt sieben Uhr Abends grade dann ankam, wenn der Bräutigam schon bei meiner Familie war. So waren diese Sonette allabendliche väterliche Grüße an das glückliche Brautpaar!" — Später wurden die Poesien wenigen der Familie nahestehenden „als Manuscript gedruckt" zugängig gemacht".

D. R.

Dein Vater hat den „Hermann Stark" geschrieben;
Nun wohl, mein Kind! mögst du „Helene" sein!
Er ist der „Hermann", doch von Schlacken rein,
Die längst des Lebens Ernst in ihm zerrieben.

So jung noch hast verschmäht du Tand und Flitter,
Ganz unbethört von eiteln Schmeichlerzungen;
Nur Menschenwerth hat dir das Herz bezwungen.

Im Reich des Geistes suchtest du den Ritter!
Du wolltest einen Mann, nicht einen Namen —
Und feierlich sprech' ich dazu mein Amen.

II.

Mein bräutlich Kind, du darfst zu sehr nicht zagen.
Wie du wohl werden magst der Frauen Zier!
Alltäglich steht das Ideal vor dir —
Im eignen Haus kannst du die Kunst erfragen!

O sei du nur in allen deinen Tagen
Ein solches Weib, wie deine Mutter mir!
Daß einst dein Mann zu dir, wie ich zu ihr,
Nach zwanzig Jahren noch mag „Engel" sagen.

Und eine solche Mutter mögst du werden,
Daß einst dein Sohn im Alter so dich ehre,
Wie dein Verlobter von der Mutter spricht.

Das sei dein zwiefach höchstes Ziel auf Erden!
Beherz'ge wohl drum deiner Mütter Lehre! —
Folg' ihnen nach — zum Segen, Heil und Licht!

III.

Du sahst in deinem Haus nur tiefsten Frieden,
Und athmetest die Luft der Liebe bloß!
Und auch die Eltern, die dir nen beschieden,
Sind alt geworden in des Friedens Schooß.

Gezänk' und Groll hat stets dein Haus gemieden.
O Kind, das ist ein neidenswerthes Loos!
Und gibt es einen Himmel schon hienieden,
So war's das Heim, darin du wurdest groß.

O mußt du einst von unserm Hause scheiden,
Bring' gleichen Frieden dann in's eigne Haus,
Daß du drin deiner Mutter ähnlich bist,

Die, weiß es Gott, in Freuden sowie Leiden,
Wohlthuend Allen uns, Jahr ein Jahr aus,
Der immer gleich leibhaft'ge Frieden ist.

IV.

O sel'ge Zeit, da in dem Haus der Haide,
Gar traut umgrünt von duft'gem Waldessaum,
Ich selbst geträumt der Brautzeit gold'nen Traum,
Fernab vom Lärm der Welt und ihrem Leide!

Da wir, ein schwärmend Brautpaar, wie ihr Beide,
Vom Kelch der Liebe nippten süßen Schaum;
Da uns der Jugend hoffnungsgrüner Baum
Das Haupt umranscht in frischen Thau's Geschmeide.

O theures Kind, das war gar hehre Minne,
Ein himmlisch Träumen von der Liebe Glück —
Und ach, Gottlob, 's ward Alles, Alles wahr!

O daß auch euch die Brautzeit so verrinne,
Und ihr so glücklich einst dran denkt zurück,
Wie wir dran denken nach so manchem Jahr!

V.

Ich hätt' es nie geglaubt in meinem Leben,
Daß ohne langes, schmerzlich schweres Ringen
Ich über's Vaterherz es könnte bringen,
An einen fremden Mann dich hinzugeben.

Stets fühlt' ich Eifersucht mein Herz durchbeben,
Wenn ich dran dachte, daß es möcht' gelingen,
Durch Liebeszauber dich mir abzuzwingen,
Als fremder meines Hauses Schatz zu heben.

Doch sieh', er kam, der Mann nach deinem Herzen;
Er hob den Schatz, und ich, ich will's verschmerzen,
Und neidlos will euch meine Hand vereinen.

Weiß ich doch felsenfest dein Glück geborgen!
In deine Zukunft schau' ich ohne Sorgen,
Denn bessern Mann, wie diesen, wüßt' ich keinen.

VI.

Du darfst getrost zu diesem aufwärts schauen!
Das ist kein Most, der noch im Trüben gährt,
's ist gold'ner Wein, schon völlig abgeklärt —
Ein ganzer Mann zum Lieben und Vertrauen.

Nicht schweift er auf der Trägheit Schwelgerauen,
Kein Schwärmer ist's, der kind'sche Träume nährt;
Und eigne Thatkraft nur hat ihm gewährt
Die Steine, draus er will sein Haus erbauen.

Im Ernst des Wissens, in der Künste Schöne,
In beiden ist sein Geist gleich wohlerfahren,
Und auch sein Herz schlägt an die tiefsten Töne.

O Kind, daß solchen Mann du dir erlesen,
In freier Wahl bei noch so jungen Jahren —
Dies hat vor mir erhöht dein ganzes Wesen.

VII.

Mein theures Kind, wie magst du Gott drum danken,
Daß für dein Glück sich solch ein Bauherr fand!
Gewiß, der wird mit sichrer Manneshand
Ein Haus dir bau'n, dran nie die Pfeiler wanken.

Der fügt aus deutscher Treue Eichenplanken
Gen jeden Sturm gar fest des Dach's Verband.
Und du, mein Kind, du ziere Säul' und Wand
Mit frommer Liebe ewig duft'gen Ranken!

Das Inn're schmücke du mit Sorgfalt aus,
Mach' deinem Mann behaglich alle Räume,
Zum trautesten Daheim schaff' ihm sein Haus!

Du bist im Geist und Herzen ja so reich,
O wandl' in Wahrheit seine schönsten Träume!
O mach' ihn glücklich — ihn und dich zugleich!

VIII.

O Kind, wirst du dein eignes Haus beschreiten,
Dann ist der Eltern Werk an dir vollbracht.
Drum hab' die kurze Zeit noch darauf Acht,
Daß du daheim noch lernst, ein Haus zu leiten!

Die beste Mutter wird dich vorbereiten,
Wie man im Hause hält gar kluge Wacht,
Und Alles lenkt und ordnet wohlbedacht,
Und viel vermag mit wenig zu bestreiten.

Drum nütz' besorgt noch aus der Monde Werth,
Und lern' von deiner Mutter weisem Rath —
O nicht für uns — für dich und ihn allein!

Ach, theures Kind, was je wir dich gelehrt,
Was unsre Liebe je noch an dir that —
Es sollte nur zu deinem Heile sein.

IX.

Wie lang noch währt es? Weht nur Herbsteswind,
So ziehst Du hin zu dem, der Dich erkoren!
Doch ach, ich weiß: du bleibst doch unser Kind!
Dein Herz, es geht uns dennoch nicht verloren.

An Liebe wir nicht ärmer worden sind,
Doch doppelt reich; denn der als Mann geschworen
Die Treue dir zum ew'gen Angebind,
Der ward für uns als treuer Sohn geboren.

Ich weiß von ihm: in höchsten Ehren halten
Wird er die neuen Eltern, wie die alten —
Und du mein Kind, thu' es darin ihm gleich!

O kostet dann dein Abschied auch viel Zähren,
So soll doch heil'ge Freude sie verklären;
Nicht ärmer sind wir ja — doch doppelt reich.

X.

O theures Kind, wär's nur an uns gelegen,
Wir hätten gern noch länger dich behalten.
Gleichst du doch erst der Rose im Entfalten!
So aber zieh' einst hin mit unserem Segen!

Denn, Gott sei Dank, auf deinen künftigen Wegen
Wird unser Amt dein Gatte dann verwalten;
Statt unser wird dann er als Gärtner schalten,
Und jeden edeln Keim noch in dir pflegen.

Ist er im Leben doch gleich uns erfahren!
So wird sein Herz dir Alles offenbaren,
Was dir bei uns noch zu erlernen bliebe.

Um Eines aber bitt' ihn alle Tage,
Wie er dich liebend auch auf Händen trage:
„Verwöhn' mich nicht aus allzugroßer Liebe!"

XI.

O Kind, von Selbstsucht ganz sich loszustreiten,
Ist eine Elternkunst gar ernst und schwer.
Wir aber wollen bangen nicht zu sehr —
Des Opfers Geist wird uns zum Ziele leiten.

Wenn klingen eurer Freudenharfe Saiten,
Dann tön' auch unser Herz gar süß und hehr!
Auf eurer Liebe sonnig heiterm Meer
Wird unser Schiff von Weitem euch begleiten.

Nie werd' euch unser Wille je zur Last!
Frei sollt in eurem neuen Haus ihr schalten,
Und fern sei uns zudringlich Mitverwalten!

Doch kommt das Leid als ungebet'ner Gast,
Dann laßt besorgt in euer Haus uns eilen,
Der Trübsal bittern Trunk mit euch zu theilen!

XII.

O Kind, wie bist du reich an allen Gaben,
Um deines Mannes Leben zu beglücken!
Was Aug' und Herz nur kann erquickend laben,
Verschwend'risch seh' ich's Leib und Geist dir schmücken.

Ja, theures Kind, fast möchtest Angst du haben,
Und möchte Dankesschuld dein Herz erdrücken.
Drum wolle tief dir in die Seele graben:
Laß nie von Eitelkeit dein Herz berücken!

O deines Herzens tiefstgeheimes Leben,
Das bilde sorglich stets noch in dir aus —
Sein sanftes, frommes, opferreiches Weben!

Ja, das vor Allem mußt du in dir pflegen!
Denn, glaube mir, solch Frauenherz im Haus,
Das ist des Mannes allerreichster Segen.

XIII.

Auch dieses noch, mein Kind, lern' einzusehen:
Wie ihr euch nun auch liebt mit aller Macht,
So fordert doch kein Bund noch streng're Wacht,
Als der, den du dich sehnst bald einzugehen.

Als Mann und Weib sich völlig zu verstehen,
Das wird so schnell gelernt nicht über Nacht.
Es braucht geraume Zeit und viel Bedacht,
So Hand in Hand der Ehe Weg zu gehen.

Manch' kleine Schwäche schonend zu ertragen,
Aus Liebe sich so Manches zu versagen,
Ein einzig Herz zu sein in Wohl und Wehe;

Vom Weg der Pflicht sich nimmer zu entfernen —
's ist eine Kunst, nicht kinderleicht zu lernen.
Ein tief Geheimniß ist das Glück der Ehe!

XIV.

Wie blaut dein Himmel jetzt noch sonnig heiter!
Nicht eine Wolke will daran sich zeigen.
Nur goldne Träume auf und nieder steigen
Auf deiner jungen Liebe Himmelsleiter.

Doch rath' ich dir: Schon jetzt schau weit und weiter!
Das Leben ist kein tändelnd froher Reigen,
Ein Kampfplatz ist's mit oft gar ernstem Schweigen,
Und auch ihr Zwei steht einst darauf als Streiter!

Drum, glaube mir, mein Kind! nicht fest genug
Könnt ihr in Liebestreu' zusammenhalten
Gen des Geschickes feindliche Gewalten,

Daß, wenn des Unglück's Hand euch niederschlug,
Die Liebe helf', euch wieder aufzuraffen,
Und siegreich bleiben ihre heil'gen Waffen.

XV.

Nun laß zuletzt noch dieses mich dir sagen:
Nicht eure Lieb' allein das Haus bewohne!
Ein heilig Zelt sei drin auch aufgeschlagen
Der Gottesliebe, aller Liebe Krone!

In euern Herzen sollt ihr liebend tragen
Die Menschen all', gleichviel, ob man's euch lohne,
Ob man's vergelte mit des Undanks Hohne —
Nur nach dem innern Lohne sollt ihr fragen!

Was schön und wahr und heilig ist zu nennen,
Zu dessen Dienste sollt ihr Priester sein,
Und soll in euerm Haus die Lampe brennen!

So ringt darin nach geistiger Verklärung,
Bis euch umglänzt des Tabors goldner Schein! —
Und euren Bitten schenke Gott Gewährung!

XVI.

O Kind, nun ist mein Saitenspiel verklungen,
Dazu mein Herz von Vaterliebe sang.
Doch hoff' ich, daß dein ganzes Leben lang
Dein Herz von diesen Liedern bleib' umsungen.

Sind meiner tiefsten Brust sie doch entsprungen,
In ferner Einsamkeit, oft trüb und bang!
Und meist hat meines Heimweh's herben Drang
Nur dieser Lieder süßer Trost bezwungen.

Euch alle lieb' ich, wie mein eignes Leben,
Drum hab' ich dir ein geistig Stück davon
Zum väterlichen Brautgeschenk gegeben.

Und fragst du mich: „Doch was geb' ich dir wieder?"
So nenn' ich dir als höchsten Liebeslohn:
O Kind, mach' wahr an dir des Vaters Lieder! —

Anhang.
Trinkspruch beim Hochzeitfeste meiner Tochter Anna
am 11. August 1870.

In ernster, aber großer Zeit,
Wie jemals sie die Welt gesehen,
Wollt ihr beglückt im Hochzeitkleid
Des Lebens schönstes Fest begehen. —
Wie herzlich gern für diesen Tag
Hätt' ich euch andre Zeit ersehnt,
Wo stiller jeder Herzensschlag
Und nur von Glück das Auge thränt;
Wo nur der Frohsinn frei und frisch
Sein harmlos heitres Banner schwingt,
Und ohne jedes Leids Gemisch
Der Freude süßes Lied erklingt;
Wo wir nicht ängstlich Stund um Stund'
Auf Botschaft harren, ernst und groß,
Ob aus des Schicksals dunkelm Schooß
Sieg oder Unfall werde kund;
Ob fort und fort im heil'gen Krieg
Uns mag des Glückes Sonne scheinen,
Und ach, ob nicht beim großen Sieg
Auch wir um theures Leben weinen.*) —

---

*) Drei Wochen darauf fiel der Bruder meines Schwiegersohnes als Hauptmann des Generalstabes in der Schlacht von Sedan.

O wie so anders ist's gekommen,
Geliebte Tochter, theurer Sohn,
Als dort, da meines Brautlieds Ton
In stillern Tagen ihr vernommen!
Und doch, so schwer auch diese Zeit,
So viel auch Herzen jetzt schon klagen;
So viel aus diesem Riesenstreit
Wird Elend in die Welt getragen —
Wir wollen doch den Muth nicht lassen,
Dies Hochzeitfest jetzt zu begehen;
Wir wollen uns zusammenfassen,
Und auch das Licht beim Schatten sehen.
Denn groß und hehr, wie nie zuvor,
Erstrahlt das deutsche Vaterland.
Geschürt von tausendfacher Hand
Loht heil'ge Opfergluth empor.
Die ganze Erde ringsum dröhnt
Von deutscher Sieger erzuem Gang;
Gefürchtet, wie noch nie, ertönt
Des deutschen Namens Siegesklang.
Des welschen Erbfeinds prahlend Reich
Sammt seinem blöden Uebermuth
Zerbricht von unsrer Stärke Streich,
Wie morsches Holz in Feuersgluth.
In dieser Läutrung reinen Flammen
Stirbt alte Zwietracht allzugleich;
Das deutsche Volk rafft sich zusammen,
Und baut der Einheit neues Reich.

Und solche riesig große Zeit
Voll majestät'scher Poesie,
Sie sei nur ernstem Leid geweiht,
Und nicht auch ernstem Glück? — Nein, nie! —
Drum laßt getrost dies Fest uns feiern!
Aus all der Trübsal düstern Schleiern,
Aus all der Augen Thränenflor,
Bricht doch die Sonne stärker vor —
Die Sonne, die dem Ganzen scheint,
In deren Licht es auferstand,
Und glor- und siegreich sich geeint: —
Das große, theure Vaterland.

In solcher Zeit voll deutschem Ruhm
Als Mann und Weib sich zu gesellen;
Des deutschen Hauses Heiligthum
Als treue Güter zu bestellen —
Fürwahr, wie könntet beff're Zeit.

Als diese größte ihr erwählen,
Um sich mit heil'gem Gatteneid
Zum deutschen Hausstand zu vermählen? —
Denn alles Siegen unsrer Waffen
Gen äußern Feind, es reicht nicht aus,
Ein großes Volk aus uns zu schaffen,
Wenn nicht mithilft das inn're Haus;
Wenn's welschem Tand und Flitter nicht
Mit gleichem Zorn den Krieg verkündet,
Und drüber gleichen Sieg ersicht,
Mit deutscher Sitte Kraft verbündet;
Wenn's welschen Leichtsinn nicht verbannt,
Erlernend, edles Maaß zu halten;
Wenn welscher Trug ihm drin bekannt,
Statt deutscher Treue frommem Walten;
Wenn es mit welschem Moderduft
Die deutsche Bildung übergleißt,
Und statt gesunder deutscher Luft
Drin wohnt vergiftet welscher Geist.
Drum, meine Tochter und mein Sohn,
Die ihr zum Ehpaar euch verbündet,
Helft mit zur Macht der Nation,
Da ihr ein echtes Haus begründet!
Ein deutsches Haus nach alter Art,
Als feste Burg gereifter Zucht,
Drin edler Geist sich offenbart,
Und reift jedweder Tugend Frucht! —

O dies Gelöbniß sprechet aus
In dieser großen, ernsten Zeit!
Dann helft auch ihr in enerm Haus
Mitbau'n an dem der Einigkeit! —
Und also greift mit froher Hand
Zum vollen Glas voll deutschem Wein!
„Hoch leb' das deutsche Vaterland!
Mög's ewig groß und einig sein!"

Ein römisches Abenteuer.

Novelle
von
John Paulsen.
— Norwegen. —

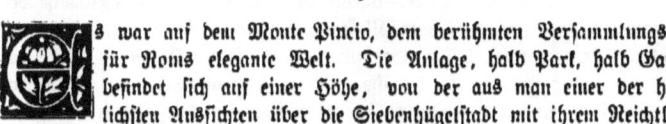

Es war auf dem Monte Pincio, dem berühmten Versammlungsorte für Roms elegante Welt. Die Anlage, halb Park, halb Garten befindet sich auf einer Höhe, von der aus man einer der herrlichsten Aussichten über die Siebenhügelstadt mit ihrem Reichthum an Kirchthürmen, Palästen und Ruinen genießt, wo jeder Stein eine Tafel historischer Erinnerung ist, jede Erinnerung zu einem Gegenstand wehmüthiger Träumerei wird. — Equipagen, eine prächtiger als die andere, rollen dahin, kreuzen einander und halten schließlich auf dem großen Plan, wo die Musikkapelle aufgestellt ist. Die geschminkten römischen Damen der beau monde liegen nachlässig hingestreckt in den weichen, seidenen Kissen der Wagen; Cavaliere umringen sie und bringen ihnen ihre Huldigungen dar. Besuche werden angenommen und abgestattet, man steigt aus dem Wagen und steigt wieder hinein, man verbeugt sich und unterhält sich. Ein französischer Salon wird hier unter freiem Himmel improvisirt, unter dem ewig blauen Himmel des Südens, mitten unter Lorbeern, Myrten und Palmen, während die Musikkapelle den Faustwalzer spielt. Reizende, nach der neuesten pariser Mode gekleidete Kinder spielen mit ihren Ammen. Die geistlichen Eleven der Propaganda ziehen reihenweise in farbenreichen, rothen und violetten Gewändern, mit dem breitrandigen Abbéhut, vorüber. Roms vornehme Müßiggänger und zahlreiche Reisende sieht man promeniren, hin und wieder eine Schöne lorgnettirend, die ein mehr als gewöhnliches Aussehen erregt.

Es sind täglich dieselben Scenen, dieselben Wagen, dieselben Damen und Herren, dieselben Toiletten.

Es war ein schöner Märztag. Die Nachmittagssonne fiel mit ihrem mattgoldenen Schein auf des Monte Pincio grüne Rasenpläne und weiße

Marmorbüsten, Portraits italienischer berühmter Männer der Gegenwart und Vergangenheit. Die Musik erklang, die Equipagen rollten hin und wieder, es war gerade die Zeit der eleganten Welt. Das Leben pulsirte in vollen Schlägen, wie es bei solchem Sonnenscheinwetter zu sein pflegt. — Etwas entfernt von den übrigen plaudernden und wandelnden Menschen stand ein junger, bleicher Mann. Er lehnte gedankenvoll an dem Geländer, von wo man auf die Piazza del Popolo mit dem Obelisken und den vier Marmorlöwen, deren Rachen unablässig ein Wasserstrahl entquillt, hinabsieht. Seine schwarze Kleidung war berschlissen, aber sorgfältig gebürstet, der rechte Schuh hatte einen Spannriemen; er trug keine Handschuhe, der Mund hatte einen Zug von Weichheit, der zu verrathen schien, daß es seinem Besitzer an Charakterstärke fehle. Die blauen schwermüthigen Augen glichen denen eines Schwärmers, seine Gesichtszüge zeugten von der unbewußten Vornehmheit, die eine noble Seele verleiht. Das helle Haar, die blaue Farbe der Augen, der weiße Teint erzählten, daß der junge Mann ein Norbländer sei. Der alte spanische Mantel, womit er sich drapirt und theilweise den dürftigen Zustand seiner übrigen Kleidung verborgen hatte, war ein sogenannter Künstlermantel. Der Gesammteindruck seines Trägers war, daß dieser ein armer Künstler sein müsse, den Nahrungssorgen oder Mißtrauen an seiner Begabung niederdrückten, der aber doch im Aeußeren seine Würde so lange wie möglich aufrecht zu halten sich bestrebte. Zuweilen sah er auf und betrachtete spähend die vorüberfausenden Equipagen.

„Nein, sie kommt nicht", murmelte er mißmuthig.

Auf einmal kam Leben in ihn. Eine Röthe, zart wie bei einem sechzehnjährigen Mädchen, durchflog sein bleiches Gesicht, was ihn doppelt schön machte. Der Wagen der Fürstin Pirano fuhr eben vorbei.

„Diese Augen, diese Augen", murmelte er, „diese Figur . . . jetzt lächelt sie ihrer Gesellschaftsdame zu . . . jetzt werde ich — es lag Güte in diesem Lächeln . . . ja, ich wage es . . . es giebt keinen anderen Ausweg für mich".

Er trat von der Balustrade mit festen Schritten vor, indem er seinen Mantel dichter um sich schlug. Er schien einen kecken, kühnen Entschluß gefaßt zu haben.

Die Fürstin Pirano war eine von den Damen aus Roms vornehmer Gesellschaft, die während der Saison 187* großes Aufsehen in den Salons wie auf der Promenade hervorrief. Sie besaß alle Bedingungen, um bemerkt zu werden. Sie war von altem Adel, entfaltete große Pracht, und dazu war sie noch jung und von glänzender Schönheit. Sie besaß jenes rothe, goldigblonde, gekräuselte Haar, womit Paul Veronese vorzugsweise seine üppigen Frauengestalten geschmückt hat. Ihre großen, dunkelen Augen, mandelförmig überschattet von einem Paar schwarzer Brauen, bildeten einen entzückenden Gegensatz zu dem lichten Haar. Das Gesicht war fast farblos, doch war diese strahlende Blässe nur der Schimmer der Gesundheit und ließ die vollen

Blutströme ahnen, die hinter derselben gährten. Das einzige, was in diesem wunderbaren Gesicht eine Röthe zeigte, war der Mund, aber dieser war auch so purpurheiß und saftigroth, daß er zunächst den Blick auf sich zog. Von ihrer Figur sagten die römischen Cavaliere, wenn der Schöpfer der capitolinischen Venus ihre Formen gesehen hätte, würde seine Venus ohne Frage vollkommener geworden sein. Die Dichter widmeten ihr Sonette, in welchen sie das süße, unergründliche Dunkel ihrer Augen besangen. Und die Maler und Bildhauer wurden bei dem Gedanken, daß Beatrice Pirano eine Principessa sei und kein Modell von den Sabinerbergen, das sie von der spanischen Treppe herbeiholen und für einige Lire zum „Sitzen" miethen können, fast zur Verzweiflung gebracht. Ihre Schönheit war für sie gleich einem todten Schatz. —

Die Fürstin war Wittwe. Das Trauerjahr hatte sie in Stille auf ihren Gütern verbracht, vor einigen Monaten war sie nach der Hauptstadt zurückgekehrt. Nach dem, was das Gerücht erzählte, hatte die junge Dame durchaus keinen Grund, großen Kummer zu hegen, sondern mußte es eher als eine Befreiung betrachten, daß der kränkliche, mürrische Greis, an den sie der Machtspruch ihres Vaters gefesselt hatte, zu seinen Vätern eingegangen war, und ihr Freiheit, Vermögen und das Talent der Jugend, diese Güter zu genießen, zurückgelassen hatte.

Unser junger Freund stand unterdessen wie im Traum. Er hatte den Fahrweg erreicht, wo er stehen blieb. Der letzte Schimmer des goldigen Haars unter dem blauen Hut mit der Straußenfeder war schon entschwunden. Doch er wußte, daß ihr Wagen in wenigen Minuten denselben Weg zurückkehren würde. Er stellte sich daher noch weiter vor, sich beinahe der Gefahr aussetzend, überfahren zu werden. Aber richtig, dort kam sie wieder, ihre weiße Feder glänzte schon von fern als ein gutes Erkennungszeichen. Behenden Sprunges stand er am Wagenschlag, und geschickt warf er einen Brief der Fürstin in den Schoß. Darauf trat er in bebender Erwartung einen Schritt zurück. Wie würde die stolze Fürstin seine Kühnheit aufnehmen? Würde sie glauben, daß es ein Bettelbrief sei — seine ärmliche Kleidung berechtigte sie wohl zu der Annahme —, oder hielt sie ihn für eine Liebeserklärung? Sie war gewiß gewohnt, beide Arten von Schreiben zu empfangen.

Der Wagen fuhr weiter.

Der junge Mann athmete erleichtert auf. Sie hatte den Brief nicht fortgeschleudert, wenn sie auch anfangs eine dahin zu deutende Bewegung zu machen schien. Aber als sie seinen blauen furchtsamen und bittenden Augen begegnete, nahm sie das Billet an sich. Dieser kleine Auftritt war der Aufmerksamkeit der Umstehenden keineswegs entgangen. Um diesen kritischen halb geringschätzenden Blicken zu entgehen, schlich sich unser junger Freund von der Anhöhe fort und trat in eine der inneren Alleen ein, wo das Laub ihn zum Theil dem großen Treiben entzog. Dort setzte er sich auf eine der steinernen Bänke und barg wie berauscht sein Gesicht in den Händen. So saß er lange in Träume versunken.

Es wurde kühl, die Sonne sank, die Menschenmenge zertheilte sich, die Musik hatte aufgehört, und die Kirchenglocken begannen das Ave Maria zu läuten. — —

Die Fürstin Pirano hatte an demselben Tage ihren Empfangsabend, und sah eine glänzende, ausgewählte Gesellschaft in ihren Salons. Sie wohnte in einem der großen Paläste aus der Zeit der Renaissance, an denen Rom so reich ist, mit breiten Pforten und finsteren, fast Furcht erweckenden Corridoren. Von den Wänden schauten ehrwürdige Familienporträts, Fürsten, Cardinäle, Krieger, Bischöfe, die Verwandten des verstorbenen Fürsten, steif und streng auf die junge Wittwe herab, wenn sie heiter trillernd, gleich einem Schulmädchen, in die neueste pariser Toilette gekleidet, mit der rauschenden Seidenschleppe hinter sich, die finsteren Treppen hinab und die aristokratischen Corridore, die in mürrischem Echo ihre Schritte wiederhallten, entlang eilte. Was dachte sie wohl beim Hinschauen auf ihre düster blickenden Ahnen? Jetzt war ihre Zeit gekommen, jetzt war sie Herrscherin in diesen weiten Räumen — und es ist süß zu herrschen, wenn man erst fünfundzwanzig Jahre alt ist. Jetzt wollte sie in der That das Leben genießen. Sie hatte so lange auf den entlegenen einsamen Gütern in den Bergen an der Seite des grämelnden Alten geschmachtet. Jetzt wollte sie Revanche nehmen.

Der große Festsaal mit seinen mit Blumen und Amorinen bemalten Spiegelfeldern, mit seinen Marmorfriesen unterhalb der Decke, auf denen die Mythe der Psyche dargestellt war, mit seinen weißen Marmorstatuen, die doppelt weiß gegen den dunkelgrünen Hintergrund von Palmen und Oleandern erschienen, die Wände geschmückt mit Bildern von Rafael und Michel Angelo, leider nicht lauter Originalen: dieser Festsaal war jetzt von lebhaften, eleganten Gästen erfüllt, ebenso das mit Gobelins geschmückte Vorzimmer, in dessen Mitte Goldfische plätschernd in Glaskugeln umherschwammen, auf deren Grunde Seegewächse, die das rinnende Wasser stets frisch erhielten, sich hinschlängelten.

Die befrackten Herren standen, mit dem Klapphut in den in weißen Glacéehandschuhen steckenden Händen, sich verbeugend, conversirend, kritisirend. Die Damen waren in vollständiger Balltoilette, im Glanze der Diamanten.

Mitten in dem glänzenden Kreis von jungen Mädchen und Frauen stand die Fürstin selbst, als Königin ihren bescheidenen Hofstaat überstrahlend. In dieser purpurrothen, schweren Sammetrobe, mit diesem weißen, vollen Nacken, auf den eine kleine goldene Locke herabhing, mit diesem blonden Haar; mit dem weißen Perlenschmuck glich sie in der That einem von Paul Veroneses üppigen Frauengebilden. Das feine Lächeln, die glänzende Farbe der Haut vervollständigten das Bild. Die weißen Zähne hoben sich schimmernd gegen die saftige Röthe der Lippen ab, wenn sie lachte — und heut Abend lachte sie viel, außerordentlich viel, indem sie kokett mit ihrem elfenbeinernen Fächer spielte, und die anderen Damen lachten mit.

Mehrere der Cavaliere suchten in die abgeschlossene Gruppe der Damen, in der die Fürstin thronte, einzudringen. Man war neugierig zu erfahren, was die Schönen so lebhaft interessire, um ein so ungewöhnliches Flüstern und Lachen hervorzurufen.

Die Fürstin hatte gerade ihren Freundinnen von dem Briefe erzählt, den sie auf so eigenthümliche Weise an diesem Tage erhalten hatte, oder richtiger, die Freundinnen, die [von dem kleinen Abenteuer gehört hatten, erkundigten sich genauer nach dem Zusammenhang. Die Fürstin spielte lange die Discrete. Baron G., Attaché bei einer der Gesandtschaften, ein junger Mann mit hoher, kahler Stirn und einem rothen Band im Knopfloch, verbeugte sich vor der Fürstin mit einem anmuthsvollen Lächeln.

„Weshalb länger ein Geheimniß wahren wollen, das doch keins mehr ist? — Sie lächeln, Hoheit, Sie zweifeln —"

„Man braucht wahrlich kein großer Diplomat zu sein, um zu begreifen, was der interessante Gegenstand der Unterhaltung der Damen gewesen", unterbrach ihn ein kleiner Lieutenant, „es geschah ja Aufsehen erregend genug, mitten auf dem Monte Pincio. Ganz Rom kennt die Neuigkeit. Es ist die alte Geschichte, Hoheit — ein unglücklich Liebender! —" er seufzte.

„Still, Signor!" lächelte die Fürstin durchaus nicht ungnädig.

„Hoheit vermögen sich nicht mehr auf der Straße zu zeigen, ohne Unglück anzurichten", bemerkte der Baron, „wie verlautet, wird Roms Syndicus Ihnen den Befehl auferlegen, in Zukunft einen dichten schwarzen Schleier zu tragen, wenn Sie sich außerhalb Ihres Hauses befinden. Dasselbe geschah ja seiner Zeit in Frankreich, wenn ich nicht irre im vorigen Jahrhundert. Der Magistrat mußte einschreiten und die reizendste Dame ihrer Zeit zwingen, eine Maske zu tragen, um die leicht empfänglichen Herzen der Bevölkerung zu retten. Die Zerstörung drohte damals kolossale Dimensionen anzunehmen. Die Mönche vergaßen ihr Gelübde und wollten die Klostermauern sprengen, um dies Wunder von Schönheit zu sehen. Die Männer verließen ihre Frauen und die Studenten ihre — hm — nein, Sie dürfen nicht böse werden, Frau Fürstin".

Man lachte über den Baron, der seinen schmächtigen Körper verlegen zu einer eleganten Drehung zwang, und die Fürstin lachte mit.

„Schmeichler!" sagte sie und schlug ihn mit ihrem Fächer leicht auf den Arm. Allein das Wort „Schmeichler" klang fast wie „Narr". Es lag die Ueberlegenheit der Ironie in dieser Betonung. Sie hatte Geist genug, um diese plumpen Complimente ertragen zu können.

„Uebrigens irren Sie sich, Herr Baron — wie gewöhnlich die Diplomaten — der Brief enthält — ja, ich wette meinen Palast, daß Niemand in der Gesellschaft den Inhalt desselben erräth. Er enthält etwas so Originelles, so Kühnes, so Anspruchsvolles —"

„Und so Schmeichelhaftes", setzte eine der Freundinnen hinzu, die in das Geheimniß eingeweiht war.

„Ich sterbe vor Neugier, ma chère", lispelte die alte, bigotte Herzogin Vidoni, die zu ihrer Zeit am päpstlichen Hofe geglänzt hatte und in gewissen Zirkeln noch tonangebend war. „Erzählen Sie doch! Vous nous tourmentez".

„Den Brief! Lesen Sie den Brief vor!" riefen eine Menge jugendlicher Stimmen.

Der Kreis um die Fürstin wurde immer dichter und lebhafter. Man erwartete Dinge, und wußte nicht was. Der Brief brachte gleichsam einen frischen Athem, eine gewisse dramatische Spannung in das schläfrige Salonleben. Die Phantasie schweifte weit aus, die Neugierde hatte ihren Höhegrad erreicht.

„Ich erlaube mir, mich mit meiner Bitte den Uebrigen anzuschließen", sagte der Baron mit seinem unwiderstehlichen diplomatischen Lächeln.

Die Fürstin entfaltete den Brief und hielt ihn herausfordernd mit zwei Fingern in die Höhe, ohne ihn zu lesen.

„Beste Fürstin", bat man von allen Seiten, „necken Sie uns nicht länger".

„Theure Beatrice!" sagte die Freundin, sie zu überreden suchend.

„Vraiment, ma chère! Ihre Ehre erfordert, daß Sie uns mit dem Inhalt dieses seltsamen Briefes bekannt machen; derselbe hat bereits zu Stadtgerüchten Veranlassung gegeben".

Die Herzogin schüttelte majestätisch ihre grauen, von den Schläfen herabhängenden Locken.

„Sie würden es mir wohl niemals verzeihen, wenn ich den Brief verstecken und nicht ein Titelchen daraus verrathen würde? Aber fürchten Sie dies nicht; ich werde ihn Ihnen vorlesen. — Sie, meine liebe Herzogin, fordern es ja auch von mir, als eine moralische Pflicht, nicht wahr?"

„Vraiment ma chère", wiederholte das alte Tugendmuster, glücklich, ihre entsetzliche Neugier befriedigt zu sehen.

„Aber so lesen Sie doch nur", bat ein junges Mädchen, indem sie sich verschämt hinter dem Stuhl der Herzogin Deckung suchte.

„Und Sie sagen nichts, Graf de Marchio? Sie rathen mir weder ab noch zu?"

Diese Worte richtete die Fürstin an einen schlanken, schönen Mann in der Uniform eines Capitäns, der bisher schweigend und ernst in ihrer Nähe gestanden hatte, in geheimer Bewunderung der jungen, liebreizenden Wirthin verloren. Er war ein sehr entfernter Verwandter von ihr. Sie nannte ihn mitunter „Vetter", um damit dies unbestimmte Familienverhältniß zu bezeichnen. Das Gerücht erzählte, daß er ihr erklärter Günstling sei.

„Nun möchte ich gerade wissen, wie Ihre Stimme ausfällt. Sie soll entscheidend sein — Sie sind ja doch mein Vetter. Finden Sie, daß ich den Inhalt des Briefes mittheilen muß, so bin ich bereit, es zu thun".

„Zu viel Ehre!"

„Nun?"

„Wohlan, machen Sie uns mit Ihrer neuesten Eroberung bekannt", antwortete er, ohne zu lächeln, sogar in ziemlich ernstem Ton. Er schien nachdenklich.

„Eh bien!"

Die Fürstin entfaltete auf's Neue das Papier. Ihr Auge überflog lächelnd die Zeilen. Alle blickten voller Erwartung auf sie. Die Diener, als sie sich unbeobachtet sahen, standen lauschend in den Thüren. Sie las:

„Hochgeehrte Principessa!

Ich weiß nicht, wie ich meine kühne Bitte Ihnen darlegen soll. Ich habe Briefe auf Briefe vernichtet, ohne die rechte Form finden zu können, die zugleich mein Anliegen erklärt, und sie zu rühren vermag. Den Muth Ihnen zu schreiben, schulde ich nur dem Ausdruck der Güte, den ich in Ihrem edlen Gesicht gelesen habe —".

„Die Fürstin zögerte einen Augenblick, dann fuhr sie fort:

„Die Sache ist sehr einfach. Ich bin ein junger, armer Bildhauer aus dem Norden und halte mich meiner Studien halber hier in Rom seit mehreren Jahren auf, ohne daß es mir jedoch bisher gelungen wäre, es zu etwas zu bringen. An Willen und Lust zum Schaffen hat es mir nie gefehlt, ich habe redlich gestrebt und gearbeitet. Ich habe die antiken wie die lebenden Modelle in den Lehrsälen studirt — doch ich habe mich selbst nicht gefunden. Anläufe auf Anläufe habe ich gemacht, aber zu einem vollen, ganzen und eigenartigen Vorwurf habe ich es noch nicht bringen können. Unterdessen schwand mein geringer Geldvorrath —"

„Also doch kein Liebhaber," äußerte der Baron, „nur ein gewöhnlicher Bettelbrief".

„Unterdessen schwand mein geringer Geldvorrath — und, was noch schlimmer war, der Glaube an meine künstlerische Begabung entschwand auch. Ich war der Verzweiflung nahe. In einem solchen Augenblick der Schwermuth sah ich Sie auf dem Monte Pincio —"

„Monte Pincio?" wiederholte die Herzogin, „ja nun beginnt es interessant zu werden".

„Wie verzaubert blieb ich stehen und starrte Ihnen nach. Die Sonne —"

„Nein, lesen Sie weiter, Fürstin — weiter!" baten Alle, als die Fürstin mit einem leichten Erröthen inne hielt.

„Die Sonne schien auf ihr goldiges Haar und Ihr herrliches Profil, das die Abendröthe beleuchtete. Ich sprang herzu und stieß einen Jubelruf aus — ich war gerettet".

„Gerettet?" murmelte der Baron. „Der Mann muß verrückt sein".

Man wies den Vorlauten zur Ordnung, und die Fürstin fuhr in dem unterbrochenen Lesen fort:

„Diese Schönheitsoffenbarung erweckte die schlummernden Kräfte auf's Neue zum Leben in meiner Seele. Mich überkam urplötzlich die Idee einer neuen Schöpfung — eine herrliche Idee, darf ich wohl behaupten. — Ich stürzte heim in mein Atelier. Und, ihr Bild vor Augen, begann ich mit fiebernder Hand die Arbeit, die jetzt in Ton fast vollendet ist und unvollkommen Ihr Gesicht und Ihre Gestalt wiedergiebt. Die Vollkommenheit vermag mein Werk erst dann zu erreichen, wenn Sie, hohe Principessa, sich herablassen würden, mein geringes Atelier für einige Secunden zu besuchen, so daß ich im Stande bin, Ihre Züge in Thon zu fesseln, genau und besser, als ich es nur mit Hilfe der Erinnerung und der Phantasie vermochte.

„Verzeihen Sie diese Bitte, die ich in ängstlicher Demuth dem Papier anzuvertrauen wagte. Von Ihnen hängt es nun ab, ob ich nach so langem Kämpfen und Streben an das Ziel gelangen und das verheißungsvolle Land der Kunst erreichen soll, das meine Seele ersehnt — oder ob ich ewig in der Wüste umherirren soll, ohne Namen, ohne Ehre.

„Ich glaube, daß Gott Ihnen eine Mission übertragen hat. Mein Leben befindet sich jetzt in Ihren Händen, mein Leben, meine Zukunft!

„Kommen Sie, o dann ist Alles gut; aber bleiben Sie aus, dann giebt es nichts mehr, wofür ich leben mag; mein Leben hat dann keinen Zweck mehr, dann kann ich nur meine Statue zerschlagen und mich selbst in den Tiber stürzen.

„Doch Sie kommen, nicht wahr? Sie kommen Licht und Segen bringend, wie die Sonne, die alle finsteren Schatten verjagt.

„Mit dem Opfer einiger weniger Stunden, die Sie sonst vielleicht in einem langweiligen Salon oder in Ihrer Equipage auf dem Corso verbringen würden, geben Sie einem ihrer Nebenmenschen Leben und Glauben wieder, ja noch mehr, die Gewißheit seines Berufs.

„Die Fürstin Pauline Borghese saß vor Canova als Modell. Sie sind schön wie sie. O, seien Sie jetzt ebenso barmherzig!

Gudmund Stenersen.

P. S. Mein Atelier: Via Sistina 101".

Der Brief war zu Ende gelesen. Einige der Zuhörer lächelten ironisch, die meisten blieben schweigend. Die Fürstin strich gedankenvoll mit der Hand über die Augen. Der Brief schmeichelte ihr ebenso sehr, als er sie beschäftigte.

„Mais, c'est drôle!" sagte die Herzogin und unterbrach damit die Stille, „Pauvre honteux! Wer doch etwas für ihn thun könnte!"

Graf de Marchio blickte nachdenkend die Fürstin an, die gleichfalls ihren Gedanken nachhing. Welche neuen Capricen wurden jetzt wieder hinter dieser weißen Stirn geboren? Diese verrieth nichts.

„Er meint es gewiß ernst mit seiner Kunst", sagte die Fürstin endlich. „Aber was kann ich dazu thun?"

„Seine geniale Bitte erfüllen", äußerte der Baron, indem er seine

Handschuhe glättete und einen verliebten Blick auf seine kleine Hand warf. „Nein, lachen Sie jetzt nicht, ich meine es bei Gott ernsthaft. Es ist so herrlich, die Rolle der Vorsehung zu spielen und einem jungen Künstler das Leben wieder zu geben, indem Sie sein schlummerndes Genie erwecken. Sollte dies Ihr Herz nicht rühren können?"

Die Fürstin schwang abwehrend den Fächer, ohne von dem selbstgefälligen Blick des Barons Notiz zu nehmen.

„Du mußt unbedingt als Mäcen auftreten", flüsterte die Marquise N., ihre Freundin. „Vielleicht wird er einst berühmt wie Michel Angelo. Dann wird man Dich als eine zweite Vittoria Colonna feiern; denn Du hast ihn dann zu seinem großen Werke inspirirt".

„Er erwähnt ja der Fürstin Borghese und beruft sich auf ihr Beispiel", sagte der kleine Lieutenant. „Weshalb wollten Sie diesem nicht folgen?"

„Still, Signor! Sie wissen selbst nicht, was Sie sagen".

„Bedenken Sie, wenn er Ernst mit seiner Drohung macht! Wenn er sich in den Tiber stürzte!" rief die Gesellschaftsdame der Fürstin, die alternde Signora Catarina, mit einer tragischen Geberde aus. Man beschuldigte sie, literarisch zu wirken. Ihre grauen Haare waren kurz abgeschnitten und sie trug eine Brille. „Niemals würden Sie Ruhe erlangen, nicht einmal im Grabe!" fügte sie hinzu. „Erwägen Sie das im Namen des Himmels!"

Die Fürstin lächelte. Sie wußte aus Erfahrung, wie ungefährlich die Drohungen in den Briefen unglücklich Liebender sind.

„Darf ich denn wirklich sein Atelier besuchen?" klagte sie, wie ein verzogenes Kind, das man zu etwas Unangenehmem zwingen will. Die junge, capriciöse Frau fühlte eine große Neigung dazu, sie wollte es aber so erscheinen lassen, als ob man sie dazu gegen ihren Willen überreden müsse.

„Ist er jung?" flüsterte jenes junge, verschämte Mädchen.

„Ist er schön?" erkundigte sich eine andere muthigere junge Dame.

„Ja", erwiderte die Fürstin, „ein junges, blasses, melancholisches Gesicht. Ich sah ihn nur flüchtig, aber ich behielt seine Züge in der Erinnerung. Sie waren eigenthümlich interessant".

Graf de Marchio, der etwas abseits gestanden hatte, wurde jetzt aufmerksam.

„Würde ich ihn mit etwas vergleichen können", fuhr die Fürstin fort, „so wäre es nur mit einem verwundeten und leidenden Adonis, dem ähnlich, den wir kürzlich auf der Ausstellung sahen".

„Brava!" rief der Baron, in die Hände klatschend. „Brava, Hoheit, die Sympathie ist gegenseitig, merkt man. Er sucht in Ihnen die Schönheitsgöttin, Sie finden in ihm einen Adonis. Ich will jedoch hoffen, daß es Ihnen nicht wie der Aphrodite ergeht, daß, wenn Sie endlich kommen, Sie ihn in seinem Blute schwimmend finden".

„Chi lo sa", sagte die Fürstin und näherte sich dem Grafen de Marchio.

„Was ist Ihre Meinung, Graf? Ich möchte dieselbe gern hören". Ihre Stimme nahm unwillkürlich einen einschmeichelnden Klang an.

„Laſſen Sie mich den Brief ſelber leſen, ſo werde ich Ihnen meine Meinung mittheilen".

Seine Augen überflogen ſchnell die Zeilen.

„Er iſt in einem ſo guten Italieniſch geſchrieben, daß ich kaum glauben kann, ein Ausländer habe ihn verfaßt". Mit einem leichten Schulter= ziehen gab er den Brief zurück. „Entweder iſt der Mann ein verliebter Narr — oder eine echte, für die Schönheit begeiſterte Künſtlerſeele. Vielleicht das letztere, es befinden ſich in dem Brief ein paar Worte, die mich anſprechen. — Uebrigens hätten Sie den Brief nicht laut vorleſen ſollen", ſetzte er leiſe hinzu.

„Ah, Sie riethen mir doch ſelbſt dazu".

„Als ich den Inhalt des Briefes noch nicht kannte".

„Stets haben Sie mir einen Vorwurf zu machen, Graf de Marchio. Sie behandeln mich wie einen Rekruten Ihres Regiments; Sie haben immer etwas an mir auszuſetzen".

„Nein, nein", ſagte er, plötzlich mild geſtimmt. „Mißverſtehen Sie mich nicht —"

„Wir bleiben Freunde, wie zuvor", fiel ſie ein, ihm die Hand reichend. „Aber antworten Sie mir jetzt: Soll ich ihn beſuchen oder nicht?"

Sie erwartete geſpannt ſeine Antwort.

„Darüber müſſen Sie ſelbſt entſcheiden".

„Mit anderen Worten, Graf, Sie rathen mir davon ab. Ich danke Ihnen. Ich beſuche ihn **nicht**".

„Vous avez tort, ma chère", fiel die Herzogin ein. „Sie müſſen ſein Atelier beſuchen. Pauvre honteux! Madonna hat Ihnen eine Miſſion auf= getragen, ſagte er nicht ſo? Das war ein ſchöner Gedanke, der mich an eine Aeußerung des ſeligen Monſignore Roſaba gegen mich erinnert . . . Armer Monſignore! — Sie können ja Ihren Vetter, den Grafen de Marchio, oder Ihre Geſellſchaftsdame mitnehmen, dann ſind alle Formen und der bon ton beobachtet. — Ach, in meiner Jugend iſt mir ſelbſt etwas Aehnliches begegnet", fuhr die alte Dame mit einem Seufzer fort, indem ſie mit einer ſchmachtenden Miene eine Priſe aus ihrer Schildpattdoſe nahm, auf welcher das Bildniß des Papſtes, mit Brillanten umgeben, ſich befand. „Er war auf einer Reiſe im Auslande . . . ein junger verrückter Maler . . . wollte durchaus mein Bild beſitzen . . . ja, man hat auch ſeine Geheimniſſe . . ."

Die übrigen Gäſte betrachteten die alte, magere, ſchnupfende Herzogin mit ungläubigen, faſt ironiſchen Blicken. Jetzt würde jedenfalls kein Künſtler ſie zu ſeinem Schönheitsmodell auserſehen. Es mußte alſo wohl in ihrer Jugend, wie ſie ſelbſt ſagte, geweſen ſein, daß ſie ſolche Anziehungskraft ausübte.

„Ja, wenn Sie Alle es wollen, wenn Sie mich dazu zwingen, ja, dann freilich —" Die Fürſtin machte eine Geberde, die anzudeuten ſchien, daß ſie ſich nur dem Druck der ſie beſtürmenden Bitten fügte. — „Im Grunde iſt

es mir auch leid um den jungen Mann". Sie nahm mit Glück eine tief=
sinnige Protectormiene an. „Er sah aus, als ob er Noth litte, vielleicht
Hunger. Diese kann ich unter allen Umständen zu lindern versuchen. —
Graf de Marchio, ich erbitte mir Ihre Begleitung".

Der Graf verbeugte sich ceremoniell.

Die Worte der tonangebenden Herzogin hatten den Ausschlag gegeben.
Die Frau war bewahrt, die etwaigen boshaften Gerüchte im voraus entwaffnet.
Die Fürstin Beatrice Pirano wollte übermorgen das Atelier des unbekannten
norwegischen Bildhauers besuchen.

***

Gudmund hatte nur die volle traurige Wahrheit geschrieben. Er lebte
wirklich arm, verlassen und muthlos in der glänzenden Stadt. Während des
letzten Sommers, wo Alle Rom der übergroßen Hitze wegen flohen, mußte er
in seiner Armuth zurückbleiben. Indessen schwärmten seine günstiger gestellten
Collegen in den Sabinerbergen umher oder genossen das Badeleben in
Neapels bezaubernder Umgebung. Er, der Arme, kannte nur wenig die heiteren
Sommerfreuden der glücklicheren, der guten Bestellungen auf Winterarbeiten
sich getrösteten Künstler.

Wie die meisten Norweger, wenn sie sich im Auslande befinden, wurde
er noch dazu vom Heimweh geplagt. Der Schimmer der in der Ferne blau
abgetönten Sabiner Berge, der Duft der Blumen und das Laub, das man
auch daheim fand, weckten Erinnerungen an eine Reise in's Hochgebirge, an
das Leben in den Sennhütten, an ein Berg=Idyll, so wehmüthig und ergreifend,
daß er Mühe hatte, die Thränen zurückzuhalten.

Doch welche Bekümmernisse ihn auch zeitweilig bedrückten, jetzt sehnte
er sich nicht nach Hause.

Er hatte die Fürstin Beatrice gesehen.

Von dem Tage an wurde Rom ihm zum Tempel, wo die Göttin
weilte. Monte Pincio war der herrliche Altar, wo sie sich täglich zeigte,
um die gläubige Anbetung der Huldiger der Schönheit zu empfangen. Seine
Phantasie bekam Schwingen, die Wirklichkeit mit ihrem nackten Elend ver=
schwand, der göttliche Traum wurde lichte Wirklichkeit.

Er war glücklich, täglich an der Balustrade stehen zu können, nach der
Equipage zu spähen und ihr Bild in sich aufzunehmen, während es flüchtig
an ihm vorüberzog; er forderte nicht gar viel.

Die Hingebung des Mannes an die sinnbethörende Frau, die Bewunderung
des Künstlers für ein lange geträumtes, hier lebendig gewordenes Schönheits=
ideal schmolz in seinem reinen warmen zwanzigjährigen Herzen zu einem
Gefühl stiller Glückseligkeit zusammen, worüber er seine Betrachtungen an=
stellte, dessen Antrieb er aber willig, wie das Kind seiner Mutter, folgte.

In einer solchen gewaltsam ihn beherrschenden Stimmung hatte er ihr den Brief zugeworfen. Er hatte schon zuvor einen Versuch gemacht, in ihren Palast zu bringen, allein der Pförtner hatte ihn barsch zurückgewiesen, nachdem er die ärmliche Kleidung des jungen Fremden scharf gemustert hatte; er glaubte wohl, einen gewöhnlichen Bettler vor sich zu haben. —

Er trat in sein Atelier ein, nahm vorsichtig die nasse Leinwand von der Thonstatue und betrachtete sie lange.

„Du bist ihr ähnlich — aber nicht genügend. Es wird mir niemals gelingen, die Form des Busens zu schaffen wie ich es möchte, — wenn sie nur wollte . . ."

Er durchschnitt in heftiger Bewegung die Luft mit den Händen, als wollte er mit Gewalt die verlockende, in ihrem kühnen Hoffen fast wahnwitzige Phantasie verjagen.

Man denke sich seine jubelnde Ueberraschung, als ein Lakai in grauer, silberbordirter Livree am folgenden Tage in sein Atelier trat, um ihm die Ankunft der Fürstin Pirano für den nächsten Tag um zwei Uhr zu melden. Der Lakai entfernte sich, nachdem er sich seines Auftrags entledigt hatte, respectvoll die Hand an den mit einer Cocarde versehenen seidenen Hut führend.

Gudmund blieb, kaum seiner Sinne mächtig, zurück. Er zweifelte, ob er richtig gehört habe. Nein, es mußte ein wilder Traum sein.

Er sprang an's Fenster und blickte hinaus. Dort ging ja der Lakai in strammer Haltung die Via Sistina hinab, er war ja der lebendige Beweis, daß es Wirklichkeit gewesen. Mit einem Jubelschrei faltete er seine Hände. Der Himmel hatte sein Flehen erhört, die Göttin stieg aus den Wolken hinab in sein bescheidenes Künstlerasyl. Dieser rauhe steinerne Boden sollte morgen den Druck ihres kleinen Fußes fühlen. Jener schiefe Spiegel in der Ecke sollte im Fluge ihre äußere Gestalt auffangen und zurückstrahlen. O, wenn der Spiegel vermöchte, für ewige Zeiten ihr Bild festzuhalten!

Noch nie war ihm der steinerne Fußboden so finster und schmutzig, der Spiegel so schief und fleckig, das ganze Atelier so armselig und prosaisch vorgekommen, wie jetzt. War das eine würdige Stätte für sie? Nein, nein, hier mußte er Wunderwerke schaffen, aufputzen und decoriren, das Atelier mußte in eine Festhalle verwandelt werden, Glanz, Farben, prächtige Stoffe mußten ihren Augen entgegenstrahlen.

Früh am andern Morgen eilte er in die nahe gelegene Straße Via Purificazione zu einem Bekannten, einem dänischen Maler. Von diesem lieh er sich einige alte silberne Gefäße und pompejanische Vasen, sowie eine alte Gobelintapete. Der Maler suchte ihm vergebens begreiflich zu machen, daß kein Besucher in dem einfachen, nüchternen Atelier eines Bildhauers alle die bunten und verschiedenen Gegenstände, die den Werkstätten der Maler eine so reiche Abwechselung verleihen, erwartete. Allein er sprach zu tauben Ohren. Gudmund lief mit seinem Funde heim und rief seine Wirthin herbei.

Von ihr erhielt er einen grünen Teppich und die vornehmste Zierde ihres Zimmers, einen gepolsterten, mit Seide überzogenen Lehnstuhl, geliehen. Endlich kaufte er von einigen Bauern auf der Piazza Barberini mehrere Sträuße Blumen und eine Menge Epheu — kaufte dies für seine letzten Centesimi.

In wenigen Stunden war in dem Atelier die merkwürdigste Veränderung vorgegangen.

Die silbernen Gefäße reflectirten wirkungsvoll in dem alten Spiegel, der geputzt und mit einer Epheuguirlande umwunden war. Die pompejanischen Vasen voll Rosen und Heliotropen strömten einen zarten Wohlgeruch aus. Die eine gekalkte Wand wurde mit dem Gobelin, die andere mit Reliefbildern und Medaillons bedeckt, die Decke mit grünen Guirlanden decorirt. In die Mitte des teppichbelegten Bodens stellte er den kostbaren Lehnstuhl, in dem die Fürstin Platz nehmen sollte, der Statue gegenüber.

Mit zitterndem Eifer betrachtete er sein Werk.

Ja, jetzt sah das Atelier anders aus, und doch schien es ihm noch lange nicht schön genug für sie. Wieder lief er hinauf zu seiner Wirthin, um noch das gestickte Sophakissen zu leihen, das er als Schemel vor den Lehnstuhl legte, auf ihm sollten ihre Füße ruhen.

Man vernahm das Rollen eines Wagens! — Ah! — Nein, es war nicht der ihrige, er fuhr vorüber. Wieder rollte ein Wagen heran! Er wagte kaum hinauszublicken; er hörte ja, daß der Wagen vor seiner Thür hielt. Es war die Fürstin.

Die Thür wurde von einem Diener geöffnet, die Fürstin trat langsam ein, ihr folgte Graf de Marchio. Auf der Schwelle blieb sie einen Augenblick stehen, während ihren Lippen der Ausdruck eines Wohlbehagens, das der Anblick des Ateliers bewirkte, entschlüpfte. Statt ihr grüßend entgegenzukommen, war Gudmund in den Hintergrund des Zimmers geflohen. Endlich faßte er Muth und näherte sich ihr mit einer tiefen Verbeugung, die sein Erröthen verbarg. In seiner Verwirrung bemerkte er gar nicht den Begleiter der Fürstin.

„Gnädigste Fürstin ... verzeihen Sie mir ... aber" ... Er war nahe daran, in's Knie zu sinken. Er hielt inne und warf einen Blick auf die Statue, als ob er meinte, daß diese am besten seine Sache führen würde. Die Fürstin lächelte und reichte ihm mit der vollen Ueberlegenheit der Weltdame ihre Fingerspitzen.

„Ihr Verlangen, Signor, ist freilich ein wenig eigenthümlicher Art" — ihr Lächeln nahm eine etwas ironische Färbung an — „aber wenn mein kurzer Besuch solchen heilbringenden Einfluß auf Ihre künstlerische Entwicklung auszuüben vermag, weshalb sollte ich Ihnen denselben abschlagen? Unsere Familie hat nun einmal den Ruhm der Mäcene erlangt — und ich bin meiner Familie nachgeartet".

Durch diese Bemerkung wollte sie dem verlegenen Künstler ein wenig mehr Muth einflößen, was ihr auch gelang. Graf de Marchio, der bisher etwas hinter der Fürstin zurückgeblieben war, trat nunmehr hervor.

„Darf ich Ihnen den Grafen de Marchio vorstellen?"

Gudmund fühlte einen stechenden Schmerz in der Brust; doch er faßte sich schnell und verbeugte sich tief. Wie hätte er glauben können, daß sie allein kommen würde? Allein mit ihr? das wäre ein zu großes Glück. — Aber der Graf war jung, schön und in ihrer Gesellschaft; war er vielleicht ihr . . . .

„Mein Vetter", setzte die Fürstin hinzu, indem sie ihre Handschuhe knöpfte. Ihr Blick war bei diesen Worten gesenkt, man sah nicht den Schalk in demselben.

Gudmund lebte wieder auf. Was konnte wohl ungefährlicher sein, als ein Vetter, ein armer Vetter? —

Der Graf betrachtete forschend unseren jungen Bildhauer, und sein strenger Blick wurde immer milder. „Er ist eine bescheidene Künstlernatur", dachte er. „Ich hatte also Recht in meiner Vermuthung".

Doch Gudmunds Augen hingen fest an der Fürstin. Wie war ihre Schönheit so morgenfrisch! Ihr Auge hatte jenen klaren Glanz, den man bei kleinen Kindern nach einem gesunden Schlaf gewahrt. Sie trug ein schwarzes Sammetkleid, das mit weißem Pelzwerk verbrämt war. Die weiße Straußenfeder am Hut wiegte sich stolz und ließ ihre Figur größer erscheinen. Gegen die schwarze Farbe des Hutes und Kleides contrastirte das röthliche Gelb ihres Haares, das Weiße ihres Nackens und der helle, bleiche Teint ihres Gesichts. Erröthend vollendete Gudmund seine Musterung. Er begegnete ihrem Blick und bemerkte, daß seine tiefe Bewegung ihr nicht entgangen war.

„Aber nun erlauben Sie wohl, Signor, daß wir Ihre Statue betrachten. Ich bin ein wenig Kennerin, darf ich wohl sagen. Mein Vater war ein eifriger Sammler alter und neuer Kunstschätze. Ja, er setzte sogar sein Vermögen bei dieser Passion zu". Sie seufzte, ihr Vater hatte sein Vermögen auch verbraucht, um noch andere Passionen zu befriedigen, das aber erzählte sie nicht. „Ich darf wohl sagen, daß ich von Kindheit an in der Verehrung für Marmor und Farben erzogen worden bin".

„Ja, lassen Sie uns Ihre Arbeit sehen. Was will sie darstellen?"

„Kleopatra sterbend", antwortete Gudmund bescheiden, „in dem Moment, wo sie ihren Busen dem Giftzahn der Schlange preisgiebt".

„Ah!" rief die Fürstin, „ein interessantes Motiv".

Gudmund enthüllte die Statue, indem er die Leinwand abnahm und jene in die Stellung drehte, daß das Licht wirkungsvoll auf sie fiel. In demüthiger Erwartung, wie das Urtheil lauten würde, trat er selbst zurück.

Ein langes, für ihn peinliches Schweigen trat ein.

Die Fürstin führte ihre goldene Lorgnette vornehm an die Augen. Der Graf stellte sich ernsten Blickes an ihre Seite.

Ja, es war Kleopatra, die stolze, sinnliche, verführerisch schöne Königin des fabelreichen Aegyptens, wie die Sage sie schildert; doch hier nicht mehr die Königin in der Hoheit ihrer Macht und Majestät, es war die besiegte und geschlagene, die in ihrer Liebe zu dem stolzen Ueberwinder gebemüthigte Kleopatra, die verzweifelnd den Tod sucht. Die Stellung war eine halb zusammensinkende. Das Knie, dessen Muskeln wie vor Schmerz erzitterten, stemmt sich zum Widerstand. Der rechte Arm führt widerstrebend die Schlange an den entblößten Busen. Der Kopf ist niedergebeugt; der Ausdruck des Gesichts, obwohl von Kummer, Pein und wildem Trotz zeugend, trägt doch eine gewisse Hoheit, die erkennen läßt, daß dieses Weib zugleich eine Königin ist, die den Tod der Schmach vorzieht, vor dem Triumphwagen des Eroberers einherzugehen. Das Gesicht ist stark zur Seite gewandt, als ob das Auge dem Anblick der Vernichtung entfliehen wollte, welche das todtbringende Reptil im nächsten Augenblick vollführen wird.

Trotz des Unvollendeten der Arbeit, trotz des Lockeren und der grauen Farben des Thones trat doch das Bild ergreifend hervor.

„Ja, die Züge sind ähnlich", murmelte der Graf, die Fürstin anblickend. „Es ist Ihr Antlitz, von Schmerz und Todesangst verklärt".

Die Fürstin, die schon längst die Aehnlichkeit entdeckt hatte, erröthete flüchtig.

„Finden Sie?" sagte sie und betrachtete die Statue von Neuem. „Ja, so kann sie ausgesehen haben, als sie ihrem Geschick erlag", flüsterte sie vor sich hin. „Ich habe stets gefunden, daß Kleopatra eine der interessantesten Frauen in der Geschichte gewesen ist".

Der Graf zog die Augenbrauen merkbar zusammen; er fand, daß dies ein sonderbarer Geschmack sei. Er wandte sich zu Gudmund, dessen Spannung auf einen fast unerträglichen Grad gestiegen war. Er hatte noch nicht ein einziges anerkennendes Wort von den Lippen der Fürstin vernommen.

„Sie haben Talent", sagte der Graf und reichte ihm mit einem freundlichen, wohlwollenden Blick die Hand. „Ich glaube, Sie haben eine Zukunft. — Die Musculatur im rechten Arm ist nicht ganz natürlich, scheint mir, und die Brust hat nicht die rechte Form. Allein, das sind Mängel, die Sie wohl selbst bereits entdeckt haben und die ja später verbessert werden können. Die Arbeit ist ja noch im Werden begriffen".

Gudmund fühlte die Wahrheit dieser Bemerkungen, besonders was die Büste betraf. Und wie jeder echte Künstler war er empfänglich für die Kritik. Der Graf war kein gewöhnlicher römischer Dandy, der seine Tage in den Cafés zubrachte oder auf dem Corso sich hin und her trieb, das hatte er sofort bemerkt. Er hatte sowohl Urtheil, wie Herz. Wie alle Bildhauer besaß Gudmund einen scharfen Blick für Physiognomien, und die des Grafen gefiel ihm sehr.

Die Fürstin stand noch immer schweigend, im Anschauen seiner Arbeit versunken. Dieses entsetzliche Schweigen!

Plötzlich richtete sie das schwarze, räthselvolle Auge auf ihn. Gudmund erbebte. Ihre Augen trafen sich geheimnißvoll. Er senkte die seinen.

„Ich bestelle diese Figur in Marmor", sagte sie, indem sie ruhig die Lorgnette zusammenlegte und in ihren Gürtel steckte, während sie zugleich ihrem jungen, blühenden Gesicht die trockene Würde der Beschützerin zu geben versuchte. „Welchen Preis bestimmen Sie für dieselbe in Halbgröße?"

Der Graf stutzte. Gudmund war vor Ueberraschung einer Ohnmacht nahe; er griff nach der Lehne des Stuhles. Eine Bestellung „in Marmor", wie das süß verwirrend in dem Ohr des Bildhauers klang! Ein junger Dichter kann nicht froher überrascht sein, wenn der Verleger sein Buch in neuer Auflage anzeigt und nach seinem Honorar fragt. Eine Bestellung in Marmor!

„Fürstin ... Ihre Güte ... ich bin ..."

„Ich biete dreißigtausend Francs. Sind Sie damit zufrieden?" fragte sie und lächelte ihn mit ihrer gnädigsten Prinzessinmiene ermunternd an.

Nur die Gegenwart des Grafen verhinderte ihn, vor ihr auf's Knie zu sinken. Es war ihm unmöglich, ein Wort hervorzubringen, doch dieser stumme, thränenglänzende Blick war wohl beredt genug.

Die Fürstin nahm ein kleines in Schildpatt gebundenes Notizbuch zur Hand. „Leihen Sie mir doch Ihren Bleistift, Graf de Marchio". Sie schrieb ein paar Zeilen in das Buch und schloß es dann mit einem Lächeln.

„Es ist mein Ausgabebuch, es ist zwar klein, aber es verschlingt doch große Summen. Sehen Sie es nur an, ist es nicht reizend? Ein Geschenk des Cavaliere Morelli. Der Arme fiel bald nachher in einem Duell, wie Sie wissen".

Des Grafen Gesicht wurde ganz melancholisch. Er dachte daran, wie viel Unglück diese Frau schon den Männern gebracht hatte. Der Cavaliere hatte sie leidenschaftlich geliebt, er war erst von ihr ermuntert und dann zurückgewiesen worden. Ihretwegen war er in Streit mit seinem besten Freund gerathen, von dessen Kugel er fiel.

Und dies erzählte die Fürstin mit einem Lächeln!

Was bedeutete wohl für sie ein vernichtetes Glück? Ja, sie glich dem Diamanten, den sie am Halse trug, schön, glänzend, aber auch kalt und herzlos, wie dieser. Gleich der Kleopatra bezauberte sie die Männer; aber weniger heißblütig, wie die egyptische Königin, gab sie sich nicht preis, sondern erlaubte nur ihrer Phantasie, über die Grenzen hinaus zu schwärmen. Gleich der Prinzessin im Märchen guckte sie in alle glänzenden Säle des verzauberten Schlosses hinein; nur den siebenten und letzten wagte sie nicht zu betreten, denn das war der verbotene.

Trachtete sie niemals darnach, dort hinein zu gelangen?

Graf de Marchio beobachtete heimlich die Fürstin.

Worin lag eigentlich ihre Macht über die Männer? In deren Schwäche oder in ihrer Unverwundbarkeit? — Graf de Marchio dachte mit Beben daran, wie sein eigenes Geschick sich gestalten werde. Würde er leben oder in diesem Wirbel untergehen; denn er war bereits trotz seines langen und tapferen Widerstandes in denselben hinein getrieben worden. — Hatte sie nun auch diesen jungen Mann zu ihrem Opfer ausersehen? Vielleicht war dieser junge Fremde dazu bestimmt, ihr Verlangen nach dem letzten, dem siebenten Saal zu erwecken?

„Sie stehen so in Gedanken, Graf?"

„Ja, ganz recht, ich denke über ein Problem nach".

„Und dieses wäre?"

„Sie selbst".

„Bravo! — Und dies leichte Problem vermögen Sie nicht zu lösen?"

„Nein — noch nicht".

„Nun, das freut mich, Graf".

„Das freut Sie?"

„Ja. Ich entsinne mich, daß einer unserer Dichter sagt, das Weib sei nur in dem Grabe reizend, wie es dem Manne ein Räthsel bleibt; kennt er es wie ein gelesenes Buch, dann ist der Zauber gehoben. — Doch nun sind wir wohl hier fertig?"

Mit diesen Worten wandte sie sich an Gudmund, der nicht ohne Verwunderung ihre kurze Unterhaltung mit dem Grafen angehört hatte.

„Wann wird die Statue fertig sein, Signor?" fuhr die Fürstin fort. „Ich meine, in Marmor. In einigen Monaten? Lassen Sie es mich dann wissen. Hier ist meine Karte und meine Adresse".

Der Graf bemerkte die rathlose Bestürzung, die bei den abfertigenden Worten der Fürstin sich auf dem Gesicht des Künstlers zeigte.

„Sie vergessen die Hauptsache", sagte er daher zur Fürstin, wobei er bedeutungsvoll auf den Lehnstuhl wies. „Sie wollten ja" —

Gudmund warf ihm einen dankbaren Blick zu.

Die Fürstin, die bereits in der Nähe der Thür war, wandte den Kopf. „Ach, das ist ja wahr". Sie glitt lächelnd mit der Hand über die Stirn, wie Jemand, der eine unbegreifliche Zerstreutheit abbitten will. „Sie wünschen ja, daß ich vor Ihnen „sitzen" soll. Nicht wahr, so drückt man sich ja in der Ateliersprache aus? — „Sitzen?" — das klingt ganz komisch".

„Ja, Hoheit — ich meinte wirklich — vielleicht eine unstatthafte Kühnheit —"

Lächelnd nahm die Fürstin in dem Lehnstuhl Platz, sie setzte die kleinen Füße auf den improvisirten Sophaschemel, so daß die Spitzen ihres eleganten Pariser Schuhes sichtbar wurden. Ihr Haupt ruhte gegen die Stuhllehne so zurückgebeugt, daß der Hals entblößter erschien; es war eine Mischung von vornehmer Nachlässigkeit und mädchenhafter Anmuth in dieser Stellung.

Gudmund nahm den Modellirstab und begann sofort mit der Arbeit. In diesem Moment war er vollständig nur der Künstler. Es galt, den goldenen Augenblick zu benutzen; wer weiß, wie lange die Launenvolle aushält?

Das Auge auf ihr klassisch geformtes Antlitz gerichtet, dem die Mittagssonne einen warmen Schein verlieh, corrigirte er die Züge der Statue. Die Nase wurde zarter gebeugt, der Mund voller, das Kinn runder geformt.

Die Fürstin saß still, fast unbeweglich. Um ihren Mund zitterte es wie ein verhaltenes Lächeln. Sie fand augenscheinlich ihre ganze Situation höchst komisch, aber aus Achtung vor dem Künstler beherrschte sie sich und brach nicht in lautes Lachen aus.

Graf de Marchio schritt im Atelier umher und betrachtete die aufgehängten Reliefbilder, Portraits einzelner Skandinavier, die Rom besucht hatten. Hin und wieder heftete er den halb traurigen Blick auf die Dame im Lehnstuhl.

„Sind Sie zufrieden mit mir, Signor?" fragte die Fürstin Gudmund, und ihre Bemühungen, ein Lachen zu unterdrücken, gaben der Stimme etwas Zitterndes. „Soll ich keine andere Stellung einnehmen, mich vielleicht etwas mehr gegen das Licht wenden? Sie, Signor, haben jetzt über mich zu befehlen".

„Ein wenig mehr rechts", antwortete Gudmund. Und fast hätte er in seinem künstlerischen Eifer selbst die Hand auf ihren Kopf gelegt, um ihm die seinem Wunsch entsprechende Drehung zu ertheilen, das war er ja bei den weiblichen Modellen aus den Sabinerbergen zu thun gewohnt. Doch er besann sich auf den Unterschied der Situation und trat beschämt wie ein Schulknabe zurück, indem er den Modellirstab auf die Erde fallen ließ.

Jetzt vermochte die Fürstin nicht länger ihr Lachen zurückzuhalten. Gudmund hatte den Modellirstab wieder aufgehoben und arbeitete weiter.

„Sind Sie fertig, Signor?" fragte auf's Neue die Fürstin, ein leichtes Gähnen unterdrückend; sie sah, daß er mit dem Formen inne hielt.

„Nein, noch nicht — aber Hoheit werden ermüdet sein. Ich darf Ihre große Güte nicht mißbrauchen. — Tausend Dank —"

Sie erhob sich. Der Graf näherte sich ihnen und betrachtete auf's Neue die Statue.

„Ja, nun ähnelt sie noch viel mehr", sagte er. Und für sich dachte er: „Eine Kleopatra muß diesen vollen, halb offenen, sinnlichen Mund haben, der wie zum Kusse und Liebesgeflüster sich formt, diesen Mund, der ohne es zu wissen, mehr verspricht, als er jemals halten will".

Die Fürstin reichte Gudmund zum Abschied ihre Fingerspitzen. Der Graf drückte ihm warm die Hand.

„Darf ich hoffen, daß Hoheit sich wiederum herablassen werden, mein Atelier zu beehren?"

Gudmund zeigte stumm bittend auf die Statue. „Diese bittet für mich", sagte er.

„Vielleicht". Die Fürstin sah ihn von der Seite mit einem funkelnden, unergründlichen Blick an. „Lassen Sie mich überlegen, wann ich morgen freie Zeit habe".

Sie zählte an ihren Fingern die Stunden ab.

„Zuerst die Modehändlerin, dann ein Besuch bei dem spanischen Gesandten, eine Conferenz mit meinem Bankier, sodann Gesangunterricht bei Monsieur Gauthier, Besuch des Asyls für arme Kinder — Unmöglich morgen! — Ja, es geht dennoch! Ich verzichte auf meine Fahrt nach dem Monte Pincio".

Der junge Künstler verbeugte sich wie der unterthänigste Sklave.

„Präcis um vier Uhr können Sie mich erwarten, vielleicht einige Minuten früher. — A rividerci, Signor!"

Gleich einer Königin schritt sie majestätisch aus dem Atelier, gefolgt von dem Grafen de Marchio und dem sich verneigenden Künstler; die lange Schleppe rauschte, gleich einer Schlange sich krümmend, ihr nach. Der Diener öffnete den Wagenschlag, eine Bewegung des Kutschers mit der Peitsche — und das herrliche Bild war entschwunden.

Gudmund wankte gleich einem Trunkenen in das Atelier zurück. Welch' ein Tag, welche Begegnung, welches Wunder! Die kühnsten Träume übertroffen!

„Nun, was sagen Sie zu unserm jungen Protégé?" fragte die Fürstin mit affectirter Gleichgiltigkeit ihren Begleiter auf der Heimfahrt. „War es nicht sehr hübsch von mir, die Bestellung bei ihm zu machen?"

„Ja — a, ja gewiß".

„Er ist sehr arm", bemerkte sie wieder. „Wie sein Rock abgetragen war, jedoch wohlgebürstet. Das ist die sogenannte honette Armuth. Er hat auch keine Uhr, jedenfalls habe ich keine Kette an seiner Weste bemerkt. Es sollte mich Wunder nehmen, wenn er seine Uhr nicht versetzt hat. Morgen werde ich einige tausend Francs mit mir nehmen und sie ihm als Vorschuß geben. Ich muß ja so wie so meinen Bankier besuchen, um meiner Geschäfte wegen mit ihm Rücksprache zu nehmen. Uebrigens sind diese Geldangelegenheiten die langweiligsten für mich. — Der Arme — so unerfahren und scheu! —" Sie lehnte sich mit einem gedankenlosen Lächeln in die Kissen des Wagens zurück. — „Aber so begabt, so jung, und so schön . . ."

„Ja wohl schön, sehr schön, außerdem ist er blond".

„Sie sagen das in einem so sonderbaren Ton, Herr Graf?"

„O, ich erinnere mich nur des „trauernden Adonis""

„Er ist eifersüchtig", dachte die Fürstin, „wie alle anderen Männer, die ich gekannt habe. Die meisten sind langweilig".

„Sie sind ja so schweigsam geworden?" bemerkte der Graf nach einer Pause.

„Ja, ich denke an unsern jungen Schützling".

„Jungen Schützling? Sie sprechen, als ob Sie seine Mutter an Alter und Erfahrung wären. Er ist doch nicht jünger als Sie".

„Ganz recht, Graf, er sieht aus, als wäre er zwanzig Jahre alt, ich bin fünfundzwanzig, also fünf Jahre älter — und für eine Frau will das ungefähr dasselbe sagen, wie zehn, wir altern früher als die Männer".

„Wohl, betrachten Sie ihn nur wie ein Kind, das wird das Beste sein". —

„Sie meinen, wie ein Kind, das der Hilfe bedarf? Ich kann nicht leugnen, ich interessire mich für ihn, besonders da ich von seinem Talent überzeugt bin. Es würde mich herzlich freuen, wenn er einen Namen gewönne".

„Mit welcher Genugthuung Sie scherzen!"

„Ich werde das Meinige thun, daß er bekannt wird, Herr Graf".

Eine Pause von einigen Minuten trat ein.

„Wie lange wird dieses Interesse für den armen Bildhauer währen?" Die Frage des Grafen klang sehr trocken.

„Sie zweifeln an meiner Beständigkeit?" Sie lachte. „Das ist nicht hübsch von Ihnen".

„Vielleicht habe ich ein Recht dazu. Ihre Launen, Fürstin, jagen sich, wie die Schläge der Wellen. Sie haben heute vergessen, was Sie gestern angebetet; und was Sie heute bewegt, ist Ihnen morgen eine alte Geschichte".

War er nicht selbst ein Beweis von der Wahrheit seiner Anklage?

„Aber wenn ich so wankelmüthig und abscheulich bin, mein lieber Graf, weshalb suchen Sie dann stets meine Gesellschaft? Freilich, wir sind etwas verwandt mit einander, doch das soll Sie nicht verpflichten. Ich entbinde Sie hiermit feierlich von all' diesen conventionellen Besuchen, die unser verwandtschaftliches Verhältniß Ihnen auferlegen könnte. Sie sind Ihnen sicherlich auch nur eine Bürde! Und um ganz Ihr zartes Gewissen zu beruhigen, das Ihnen vielleicht Vorwürfe bereiten würde, wenn Sie Ihre alte Cousine aufgeben, werde ich aufhören — Ihre Gesellschaft zu entbehren. Ja, ich verspreche Ihnen ganz sicher, daß Sie von heute an nicht mehr für mich existiren sollen — wenn Sie es so wünschen".

Es lag etwas Dämonisches in dem neckischen Lächeln, mit dem sie diese Worte begleitete.

Armer Graf de Marchio? Was sollte er auf diese Rede antworten? Wie alle Anderen im Banne ihrer Schönheit versuchte er es hin und wieder, sich daraus zu befreien. Als er sie während des letzten Sommers in ihrer Villa in den Sabinerbergen besuchte, war sie so sanft, fast idyllisch gegen ihn gestimmt. Die Trauertracht verlieh ihr einen anmuthenden Ernst, die umgebende, herrliche Natur bot ihrem flatterhaften Sinn einen Ruhepunkt. Hier in der Stadt war sie eine ganz Andere, jede Spur der Idylle war verschwunden.

Nur zu wohl fühlte er, daß zwischen so verschiedenen Charakteren wie die ihrigen ein fortdauernd gutes Verhältniß unmöglich bestehen könnte. Er besaß ein tiefes Gemüth, ein warmes Herz, einen rechtschaffenen edlen Charakter; sie war eine vollendete — Weltdame. Er träumte von einem stillen ruhevollen Leben im eigenen Heim, verschönt durch Liebe und die Freistunden ausgefüllt durch die Beschäftigung mit dem Studium; sie jagte nach den kurzen Triumphen des Salons.

Vergebens kämpfte sein männlicher Wille gegen die Stärke seiner Leidenschaft an. Jeder Gedanke an Flucht machte die Kette nur noch fester, die ihn an sie fesselte.

„Verzeihen Sie mir!" bat er, und sein Blick war weich und schwärmend. „Verzeihen Sie mir, ich sehe, ich habe Sie ganz gegen meinen Willen verletzt. Wie grausam Sie mich strafen, diese herzlosen Worte... Sie würden mich wirklich so leicht vergessen können?"

Sie reichte ihm die Hand mit einem schmelzenden Blick. Als er sich von ihr trennte, war er wieder ihr unterwürfiger Sklave.

Am nächsten Tage zur festgesetzten Stunde hielt der Wagen der Fürstin wieder vor dem Atelier. Graf de Marchio kam diesmal nicht mit, wohl aber die alte gutmüthige Gesellschaftsdame, Signora Catarina. Gudmund strahlte. Allein mit ihr ohne den beschwerlichen Vetter!

„Sie sehen, ich bin pünktlich, Signor! — Wissen Sie, daß ich die ganze Nacht von Ihrer Kleopatra geträumt habe?"

„Sie machen mich zu glücklich, Hoheit".

„Mir träumte, daß ich selbst sterben sollte. Die Schlange stach mich, ich wollte sie hinwegreißen, aber da sah sie mich mit menschlichen Augen an, sie verwandelte sich in einen jungen Mann —."

„Einen jungen Mann —"

„Der Ihnen glich".

„Ein merkwürdiger Traum. Ich Armer! Der Traum ist grausam gegen mich —"

„Ja, wer weiß?" lachte sie. „Chi lo sa".

Gudmund fühlte sich heut viel freier. Die Anwesenheit des Grafen hatte ihn gestern bedrückt. Und munterte sie ihn nicht auf?

„Aber wie wurde es denn mit der Schlange — dem jungen Mann, meine ich? Gelang es Hoheit, ihn zu verjagen?"

Sie blickte ihn flüchtig an. „Nein, er war ein Mann, der sich nicht verjagen ließ". Sie rieb sich die Hände, als ob sie friere, und ging schnell zu einem anderen Ton über.

„Es ist kühl in ihrem Atelier, scheint mir; draußen ist so mildes Wetter; ich bin sehr empfänglich dafür. Was meinst Du, Catarina?"

Die alte Gesellschaftsdame nickte bejahend.

„Ich werde sofort einheizen", sagte Gudmund und warf sich vor dem Ofen auf's Knie. „Entschuldigen Sie, Fürstin, daß ich nicht vorher daran dachte".

Er brach einige Holzstücke entzwei, legte sie in den Ofen und steckte etwas altes Papier darunter; und mit Hilfe der Streichhölzer flackerte bald ein kleines Feuer auf.

Während er damit beschäftigt war, legte die Fürstin Ueberkleid und Hut ab. Dann stellte sie sich vor den alten Spiegel, strich das goldgekräuselte Haar aus der Stirn, schob an ihrer Taille, wodurch die Brust mehr gehoben wurde, indem sie eine Opernmelodie trällerte und ab und zu einen Seitenblick auf den am Ofen Knieenden warf.

„Au!" rief Gudmund plötzlich. Er hatte sich einen Finger verbrannt, da er, statt auf das Feuer zu achten, den reizenden Bewegungen der Fürstin gefolgt war; jede derselben erschien ihm unnachahmlich plastisch.

„Nehmen Sie sich in Acht, Signor", lächelte sie, eine widerstrebende Locke auf der Stirn um den Finger wickelnd, „Sie könnten sich verbrennen".

„Das ist bereits geschehen", erwiderte er mit einem tragikomischen Gesicht, nicht ohne tiefere Beziehung.

„Lassen Sie mich Ihren Finger sehen!"

„Nein, nein! Ich darf Sie versichern — "

„Ich befehle Ihnen, mir Ihren Finger zu zeigen, Signor!"

Er hatte sich erhoben und hielt seine Hand auf dem Rücken verborgen, nun mußte er sie vorzeigen.

„Sie haben Recht, der Schaden ist nicht groß".

Sie berührte leicht den verletzten Finger und sagte: „Thut es weh, wenn ich den Finger jetzt drücke?"

„Nein, drücken Sie nur, Fürstin — ich meine, es thut nicht weh, im Gegentheil".

Die alte Gesellschaftsdame mußte unwillkürlich lächeln.

„Also keine Schmerzen?" sagte die Fürstin wie beruhigt. „Legen Sie ein Kalablatt darauf, und morgen sind Sie curirt, das ist eins meiner Hausmittel".

„Tausend Dank, Hoheit, ich werde Ihren Rath befolgen".

„Befolgen Sie auch den, sich ein andermal besser in Acht zu nehmen".

„Gewiß, ein gebranntes Kind scheut das Feuer".

Das Atelier hatte ein kleines Vorzimmer, worin auf einem Tisch des Bildhauers geringer Bücherschatz sich befand, die besten heimischen und italienischen Werke. Die Gesellschaftsdame ließ sich hier nieder, setzte die Brille auf und blätterte in einem der Bücher.

„Ah, Leopardis Gedichte!" rief sie aus mit dem Wohlgefallen einer Kennerin.

Die Fürstin schüttelte nachsichtig den Kopf. „Still, wir wollen sie nicht stören", flüsterte sie zu dem glücklichen Gudmund. „Wenn Catarina erst in ihren Leopardi versunken ist, vergißt sie die ganze Welt. Es ist ihr Lieblingsdichter".

„Signora ist wohl sehr gelehrt?"

„Das glaube ich nicht. Aber sie hat zu Zeiten die Schwäche, ihre Gedanken hin und wieder in Verse zu kleiden. Sie schreibt auch stets ein Sonett an mich an meinem Namenstage. Ob jedoch die Musen meine alte Catarina als eine ihrer echten Jüngerinnen anerkennen, ist eine andere Frage. Bisher sind ihre Manuscripte wenigstens nicht aus dem Versteck ihres Schreibtisches hervorgetreten".

Die Gesellschaftsdame vertiefte sich augenscheinlich immer mehr in den fesselnden Inhalt ihrer Lectüre. Die Fürstin und Gudmund waren allein und ungestört. Sie setzte sich in den Lehnstuhl in ihrer anmuthigen, nachlässigen Weise; die Füße streckte sie wie gestern ein wenig vor.

„Sie können beginnen, wenn Sie wollen. Ich bin bereit".

Er ging an sein Werk. Aber sie merkte sofort an seinem zerstreuten Hantieren, daß nicht alles in Ordnung sei.

„Sie sind nicht zufrieden mit meiner Stellung? Vielleicht so?" Sie wandte den Kopf. „Ist es so besser?"

„Nein, nicht nach der Seite, ich dachte eher, daß —"

Wie gestern vergaß er sich in seinem Kunsteifer und näherte seine Hand corrigirend ihrem Kopf und hielt verwirrt inne.

„Kommen Sie nur näher", ermunterte sie, „richten Sie meinen Kopf ganz so, wie Sie wünschen. Für Sie bin ich in diesem Augenblick nicht die Fürstin Pirano, sondern nur das demüthige Modell, das willfährig dem geringsten Wink des großen Künstlers gehorcht. Des großen Künstlers, ja. Aber schonen Sie meine Frisur, möchte ich Sie bitten. Mein Kammermädchen hat eine ganze Stunde dazu gebraucht, um sie zu Stande zu bringen".

Mit zitternden Fingern, furchtsam wie eine Novize in dem Heiligthum der Liebe, berührte er ihre sammetweiche Stirn und wendete sie dem Lichte zu. Ihr krauses Haar verwickelte sich zwischen seinen Fingern, es fühlte sich wie Seide an, so weich und prickelnd wie diese. Sie ließ es ruhig geschehen; doch spielte es wiederum gleich einem Lächeln um ihren Mund. Als er etwas zurücktrat, machte sie eine kaum merkbare Bewegung, wodurch ihre heiße Wange unwillkürlich mit seiner Hand in Berührung kam. Er erröthete, sie erhob den lächelnden Blick zur Decke, als ob nichts geschehen sei.

Er arbeitete weiter.

„Halten Sie noch einmal inne", unterbrach sie wieder, „ich möchte Ihnen eine Frage vorlegen, die zwar etwas indiscret ist —"

„Zu Diensten, Hoheit".

„Lassen Sie doch jetzt die Hoheit aus dem Spiel; erinnern Sie sich, daß ich Ihr Modell bin".

Sie sah ihn dabei fest an mit dem eigenthümlichen Blick, der so viel und doch so wenig sagte, und welcher frei übersetzt ungefähr bedeuten mochte: Welche lächerlichen Träume magst Du jetzt wohl nähren? Wagst Du, Niedriger, wirklich, Dein Auge zu mir zu erheben? Vielleicht träumst Du gar von Besitz, Du Thor?

„Wie vermochte ich eigentlich bei Ihnen gerade die Idee zu einer — Kleopatra zu erwecken?"

„Wie? — Ja, das weiß ich selbst nicht. Ich hatte das Glück, Sie zu sehen, und der Gedanke war geboren. Ein Künstler ist sich des Moments der Empfängniß einer Idee oft selbst nicht bewußt, es ist als ob er geheimen Stimmen gehorchte, die er selbst nicht versteht; er ist die willenlose Flöte, auf der der Gott der Kunst spielt".

Der Arme durfte ja nicht sagen, daß es die stolze Sinnlichkeit dieser schönen Züge gewesen war, welche zuerst das Bild einer Kleopatra in seiner schöpferisch erregten Seele zum Leben erweckt hatte, daß noch mehr als das Gesicht ihre herrliche Figur, ihre Schultern, die Form des Halses ihn entzückt, berauscht hatten.

„Wissen Sie, Signor, daß es für mich viel schmeichelhafter gewesen wäre, wenn ich Sie zur Schöpfung einer Vestalin begeistert hätte?"

Doch der schwimmende Blick ihrer Augen hatte gerade jetzt nicht viel von dem heiligen Feuer der Priesterin an sich. Gudmund versuchte kühn den Glanz dieser gefährlichen Waffen auszuhalten.

„Sie, meine Fürstin, können einen Künstler zu Allem begeistern, zu einer Venus wie zu einer Vestalin. Mir haben Sie zufälligerweise die Idee zu diesem Werk eingegeben. Und wegen dieser Anmaßung zürnen Sie mir gewiß nicht. Wie gern würde ich mir auch die Erlaubniß erbitten, Sie als Vesta darstellen zu dürfen".

„Sie können schmeicheln", sagte sie und reichte ihm ihre Hand. War das von ihrer Seite eine gnädige Erlaubniß, dieselbe zu küssen, dann verstand er, der Unerfahrene, dies durchaus nicht. Er versuchte nicht einmal die kleinen weißen Finger zu ergreifen und zu drücken. Die Fürstin nahm ihr Spitzentaschentuch und hielt es einige Secunden vor ihren Mund, die feinen Runzeln, die sich zugleich in ihren Augenwinkeln bildeten, verriethen eine heitere Stimmung. Man war versucht zu glauben, daß sie die Lippen zusammenpreßte, um nicht laut aufzulachen.

In diesem Augenblick trat die Gesellschaftsdame aus dem Vorzimmer ein, indem sie wie verzückt ein Buch in der Hand schwang.

„Welcher Koloß, dieser Leopardi! Wenn man ihn liest, vergißt man daß man einen Körper besitzt, man wird lauter Seele und Phantasie. Da ist zum Beispiel das Gedicht: „Il primo amoro", die erste Liebe: Mein altes, zum Sterben müdes Herz wird wieder jung, wenn ich bei diesen süßen, melodischen Versen träume:

„Fornam' a mento il di, cho la battaglia
D'amor sentii la prima volta —"

„Es ist gut, liebe Catarina", unterbrach die Fürstin diese Declamationen, indem sie sich erhob. „Il primo amore ist für uns Beide ein zurückgelegtes Stadium; jetzt sind wir Beide alt und besonnen. — Aber sieh Dir doch einmal die Statue an und sage mir Deine Meinung. Es wird mich interessiren, sie zu hören. Du hast ja so viel gedacht und so viel gelesen" —

Die alte Dichterin lächelte befriedigt. Dann nahm sie die reservirte Haltung eines Kritikers an, schob die Brille zurecht, legte die Arme über Kreuz und die Stirn in Falten, indem sie zugleich den Mund in feierlichem Schweigen zusammenkniff.

„Ja, das ist schön, das ist Phantasie! Kleopatras Todesstunde kann unmöglich erschütternder dargestellt werden; das heißt, dieser Schmerz erschüttert nicht, dazu ist er zu künstlerisch verklärt, er ergreift nur unseren Schönheitssinn und —" Sie stand im Begriff, eine kleine ästhetische Vorlesung zu halten, das gewahrte man deutlich an der docirenden Art, womit sie gesticulirte.

„Aber hast Du denn im Besonderen gar nichts einzuwenden?" fragte die Fürstin, um der Lection vorzubeugen.

„Ich werde noch einmal sehen. — Ja gewiß! —" sie schob wieder an ihrer Brille — „die Brust, worin die Schlange sich windet, ist flach und weniger schön, ja, mich dünkt, als wäre sie unvollständig ausgeführt, im Vergleich zum Uebrigen. — Verzeihen Sie, Signor, daß ich so offen meine Meinung ausspreche, aber jede gute Kritik muß unparteiisch sein. Der Busen ist außerdem die Stelle, worauf die Aufmerksamkeit des Beschauers auf Grund der eigenthümlichen Composition mit dem Schlangenbiß zunächst gerichtet ist. Auf diesen Theil muß daher der Künstler all seine Kraft und Genialität concentriren. Man muß sehen, wie die Brust förmlich erbebt und sich im Todesschmerz, den der giftige Schlangenbiß verursacht, zusammenzieht".

„Ich bin ganz Ihrer Meinung, verehrte Signora! — Aber Sie wissen nicht, daß ich auf diese Brust mehr Mühe als auf die ganze Statue verwandt habe, und dennoch ist es mir niemals gelungen. Ich bin ganz verzweifelt darüber".

Die Fürstin, die sich von ihnen entfernt hatte, setzte vor dem alten Spiegel ihren Federhut auf und drapirte sich mit dem Shawl, ohne jedoch das Gespräch außer Acht zu lassen. Bei Gudmunds letzten Worten wandte sie lauschend den Kopf zu ihm hin.

„Was hindert Sie daran?" fragte Signora Catarina theilnehmend. „Weshalb gelingt es Ihnen nicht?"

„Weil — weil —" er warf einen langen Blick auf die Fürstin, die denselben im Spiegel auffing.

„Nun?"

„Weil mir dazu ein Modell fehlt, wie ich es mir besonders wünsche, ja, wie es zur Vollendung meines Werkes durchaus nothwendig ist".

„Es ist doch nicht gar so schwer, ein Modell zu finden, in der Via Sistina oder auf der spanischen Treppe".

„Das Modell, dessen ich bedarf, ist leider nicht für Geld zu erhalten", entgegnete seufzend der Künstler.

Die Fürstin bewegte wieder den Kopf, ohne sich jedoch vom Spiegel zu entfernen, sie begann auf's Neue, ihren Shawl zu ordnen.

„Es ist also eine sehr hoch stehende Dame?" fragte Signora Catarina weiter.

„Sehr hoch stehend! Eine Prinzessin".

„Ah!" rief die Alte, es schien ihr plötzlich ein Licht aufzugehen.

„Ah so — und Sie haben nicht den Muth, Sie darum zu bitten".

„Nein, dazu habe ich nicht den Muth".

Die Fürstin näherte sich jetzt, nahm ihre Lorgnette und betrachtete von Neuem die Statue.

„Die Ausführung des Busens steht in der That nicht mit den übrigen Theilen in Harmonie, oder richtiger, er ist gar nicht ausgeführt. Das muß aber durchaus geschehen!"

„Wenn ich nur das Modell erlangen könnte, Hoheit".

„Sie sollten sich an jene hohe Dame wenden. Sie ist vielleicht entgegenkommender, als Sie in Ihrer Künstlerbescheidenheit annehmen. Jedenfalls wird sie die Forderung des Künstlers respectiren, wenn ein edler Ernst in ihr wohnt, dessen bin ich sicher".

„Fürstin", stammelte er, „verstehe ich Sie recht!"

„Was jene Dame bewegen könnte, Ihnen einen so eigenthümlichen Dienst zu erweisen, wäre vielleicht der Gedanke, wie nothwendig es für Sie ist, Ihr Werk gerade in der Schönheitsform zu vollenden, wie sie Ihnen vorschwebt. Wenn sie dazu beitragen kann, weshalb sollte sie dann Ihren Wünschen nicht entsprechen?"

„O Fürstin!" rief er leidenschaftlich und fiel vor ihr auf's Knie. „Sie geben mir das Leben wieder!"

„Rührend!" lispelte die Gesellschaftsdame, „wie in einer von Alfieri's Tragödien".

„Stehen Sie auf, Signor", bat die Fürstin. „Wenn die Statue vollendet und zu Ihrer Zufriedenheit ausgefallen ist, gebe ich Ihnen Erlaubniß, mir zu danken".

Er erhob sich.

„Am Donnerstag komme ich wieder. Dann wollen wir weiter über die Sache sprechen. — Sehen Sie hier", fuhr sie fort, indem sie ihr kleines Ausgabebuch zur Hand nahm, „hier ist eine Anweisung auf meinen Bankier, der auf dem Corso wohnt. Sie lautet auf fünftausend Francs. Es ist ein kleiner Vorschuß, wenn Sie dessen bedürfen sollten. — Ich höre", fügte sie lächelnd hinzu, „daß dies bei unpraktischen Künstlern vorkommen soll".

Verwirrt nahm er die Anweisung. Als er sich einigermaßen wieder gesammelt hatte, war die Fürstin mit ihrer Gesellschaftsdame verschwunden. Er vernahm nur noch das Geräusch des davonrollenden Wagens. — —

Es war wieder Empfangsabend bei der Fürstin. Wieder strahlte der alte Palast im Lichterglanz; wieder stand sie glänzend schön und lächelnd mitten im Kreise der huldigenden Gäste. Man sprach natürlich von dem jungen Bildhauer.

„Erzählen Sie doch, erzählen Sie alles", drängten die Damen. „Wie gefiel er Ihnen? War er liebenswürdig! Hat er Talent?"

„Großes Talent", erwiderte die Fürstin. „Fragen Sie nur den Grafen, der mich zu ihm begleitet hat. Er ist ja Kenner".

„Ich glaube, er ist ein wahrer Künstler", bestätigte Graf de Marchio. „Es lag etwas in seinem Wesen, das mir sehr gefiel".

„Er ist ja aus dem Norden, ma chère", sagte die alte Herzogin, ihre päpstliche brillantgeschmückte Schnupftabaksdose liebkosend. „Also aus Dänemark, Thorwaldsens Vaterland. Ich habe eine faible für Thorwaldsen, Signor Alberto, wie wir ihn nannten. Gleicht er seinem großen Landsmann, dann wird er sicherlich etwas Großes".

„Nun wirst Du doch seine Vittoria Colonna, die ihn zu seinem großen Werk begeistert", lächelte die Freundin der Fürstin, die schelmische Marquise.

„Chi lo sa", die Fürstin wandte sich höflich an die Herzogin: „Er ist nicht aus Dänemark, sondern aus einem nördlicheren Lande, Norwegen, Norvegia. Sie haben es wohl in der Geographie nennen gehört".

„Certainement! Norvège! Es ist ein kaltes Land, un peu barbare, aber interessant und nicht ohne Spuren von Cultur. Cardinal F. hat mir erzählt, daß man jetzt mehrere katholische Kirchen dort baut". Mit ihrem Taschentuch putzte sie sorgfältig das Bild des Papstes auf ihrer Dose. Und indem sie Pio nono einen schmachtenden Blick zuwarf, fügte sie hinzu: „Madonna sei gepriesen, der allein seligmachende Glaube gewinnt mehr und mehr Eingang dort oben bei den Barbaren".

„Wie gerne möchte ich ihn sehen!" flüsterte das junge Mädchen verlegen der Fürstin zu.

„Meine Gesellschaftsdame ist auch ganz begeistert von ihm", sagte diese. „Sie schrieb heute Morgen ein Sonett „An Ihn", und ich habe eine Vermuthung, wer dieser „Er" ist, hahaha! —"

„Die gute alte Catarina!" lachte man im Chor. „Sie lebt stets in der Welt der Poesie".

„Still", sagte die Fürstin und streckte die Hand aus, „lassen Sie es sie um Gotteswillen nicht merken, daß wir von ihr sprechen. Sie glaubt noch immer, daß ihre poetische Beschäftigung aller Welt ein Geheimniß sei".

Signora Catarina hörte glücklicherweise nichts. Sie stand in einem Gespräch mit einem gelehrten und geistlichen Herrn mit violetten Strümpfen und einem fetten Kinn. Man hörte Worte, wie Alfieri und Phantasie und Leopardi und so weiter.

„Ist er gebildet?" fragte Jemand aus der Gesellschaft.

„Besitzt er ein nobles Auftreten?" fragte Baron G.

„Er ist durchaus präsentabel, Herr Baron, fürchten Sie nichts! Er würde sich mit eben demselben Anstand in einem Salon bewegen, wie Sie, und das will viel sagen".

Des Barons Eitelkeit fühlte sich geschmeichelt, er dankte mit bescheidener Selbstzufriedenheit.

„Ah, ich habe eine Idee, eine glänzende Idee", rief die Herzogin, eine Prise nehmend. „Wie wäre es, wenn Sie ihn zu Ihrer nächsten Soirée einlüden?"

„Bravo, bravo!" riefen Mehrere der Gäste und klatschten in die Hände.

„Man muß die Kunst ermuntern", sagte die Marquise.

„Die Fürsten des Geistes gehören in den Salon", fügte die Herzogin hinzu. „Die Zeiten sind glücklicherweise vorüber, als man die Künstler draußen mit der Dienerschaft speisen ließ, um sie dann hereinzurufen, wenn man sie zu sehen wünschte".

„Und Hoheit haben ihm bereits eine Bestellung ertheilt", flötete der Baron. „Dann seien Sie auch die vollkommene Protectorin. Außerdem erfreuen Sie unsere Herzen, wenn Sie dies vielversprechende Genie, diesen dressirten Barbaren, hier in Ihrem Salon uns sehen lassen. Wir brennen vor Neugier, seine Bekanntschaft zu machen".

Graf de Marchio, der sich wie gewöhnlich etwas zurückgezogen hielt, blickte die Fürstin scharf an, deren Mund ein unbestimmtes Lächeln umspielte. Er kannte dieses Lächeln.

„Ich würde Ihnen sehr gern zu Willen sein und ihn einladen", sagte sie, das Gesicht mit dem entfalteten Fächer verdeckend, so daß nur ihre Augen sichtbar waren, „sowohl um Ihre Neugierde zu befriedigen, als ihm einen Beweis meines Wohlwollens zu geben; allein ich zweifle, daß er kommen wird. Er ist sehr schüchtern; er hat bisher kaum ein paar Worte mit mir gewechselt".

„Es fehlt ihm also doch am bon ton", murmelte der Baron, „dieser ist nicht Allen gegeben".

„N' importe, ma chère", fiel die Herzogin schnell ein. „Ist er schüchtern, so überlassen Sie ihn nur mir; ich weiß, welche Manöver man mit solchen Halbwilden anstellen muß. Zunächst muß man ihn sehr herablassend behandeln, um ihm Muth zu machen. Wir werden zusammen über Norwegen sprechen und über die neuen katholischen Kirchen; es wird schon gehen. Vielleicht ist er auch auf dem guten Wege, in den Schoß unserer heiligen Kirche einzutreten. Ist Ihnen etwas von seinen religiösen Meinungen bekannt, ma chère? — Und später werden wir über die Kunst sprechen. Ich werde ihm Züge aus meiner Jugendzeit, von meinen ersten Reisen im Auslande und von dem verrückten Maler erzählen".

„Wollen Sie meinem Rathe folgen", sagte Graf de Marchio mit Nachdruck zur Fürstin, „dann laden Sie ihn gar nicht ein".

Die Herzogin schüttelte ihre grauen Schlangenlocken und murmelte: „Ennuyant!"

„Weshalb", fuhr der Graf mit einem Schulterzucken fort, „weshalb ihm Eingang in eine Welt verschaffen, in welcher er sich doch niemals heimisch fühlen wird? Weshalb in seinem Herzen eine Neigung für etwas erwecken, das er doch niemals erreichen kann? Jetzt ist er vielleicht recht zufrieden in seinen bescheidenen Verhältnissen, später, ja, dann wird er" — Die Fürstin sah ihn fest an, ohne etwas zu äußern.

„Er hat gewiß auch keine passende Kleidung, um sich darin vorstellen zu können", nahm der Graf etwas unsicher weiter das Wort. Er verlor seine stolze Ruhe bei diesem festen, halb höhnischen Blick.

„Sie erlauben, Herr Graf, daß ich am nächsten Empfangsabend meinen geehrten Gästen das Vergnügen verschaffe, den jungen Bildhauer hier zu sehen. — Was seine Kleidung betrifft, so bin ich im Voraus überzeugt, daß er an Eleganz keinem der anwesenden Cavaliere nachstehen wird. Er wird den Chapeau=bas eben so gefällig in der Hand halten, wie Sie, Herr Graf in diesem Augenblick. Und seine Handschuhe werden ebenso glatt und untadelhaft sein", — sie wandte sich an den Diplomaten — „wie die Ihrigen, Herr Baron. Ein jeder Künstler hat einen ausgeprägten Sinn für das Elegante und Schöne".

„Aber der Chapeau=bas gehört doch nicht mit unter den Schönheits= begriff", murmelte Signora Catarina mit einem unwilligen Blick auf die schwarzen, flachen Deckel, welche die Herren in der Hand trugen.

Gegen die Bestimmung der Fürstin war natürlich kein Einwand zu erheben.

„Sie sprechen, wie ein Engel, ma chère", sagte die Herzogin, während Graf de Marchio sich schmerzlich verstimmt zurückzog, und der Baron in befriedigter Eitelkeit eine seiner bekannten Verbeugungen machte. Einige Herren lächelten über die Niederlage des Grafen; Alle kannten ja seine Ge= fühle für die junge Fürstin.

Der Donnerstag war gekommen. Die Fürstin, gekleidet in eine blau= seidene Robe, die einem Morgenkleid ähnlich sah, mit einem weißen Flor um den Hals, stand wieder in dem Atelier; Catarina war ihr gefolgt. Das erste, was sie bemerkte, war, daß Gudmund einen neuen Anzug anhatte, der, ohne reich zu sein, doch durch die Art, wie er ihn trug, in einer gewissen Eleganz erschien. Gudmunds Aussehen war auch frischer, lebhafter, seine Wangen hatten ein wenig Farbe bekommen, und die Hoffnung leuchtete aus den blauen Augen. Als die Fürstin ihm die Hand reichte, sah er glücklich und siegesfroh aus, wie ein junger Gott.

Catarina eilte wieder in das Vorzimmer zu der verlockenden Bücher= sammlung. Sie vertiefte sich ganz in „Il primo amore".

Die Fürstin stand im Atelier an Gudmunds Seite. Schweigend standen sie Beide vor der Statue; Beide dachten dasselbe — und ihre Blicke begegneten sich in diesem Gedanken an — Kleopatras unvollendeten Busen. Er hatte nicht den Muth, sie an das gegebene Versprechen zu erinnern, und sie wollte nicht zuerst es berühren. Zuletzt wurde sie des Stehens müde, sie wollte sich setzen, aber der Stuhl war entfernt.

„Wo ist mein Lehnstuhl? — Ach, dort in der Ecke. Sie haben ihn bei Seite gestellt, warum das, Signor?"

„Weil . . . Sie hatten mir versprochen . . . und dann müssen Sie stehen, nicht sitzen, in derselben Stellung stehen wie die Statue, halb zusammensinkend".

Muthlos hielt er inne. Die Fürstin zog die Schultern.

„Ja, ich konnte wohl wissen, daß es ein Scherz war", fuhr er ver=

legen fort, und die Enttäuschung zeichnete sich ausdrucksvoll in seinen Mienen und in seiner Stellung. „Ein solches Versprechen, wie das der Fürstin vermag man wohl in einem erregten Augenblick zu geben, wo das Kunstwerk Einen ergreift, aber zu halten pflegt man es gewöhnlich nicht".

„Nicht?" sagte die Fürstin. „Sie irren, Signor", setzte sie mit Würde hinzu, „die Fürstin Pirano hält stets ihr Wort, besonders wenn sie einer guten Sache, wie dieser, dienen und die Schaffung eines Kunstwerks fördern kann".

Gudmund schloß die Thür zum Atelier und hing eine rothe Gardine vor das Fenster nach der Straße. Zugleich wandte die Fürstin sich ab und begann ihr Kleid zu öffnen. In dem Atelier war es ganz still. Das Licht durch die rothe Gardine gedämpft, verbreitete einen weichen Schein in dem Raum und milderte die Farbencontraste der verschiedenen bunten Gegenstände, womit derselbe ausgestattet war; die lichten Blumen in den schwarzbraunen Vasen, die farbenreiche Gobelintapete an der hellen Kalkwand, der grüne Lehnstuhl in der Ecke, die blumige Fußdecke, die tongraue Statue. In dieser röthlichen Beleuchtung schmolzen die Farbentöne harmonischer in einander, und das bleiche Gesicht der Fürstin erhöhte noch ihre magische Wirkung. Die Luft war von Wohlgeruch geschwängert in einer eigenthümlichen Mischung von Blumenduft und dem Parfum, das die Fürstin stets bei sich führte. Es war ganz still, man vernahm nur die einförmigen Töne einer fernen Drehorgel, das Rascheln beim Umwenden der Blätter des Buches, in welchem die Gesellschaftsdame las, sowie Gudmunds tiefe Athemzüge. Diese Stunde war feierlich für ihn, eine Weihe seines Künstlerberufes für die Zukunft. Mit der Hand auf einen Marmorblock gestützt, stand er in nachdenkendem Schweigen. Er hatte den Blick gesenkt, er wagte nicht dahin zu blicken, wo die Fürstin stand. Aber er vernahm ihre leichten, etwas gepreßten Athemzüge, welche verriethen, daß auch ihr stolzes Herz ob der Neuheit und Feierlichkeit der Situation ein wenig schneller schlug.

Sie machte endlich eine Bewegung, so daß die seidene Schleppe rauschte. Er merkte, daß sie fertig war, und blickte auf. Ja, dort stand sie, der Statue nachahmend, stumm und leidenschaftslos, wie diese, gesenkten Blicks, so daß die schwarzen Wimpern ihrer Augen diese beschatteten. Ihre Hand ruhte an dem weißen, entblößten Busen, von dem die blaue Seide über die Schultern zurückgeschlagen war, welche das goldene Haar bedeckte, das sich durch die Bewegung los gelöst hatte. Frei von jeder Koketterie, erhaben in ihrem ruhigen Reiz, glich sie einer griechischen Antike.

„Ist die Stellung so gut?" fragte sie mit ihrer gewöhnlichen klangvollen Stimme, vielleicht nur ein wenig leiser. Sie erhob ihre Augen unbefangen zu dem jungen Bildhauer, der bei dem ersten Anblick der lebenswarmen Formen des hohen Weibes merklich erbebt war, der aber jetzt, vollendeter Künstler, sich der Statue näherte; ein tiefer Ernst und eine stille Begeisterung prägte sich in seinem edlen Gesicht aus.

Auf ihre Frage nickte er stumm bejahend, die Zunge versagte ihm den Dienst.

Die Stille war jetzt so fühlbar, daß das leise Umwenden der Blätter seitens der Gesellschaftsdame wie ein großer Lärm berührte. Gudmund nahm den Modellirstab und, den Blick auf sie gerichtet, arbeitete er lautlos. Anfangs zitterte seine Hand, aber bald wurde sie ruhig und fest. Die Formen der Brust rundeten sich und gingen der Vollendung entgegen; er wurde immer wärmer und eifriger bei seinem Schaffen. Zuletzt war die Fürstin für ihn nur das Marmorbild, das wohl den Schönheitssinn zu fesseln vermag, dem aber kein Blut in den Adern rinnt; er war der Künstler in der Ausübung seines heiligen Berufes.

Plötzlich erblaßte die Fürstin; ihre Arme sanken herab. Gudmund zog schnell den Lehnstuhl herbei.

„Um Gotteswillen, ruhen Sie aus! Ich habe Sie zu lange angestrengt, ich Unbesonnener!"

Sie warf sich matt in den Stuhl.

„Es ist ein wenig Müdigkeit, ja. Diese ungewohnte Stellung . . jetzt ist es schon wieder vorüber".

Sie verhüllte ihren Busen mit dem weißen Flor, den sie zuerst um den Hals getragen hatte, das Haar fiel gleich einem goldenen Strom herab. Er stand an ihrer Seite, seine Hand ruhte auf der Lehne des Stuhls.

„Sind Sie jetzt zufrieden, Signor?" flüsterte sie und schlug fragend ihre Augen zu ihm auf. Welch' wahnwitzige Träume erweckten sie nicht zum Leben!

„O, Fürstin —"

„Wenn ich jetzt die Statue betrachte, fällt mir etwas ein", sagte sie. „Wäre es nicht natürlicher, wenn der Arm, der die Schlange führt, mehr gehoben würde?"

„Wie? Sie schlagen mir eine neue Stellung vor?"

„Ja — sehen Sie, so —"

Sie zeigte ihm die Stellung, indem sie auf's Neue die Hand zum Busen führte.

Er stand wie abwesend da. Er sah nur diese weiße Hand, diesen durch den Flor schimmernden, von dem entfesselten goldigen Haar umrahmten wogenden Busen. Und jetzt weniger Künstler als empfindender Mensch, verwirrt, seiner Sinne nicht mächtig, beugte er sich schnell herab und drückte einen glühenden Kuß auf diese Fülle der Schönheit.

Im selben Augenblick lag er reuevoll zu ihren Füßen. Er erwartete, daß sie gleich einer erzürnten Diana emporspringen würde. Doch sie rührte sich nicht, sie seufzte nur leicht. Er erhob noch nicht das sündige Haupt. Da lächelte sie triumphirend und spöttisch, wie man über einen Thoren lächelt, der den Goldvogel des Glücks in seiner Hand hatte, aber unerfahren ihn nicht festzuhalten verstand. Das Spiel war verloren.

Die Fürstin warf einen forschenden Blick in das Vorzimmer. Als sie sich dadurch beruhigt fühlte, daß die Gesellschaftsdame noch ganz in ihren Leopardi vertieft war, erhob sie sich und hüllte sich majestätisch in ihr seidenes Gewand.

„Sie haben meine Güte mißbraucht, Signor —"

Ihre Augen flammten und maßen ihn von Kopf bis zu den Zehen. Er stand leichenblaß vor ihr.

„Als echter Künstler müßten Sie mich in diesem Augenblick heilig wie eine Schwester gehalten haben. Ich sehe, ich habe mich in Ihnen getäuscht, Sie sind kein Cavalier".

Sie ordnete schnell ihre Frisur und ihre Kleidung in der Ecke vor dem Spiegel und bereitete sich zum Gehen. Er fiel wieder vor ihr nieder mit einem Ausdruck rührender Verzweiflung im Gesicht, indem er einige leidenschaftliche, zärtlich verwirrte Entschuldigungen und Selbstanklagen hervorstammelte.

„Halten Sie inne, Signor! Einst werde ich Ihnen vielleicht verzeihen, doch jetzt kann ich es noch nicht. Ich vermag Sie nur dadurch zu strafen, daß ich Ihnen niemals mehr als Modell sitzen werde, heute war es das letzte Mal!"

Er sprang empor und streckte flehend die Hände nach ihr aus: „Wie soll es mir dann ergehen? O, meine Statue, meine schöne Statue, meine Zukunftshoffnungen!"

„Ihre Phantasie muß Ihnen das Original herbeizaubern, dessen Anblick Sie durch Ihr eigenes Verschulden verscherzt haben", antwortete sie, und ein spöttisches Lächeln wurde abwechselnd bemerkbar. „Ich bin selbst Kunstkennerin genug, um einzusehen, daß Sie jetzt, Signor, die Statue ohne Modell vollenden können. Das Wesentliche haben Sie vollbracht".

„Soll ich Sie denn niemals mehr sehen?" jammerte er.

„Vielleicht — es hängt nur von Ihnen ab. Zu Zeiten will ich mir wohl erlauben, Ihr Atelier zu besuchen, um zu sehen, wie meine Statue vorschreitet, nichts weiter. Sie erinnern sich, Signor, daß sie jetzt die meinige ist?"

Er verbeugte sich; er fand sie doch nicht so grausam.

„Apropos", begann sie wieder, indem sie ihre Handschuhe anzog, „morgen ist mein Empfangsabend. Wollen Sie mir dann das Vergnügen bereiten, mich zu besuchen, sollen Sie mir willkommen sein. Sie werden bei mir versammelt finden, was Rom an literarischen und diplomatischen Größen besitzt. Auch einige junge Künstler.

„Wie gut Sie sind", stammelte er. „Ich in Ihrem Hause? Womit habe ich das verdient . . .?"

„Aber an eins bitte ich Sie zu denken, Signor Scultore, daß ich in meinem Salon die Fürstin Pirano bin und nicht mehr Ihr Modell. Sie verstehen, nicht wahr?" Sie sah ihn dabei nicht an, sondern auf ihren

Handschuhknopf, der sich nicht gleich fügen wollte. Doch ihr Blick schweifte über den Handschuh weg zu ihm hin. „Catarina!" rief sie.

Diese trat schnell zu ihrer jungen Herrin ein. Die Brille war auf die Stirn geschoben, ihr komisch forschendes Gesicht verrieth, daß sie viel zu plötzlich aus ihren poetischen Schwärmereien gerissen worden war. Sie hatte just mit einem Paar unglücklich Liebender geweint, ohne Ahnung, welche Liebesscene unterdessen fast vor ihren Augen hier im Atelier gespielt hatte.

„Schon fertig?" Sie betrachtete die Statue. „Charmant, in der That ein vollendetes Kunstwerk! Wie sagt doch der Dichter: „Ein reifes Kunstwerk ist wie ein —"

„Gieb mir den Shawl um, Catarina".

„Darf ich —" bat Gudmund.

„Nein, nein! Catarina macht das besser; sie ist daran gewöhnt — so, ja," wandte sie sich an diese — „und jetzt den Hut!"

„Ach", seufzte Catarina, nachdem sie ihrer Herrin geholfen hatte, „wie Ihr Werk mich an Alfieri erinnert. Er hat so wundervoll über Kleopatra geschrieben. — Sie kennen wohl Alfieri, unseren großen, unsterblichen tragischen Dichter: ich habe sein Portrait über meinem Bette hängen".

„Es ist gut, liebe Catarina!" unterbrach sie die Fürstin. „Davon kannst Du unserem Künstler morgen erzählen; denn er hat mir versprochen, uns zu besuchen. — A revederci, Signor!"

„Er kommt zu uns", flüsterte die Alte zu sich selbst, einen Blick auf des jungen Mannes schlanke Gestalt werfend. „Da werde ich ihm mein Sonett zustecken. Er sieht aus, als ob er Verständniß für Poesie und schwärmerische Frauenseelen hätte. Bisher", seufzte sie, „bin ich so mißkannt, so unverstanden durch diese kalte Welt gegangen, aber vielleicht er, vielleicht er —"

Sie waren gegangen. Gudmund blieb allein zurück, verwirrter und hoffnungsreicher, als je zuvor. Mit der einen Hand hatte sie ihn gestraft, gestreichelt mit der anderen. In ihm wurde der Gedanke lebendig, daß sie ihn liebe; sie würde ihm sonst gewiß nicht als Modell gedient haben.

———

Der Gesellschaftsabend brach an.

In seiner neuen Festtoilette stand Gudmund um 9 Uhr Abends vor dem glänzend erleuchteten Palast, schwankend, ob er eintreten solle oder nicht. Er fühlte jene Beklommenheit, die uns befällt, wenn wir zum ersten Mal in einem uns fremden Hause, in einer neuen Familie empfangen werden sollen. Er mußte jedoch lächeln, da er daran dachte, wie wenig fremd sie ihm jetzt doch sei.

Er starrte zum Palast in die Höhe und musterte dann seine Umgebung. Der Märzabend war dunkel, die Sterne flimmerten an dem nachtblauen Gewölbe, und der Wind strich sanft flüsternd gleich einem beruhigenden Liebes= zeichen über seine heißen Wangen. Er lehnte sich gegen die kleine Hausthür, dem Palast gegenüber auf der anderen Seite der Straße. Er zählte die strahlenden Fenster der Façade und folgte den eilenden Schatten, die dort oben vorüberzogen, während eine Equipage nach der andern ihre vornehme Bürde an der Pforte mit dem livreebekleideten Wächter absetzte. Tiefer und tiefer wiegte er sich ein in den Wirbeltanz seiner Träumerei . . . .

Geliebt von einer Prinzessin —

Entschlossen trat er in den Palast, ohne den Pförtner zu beachten, der ihn bestürzt musterte; er erkannte sofort in diesem eleganten jungen Herrn den vermeintlichen Bettler wieder, dem er so barsch die Thür gewiesen hatte.

Das Vestibül war durchschritten. Er stieg die hellen, blumengeschmückten und teppichbelegten Treppen hinauf, und gemeldet von einem Diener, der einem jungen Stutzer glich, stand er im nächsten Augenblick mitten in dem reichen, wie von einem Lichtmeer überflutheten Salon, umgeben von der ganzen vornehmen, strahlenden Schaar. Er gerieth in Verwirrung, ohne daß man es doch seinem Aeußeren, dieser abgemessenen, conventionellen Verbeugung angemerkt hätte. Die weißen Marmorstatuen in den Nischen, die glänzenden venezianischen Spiegel, welche die Gäste und die Kunstwerke, die Marmorfriese und die Gobelins, die Lichtkronen und die Guirlanden seltsam phantastisch wiederstrahlten: alles dies flimmerte im ersten Augenblick vor seinen Augen und schwamm zu einem glänzenden Nebelbilde zusammen.

Er faßte sich. Sein fragender Blick suchte nach Hilfe, er suchte sie. — Ja, dort trat sie aus dem Kreise hervor und kam ihm freundlich lächelnd entgegen.

„Willkommen, Signor!" Die Fürstin reichte ihm die Hand, stellte ihn den bedeutendsten der Gäste vor und führte ihn dann zu der neugierigen Herzogin, die mit der offenen Schnupftabaksdose in der Hand erwartungsvoll an ihrem Platze saß. An ihrer Seite mußte er sich niederlassen. Da er Dank seiner guten Erziehung fließend französisch sprach, kam bald eine geläufige Conversation zwischen ihm und der alten Dame in Gang. Von ihrer Seite war sie jedenfalls am lebhaftesten, er beantwortete ihre vielen Fragen etwas zerstreut. Zum Glück war seine Aufmerksamkeit weniger erforderlich, als sie später ihre Geschichte von dem „verrückten Maler" zu erzählen begann. Da war er nur anscheinend ihr Zuhörer, während er seine Augen mit dem Entzücken eines Liebhabers den Bewegungen der Fürstin folgen ließ. Mit welchem Leben, mit welcher Grazie schwebte sie lächelnd unter ihren Gästen einher!

Nie zuvor war sie ihm so entzückend und unwiderstehlich erschienen, wie an diesem Abend! Kam es daher, daß sie sich hier auf dem Boden ihres Heims bewegte, wo ja jedes Weib eine Königin ist, und daß diese häusliche Sicherheit nun noch ihre angeborene Schönheit vermehrte? Oder war es ihre Kleidung, die sie heute Abend in ihrer Laune gewählt hatte, und welche die Herren nicht genugsam preisen und bewundern konnten?

Sie trug ein einfaches weißes, geschlossenes Mousselinkleid ohne jeglichen Schmuck, nur ein schmales blauseidenes Band, das auf antike Weise um die

Stirn geknüpft war, hielt das zurückgestrichene Haar am Hinterkopf fest. Den unerläßlichen Hintergrund für diese edle Einfachheit bildeten die schweren Sammet= und Seidencostüme der übrigen Damen. Gudmund erinnerte sich plötzlich ihrer Frage betreffs der Vestalin. Jetzt, mit diesem keuschen Stirn= band, in diesem weißen, unschuldsvollen Kleid, hätte sie wohl als ein Vor= bild für diese dienen können. Man brauchte ihr nur eine Lampe in die Hand zu geben, um die Illusion vollständig zu machen.

Die Herzogin sprach unterdessen vor tauben Ohren. Von dem alten Maler kam sie mit einer schnellen Wendung auf die Anzeichen der hervor= brechenden Cultur in Norwegen und die neuen katholischen Kirchen zu sprechen. Im Eifer ihrer Propaganda merkte sie seine unhöfliche Zerstreut= heit nicht.

„Ein junger Mann mit Esprit", versicherte sie später am Abend der Marquise N., „und so höflich; man merkt, daß er eine gute Erziehung genossen hat".

Indessen war Gudmund, der, gänzlich im Anschauen der Geliebten verloren, der Herzogin immer nur mechanisch zugenickt hatte, der Gegenstand einer scharfen Musterung von Seiten der Gesellschaft. Man beobachtete seine Toilette, seine ganze Manier, die Form seiner Hände wie seine Handschuhe, sein Lächeln und sein Kopfnicken.

„Die Fürstin hat Recht", sagte Baron G. zum Grafen de Marchio; „er ist wirklich elegant als gehöre er zu den unsrigen. Man sollte fast glauben, daß er ‚von Blut' wäre".

Der Graf wandte dem Plauderer den Rücken und näherte sich Gud= mund. Mit welchem Anstand der junge Künstler sich erhob, wie wohl er seine seine, aber kräftige Figur zu tragen wußte! Man beobachtete ihn noch immer. Es lag etwas Träumerisches in dem bescheidenen Lächeln, womit er dem Gespräch des Grafen lauschte, aber die Damen fanden, daß es ihm wohl kleide. Sie bewunderten seine blauen Augen und sein blondes, starkes Haar, das lang herabfiel. Da man schon einen Theil seiner Lebensgeschichte kannte, konnte man nicht umhin, ihn sehr interessant zu finden. Das junge verschämte Mädchen, das den Wunsch ausgesprochen hatte, ihn zu sehen, machte erröthend eine leise Bemerkung über ihn zu einer Freundin. Die Herzogin lächelte ihm gnädig zu.

„Die Fürstin hat wirklich Ehre mit ihrem Schützling eingelegt, diese kunstliebende Fürstin, die das Genie in der Dachkammer aufsucht".

Die Fürstin, welcher die gute Aufnahme ihres Schützlings in der Gesellschaft nicht entging, war doppelt wohlwollend zu ihm, der stumm, überwältigt von der Neuheit all der Eindrücke und dem Glanz dastand, um= ringt von der Herzogin, dem Grafen de Marchio und dem Baron G., der ihm die größte Zuvorkommenheit erwies.

Die Herzogin versprach, ihn in seinem Atelier zu besuchen, um seine Statue zu sehen. Baron G. wollte nicht hinter ihr an Artigkeit zurück=

stehen und erbat sich daher auch die Erlaubniß, kommen zu dürfen. Das junge Mädchen, dem er gleichfalls vorgestellt worden war, legte ihre klösterliche Scheu ab und bat ihn, etwas über das wilde Norwegen zu erzählen, das sie in geographischer Verwirrung mit Sibirien verwechselte. Der würdige Monsignore mit den violetten Strümpfen fragte ihn gnädigst, ob er bereits zur Audienz im Vatican gewesen sei, im entgegengesetzten Fall würde er ihn mit Freuden bei seiner Heiligkeit introduciren. Die fromme Herzogin hatte ihm, dem Monsignore, gerade mitgetheilt, daß der liebenswürdige Artist im Herzen gut katholisch und nur protestantisch aus Zwang sei. Die Gesellschaftsdame, die schwärmerische Signora Catarina, steckte ihm in jungfräulicher Verwirrung und gesenkten Blickes ein kleines Papier in die Hand, auf dem er bei näherer Betrachtung ein Sonett „A lui" mit der Unterschrift: „Eine verkannte Frauenseele" aufgezeichnet fand.

Gudmund befand sich in niemals gekannter innerer Erregung. Dazu die in den Sälen herrschende hohe Temperatur, in ihrer Wirkung auf ihn noch erhöht durch den genossenen Thee, der in kostbaren chinesischen Tassen herumgereicht wurde. Es zog ihn auf einen der von den Vorgemächern in's Freie führenden Balcon. Er trat hinaus. Eine Gardine zurückschlagend befand er sich in einer tief gewölbten Fensternische. Er starrte in die Sternennacht hinaus. Einige schwarze Pinien rauschten draußen im Nachbarsgarten. Die Peterskuppel zeichnete ihre gigantische Silhouette auf dem Sternengrunde ab. Das runde Dach des Pantheons glitzerte wie Kupfer. Kirchen, Paläste, Ruinen rundum. Doch seine Gedanken weilten nicht bei Roms erstorbener Größe, sondern bei ihr, der Lebenden dort drinnen, der Prinzessin, deren silbertönendes Lachen grade jetzt in seine Verborgenheit drang.

Er fuhr zusammen; er hörte die Stimme der Fürstin ganz in seiner Nähe. Sie stand in einem vertraulichem Gespräch mit Graf de Marchio. Nur die Gardine trennte ihn von den Sprechenden.

„Ich reise", sagte der Graf, der während des ganzen Abends ungewöhnlich bleich und still gewesen war; „ich bin mit meinem Regiment nach Neapel beordert".

„Sie verlassen uns also?"

„Ja — doch Sie sehen gerade nicht überrascht aus. Ich glaubte, daß dies Ihnen eine Neuigkeit wäre".

„Das ist auch der Fall".

Gudmund wollte aus seinem Versteck hervortreten, um nicht die unedle Rolle des Lauschers zu spielen, aber er fand es zu spät; denn der Graf sagte in demselben Augenblick:

„Aber Sie wissen nicht, daß ich vielleicht ein halbes Jahr fortbleiben werde. — Das ist eine lange, lange Zeit".

Er seufzte. Sie stand schweigend neben ihm.

„Haben Sie mir denn nichts zu sagen in diesem Augenblick des Abschieds?"

„Nein — ja doch! Eine kleine Bemerkung! Sie erzählen mir, daß Sie reisen, und daß Sie lange fortbleiben werden, in einem so sonderbaren Ton; es klingt fast wie eine Drohung. Ich reise! Was meinen Sie damit, lieber Graf? Reisen Sie doch in aller Heiligen Namen, ich werde Sie nicht daran zu hindern suchen, im Gegentheil, ich werde den Himmel bitten, daß Ihnen auf dem Wege keine Gefahr zustoße".

„Ich danke!"

„Nicht ironisch! Wie gesagt, es kann wohl kommen, daß ich mich nach der Gesellschaft meines werthen Vetters sehne, wie nach seinen täglichen Besuchen. Aber so ganz untröstlich werde ich doch nicht sein", fügte sie lächelnd hinzu. „Ich habe so viel, wofür ich leben kann, so viele Interessen" —

„Ja, ich kenne Ihre Interessen", sagte er, nicht spöttisch, nur betrübt. „Ich weiß, daß Sie leicht Tröster finden werden".

Es trat eine Pause ein. Aus dem Salon, wo eine junge Dame sich an das Piano gesetzt hatte, erklangen Verdis schwärmerische Melodien bis zu ihnen hin, zeitweise von des Grafen Seufzern unterbrochen.

„Neapel ist eine lebhafte Stadt", begann die Fürstin endlich, „Sie werden dort hinlänglich Zerstreuung finden".

„Grausame!" sagte der Graf, nicht mehr, und seine kräftige Stimmklang schwach, wie die eines Kindes.

Vom Salon her kamen jetzt die Töne noch schwärmerischer und gewinnender; es war, als ob sie alle die zärtlich streitenden Gefühle, die der Graf so stolz verbarg, aussprächen.

„Beatrice!" rief er plötzlich, und der wohlklingende Name ertönte doppelt wie Musik durch den bittenden Ausdruck. — „Beatrice —"

Gudmund konnte nichts sehen, doch er meinte, daß der Graf in diesem Augenblick ihre Hand ergriff.

„Nein, mein Herr Graf, lassen Sie uns um Gotteswillen nicht sentimental werden und dadurch noch den letzten Abend verderben. Sie lieben die Musik zu „La Traviata", merke ich, mir mißfällt sie durchaus, denn sie ist zu schwindsüchtig, zu übermäßig empfindsam".

Der Graf machte eine tiefe Verbeugung.

„Leben Sie wohl, Fürstin!" Er entfernte sich langsam.

„Leben Sie wohl, Herr Graf!" Sie verneigte sich ceremoniell.

„Noch eins", sagte er, indem er zurückkehrte. „Ich habe noch eine ganz kleine Bitte, die letzte: Schonen Sie den jungen Bildhauer! Ich habe ihn liebgewonnen, seine Seele ist weich, wie der Thon, aus dem er seine Figuren formt, er ist leicht zu zerbrechen —"

„Sie haben nichts zu fürchten, Herr Graf! Ich werde ihn durchaus nicht überanstrengen, sondern ihm Zeit zur Arbeit lassen. Wenn die Statue zum Herbst fertig wird, bin ich zufrieden".

„Ich dachte nicht an die Statue".

„Ihren Worten eine andere Deutung beilegen, hieße Sie beleidigen. — A reviderci!" Sie machte eine abwehrende Handbewegung.

Er entfernte sich, doch nicht ohne ihr zuvor einen eigenthümlichen Blick zugeworfen zu haben, der sowol Haß wie Liebe ausdrückte.

Gudmund, der annahm, daß Beide sich entfernt hätten, schob die Gardine zurück und trat vorsichtig aus seinem Versteck hervor. Da erblickte er die Fürstin, die in Gedanken versunken, als ob sie über die Worte des Grafen nachdächte, zurückgeblieben war. Ein geringschätzendes Lächeln spielte um ihren Mund, als sie dem Grafen nachblickte und vor sich hin murmelte: „Er kommt wieder".

„Sie haben gelauscht?" rief sie Gudmund entgegen, und ihr Lächeln ging in lauter Sonnenschein über. Mild drohte sie ihm mit dem Finger. „Das ist nicht hübsch von Ihnen. Ich werde genöthigt sein, mich ein wenig Ihrer Erziehung anzunehmen, da Sie sich so schwer ein Mal auf's andere gegen die gute Sitte versündigen".

Er erröthete, die Modellscene stand wieder lebhaft vor seinen Augen.

„Sie haben sicher nicht genug in Ihrer barbarischen Schule dort oben im Schneelande gelernt".

„Vergebung, Hoheit, aber es geschah gegen meinen Willen. Ich betrachtete den prachtvollen Sternenhimmel, während das Gespräch hier begann. Ich fing, ohne es zu wollen, die ersten Worte auf, und dann war es zu spät zurückzutreten. Uebrigens muß ich bekennen, so mächtig ich auch Ihrer schönen Muttersprache bin, verstehe ich doch nicht alle Worte, wenn man schnell spricht und zudem so leise, wie Sie und der Graf, und dazu mischte sich noch die Musik verwirrend hinein. Ich hörte freilich, daß meiner Erwähnung geschah, und das mit einer gewissen Betonung".

Die Fürstin athmete erleichtert auf. Er hatte also des Grafen de Marchio kühne Andeutung nicht verstanden.

„Ja, wir sprachen von Ihnen, über die Zukunft unseres lieben Schützlings. Der Graf hegt eben so viel Interesse für Sie wie ich".

So schmeichelhaft für ihn sich dies auch anhörte, so war er dennoch nicht befriedigt. Er hatte nämlich deutlich jene so mystischen Worte: „Schonen Sie ihn!" vernommen. Was wollten sie bedeuten? Welches Böse konnte wohl die Fürstin gegen ihn im Sinne führen? Doch er wies die sich ihm zu ungelegener Zeit aufdrängenden Gedanken von sich; jetzt wollte er nur den Augenblick genießen und sich in ihrem Anblick berauschen.

„Der Graf hat sich entfernt?" sagte er endlich, um doch etwas zu sagen.

„Ja. Aber weshalb jetzt noch von meinem streitsüchtigen Vetter sprechen? Sagen Sie mir —" sie hielt inne, ein Diener schritt durch den Vorsaal. —

„Sie vergißt gewiß sehr leicht", dachte Gudmund, „aus den Augen, aus dem Sinn". Zugleich freute ihn aber doch ihre Rede. Das Gerücht, das den Grafen für ihren begünstigten Anbeter ausgab, entbehrte also allen Grundes.

Der Diener hatte sich entfernt. Drinnen im Saal spielte noch immer die junge Pianistin, und die Gäste saßen schweigend da und lauschten den Klängen ihres Lieblingscomponisten. Die Beiden waren ungestört.

„Sagen Sie mir", nahm die Fürstin wieder ihre Rede auf, „wie gefällt Ihnen mein Heim? Sie haben mir, Signor, noch Nichts darüber gesagt. Ich muß gestehen, ich hatte etwas Schönes erwartet".

„Hätte ich nur den Muth, Ihnen alle meine bewundernden Gedanken zu sagen. Ihr Haus erscheint mir wie ein wahrhafter Feenpalast! Diese Blumen, diese Spiegel, diese Marmorstatuen! Als ich eintrat, war ich völlig geblendet: ich vermochte mich kaum zu sammeln. O, Sie sind glücklich Fürstin, ein solches Heim zu besitzen!"

„Meinen Sie?" fragte sie mit mädchenhaftem Lächeln, indem sie eine Locke um ihren Finger schlang.

„Weßhalb sollten Sie es nicht sein? Man glaubt, was man sieht".

„Sie haben Recht, Signor, ich fühle mich wirklich glücklich. Dabei bin ich mir vollkommen bewußt, welche Vortheile mir mein Rang, mein Reichthum und meine unabhängige Stellung in der Gesellschaft verleihen. Lange, entbehrungsvolle Jahre hindurch habe ich nach diesem schönen Freiheitsleben gedürstet. O, wie ich mißhandelt wurde, wie ich litt!" flüsterte sie unwillkührlich.

„Sie, Fürstin?" rief er theilnahmsvoll aus. „Und ich bildete mir ein, daß ihr ganzes Leben ein unterbrochenes Wandeln auf Rosen gewesen sei".

Ein Hauch von Melancholie überschattete ihr Gesicht.

„Was kennen Sie von dem Leben in unserem Kreise? Ja, auch ich kenne die Leiden. Meine Mutter starb bald nach meiner Geburt. Mein Vater — doch lassen wir den Todten ihre Ruhe! Unsere Anklagen vermöchten doch nicht das Vergangene zu ändern. Meine Jugend war traurig. Das Haus, in dem keine Mutterhand mehr waltete, wurde der Schauplatz wilder Zügellosigkeit. In dieser unreinen Atmosphäre wuchs ich auf.

Als ich vierzehn oder fünfzehn Jahre alt war, wurde ich in ein Kloster gesteckt. Mein Vater hatte sein Vermögen verspielt. Er mußte sein Haus, seine Möbel, seine Gemälde verkaufen und in die Mezzanin-Etage des Palastes ziehen, wo er einst als Besitzer geherrscht hatte.

Man spricht von den Klöstern, als von dem erquickenden Ruheort für verwundete Seelen, dort sei Gleichheit, Freiheit, Frömmigkeit, alle christlichen Theorien seien dort realisirt! Bah! Dort herrscht Kastenunterschied, wie anderswo. Ich war das arme Fräulein, für das nur eine knappe Pension gezahlt wurde; man ließ es mich fühlen. Ich war „Educante", ich legte kein Gelübde ab, ich vollendete nur meine Schulerziehung. Mein Vater hatte seine Pläne mit mir, denen nicht das Klostergelübniß entsprach, das mich zur Nonne machte. — In diesen Jahren der Gefangenschaft sehnte ich mich am tiefsten in's Leben hinaus um die holden Freuden dort draußen. Zu Zeiten wünschte ich zu sterben, wenn ich einsam im Klostergarten hinter den hohen

Mauern mich erging, und die Vögelschaaren frei über meinem Haupte weit fort durch die sonnige, blaue Luft dahinstreichen sah. —

Endlich wurde mein Gefängniß geöffnet. Mein Vater holte mich und stellte mir einen kränklichen, verlebten Greis, meinen künftigen — Gemahl vor. Ich nahm ihn. Fragen Sie nicht, wie so etwas möglich war. Ich war noch ein Kind, in Unkenntniß von Allem, was das Leben betraf. Eins nur glaubte ich zu wissen, daß hier nur die Wahl zwischen Gefängniß und Freiheit sei. Ich wählte die Freiheit, das heißt die Ehe. — Wir verheiratheten uns, und mein Vater kaufte seinen Palast für das Geld meines Gemahls zurück, der Handel war geschlossen. Ueber die Zeit, die nun folgte, lassen Sie mich hinweg gehen, sie ist zu traurig . . . Ich tröstete mich endlich — auf meine Weise".

Die Fürstin erzählte nicht, daß sie dann mit Herzen spielte, wie ihr Vater früher mit dem Gold gespielt hatte. Sie senkte das Haupt wie in trauernder Erinnerung; er glaubte, sie weine, und wollte ihre Hand ergreifen, aber da machte sie eine ablehnende Bewegung.

"Sie wundern sich über meine Mittheilsamkeit, Signor, nicht wahr? Sie denken darüber nach, was mich bewogen haben mag, Ihnen dies jetzt zu erzählen, während die Musik drinnen die Uebrigen fesselt. Aber geben Sie sich gar keinen Illusionen hin. Was ich Ihnen gesagt habe, ist nur der äußere Umriß eines Lebens, das ganz Rom kennt — außer Ihnen, dem Fremden. Fragen Sie das Gerücht morgen, und es wird Ihnen tausend Mal mehr erzählen, die interessantesten Einzelheiten. Ich kenne das Volks= geschwätz, aber als Fürstin Pirano erhebe ich mich darüber".

Ein zweiter Diener ging mit einem Präsentirbrett in der Hand an ihnen vorüber. Die Fürstin fächelte sich lächelnd Kühlung zu. Sie war wieder die lebensfrohe Wirthin, und ungeduldig, dem Gespräch eine andere Wendung zu geben, fragte sie: "Welche Auffassung haben Sie vom Leben, Signor?"

"Die Wahrheit zu gestehen, habe ich bisher nicht viel darüber nach= gedacht. Ich habe gelebt, ohne sonderlich über die Dinge zu reflectiren. Ich habe mich meiner Kunst geweiht, gearbeitet und —"

"Kennen Sie unsere Literatur? Giusti ist mein Lieblingsdichter. Ihn müssen Sie lesen. Er besingt in den entzückendsten Rhythmen die Lebens= freude. Das Leben ist ein Tag, sagt er, ein Gesang, ein bacchantischer Rausch, ein Garten, dessen Rosen wir pflücken müssen, ehe sie welken. "Rosen im Haar, in der Hand den schäumenden Pokal, ist der Becher geleert bis zum letzten Tropfen, so wirf ihn fort". — "Wir sind geboren, um zu ge= nießen", sagt er. Ja, die Dichter, die Dichter —"

"Jedenfalls sind wir nicht dazu geboren, zu leiden". Er seufzte heimlich.

"Apropos, Signor, Ihre Kleopatra ist herrlich. Auch sie war eine Königin des Genusses".

Er vermochte dem nicht zu widerstehen, einen Blick auf ihre schöne Gestalt zu werfen.

„Bah!" sagte die Fürstin, indem sie die Palmenzweige ihres Fächers wie zum Schutz gegen ihn ausbreitete. „Kann man nicht mit dem Dichter sympathisiren, ohne deshalb alle seine Anschauungen zu theilen? Wenn ich in jener Beziehung von Ihrer Kleopatra sprach, so meinte ich die Idee, die Darstellung des Kunstwerks, nichts anderes. Je mehr ich über Ihre Statue nachdenke, desto vorzüglicher finde ich sie".

Sie schlug plötzlich den Fächer zusammen, so daß ihr Gesicht frei wurde, ihre sonst farblosen Wangen zeigten jetzt eine Spur von Röthe.

„Wissen Sie, Signor, daß ich Ihnen eine große Zukunft prophezeihe? Ja, ich glaube, daß —"

Die Musik war zu Ende. Die Fürstin brach ihre Rede kurz ab, verneigte sich leicht gegen Gudmund und begab sich in den Salon, wo gerade die Gäste sich erhoben hatten und die Pianistin umringten, derselben ihren Dank und ihre Complimente darzubringen. Die Fürstin wollte dabei nicht vermißt werden. Sie ergriff die Hand der Pianistin und flüsterte ihr einige bewundernde Worte in's Ohr. Die junge Dame erröthete vor Wonne.

Gudmund blieb indessen nicht lange in seinem Grübeln über die seltsamen Worte der Fürstin allein. Signor Catarina näherte sich ihm mit geheimnißvoller Miene, eine große, Unglück verheißende Papierrolle in der Hand tragend.

„Können Sie schweigen, Signor? Nein, ich glaube Ihnen nicht. Schwören Sie mir bei den Sternen des Himmels und bei Ihrer Mannesehre, daß Sie das Vertrauen, das ich Ihnen heut Abend erweisen möchte, nicht mißbrauchen wollen".

„Ich verspreche es Ihnen", erwiderte er lächelnd, „ja, ich schwöre es!"

Sie hob die Papierrolle in die Höhe, küßte sie und überreichte sie ihm darauf.

„Mein theuerster Schatz in dieser Welt! Sie allein, Signor, sollen die Erlaubniß erhalten, diese meine „Ode an das befreite Italien" zu lesen. Bisher habe ich nichts drucken lassen, aber wenn Sie eine günstige Meinung über dieses Werk hegen, werde ich es sofort veröffentlichen. Sie sehen, welchen hohen Werth ich auf Ihr Urtheil lege!" Sie schlug verschämt die Augen nieder. „Haben Sie mein Sonett gelesen? Doch nein, sagen Sie nichts, beschämen Sie mich nicht! Ich weiß, daß Sie mich nicht mißverstehen werden. Wenn ich sage: „An ihn", so denke ich dabei nicht an einen einzelnen, sterblichen Mann, sondern an ein Phantasiegebilde, an ein Männerideal, das ich einst im Jenseits umarmen werde, ja, jenseits . . ."

Gerührt von ihren eigenen Worten, wischte sie eine Zähre aus dem Auge.

Während der übrigen Zeit des Abends ereignete sich nichts für ihn Bemerkenswerthes. Man brach auf.

Die Fürstin reichte ihm die Hand. „In einer Woche besuche ich Sie wieder in Ihrem Atelier. Ich bin neugierig zu sehen, wie es meiner Kleopatra geht. Sie haben schon mit dem Bilde in Marmor begonnen, höre ich; der Gipsabguß ging glücklich von statten — also A rivederci, Signor —"

Er ließ seinen Chapeau-bas fallen, machte eine linkische Verbeugung, nahm den Hut wieder auf und 'ging. Es war ihm, als habe er einen leichten Druck der Hand der Fürstin gefühlt. —

„Diese Künstler!" murmelte sie lächelnd, als sie seiner schlanken Gestalt nachsah. „Sie sind alle wie große Kinder".

Die Equipagen rollten davon. Einige der jüngeren Herren gingen trällernd zu Fuß nach Hause. Gudmund schlich sich von dem Schwarm fort. Er mußte allein sein. Sein Herz erzitterte im Uebermaß der Wonne, gleich einer hochgestimmten Saite, sein Kopf brannte, wie im Fieber; er mochte sich ein eiskaltes Sturzbad wünschen. Wieder stellte er sich dem Palast gegenüber auf den Posten. Ein Licht nach dem andern erlosch. Die Diener eilten hin und her, gleich Mitternachtsgespenstern. Der Pförtner schloß die Thür, die mit einem knarrenden Lärm zufiel.

Vorbei! Sein Traum-Palast war wie in die Erde gesunken, die Finsterniß hatte denselben in Besitz genommen, nur wie ein schwarzer Schatten zeichnete es sich auf dem dunkeln Himmelsgewölbe ab. Sieh, dort glitt etwas gleich einem Stern vorüber. Dort oben hinter der weißen, mit Spitzen besetzten Gardine wurde eine Lampe angezündet, sie war der einzige Lichtpunkt im ganzen Palast — war dies ihr Schlafgemach?

Dort stand er in der kalten Frühlingsnacht, glühend, mit einem im voraus genießenden Lächeln, wie das eines Bräutigams, für den man das nächtliche Fest bereitet.

Heut Abend war sie ihm noch näher gekommen. Sie hatte ihm einige Züge aus ihrem Leben mitgetheilt; und der Gedanke an ihre leidenvolle Kindheit ergriff ihn unsäglich und machte sie ihm nur um so theurer. Diese reizende Vertraulichkeit, ihr halb flüsternd geführtes Gespräch, lag nicht in allem diesem gleichsam ein schweigendes, aber bedeutungsvolles Versprechen. Er wußte, daß seine Gefühle für sie tiefer waren, als die Begierde des Augenblicks. Es war Liebe, heilige, reine die ritterliche Liebe, die der Mann für das Weib empfindet, das er zu seiner Gattin begehrt, und dem er seinen Namen zu geben willens ist.

———

Während der folgenden Tage arbeitete Gudmund eifrig, mit nie ermüdender Hand meißelte er an dem Marmorblock vom ersten Tagesgrauen an, bis die Sonne im Westen unterging, und oft noch später bei Licht. Sie kam ja bald, und sie sollte sehen, daß er kein Müssiggänger sei, sondern es mit seiner Kunst ernst meinte und ihrer Güte vollkommen würdig sei. Wie war er doch glücklich während dieser strengen Arbeitstage! Ihr Bild unter seiner Hand, ihr Bild in seinem Herzen!

Hin und wieder wurde er in seiner Beschäftigung durch gnädige Visiten der vornehmen Freunde der Fürstin gestört.

An einem prächtigen Sonnenscheintag kam die Fürstin, ohne sich vorher angemeldet zu haben, begleitet von Catarina. Er hatte die Fürstin zu einer anderen Zeit erwartet; sie traf ihn daher in seiner Arbeitsblouse mit dem Meißel in der Hand, bedeckt mit Staub und Marmorstückchen. Er brachte eine Entschuldigung seiner Kleidung wegen hervor.

„Das ist ihre Uniform, Signor", sagte sie, „diese ehrt Sie eben so sehr, wie die Epaulettes den General".

„Haben Sie schon Alfieri studirt?" flüsterte Catarina und schob mehrmals ihren Hut hin und her, um seine Aufmerksamkeit auf das eigenthümliche Bouquet zu richten. „Das ist ein Dichter, über den man wohl weinen kann, und es ist so herrlich, aus seinem vollen Herzen zu weinen".

Er hörte nicht auf ihre Worte; er sah gedankenvoll aus dem Fenster, das dem Hofe zugekehrt war. Dort lag ein kleiner Garten mit Myrtenhecken und Rosenbüschen; Cypressen erhoben sich hoch über ihre niedrigen Schwestern gleich schwarzen Stützen in die blaue Luft. In der Mitte des Gartens sprudelte eine Fontaine, deren silberklarer Strom einen Regenbogenglanz durch die Sonne erhielt und einen kleinen Amor mit dem gespannten Bogen in der Hand, die Zierde der Fontaine überrieselte.

„Sie betrachten den kleinen Liebesgott", lächelte die Fürstin, während Catarina sich mit einem vorwurfsvollen Blick auf den „Treulosen" entfernte. „Nehmen Sie sich in Acht, Signor! Sehen Sie, er zielt gerade auf Sie".

„Was hätte ich wohl zu fürchten, Hoheit? Für mich hat Amors Pfeil keine Gefahr".

„Sie meinen, Signor —"

„Daß man nicht Schüsse auf das Wild verschwendet, das bereits gefällt ist. Mit anderen Worten: ich bin bereits in Amors Netzen gefangen, gebunden an Händen und Füßen".

Die Worte kamen spielend heraus, allein die Stimme bebte. Er sammelte einige Marmorsplitter von seiner Bluse, rieb sie zwischen den Händen und warf sie fort.

„Ah, ich verstehe! Ich hätte mir das schon denken können, Signor. Sie sind unverwundbar, weil Sie bereits Ihr Herz dort oben im Norden verloren haben".

„Ja, ich habe es verloren, aber nicht im Norden".

Sie führte auf ihre gewohnte Weise das Spitzentaschentuch an ihre Lippen. War es ein leichter Husten oder ein leises Lachen? es spielte wieder etwas Sonderbares in den Augenwinkeln. Aber als sie jetzt das Taschentuch zurückzog, entdeckte er nur Ernst; schweigend stand sie da, schweigend und unbeweglich wie die Sphinx, die ihr Räthsel verbirgt.

"Wollen Sie die Statue betrachten?" sagte er dann, um diese drückende Pause zu beendigen. "Das Gesicht tritt bereits im Marmor hervor".

"Die Aussicht von hier ist schön", sagte sie, gleichsam unwillig das Gespräch auf etwas Neues lenkend.

"Ja, nicht wahr?" Er wurde plötzlich sehr lebhaft. "Sie vermögen nicht zu glauben" — er vergaß jetzt Ew. Hoheit zu sagen — "wie theuer mir dieses Fenster ist. Wenn ich müde von der Arbeit bin, ruhe ich einige Minuten und gehe hierher, um dieses schöne Bild zu genießen, die bunklen Myrthen, die Gluth der Rosen, das Geplätscher der Wasser um den Marmorgott. Es ist gleichsam eine kleine abgeschlossene Welt der Schönheit, besonders wenn die Sonne, wie heute, Alles überstrahlt. Während ich dieses Bild schaue und das Geräusch der Fontaine höre, vergesse ich alle meine kleinen Sorgen und träume so schön —"

"Sie träumen? Sie Glücklicher. — Wovon träumen Sie denn?"

"Es ist oft recht einfältig —"

"Erzählen Sie mir es nur, ich liebe die Träume".

"Wenn Sie befehlen —"

"Ich befehle nichts, ich bitte nur".

"Nun wohlan! Betrachten Sie den Garten noch einmal, welch harmonische Ruhe und Stille — er sieht aus, als ob er niemals von einem menschlichen Fuß betreten worden wäre. Der Marmor der Statue hat durch die Zeit und das Wetter einen grünlichen Schein angenommen, der Fuß der Fontaine ist halb vom Unkraut verborgen, die Rosen schmiegen sich zwischen die Myrthen, die niemals beschnitten worden sind, der Epheu schlingt sich an den Cypressen empor und verdeckt sonst ihre zarten Stämme; man muß unwillkürlich an den verzauberten Wald denken, nicht wahr? Ja, das ist der verzauberte Wald, nur die Prinzessin fehlt darin".

"Ah so, sie fehlt! Aber sie schlummert vielleicht hinter dem wild wachsenden Myrthenbusch. Haben Sie dort auch genau nachgesehen, Signor?"

"Ja, aber sie ist nicht im Garten, und doch ist sie vorhanden. — Sehen Sie jene graue Mauer? Diese gehört zu einem Palast".

"Ich sehe die Mauer. Aber fahren Sie fort".

"Dort links befindet sich ein großes Karnap-Fenster mit reichen Ornamenten. Das Fenster ist offen, eine weiße Gardine flattert hinaus —"

"Eine weiße Gardine? Ja, Sie haben recht".

"Ist es nicht gleichsam eine weiße Frauenhand, die winkt? Sehen Sie jetzt setzt der Wind die Gardine in Bewegung".

"Sie haben viel Phantasie, Signor".

"Sie hat dort so lange, viel zu lange in einsamer Hoheit, in quälender Einsamkeit hinter dem Walde, dem Netz von Vorurtheilen und Unfreiheit, die ihr hoher Rang mit sich bringt, geschmachtet; alle ihre reiche Pracht hat nicht vermocht, die Verlassenheit ihres Herzens zu verdecken. Sie will hinaus aus dem Dunkel des Waldes, hinaus in das sonnenhelle Gottesleben. Sie hat mich erblickt, sie regt die weißen, schläfrigen, schönen Glieder, sie winkt auf's Neue, und ich —"

„Und Sie?"

„Ich stürze herbei trotz aller lauernden Kobolde, eile durch alle die langen, stillen Gänge, wo das Spinngewebe gleich Trauerflor hängt, und finde in der innersten Kammer die Prinzessin meines Herzens, über die ich die Formel der Entzauberung ausspreche, indem ich das Zeichen des Kreuzes mache. Sie ist gerettet! Sie stößt einen Freudenschrei aus, springt empor und sinkt in meine Arme!"

Er hielt inne. Es war so still, daß man den Athemzug Beider hören konnte.

„Und damit ist die Geschichte aus?" flüsterte die Fürstin.

„Nicht ganz. Die Prinzessin sagte etwas zu mir".

„Was sagte sie?"

„Ich schlief den langen, traurigen, todtähnlichen Schlaf, in welchem das Herz zu Eis erstarrt und alle Morgenträume entfliehen; mein Herz schlug fast nicht mehr, die Kälte des Todes hatte sich genähert — da sah ich Dich, meinen Retter! Du kamst nun, berührtest mich mit dem Finger des Lebens, das Blut strömte wieder zu meinem Herzen und gab meinen Wangen Farbe. Durch das Wunder der Liebe hast Du mich zum Leben erweckt, nimm denn zum Entgelt dieses Herz, dessen Schlagen Dein Werk ist. Zu leben ohne Liebe ist der wache Todesschlaf; aber zu lieben, selbst unter Leiden, ist das wahre Erdenglück!"

Er wandte das Gesicht von ihr ab und blickte in den Garten hinaus; aber sie gewahrte doch seine arbeitende Brust. Mit gedankenvollem Behagen hatte sie ihm zugehört. Er hatte vollendet, aber sie stand noch immer gleich einer Lauschenden da.

„Was sagen Sie von meinen Träumen, Prinzessin?"

„Schade, daß es nur Träume sind". Sie strich die Hand über das Gesicht, als ob sie einen sie beschwerenden Gedanken verjagen wollte. „Aber lassen Sie mich jetzt die Statue sehen, ich hätte diese bald vergessen". Sie guckte in das Vorzimmer hinein. Die gute Catarina studirte wieder ihre Dichter.

Catarina küßte in diesem Augenblick das Buch des Dichters Leopardi. Diese herrliche Dichterseele konnte man ja lieben, ohne Widerstand zu finden; das Buch konnte sie küssen und mit Thränen benetzen — aber er, der junge Künstler dort drinnen, war leider kein Buch.

„Wie fleißig Sie gewesen sind!" rief die Fürstin aus. „Diese schwarzen Flecken hier und dort sind die Punktirungszeichen, nicht wahr? In einigen Monaten haben Sie die Statue vollendet, Signor?"

„Vielleicht, das hängt davon ab, wie fleißig ich sein werde".

„Sie müssen sich nicht überanstrengen, Signor. — Catarina!" rief sie,

„Du mußt für heute das Buch schließen, Du haſt Dich für lange Zeit mit Poeſie angefüllt. Wir gehen".

Catarina eilte mit einer verwirrten Miene herbei. Das Bouquet an ihrem Hut war jetzt verwelkt, das lange Gras deſſelben hing ihr bis in die Augen herab.

„Vielleicht haben Sie mir noch mehr Träume zu erzählen, Signor?" fragte die Fürſtin, indem ſie ihm das Geſicht zuwandte. „Nun wohl, dieſe will ich ein ander Mal hören. Ich Arme habe ſelbſt 'nicht Zeit zu träumen, mein ganzer Tag iſt von ernſten Pflichten in Anſpruch genommen". Sie glättete ſorgfältig ihre Handſchuhe. „Catarina, wohin fahren wir jetzt?"

„Erſt zur Anſtalt für verwahrloſte Kinder, von der Sie, Frau Fürſtin, Patronin ſind, dann nach dem Hoſpital für —"

„Genug, genug! — Sehen Sie, Signor, die Pflicht ruft". Sie reichte ihm wieder die Hand, ja, jetzt drückte ſie dieſelbe; er war deſſen ganz ſicher. „A revidérci, Signor".

Signora Catarina war augenſcheinlich in ſchlechter Laune. Mit jungfräulicher Steifheit, ohne den Gruß des Bildhauers zu beachten, folgte ſie ihrer Herrin nach dem Wagen. Dort riß ſie das Bouquet von ihrem Hut und warf es mit einer tragiſchen Geberde weit fort. Dahin flog ihre ganze, mit Mühe zuſammengeſtellte Blumenſprache. Der Undankbare.

Er berührte mit keinem einzigen Worte die „Ode an das befreite Italien". Ob er dieſelbe geleſen hatte?

Mehrere Wochen vergingen, ohne daß Gudmund die Fürſtin wiederſah. Er wurde ängſtlich, aber er ſuchte ſeine Unruhe durch die andauernde Arbeit zu beſchwichtigen, der Meißel ruhte nicht lange. Er hatte große Luſt zu ihrem Empfangsabend zu gehen, aber da ſie vergeſſen hatte ihre Einladung zu wiederholen, blieb er, niedergedrückt wie er war, fort. — Eines Tages, als er von der Trattoria, wo er ſpeiſte, heim kehrte, ſah er einen Schimmer von Signora Catarinas blauer Brille und grauem Haar, aber als er ſie einholen wollte, verſchwand ſie in einem Buchladen in der Via Macelli, und ihre feierliche, ſteife Miene ermunterte ihn durchaus nicht ihr zu folgen.

Endlich beſuchte die Fürſtin ihn auf's neue. Er hatte Mühe, ſeine heftige Bewegung beim Wiederſehen zu verbergen. Er hatte gerade einen Brief aus der Heimath erhalten und zerknitterte denſelben in ſeinen Händen. Vergeſſen war deſſen Inhalt; er dachte nur an die Fürſtin und bemerkte nicht einmal, mit welch mildbetrübten Augen Signora Catarina ihn betrachtete. Eines gewahrte er nur — das ſchlug ihn ſofort — daß über das Geſicht der Fürſtin ein Schatten von Wehmuth, von Kummer und Verzweiflung lag. Er wußte nicht was — aber der Schatten war vorhanden. Sie reichte ihm auch nicht die Hand, aber ihr Lächeln war freundlich, wenn auch ceremoniell.

„Sie kamen nicht zu meinem letzten Empfangsabend, Signor?"

„Ich wagte nicht".

„Keine Ausflüchte. Wir erwarteten Sie wirklich".

„Zuviel Ehre, Hoheit". Er verbeugte sich, um sein frohes Erröthen zu verbergen.

„Graf de Marchio fragte ganz besonders nach Ihnen", warf sie hin.

„Ist der Graf zurückgekehrt?" rief er mit geheimem Mißvergnügen und Schrecken.

„Ja", antwortete Signora Catarina, als sich die Fürstin abwandte und in den Garten hinaussah. „Wenn man in Rom geboren ist, kann man nicht anderswo athmen, als in dieser „welthistorischen" Luft".

Catarina entfernte sich und ließ die Fürstin und Gudmund allein.

„Er konnte das Klima Neapels nicht vertragen", sagte die Fürstin, sich nähernd.

„Er sehnte sich stets nach hier zurück".

„Das wundert mich nicht, Frau Fürstin".

Sie nahm ihre Lorgnette und blickte auf die Statue.

„Aber Sie überanstrengen sich, Signor; das will ich nicht. Im Laufe einer so kurzen Zeit haben Sie schon so viel vollbracht! Sie müssen ja des Nachts auch arbeiten. Jetzt gewahre ich erst, daß Sie ganz blaß sind. Gönnen Sie sich doch Ruhe bei der Arbeit; es hat durchaus keine Eile. Wenn ich die Statue an meinem" — sie hielt einen Augenblick inne und fuhr in leisem Tone fort — „in einigen Monaten habe, dann bin ich zufrieden".

„Sie sind zu gut, Frau Fürstin".

Das Gespräch stockte für eine Weile; sie blickte auf die Statue, er auf sie.

„Sie sind heute so gedankenvoll, Signor, so schweigsam! Ist Ihnen etwas Unangenehmes widerfahren? — Haben sich vielleicht Flecke in dem Marmor gefunden?"

„Nein, der Marmor ist ganz rein, und ich bin in dieser Hinsicht vollkommen zufrieden. Wenn ich mir eine Bemerkung zu machen erlauben dürfte, so würde ich sagen, daß das Umgekehrte der Fall ist, daß Sie sind, Frau Fürstin, die Sie heute Ihre alte gute Laune verloren haben".

„Sie irren, Signor! Ich bin stets dieselbe. Fragen Sie nur Catarina. — Aber was ist das für ein weißes Papier, das Sie so unbarmherzig in Ihrer Hand zusammenpressen?"

„Ein Brief".

„Ah, ein Brief!" Sie lächelte, als ob sie eine Entdeckung gemacht hätte.

„Von meiner Mutter".

„Aber Signor! Auf solche Weise behandelt man nicht die Briefe seiner Theuren".

Er glättete verlegen den Brief und murmelte etwas von unverzeihlicher Zerstreutheit.

„Ihre Mutter lebt also? Erzählen Sie mir doch etwas von ihr".

Sie nahm Platz im Lehnstuhl. Das Licht fiel scharf auf ihr emporgerichtetes, fast wehmüthiges Gesicht, und die goldene Farbe ihres Haars hob sich glänzend auf dem dunkelseidenen Bezug des Lehnstuhls ab. Mit einer Handbewegung bat sie ihn, an ihrer Seite Platz zu nehmen. Er setzte sich.

„O, von ihr ist nichts Großes zu berichten; denn von den besten Frauen hört man am wenigsten, das wissen Sie ja. Sie ist gut, sie ist liebevoll und aufopfernd; sie denkt nur an ihren Sohn. In allen ihren Briefen erzählt sie mir, daß sie täglich für mich bete, daß sie neue warme Strümpfe für mich stricke, weil sie dem milden Winterklima des Südens nicht traut. Sie weiß, daß es auch hier kalt sein kann. Dann möchte sie mir gern einige heimische Speisen senden, weil sie meint, daß ich meinen Appetit hier verliere, wo — Aber kann Sie das interessiren, Frau Fürstin? Es sind mütterliche Naivetäten, die nur das Herz eines Sohnes zu verstehen vermag; denn in der unendlichen Liebe zu ihm haben sie ihren Ursprung".

Sie reichte ihm die Hand und wandte das Gesicht ab: seine Augen standen voller Thränen.

„Ich verstehe Sie", sagte sie leise. Eine wirkliche Wehmuth verlieh eine innere seelische Verklärung ihren schönen, aber bisher ganz gefühllosen Zügen, in denen sich jetzt eine tiefe Sehnsucht auszuprägen schien.

War es Sehnsucht nach der Liebe in einem trauten Heim, das sie, die Weltdame niemals gekannt hatte, nicht einmal in ihrer Kindheit? Erinnerte sie sich vielleicht des schrecklichen Zeitabschnitts, wo eine geschminkte Courtisane den Platz der Mutter hatte ausfüllen wollen, indem sie sie mit ekelerregenden Liebeszeichen überschüttete? oder dachte sie an ihre geliebte Mutter, die sie niemals gekannt, aber schmerzlich entbehrt hatte?

„Weiter!" bat sie, als er innehielt.

„Ach, was könnte ich wohl mehr sagen?"

„Sie haben vielleicht Brüder, Schwestern, eine Familie?"

„Ja, freilich", sagte er, nicht wenig erstaunt über ihr seltsames Interesse.

„Brüder, die Sie lieb haben, Schwestern, die Sie verzärteln! Sie Glücklicher — wenn Sie stürben, würden Sie ihnen Allen große Trauer bereiten".

„Ganz sicher. Aber weshalb an so Trübseliges denken? Ich bin Gott sei Dank jung und wohl und fühle keine Lust zu sterben".

„Was thun Sie des Abends, wenn Sie Alle in Ihrem Heim versammelt sind? Sie langweilen sich, nicht wahr?" fragte sie weiter, als ob eine bejahende Antwort sie erfreuen würde.

„Nein, gewiß nicht! Wie sollten wir uns langweilen? Dies Wort ist fremd in unserm Hause. Nein, wir lesen vor, oder wir musiciren. Mein Bruder singt, meine jüngste Schwester begleitet, und wenn wir recht fröhlich sind, singen wir Alle zusammen aus vollem Herzen, ohne uns an Takt oder Begleitung zu kehren. Dann lachen die Alten herzlich. Die Mutter vergißt ihr Strickzeug, und der Vater brummt, daß ihm die Jungen nicht in Ruhe die Zeitung lesen lassen; er meint es natürlich nur im Scherz".

Die Fürstin saß gedankenvoll, als ob sie eine schwierige Frage zu lösen suchte.

„Sie sind also wirklich froh und zufrieden? Sie sehnen sich nicht nach unseren höheren Kreisen? Sie beneiden uns nicht unsern Rang und unsern Reichthum? .... Ich habe einmal in einem englischen Roman von einem solchen traulichen Familienleben gelesen; es war für mich eine reine Idylle. In der Poesie ist das sehr reizend —"

„Nur in der Poesie?"

Sie überhörte seine Frage. Mit der Spitze ihres Sonnenschirmes zeichnete sie auf dem Teppich — sie zeichnete lange.

„Wissen Sie, Signor, daß ich, seit ich Sie zum letzten Mal gesehen, sehr viel über den Traum, den sie mir erzählt, nachgedacht habe? Es war ein schöner Traum. — Aber ob es auch in Wirklichkeit solche Prinzessinnen giebt? Eine Prinzessin, die aus ihrem Palast herabsteigt, um dem armen Ritter zu folgen, vielleicht einer trüben, unbekannten Zukunft entgegen zu gehen?"

„Ich weiß nicht ... es läßt sich wohl denken ..."

Er athmete tief; er wagte nicht, sie anzublicken. Wohin sollte ihr Gespräch führen? Etwas, das einer Thräne glich, hatte ihr Auge bethaut, als er von seinem theuren Heim sprach. Dann hatte sie ihm mitfühlend die Hand gedrückt. — Hatte sie ihn, den Furchtsamen, zu dem entscheidenden Schritte ermuntern wollen? Ja, er durfte es wagen —

„Ich zweifle daran", versetzte die Fürstin. „Eine Prinzessin ist an Luxus gewöhnt, dem sie sicher nicht entsagen wird. Und wie lange besteht wohl die Liebe im Kampf mit der Armuth? Es kommt wohl nur in den Comödien vor, daß man sich mit der einsamen Hütte und dem Herzen der Geliebten begnügt".

Sie sprach dies nicht lachend, sie war ernst und, wie Gudmund gleichfalls bemerkte, sehr bleich.

„Aber sie frieren, Frau Fürstin, wo ist Ihr Shawl?"

„Es ist wirklich sehr kühl in Ihrem Atelier. — Catarina!" rief sie, „Hole mir doch meinen Shawl, Du weißt, er liegt im Wagen".

Catarina warf das Buch auf den Tisch und trippelte hinaus. Sie waren jetzt ganz allein. Es war Mittagszeit, der volle Schein der Sonne fiel in das Atelier, ihre Strahlen spielten in dem Haar der Fürstin und auf der glatten blauen Seide um ihre Kniee, sie umspielten ihre Wange.

„Ich muß gestehen, Signor, daß ich mich der Einzelheiten Ihres Traumes nicht ganz mehr erinnere. Erzählen Sie mir denselben doch noch einmal. Sie sehen, ich bin gleich einem Kinde, dem man die Märchen auch mehrmals vorerzählen muß. — Was sagte er zur Prinzessin? was sagte sie zu ihm? Der Ritter sprach, glaube ich, von ihrer quälenden Einsamkeit, von ihrer „einsamen Hoheit". Ihr Herz lag gleich einer Leiche im Sarge, war es nicht so? gleich dem keimendem Korn unter dem Schnee, das nur der Sonne des Lenzes wartet, um siegreich sich zu entfalten und zum Leben zu erstehen? — Doch wer weiß, ob es nicht zuweilen ein großes Glück ist — kein Herz zu haben?"

Er fuhr bei dieser plötzlichen Wendung zurück. „O nein!" rief er mit der ganzen Begeisterung der Jugend; „lieber geliebt und gelitten, als niemals geliebt zu haben!"

„Was sagte also der Ritter zu ihr, um sie zu überreden? Was vermochte er ihr zu bieten? Und was konnte die Prinzessin bewegen, ihm ihre Hand zu geben und ihm zu folgen?"

„Jetzt oder niemals!" dachte er. Es brauste vor seinen Ohren, es beengte ihm den Athem.

„Ihre Liebe zum Ritter", sagte er, „ihre unbezwingliche Sehnsucht nach einem einfacheren, reicheren, wahreren, menschlichen Leben als das war, das sie bis dahin in dem kalten verzauberten Schloß geführt hatte".

Er fiel vor ihr auf's Knie und ergriff ihre Hand.

„Wol ist der Ritter arm, arm an äußeren Gütern, aber in seiner Jugend, seiner Kraft, seinem Talent und seinem Herzen besitzt er einen Reichthum, der ihn werth macht, zu den Füßen der stolzesten Dame zu liegen . . . O Beatrice, meine stolze Prinzessin . . . darf ich das Undenkbare glauben . . . daß Du . . . o nein, nein . . und dennoch — wenn Du wüßtest . . ."

Sie riß ihre Hand aus der seinen und sprang auf. Eine Secunde lang sah sie ihn an, dann lachte sie, — es war ein sonderbar schrillendes Lachen, das gar kein Ende nehmen wollte. In ihr Taschentuch hineinlachend, schritt sie der Thür zu. Auf der Schwelle begegnete sie der bestürzten Catarina, die erst jetzt mit dem Shawl zurückkam; sie gab dieser einen Wink ihr zu folgen und trat hinaus. Catarina vermochte jedoch noch in Eile Gudmund zuzuflüstern:

„Große Neuigkeiten — nur schweigen — der Graf —"

Auf Gudmund übte das Lachen der Fürstin eine versteinernde Wirkung aus. Ihm war, als wenn ein Medusenhaupt sich ihm gezeigt hätte. Mit offenem Munde, um den ein fast wahnsinniges Lächeln schwebte, starrte er vor sich hin. Erst der Lärm des fortrollenden Wagens schreckte ihn auf. Wie von einer Schlange gebissen, fuhr er empor und stürzte an's Fenster, zu spät! Der Wagen war verschwunden.

Was bedeutete jenes schreckliche Lachen? Noch immer tönte es mit fürchterlicher Klarheit in seinen Ohren, so neckisch, so laut! Es lag in ihm Triumph, Hohn, Uebermuth, Freude, wie über eine komische Scene, und doch wieder ein gewisses Mitgefühl. Abwechselnd weckte und vernichtete es seine Hoffnungen. Es war, als ob sie über seine Verwegenheit hatte zürnen wollen, aber dauernd ihre Strenge nicht bewahren konnte. Sie mußte lachen, aber in dieser Lustigkeit lag etwas Dämonisches.

Plötzlich entsann er sich der Worte, die Graf de Marchio zur Fürstin gesprochen, und die er hinter der Gardine verborgen, aufgefangen hatte: „Schonen Sie ihn".

„Schonen Sie ihn!" — Mit Feuerschrift brannten diese Worte in seiner Seele. Jetzt erst war ihm ihr Sinn aufgegangen.

Die Fürstin blieb am Abende jenes Tages länger wach als gewöhnlich. Eine Einladung des spanischen Gesandten hatte sie abgelehnt, um zu Hause bleiben zu können. Woran mochte sie jetzt denken, da sie in der Stille der Nacht in ihrem Zimmer saß? Sie trug ein mit Spitzen besetztes, weißes Nachtkleid. Die offenen, weiten Aermel waren zurückgeglitten und zeigten den runden, vollen Arm, die weiße Hand in der das Kinn ruhte. Ihr Lieblingsdichter lag aufgeschlagen vor ihr, doch sie las nicht diese melodiösen, epikmäischen Verse. Das Feuer im Marmorkamin erstarb, die letzten aufflackernden Gluthen breiteten einen rothen Schein über das luxuriöse Schlafgemach und beleuchteten das weiße Bett und den gestickten Teppich von Fuchspelz, auf dem zwei kleine Pantoffeln standen. Sie starrte in das rothe Element, in dem die Asche ergraute; sie starrte lange dort hinein. Plötzlich durchfuhr sie ein Schauer. War es die Erinnerung an den Verstoßenen, was ihn verursachte? oder fror sie, da jetzt das Feuer im Kamin erloschen war?

„Ja, ich habe geträumt", murmelte sie, „und bin jetzt erwacht. — Poveretto! — Auch er! — Wie war er so schön in jenem leidenschaftlichen Augenblick, als sein Kuß mich berührte. — Ich hätte können —

Sie holte ihr Ausgabenbuch herbei und blätterte fieberhaft in demselben. Dann begab sie sich zur Ruhe.

Eine dunkle, in den Mantel gehüllte Gestalt mit einem kranken Gesicht, das das Mondlicht noch bleicher erscheinen ließ, stand zur selben Zeit unten auf der Straße.

Tage kamen und gingen. Dem jungen Künstler schlich die Zeit traurig dahin. Von ihr hörte er nichts wieder. Er arbeitete indessen unverdrossen weiter, die Statue näherte sich ihrer Vollendung, nur die feineren Einzelheiten harrten noch der Ausführung. Mit bitterer Lust betrachtete er jetzt ihre Züge, die er in dem kalten Marmor wiedergegeben hatte. Er betete sein Werk an und dennoch hätte er es zerstören mögen.

Gudmann mußte die Fürstin wiedersehen, oder er wäre todtkrank geworden. Er legte eine ausgewählte Toilette an und ging mitten in der Arbeitszeit auf den Monte Pincio. Dort kam ja der stattliche Wagen mit dem prächtigen Gespann, einem Paar englischer Vollblutspferde, die die allgemeine Aufmerksamkeit der Kenner erregten. Um nur bemerkt zu werden, stellte er sich dem Wagen fast in den Weg. Er grüßte ehrerbietig, sie beantwortete seinen Gruß mit einem leichten, gnädigen Kopfnicken, dann wandte sie sich lächelnd an Graf de Marchio, der strahlend vor Zufriedenheit an ihrer Seite saß, und flüsterte ihm etwas zu. Vielleicht eine geringschätzende Bemerkung über den armen Künstler, der so vermessen, so hochmüthig gewesen war, seine Augen zu ihr, der Prinzessin, zu erheben?

Gudmund fielen Catarinas Worte ein von der großen Neuigkeit in Verbindung mit Graf de Marchio. Und jetzt erblickte er sie mit ihm, lächelnd, in flüsternder Vertraulichkeit. War das die Neuigkeit? Er mußte Catarina zu finden suchen, sie mußte ihm alles sagen.

Am folgenden Tage wartete er vor jenem Buchladen, in dem er die Gesellschaftsdame früher hatte eintreten sehen, es war vergebens. Die nächsten Tage befand er sich wieder auf seinem Posten. Endlich wurde seine Ausdauer belohnt. Catarina kam mit einer großen Notenmappe am Arm und mit Büchern in der Hand. Mit einer geschäftigen Miene wollte sie an ihm vorübergehen, doch er hielt sie auf, indem er sich mitten in den Weg stellte.

„Entschuldigen Sie, Signora, daß ich Sie aufhalte; ich sehe, Sie sind sehr beschäftigt, aber es ist nur ein einziges Wort —"

„Ah, Sie haben mir gewiß meine Ode mitgebracht".

„Ihre Ode? —" Er hatte diese gänzlich vergessen.

„Ja, die Ode, die ich Ihnen zum Durchlesen geliehen".

„Zum Durchlesen —"

„Das befreite Italien!" rief sie erschrocken. „O, dio mio, Sie haben sie doch nicht verloren? Sie war mein theuerster Schatz".

Er suchte sich zu sammeln. „Nein, gewiß nicht, ich habe nur bisher noch nicht die rechte Zeit gefunden, sie zu studiren. Ein solches langes und gedankentiefes Werk muß mehrmals gelesen werden, bevor ein entscheidendes Urtheil darüber gefällt werden darf".

„Sie haben Recht, Signor", versetzte sie geschmeichelt. „O, Sie nehmen einen Stein von meinem Herzen. — Ich bin übrigens in letzter Zeit so confus" — sie schlug sich dabei vor die Stirn — „Viele Gedanken, und der Reim will nicht immer gehorchen — ich schreibe gerade an einem Sonett aus Veranlassung der Hochzeit der Fürstin mit Graf de Marchio. Ich habe die Absicht, das Gedicht selbst den hohen Herrschaften vorzutragen".

„Hochzeit?" stammelte er und lehnte sich wie bewußtlos an die Mauer des nahen Hauses. „Mit Graf de Marchio?"

Das war also die Neuigkeit gewesen.

„Ja, Sie wissen doch, Signor, daß sie verlobt sind. Ganz Rom weiß es; es hat im „Fanfulla" unter den Hofnachrichten gestanden. Die Verlobung war schon bestimmt, als wir das letzte Mal in Ihrem Atelier waren. Die Erklärung folgte ein paar Tage darauf. Bemerkten Sie nicht, wie bewegt die Fürstin war? Sie glich sich ja selbst nicht. Ich war in das Geheimniß eingeweiht, hatte aber keine Zeit, es Ihnen mitzutheilen, da die Fürstin sich so schnell entfernte. Sie müssen ihr wirklich etwas sehr Interessantes gesagt haben; denn sie lächelte während der ganzen Fahrt und antwortete mir nicht auf meine Fragen. — Aber, Signor, befinden Sie sich nicht wohl? Sie sind blaß, wie ein Geist, und Sie zittern. Lassen Sie uns auf die Seite treten, ich fürchte die Wagen, oder folgen Sie mir lieber in den Laden, dort können Sie sich ausruhen".

"Dank, Signora Catarina, doch es ist vorüber". Er ermannte sich und stand frei, ohne sich an die Wand zu stützen.

Sie sah innig theilnehmend auf ihn. Jetzt hatte die gute alte Dame es ihm verziehen, daß er nicht Alfieri studirt hatte, daß er ihre Ode mit Gleichgiltigkeit behandelt, ja sogar in ihrem jungfräulichen Dichterherzen eine eitle Hoffnung erweckt hatte. Hatte sie an jenem Abend seine zärtlichen Worte mißverstanden oder war er es, der die Blumensprache nicht verstand? Das wußte sie nicht.

"Ich habe heute noch nichts genossen", bemerkte Gudmund erklärend, "dann die starke Bewegung, die scharfe Luft" —

Catarina rüstete sich zu einem kleinen Vortrag über die ersten Regeln der Gesundheit, als er sie unterbrach:

"Gute Signora Catarina, Sie haben mir stets so viel Freundschaft erwiesen, gestatten Sie mir nun eine indiscrete Frage: Ist es eine einfache Convenienzpartie, oder glauben Sie, daß die Fürstin ihn liebt?"

Catarina blickte ihn über die blaue Brille an, und lächelte diplomatisch.

"Ob sie ihn liebt, Signor? Ach, wer vermag die zärtlichen Geheimnisse des Herzens zu errathen, wie Leopardi in seinem entzückenden Gedicht zu Sylvia sagt".

Er stampfte auf die Steine vor Ungeduld über die Declamation der Alten. In einem solchen Augenblick vergißt man höflich zu sein.

"Nun Signor, nicht so unruhig! Geben Sie hübsch Zeit, dann komme ich schon. Um also in einfacher Prosa zu reden, ich weiß nicht, ob die Fürstin ihn so lieb hat, wie man es von einer Braut erwarten sollte; aber eins weiß ich, daß die Fürstin sehr vernünftig ist, außerordentlich vernünftig. Ihr Vermögen ist sehr zusammengeschmolzen. Diese Feste, diese pariser Toiletten, aber vor allem diese Equipagen! Das ist Alles schrecklich theuer! Ihr neues englisches Gespann kostet ehrlich viele Tausende, ich habe ihr Ausgabenbuch gesehen ... Aber der Graf ist reich, sehr reich; er hat ebenso still gelebt, wie sie verschwenderisch; er hat die Zinsen zu seinem väterlichen Erbe gelegt, da er von seiner Gage lebt. — Ueberdies ist er jung, schön, vollendeter Cavalier und gehört einer der besten Familien Roms an. Was kann man mehr verlangen? Eine ausgezeichnete Partie! Ja, so sagt die Welt. Doch wir, Signor, wir, deren Augen auf das Ideale gerichtet sind, wir urtheilen freilich anders. Wir sehen die lauernde Schlange hinter dem Rosengebüsch. Wir sind der Meinung, daß die Liebe das Erstgeburtsrecht hat. — "Warum wollen Sie sich jetzt verheirathen? Wir Beide hatten es ja doch so gut", erlaubte ich mir einst in aller Ehrerbietung zu meiner jungen Herrin zu sagen. Aber wissen Sie, was sie mir antwortete?"

"Sprechen Sie, sprechen Sie".

"Daß es auf die Dauer nicht gut für eine junge, lebhafte Wittwe sei, ohne Beschützer zu sein. Gerüchte und Volksgeschwätz und so weiter. Später oder früher müsse sie sich vermählen, wenn sie ihre Stellung aufrecht erhalten wolle, und Graf de Marchio besitze alle die Eigenschaften, um aus ihm einen guten und unterthänigen Ehemann machen zu können".

„Ich muß wirklich bekennen, daß die Fürstin sehr vernünftig ist. Aber der Graf, er wird doch jedenfalls glücklich, er liebt sie —"

„Ja, das weiß der Himmel! Er vermag sie nicht aus den Augen zu lassen. Das ist ein Mann, der zu fühlen vermag — was nicht alle Männer können. Ich habe ihm einige meiner Poesien vorgelesen, und da war er seltsam unruhig, besonders sprach ihn die Garibaldihymne an. — Diese Hymne kennen Sie wohl noch nicht, Signor? Ich werde mir gestatten, Ihnen dieselbe —

„Entschuldigen Sie die Unterbrechung, aber mir schien es, als ob die Fürstin früher etwas ungnädig gegen den Grafen gestimmt war".

„Kleine Neckereien, ja wohl. — Die ‚Garibaldihymne‘ sollen Sie später von mir geliehen bekommen. — Sie sind verwandt, wie sie wissen, da nimmt man sich manche Freiheiten heraus. Der Graf, der ein sehr ernstes Gemüth besitzt, hatte stets etwas an dem munteren, flatterhaften Wesen der Fürstin auszusetzen, er hielt ihr stets Moralpredigten. Aber sehen Sie, wie Amor sein Spiel treibt. Kaum war er nach Neapel abgereist, als er sich rasend verliebt fühlte. Sie soll ihm beim Abschied einige Worte gesagt haben, die er nicht vergessen konnte. Genug, er war vor Sehnsucht dem Tode nah. Er suchte um Urlaub nach und kehrte zurück. Eines Abends, als wir Drei in der Abenddämmerung im Salon saßen, hörte ich ihn zu ihr sagen: ‚Ich müßte Dich hassen, doch ich vermag es nicht — und darum liebe ich Dich!'— Der Schwärmer! — Und dann küßte er sie, ohne sich darum zu kümmern, daß ich anwesend war. Seine Worte erinnerten mich an die schöne Stelle im ‚Cid‘, wo der Ritter sagt zu —."

Gudmund hörte nicht mehr auf sie, er stürzte davon, ohne sich zu verabschieden.

In seinem Atelier angekommen, sank er mit einem langen Seufzer nieder, alle seine Träume, seine hohen, reizenden Träume waren dahin . . .

Plötzlich sprang er empor, ging zur Thür und drehte den Schlüssel um. Jetzt war er allein, ganz allein. Niemand konnte ihn stören.

Die Statue stand fertig da. Ach, unter welchen wechselnden Gefühlen seligen Entzückens und bedrückender Angst und Zweifel war sie geschaffen worden! War es zu viel, zu behaupten, daß sie sein Herzblut gekostet habe?

Die Statue stand mitten im Zimmer. Ja, das war sie, die schöne, egyptische Königin, ideal und geistvoll in den Linien, der Schmerz verklärt in der Schönheit und geadelt von der anmuthenden Ruhe der Antike. Die Mittagssonne strömte voll in's Atelier hinein und verlieh den weißen Formen des Marmorweibes einen röthlichen, warmen Lebensglanz. War es nicht, als ob sie athmete? als ob das Blut hinter dieser zarten, gerötheten Marmorhaut zu pulsiren begann? Doch für ihn, den jungen, von unseliger Leidenschaft beherrschten Künstler, war es nicht mehr die Königin Kleopatra, nein, es war das schöne römische Weib, sie, die Prinzessin, die er aufs Tiefste liebte, und die ihm das tiefste Leid bereitete. Auch sie verdiente zu sterben....

Er hatte sich vor die Statue gestellt und starrte auf diese bekannten, edlen Züge hin, bis die Thränen ihm in die Augen traten. Dann schlang er die Arme um ihren Hals. Wie ein neuer Pygmalion legte er seine glühende Wange an ihre marmorkalte, als ob er dadurch die Rosen des Lebens darauf erwecken könnte. Er küßte diese blutlosen Lippen und preßte diesen steinernen Busen an sich, während seine Thränen den Marmor benetzten und seine Lippen zärtlich flehende, vorwurfsvolle Worte flüsterten... Jetzt besaß er sie ja, die Schöne, Trotzige...

Er riß sich aus seinen Fieberphantasien los, die zärtliche Wehmuth verschwand, und wie beschämt und zornig über seine Schwäche preßte er die Lippen zusammen, und ein wilder Gedanke schoß unter seinen Augenbrauen hervor. Schnell ergriff er einen Hammer und näherte sich der Statue. Er erhob die Hand zum Schlag: so wie sie seine hehrsten Lebenshoffnungen vernichtet hatte, so sollte sie selbst vernichtet werden, niemals sollte sie in den Besitz des Rivalen gelangen!

Aber der Hammer entfiel seinen zitternden Händen, und er selbst sank zusammen. Mitten in dem Gemüthsaufruhr erinnerte er sich, daß er als Vorschuß Geld von der Fürstin erhalten hatte, Geld, das er, der Arme, ihr nie zurückzahlen könnte. Sein Ehrgefühl war erweckt, die Statue gehörte nicht mehr ihm, sondern war fremdes Eigenthum.

Es klopfte von außen an die Thür.

"Herein!" rief er verwirrt, doch die Thür wurde nicht geöffnet. Er entsann sich, daß er selbst sie abgeschlossen hatte. Er öffnete, der Lakai der Fürstin trat ein, er trug ein Billet in der Hand. Nachdem er dasselbe an Gudmund abgeliefert hatte, machte er eine tiefe Verbeugung und entfernte sich wieder.

Ein Billet von der Fürstin — und an ihn?

Er entfaltete zitternd das feine Velinpapier, dem ein eigenthümlicher Duft entströmte. Er betrachtete das fürstliche Wappen und las dann die zierlichen Schriftzüge:

"Graf de Marchio, mein Verlobter, hat den Wunsch geäußert, die von mir bestellte Statue zu sehen, die jetzt vermuthlich fertig ist. Wenn es Ihnen genehm ist, besuchen wir Ihr Atelier morgen um zwei Uhr. — Was Ihre seltsamen Träume betrifft, so entsinne ich mich deren nicht mehr und erwarte von Ihrem ritterlichen Sinn das Gleiche.

Beatrice Pirano".

"Bravo!" rief er mit bitterer Ironie und zerrieb das Billet zwischen den Fingern. Wie sehr hatte er nicht nach Art aller Liebhaber darnach gestrebt, einen kleinen Brief von ihr zu erhalten, ein paar Zeilen, um doch die Handschrift der Geliebten studiren zu können. Jetzt war ihm ja sein

Wunsch erfüllt worden — aber, Du großer Gott, auf welche Weise, und mit welchem wermuthsbittern Inhalt!

Was sollte er thun? Er entschloß sich nach bitterem Seelenkampf zu der fürchterlichen Demüthigung, die Statue in Gegenwart ihres Geliebten ihr zu überliefern. Vielleicht war sie sogar als ein Geschenk für ihn bestimmt — o, hätte er fliehen können, weit, weit fort —

In der Mittagsstunde des folgenden Tages fuhr die Equipage der Fürstin vor. Diese hüpfte graziös aus dem Wagen und nahm des Grafen de Marchio Arm. Als der Bildhauer seinen vornehmen Gästen die Thür öffnete, vermochte er sich kaum aufrecht zu erhalten, sein Gesicht war ebenso weiß, wie die Kalkwand des Ateliers, und seine Hände zitterten. Er vermied es, dem Blick der Fürstin zu begegnen, diese grüßte ihn mit ceremonieller Höflichkeit. Der Graf dagegen reichte ihm herzlich die Hand, seine Miene trübte sich jedoch, als er die Zeichen starken Leidens in des Künstlers Gesicht gewahrte; forschend glitt sein Blick von ihm zu der Fürstin hin, doch diese stand ruhig vor der Statue, sie durch ihre Lorgnette betrachtend.

„Sind Sie krank gewesen während meiner Abwesenheit?" fragte der Graf theilnehmend. „Sie sehen so angegriffen, so abgehärmt aus. Nehmen Sie sich um Gottes willen in Acht, daß Sie nicht den Typhus bekommen. Die Luft hier im Atelier gefällt mir in der That nicht, und außerdem ist es jetzt so heiß in Rom, die ungesunde Jahreszeit beginnt. Wir reisen auch gleich nach der Hochzeit von hier ab, wir gehen an den Lago di Como und vielleicht nach der Schweiz".

Gudmund beugte sich herab, einen Knopf aufzuheben, der zufällig am Boden lag, der Graf konnte daher sein Gesicht nicht sehen; er wandte sich nach der Statue um, und ein Ausruf lauter Bewunderung entschlüpfte ihm.

„Jetzt begreife ich Ihr müdes Aussehen. Sie müssen unendlich viel Kraft und Energie angewandt haben, um in so kurzer Zeit ein so vollendetes Kunstwerk herzustellen. Ja, es ist ein Kunstwerk, Signor! Reichen Sie mir Ihre Hand, gestatten Sie mir, Ihnen noch einmal meinen Dank auszusprechen".

Unwillig erfüllte Gudmund sein Begehren. Diese freundlichen Worte trafen ihn wie ein Stachel. Der Graf wandte sich zu seiner Verlobten, die noch kein Wort geäußert hatte.

„Was sagst Du, Beatrice? Ist sie nicht herrlich?"

Sie antwortete mit einem bejahenden Lächeln.

Du — Beatrice — Gudmund rang wie unter einem körperlichen Schmerz, daß er Zeuge dieser Vertraulichkeit sein sollte.

„Sie wird ein würdiger Schmuck für die hohen Säle Deines Palastes sein. Sage mir, Beatrice, wo beabsichtigst Du sie aufzustellen?"

„In dem grünen Saal neben dem Salon, dort ist eine große Nische, wohin sie gut passen wird".

„Nein, nicht dorthin. Die Statue muß frei stehen, daß sie von allen Seiten gesehen werden kann; sie darf dies beanspruchen".

„Wie Du willst, lieber Alfredo, ich füge mich ganz Deinem Geschmack; denn ich weiß, wie vortrefflich er ist".

„Schmeichlerin!"

Gudmund wandte sich ab und blickte durch das Fenster in den Garten hinaus. Derselbe war mit seinen Myrten und Rosen ebenso friedlich und schön anzuschauen, als an jenem Tage, wo sie so mild und zutraulich zu ihm war und von ihm alle seine geheimen Gedanken zu wissen verlangte. Die Fontaine sprang auch heute, die Rosen wiegten sich spielend auf ihren Stengeln, als ob es gar kein Leid auf der Welt gebe. Er wußte es jetzt besser, es giebt Leid, unendliches Leid.

„Wann kann ich die Statue holen lassen, Signor?"

Gudmund fuhr auf, wie aus einem Traum. Die Fürstin hatte die Frage so geschäftsmäßig, so leidenschaftslos ausgesprochen, wobei sie ihren Sonnenschirm zwischen den Fingern hin und her schaukeln ließ. Sie war jetzt wieder ganz die gnädige Protectorin, nichts weiter.

Er blieb stumm. Doch sein Auge erhob sich unbewußt zu ihr und traf sie mit einem scheuen, zärtlichen, anklagenden Blick, einem Blick, wie der eines in Fesseln geschlagenen Gefangenen, dem man zu seiner Strafe noch eine unverdiente Kränkung hinzufügt. Sie konnte diesen Blick auch nicht ertragen, sie erröthete und hielt den mit Spitzen eingefaßten Schirm vor das Gesicht.

„Uebermorgen, Hoheit! Die Statue bedarf nur noch ein wenig der Reinigung".

„Ich danke, Signor! — Dann wären wir also hier fertig, Alfredo".

Sie hing sich lässig an den Arm des Grafen. — Sie verabschiedeten sich und gingen, die Fürstin ebenso ceremoniell, wie sie gekommen war.

Gudmund wollte sie mit den Augen verschlingen, als sie der Thür zuschritt. Wie im Traum sah er diese schlanke Gestalt, diesen blendend weißen Nacken, diese blühende Wange, die gelben Locken, über die der blaue Schleier wehte . . . ihm zuwehte gleich einem Abschiedsgruß . . . . denn dies war ihre letzte Begegnung, das fühlte er . . . Jetzt stand sie auf der Schwelle . . . würde sie sich nicht noch einmal umwenden und das himmlisch strahlende Licht ihrer Augen auf ihn richten? — Wie ein Bettler, der auf sein Scherflein wartet, stand er dort, mit ausgestreckten Armen — nein, sie entfernte sich, ohne den Kopf zu wenden . . . fort von ihm, fort, fort für ewig —

Als sich die Thür wieder geschlossen hatte, brach er zusammen.

Im selben Augenblick kehrte der Graf wieder zurück, seine Handschuhe zu holen, die er vergessen hatte. Bestürzt beugte er sich über den jungen Künstler, der am Boden lag neben seiner Statue, bleich und unbeweglich, wie diese.

„Stehen Sie auf, junger Mann! Ich werde Ihnen helfen. — Nein, widerstreben Sie nicht. Was, in Gottes Namen, ist Ihnen geschehen?"

Der Graf suchte mit brüderlicher Zärtlichkeit ihn aufzurichten.

„Nichts, Herr Graf, nichts! Gehen Sie nur, ich bitte Sie. Ich will allein sein — Ja, es wird mir besser werden, wenn Sie nicht hier sind".

Der Graf nahm seine Handschuhe vom Tisch und entfernte sich kopfschüttelnd. Als er wieder bei der Fürstin im Wagen saß, fiel er in ein verstimmtes Schweigen. Dann ergriff er ihre Hand und blickte ihr traurig in die Augen, die seinem Blick auszuweichen suchten.

„Du hast Dein Versprechen nicht gehalten, theure Beatrice, Du hast ihn — nicht geschont".

„Ihn nicht geschont? Was meinst Du damit? Kommst Du nun wieder auf die alten Geschichten zurück?"

Sie spannte den Sonnenschirm auf und hielt ihn über die ihm zugewandte Schulter, so daß er ihr Gesicht nicht sehen konnte.

„Ich meine, Du hättest nicht so oft sein Atelier besuchen, ihn nicht ermuntern sollen".

„Ermuntern? Du beliebst zu scherzen, Alfredo. Ich sollte ihn ermuntert haben? Wozu? Ich habe mir nichts vorzuwerfen. Du riethest mir ja damals selbst, ihn zu protegiren, weil Du an sein Talent glaubtest. Und jetzt — nein, das ist nicht hübsch von Dir. Uebrigens irrst Du Dich betreffs seiner Gefühle für mich, ich bin ihm ganz gleichgiltig. Sahst Du nicht, wie ruhig er war?"

„Ruhig? Er? — Weißt Du, wie ich ihn fand, als ich in das Atelier zurückkehrte? Auf dem Boden liegend, farblos wie eine Leiche. Der Arme liebt Dich, Beatrice, er liebt Dich —"

„Ich, Ich Unglückselige! Was kann ich dafür, daß ich die Leidenschaften der Männer erwecke?"

Er vermochte ihr Gesicht nicht zu sehen, aber er bildete sich ein, daß sie, dem Klange ihrer Stimme nach zu urtheilen, weine.

„O, ich hätte den Schleier nehmen und im Kloster bleiben sollen! Dann hätte keines Mannes Auge mich geschaut — auch das Deinige nicht, der Du mir so grausame Vorwürfe machst".

Er war wieder gefesselt, fester als zuvor.

„Nein, sei nicht betrübt, theure Beatrice, weine nicht, verzeihe mir! Du hast Recht, ich bin ein Undankbarer — lächele mir jetzt zu, nimm den Schirm fort — so, ja so!"

Sie drückten einander die Hände. Die Versöhnung war vollständig.

―――

Gudmund fiel in ein heftiges Fieber. Doch nach Verlauf einiger Wochen siegte seine starke, von Grund aus gesunde Jugendkraft. Trotz des Verbots des Arztes stand er eines Tages auf und schlich sich, noch geschwächt von der Krankheit, in sein Atelier. Er wollte sie wiedersehen, seine Statue. In seinen lichten Augenblicken während der Krankheit hatte er nur an sie gedacht.

Die Statue war fort.

Er stieß einen Schrei aus, er rieb sich die Stirn; er glaubte seinen Augen nicht zu trauen: Die Statue verschwunden? Da kam die um ihren Patienten bekümmerte Wirthin herbeigeeilt. Sie sah seine Erregung und begriff deren Veranlassung. Sie erzählte nun, daß Graf de Marchio auf Wunsch der Fürstin die Statue während seiner Krankheit hatte holen lassen. Ihre Hochzeit sollte in kurzer Zeit stattfinden, und die Statue war dazu bestimmt, den Festsaal zu schmücken. Die Wirthin überreichte ihm auch einen Brief von der Fürstin. Derselbe enthielt eine Anweisung auf ihren Banquier über fünfundzwanzigtausend Francs. Dazu hatte sie ihm ein paar kurze Zeilen geschrieben, die ihn zur glücklichen Vollendung seines Werkes beglückwünschten.

Er warf die Anweisung von sich. Fünfundzwanzigtausend Francs! Niemals war er so reich gewesen — und so unglücklich!

„Wann findet die Hochzeit statt, Padrona?"

„Morgen, Signor. Wie herrlich, daß Ihnen jetzt wieder wohl ist, um ausgehen und die Pracht mit ansehen zu können. Alle abligen Familien, die jetzt noch in Rom weilen, sind geladen, die meisten befinden sich ja freilich schon auf ihren Villen. Der Cardinal J., der mit dem Grafen verwandt ist, wird das Paar trauen, und man sagt, daß die fremden Gesandten bei der Trauung zugegen sein werden. Die Fürstin erhält als Brautgabe von ihrem Gatten einen seltenen Diamantschmuck, der der seligen Mutter des Grafen gehört hat. Und die Fürstin schenkt ihm dagegen ihre reizende Statue, die ja Portraitähnlichkeit besitzen soll. Wie glücklich Sie sich bei dem Gedanken fühlen müssen, daß man einen so hohen Werth in Ihre Arbeit setzt. Ich bin ganz stolz darauf, daß Sie bei mir wohnen, und über alle diese vornehmen Besuche, alle —"

„Genug, gute Padrona! ... Darf ich Ihren Arm nehmen ... Es wird finster vor meinen Augen... Ich bin noch sehr schwach ... Ich muß wieder zu Bette gehen".

Der nächste Tag brach an. Ein kurzer Schlummer hatte Gudmund gestärkt; er stand auf und machte eine ausgesucht feine Toilette, als ob er selber der Bräutigam sein solle. Er betrachtete sich im Spiegel, während er sein helles Haar ordnete und die Cravattenschleife band. Er lächelte bitter — der Bräutigam war sicherlich nicht schöner als er. — —

Man war bereits im Beginn des Junimonats. Die Tage waren unerträglich heiß. Die Pflastersteine brannten unter den Füßen der Spaziergänger. Es summte und schwirrte in der Luft, die Mücken stachen, die Fliegen waren unerträglich, der Scirocco erschlaffte alle Nerven. Es that Gudmunds kranken, an die Dunkelheit gewöhnten Augen weh, in diese grelle, von der Sonne erwärmte, zitternde Luft hinauszuschauen. Ueber dem verbrannten Boden der Campagna lagerte ein Rauch, dessen graue Massen vom Winde in die Stadt getrieben wurden. Aber auf einen solchen römischen, erstickenden

Sommertag folgt in der Regel ein Abend, kalt, frisch, erquickend wie ein Bad.

An einem solchen Abend war es. Die Uhr zeigte auf neun, als Gudmund eingehüllt in seinen langen Mantel, auf seinem alten Posten dem Palast gegenüber stand. Das Brauthaus strahlte heut Abend von tausend Lichtern und Pechfackeln gleich einem Märchenschloß. Er fürchtete nicht, gesehen zu werden, beschützt von seinem Mantel und der Dunkelheit. Einzelne klare Sommersterne funkelten am Himmel, die Luft war warm und gesättigt von dem Duft der nahe gelegenen Blumen- und Fruchtgärten, von Citronen und Orangen. Die Cypressen nickten leise, während ein in Pelz gekleideter Campagnole seine Heerde vorübertrieb, einen melancholischen Sang vor sich hin trällernd. Der Abend erinnerte Gudmund an jenen ersten lenzartigen Märzabend, wo er auch auf diesem Fleck stand, träumend in süßer Erwartung. Wie verschieden war nicht jener Abend von dem heutigen, der von der üppigen Fruchtbarkeit des Sommers gesättigt war; er war reicher, in seinem Reichthum berauschend. Gudmunds geschwächte Nerven vermochten die starke Wirkung dieser Sommernacht nicht zu ertragen, er mußte sich auf die Treppenstufen setzen. Er hüllte sich fester in seinen Mantel und legte den Kopf auf das Knie.

Er sah nicht den glänzenden Palast mit den flammenden Fensterscheiben und den Pechkränzen über dem Eingang. Er sah eben so wenig die dahin jagenden, tanzenden Paare, die an Fenstern vorüberhuschten. Da aber die Fenster der Wärme wegen offen standen, so konnte er das Brausen da drinnen vernehmen, das dem einer Brandung glich, und das ihm die Anwesenheit einer großen versammelten Menge verrieth. Und er hörte noch mehr, er hörte Frauengelächter, das dem rieselnden Fall eines Baches glich, und er hörte die verlockenden Töne der Tanzmusik. Er kannte sie nur zu wohl, es war der Walzer aus „La Traviata". Ja, an jenem Abend war ihm der Augenblick genug, ihn kümmerte nicht die Zukunft . . . jenen unvergeßlichen Abend!

Man tanzte dort oben weiter im Fürstensaal. Die Lichter strahlten hell, die Gläser erklangen, die Töne stiegen und fielen gleich Wohllautswellen. Doch er dort unten in der ärmlichen Thürnische schlug den Mantel dichter um seine, vom Fieber durchschüttelte Gestalt. Und er weinte, weinte wie man im zwanzigsten Jahre weint, wenn man seine ersten Illusionen, seinen ersten Liebestraum hinter sich hat und meint, daß das Leben nun nichts mehr zu bieten habe . . . .

Gudmund sandte die Ode und Alfieri nebst einigen Zeilen des Dankes in einem versiegelten Packet an Signora Catarina. Dann schloß er sein Atelier und reiste nach Neapel. Er besaß ja jetzt Mittel und brauchte nicht wie früher während der ungesunden Sommerszeit sich in Rom einzusperren. Er sah Alles, er bestieg den Vesuv, er wanderte in Pompejis Grabstraßen und besuchte Castellamare, Sorrent, Capri und Ischia; alle jene entzückenden Orte in Neapels Umgebung. Doch nirgends fand er Frieden, ruhelos eilte er von Ort zu Ort, scheu und finster hielt er sich von seinen Landsleuten fern, denen er zufällig auf der Reise begegnete.

Als er zur Herbstzeit, im November, nach Rom zurückgekehrt war und einstmals in das Caffé degli artisti, den gewöhnlichen Versammlungsort der Scandinavier, eintrat, traf er dort einige seiner früheren Kunstgenossen. Mit ungewöhnlicher Wärme eilten sie ihm entgegen und drückten ihm die Hand.

„Ja, Du bist ein Pamphilius des Glückes", sagte der Eine, jener dänische Maler, der ihm die Vasen und silbernen Gefäße geliehen hatte.

„Du kannst sagen wie Byron, ‚ich erwachte eines Tages, und war berühmt'", setzte ein Anderer, ein kleiner Schwabe, hinzu.

„Aber was soll das bedeuten?" fragte Gudmund verwirrt. „Ich begreife Euch nicht".

„Die Sache ist sehr einfach", erklärte der Däne. „Während Du unten in und um Neapel umherschwärmtest, hat die Fürstin Deine Cleopatra öffentlich in dem hiesigen Kunstverein ausstellen lassen. Dieselbe hat ungeheures Aufsehen erregt. Alle unsere Journale vom ‚Diritto' bis zur ‚Fanfulla' sind Deines Lobes voll. Man prophezeit Dir eine große Zukunft. Wie verlautet, harren Deiner bereits mehrere große Bestellungen. Unter anderen von der alten Herzogin Vidoni und dem Baron G.".

Gudmund lächelte bitter. Was hatte das für ihn zu sagen — jetzt? Er hatte um Liebe gefleht — man hatte ihm einen Namen gegeben.

„Die Fürstin ist also jetzt in Rom?" stammelte er und suchte so gleichgiltig wie möglich zu erscheinen.

„Ja, Du kannst sie täglich auf dem Monte Pincio sehen. Sie ist soeben von ihrer Hochzeitsreise zurückgekehrt. Ihr edler Gemahl sieht indessen nicht sehr zufrieden aus".

„Nicht zufrieden? Du meinst, daß —"

„Daß sie nicht so einig zusammen leben, wie man von guten Eheleuten erwarten dürfte. Die Fürstin soll eine kleine Geschichte auf der Reise erlebt haben. Man spricht von einem französischen Baron, den sie in der Schweiz traf, von einem Duell und so weiter".

„Eine Skandalgeschichte also?"

„Ich weiß nicht, lieber Freund. Aber man sagt, daß der Graf die Scheidung nachsuche, die die katholische Kirche zwar nicht gestattet, aber — der Gatte hat gute Verbindungen im Vatican.

Der Theatermann Dingelstedt.

Von

Sigmund Schlesinger.

— Wien. —

Wenn je ein Mensch begehren durfte, nach seinen Thaten, nicht nach seinen Worten beurtheilt zu werden, so ist es Franz Dingelstedt als Mann des Theaters. Ein vollendeter Lebensironiker, wo nicht seine Töchter, seine „Yella" oder seine „Susi", und nicht seine Freunde und nicht sein Shakespeare in's Spiel kommen, ist er buchstäblich außer Stande das negirende, selbstbespöttelnde Wort niederzudrücken, das ihm auf die Lippe schnellt und mit welchem er sein eigenes Thun, sein ganzes Lebenswerk desavouirt; wie ein nicht zu bekehrender Gefühlsskeptiker, der sich ordentlich schämt, auf einer ernsthaften und anhaltenden Empfindung, oder gar auf einer Leidenschaft ertappt zu werden, stemmt sich Dingelstedt gerne mit der Zunge gegen Das, wovon sein Herz und wovon sein Kopf voll ist, gegen das Einbekennen der Leidenschaft für's Theater und für die Theaterarbeit. Weil sein persönlichster, innerster Ehrgeiz dereinstens vielleicht über die Scheinherrschaft eines Bühnenreiches hinaus nach einer wirklichen Herrschaft, nach einem Mitthun, nicht auf den weltbedeutenden Brettern, sondern in der wirklichen Welt und ihrer Geschichte langte, vielleicht sogar noch heute darnach in unbelauschten Stunden hinauslangt; weil das Theater nicht sein ganzes Wollen und Können erschöpft, sondern höchstens eine Tastenreihe seiner reichen, weitgestreckten Geistesklaviatur occupirt, glaubt er, nicht oft und nicht witzesscharf genug die Zumuthung abwehren zu müssen, daß der Theaterehrgeiz und die Theatersorge sein geistiges Bild ausmache, ihm Vollbefriedigung seines erfüllten Berufs gewähre — und um den Schein zu meiden, als gäbe er dem Theater einen zu großen Platz in seinem Denken, giebt er ihm einen zu geringen in seinen Reden. So hat sich eine förmliche Legende des negirenden Witzes um ihn gebildet, die ihren Gesammtinhalt und ihre

Gesammttendenz in dem Worte findet, welches er vor Jahren einmal, da er selbst schon Theaterleiter war, zu Laube gesprochen haben soll: „Mir scheint, Sie interessiren sich ernstlich für's Theater". Eine ungemein reichhaltige, sich von Tag zu Tag noch vermehrende und überaus amüsante Legende, die nur das eine Schlimme hat, daß sie das Bild des Mannes, mit seinem eigenen Dazuthun freilich, fälscht, daß sie nicht den richtigen Begriff, geschweige denn einen Vollbegriff von ihm giebt. Er mag mich dementiren, wenn ich dagegen behaupte, daß ihm der Theaterteufel so unverrückbar fest im Nacken sitzt, wie nur irgend einem eingefleischtesten Theatermenschen, und daß er es schwer ertrüge, durch einen plötzlichen Schicksalsdruck für alle Zeit vom Regietisch weggeschoben zu werden. In seinen herzprächtigen „Münchner Bilderbogen", mit denen er letzthin erst das deutsche Publikum erfreut hat, in diesen, durch ihre fast brüske Ehrlichkeit vor Allem so reizenden Anfangskapiteln seiner Selbstbekenntnisse streift er ja doch einmal den Ironiker von sich und gesteht zu, wie tief es ihn gepackt und bis in's Innerste durchgeschüttelt habe, als er heimtückisch brutal von dem Münchner Directionssitz gestoßen wurde. Allerdings konzedirt er auch da nicht so ohneweiteres den ungemischten Theaterschmerz allein: die schwer getroffene Empfindlichkeit des Weggeschoben- und Abgethanwerdens an und für sich, die Entrüstung über nicht zugehaltene Versprechungen, die Sorge um die Familienexistenz, um die Zukunft der Seinen hatten ihr gebührend Theil an dieser Seelenzerrüttung — aber der Theaterschmerz ergiebt sich als das Hauptmoment derselben. Und das war in München und das war im ersten Beginnen seiner Bühnenaktion — wie tief ist er seither in diese hineingewachsen und wie ist ihm Herz und Sinn erst an das Burgtheater angeklammert, das ja doch nicht blos eine Bühnenherrschaft, sondern, so zu sagen, ein wirkliches Stück Weltherrschaft repräsentirt! Was ihn zum Theater trieb — denn scheinbar nur war's freier Wille und freier Entschluß — das läßt ihn auch nicht vom Theater fort.

Und dieser eingefleischte Theatermensch, in welchem noch dazu der Theaterpoet allezeit die Oberhand behauptet, hat ein einziges Stück geschrieben, ein einziges Originalstück: „Das Haus der Barnevelbt!" Die Bühnenlockung, welche ihn nicht blos in das Direktionskabinet, sondern auch an den Schreibtisch zog, und ihn zum Bearbeiter Shakespeares machte, die war nicht stark genug, die Lust zum eigenen dramatischen Schaffen über jenes eine Stück hinauszubringen? „Haus Barnevelbt" hatte allerdings bei der Aufführung in München keinen nachhaltenden, sich festwurzelnden Erfolg; aber noch weniger war's eine, etwa von allen weiteren Versuchen abmahnende Erfolglosigkeit — und doch ließ es seine, mit so innerlicher Energie des dichterischen Ehrgeizes arbeitende Natur bei dem einen Drama bewenden. Nicht einmal von weiteren Plänen und Entwürfen, von Skizzen und Fragmenten verlautete je Etwas. Hier erschien mir eine Lücke in der Theaternatur Dingelstedts, die ich mir nicht wie so manches andere Sprunghafte in seinem Wesen, durch das eigene Denken und psychologisirende Erwägen zu füllen und zu ergänzen vermochte.

„Ueberbrücken Sie selbst mir diese Kluft", sagte ich eines Tages zu Dingelstedt, indem ich ihm den in mir vorhandenen Räthseleindruck exponirte. Und er that es wirklich und gab mir Einblick in seine dramatische Werkstätte von ehedem, wobei Interessantes und Ungekanntes vom flüchtigen Blicke zu erhaschen war.

„Der skizzirten Pläne können Sie aus jener Zeit genug bei mir finden — erklärte er mir — ein Dutzend zum Mindesten. Die „Amazone" gleich, die ursprünglich gar nicht als Novelle, sondern als Lustspiel gedacht war, und bereits vollständig scenirt vor mir lag, die einzelnen Scenen und Abtheilungen zu meiner Orientirung mit denselben Titeln bezeichnet, welche jetzt im Buche als Capitelaufschriften figuriren. Dann entsinne ich mich des Planes zu einem Drama aus der französischen Revolution: „Die beiden Chénier", die zwei Poetenkinder der Revolution, von denen der Eine unter das Messer der Guillotine kam, der Republikaner nämlich, und der Andre sich zu dem Monarchismus zurückwendete. Ich hatte damals das Bedürfniß, mich über mein politisches Ich und die Wandlung, welche sich in demselben vollzogen hatte, auszusprechen, nicht in publizistisch-polemischer Form, sondern in dramatischer Verbildlichung dieser Entwickelungsgänge. So wollte ich denn in dem Gegensatze der zwei Poetenbrüder mich und Georg Herwegh zeichnen" . . .

(In der Parenthese dabei: Es ist ein charakteristischer Zug Dingelstedts, und der ihn vom eigentlichen politischen Renegatenthum scharf sondert, daß er nicht, nach Renegatenweise, seine Vergangenheit verleugnet und sie auch von den Anderen ignorirt wissen will, daß er im Gegentheil gerade hier die Zumuthung willkürlicher, unvermittelter, durch äußerliche Motive veranlaßter Sprunghaftigkeit zurückweist und auf die Anerkennung einer folgerechten inneren Entwicklung plaidirt, für welche er das Selbstbestimmungsrecht der Individualität in Anspruch nimmt. Sein „Demagogenthum", sein „politisches Nachtwächterthum" ist ihm heute in der Erinnerung ein Stadium, eine Phase des Werdens und Sichgestaltens, deren Gedächtniß man so wenig abzuleugnen Ursache habe, wie es etwa dem Manne einfallen wird, ableugnen und vergessen zu wollen, oder sich dadurch kompromittirt zu fühlen, daß er einmal ein Jüngling gewesen, daß diese Jünglingszeit sogar manchen Reiz, manchen des Zurücksehnens werthen Vorzug vor dem Mannesalter besessen haben kann. Wer sich bei der Beurtheilung Dingelstedts nicht in dieser Gedankenlinie bewegt, wer ihn nicht aus ihm selber heraus kennen gelernt hat, auf den mag es darum verblüffend wirken, wenn man den freiherrlichen Ex-Nachtwächter bei irgend einer zufälligen Gesprächswendung mit der freiesten und leichtesten Unbefangenheit von dem „revolutionären" Kasseler Schulmeister sprechen hört, der ob seiner „hochverrätherischen" Gesinnung von Amt und Stelle gethan wurde. Diesen verblüffenden Effect verspürte denn auch ein ganzes Publikum, das Publikum der Leseabende der „Concordia", als Dingelstedt den Scenirungsentwurf der als Trilogie geplanten Faust-Aufführung las, und in der einleitenden Besprechung des Faust-Stoffes selbst plötzlich, wie aus einer Versenkung heraus, den „Nachtwächter mit den langen Fortschrittsbeinen" emporsteigen ließ. Man sah einander an, man lächelte, man wußte sich momentan die überraschende Einstreuung nicht zurechtzulegen, während der Vorleser keine Ahnung davon hatte, daß er durch Etwas eine Ueberraschung provocirt habe, was ihm als die natürlichste Sache von der Welt, als etwas ganz Selbstverständliches, gar nicht speciell zu Beachtendes, in die Feder und in den Mund geglitten war).

„Am Weitesten gediehen — fuhr Dingelstedt fort — war ein fünfactiger „Milton", von dem sogar drei Acte fertig in meinem Pulte liegen. Doch war Milton nicht der eigentliche Held des Dramas, sondern sein Neffe, ein junger Sausewind und Wohlleber, der, nach der historischen Notiz, in die Verlotterung der Stuartwirthschaft hineingerathen war, und den ich durch den blinden Oheim, den republikanischen Poeten, vom sittlichen Abgrund mit rettender Hand zurückreißen und zu eblerer Verwerthung seines halbverlorenen Ich geleiten ließ. Der Neffe sollte zum Schlusse nach Pennsylvanien auswandern, dem Zukunftslande eines neu aufsteigenden Geschlechtes, umschienen von dem Morgendämmerlichte einer neuen Zeit. Dabei wollte ich mit der Gestalt der Tochter Miltons, Susanne, meiner Kleinen ein Denkmal setzen — und das wird auch noch Ursache sein, daß ich das Stück auf Helgoland einmal fertig mache". Seine „Kleine" — wenn er auf die zu sprechen kommt, kann der Ironiker völlig sentimental werden. Der Verkehr mit seinem Sohne, einem tüchtig gebildeten und tüchtig arbeitenden jungen Offizier, der in dem literarischen Bureau des Kriegsministeriums beschäftigt ist, bewegt sich in maßvoller, ruhiger Herzlichkeit, die aber nichts von der, in dem Verhältnisse zur jüngeren Tochter zu Tage tretenden Weichheit zeigt.

„Was Sie mir da erzählen — mußte ich ihm nun einwerfen — erledigt meine Frage doch nur halb. Gut, es ist nicht bei „Haus Barneveldt" geblieben, Sie sind auch noch in andere Entwürfe hineingerathen, Sie haben den einen sogar ein gut Stück Weges zur Vollendung gefördert. Aber warum nicht bis zur Vollendung selbst? Warum haben wir kein zweites Originalstück mehr in dem Verzeichnisse Ihrer gesammelten Werke?"

„Da sind wir bei dem Standpunkt, oder richtiger, bei dem eigentlichen Ausgangspunkt meiner Bühnenthätigkeit. Ich war noch nicht vierzig Jahre alt, also in vollster, aufstrebendster Lebenskraft, als ich den Entschluß faßte, der dramatischen Originalproduction zu entsagen. Warum? Weil ich von der modernen dramatischen Literatur, im Vergleiche zu den Classikern, überhaupt nicht viel hielt und von meinem eigenen Talente dafür noch weniger. Ich aber war zu ehrgeizig, um es mit mäßigen Erfolgen mir genügen zu lassen — und so dachte ich, ob ich nicht der deutschen Bühne und dem deutschen Publikum und mir selbst mehr zu Danke arbeiten und Erspießlicheres, Nachhaltigeres leisten könne, wenn ich meine Thätigkeit darauf wendete, das klassische Theater, unser eigenes sowohl, wie das der anderen Nationen, Englands und Frankreichs vor Allem, dem deutschen Volke in andrer Weise aufzuthun und es ihm in andrer künstlerischer Beleuchtung zu zeigen, als dies bisher geschehen war. Ich ging also von der Production zur Reproduction über, widmete mich dieser ausschließlich, fing mit meinem Shakespeare an — und habe mich bis heute noch immer überzeugt, daß ich damals mit meinem Entschlusse Recht gehabt habe".

In der That haben wir denn auch da den Ausgangspunkt und das Bestimmende für die Theaterkunst Dingelstedts und ihre Methode, wie für die Würdigung und Kritik derselben. Vor Allem erscheint das Verhältniß dadurch bestimmt, in welchem er als Theaterleiter zur modernen dramatischen Production steht; wohlgemerkt: steht, sich nicht absichtlich und systematisch zu ihr stellt — er kann nur eben ihr gegenüber aus der Subjectivität seines Gesammturtheiles über sie und des Gesammtempfindens, welches sie ihm rege macht, nicht hinaus. Und so macht er kein Hehl daraus und ist's auch gar nicht im Stande zu verhehlen, daß sie ihm in Bausch und Bogen absolut keine Schwärmerei einflößt, daß er sie nur, man möchte sagen, als ein nothwendiges Uebel betrachtet, als das Unvermeidliche und Unerläßliche für das tägliche Brot des Theaters, für dessen Lebensbedarf, da ja doch täglich gespielt werden muß und weder Publikum noch die Schauspieler es aushalten würden, Tag für Tag die klassische Kost zu bereiten und zu genießen. Aber ich glaube, nicht mit der Behauptung fehlzugreifen, daß, wenn Dingelstedt eine Bühne zur Disposition hätte, auf welcher er etwa nur zweimal wöchentlich Schauspiel geben müßte, wenig neuere Stücke Aussicht fänden, von ihm scenirt zu werden. So freilich, und bei der in immer bedenklicherem Maße zunehmenden Consumtionsgier des Publikums, welches einer Novität bald satt wird, äußerst seltene Ausnahmen abgerechnet, ist auch der missionshaft überzeugte Theaterapostel der Classiker gezwungen, sich mit den Classikern nur seine Bühnenfesttage zu bereiten — er hat deren allerdings schon mehr, als der katholische Kalender, und er hat sich auch für dieselben inbrünstigere Gläubige bekehrt — das „Werkeltags"-Repertoire muß er, nolens volens, von der modernen und modernsten Literatur besorgen lassen. Da machte er denn richtig gute Miene zum bösen Spiel und gerade die mindere Gesammttaxirung, welche er auf dieselbe anwendet, hat die für die neueren Autoren günstige Folge, daß er sich viel weniger abwehrend gegen sie verhält, als mancher dramaturgische Schwärmer für das moderne Schauspiel; denn weil er nun schon einmal daran muß, weil er neue Stücke haben muß, ist er nicht so schwierig in der Abmessung und Abwiegung der Gradunterschiede, und es gibt manches Stück, wenn es ihm nur acceptabel erscheint, welches gerade vor einem Director von minder strenger Gesammtrichtung des Geschmackes kaum Zutritt gefunden hätte. Solchen Stücken gegenüber gerirt er sich denn aber auch gern als constitutioneller Regent und überläßt die Verantwortlichkeit dafür mit Vorliebe den Regisseuren. „Meine Regisseure sagen, daß man das Stück geben müsse, und sie verstehen das vielleicht besser, als ich", ist in solchen Fällen seine Entschuldigung vor sich selber, wenigstens seine Redeformel vor den Andern. Nicht, daß es auch da keine Exceptionen bei ihm gebe, der Poet in ihm schweigt nie und heuchelt nie systematische Gleichgiltigkeit, wo er sich durch irgend etwas auch in einem neuesten Theaterstück interessirt und gepackt fühlt; er ist alsdann im Sanguinismus des poetischen Empfindens im Stande, dem Autor um den Hals zu fallen und ihm dafür zu danken, daß derselbe ihm ein so schönes Stück zur Aufführung überlassen habe — das Durchschnittsmaß seines Verhältnisses zu der modernen Dramatik aber ist innere Unberührtheit und das bloß äußerliche Interesse des Theatergeschäftes. Bis zur grausamsten Gleichgiltigkeit jedoch kann sich Das potenziren, wenn er es mit Ex=offo=Stücken zu thun hat, mit Stücken, welche ihn durch die tausenderlei Rücksichten, die ihr Spinngewebe um eine Hofbühne ziehen, octroyirt werden und welche er geben muß, entweder weil die Position des Verfassers ihn dazu zwingt, oder weil Gönnerschaften dabei in's Spiel kommen. Da ist er bis zur Mißhandlung eines solchen Zwangsdramatikers übel aufgelegt. Einmal wurde ihm von einem Bekannten sein Urtheil über ein derartiges Stück, acht Tage vor der Aufführung, abverlangt. „Ich kenne es nur bis zum dritten Act und weiß Ihnen also nicht viel darüber zu sagen", antwortete er — und auf die verwunderte Bemerkung des Anderen, daß das Stück ja doch in der kommenden Woche schon gegeben werden solle und daß es deshalb unver= ständlich und kaum glaublich sei, wie es der Director gar nicht gelesen haben könne, meinte er: „Wozu soll ich es denn auch noch lesen? Geben muß ich es ja doch so wie so, und da werde ich auf der Probe noch genug Gelegenheit haben, es kennen zu lernen". Ein anderes Mal kam's im Theater selbst, bei einer Generalprobe, zu förmlicher Explosion der demonstrativen Gleichgiltigkeit. Dingelstedt saß im Parquet, den Regietisch hatte er dem Autor überlassen. Dieser gab Anordnungen für einen „Zug", der im letzten Acte vorkommen sollte, und interpellirte den Director, ob auch er mit dem getroffenen Arrangement einverstanden sei. Darauf tönte die Antwort aus dem Parquet zur Bühne zurück: „Ich bitte, darin ganz dem eigenen Gutdünken zu folgen. Sie wissen, daß ich mich für das Stück persönlich nicht interessirt fühle". Das ist gewiß nicht ein Uebermaß von Urbanität und steht in schroffem Gegensatze zu der exquisiten Feinheit der Lebenssitte, in welcher Dingelstedt sonst Meister ist — aber ein interessantes Charakteristikon zu dem vielberegten „Höflingthum" Dingelstedts ist es, daß man es gründlich mit ihm verdorben hat, wenn man sich ihm durch die „Gunst der Oberen" auf= zuzwingen meint. Er acceptirt die Patronanz mit widerwilliger Miene allen= falls ein erstes Mal, läßt es den Patronisirten durch Wort und That fühlen, daß er nur als ein Augenblicksgeschöpf hochmächtig gnädiger Laune, für den Augenblick duldet und setzt ihn im nächsten Moment schon vor die Thür.

Der modern dramatischen Schule der Franzosen gegenüber accentuirt sich Dingelstedts Mangel an Hochschätzung der zeitgenössischen Bühnenproduction überhaupt zu einer Art principieller Gegnerschaft, in welcher, bewußt oder unbewußt, das nationale Element seine Rolle hat und das Germanenthum des „politischen Nachtwächters". Und es ist wohl eine bemerkenswerthe, für die Psychologie der Literatur interessante Erscheinung, daß, während der Jungdeutsche Heinrich Laube die moderne Pariser Sittenkomödie im Burgtheater nicht nur zuließ und tolerirte, sondern mit liebevoller Pflege cultivirte und an ihr und mittelst ihrer gerade den heutigen Conversationston des Burgtheaters heranzog, wie ja auch im Stadttheater die französische Comödie den Vordergrund des Repertoires hält, der in seinem geistigen und gesellschaftlichen Wesen dem Franzosenthum doch viel verwandtere Dingelstedt die Fernhaltung der französischen Stücke am Burgtheater bis zum Starrsinn treibt. Dadurch ist es ihm allerdings schon passirt, daß, wenn er sich ein und das andere Mal durch irgend Wen oder irgend Was aus dieser grundsätzlichen Abstinenz herauslocken ließ, und einzelne Ausnahmen beging, er gerade auf die unrechten Stücke gerieth, und entweder Mißerfolge hatte, oder sonstige Veranlassung zum Mißvergnügen, welches ihn alsdann nur neuerlich in seiner negirenden Haltung gegen die Franzosen bestärkte. So kann er sich's heute noch nicht vergeben, trotz des grandiosen Kassenerfolgs, den das Theater hatte, trotz des grandiosen schauspielerischen Erfolges, den sein Liebling Sonnenthal hatte, er kann sich's, sage ich, heute noch nicht vergeben, daß er sich bewegen ließ, das dramatische Roman-Excerpt „Fromont jeune et Risler ainé" zur Aufführung zu bringen, dessen bühnliche Crudistäten ihm geradezu ästhetische Uebelkeiten bereiteten, abgesehen davon, daß sie ihm kritische Angriffe an den Hals hetzten, deren Berechtigung er selber nicht bestreiten konnte, und auch gar nicht zu bestreiten Willens war. Dafür aber ließ er sich andererseits wieder Stücke entgehen, die dem Repertoire eines jeden ersten Theaters zu literarischer Zierde gereichen können und deren Verlust er ebenso aufrichtig bedauert, Stücke, wie Augiers „Haus Fourchambault", wie Erckmann-Chatrians „Freund Fritz" — in welchem letzteren er, nebenbei als schauspielerische Curiosität bemerkt, den Rabbi Sichel von Sonnenthal hätte gespielt sehen wollen. Die Aversion gegen die Franzosen von heute, im Bühnenrepertoire wenigstens, correspondirt übrigens auch mit der ganzen Richtung seiner scenischen Methode, welche von jener Laubes sich dadurch unterscheidet, daß sie sich nicht mit Vorliebe der detaillirten Herausarbeitung des schauspielerischen Wortes, der Dialognuance zuwendet, worin die Stärke und die Specialität der Bühnenkunst Laubes wurzelt, sondern dem bildlichen Detail der Scene, insoweit der Gesammteffect dadurch bedingt erscheint, oder erhöht wird. „Im Anfang war das Wort", so lautet der erste Spruch der Laube'schen Theaterbibel — „Im Anfang war das Bild" jener der Dingelstedt'schen: das lebendige Bild, wohlverstanden, das Bild der dramatischen Action, wobei an die Umrahmung nicht zu vergessen ist, an welche Dingelstedt gerne eine ganz auserlesene Kunst wendet.

Das Bild, das bühnliche Gesammtbild des Darzustellenden, in der plastischsten und in der geistigsten Bedeutung des Ausdruckes, mit zwingendster Unterordnung jeder lebenden und jeder sachlichen Einzelheit, mit Zurückdrängung aller individuellen Prätension des Sichgeltendmachens, das ist die Essenz des Dingelstedt'schen Theatersystems. Die Bühne und Alles auf ihr, was da geht und steht, kreucht und fleucht, ist ihm nur Mittel und Behelf zur Componirung des Bildes, zur Versinnlichung der Action, zur Erzielung des Gesammteffectes. Ein Erfolg, der sich nur aus der summirten Wirkung einzelner guter Schauspieler-Rollen ergiebt, wird ihn nie erfreuen und künstlerisch befriedigen, er wird ihn höchstens mit geschäftlicher Genugthuung im Kassenbuch registriren. Das erfordert vor Allem eine, oft bis zur Resignation gehende Subordinirung des schauspielerischen Individuums, und das ist die Ursache, warum die Schauspieler selbst für das System absolut nicht schwärmen, wenn sie auch bewunderungswürdige künstlerische Disciplin bewähren und der böseste Froudeur seinen Auflehnungsgelüsten allenfalls in Worten Luft macht, in Wirklichkeit aber den ihm angewiesenen Posten bezieht und hält, und wenn es auch nur der Posten eines gemeinen Soldaten wäre. Das werden selbst die principiellen Gegner Dingelstedts ihm zugestehen müssen, daß er diese Disciplin zu schaffen, daß er das Terrain für seine Bühnenpläne zurechtzumachen verstanden hat. Zeit hat er freilich gebraucht, schier an die drei Jahre lavirte und temporisirte er herum, scheinbar wenig thuend und nur die nothdürftigsten Manipulationen des Directors verrichtend, so viel, oder so wenig gerade erforderlich, um die Theatermaschine im Gange zu erhalten — und er besitzt in so außerordentlichem Maße die Kunst, das Behagen eines Dolce far niente mit täuschendstem Wahrheitsschein vor den Leuten zu produciren, daß er sich's gar häufig selber glaubt — und langsam nur, Schritt für Schritt, daß es dem Auge der Anderen kaum merkbar war, präparirte er sich den Boden und die Menschen, die sich auf demselben bewegten. Neulich erst einmal, in längerer Unterhaltung über die Geschichte seiner Burgtheaterdirection, sprach er von jener Zeit, da noch seine „Faulheit" eine sprichwörtliche in Wien gewesen, da noch der Coulissen-Epigrammatist Baumeister den Collegen ankündigte, „er gehe jetzt zum Photographen hinüber, sich ein Bild seines Directors zu kaufen, um denselben doch einmal zu Gesichte zu kriegen" — und als Conclusion bemerkte Dingelstedt dazu: „Scheinbar Recht hatte ja Baumeister damals, denn ich schien doch wirklich nichts zu thun, und die zu mir hielten und mir ihre Wohlmeinung zugewendet hatten, die gaben mich schon verloren; aber ich durfte mich dadurch nicht irre machen und mich in kein beschleunigtes Tempo hineinhetzen lassen. Nehmen wir den Fall, ich hätte mich bereit, gleich im ersten, oder auch nur im zweiten Jahre meines Burgtheaterdaseins den großen Trumpf der Shakespeare-Woche auszuspielen zu wollen — was wäre geschehen? Meine Schauspieler wären noch nicht mit mir gegangen, die Kritik hätte mich zerrissen, das Publikum wäre nicht gekommen, und „Oben" hätte man mich fallen lassen". Ich konnte und kann ihm darin um so weniger Unrecht geben, als man ja doch weiß, mit welchem spöttelnden Skepticismus auch, da es nun wirklich an die Shakespeare-Woche ging, dieses „barocke" Unternehmen von den unfehlbaren Theaterpraktikern

gerade wie von Vorneherein verloren, als eine verpfuschte „blague", im besten
Falle als das Product einer unheilbaren Idiosynkrasie behandelt wurde. Und
in den Hofämtern, in welchen damals gerade eine etwas scharfe Luft gegen
den, bei all seiner vollkommen ausgebildeten Hofmanier, doch oft genug recht
„unbequemen" Director blies, gab's hoffnungsreich lächelnde Mienen und rieb
man sich vergnüglich die Hände und einer der Unfehlbaren von Amtswegen,
der nie begreifen konnte, wozu ein Theater einen „Literaten" als Director
brauche und warum es nicht ebensogut „im schriftlichen Wege" von einem
„Hofkoncipisten" geleitet werden könne, der gab das Verdict von sich: „So
was kann man allenfalls in einem kleinen Städtl, wie Weimar, riskiren und
er soll meinetwegen wieder hingehen und sich dort den Shakespeare vorspielen
lassen, so viel er will — aber in Wien macht man mit so was nix, den
Wienern darf man mit so was nit kommen! Schad' nur für die paar Tausend
Gulden, die das Zeug kostet!"

Die Shakespeare=Historien enthalten das Um und Auf, nicht des
Dingelstedt'schen Theaterschatzes, wohl aber seines Theaterbekenntnisses, der
dichterischen, wie der scenischen und der praktischen Verwirklichung derselben.
Hier bestätigt ihm der Dichter schon die Geltung seiner dramaturgischen
Theorie von der Alleinberechtigung des bühnlichen Gesammtbildes, in welchem
die Individualität genau nur jenen Platz nehmen dürfe, den ihm die Zusammen-
fügung des Ganzen anweist, sei es auch auf Kosten des Individuums. Wie
es in den Königshistorien Vordergrund- und Hintergrundgestalten, aber nicht
im bühnentechnischen Sinne „erste Helden und Heldinnen" gibt, so existiren
diese überhaupt nicht für die Theatersorge Dingelstedt's und er anerkennt sie
nur nothgedrungen, wenn die Natur des darzustellenden Stoffes ihn dazu
zwingt. Wenn die moderne Staatstheorie, welche den Träger der obersten
Gewalt nur als den ersten Beamten des Staates kennzeichnet, der nicht
außerhalb, sondern innerhalb des allgemein giltigen Gesetzes stehe, auf den
Theaterstaat übertragen gedacht werden kann, dann findet diese Theorie in
Dingelstedt ihren überzeugtesten und eifrigsten Vollstrecker. Und dies ist eben
das Congruente seines Wollens und Könnens mit dem dramatischen Charakter-
inhalte der Königsdramen, deren Brüchigkeit und Fragmenthaftigkeit im Original
zugleich dem Berufe des „Reproducirens", in welchem Dingelstedt seine
eigentliche Vocation für die Bühne erkannt haben wollte, den weitesten und
lockendsten Spielraum bot. Die literarische Kritik hat diese „Reproducirungen",
diese sich in das recht lockerige und rissige Shakespeare'sche Gefüge einschiebenden
„Ergänzungen" und „Verbindungen" vielfach mit Schärfe getadelt, theilweise
sogar entschieden abgelehnt und für nicht zulässig erklärt und sie hat ihre
Motive für solches Urtheil geltend gemacht, Motive, die zu würdigen sind,
wenn auch nicht in Abrede gestellt werden kann, daß der traditionelle, an
kritischer Schablone festhaltende Respect vor der Unnahbarkeit und Unantastbar-
keit Shakespeares dabei stark mitspielt — machen ja doch die Shakespeare-
Fanatiker, wie überhaupt die Classicitäts=Fanatiker die Existenzdevise des

Jesuitenordens getreu zu der ihren: „Sint ut sint, aut non sint!" Mir persönlich, und ich gebe das mit aller bescheidenen Unmaßgeblichkeit des subjectiven Eindruckes, ist in der ganzen Dingelstedt'schen Bearbeitung der Königsbramen nur die eine nachgedichtete Visionsscene der Gattin Percys des Heißsporn, im zweiten Theile „Heinrichs IV." immer höchst inopportun und störend erschienen, auch darum schon, weil sich absolut nicht die Schauspielerin findet, welche den drallen Ton des ersten Theiles mit der visionären Exaltation dieses somnambulen Einschiebsels in Einklang zu bringen im Stande wäre. In Wien versuchte es zuerst Frau Wilbrandt und sie brachte die Vision zu poetisch feinem Ausdruck, während ihr für die Drallheit der Ur-Käthe des ersten Theils ein zu feinäberiger Humor mit zu sachtem Tone zur Verfügung war — jetzt geht es ihrer Nachfolgerin in der Rolle, der mit dem stärksten komischen Naturell, welches ich derzeit unter den jüngeren Schauspielerinnen des deutschen Theaters kenne, begabten Frau Hartmann gerade umgekehrt. Von sonstigen „Schmerzen", wie die Wiener zu sagen pflegen, hätte ich allenfalls höchstens noch ein einziges separates „Schmerzlein", ich vermisse in „Heinrich IV." die tragische Prachtkaricatur des Großmauls Owen Glendower — vielleicht, weil mir Ludwig Löwe da in der Erinnerung ist, welcher aus den etlichen Versen dieser Fresco-Figur eine ganz außerordentliche Wirkung herausbrachte, die sich aber mit dem, aus der Tragik so köstlich in die Komik hineindröhnenden kreiten Terne Gabillons wohl ebenfalls erreichen ließe. Andere subjective Empfindungen und Urtheile werden vermuthlich wieder Anderes missen, was nicht da ist, und Anderes missen wollen, was da ist. Alles in Allem aber ist es zu einer Thatsache für die deutsche Bühne geworden, daß ihr mit der Durchführung des Shakespeare-Cyclus eine der größten Leistungen geschaffen wurde, ein monumentaler Aufbau, möchte ich sagen, wenn ich nicht eine tiefinnere Aversion vor den arg mißbrauchten großen Worten und Superlativen hätte. Das Merkwürdigste aber in dem ganzen Cyclus und ihren Höhepunkt hat die Dingelstedt'sche Kunst wohl in „Heinrich V." erreicht, welcher dichterisch, wie bühnlich aus den wirre und wüst durcheinander kollernden Bausteinen des Originals emporgeführt werden mußte. Hier hat die Einfügung des von Lewinsky gespielten wahnwitzigen Carls VI. den größten Erfolg unter allen Dingelstedt'schen Nachdichtungen gehabt, hier ist aus der Natur des Ganzen heraus ein wirklicher „erster Held" in der Gestalt des Königs erwachsen, in welcher Herr Hartmann eine Rolle gefunden, die in der Geschichte des Burgtheaters verzeichnet bleiben wird, und hier hat jene poetisch und plastisch zugleich wirkende künstlerische Eigenschaft Dingelstedts gewissermaßen ihr letztes Wort gesagt, welche sich dahin richtet, jedem Stück die richtige Bühnenstimmung und Bühnenatmosphäre zu geben, nicht die geistige Atmosphäre blos, sondern, man dürfte beinahe sagen, die wirkliche physische Atmosphäre des Himmelsstriches, unter welchem der dramatische Vorgang sich ereignet. Das ist wirklich die schwere Nebelluft Englands, und das ist wirklich die, mit einer Art Leichtsinnsstoff gefüllte, sonnig flatternde Luft Frankreichs! Der Bildcontrast des französischen und des englischen Lagers, welche unmittelbar nacheinander sichtbar werden, findet, bei solcher verhältnißmäßiger Einfachheit des scenischen Aufwandes, wohl schwerlich seinesgleichen. Und dabei trotz jener, theils principieller, theils instinctiver Zurückschiebung der gebräuchlichen Rücksichtsnahme auf schauspielerische Individualitäten und Specialitäten, haben doch die Schauspieler durch die Resultate der sich aus sich selbst herausgebenden Nothwendigkeiten in dem Shakespeare-Cyclus den Stoff und die Gelegenheit zu Gestaltungen gefunden, welche für das lebende Bühnengeschlecht typisch geworden sind. So, außer denen, die bereits genannt worden sind, Sonnenthal in den Rollen des zweiten Richard und des sechsten Heinrich, Baumeister in seinem, zu klassischer Abgeschlossenheit herausgearbeiteten Falstaff — der niemals, auch da ihn der, von den Wienern abgöttisch verehrte, Anschütz spielte, die Wirkung wie heute erzielt hat, und mit welchem merkwürdiger Weise derselbe Baumeister vor Jahren einmal total verunglückte — so die Wolter als Margarethe und Herr Mitterwurzer, dieser interessante, mit seinem Kopfe fieberisch arbeitende, in seinen Zielpunkten noch immer aber unberechenbare Schauspieler, als Cardinal Winchester in „Heinrich VI", in welcher Rolle er vor Allem durch die an den Kaulbach'schen Peter Arbues gemahnende Maske und durch die ans Gruslige streifende Art seines Sterbens große Wirkung übte. Mit dem Shakespeare-Cyclus ist auch das Burgtheaterjahr 1880 eröffnet worden, es war die vierte Wiederholung desselben, und der Andrang des Publicums dazu war, nach dem statistischen Ergebnisse der Einnahmsziffern, der bis nun stärkste seit der ersten Aufführung, also ein progressiv wachsender.

Ich habe länger an diesem Markstein der Directionsthätigkeit Dingelstedts verweilen zu müssen geglaubt, weil sich von hier aus der bestimmende Ausblick für seine ganze seitherige Wirksamkeit ergiebt, weil sich hier die Methode constatirt, nach welcher er überhaupt arbeitet und inscenirt, heute Shakespeare, morgen Goethe und Schiller. Er hat so das „Wintermärchen", welches auch noch keine bleibende Stätte im Burgtheater gefunden hatte, zu einem Prachtstücke der Repertoire-Schatzkammer gemacht — der Versuch, den „Sturm", wenigstens als scenisches Schaustück den Wienern mundgerecht zu machen und sie für das phantastische Märchentreiben zu interessiren, ist an der Unzulänglichkeit der dafür im Burgtheater zu Gebote stehenden Mittel, welche die eigentliche Mißlichkeit des Darzustellenden nicht mit genügendem, phantastischem Blendwerk zu umkleiden vermochten, gescheitert, und das Interesse, welches die Aufführung allerdings rege gemacht hatte, verflüchtigte sich nach einigen Abenden — von Shakespeare wurde dann der Uebergang zu Schiller und Goethe genommen. „Faust", „Götz von Berlichingen", „Die Räuber", „Don Carlos" sind im großen Style neuscenirt worden. Der „Faust" allerdings noch nicht als Vorbereitung der geplanten Faust-Trilogie, an welche, wenn das Opernhaus nicht dazu benutzt werden kann, vor der Eröffnung des neuen

Schauspielhauses nicht zu denken ist — so ist denn auch die gegenwärtige Scenirung immer nur noch eine provisorische, doch aber jedenfalls eine die Lücken der bisherigen vielfach füllende und die Mächtigkeit der Aufführung erhöhende. Die „Walpurgisnacht", die anfänglich darin Platz gefunden und ausreichenden Effect gemacht hatte, wurde nach einmaliger Aufführung wieder in's Repositorium für bessere Zeiten zurückgebracht, um die einstige Wirkung des Gesammt-Faust nicht zu anticipiren. Eine förmlich „nationale" Wirkung, den deutschen Sinn der Wiener mächtig ergreifend und ihn traulich anheimelnd, übte der „Götz von Berlichingen", zu welchem das Publikum in hellen Haufen herandrängt, so oft der Theaterzettel ruft, und in welchem einzelne Scenen die Shakespeare-Leistung um Das überbieten, um was der vaterländische Zauber den scheinbar kosmopolitischsten Geist doch mit bestrickenderem Reize anzieht und antreibt. Für die „Räuber" ist mit der Rococotracht, in welche sie der Schiller'schen Phantasie auch zuerst entstiegen, auch der Styl der Epoche versucht und getroffen worden, und „Don Carlos" hat in seiner Bühnen-Neugestaltung die jugendliche Begeisterung für den „sonderbaren Schwärmer" an König Philipps Throne wieder zu Ehren und in Mode gebracht.

Die Carlos-Aufführung ist auch noch durch ein anderes, außerkünstlerisches Moment bemerkbar, indem sie das Verhältniß Dingelstedts zur Hoftheatercensur kennzeichnet und als Gradmesser für die gegenwärtige Haltung dieser dienen kann. Die Geschichte der politischen Parteien hat es oft gezeigt und bewährt, daß es manchem conservativen Ministerium schon gelungen ist, Concessionen hohen Ortes zu erwirken und acceptabel erscheinen zu lassen, die liberalen Minister entschieden verweigert wurden. Und so hat auch der für hochconservativ angesehene und durch seine Gesinnung in gewissem Sinne „Garantieen gebende" Dingelstedt von der Censur schon Zugeständnisse erlangt, die vor ihm nicht durchzusetzen gewesen waren — wie im „Don Carlos" eben, zu dessen bühnlicher Vervollständigung es ihm gestattet wurde, was bis dahin noch nicht der Fall gewesen war, die Scene des Königs mit dem Großinquisitor vollinhaltlich zur Darstellung zu bringen. So sah man denn den Cardinal-Großinquisitor mit seinem Gefolge von Clerikern, unter Vortragung der Fahnen der Inquisition die Bühne des Hoftheaters beschreiten, allerdings nur an den zwei ersten Abenden mit diesem Aufzuge, denn einige ängstlicher organisirte Hofämter-Nerven erschraken derart über den Anblick der also profanirten Kirchenfahnen, daß diese wenigstens bei den folgenden Vorstellungen weggethan werden mußten — die Scene selbst aber ist geblieben. Die ähnliche „Errungenschaft" war's schon früher mit dem Shakespeare'schen Cardinal Winchester gewesen, bei dem die Reputation des Cardinalpurpurs wohl noch schlimmer wegkömmt, als bei dem Schiller'schen Cardinal. Und noch früher war eine noch viel belikatere „Freiheit" gewonnen worden, die Freiheit, nicht nur sogar einen österreichischen Cardinal und zwar in den, vom Decorationsmaler getreulich nachgebildeten Gemächern der Wiener Hofburg auftreten zu lassen, sondern

Gestalten aus der Ahnen-Gallerie der Kaiserfamilie vorzuführen, um deren Häupter eben keine unbestrittene Gloriole schwebt: Gestalten, wie der, über seine Sternenseherei die Erdendinge aus den Augen verlierende zweite Rudolf und sein Bruder, der gegen die eigene Familie wenig scrupulöse Mathias in Grillparzers hinterlassener Tragödie: „Ein Bruderzwist im Hause Habsburg". Eben jetzt wieder rückt die Bühne noch einen Schritt näher an den Ahnensaal des Kaiserhauses heran, indem man im Begriff ist, den Vater Maria Theresias, den Kaiser Karl VI. auf's Burgtheater zu bringen, der in dem zur Aufführung vorbereiteten „Prinz Eugen" von Martin Greif eine Rolle spielt. Auch das moderne Stück, die Gesellschaftscomödie, hat manche Erweiterung des ihr zugestandenen Terrains erfahren — und was das in diesem Hause, bei dieser Logen-Aristokratie heißen will, dafür mag die eine Notiz als Stichprobe genügen, daß die harmlos liebenswürdige Figur des alten Fürsten Liebenstein in Michael Klapps „Rosenkranz und Güldenstern", manchen sensitiven „Standes"-Gemüthern des ersten Logenranges schon als ein sociales Attentat auf die bestehende Ordnung erschien. „Müssen wir uns denn in unserem Theater tarifiren lassen?" sagte in pikirtem Tone so ein Hochgeborener nach der Vorstellung zu Dingelstedt, der mit unbefangenster Nonchalance erwiderte: „Entschuldigen Sie, Excellenz, ich hatte gemeint, die Aristokratie erschiene in diesem Fürsten Liebenstein idealisirt, nicht tarifirt". Daraus mag man ermessen, mit welchen Factoren, mit welchen Abnormitäten und Monstrositäten ein, auch liberal gewillter, Hoftheatercensor zu rechnen hat und was da schon als „Sieg der fortschreitenden Ideen" zu begrüßen kommt — Siege, die als solche gerade eine beschämende Vorstellung von den politischen und socialen Zuständen geben, die heute noch dominirend auf das Theater überhaupt, auf die Hoftheater ganz insbesondere einwirken. Das macht aber den Kampf selbst um nichts weniger schwierig und ändert nicht die Verdienstlichkeit der mühsam und schrittweise erkämpften Erfolge. Und da muß wohl dem Manne ein Ehrenplätzchen in der neuesten Geschichte des Burgtheaters gegeben werden, der in solcher Eroberung eines weiteren Terrains für die dramatische Production in den Gebietstheilen, welche der Hoftheatercensur unterstehen, ein getreuer Bundesgenosse für Dingelstedt geworden ist und allezeit Schulter an Schulter mit ihm den guten Kampf gekämpft hat. Das ist der Reichsfinanzminister Baron Hofmann, der in einer wunderlichen Verbindung von Agenden gleichzeitig die Hoftheatercensur übt — er hat sie nämlich aus der Zeit her, da er als Sectionschef im Ministerium des Auswärtigen und des kaiserlichen Hauses mit dieser Function betraut war, in das neue Amt mit hinübergenommen, weil es ihm ein Herzensbedürfniß war, mit dem Burgtheater, an welchem er als echtes „Wiener Kind", im geistigen Sinne des Wortes, mit allen Seelenfasern, mit allen Traditionen des Kopfes und des Gemüthes hängt, auch in officieller Verbindung zu bleiben, und weil ihm eben seine Zärtlichkeit für das Theater es als Pflicht erscheinen ließ, ein Amt zu behalten, für welches er mit ruhigem Bewußtsein sich selbst als den besten Mann erklären mußte. In der That war er es, der schon so manchen Einschlag zu liberalem Weiterausschreiten gab, woran Dingelstedt aus eigener Initiative gar nicht hätte denken können — und um so bereitwilliger stellt er sich jeder von diesem ausgehenden liberalen Initiative zur Verfügung und fördert sie, soweit es ihm andere, höhere Competenzen gestatten, deren Einflußmächtigkeit auch die des Hoftheatercensors überragt. Ein Wort charakterisirt den Mann in seiner Auffassung des Censuramtes. Ein Stück war seiner Begutachtung unterbreitet, welches die von dem Börsentaumel in einer Hochtory-Familie angerichtete Zerstörung behandelte und es wurden Scrupel laut, ob es angezeigt wäre, das Stück zur Aufführung an der Hofbühne zu bringen, vor einem Logenpublikum, in dessen vielzweigige Familienverbindungen und Familienempfindungen hinein der behandelte Stoff gar herbe und weh greifen müßte. Worauf der Censor kurz erwiderte, indem er das Bewilligungs-Signum auf das Manuscript setzte: „Ich kann doch wirklich nicht dazu berufen sein, alle die Herrschaften vor der Möglichkeit einer unangenehmen Empfindung zu schützen!"

Ermessen aber läßt sich aus dem hier Gesagten, wie es in solcher Atmosphäre, dem, trotz alles politischen Conservatismus und trotz aller aristokratischen Lebensneigung und Lebensform doch in seiner innersten Essenz unbotmäßigen und fronbirenden Geiste Dingelstedts schwül und enge werden muß, bis zum Ersticken manchesmal, so daß es ihm ein Athmungsbedürfniß ist, in diese dicke Luft mit der Elektrizität des Epigramms hineinzufahren um für's Aufathmen Erleichterung zu schaffen.

Aber sein Lebenssitz — und hier komme ich auf meinen Ausgangspunkt zurück — ist und bleibt das Burgtheater, weil es eben auf deutschem Boden das gewaltigste Terrain ist, auf welchem sich die Eigenart seines Schaffensdranges bethätigen kann. Denn ich habe in dem Vorhergehenden gezeigt und aus den eigenen Anführungen Dingelstedts dargethan, daß ihm das Theater nicht blos den Ehrgeiz weltmännischen Lebensberufes, sondern auch den Ehrgeiz des Poeten erfüllen muß, daß er den Regietisch zu seinem Arbeitspult gemacht hat, daß ihm jede Scenirung zugleich auch eine Dichtung ist, daß seine „gesammelten Bühnenwerke" sich nicht auf die etlichen Bände dramatische „Reproductionen" im Bücherkasten beschränken, sondern daß man sie auch im Directionsmagazin, in der Requisitenkammer, in der Theatergarderobe, daß man sie vor Allem in lebendiger Action auf der Bühne selbst aufsuchen muß. Ihm bedeuten die Bretter nicht blos seine äußere, sondern auch seine innere Welt, und was dem Dichter ein großer Stoff, welcher ihm den Rahmen zu mächtiger Gedankenentfaltung bietet, das ist ihm eine große Bühne mit der ungeheuren geistigen Perspective des Burgtheaters, hier dichtet er, hier ist ihm jeder scenische Erfolg, welchen der Director und Regisseur gewinnt, zugleich ein dichterischer Erfolg. Welche Genugthuung empfand er, als er, während des jüngsten Gastspiels der Meininger mit seinem „Wintermärchen", mit seinem „Käthchen von Heilbronn" die gleichbetitelten Schaustellungen dieser Spezialisten der Bühnentechnik dichterisch überwand — und etwas wie Poetenglück verspürte er, als es ihm in dieser Saison, wahrhaftig in seinem und seiner Regisseure und Künstler Schweiße des Angesichts gelang, den Wienern ein beim Entstehen schon verloren gegangenes und seitdem verloren gebliebenes Stück Grillparzers, das wunderliche Lustspiel „Weh dem, der lügt" zurückzugewinnen, es in glanzvollem Triumphzuge auf die Bühne des Burgtheaters zurückzugeleiten. Darum, ich wiederhol's, ist sein Lebenssitz hier. Sein Lebenstraum allerdings ginge noch ein Stück weiter, er möchte auch gern das Opernhaus an das Schauspielhaus heranrücken und sich in die Gesammtdirection beider hineindichten — aber auch ein Burgtheater allein ist wahrhaftig genug, einen vollen Lebens= und Dichterehrgeiz zu beschäftigen und auszufüllen. Das Repertoire der seit acht Jahren seines Regiments neuscenirten Stücke, das sind die eigentlichen „Gesammelten Werke Franz Dingelstedts".

Fürst Kaunitz.

Von
B. Volz.
— Potsdam. —

s war am 19. Mai 1756. In der Hofburg zu Wien fand unter dem Vorsitze der Kaiserin Maria Theresia eine Conferenz des Staatsministeriums über die Beziehungen Oestreichs zu Frankreich statt. Auch Franz, der römische Kaiser, war zugegen. Die allgemeine Stimmung war, wenn auch das langjährige Bündniß mit England als abgethan angesehen werden mußte, doch gegen eine Annäherung an Frankreich.

Der Oberhofmeister, Graf Uhlefeld, trug langsam und etwas weitschweifig in verwickelten Perioden seine Bedenken vor, hin und wieder durch ein kurzes Wort seines Nachbars, des Staatssecretärs Baron von Bartenstein, unterstützt. Dann folgte dieser: ruhig und deutlich sprach er im gleichen Sinne sich aus. Der Reichsvicekanzler, Graf Collovedo, begründete seine Ansicht namentlich durch den Hinweis auf die deutschen Verhältnisse. Graf Harrach bedauerte in nachdrücklicher Weise die Lösung des englischen Bündnisses. Der Oberkammerherr, Graf Khevenhüller, ging noch einmal in sehr wortreicher Weise auf alle Gründe ein, welche gegen ein Bündniß mit Frankreich sprächen. Kurz und eindringlich dagegen gab der tapfere Feldmarschall, Graf Batthiany, der Gouverneur des Erzherzogs Joseph, sein Votum gegen Frankreich ab.

Als jüngster Minister zuletzt hatte Graf Kaunitz, der Oberhofkanzler, zu sprechen. Kaum schien er den Reden der Uebrigen zugehört zu haben: er schnitt Federn indeß und stäubte mit unbeweglicher Miene die Spitzen seines Busenstreifens und seiner Manschetten ab. Nun nahm er das Wort.

Mit vollkommenster Ruhe, ohne die geringste Spur von Aufregung zu zeigen, wandte er sich gegen die vorgetragenen Ansichten, und alle Einwendungen vorweg beantwortend, setzte er die Vorzüge eines Bündnisses mit Frankreich auseinander. Dann ging er auf die mit dem Hofe von Versailles angeknüpften Verhandlungen ein, welche nunmehr endlich zu dem Abschlusse einer Convention geführt hätten. Da unterbrach ihn der Kaiser; mit der Hand auf den Tisch schlagend, rief er aus: „wie, ein Bund mit Frankreich? Das läuft wider die Natur. Gebe der Himmel, daß es nie dazu komme!" und verließ sichtlich erregt den Saal.

Die Kaiserin indeß, durchaus ihre ruhige Haltung bewahrend, befahl Kaunitz seinen Vortrag zu beendigen. Er schloß ihn, indem er die einzelnen Bestimmungen der Convention durchging und ihre günstige Fassung hell beleuchtete.

Alle Einwendungen schnitt die Kaiserin selbst damit ab, daß sie ihre entschiedene Zustimmung aussprach: so lange sie regiere, habe sie noch keine Convention je mit so vergnügtem Herzen unterschrieben; die Zustimmung des Kaisers übernehme sie nachträglich zu erwirken. Und während sie Kaunitz die Hand zum Kusse reichte, wünschten die Minister ihr Glück zum Abschlusse eines Werkes, welches zum Besten des Landes sowohl, wie der Religion gereiche.

England, der zunächst betroffenen Macht, hatte die Kaiserin schon einige Tage vorher eine Aufklärung über die Convention gegeben, in einer Weise, welche allen Befürchtungen des Jahre lang verbündeten Staates vorbeugen sollte. Durch Gerüchte beunruhigt, hatte Mr. Robert Keith, der englische Gesandte, in einer Audienz vom Oberhofkanzler sich eine Erläuterung des Verhältnisses Oestreichs zu Frankreich erbeten. Da Kaunitz in eine Discussion sich nicht hatte einlassen wollen, so hatte Keith sich direct an die Kaiserin gewendet. Es war am 13. Mai, dem 40. Geburtstage Maria Theresias gewesen, daß diese denkwürdige Unterredung stattgefunden. Er nähere sich, sagte Keith, mit schwerem Herzen; das System der alten Allianz scheine aufgehoben. Darauf die Kaiserin: England habe es aufgehoben durch seinen jüngst mit Preußen geschlossenen Tractat; die Nachricht habe sie getroffen, als rühre sie der Schlag. „Ich und der König von Preußen — fuhr sie fort — sind unvereinbar, und keine Rücksicht auf der Welt soll mich je bewegen, in eine Vertragsgenossenschaft einzutreten, an der er Theil hat". Auf den Einwurf Keith's: „wollen Sie, die Kaiserin und Erzherzogin, sich so weit erniedrigen, sich in die Arme Frankreichs zu werfen?" erwiderte sie rasch: „nicht in die Arme, sondern auf die Seite Frankreichs", und schloß mit dem Hinweis, daß sie nur zwei Feinde zu fürchten habe, den König von Preußen und die Türken.

So wurden denn am 28. Mai die Ratificationen der Convention, welche eine Neutralitätsacte und einen Defensivtractat umfaßte, in Versailles ausgewechselt, und an den Höfen Europas beide Verträge meistens zugleich durch den östreichischen und den französischen Gesandten überreicht. Der Eindruck war, je nach der politischen Stellung der Staaten, natürlich ein sehr verschiedener.

In London war man auf das Aeußerste überrascht und fest entschlossen, alle Vorsichtsmaßregeln zu treffen, um gegen die Folgen sich zu sichern. Maria Theresia, für welche England beim Ausbruche des östreichischen Erbfolgekrieges bereitwillig eingetreten war, wurde höchst unpopulär im Lande: man nannte sie eine Undankbare und überhäufte ihren Namen mit ungezügelten Schmähungen.

In Frankreich war man zwar nicht weniger überrascht, aber zugleich sehr befriedigt durch den Tractat. In Paris hörte man äußern: es scheint, daß es dort im Norden — in Oestreich Leute gibt, die grade nicht sehr einfältig sind. Versichert man doch, daß Herr Kaunitz fast wie ein Franzose aussieht.

Mit dieser Versicherung hatten nun freilich die Pariser Unrecht. Denn seine persönliche Erscheinung ließ ihn zweifellos als Deutschen erkennen. Er war groß, schlank gebaut, von hagerer, aber muskelkräftiger Gestalt. Die Haare waren blond, die Hautfarbe weiß, etwas blaß, die Augen blau mit sehr ruhigem, nur zu Zeiten aufleuchtendem Blick. Die gebogene Nase gab dem Gesichtsausdruck etwas Kühnes, das breite, ein wenig vortretende Kinn schien auf Energie hinzudeuten.

Aber darin hatten die Pariser Recht, daß sie neben ihrem Könige in dem Grafen Kaunitz den eigentlichen Urheber des Vertrages sahen.

Es war sein erster großer politischer Erfolg. Geboren am 4. Februar 1711 in Wien, war er als jüngster Sohn zum geistlichen Stande bestimmt und schon in der Wiege zum Domherrn in Münster ernannt worden. Da indeß seine Brüder starben, trat er mit Zustimmung seiner Familie in den Staatsdienst ein. Er hatte eine leichte Laufbahn, denn die Familie war sehr reich und hoch angesehen. Ihr Stammsitz waren die Herrschaften Kaunitz und Austerlitz bei Brünn, in Mähren. In dem Palaste ihres Ahnen, des Grafen Ulrich, in Brünn war Friedrich V., der Böhmenkönig, zum Markgrafen von Mähren ausgerufen worden. Graf Rudolf dann, Ulrichs Sohn, wie der Vater ein eifriger Anhänger Friedrichs, aber nach der Schlacht am weißen Berge von Kaiser Ferdinand begnadigt, brachte durch die Verheirathung mit der Tochter Wallensteins ein großes Erbe in die Familie, sodaß von jetzt an die Kaunitze, den Dietrichstein und Liechtenstein fast gleichkommend, zu den reichsten Familien der böhmischen Krone gehörten.

Wenzeslaus Anton Graf von Kaunitz und Rietberg erscheint zuerst 1748 auf dem Aachener Congresse in hervorragender politischer Thätigkeit. Schon hier zeigte er sich durchdrungen von der Bedeutung einer französischen Allianz für Oestreich. Er machte dem französischen Gesandten, dem Grafen von St. Severin, Anträge in diesem Sinne und knüpfte mit dessen Gönnerin, der Marquise von Pompadour, eine Correspondenz an. So zettelte er die Fäden des späteren Bandes an.

Danach finden wir ihn einige Zeit in den östreichischen Niederlanden, in Brüssel, in Thätigkeit, bis er 1751 als Botschafter Oestreichs nach Paris ging. Hier miethete er das Palais Bourbon. Aber in dem glänzenden Palaste führte er ein sehr zurückgezogenes Leben. Er sei, pflegte er zu sagen, nur deshalb nach Paris gekommen, um dem Könige und der Marquise von Pompadour den Hof zu machen. Kaum sah man andere Leute bei ihm, als Schöngeister wie Marmontel, oder Damen vom Theater, wie die Sängerin Gabrieli. So fehlte es nicht an Spöttern: indeß durch beißende und geistreiche Antworten wußte er sie abzuwehren. Kein sichtbares Resultat seiner Thätigkeit erschien, außer daß etwa von Zeit zu Zeit die beiden Höfe freundschaftliche Geschenke mit einander austauschten. Gleichwohl war es etwas sehr Wichtiges für ihn, das Terrain genau studirt und die Marquise von Pompadour vollkommen für seine Pläne gewonnen zu haben, als er 1753 Paris verließ, um in das Amt des Oberhofkanzlers in Wien einzutreten, und damit die Leitung der auswärtigen Politik Oestreichs selbst in die Hand zu nehmen. Zudem gab er sich einen sehr geschickten Nachfolger in der Person des Grafen Georg von Starhemberg, eines Mannes, wie geboren für die Geschäfte, von glänzendem und solidem Geiste, der ganz in gleichem Sinne die Geschäfte fortführte.

Was war es denn aber, das Kaunitz dies Project einer Verbindung Oestreichs mit Frankreich mit unermüdeter Energie betreiben ließ?

In dem großen Gebiete der östreichischen Monarchie mit ihren sehr verschiedenen Bevölkerungselementen waren die Deutschen wie die Träger der Cultur überhaupt, so besonders die Träger der Einheitsidee. Auf ihnen beruhte in Wahrheit die Monarchie. Nun bildeten aber die Deutschen wenig mehr als ein Viertel der ganzen Bevölkerungsmasse. Sollten sie dennoch die einheitliche Führung der an Zahl ihnen weit überlegenen fremden Nationalitäten in Oestreich behaupten können, so bedurften sie des Rückhaltes an dem großen deutschen Reiche, mindestens der engen Verbindung mit demselben. Die zweckmäßigste Form einer solchen Verbindung schien aber der Besitz der römisch-deutschen Kaiserwürde zu sein. So war diese, obgleich positiver Gerechtsame fast ganz entleert — sie gewährte damals nur noch wenig über 6000 Gulden Einkünfte — doch mittelbar grade für Oestreich ein höchst werthvoller Besitz, und Oestreichs Fürsten haben selbst bedeutende Opfer nicht gescheut, sie von Generation zu Generation ihrem Hause zu erhalten.

Freilich, der Versuch Kaiser Ferdinands II., Deutschland zu einer östreichischen Erbmonarchie zu machen, war gescheitert; dafür aber begünstigte man in Wien um so rückhaltsloser die Zertheilung der deutschen Lande, beschützte grundsätzlich die kleinen Souveräne Deutschlands und verhinderte mit allen Mitteln, so weit es möglich war, die Bildung irgendwie widerstandsfähiger Staaten auf deutschem Boden. Waren doch die 1300 Souveränitäten, welche das deutsche Reich damals bildeten, jedenfalls leichter zu beherrschen, als eine kleine Anzahl Staaten von Macht und Selbstgefühl.

Nun konnte es aber doch nicht ausbleiben, daß, wie in allen großen Landcomplexen, welche von einer im Ganzen gleichartigen Bevölkerung bewohnt werden, so auch im heiligen römischen Reiche deutscher Nation die Idee des Einheitsstaates, wenn auch durch Oestreich mit wachsamer Absicht gehemmt und niedergedrückt, sich anwurzelte. In allen großen Ländern, wie die Entwickelung Frankreichs, wie die Englands lehrt, geht aber die Bildung des Einheitsstaates von den Bewohnern der Ebene, nicht von denen des Gebirgslandes, aus. Das deutsche Reich hat nun nur eine große Ebene, die norddeutsche. So mußte denn von dieser die Krystallisation Deutschlands zum Einheitsstaate ausgehen, und damit die Freiheit Deutschlands, d. h. die Befreiung von der östreichischen Hegemonie.

Im Mittelpunkte der norddeutschen Tiefebene, zwischen Elbe und Oder, hatten nun aber die Hohenzollern ihren Staat gegründet: so war er präbestinirt zur Führerschaft Norddeutschlands, und damit zur Hegemonie Deutschlands. Langsam war er herangewachsen; seit dem großen Kurfürsten forderte er Beachtung. Stetig entwickelte er sich; die Größe seiner Armee, die Strafheit seiner Organisation ersetzte, was ihm noch an Umfang abging. Dadurch wurde er zu einer Bedrohung der Stellung, welche Oestreich um seiner selbst willen im deutschen Reiche glaubte behaupten zu müssen. Der Verlust Schlesiens wäre zu ertragen gewesen, wenn die schöne und volkreiche Provinz nur nicht grade zur Stärkung des gefährlichen Gegners in Deutschland hätte hergegeben werden müssen. Damit wuchs die Gefahr: jetzt mußte, so lange es noch Zeit war, alles daran gesetzt werden, um Preußen zu vernichten, und Deutschland, und damit die ganze Machtstellung Oestreichs, zu behaupten.

Mit seiner Armee von 170,000 Mann, wohl geübt und trefflich geführt, war aber Friedrich der Große jeder einzelnen Großmacht Europas gewachsen. Ja, eben noch in den schlesischen Kriegen hatte Oesterreich auf das Schmerzlichste erkennen müssen, daß es selbst mit Heranziehung von Mittelstaaten, wie Sachsen, nichts gegen Preußen vermöchte. Sicheren Erfolg gegen Preußen also glaubte es nur dann hoffen zu dürfen, wenn es die größte Landmacht Europas, Frankreich, dessen Heer sich noch kürzlich bei Fontenay rühmlich bewährt hatte, für sich gewönne. Das waren wol nicht die Gedanken von Kaunitz, so doch die Grundlagen seiner politischen Erwägungen.

Allein das Unternehmen war schwierig, ja fast aussichtslos, da Frankreich seit 1741 grade mit Preußen verbündet war, seit 250 Jahren aber stets unter den Gegnern Oestreichs gestanden hatte. Dennoch ging Kaunitz daran. Denn die Zukunft Oestreichs schien es gebieterisch zu fordern, so dringend, daß Maria Theresia sofort auf seine Gedanken einging. „Je suis — sagte sie von dieser Allianz mit Frankreich — la première avec Kaunitz, qui l'aie desirée".

Ludwig XV. hatte den Ehrgeiz, persönlich wie sein von ihm bewunderter Vorgänger Frankreich regieren zu wollen. Allein da er vor aller ernstlichen Arbeit sich scheute, so gab er nur Veranlassung zu fortwährenden Intriguen.

Keinem Minister traute er völlig; dem Prinzen Conti hatte er das Amt gegeben, sie zu überwachen. Er selbst entschied die großen Fragen, wie seine Umgebung ihn zu bestimmen wußte. Niemandem aber traute man einen größeren Einfluß auf den König zu, als der Marquise von Pompadour. Dieser nun lag vornehmlich daran, den Prinzen Conti als ihren gefährlichsten Rivalen im Vertrauen des Königs zu beseitigen. Der Prinz strebte mit allem Eifer danach, die polnische Krone bei der nächsten Thronvacanz für sich zu gewinnen. Damit aber arbeitete er der östreichischen Politik entgegen, welche die Krone dem Hause Sachsen zu erhalten und damit sich ihren eignen Einfluß auf die polnischen Angelegenheiten zu wahren bemüht war. Es war klar, daß, sobald Oestreich zu Frankreich in irgend ein Verhältniß träte, welches Rücksichtnahme auf Oestreich erforderte, damit der Prinz Conti beseitigt sein würde. So kam die Marquise von vornherein mit Neigung dem Gedanken einer französisch-östreichischen Allianz entgegen, sobald nur Kaunitz ihn bei ihr anregte. Bei dieser Gesinnung wurde sie erhalten. Gewiß schmeichelte es ihr, daß Maria Theresia durch Starhemberg sich ihr Bild ausbitten ließ. Auch ein „nicht sowol prächtiges, als artiges" Geschenk, wenn auch keinen Brief, wie man in Paris wissen wollte, gibt die Kaiserin zu an die Marquise gesandt zu haben.

Gleichwohl waren die französischen Minister sämmtlich gegen die östreichische Allianz. Selbst der vertraute Rathgeber der Marquise, der Abbé Graf Bernis, rieth ihr davon ab. Dennoch fand sie den rechten Gesichtspunkt, unter dem sie dem Könige die Sache vortrug.

Ludwig hatte doch öfter trübe Stunden, in denen um sein Seelenheil ihm bange ward. Nach dem Vorgange seiner Ahnen glaubte er dann durch die Ausrottung der Ketzer in seinem Reiche des Himmels Gnade sich am Gewissesten sichern zu können. So sind in den Jahren 1754 und 1755 um ihres Glaubens willen evangelische Geistliche in Frankreich gehängt oder auf die Galeeren geschmiedet worden. In solchen Momenten bedrückte es auch sein Gewissen, der Verbündete des ketzerischen Preußenkönigs zu sein.

Dafür bot sich ihm nun die Aussicht auf ein Bündniß der beiden mächtigsten katholischen Staaten, welches dann den nicht-katholischen Gesetze vorschreiben könne. Mit überraschender Bereitwilligkeit ging er darauf ein: lag doch auch der Kaiserin Maria Theresia dieser Gesichtspunkt als einer frommen Katholikin nicht fern. Es mag auch sein, daß die stachlichten Sarkasmen König Friedrichs, der ja nie im Stande gewesen ist, einen guten Witz für sich zu behalten, über den französischen König und Hof — niemand war damals beflissener als Voltaire, sie den Betroffenen zu Ohren zu bringen — König Ludwigs Entschließungen, wenn auch nicht beeinflußt, so doch beschleunigt haben.

So wurde denn endlich nach Jahre langem Werben Kaunitzens Gedanke verwirklicht: das Bündniß zwischen Oestreich und Frankreich kam zu Stande Am 1. Mai 1756 ist es abgeschlossen worden in Jouy, einem Landhause bei

Versailles. Es findet seinen Ausdruck zunächst in einer Neutralitätsconvention, durch welche Oestreich verspricht, an dem soeben ausgebrochenen französisch-englischen Kriege in keiner Weise Theil zu nehmen, Frankreich dagegen, kein der Herrschaft Maria Theresias unterworfenes Gebiet anzugreifen. Hierzu tritt ein Unions- und Freundschaftsvertrag zu gegenseitiger Vertheidigung, in dessen geheimen Artikeln indeß schon auf eine Revision des für Oestreich so drückenden Aachener Friedens hingedeutet wird. Daher die Freude der Kaiserin und ihre neu belebte Hoffnung auf die Wiedergewinnung Schlesiens.

Gleichwohl genügte dies noch nicht. Unverzüglich beginnen die Bemühungen Kaunitzens, die Tractate in ein Offensivbündniß umzuwandeln. Und wirklich ist auch dies ein Jahr später zu Stande gekommen, am 1. Mai 1757 in Versailles unterzeichnet. Der in der Einleitung dieses Geheimvertrages ausgesprochene Zweck war, die Macht des Königs von Preußen auf solche Schranken zurückzuführen, daß er nicht mehr im Stande wäre, die öffentliche Ruhe zu stören. Zu diesem Zwecke verspricht Frankreich eine Armee von 105,000 Mann zu verwenden und jährlich an Oestreich 12 Millionen Gulden Subsidien zu zahlen. Oestreich dagegen erklärt aber, erst wenn es im sicher garantirten Wiederbesitze von Schlesien und Glatz wäre, an Frankreich die — vorher zu schleifende — Festung Luxemburg und an den Schwiegersohn König Ludwigs, Don Philipp, für die Herzogthümer Parma, Piacenza und Guastalla die östreichischen Niederlande abtreten zu wollen, welche jedoch für den Fall des Aussterbens seiner Nachkommen an Oestreich zurückfallen sollen.

Damit hatte Kaunitz einen Sieg ohne Gleichen über die französische Politik davon getragen. Der fast 250jährige Gegensatz zwischen den Häusern Habsburg und Bourbon war beigelegt, ja Frankreich machte sich den Interessen Oestreichs dienstbar, und in Wien durfte man meinen, der Vernichtung des gefährlichsten Feindes zweifellos sicher zu sein.

Rußland drängte von selbst zum Beitritte in den Bund.

So war die Politik Oestreichs auf ganz neue Basen gestellt. An der Spitze eines Bundes der größten Landmächte Europas war Oestreich zur höchsten Macht erhoben. Das alles verdankte es Kaunitz. Es war eine ganz außerordentliche Stellung, die der Kanzler damit gewann. Wie sehr schien er des höchsten Vertrauens in seine Geschicklichkeit, in seine geistige Ueberlegenheit werth!

Sein besonderes Amt war die Leitung der auswärtigen Angelegenheiten. Doch machte sich sein Einfluß auch auf anderen Gebieten zu Zeiten mittelbar geltend, namentlich wenn es galt, bewährte Diener des Staates gegen reactionäre Angriffe zu schützen und in ihren Stellungen zu erhalten.

Graf Haugwitz, vielfach anknüpfend an Einrichtungen Kaiser Karls VI., noch mehr aber preußische Einrichtungen nachahmend, organisirte die innere Verwaltung Oestreichs. Die weitere Ausbildung der indirecten Steuern, die Einsetzung des großen Directoriums in publicis et cameralibus — dem preußischen Generaldirectorium entsprechend — die Uebertragung vieler militärischer Einrichtungen Preußens nach Oestreich, die Vervollkommnung der Post, die stricte Durchführung des Tabaksmonopols in den deutschen Landen Oestreichs, freilich auch die Einführung des privilegirten Lotto und gar mancher andrer Einrichtungen noch, die bis heute in Oestreich Bestand behalten haben, sind sein Werk. So fand er zumal unter dem hohen Adel, der sich vielfach gekürzt sah, ebenso gereizte wie mächtige Gegner. Nur das Vertrauen der Kaiserin hielt ihn. Sie sah in Haugwitz einen Mann, „der das Gute, weil es gut erkannt wird, sustenirt, nebst einem großmüthigen Desinteressement und Attachement vor seinen Landesfürsten, — das Licht nicht scheuend, noch den unbilligen Haß der Interessirten sich zuzuziehen". Eine Auffassung, in welcher Kaunitz die Kaiserin bestärkt hat, so oft es Noth that.

Entschiedener noch ist er für Sonnenfels eingetreten. Die höheren und mittleren Schulen Oestreichs befanden sich im fast ausschließlichen Besitze des Jesuitenordens. Der Vergleich mit dem wissenschaftlichen Aufschwunge des Auslandes ließ die Kaiserin erkennen, wie verrottet diese Studienanstalten waren, „deren Zweck doch zunächst auf den Staat und das Politicum sich beziehe". Durch Gerhard van Swieten wurde nun mit außerordentlich praktischem Geschick die Reform der Universitäten, der Wiener voran, in Angriff genommen. Sie wurden unter eingehendste staatliche Aufsicht gestellt, tüchtige Lehrer wurden berufen und für manche Lehrfächer überhaupt erst Lehrstühle eingerichtet. Die neu errichtete Professur der Cameralwissenschaften war Joseph von Sonnenfels übertragen worden, einem überaus regsamen Manne, der wie kein Anderer um die Verbreitung der Aufklärungstheorien der Zeit in Oestreich sich bemüht hat. So richteten sich denn gegen ihn die heftigsten Angriffe der Geistlichen: war doch zu besorgen, daß seine Schüler dermaleinst, in die höheren Staatsstellen vorgerückt, die geistliche Autorität mit ernsten Gefahren bedrohen würden. Besonders war der Cardinal-Erzbischof von Wien Migazzi sein ausgesprochener Gegner. Allein so wirksam erwies sich der Schutz des Oberhofkanzlers, daß nicht nur den künftigen Staatsdienern das Studium der Vorträge des Sonnenfels eindringlich empfohlen, sondern auch die Theologen zum Besuche seiner Vorlesungen angewiesen wurden.

Diese Stellung Kaunitzens zu den Aufklärungstheorien der Zeit bedingte auch vor allem sein Verhältniß zu dem Jesuitenorden. Man erzählt sich, daß der Beichtvater der Kaiserin, der Jesuit Hambacher, die Generalbeichte, welche sie ihm abgelegt, schriftlich aufgezeichnet und an den Ordensgeneral nach Rom geschickt habe. Hier sei das Schriftstück von einem andern Jesuiten, Monsperger, durch einen Zufall aufgefunden und später Kaunitz übergeben worden. Dadurch nun, daß der Kanzler der Kaiserin ihre eigene Beichte wieder vorlegte, sei es ihm nach mehrfachen vergeblichen Bemühungen doch endlich gelungen, die Fürstin so sehr gegen den Orden aufzubringen, daß sie das Ausweisungsdecret unterzeichnet habe.

In Wahrheit jedoch bedarf es nicht solcher anekbotenhaften Pragmatik Schon unter Kaiser Karl VI. beginnt in Oesterreich die Opposition gegen die Jesuiten; lebhafter wird sie nach seinem Tode. Man erkannte deutlich in der Selbständigkeit des Ordens gegenüber den Regierungsbehörden, in seiner Unfügsamkeit in Bezug auf die Befehle selbst des Hofes ein Hemmniß der staatlichen Entwicklung. Durch die mancherlei Decrete, welche Maria Theresia als suprema advocata ecclesiarum in Betreff der staatlichen Oberaufsicht über die Verwaltung des Vermögens der geistlichen Ordensgesellschaften, über die strenge Beaufsichtigung des Lebens in den Klöstern, über die Aufhebung des Asylrechtes der geweihten Stätten, über die Beschränkung der Wallfahrten und der Feiertage, über das Verbot der Anfertigung von Laien-Testamenten durch Geistliche u. a. hatte ergehen lassen, war ganz besonders der Jesuitenorden betroffen worden. Dazu kam, daß, je länger je mehr unfähige Jesuitenlehrer aus den Lehrkörpern der Universitäten und höheren Schulen entfernt wurden. So war der Orden schon besiegt, als die Bulle Papst Clemens des XIV. „Dominus ac redemptor noster" ihn aufhob.

Maria Theresia beklagte dies nicht, und stand keinen Augenblick an, die Bulle auszuführen. Nur verlangte sie, daß die Aufhebung des Jesuitenordens in Oestreich überall „mit Glimpf, Gelindigkeit und gutem Anstand" in Vollzug gesetzt werden sollte. Kaunitz hatte nicht nöthig zu drängen. Wie entschieden er aber gegen den Orden eingenommen war, beweist sehr deutlich der Umstand, daß unter den Staatsmännern, welche die Austreibung der Jesuiten aus Portugal, Spanien und Frankreich bewirkt haben, keiner ist, der nicht längere Zeit hindurch seinen Einfluß erfahren hätte. Der Marquis von Pombal, wie der Herzog von Aranda und der Herzog von Choiseul sind vorher Vertreter ihrer Staaten am Wiener Hofe gewesen.

Auf sein eigenes Departement, die Geschäfte des auswärtigen Amtes, gestattete Kaunitz Niemandem den geringsten Einfluß. Niemandem gestand er auch nur den Vorrang zu. Für den ersten Minister galt der Oberhofmeister, sodaß die Minister-Conferenz sich in dessen Hause zu versammeln pflegte. Kaunitz indessen setzte es durch, daß sie fortan stets im Spiegelzimmer des Hofes zusammentrat.

Bisher waren die Geschäfte meist collegialisch behandelt worden. Davon entband sich Kaunitz, indem er seine Angelegenheiten in der Regel, ohne sie erst der Conferenz vorzulegen, direct der Kaiserin vortrug.

In seinem Ministerium ging alles durch seine Hand. Persönliche Rücksichtnahme war damit vollständig abgeschnitten. So steuerte er gründlich für sein Departement dem Mißbrauch, den er einmal in einer Sitzung der Minister-Conferenz mit scharfen Worten gerügt hatte: „Obliegenheiten und Berechtigungen der Posten werden nicht nach dem Zwecke, dem sie zu dienen haben, sondern nach den Wünschen der Inhaber bemessen".

Er umgab sich mit wenigen, aber zuverlässigen Beamten, die er selbst sich auswählte. Auf das Strengste verlangte er von ihnen unburchbringliche

Verschwiegenheit. Mit um so sichererer Berechnung konnte er dann auf seine Ziele lossteuern.

So behielt er fest die Fäden der östreichischen Politik in seiner Hand: nichts geschah ohne ihn.

Am aufmerksamsten verfolgte er die deutschen Angelegenheiten. Zwar von dem Abschlusse des Hubertusburger Friedens, der so ganz seine großen Hoffnungen niederwarf, hielt er sich fern. Es genügte ihm, Oesterreich dabei durch einen untergeordneten Diplomaten vertreten zu lassen.

Auch an der Zusammenkunft des jungen Kaisers Joseph mit Friedrich dem Großen, welche 1769 in Neisse stattfand, nahm er nicht Theil, da sie mehr privaten Charakters war. Allein schon im folgenden Jahre sollte er seinem großen Gegner persönlich gegenübertreten.

Es war für Joseph eine hohe Freude, daß der Mann, welcher in Neisse vollkommen — wie er schrieb — das alte Sprüchwort ihm widerlegt hatte, que les grands objets perdent à être vus de trop près, daß Friedrich schon im September 1770 im Lager bei Mährisch-Neustadt seinen Besuch zu erwidern gedachte. Der politische Himmel war voller Wolken. Daher hielt es Kaunitz als Oberhofkanzler für angemessen, wie es auch Friedrich wünschte, seinen jungen Herrn zu begleiten, der während der Zusammenkunft neben ihm mehr wie ein Sohn neben seinem Vater, als wie der Herrscher erschien.

So traten denn dort im Lager die beiden Männer einander entgegen, von denen jeder in dem andern, wenn auch jetzt Frieden zwischen den Staaten herrschte, seinen gefährlichsten Gegner sah. Denkwürdige Scene: Der König, klein und hager, mit tief gefurchten Zügen, scharfen, blitzenden Augen, fast nachlässig in seiner Kleidung, die Weste mit Tabak bestreut, die Stiefeln etwas fuchsig; Kaunitz dagegen groß und schlank, mit ruhigen, klaren Augen, pedantisch in seinem Benehmen, mit peinlicher Sorgfalt, ja Zierlichkeit gekleidet, eine große, weiß gepuderte Perrücke auf dem Kopfe, seidene Strümpfe und Schuhe an den Füßen.

Die Unterredung dauerte lange, denn es kam Kaunitz darauf an, den König von der Richtigkeit seines politischen Systems zu überzeugen. Er begann mit der Bitte, daß der König ihn nicht unterbrechen möge. Dann ging er auf die neuesten Siege des ja seit 1762 mit Preußen verbündeten Rußland über die Türkei ein. Der Allianz zwischen Preußen und Rußland stehe die zwischen Oestreich und Frankreich gegenüber; und bei diesem Gleichgewicht befinde sich Europa wohl. Um so weniger aber sei eine Störung dieses Gleichgewichts zu ertragen. Zwar, daß Preußen Schlesien besitze, sei jetzt für Oestreich eine vernarbte Wunde. Unmöglich aber könne Oestreich dulden, daß Rußland die Herrschaft über Polen zu gewinnen suche, oder daß es jetzt — wie es den Anschein habe — die Moldau und Wallachei den Türken nehme.

Durch diesen „runden und freimüthigen" Vortrag glaubte Kaunitz viel

Eindruck auf Friedrich den Großen gemacht zu haben, ja er nahm von der Unterredung den Eindruck einer gewissen Ueberlegenheit über den König mit hinweg. Diesem aber erschien Kaunitz als ein Mann von gesundem Verstand und selbst von Geist: nur wisse er das und fordere, daß es anerkannt werde. Denn der selbstgenügsame und anmaßliche Ton, in welchem Kaunitz gesprochen, hatte den König nicht eben angenehm berührt.

Während der Zusammenkunft traf ein türkischer Courier in Neustadt ein: der Sultan, sich als besiegt erkennend, bot den beiden Mächten die Vermittelung des Friedens zwischen Rußland und der Türkei an. Friedrich nahm die Sache in seine Hand: ihm lag vor allem daran, mit Rußland Oestreich, dessen Interessen in der Türkei durch die russischen Siege empfindlich getroffen waren, zu versöhnen. Denn die Spannung zwischen den beiden Kaiserreichen war so groß, daß ein Krieg zwischen ihnen kaum noch vermeidlich schien.

Da entlud sich das drohende Unwetter über Polen.

Preußens sich sicher haltend und Rußland durch den türkischen Krieg beschäftigt sehend, suchte Oestreich alte Ansprüche der ungarischen Krone auf die polnische Starostei Zips hervor, nahm ohne Weiteres sie in Besitz und ließ allenthalben das kaiserliche Wappen aufschlagen. Polen dachte nicht an Widerstand. Aber in St. Petersburg machte die Sache doch einen sehr üblen Eindruck.

Schon im März 1770 hatte der russische Gesandte in Warschau, Fürst Wolkonski, es der Kaiserin Katharina II. als die beste Lösung der polnischen Wirren bezeichnet, wenn Rußland und Preußen die ihnen zunächst gelegenen Provinzen Polens in Besitz nähmen. Jetzt wurde Wolkonski dringender, und die Kaiserin machte dem Prinzen Heinrich von Preußen, der in St. Petersburg sich grade zum Besuche befand, ganz unverhohlen das Anerbieten. Allein König Friedrich lehnte es ab. Doch die Verhandlung über eine theilweise Theilung Polens war nun einmal angeknüpft: man erkannte, daß darin ein Mittel gefunden wäre, Rußland zum Verzicht auf die Moldau und Wallachei zu bestimmen, zugleich auch Oestreich zufrieden zu stellen, und so den drohenden Krieg zwischen beiden Mächten noch einmal zu beschwören.

So kam es zur ersten Theilung von Polen: für Oestreich waren die Provinzen Galizien und Lodomirien bestimmt, dreimal so groß wie der Preußen zufallende Theil, ein fruchtbares, gut bevölkertes Gebiet, das einen sehr bedeutenden Zuwachs an Macht bedeutete.

Maria Theresia trug eine Zeit lang Bedenken, den Weg der Eroberung und Annectirung zu betreten, sie, die bisher stets in die Behauptung alter Rechte ihre Aufgabe gesetzt; endlich gab sie nach: die beiden Provinzen wurden besetzt, — und fast zugleich auch die polnische Provinz Bukowina noch in Besitz genommen, welche Oestreich nicht zugesprochen war. Sie hätte früher zu Siebenbürgen gehört, antwortete Kaunitz auf die heftige Einsprache der beiden andern Mächte. Man drohte wohl — doch blieb es bei Protesten, durch die Oestreich die neue Provinz sich nicht wieder abschrecken ließ.

So wußte Kaunitz umsichtig die Umstände zu berechnen und im rechten Moment zugreifend die Gunst des Augenblicks auszunutzen.

Daß ein Mann von solcher Klugheit im Berechnen, von solcher Entschiedenheit im Handeln die höchste Aufmerksamkeit auf sich zog, ist begreiflich. Man beobachtete seinen Charakter, seine Lebensweise: alles an ihm hatte Interesse. Die Berichte der fremden Gesandten, die sich viel mit ihm beschäftigen, beweisen es eben so sehr, wie die Memoiren seiner Zeitgenossen, die nicht müde werden allerhand Einzelnheiten über ihn mitzutheilen.

Das Fundament seiner Stellung war das uneingeschränkte und unerschütterliche Vertrauen seiner hohen Herrin, von dem auch äußerliche Beweise zu geben ihr eine Freude war. Sie verlieh ihm die Fürstenwürde, sie schenkte ihm einen Palast in Wien. Sein Gehalt betrug 78,000 Gulden.

Die Kaiserin, deren Ehrgeiz war „de gouverner, de voir et faire tout par elle-même," obgleich sie mit ganzem Ernste der Arbeit der Regierungsgeschäfte sich hingab, urtheilte doch nach Frauenart, je nachdem ihr Gemüth durch die Sache bewegt wurde, und ließ sich unmittelbar durch Vorliebe oder Haß bestimmen. So war ihr eine Ergänzung ihrer Eigenart der Mann mit dem scharfen, methodischen Verstande, der keiner Leidenschaft Raum gab. Darauf gründete sich ihr Vertrauen — und es war berechtigt.

Der Fürst besaß eine große Verstandesschärfe, viel Geist und Urtheil. Dazu war ihm der Muth der Initiative eigen; in dem Begonnenen zeigte er beharrliche Willenskraft, nach festen Grundsätzen handelnd. Er verachtete die Lüge und hielt sich stets von solchen Leuten zurück, denen er nicht volle Aufrichtigkeit zutraute. In amtlichen Dingen beobachtete er unverbrüchliches Schweigen, und war viel zu umsichtig, um wider seinen Willen sich zu verrathen. Dabei war er gewissenhaft in allen seinen Obliegenheiten. Aufrichtig in seinen Reden, schwieg er, wenn er seine wahre Meinung nicht sagen konnte. Alle Versuche, durch Bestechung ihn zu gewinnen, mißlangen.

Von einer Ausnahme jedoch wollte man in Wien wissen. Das jedenfalls apokryphe Histörchen mag hier Platz finden, weil es eben das allgemeine Zutrauen zu der Redlichkeit des Fürsten wiederspiegelt. Ein Speculant wünschte eine Lieferung, von der er sehr hohen Gewinn sich versprach, sich zu verschaffen. Bei der besonderen Wichtigkeit der Sache wurde sie der Minister-Conferenz vorgelegt: alle Stimmen waren für den Mann, nur Fürst Kaunitz sprach so entschieden gegen ihn, daß die Beschlußfassung vertagt wurde. Der Speculant versuchte alles, um eine Audienz beim Fürsten zu erlangen. Vergebens. Endlich gab er dem Kammerdiener desselben eine erhebliche Summe mit der Bitte, dem Fürsten zu sagen, daß er so und so viel auf der Stelle ihm bezahlen würde, wenn ihm verstattet würde, zu dem Fürsten nur ein einziges Wort zu sprechen. Der Diener berichtete getreu den ganzen Hergang. Und der Fürst — ging darauf ein. Der Lieferant, hereingeführt, legte auf einen Wink des Fürsten die angebotene Summe auf einen Seitentisch. Der Fürst überzeugte sich, daß alles richtig war, und gebot ihm nun das eine

Wort, aber nur dies eine, zu sprechen. Da trat denn der Speculant einen Schritt vor, legte die Hand auf den Mund und sagte: still! und verschwand. — In der nächsten Conferenz sollte nun über die Lieferung entschieden werden. Alles war wieder für denselben Mann, nur Fürst Kaunitz schwieg beharrlich. Man fragte ihn, warum er, der neulich so scharf gegen diesen Lieferanten gesprochen, jetzt schweige. „Weil man mich", entgegnete der Fürst, „dafür bezahlt hat. Mir hat er so viel gegeben, daß ich schweige: was muß es ihn gekostet haben, daß man für ihn rede?!" —

Die Bildung des Fürsten war durchaus eine französische. Daher die außerordentlich hohe Schätzung, die er allem zollte, was aus Frankreich kam. Seine Kleidung und seine Toilettenbedürfnisse — und deren waren sehr viele — bezog er ausschließlich aus Paris. Seine Lieblingsschriftsteller waren Molière und namentlich Voltaire. Womit denn eng zusammenhing, daß er den Aufklärungstheorien seiner Zeit rückhaltslos ergeben war. Seine höhere Bildung bewies er dadurch, daß er Wissenschaft und Kunst wohl zu schätzen wußte und ihren Vertretern mit Zuvorkommenheit, nicht mit der üblichen Grobheit oder mit demüthigender Herablassung, begegnete. Gluck zog er an seine Tafel, den Geschichtschreiber Robertson unterstützte er wiederholt. Seit dem Tode des Prinzen Eugen von Savoyen galt er für den einzigen Mann in Oestreich, der geistige Interessen auch mit eigenen Mitteln zu fördern beflissen wäre.

Von der Bedeutung seiner Persönlichkeit hatte Fürst Kaunitz einen sehr hohen Begriff, und zeigte dies mit naiver Offenheit. Ihm galt die allgemeine Anerkennung für ganz selbstverständlich. Den Grund zu dieser unbefangenen Selbstschätzung hatte seine Erziehung gelegt. Denn, obgleich als jüngster Sohn von 19 Geschwistern geboren, war er doch nach wenigen Jahren der einzige Sohn, der den Eltern erhalten blieb. Das gab ihm in der Familie eine besondere Wichtigkeit, für die das Kind wohl empfänglich war: auf ihm allein beruhte ja nunmehr der Fortbestand des alten und hochangesehenen Hauses der Kaunitze, ja die Hoffnung sogar zur Souveränität aufzusteigen. Wenigstens hat seine Mutter, welche den souveränen Grafen von Ostfriesland, den Cirksena, entstammte, wie nicht minder der Fürst selbst, stets den Anspruch aufrecht erhalten, daß nach dem 1744 erfolgten Aussterben des Mannesstammes der Cirksena den Kaunitz die Thronfolge in Ostfriesland zukäme.

Es ist begreiflich, mit wie peinlicher Sorgsamkeit von der ganzen Familie der letzte Mannessproß behütet wurde. Ueberängstlich wurde er bewacht, vor jeder Möglichkeit einer Erkältung, einer Indigestion in Acht genommen. Und als trotz aller Sorgfalt das Kind von den Blattern ergriffen wurde, welches Entsetzen, welche Angst, auch dieser letzte Sohn möchte sterben, muß da Alle erfaßt haben, wenn selbst als Mann noch der Fürst den Eindruck so wenig überwunden hatte, daß er schon die bloßen Worte Blattern und Tod nicht ohne nervöse Erschütterung konnte aussprechen hören.

So wurde pedantische Achtsamkeit auf seine Gesundheit dem Fürsten

anerzogen; und sie ist ihm geblieben: Zeit seines Lebens fürchtete er nichts
mehr, als eine Verdauungsstörung oder einen Katarrh sich zuzuziehen. Danach
war seine Lebensweise eingerichtet. Er stand spät auf: vor 11 Uhr war er
nicht sichtbar. Sein Frühstück war sehr einfach, aber Milch, Kaffee und Zucker
wurde genau abgewogen, damit er stets das gleiche Quantum zu sich nähme.
Um 1 Uhr trank er eine Tasse Chocolade. Zu Tische ging man in Wien
allgemein um 2 Uhr. Der Fürst nahm nur von wenig Schüsseln, sehr
mäßig. In höheren Jahren pflegte er fast täglich nur ein gebratenes Huhn
das ortsübliche Backhändl, mit Reis zu essen. Nach dem Mittage aß er
nichts mehr. Abends liebte er es, wenn er nicht in's Theater fuhr, eine
kleine gewählte Gesellschaft bei sich zu sehen, oder er war bei der Kaiserin
zur Spielpartie. Um 11 Uhr begab er sich zu Bette. So pünktlich hielt
er die Stunde inne, daß, wenn die Kaiserin, was freilich in der Regel
geschah, nicht gleich nach dem Glockenschlage das Spiel beendigte, er seinen
Wunsch entlassen zu werden zu erkennen gab.

Gegen Erkältung suchte er sich auf jede Weise zu schützen. Er ging nie
spazieren. Nur an völlig windstillen Sommertagen sah man ihn wohl einige
Male im Garten auf und ab gehen oder einige Minuten auf eine Bank sich
niedersetzen, aber auch dann hielt er sich stets das Taschentuch vor den
Mund. Für Ausfahrten hing stets ein großer Muff und eine Reihe seidener
Mäntel bereit, von denen er je nach der Temperatur mehrere übereinander
umnahm. Ueberhaupt war frische Luft ihm ein Greuel, während Maria
Theresia schon im Februar am offenen Fenster zu sitzen liebte. Sobald aber
der Fürst zum Vortrag kam, rief sie laut auf gut wienerisch: „Der Fürscht
kommt!" Und alle Fenster wurden geschlossen, bevor er eintrat.

Billard zu spielen und einige Male in der geschlossenen Reitbahn herum=
zureiten, waren die einzigen Leibesübungen, die er trieb.

Diese pedantische Sorge um seine Gesundheit, die freilich mit dem leiden=
schaftslosen Gleichmuth der Seele, welchen der Fürst unter allen Umständen
sich zu erhalten bestrebt war, zur Folge hatte, daß er seit seinen Kindheits=
jahren niemals krank gewesen, machte ihn je länger je mehr pedantisch in
seinem ganzen Wesen. Auf seinen Anzug verwandte er eine peinliche Auf=
merksamkeit. Seine Toilette kostete ihn täglich mehrere Stunden. Namentlich
war es ein mühsames Ding, die große Perrücke, die er trug, so gleichmäßig
zu pudern, wie er es verlangte. Zu diesem Zwecke waren in einem Zimmer
mehrere Diener aufgestellt, zwischen denen der Fürst, in einen langen Mantel
gehüllt, die Perrücke auf dem Kopfe, auf und ab ging. Jeder warf mit
einer großen Quaste eine Puderwolle in die Luft, die sich dann allmählich auf
die Perrücke lagerte, bis das große Werk geschehen war.

In seinen Zimmern herrschte die denkbar größte Ordnung. Auf seinem
Arbeitstische mußten Federn und Bleistifte stets in parallelen Linien neben
einander liegen. Während er dictirte, ging er selbst im Zimmer umher, die
Vasen und die hie und da aufgestellten kleinen Kunstwerke sorgsam abstäubend.

Jeden Abend schrieb er auf ein Blatt, was er am nächsten Tage zu arbeiten gedachte.

Die Kehrseite dieser übergroßen Achtsamkeit auf seine Person zeigt eine fast ebenso große Rücksichtslosigkeit Andern gegenüber. Ueberall hin begleitete ihn eine große Dogge; nur zu Hofe nahm er sie nicht mit. Nach Tische langte er ein kleines Besteck hervor, welches einen Spiegel, ein Tuch und Zahnstocher enthielt, und begann ganz unbefangen sich die Zähne zu säubern. Eines Tages befand er sich bei dem französischen Gesandten, Baron von Breteuil, zu Tische. Als nun auch hier zum Schluß das bekannte Besteck zum Vorschein kam, erhob sich der Wirth: „Meine Herren, der Fürst wünscht allein zu sein", und führte die Gäste in ein anderes Zimmer. Aber der Fürst blieb, ohne sich stören zu lassen, ruhig sitzen. — Nur Dienstags ertheilte der Fürst Audienz. Jedoch auch an diesem Tage ging er um 2 Uhr zu Tische, gleichgiltig, ob noch jemand und wer etwa wartete. Selbst Gesandte fremder Mächte wurden dann ohne weiteres durch den Pagen des Fürsten verabschiedet — wie es denen von Holland und von Sachsen begegnet ist.

Es ist erwähnt worden, daß das bloße Hören des Wortes Tod dem Fürsten eine widrige Empfindung bereitete. Er hatte streng befohlen, es unter allen Umständen ihm gegenüber zu vermeiden. So half man sich denn, so gut es gehen wollte. Die Vorleser überschlugen es einfach, unbekümmert um den Sinn. Den Tod seiner Schwester, der Gräfin von Questenberg, erkannte er nur daraus, daß er seine Familie plötzlich in Trauerkleidern sah. Daß eine Tante von ihm, der er seine Neigung durch häufige Zusendung von Früchten aus seinen Gärten und sonstigen Dingen zu bezeugen pflegte, gestorben wäre, sagte ihm niemand, sodaß noch lange nach ihrem Tode die Fruchtkörbchen ihr zugesendet wurden. Den Tod Friedrichs des Großen erfuhr er nur dadurch, daß man scheinbar zufällig in Gegenwart des Fürsten erzählte, es sei ein Courier vom Fürsten Reuß, dem östreichischen Gesandten in Berlin, angekommen, die Thronbesteigung König Friedrich Wilhelms II. meldend.

Da zeigte sich, wie Fürst Kaunitz zwischen Preußen und dem großen Preußenkönige unterschied. Er stand, als er jene Nachricht gehört hatte, auf, machte einige Schritte durch das Zimmer, und, die Hände erhebend, brach er in die Worte aus: „Wann wird wieder solch' ein König das Diadem adeln?"

Aber in seinem Hasse gegen den Staat Preußen blieb Fürst Kaunitz unerschütterlich; sein Bekenntniß blieb, wie er es einmal ausgesprochen hat: jamais la cour impériale ne doit supporter la puissance prussienne; pour que nous dominions, il faut l'écraser.

Der Frieden zu Teschen 1779 erwekte bei dem Fürsten Zweifel an der Zuverlässigkeit Frankreichs. Er strebte daher danach, Rußland wieder für Oestreich zu gewinnen. Durch eine persönliche Zusammenkunft des Kaisers Joseph mit der Kaiserin Katharina sollte der Plan Gestalt gewinnen. In einer Denkschrift, welche der Fürst darüber verfaßte, bezeichnete er die Anbahnung eines vertrauten Einverständnisses zwischen den beiden lange entzweiten Reichen als den Hauptzweck der Zusammenkunft. Kaiser Joseph war ganz für diesen Gedanken eingenommen, und die russische Kaiserin zeigte sich entgegenkommend. So fand denn die Zusammenkunft im Juni 1780 in Mohilew statt; ja der Kaiser begleitete von da die Czarin nach St. Petersburg, und nach manchen Verhandlungen kam auf Grund des alten Bündnisses vom Jahre 1746 der gewünschte Vertrag zwischen den beiden Kaiserreichen zu Stande. So hatte Oestreich wieder eine gesicherte Stellung gewonnen.

Hatte auch der Kaiser selbst besonders den Abschluß betrieben, so hatte doch Kaunitz die Sache angeregt und während der Unterhandlungen trefflich sich bewährenden Rath gegeben. Diesem Umstande vornehmlich verdankte es der Fürst, daß sein Ansehen ungemindert den Tod seiner langjährigen, gütigen Herrscherin überdauerte.

Maria Theresia war am 29. November 1780 gestorben. Aber die Stellung des Fürsten blieb unverändert, ja in manchem Betracht machte er sie noch freier. Zu Hofe kam er gar nicht mehr; auch beim Kaiser erschien er niemals. Vielmehr liebte es Joseph ihn zu besuchen. Da sah man denn Abends wohl den greisen Fürsten in seinem Lehnstuhl sitzen und unbekümmert um die Anwesenden seinen Thee trinken. War etwa noch ein dringendes Geschäft zu erledigen, so wurde ein Tisch mit Kerzen vor den Fürsten hingestellt, und er unterzeichnete, was vorlag, inmitten seiner Gäste. War der Kaiser zugegen, so mischte er sich — Joseph liebte es unbeachtet zu sein — unter die Gesellschaft. Fremde Gesandte fanden nicht selten sich ein, um dem Fürsten etwas vorzutragen: sie mußten geduldig einen günstigen Moment abwarten. Denn der Fürst hatte die freieste Entscheidung. In solchen Momenten erschien er wirklich, wie man ihn wohl genannt hat, als „der Kutscher Europas".

Auch dem Papste gegenüber behauptete Fürst Kaunitz mit selbstbewußter Entschiedenheit seine Stellung. Gleich im Anfange seiner Regierung richtete Kaiser Joseph in vollstem Einverständnisse mit seinem Kanzler sein Bestreben auf Geltendmachung der Rechte des Staates der Kirche gegenüber. Die Streitfragen in Frieden zu begleichen, kam Papst Pius VI. selbst nach Wien er vertraute auf persönliche Besprechungen mit dem Kaiser und dem Fürsten Alles beeilte sich dem heiligen Vater in der Hofburg aufzuwarten: nur den Mann gerade, von dem die Entscheidung zumeist abhing, bekam er nicht zu Gesichte. Da blieb ihm nichts anderes übrig, als selbst zum Fürsten Kaunitz sich zu begeben.

Es war am Nachmittage des 16. April 1782, als der Fürst in seiner Villa vor dem Thore das Oberhaupt der katholischen Christenheit empfieng. Nicht am Fuße der Treppe, sondern oben erwartete ihn der Fürst. Hier traten sie einander entgegen: der Papst in dem rothen Sammetmantel des Pontifex, der Fürst im schlichten blauen Ueberrock. Der Papst nahm den

Hut ab und reichte dem Fürsten die Hand. Dieser erwiederte den Gruß, jedoch ohne Handkuß. Und sobald der Papst den Hut wieder aufsetzte, bedeckte auch der Fürst ohne weiteres sich wieder das Haupt, in allem bedacht, als gleichstehend dem Papste sich darzustellen: die weltliche Macht wiche der geistlichen nicht. So gingen sie miteinander durch die Zimmer, die Gemälde des Fürsten betrachtend — allein seinen Zweck, eine freundliche Verständigung mit dem Fürsten über die obschwebenden Fragen herbeizuführen, erreichte der Papst nicht im Mindesten, sodaß er verstimmt zurückkehrte und nach wenigen Tagen Wien wieder verließ. Denn auch der Kaiser bewies sich wenig nachgiebig, obwohl in aufmerksamer Verehrung dem Papste begegnend.

So bildete auch zu Kaiser Joseph, dem beweglichen, immer thätigen, stets neue Pläne entwerfenden, Fürst Kaunitz mit seiner systematischen Ueberlegung, mit seiner fast unzugänglichen Ruhe, in manchem Betracht eine fördersame Ergänzung: er stärkte dessen Nachgiebigkeit und zügelte den allzu regen Eifer. Stets arbeiteten sie zusammen, in allen Hauptsachen ganz mit einander einverstanden: Der Fürst entwarf die Handschreiben des Kaisers oder corrigirte dessen Entwürfe; bei wichtigen Anlässen faßte er die ganze Erwägung in eine Denkschrift an den Kaiser zusammen, umsichtig und geistvoll. Denn noch konnte das Alter dem Fürsten nichts anhaben. Er lebte — sagte man — als wollte er ewig leben.

So unternahmen sie es denn auch beide zusammen, das Project des Umtausches der östreichischen Niederlande gegen Bayern durchzuführen, welches Oestreich eine außerordentliche Stärkung seiner Stellung zu Deutschland gegeben und den Teschener Frieden vernichtet haben würde. Allein der greise Preußenkönig war es, welcher die Gefahr, die für Deutschland in dem östreichischen Plane lag, durch die Stiftung des Fürstenbundes ablenkte.

Da faßte denn gegen Ende des Jahres 1786 Kaiser Joseph allen Ernstes den Gedanken, sich Preußen freundschaftlich zu nähern. Allein nach den eindringlichen Gegenvorstellungen des Fürsten Kaunitz ließ er ihn ebenso rasch, wie er ihn gefaßt hatte, wieder fallen, um die Verbindung mit Rußland wieder fester zu knüpfen.

So wußte Fürst Kaunitz den unruhigen Kaiser bei dem politischen Systeme, festzuhalten, das er selbst seit 40 Jahren befolgte. Ja, zu fast orakelhaftem Ansehen wuchs seine Autorität durch die Mißerfolge, welche den Kaiser trafen, sobald er von den Rathschlägen des Fürsten dennoch einmal sich entfernte. So war es in den östreichischen Niederlanden geschehen, in deren Behandlung der Kanzler mit seinem Kaiser nicht einverstanden war. Es ist bekannt, wie viel Herzeleid dem Kaiser aus diesen Eingriffen in die alten belgischen Gerechtsame erwachsen ist. Die üblen Nachrichten, welche er über die Fortschritte der belgischen Revolution, ja über die Unabhängigkeitserklärung der empörten belgischen Provinzen erhielt, verschlimmerten die Krankheit, die er aus den Strapazen des Türkenkrieges heimgebracht hatte. Er erlag den

20. Februar 1790, durch einen letzten Brief noch dem Staatskanzler das Vaterland, das ihm so sehr am Herzen läge, empfehlend.

Und fürwahr, die Lage Oestreichs war damals höchst gefährlich: seine niederländischen Provinzen waren abgefallen, Ungarn gährungsvoll erbat sich von Preußen einen König — den Herzog Karl August von Weimar hat damals Friedrich Wilhelm vorgeschlagen — Galizien verlangte laut, an Polen zurückgegeben zu werden, die Finanzen waren erschöpft, der Türkenkrieg noch nicht beendet, das altverbündete Frankreich durch innere Unruhen lahm gelegt. In imponirender Stellung stand dagegen der alte Gegner Oestreich gegenüber, Preußen, um das Deutschland sich schaarte, das verbündet mit England und Holland war, im Einverständniß mit Schweden, umworben von Italien und der Schweiz, die Stütze aller derer, welche dem östreichisch-russischen Bündnisse widerstrebten. Und Preußen hielt jetzt seine Hand schützend über dem türkischen Reiche. Jeden Augenblick schien der Krieg mit Preußen losbrechen zu können.

Da hielt es Joseph's Bruder und Nachfolger, der ruhige und vorsichtige Leopold, für unerläßlich, einzulenken. Er hielt Oestreich nicht für stark genug, dem drohenden Sturme zu widerstehen: so wollte er die gefährliche Spannung zwischen den beiden Reichen heben; glaubte er doch, ohne Preußen überdies die deutsche Kaiserkrone nicht gewinnen zu können. Er beauftragte den Staatskanzler, ein versöhnliches Schreiben an den König von Preußen zu entwerfen. Es fiel — wie nicht anders zu erwarten — frostig-vorsichtig aus, hie und da selbst drohend anklingend. Denn des Fürsten Meinung war durchaus, durch Einschüchterung Preußens die Gefahr abzuwenden. Und Leopold — verwarf den Entwurf und schrieb an demselben Tage noch, aber in ganz anderem Tone an König Friedrich Wilhelm, dem Wunsche nach gegenseitigem Vertrauen und gutem Einvernehmen unverhohlenen Ausdruck gebend. So theilten sich die Wege des Herrschers und des Ministers: welcher von beiden würde durchdringen?

Es kam Leopold zu statten, daß England durchaus den Ausbruch von Feindseligkeiten zwischen Preußen und Oestreich zu hintertreiben sich bemühte. Allein auch dem englischen Gesandten, Lord Keith, gegenüber, beharrte Fürst Kaunitz auf seinem ablehnenden Standpunkt. Da erklärte denn Leopold dem Gesandten, über alle Bescheide, welche der Fürst ihm ertheile, werde der Vicekanzler, Graf Cobenzl, ihm die rechte Erklärung geben. So sollte das Widerstreben des Fürsten zwar nicht gebeugt, aber ignorirt werden.

Fürst Kaunitz erfuhr davon; er sah, daß er das Vertrauen seines neuen Herrn nicht besaß, daß man begönne, von den Traditionen seines politischen Systems, dessen Grundzug der Gegensatz gegen Preußen war, abzuweichen: so reichte er denn im April 1790 seine Entlassung ein.

Leopold, hiervon sehr unangenehm berührt, schickte sofort seinen ältesten Sohn, den Erzherzog Franz, zu ihm. Dieser stellte dem Fürsten das üble Aufsehen vor, das die Sache machen würde, und bestimmte ihn wirklich, sein Entlassungsgesuch zurückzunehmen.

Allein das gegenseitige Vertrauen wurde nicht wieder hergestellt. Die Verhandlungen mit Preußen gingen ihren Gang und führten, trotz der fortgesetzt ablehnenden Haltung des Fürsten, im Sommer zu der Convention von Reichenbach.

Vollends der Vertrag zu Pillnitz, durch welchen am 27. August 1791 Oestreich und Preußen sich verbündeten, zeigte, wie vollständig der Kaiser Leopold mit den Ueberlieferungen der Kaunitz'schen Politik gebrochen hatte. Der Fürst sah sich vereinsamt. Ja, als im Jahre darauf nach der Thronbesteigung des jungen Franz an die Stelle des stets rücksichtsvollen Cobenzl Thugut trat, mußte es der Fürst empfinden, daß man ihn bei Seite schob.

Freilich war es fast bis zur Unmöglichkeit erschwert, mit ihm zu verkehren. Die hohen Jahre hatten seine Unbeugsamkeit bis zum Eigensinn gesteigert; er war schwerhörig geworden und so gedächtnißschwach, daß ihm häufige Verwechselungen, selbst arge Indiscretionen begegneten. Man sah diesen sonst so leidenschaftslosen Mann jetzt als 83jährigen Greis oft launisch und reizbar, heftig aufbrausend, und dann wieder tief niedergedrückt. Er ertrug es nicht, nachdem er 40 Jahre lang als der Nächste am Throne gestanden, jetzt so ganz vernachlässigt zu werden, zwar noch den Schein seiner Macht in Amt und Würden, aber nicht mehr ihr Wesen zu besitzen. So wies er denn — wie man in Wien wissen wollte — mit starker Entschiedenheit alle Nahrung, selbst alle Arzenei von sich und starb am 26. Juni 1794, seine Macht, aber nicht seinen Ruhm überlebend: in dem an Originalen so reichen achtzehnten Jahrhundert jedenfalls einer der bedeutendsten und originellsten Geister!

Mehr ein großer Staatskünstler, als ein großer Staatsmann. Denn bei aller Feinheit und geschickten Berechnung fehlten doch zwei Momente der Politik des Fürsten Kaunitz, ohne welche eine echte Staatskunst nicht zu denken ist: nationale Grundlage und innere Wahrheit. —

Der Ursprung der Romanischen Sprachen.

Von

F. Eyssenhardt.

— Hamburg. —

Die gewöhnliche Ansicht über die Entstehung der romanischen Sprachen kann man mit Diez dahin aussprechen: „nicht aus dem classischen Latein, dessen sich die Schriftsteller bedienten, flossen sie, sondern wie schon vielfach und mit Recht behauptet worden, aus der römischen Volkssprache oder Volksmundart, welche neben dem classischen Latein im Gebrauch war, und zwar, wie sich versteht, aus der spätlateinischen Volksmundart". Hält man diese Ansicht fest, so ist man nicht im Stande, einige der auffallendsten Erscheinungen zu erklären, welche den Tochtersprachen des Lateinischen gemeinsam sind. Einmal nämlich haben die in den einzelnen Provinzen vor dem Latein gesprochenen Landessprachen so außerordentlich geringe Spuren zurückgelassen, daß zum Beispiel in den heutigen lombardischen Mundarten, die doch auf rein celtischem Gebiete entstanden sind, bis jetzt eben so wenig wie im Italienischen celtische Wörter nachgewiesen sind, welche in dieselben nicht aus der lateinischen Schriftsprache gekommen wären. Ferner ist es bei der gewöhnlichen Ansicht völlig unerklärlich, daß die Volksmundarten keinen Einfluß auf die Flexion der neu entstehenden Sprachen ausgeübt haben, die vielmehr allein aus der lateinischen unter Mitwirkung allgemeiner sprachbildender Kräfte erklärt werden kann. Diese beiden Einwürfe gehen von der Voraussetzung aus, daß die Vertheidiger jener Ansicht die Bildung der Volksdialecte als unter Mitwirkung der ursprünglich in den Provinzen lebendigen Volkssprachen zu Stande gekommen ansehen. Noch gewichtiger ist der Einwand, welchen man denselben machen muß, wenn sie eine allgemeine in Italien wie in den Provinzen gesprochene Volkssprache als bestehend voraussetzen, und von einer Einwirkung der provinziellen Landessprachen bei der Bildung der romanischen Dialecte absehen. Denn dann müßte jene vorausgesetzte Volkssprache überall dieselbe Entwicklung genommen haben, und es könnte in Spanien, Frankreich und Oberitalien nur diejenige Sprache entstanden sein, welche allein die organische Weiterentwicklung der lateinischen ist, nämlich die italienische, oder vielmehr, um genauer zu sprechen, die toscanische.

Die lateinische Sprache liegt uns in dem Stadium ihrer Entwicklung vor, in welchem sie im Begriffe ist, die vollen consonantisch auslaufenden Endungen um den Consonanten zu verkürzen. Bei weitem die meisten dieser Endungen gehen auf s und m aus, und wir wissen aus vollgiltigen directen wie indirecten Zeugnissen, daß besonders diese beiden Consonanten am Ende kaum mehr gehört wurden, so daß die Aussprache der Römer caecus von caecum fast nicht unterschied. Dies ging so weit, daß die älteren lateinischen Dichter m und s am Schlusse der Wörter je nach dem Bedürfnisse des Verses bald als vorhanden ansahen, bald ignorirten. Diese Freiheit erleichterte die Einführung der griechischen Versmaße in die lateinische Literatur außerordentlich, und war der factisch bestehenden Aussprache so entsprechend, daß man es als eine in der Geschichte wohl einzig dastehende Erscheinung bezeichnen kann, wenn zur Zeit Ciceros mit einem Schlage dies ganze Verhältniß sich änderte, und von nun an die Auslassung des s am Ende in der gesammten lateinischen Literatur nie mehr vorkommt, während eben so durchgehend das m am Ende der Wörter für die Versbildung nicht mehr existirt. Nichts ist bezeichnender für den Charakter des Lateinischen als einer reinen Kunst-Literatur, nichts beweist so schlagend die Abwesenheit jedes volksthümlichen Elementes in derselben, als diese Neuerung, welche die Poesie in einen bewußten Gegensatz zu der Aussprache des gewöhnlichen Lebens setzte.

In dieser Gestalt nun, das heißt als eine rein literarische Sprache ist das Latein in die Provinzen getragen worden, und wenn es zuerst hauptsächlich durch die mächtig emporblühende Literatur der letzten Zeiten der Republik und des Augusteischen Zeitalters denselben zugeführt wurde, und zwar unter Vermittelung eines, wie es scheint, sehr hoch entwickelten Buchhandels, so kam bald noch ein ganz anderes Moment hinzu, welches in diesem Zusammenhange die sprachliche Romanisirung der Celtenländer, denn das waren Spanien, Frankreich und Oberitalien, ebenso verständlich macht wie die Zähigkeit, mit welcher diese jung-lateinischen Länder die neu empfangene Sprache bewahrten.

Aus der Zeit des Kaisers Constantin des Großen haben wir eine Klage darüber, daß so viele kostbare Marmorwerke zu Kalk verbrannt wurden. Es ist klar, daß, wenn man sich nicht scheute, werthvolle Kunstwerke in den Ofen zu stecken, man noch viel weniger Bedenken getragen haben wird, die relativ werthlosen Inschriften denselben Weg wandeln zu lassen oder sie bei Bauten zu verwenden. Bedenkt man nun, daß dieselbe Zerstörung durch die ganze Zeit des Mittelalters vor sich gegangen ist, ja, daß nach dem bekannten Briefe Raphaels die Zeitgenossen Michel Angelos und Leos X. denselben Vandalismus geübt haben, so kann man sich eine Vorstellung von der Unendlichkeit des einst Vorhandenen machen. Denn die Menge der lateinischen Inschriften, welche jetzt von Theodor Mommsen und seinen Mitarbeitern in einem Sammelwerke, das seines Gleichen in der Geschichte der Wissenschaften nicht hat, vereinigt werden, ist wahrhaft überwältigend, und wird alljährlich durch neue Funde noch vermehrt. Diese Anwendung der Steininschriften scheint uns heute so innig mit dem römischen Nationalcharakter verbunden, daß man sich ohne dieselben das alte Rom gar nicht denken kann, und dennoch will uns scheinen, als sei diese ganze, außerordentlich folgenschwere Sitte — wenigstens in der eben erwähnten großen Ausdehnung — erst eine relativ späte Schöpfung.

Mommsens Sammlung ist so eingerichtet, daß die ältesten, bis zu Cäsars Tode reichenden Inschriften in einem Bande zusammengefaßt, alle übrigen nach geographischen Gesichtspunkten vereinigt werden. Wer nun diesen ersten mit den andern bis jetzt erschienenen Bänden vergleicht, wird sogleich die Bemerkung machen, daß die Zahl der älteren Inschriften verschwindend klein ist im Verhältnisse zu der ungeheueren Zahl der späteren — wir reden hier selbstverständlich nur von den heidnischen. Es wäre vollkommen falsch, diesen auffallenden Unterschied etwa der Zerstörbarkeit des Materials zuschreiben zu wollen: im Gegentheil haben sich sonderbarer Weise gerade die auf dem der Zerstörung verhältnißmäßig am leichtesten ausgesetzten Stoffe, dem Erze, geschriebenen Inschriften aus jener republikanischen Zeit in ziemlich bedeutender Zahl erhalten. Ueberhaupt hat die Zeit und das Wetter die Steine wenig beschädigt, sondern hauptsächlich bewußte, von Menschen ausgehende Zerstörung, und diese hat sich natürlich an das Alter der Steine nicht gekehrt.

Aber nicht blos durch ihre geringe Zahl unterscheiden sich die uns beschäftigenden Denkmäler der Republik von denen der Kaiserzeit: nicht minder groß ist der Unterschied in Rücksicht des Materials, welches zu ihrer Herstellung verwendet wurde. Die Sitte, politische, juristische und familiengeschichtliche Acte öffentlich in unzerstörbarem Material auszustellen, wird natürlich da am leichtesten und häufigsten Eingang finden, wo ein so billiger und so außerordentlich dazu geeigneter Stein vorhanden ist, wie der Marmor in den verschiedenen Theilen Griechenlands. Die anderen Steine splittern theils zu stark, theils sind sie zu hart, und setzen eine so schwierige Bearbeitung voraus, daß von ihrer allgemeinen Verwendung für Inschriften nicht die Rede sein kann.

Bei der Abgeschlossenheit der Gemeinden und Stämme Italiens gegeneinander, ehe die großen römischen Heerstraßen das Land durchzogen und die Roms Herrschaft charakterisirende allgemeine Wegefreiheit den Verkehr erleichterte und beförderte, wurde zu Bauten und ähnlichen Zwecken natürlich nur einheimisches Material verwendet. Daraus erklärt sich, daß zwar die Ringmauern von Carrara, dem alten Luna, aus großen Blöcken von Marmor bestehen, daß man dieses Gestein aber sonst in republikanischer Zeit vergleichsweise wenig in Italien verwendet findet. Aus denselben Verhältnissen ist es zu erklären, daß zu etruskischen Urnen und ähnlichen Kunstgegenständen meist der in Etrurien einheimische Kalktuff verwandt, in Volterra sogar der in dieser Gegend brechende weiche Alabaster zum Straßenpflaster benutzt, und die uralten Mauern Fiesoles aus Grauwacke hergestellt wurden. Was Rom betrifft, so stand, wie es in Jordans römischer Topographie heißt, der „submarine Tuff der Hügel in verschiedenen Varietäten zu Gebote, ein schon von den Alten mit Recht als schlecht bezeichnetes Material. Besser waren, wie sie ebenfalls mit Recht bemerkt haben, die den Eruptionen des Vulkans der Albanerberge entstammenden Lavasorten, welche sie als Sabiner und Albaner Stein bezeichneten (Peperino). Noch brauchbarer und besonders schöner war der längs der Ufer des Flusses abgelagerte, sedimentäre, aus dem Apeninnenkalk entstammende Tiburtiner Stein (Travertino). Dazu kam endlich die schwärzliche Lava, deren Ströme bis in die nächste Nähe von Rom reichen, und hier vielfach in ihrer natürlichen, erstarrten Form zu Tage liegen".

Ob die Römer die Sitte, Ereignisse des öffentlichen wie des privaten Lebens durch Aufschrift auf Stein zu fixiren, von den Griechen gelernt haben, kann hier unerörtert bleiben. Eins aber ist sicher, daß nämlich in republikanischer Zeit die oben erwähnten Steine, Tuff, Peperin und Travertin, zu Inschriften eben so wohl wie zu Quaderbauten verwandt wurden. Zwar fehlen über viele Inschriftsteine dieser Zeit genauere Angaben in Rücksicht auf das Material, aber eine ganze Anzahl von sicheren Notizen lassen kaum einen Zweifel an der in Rede stehenden Thatsache zu. Die Familie der Scipionen war eine der ersten Roms. Ihr Familienbegräbniß fand man im Anfang des siebenzehnten Jahrhunderts, den Haupttheil im Jahre 1780, dicht vor dem alten Capenischen, dem Thore, aus welchem die Appische Straße nach Capua führte. Von den Steinsarcophagen, in welchen die Leichen bestattet waren, und die meist mit Inschriften versehen sind, so wie den Inschriftentafeln, die selbständig in dem Grabmal angebracht waren, sind sieben aus Peperin, drei aus Tuff, ein Sarcophag, wenn die Nachricht richtig ist, sonderbarer Weise aus Travertin und Tuff hergestellt, Marmor also überhaupt nicht angewendet worden.

Hierzu kommt noch ein anderes, höchst merkwürdiges Moment. Aus der Zeit vor Augustus haben wir eine verhältnißmäßig große Anzahl von römischen Gesetzen. Diese sind sämmtlich in Erz gegraben. Erwägt man, ein wie relativ kostbares Material dies ist, und erinnert man sich, wie weitschweifig die langathmigen römischen Gesetze abgefaßt sind, so wird man auch aus diesem Umstande geneigt sein, die Folgerung zu ziehen, daß Marmor, in den ja später hauptsächlich in Rom ebenso wie stets in Griechenland öffentliche Urkunden eingehauen worden, in republikanischer Zeit so selten und theuer in Rom war, daß von seiner Benutzung zu inschriftlichen Zwecken vollständig abgesehen werden mußte. Ferner muß man nicht vergessen, daß Erz der Zerstörung an der freien Luft ausgesetzt ist, und Tuff, Peperin und Travertin ebenfalls unter dem Einflusse der klimatischen Zustände verwittern. So erklärt es sich, daß man Erztafeln zu Gesetzen verwendete, die meisten im Archiv aufbewahrt, und dort — abgesehen von Feuersgefahr — fast unzerstörbar waren. Ebenso mochten die vulkanischen Steine dem Bedürfnisse der Familien genügen, die innerhalb ihres engen Kreises, in Häusern und Grabmälern, das Gedächtniß an ihre Vorfahren bewahren wollten. Mit der Herrschaft des Augustus tritt in diesen Verhältnissen eine ebenso plötzliche als großartige Aenderung ein. Jetzt häufen sich die Inschriften in wahrhaft überwältigender Weise. Der Marmor tritt an die Stelle der vorher gebrauchten Steine. Erzplatten kommen zwar immer noch bei Gesetzen vor, aber nicht mehr ausschließlich wie früher.

Man könnte glauben, daß dieser ganze Umschwung ein Werk des Zufalls oder lediglich eine Folge der verbesserten Verkehrsverhältnisse und des damit zusammenhängenden größern Luxus in Marmorbauten gewesen ist. Aber dagegen, diesen letzteren Umstand allein als maßgebend anzusehen, spricht vor allen die Thätigkeit des Kaisers selbst. Ziemlich die umfangreichste Inschrift, die überhaupt vorhanden ist, ist wohl die von Augustus vor seinem Ende abgefaßte, welche als Verzeichniß der von ihm ausgeführten Thaten im ganzen Reiche an oder neben den seinem Cultus gewidmeten Tempeln aufgestellt wurde. Dieses Document ist aber nur das letzte in einer langen Reihe ähnlicher, theils auf die römische Geschichte bezüglicher, theils die einzelnen Regierungsacte des Kaisers verherrlichender oder der Zukunft aufbewahrender Inschriften. Dahin gehören die Consularfasten, ein Geschichtskalender in Marmor, wie kein Volk einen ähnlichen besessen hat; dahin die Weltkarte des Agrippa, die Erinnerungsinschriften an bedeutende Männer der römischen Geschichte (die sogenannten Elogien) und unzähliges Andere.

So blieb nichts, was Augustus that oder in Rom baute und aufstellte, ohne Inschrift: selbst auf den Obelisken, die er aus Heliopolis nach Rom schaffen und dort auf großen Plätzen als riesige Nadeln von Sonnenuhren fungiren ließ, lesen wir noch heute die stolze Inschrift, daß der Kaiser sie nach Unterwerfung Aegyptens dem Sonnengotte zum Geschenke gemacht hat. Er selbst sagte mit einem oft angeführten, selbstbewußten Worte, er habe Rom aus einer Lehm- (wir würden sagen Fachwerk-) in eine Marmorstadt verwandelt. Bei der großartigen Verwendung dieses schönsten aller Steine kamen von nun an nicht nur die griechischen und orientalischen Arten in Gebrauch, von denen man annehmen darf, daß sie in republikanischer Zeit immer doch mehr Curiositäten blieben, sondern vor allem lieferten die unerschöpflichen Steinbrüche von Luna ihren Ertrag nach der Hauptstadt. Es ist hier nicht der Ort, darauf einzugehen, wie gerade durch die Verbreitung zweier ganz verschiedener Baustyle Rom ein kosmopolitisches Ansehen erhielt, wie der aus Griechenland stammende Peristylbau das altrömische Haus verdrängte, wie neben den weiten Hallen mit Stuck überzogener Ziegelwände, auf denen die heitere Farbenpracht hellenischer Malerei sich entfaltete, die

Säule in ihrer vielfachen Anwendung einerseits Erhellung der fensterlosen Räume und anderseits den Schutz gegen die Witterung gewährte, den die zunehmende Verfeinerung des Lebens immer wünschenswerther machte. Nur darauf sei hingewiesen, daß die, wahrscheinlich aus dem Orient stammende Sitte, den Marmor in Tafeln zu zerschneiden und etwa so wie unsere Tapeten zum Ueberziehen der Wände zu gebrauchen, im engsten Zusammenhange mit der Gewohnheit steht, alle öffentlichen und privaten Ereignisse durch Inschriften zu fixiren. Gerade der carrarische Marmor nämlich eignet sich gut zum Zersägen, und während vor Augustus, wie es scheint, die Säulen und Marmorplatten fertig hergestellt aus den Steinbrüchen nach Rom geschafft wurden, finden wir zu seiner Zeit eine eigene Zunft von Steinsägern thätig.

Kann man in diesem Sinne die zahllosen marmornen Inschriftsteine als den Abfall der großartigen Bauthätigkeit jener Zeit ansehen — denn es scheint, als sei die zu Bildhauerzwecken geeignete Art des carrarischen Marmors erst um die Mitte des ersten Jahrhunderts unserer Zeitrechnung entdeckt worden —, so erklärt sich, was die Leichtigkeit das Material zu haben, anlangt, die Inschriftenfülle auf einfache Weise. Aber dennoch wird man schwerlich irren, wenn man die Art, in der Augustus von den Inschriften Gebrauch machte, als den mächtigen Impuls ansieht, auf welchem die neue und ungeahnte Ausdehnung desselben vornehmlich zurückzuführen ist. Der Kaiser mußte hierin ein Mittel erblicken, seine Herrschaft gewissermaßen auch äußerlich in die Erscheinung treten zu lassen, indem er es veranlaßte, daß auch in den fernsten und ungebildetsten Theilen des Reiches sprechende Zeugen der Herrlichkeit des neu errichteten, im Frieden befestigten Kaiserthums für alle Zeiten aufgestellt wurden. Daß Augustus Herr der Welt geworden war, verkündigten nicht bloß die unzähligen Bildsäulen des Herrschers, deren so viele übrig sind, daß uns die Züge kaum eines Mannes in der Geschichte so bekannt sind als die seinen — sondern Inschriften an Tempelwänden, Brunneneinfassungen, Altären, kurz alle öffentlichem Gebrauche dienenden Bauten zeugten nach den verschiedensten Richtungen davon. Und wenn er hierin den Ton angab, so folgte ihm Vornehm und Gering, Arm und Reich, um das Leben zu heben und den Tod zu verherrlichen, den Zeitgenossen sich als das zu zeigen, was man wollte und erstrebte, und der Nachwelt nicht ganz verloren zu gehen. Die harmlose Offenheit antiken Lebens kam hier der Herrscherabsicht des Kaisers entgegen; denn nicht bloß seine Beamten und Soldaten nahmen sich seinen Vorgang zum Beispiel, sondern man kann behaupten, daß in der ganzen Kaiserzeit nichts volksthümlicher war als diese Sitte.

Freilich hatte das Beispiel des Augustus Folgen, die er schwerlich ahnte, die in ihrer ganzen Größe aber vorauszusehen überhaupt unmöglich war. Aus dem Sammelwerke Mommsens und seiner Mitarbeiter sehen wir, daß von den Haiden Schottlands bis nach Lambaesis, der altrömischen Lagerstadt am Abhange des Tschebel Aures in Algier — von der Höhe der Pyramiden bis nach Aljustrel in Portugal sich die Wände auch der kleinsten, abgelegensten

Orte allmählich mit diesen Sprachdenkmälern bedeckten. So wurde Augustus indirect der Schöpfer einer unabsehbaren Literatur, die an Umfang, als sie vollständig war, schwerlich der eigentlichen prosaischen und poetischen Literatur der Römer nachgestanden haben dürfte. Wie außerordentlich die Zunahme der Inschriften seit Augustus ist, kann man leicht daraus ermessen, daß das große Sammelwerk aus Gallia cisalpina, der heutigen Lombardei und Venetien, nur 9 Inschriften aufweist, die älter sind als Cäsars Ermordung, während aus der Kaiserzeit 8994 vorhanden sind: eine Zunahme, die sogleich mit Augustus begann, da dessen Name 69 Mal auf diesen Steinen erwähnt ist, das heißt, wenn wir recht gesehen haben, am häufigsten von sämmtlichen Kaisern.

Eine Bemerkung wird Jeder machen, welcher sich mit dieser, so zu sagen, inschriftlichen Literatur beschäftigt, den seltsamen Umstand nämlich, daß alle Inschriften der Kaiserzeit verfaßt sind in der Schriftsprache. Man denke sich analoge Verhältnisse in unserer Zeit: würde nicht alles, was von ungebildeten Leuten in ähnlicher Art ausginge, mehr oder minder starke Spuren des einheimischen Dialectes zeigen? Aber so viele sprachliche, grammatische wie stilistische, und in den poetischen Inschriften metrische Fehler sich auch in den Inschriften finden, von Dialecten ist unseres Wissens aus der Kaiserzeit fast keine Spur vorhanden.

Es würde zu weit führen, wollten wir in diesem Zusammenhange auszuführen versuchen, welche innere Entwicklung der Literatur der Römer eine so überwältigende Macht geben konnte, daß die lateinische Sprache sämmtliche italische Dialecte aufgesogen hat. Wie schnell dies aber geschehen ist, davon haben wir ein merkwürdiges inschriftliches Zeugniß. Bekanntlich befindet sich im Museum zu Neapel ein schwerer steinerner Tisch mit in der Travertinplatte eingehauenen Normalmaßen. Neuere Untersuchungen haben gezeigt, daß diese Höhlungen nicht die ursprünglichen, sondern daß früher andere vorhanden gewesen sind. Die neueren sind römisch, die älteren waren oskisch, wie aus einem in griechischen Buchstaben von rechts nach links geschriebenen und erst jetzt entzifferten Worte hervorgeht, welches eine oskische Verstümmelung eines griechischen Maßes ist. Da nun die neue Aichung laut einer an dem Tische angebrachten Inschrift etwa in die Zeit von Christi Geburt fällt, so ist die Folgerung unabweisbar, daß bis zu dieser Zeit oskisch nicht nur verstanden wurde, sondern auch noch, wenigstens zum Theil, im officiellen Gebrauche war. Daß bald darauf der einheimische Dialect fast ganz verschwand, kann man aus der Lectüre der zahlreichen Wandinschriften ersehen, welche in Pompeji gefunden worden sind.

Einen anderen Beweis für den Untergang der Dialecte haben wir in dem Romane des Petronius. Mommsen hat wahrscheinlich gemacht, daß derselbe in Cumae spielt. Der Held des witzigsten der uns erhaltenen Theile ist bekanntlich ein ebenso ungebildeter als reicher Parvenu. Was für Albernheiten ein Mensch in dieser Lebenslage sagen kann, spricht unser Trimalchio aus, aber nie ein Wort aus einem Dialecte! Und daß es wirklich so zu Nero's Zeiten in Italien aussah, dafür liegt der Beweis in der unendlichen

Zahl von Inschriften, deren keine, so weit uns bekannt, Spuren eines Dialectes zeigt.

Die Inschriften zeigen das Latein, wie es die Kunstpoesie fixirt hatte, das heißt in den vollen Formen, welche die Aussprache des gewöhnlichen Lebens längst aufgegeben hatte, und in dieser Form trug die Literatur eben sowohl wie die Inschriften die Sprache in die Provinzen. So erklärt es sich, daß auf den 1559 vor Caesars Tode fallenden Inschriften sich die Endung o statt us und um (das heißt die vulgäre Aussprache dieser Endungen) 178 Mal, die Auslassung des am Ende stehenden s 49 Mal findet, während dieselben Erscheinungen in den 4988 spanischen Inschriften der Kaiserzeit nur resp. 25 und 0 Mal, auf den 8994 Oberitaliens (der römischen Provinz Gallia Cisalpina) aus derselben Zeit resp. 45 und 8 Mal vorkommen. Es kann keinen sprechenderen Beweis geben einmal für die plötzlich eingetretene Aenderung — nicht in der Sprache, denn die Aussprache in Italien blieb natürlich dieselbe — sondern in der schriftlichen Darstellung derselben, und dann für die Art, in welcher die Provinzen die herrschende Sprache annahmen.

Daß das Latein in Spanien erst nach völliger Unterwerfung der Provinz durch Augustus sich befestigen konnte, liegt auf der Hand. Daß es aber die organische Entwickelung, welche die Sprache in Italien nahm, nicht mitmachte, sieht man aus der Gestalt der Wörter ebenso wie aus der Flexion, und besonders der Bildung des Plurals. In Italien blieb zum Beispiel nach Abwerfung der Endung von nationem als Stamm übrig nazion, welches als nicht aussprechbar durch Anhängung eines stummen e in nazione sich verwandelte. Denn das im Lateinischen wirkende und die Auflösung der Sprache herbeiführende Gesetz des Abwerfens der Schlußconsonanten litt und leidet keinen andern als einen vocalischen Auslaut. Daraus erklärt sich die auf den ersten Anblick den Nordländern so befremdliche Erscheinung, daß kein Italiener pater noster auszusprechen im Stande ist, sondern stets patero nostero spricht, indem er an diese wie an alle anderen consonantisch auslautenden Worte ein, wenn auch sehr leises, stummes e hängt. In Spanien, wo von diesem Gesetz keine Rede sein konnte, bleibt als Wort nazion bestehen. Anderseits mußten die Italiener auf eigentliche Pluralbildung verzichten, da die Endungen verloren gegangen waren: die Sprache half sich mit einer bloßen Differenzirung der Singularform und schuf so nacioni. Die Spanier dagegen konnten für den Plural die lateinische Endung beibehalten und sagen also naciones, äußerlich dem Lateinischen entsprechend, in Wahrheit aber nur deswegen, weil sie an der organischen Entwickelung der Sprache keinen Theil hatten.

Aehnlich wie das Spanische, oder eigentlich Castilianische, verhält sich in Betreff der Endungen der Wörter in der Pluralform das Provençalische in seinen verschiedenen Dialecten, die von Valencia und Barcelona bis nach den Westalpen reichen. Diesen Dialecten näher als dem Toscanischen steht die Gruppe der oberitalienischen Mundarten, welche mit dem Provençalischen die Aussprache des u als ü, den consonantischen Auslaut und die nasale

Affection des n am Schlusse der Wörter theilt. Doch kann man diesen, um kurz zu reden, lombardischen Dialect, nicht zu den provençalischen rechnen, da er in der Flexion bedeutende Verschiedenheiten zeigt. Namentlich war das Sprachgefühl doch zu groß, um das provençalische s als Pluralendung anzuhängen, andererseits aber nicht stark genug, um consonantischen Auslaut zu verbieten. So sagen Piemontesen wie Mailänder nazion (mit nasaler Aussprache des n und Hinneigung des o zu u) sind aber nicht im Stande, einen Plural davon zu bilden. Consequent freilich sind diese Dialecte hierin nicht, denn erstens fehlt ihnen die grammatische Durchbildung und Consequenz, welche eine entwickelte Literatur der Sprache verleiht; ferner aber haben sie doch mancherlei aus dem Toscanischen oder Schriftitalienischen aufgenommen, wie es bei der Entwickelung der politischen Verhältnisse schon im Mittelalter nicht anders der Fall sein konnte. Eine der merkwürdigsten Folgen aber, welche das Verzichten auf den Plural hatte (der nur durch die Artikelformen und Pronomina bezeichnet wird), zeigt sich im mailändischen Dialect darin, daß der Geschlechtsunterschied verwischt wird. So sagt Carlo Porta — der berühmte Volksdichter, den jeder Mailänder auswendig kann, und der wirklich, was schlagenden Witz und naturwüchsige Komik anlangt, zu den ausgezeichneten Dichtern seiner Art gehört — statt des Italienischen queste sono le Muse in seiner Mundart qui hin I mus.

Wenn in dieser veränderten Gestalt das Latein sich in den einstigen Provinzen des römischen Reiches behauptet hat, so wird man schwerlich irren, wenn man diese ungeheuere Energie des Sprachbewußtseins zum guten Theile in der Fülle der Inschriften begründet findet, welche alle Wände bedeckten und auch dem gemeinen Manne eine ganz andere, so zu sagen, sprachliche Energie einflößte, als die sich auf dem classischen Boden ablösenden Barbaren haben konnten, welchen kein sprachliches Denkmal die heimathliche Mundart lebendig erhielt. Daher kommt es, daß im Spanischen nur etwa 100 Wörter auf baskischen Ursprung zurückgeführt werden können, womit auf das Klarste bewiesen ist, daß Alles, was man von der iberischen Grundlage des Spanischen gesagt hat, in sich zerfällt. Vor Allem in der Flexion findet sich nichts davon. Daß die lombardischen Dialecte dem Lateinischen ursprünglich etwas näher stehen als ihre westlichen Nachbaren erklärt sich aus der Zeit, zu welcher die Lombardei latinisirt wurde. War nämlich auch schon in republikanischer Zeit ein sehr starkes lateinisches Element in dem Geburtslande des Catull und Virgil vorhanden, so hat doch offenbar das Land erst seine volle Entwickelung beginnen können, nachdem die großartigen Deichbauten vorgenommen waren, welche den Po eindämmen, dessen eigenthümliche Stromverhältnisse die Bewässerung des Landes ebenso erleichtern, wie sie eine Regelung durch Schutzbauten absolut nothwendig machen. Das Getriebe, welches er und seine Nebenflüsse aus den Alpen mit sich führt, erhöht sein Bett fortwährend, und so würde er heut zu Tage ohne die großartigen Dämme, welche seinen Lauf von Cremona an begleiten, die ganze Ebene unter Wasser setzen. Nun haben wir ein Spottgedicht auf den Consul Ventidius, einen Anhänger des Antonius,

Der Ursprung der Romanischen Sprachen.

in welchem derselbe als ehemaliger Maulthiertreiber redend eingeführt wird, und worin er sich rühmt, ihn kenne das kalte Cremona und das sumpfige Gallien. Da mit Gallien hier natürlich Gallia cisalpina, die heutige Lombardei und Venetien, gemeint ist, so ist der Schluß vielleicht nicht zu kühn, daß in dieser Zeit, also kurz vor Augustus, die Lombardei noch sumpfig, das heißt der Po noch nicht in Dämmen eingeschlossen war.

Die Römer waren gegen die von ihnen und ihrer Sprache zurückgedrängten Dialecte sehr gleichgiltig. Kein römischer Literator hat sich die Mühe genommen, ein oskisches oder umbrisches Wörterbuch zu verfassen. Zu unserer Zeit giebt es zwar Wörterbücher des bedeutendsten und am weitesten verbreiteten oberitalienischen Dialectes, des mailändischen, aber sie genügen durchaus nicht und sind von irgend welcher Vollständigkeit weit entfernt. Jetzt, wo zwar die Umformung der Wörter der italienischen Schriftsprache in die mundartliche Form immer noch vor sich geht, und so der Dialect scheinbar weiter lebt, verliert er dennoch täglich mehr das hauptsächlich Interessante, die ihm eigenthümlichen Wörter. Am auffallendsten treten diese nur hier vorkommenden Bezeichnungen in den Alpen auf. Mit Hin- und Herrathen über diese meist völlig dunklen Wörter ist nichts geholfen: nur ihre vollständige Sammlung könnte zu Resultaten führen, die vielleicht von großer sprachgeschichtlicher wie ethnographischer Bedeutung wären. Dahin gehört malgu, der gewöhnlichste Ausdruck für das deutsche Alp (= Alpweide und Sennhütte), ein Wort welches aber auch ersetzt wird durch zocca, profa und grosso (nicht zu verwechseln mit dem italienischen grosso = fett). Die drei letzten Wörter kommen gewöhnlich als scheinbare Eigennamen vor, bedeuten aber nichts anderes als malgu. Dahin gehören ferner valanga = Lavine, ganda = Felsklippe und breva, der Südwind auf dem See von Como, sonderbarer Weise äußerlich ganz gleich der spanischen Bezeichnung für die Frühseige. Scheinbar ein Name ist ferner Dosso, welches aber nichts bedeutet als Berg und natürlich nicht mit dem italienischen dorso zusammenzubringen ist; ebenso heißt Forno, der scheinbare Name so vieler Gletscher, nichts als Gletscher für das allgemeinere vedretta. Alle diese Worte sind räthselhaft und spotten jeder etymologischen Deutung. Aehnlich steht es, um nur einige Beispiele anzuführen, mit den mailändischen Ausdrücken pasquee = piazza und foppon = cimitero: Denn wenn auch z. B. das letztere Wort durch fossa = Grube umschrieben wird, so ist doch klar, daß damit nichts erklärt ist.

Ebenso verborgen wie der Ursprung dieses und vieler ähnlicher Wörter ist, ebenso klar liegt der anderer Ortsnamen zu Tage. Das mehrfach in den mailändischen Alpen vorkommende Regoledo z. B. ist nur eine Umbildung des Spanischen recoleto, bezeichnet also die Stätte, wo einst ein Mönch dieses Ordens gehaust hat, und erinnert so auf das Lebhafteste an die verruchte Herrschaft, welche die gesunde Entwickelung des Landes auf lange Zeit unterbrochen hat.

Die Bedeutung des Einzellebens in der Darwinistischen Weltanschauung.

Von
K. Kossmann.
— Heidelberg. —

Die Darwin'sche Theorie hat in der Wissenschaft von den lebenden Wesen pflanzlicher und thierischer Natur gegenwärtig eine so allgemeine Geltung erlangt und beginnt bereits so sichtlich das Interesse der Laienwelt zu erregen, daß selbst ihre Gegner kaum noch bezweifeln können, sie werde dereinst, eine kürzere oder längere Zeit hindurch, einen bestimmenden Einfluß auf die Weltanschauung eines großen Theiles der menschlichen Gesellschaft ausüben. Obwohl ursprünglich eine rein zoologische Theorie, ist sie dazu befähigt, weil sie die Schranke zwischen Thier- und Menschenwelt niederreißt und den Menschen selbst mit allen seinen seelischen und körperlichen Eigenschaften allen Gesetzen und allen Folgerungen unterwirft, welche ihr für die Thierwelt giltig erscheinen.

Noch zwar sind wir weit davon entfernt, daß eine solche Darwinistische Weltanschauung in irgend einer größeren menschlichen Gesammtheit bereits zur Herrschaft gelangt wäre. Doch auch da sie kaum erst möglich geworden, dürfte es nicht ohne alles Interesse sein, zu prüfen, wie sich in ihrem Lichte eine oder die andere auf den Menschen selbst bezügliche Frage von hervorragenderer Wichtigkeit ausnehmen würde. Eine wichtigere nun könnte man wohl schwerlich aufwerfen, als die nach der Bedeutung unseres eigenen Einzellebens gegenüber der Lebensgesammtheit. Diese vom Standpunkte einer Darwinistischen Weltanschauung zu beantworten, will ich in den folgenden Zeilen versuchen, ohne an dieser Stelle auf die Prüfung der Richtigkeit des Standpunktes irgend einzugehen.

Fassen wir ein menschliches Einzelwesen in's Auge, ohne jeglichen Vergleich mit der Thierwelt im Allgemeinen, so erscheint dessen Leben räumlich und zeitlich überaus scharf abgegrenzt. Sobald wir aber der Darwinistischen

Weltanschauung gemäß den Menschen als einen Theil der großen Gesammtheit animalischer Wesen betrachten, finden wir, daß diese Abgrenzung nicht annähernd so scharf bleibt, vielmehr dasjenige, was sie so erscheinen ließ, sich als vergleichsweise zufällig und nebensächlich ergiebt.

Bekanntlich nimmt die Darwin'sche Theorie die Entwickelung der gesammten Thierwelt aus höchst einfachen Urthieren an, wie solche noch gegenwärtig existiren. Diese Urthiere sind nichts, als nach Form und Masse fortwährend wechselnde Klümpchen einer schleimigen Flüssigkeit, des Protoplasmas — einer Flüssigkeit, die auch in den höchstorganisirten Wesen die eigentliche Grundsubstanz des ganzen Körpers bildet und aus der alle übrigen Bestandtheile desselben erst durch chemische Umwandlungen entstehen.

Auch in der gänzlich formlosen Protoplasmamasse laufen die charakteristischen Lebens-Vorgänge ab: die Athmung, ein Proceß langsamer Verbrennung, durch welche sich die Masse verringert; die Bewegung, eine directe Folge dieses wie unzähliger anderer Verbrennungsprocesse; die Ernährung, d. h. die Vermehrung der ursprünglichen Masse.

Keiner dieser drei Haupt-Lebens-Processe bedingt eine zeitliche noch auch eine unveränderliche räumliche Begrenzung. Solange die Verminderung durch die Athmung und die Vermehrung durch die Ernährung sich das Gleichgewicht halten, kann ein solches Urthier ewig leben; so lange die Vermehrung über die Verminderung überwiegt, kann es in's Unbeschränkte wachsen. Als man vor nicht langer Zeit in den Tiefen des Atlantischen Meeres eine lebende Protoplasma-Schleimmasse, in ungemessener Ausdehnung den Meeresboden überziehend und als Ganzes demnach von unermeßlicher Lebensdauer, entdeckt zu haben glaubte und dieses Urthier Bathybius Haeckelii nannte, war kaum ein Zoologe davon überrascht, und der Name ging in zahlreiche Lehrbücher über. War auch dieser Fund ein Irrthum, seine Möglichkeit stand mit den Gesetzen des thierischen Lebens nicht in Widerspruch.

Ganz entsprechende Urthiere finden sich in jeder Pfütze, und sie würden, soweit Raum und Nahrung reicht, unbeschränkt wachsen und dauern, wenn sie nicht vorher in Stücke zerfielen.

Diese Theilung scheint bei einem Protoplasma von bestimmter Zusammensetzung und bei einem bestimmten Sauerstoffgehalte der Umgebung immer alsbald zu erfolgen, wenn das Thier durch einen dauernden Ueberschuß in der Ernährung eine bestimmte Größe erreicht hat. Damit ist hier eine gewisse räumliche Begrenzung des Einzellebens gegeben, welche wir weiterhin nochmals in's Auge fassen wollen; dagegen ist eine zeitliche Abgrenzung hiedurch noch nicht bedingt. Sind die Theilstücke, die bei dieser Fortpflanzung entstehen, von ungleicher Größe, so wird man vielleicht das kleinere als ein neues Einzelwesen zu betrachten sich entschließen, das größere aber gewiß nicht. Wächst dieses wieder heran und theilt sich von Neuem, so werden wir es wieder in dem größeren Theilstücke fortbestehen zu sehen glauben. Fehlt es demnach hier noch an irgend einer voraussichtlichen Beendigung des ursprünglichen Einzellebens, so wird man eine solche wohl auch in denjenigen Fällen nicht erblicken wollen, wo ein Einzelwesen sich in zwei völlig gleiche Stücke theilt.

Erst wo das Protoplasmaklümpchen während seines Wachsthums durch Sonderung seiner Bestandtheile eine complicirtere Gestalt annimmt und einer Maschine ähnlich wird, deren Thätigkeit des genauesten Ineinandergreifens der Theile bedarf, läßt sich unabhängig von der quantitativen Verminderung eine Verschlechterung, eine Abnützung erkennen. Dieselbe führt nach einer gewissen Lebensdauer unfehlbar den Tod des Einzelwesens herbei, und zwar ist diese Lebensdauer in der Regel um so genauer bemessen, je complicirter der Bau des Wesens ist.

Gehen wir nun aber, um zu prüfen, in wie weit der Tod eine zeitliche Abgrenzung des Einzellebens bewirkt, auf Fälle zurück, wo die Theilstücke an Größe wenig verschieden sind. Ist z. B. bei der Fortpflanzung das kindliche Stück halb so groß, als das übrig bleibende mütterliche, so enthält dieses nach der ersten Fortpflanzung noch $2/3$ seiner ursprünglichen Substanz, nach der zweiten nur noch $2/3$ von $2/3$, also $4/9$, nach der dritten nur noch $8/27$. Stirbt die Mutter nunmehr, so wird also kaum $1/3$ des ursprünglichen Wesens vernichtet. Hat sich dessen erstgeborener Nachkomme aber um diese Zeit selbst noch nicht weiter getheilt, so enthält er noch ein ganzes Drittel des ursprünglichen Einzelwesens, repräsentirt dasselbe also vollständiger, als es jenes sterbende Stück es thut.

Was bei einer Theilung nach dem Verhältnisse 2 : 1 gilt, wenn die Mutter nach der dritten Fortpflanzung stirbt, gilt auch bei einem Verhältnisse der Theilstücke von 3 : 1, wenn sie die fünfte Fortpflanzung erlebt. Bei den höchsten Thieren hat das Verhältniß einen noch unendlich viel größeren Quotienten, aber bei vielen von ihnen entspricht demselben die ungeheure Zahl von Fortpflanzungen, die das mütterliche Wesen erlebt. Das Ei des Hausen, das wir im Caviar verzehren, mißt bekanntlich nur wenige Millimeter im Durchmesser; aber er liefert jährlich circa ein Viertel seines Gewichts Caviar. Wenn es auch schwer ist, das Alter, das er erreicht, zu bestimmen, so ist doch demnach sicher, daß sein Gewicht zur Zeit seines Todes auch nicht annähernd dem derjenigen lebenden Substanz gleichkommt, die sich vorher von ihm abgetrennt hat.

Das gilt nun freilich für andere Thiere und auch für den Menschen nicht. Aber wir können doch darum dem Stör nicht eine körperliche Unsterblichkeit zu- und dem Menschen absprechen; vielmehr, wenn es eine solche giebt, d. h. wenn sich ein und dasselbe Leben, über die Existenz des Einzelwesens hinaus, ohne Unterbrechung, in den aufeinanderfolgenden Generationen erhält, so kann nicht das Massenverhältniß zwischen dem mütterlichen Körper und der sich ablösenden Nachkommenschaft, das selbst bei nahverwandten Wesen so verschieden ist, sondern nur die substanzielle Gleichartigkeit des losgelösten mit dem zurückbleibenden Stücke entscheidend sein.

Eine solche ist nun augenscheinlich bei unzähligen wirbellosen Thieren nachweisbar. Ein Schwamm, eine Koralle, viele Würmer theilen sich in absolut gleichartige Stücke. Aber auch bei Wirbelthieren und darunter dem Menschen wird die qualitative Identität der lebenden Substanz im Ei und in der Mutter angenommen werden müssen, angesichts der bis in's feinste Detail gehenden Erblichkeit der Eigenschaften.

Man wird vielleicht einwenden wollen, einer solchen Continuität des körperlichen Lebens stehe nun eine Discontinuität des seelischen gegenüber. Sehr mit Unrecht. Denn Talente und Charaktereigenschaften gehen in auffälligster Weise von einer Generation auf die andere über, und in der Form des sogenannten Instinctes erhalten sich sogar offenbar dunkle Erinnerungen an Erfahrungen, welche eine frühere Generation gemacht hat. Eine klare, sagen wir bewußte, Erinnerung über das Einzelleben hinaus erhält sich freilich beim Menschen normalerweise sicher nicht. Aber sie erhält sich bei ihm bekanntlich auch nicht einmal für die ganze Dauer seines Einzellebens; sie erstreckt sich nicht über die ersten Jahre seiner Kindheit, sie wird unterbrochen durch den Schlaf und durch mancherlei abnorme Zustände, die das Leben selbst nicht unterbrechen, sie kann durch systematische Ausbildung gekräftigt, durch Vernachlässigung geschwächt werden. Ob nicht im Traume oder in Zuständen abnormer Nervenerregung, bei Hysterischen und andern Kranken, Steigerungen des Erinnerungsvermögens auftreten, so daß dasselbe sogar über das Einzelleben hinaus zurückreichen kann, ist demnach eine Frage, die nicht außerhalb des Bereiches ernsthafter wissenschaftlicher Prüfung liegt. Würde sie aber bejaht werden, so könnte das Fehlen der bewußten Erinnerung über das Einzelleben hinaus nicht mehr als eine nothwendige Eigenthümlichkeit aller thierischen Wesen, sondern mit Sicherheit nur als eine solche des heutigen Menschen betrachtet werden.

Fassen wir nunmehr andererseits die räumliche Abgrenzung des thierischen Einzellebens in's Auge, so erscheint auch sie als eine vielfach höchst unvollkommene. Gehen wir wieder aus von jenem Urwesen, das in zwei absolut gleichartige und gleich große Theile zerfällt. Hier sind nun zwei räumlich gesonderte Einzelwesen da, wo vorher eines vorhanden war; aber keines der beiden ist neu; also stellen sie nur Theile einer noch bestehenden Lebensgesammtheit dar. Das gilt natürlich ebensowohl für den Fall, daß die Theilstücke nicht gleich groß sind; immer lebt in ihnen allen ein ursprüngliches Einzelwesen fort, als dessen Repräsentanten sie mit allen ihren Eigenschaften gelten müssen.

Nun aber braucht selbst diese lediglich räumliche Sonderung nicht einmal vollständig zu sein. Die Theilung kann gerade so weit gehen, daß die Stücke noch eben durch eine dünne Vereinigungsstelle verbunden bleiben. So entstehen aus einem blumenkelchähnlichen Polypen oft durch fortgesetzte Theilung Wesen, die einem Blüthenzweige ähnlich sehen. Eine Scheidewand theilt den Mund, dann die Verdauungs- und Leibeshöhle; ist sie ziemlich dick geworden, so entsteht in ihr eine Einsenkung, die zum Spalt wird; der Spalt vertieft sich mehr und mehr, endlich hängen zwei Kelche nur noch an der Basis zusammen, und jeder beginnt sich auf's Neue zu theilen. Wir sind wohl berechtigt, jeden Kelch ein Einzelwesen zu nennen — und dennoch sind sie in gewissem Sinne auch wieder nur Theilstücke eines Einzelwesens. Es giebt andere Korallen, bei welchen die Furche, welche die Kelche theilt, eine ganz seichte Vertiefung bildet; der Stock kann dann ganz kugelförmig, seine Oberfläche mit kaum vorragenden Kelchen besetzt sein. Selbst diese seichte Einsenkung kann fehlen, so daß nur noch der Kranz von Fühlfäden, der jede Mundöffnung umgiebt, eine Abgrenzung der Einzelwesen gegen einander bewirkt. Ja endlich kann auch diese Sonderung der Fühlerkränze fehlen: bei der Gattung Maeandrina trifft die Theilung wohl noch die Mundöffnung, aber nicht mehr den Kranz von Fühlfäden; der Stock stellt einen kugelähnlichen Klumpen dar, dessen Oberfläche von einem mäandrisch hin und herziehenden Bande gebildet wird; dieses Band aber ist an beiden Rändern von einer Reihe von Fühlfäden eingefaßt, während in seiner Mittellinie in gleichen Abständen die Mundöffnungen aufeinander folgen. Wir können vielleicht noch sagen: wieviel Mundöffnungen, so viel Einzelwesen; aber sie räumlich gegen einander abzugrenzen, ist unmöglich.

Obwohl also ein solcher Korallenstock schon mit großem Rechte seinen Theilen gegenüber als Einzelwesen betrachtet werden kann, giebt es doch zahlreiche Beispiele, in denen diese Berechtigung noch mehr hervortritt. Dies ist nämlich der Fall, wenn eine Verschiedengestaltigkeit der Einzelwesen hinzukommt. Es giebt Polypencolonien, in welchen im Laufe der Entwicklung einem Polypen Mund und Magen abhanden kommen, hingegen der in den Fühlfäden bestehende Fangapparat zu großer Entwicklung gelangt; einem andern umgekehrt diese zu Grunde gehen, Mund und Magen aber eine Riesengröße erlangen; einem dritten beide fehlen, während sich an ihm ein eigenthümliches Bewegungsorgan ausbildet. Nun rudert dieser die Colonie im Wasser umher, jener fängt die Beute, der dritte frißt und verdaut sie und sendet von der verdauten Flüssigkeit durch ein Canalsystem den andern ihren Theil zu. Ist dieses nun noch eine Gesammtheit von Einzelwesen, oder nicht vielmehr ein Einzelwesen mit verschiedenen Organen? Gegen letztere Auffassung spricht nichts, als daß diese Organe gewissen vereinzelt lebenden Polypen so überaus ähnlich sehen, und einige derselben bei gewissen Arten, in denen die Arbeitstheilung nicht ganz soweit durchgeführt ist, sich sogar schließlich abschnüren und also wirklich räumlich von den Genossen sondern.

Solche gelegentliche Abschnürung einzelner Individuen eines vielgestaltigen oder polymorphen Stockes führt dann direct über zu den Beispielen von Polymorphismus mit regelmäßiger räumlicher Trennung der Einzelwesen. Ein solches stellt sich dar in der den meisten höheren Thieren eigenthümlichen Verschiedenheit des Männchens vom Weibchen, dem sogenannten Geschlechtsdimorphismus, bei welchem zwei Individuen eine dem Thierstocke vergleichbare Einheit bilden. Trimorphismus finden wir beispielsweise bei den Bienen, wo noch die Eigenthümlichkeit hinzukommt, daß in dem Stock nur die eine Form, die Königin, in einfacher Zahl, hingegen die Drohnen und Arbeiter in großer Zahl vorhanden sind.

In diesem letzten Falle stellt ein solcher Stock auch insofern eine engere Lebenseinheit dar, als alle Glieder Nachkommen ersten Grades einer Mutter sind. Dies trifft nicht mehr zu in manchen anderen Fällen. Ameisen- und Termitenstaaten stehen dem Bienenstocke noch sehr nahe; nur tritt hier an Stelle der Dreigestaltigkeit die Viergestaltigkeit und bei einigen Arten selbst die Fünfgestaltigkeit, und da der Stock zahlreiche Weibchen enthält, so sind seine Glieder zwar noch nahe verwandt, aber nicht mehr Geschwister.

Und damit haben wir denn den Anschluß an den menschlichen Staat gewonnen, der zwar nicht aus allernächsten, aber doch, je mehr er national ist, desto ausschließlicher, aus ziemlich nahen Verwandten besteht, und in welchem, in Folge einer ebenfalls sehr weitgehenden Arbeitstheilung, eine kaum geringere gegenseitige Abhängigkeit herrscht, als in den genannten Thierstaaten.

So läßt es sich also erkennen, daß das thierische Einzelleben überall nur als ein mehr oder minder unvollkommen abgegrenzter Theil eines Gesammt- lebens erscheint. Lassen Sie uns nun in einem zweiten Abschnitte dieser Untersuchung ins Auge fassen, welchen Werth die Existenz solcher unterge- ordneter Einzelwesen für das Gesammtleben hat.

Ein räumlich einheitliches, unbeschränktes Gesammtleben, wie das des hypothetischen Bathybius, ist in seinen Eigenschaften unveränderlich, solange die äußeren Einflüsse sich nicht ändern. Eine dauernde Veränderung der- selben innerhalb großer Strecken der Erdoberfläche ist in Jahrtausenden kaum nachweisbar. Wirken locale Veränderungen der Umstände auf einzelne Gegenden eines solchen Wesens nachtheilig, zerstörend, auf andere begünstigend ein, so gleicht sich Nachtheil und Vortheil innerhalb des Körpers aus. Ganz anders, wenn dieses Gesammtwesen in zahlreiche räumlich gesonderte Einzel- wesen zerfällt. Nun wirken die localen Einflüsse auf das eine Einzelwesen nachtheilig, auf das andere vortheilhaft ein. So entsteht eine qualitative Un- gleichheit der Einzelwesen; ein Ausgleich kann nicht mehr stattfinden. Ist aber die Ungleichheit hergestellt, so sind die Einzelwesen, selbst gleichartigen äußeren Einflüssen gegenüber, nicht mehr gleich widerstandsfähig; die minder vortheilhaft gearteten erliegen, und es bleiben nur die vortheilhafter beau- lagten, resp. deren Theilstücke übrig. So ist die Theilung des Gesammt- lebens in Einzelwesen die nothwendige Vorbedingung seiner Vervollkommnung.

Eine Bestätigung dafür liefert die Vergangenheit solcher Thierabtheilungen, in welchen die räumliche Trennung der Individuen unvollständig bleibt, wie die der Korallen. Während die Thierabtheilungen der Gliederthiere und Wirbelthiere seit der ältesten Erdperiode, aus welcher uns Versteinerungen erhalten geblieben sind, die größten Wandlungen und Vervollkommnungen durchgemacht haben, und die Korallen ganz auf derselben Stufe stehen geblieben; ja, es giebt deren heute noch zahlreiche, die in ihrem Bau mit solchen aus dem Silur so genau übereinstimmen, daß man sie mit demselben Gattungsnamen bezeichnet. Die enge Vereinigung der Einzelwesen läßt es fast unmöglich erscheinen, daß das eine derselben von andern Einflüssen getroffen wird, als das andere; die Möglichkeit eines Kampfes um's Dasein ist daher nicht innerhalb eines Stockes, sondern nur noch zwischen mehreren Stöcken gegeben, wo dessen Wirkung dann aber, wegen der großen Lebenszähigkeit des Stockes, relativ geringfügig ist.

Kann sonach die Entstehung von Einzelwesen durch lediglich räumliche Sonderung als eine der wichtigsten Bedingungen der Vervollkommnung angesehen werden, so wird dieselbe doch auch sehr erleichtert, wenn die Einzelwesen weniger räumlich, als gestaltlich geschieden sind, weil hier die Vervollkommnung nur ein Organ oder deren wenige an jedem Einzelwesen zu treffen braucht, die Verschlechterung der übrigen aber ohne schädliche Folgen ist. Immerhin gehört aber schon zur Entstehung eines solchen Polymorphismus eine, wenn auch nicht vollständige, so doch ziemlich weitgehende räumliche Abgliederung der Einzelwesen. Am vollkommensten wird der Gesammtorganismus, wenn in ihm möglichste Arbeitstheilung mit möglichster räumlicher Sonderung verbunden ist. Die Vervollkommnung erfolgt dann um so schneller, erstens weil sie an dem Einzelwesen nur eine sehr einseitige zu sein braucht, und zweitens weil die minder vorzüglichen fortwährend zu Grunde gehen können, ohne daß der Gesammtorganismus dabei mit zu Grunde ginge. Dabei darf aber nicht vergessen werden, daß der an sich höchste denkbare Grad von Arbeitstheilung mit dem an sich höchsten denkbaren Grade von räumlicher Sonderung eben nicht zu vereinigen ist. Man erinnere sich nur der Fabel vom Gelähmten und vom Blinden; verbindet sich deren Arbeitstheilung mit völliger räumlicher Sonderung, so sind sie im Kampfe um's Dasein dem Untergange geweiht; verringern sie die räumliche Sonderung, indem der Blinde den Gelähmten auf die Schulter nimmt, so ist ihre Existenz möglich. Geht also die Arbeitstheilung zu weit, so wird die räumliche Selbständigkeit zu gering; geht diese zu weit, so wird die Arbeitstheilung zu gering; am vortheilhaftesten ist, wenn zwischen ihnen ein Gleichgewicht gefunden wird, das beiden eine möglichst hohe Entwicklung gestattet.

Als Resultat dieses vergleichenden Ueberblickes finden wir, daß die Existenz möglichst gesonderter Einzelleben der Vervollkommnung des Gesammtlebens im höchsten Grade förderlich ist. Jedoch nur aus einem Grunde; nämlich weil damit die Möglichkeit einer ununterbrochenen massenhaften Vernichtung mangelhafterer Einzelwesen ohne Schädigung des Gesammtlebens gegeben ist. Und damit sind wir zu einer für den menschlichen Staat äußerst wichtigen Nutzanwendung gelangt. Wir sehen nämlich, daß die Darwinistische Weltanschauung die heutige, sentimentale Auffassung von dem Werthe des menschlichen Einzellebens als eine dem Fortschritte der Menschheit überaus hinderliche Ueberschätzung ansehen muß.

Auch der menschliche Staat, wie jede thierische Gesammtheit von Einzelwesen, muß zu einer um so höhern Vollkommenheit gedeihen, je mehr in ihm die Möglichkeit gegeben ist, daß durch die Vernichtung minder vorzüglich beanlagter Einzelwesen die vorzüglicher beanlagten Raum für die Ausbreitung ihrer Nachkommenschaft gewinnen.

Von diesem Gesichtspunkte aus erscheinen viele Härten antiker oder nichtchristlicher Staatseinrichtungen gerechtfertigt, viele Gewohnheiten unseres modernen Staats höchst bedenklich. Es kann nicht als Aufgabe des Zoologen gelten, hierauf ausführlicher einzugehen, zumal eben dieser Gesichtspunkt auch keineswegs als der einzige bezeichnet werden darf, von welchem aus Staatsgebräuche zu beurtheilen sind. Aber dennoch wird es mir nicht verdacht werden können, wenn ich wenigstens flüchtig auf sie hinweise.

So sehr es dem Selbsterhaltungstriebe des Individuums und der Familie entspricht, ein Gesetz der Unverletzlichkeit des Einzellebens anzustreben, so ist es doch nach den gegebenen Erörterungen das Interesse des Staates durchaus nicht, diesem Streben nach allen Beziehungen willfährig zu sein. Der Staat hat nur das Interesse, das vorzüglichere Leben gegenüber dem minder vorzüglichen zu schonen.

Es sind demnach alle Lebensgefahren, welche den Staatsangehörigen drohen, möglichst zu beseitigen oder zu vermindern, wenn sie dem körperlich und geistig Vortrefflichen ebenso bedrohlich oder bedrohlicher sind, als dem minder Vortrefflichen. Jede Staatshülfe aber, welche den minder Vortrefflichen begünstigt, hat ihr sehr Bedenkliches. Es liegt darin schon deutlich eine socialistische Tendenz, die Tendenz, die natürliche Ungleichheit, welche, wie wir sahen, die nothwendige Grundlage der Vervollkommnung ist, künstlich auszugleichen.

Insofern äußerste Noth den Harmlosen zum Verbrecher macht, hartherziges Anschauen solcher Noth den Edelsinn des Tüchtigen erniedrigt, hat die Staatshülfe in Form von Taubstummenanstalten, Findelhäusern und dergleichen Wohlthätigkeitseinrichtungen unbedingt ihr Gutes. Aber ein schwerer Irrthum wäre es, zu glauben, daß der Staat in dergleichen nicht leicht, sehr leicht einen Schritt zu weit gehen könnte.

Eine höchst gefährliche Begünstigung des minder Vorzüglichen liegt auch in der modernen Kriegführung, welche die in der Heimath zurückbleibenden Schwächlinge von jeder Gefahr befreit, dagegen den Kern des Volkes auf das Schlachtfeld führt. Eine Aenderung dieses Verhältnisses im Großen ist natürlich nicht herbeizuführen, denn man kann die Schwächlinge nicht in die Schlacht senden, und eine Erneuerung jener gräulichen Metzeleien unter Wehrlosen, wie sie früheren Jahrhunderten eigenthümlich war, wäre deßhalb zu beklagen, weil der Soldat, der Wehrlose schlachten gelernt hat, unmöglich seinem Vaterlande als ein brauchbarer Bürger wiedergegeben werden wird. Aber die Gefahr in dem jetzigen System ist, wenn die Darwin'sche Theorie nicht Unsinn ist, so groß, daß wenigstens das vermieden werden sollte, was zu vermeiden ist: die Hinopferung des Kernes der heranwachsenden Jugend, welche, wenn sie fällt, dem Vaterlande keine Repräsentanten ihrer Kraft und Tüchtigkeit hinterläßt. Die Väter müssen den Kern des Heeres bilden, für ihren Verlust ist dem Staate in den Söhnen ein Ersatz geboten. Was dem an Hindernissen entgegensteht, und es giebt deren wohl gewichtige, kann nicht entscheidend sein in einer Lebensfrage. Und um eine solche dreht es sich hier, denn mit dem heutigen System muß ein Staat durch ein halbes Dutzend selbst siegreicher Kriege der Vernichtung anheim fallen.

Soll ich noch versuchen zu zeigen, von welcher Wichtigkeit, nach diesen Principien beurtheilt, die Todesstrafe erscheint? Natürlich nicht als Strafe, wohl aber als Sieg des Vortrefflichen über den Lasterhaften, in Folge dessen dieser jenem Raum macht. Es ist selbst zu bedauern, wenn dabei nur sein Einzelleben zerstört wird, und von ihm Nachkommenschaft hinterbleibt. Es wird dem Darwinisten nicht unbegreiflich erscheinen, zu welcher relativen einstigen Culturhöhe und zu welcher Unverwüstlichkeit ein Volk gelangt ist, dessen Gott die Missethat der Väter heimsuchte bis in's dritte und vierte Glied.

Freilich sträubt sich gegen solche kalte Abwägung des Staatsvortheils das moderne Gefühl. Aber die Darwinistische Weltanschauung hat keine Gemeinschaft mit dieser Sentimentalität, welche weit verschieden ist von dem Idealismus, für welchen sie sich ausgiebt. Wenn aber anders Idealismus das Streben nach dem Vollkommenen ist, so ist sie, die Darwinistische Weltanschauung, trotz ihrer materialistischen Grundlage, wahrhaft idealistisch; denn ihr steht eins über allem Andern: die Lehre von der Vervollkommnung der lebenden Wesen und somit auch des Menschen.

Haschisch.
Aus dem Tagebuch eines Philosophen.
von
Isolde Kurz.
— Florenz. —

Wonneschauer durchrieseln mich, ich liege auf meinem Divan ausgestreckt, dessen Polster mich wie weiche Wolken tragen, eine stille alles erfüllende Seligkeit hat mein ganzes Wesen durchflutet. Meine Gedanken ziehen langsam und ebenmäßig hin wie ein Kahn den stillen Fluß hinuntergleitet an blühenden Ufern vorüber; es ist eigentlich gar kein Denken, sondern ich schaue wie durch einen plötzlich gerissenen Schleier die Urbestimmung aller Dinge. Das muß Nirvana sein, das „Nimmerwahnland", nach dem die Menschheit wie nach einer glückseligen Insel seufzt und in der That, kein Wahnbild steigt mir auf, keine irdische Vorstellung kommt mich in der Beschauung des unendlichen Glücks zu stören. Die Welt ist mir gleichgiltig, Brüder, Verwandte, Freunde habe ich nicht mehr, dies ist der Zustand der höchsten Philosophie und der höchsten Seligkeit. Ich habe vom Baum der Erkenntniß gegessen — der Baum der Erkenntniß heißt canabis indica — ich bin heute erst geboren — ich bin wie Gott. —

Plötzlich wurde ich in der Betrachtung meines seligen Zustandes durch das Kreischen der Thüre in den Angeln, und durch eine tiefe Baßstimme unterbrochen.

Es war Dr. H., der mit einer Cigarre im Mund und einer Tasse schwarzen Kaffees in der linken Hand vor mich trat. Er bog sich über mich, und bemächtigte sich mit der Rechten meines Handgelenks um mir den Puls zu fühlen. Dies war mir im höchsten Grade lästig und ich hatte eigentlich Lust den unberufenen Störer wegzuschieben, dazu war mir aber meine bequeme Lage zu lieb.

Gott sei Dank, sagte er, daß Sie mir wenigstens keinen Unfug anstellen, die beiden Andern sind ganz von Sinnen. Herr M. starrt mit verglasten Augen vor sich hin und behauptet er sei transferirt und Herr B. wollte so eben zum Fenster hinausfliegen, ich muß ihn durch zwei Mann halten lassen. Das verwünschte Experiment! Ich fürchte sehr, es nimmt ein böses Ende. —

Zu jeder andern Zeit hätte diese Nachricht einen lebhaften Eindruck auf mich gemacht, da die beiden Genannten meine besten Freunde waren, jetzt störte sie mich nur insofern, als sie meine Beschauung unterbrach.

Was kann das meiner Glückseligkeit schaden? wollte ich entgegnen, fand es aber bequemer zu schweigen. Nach einer Weile sagte ich mit Anstrengung: Was ist die Uhr? Meine eigene Stimme klang mir rauh und fremd und wie aus großer Ferne.

Aber ehe er antworten konnte, sprang die Thüre auf und herein trat mit der Reitpeitsche unterm Arm und Sporen an den Füßen mein verstorbener Freund, der Rittmeister von J. Ich wunderte mich nicht im geringsten über sein Erscheinen. Er kam dröhnend mit seinen langen, wuchtigen Schritten auf mich zu und sagte mit dem gewöhnlichen Ton, mit dem er mich sonst zu einer Morgenpromenade einzuladen pflegte:

He, Siebenschläfer stehen Sie auf und machen Sie einen kleinen Ritt mit mir, die Pferde stehen vor der Thüre.

Der Siebenschläfer, sind Sie, entgegnete ich, aber nur in meinen Gedanken, denn ich brachte keinen Ton hervor. Sie duseln ja schon seit fast acht Jahren.

Ich erhob mich indessen und folgte ihm. Vor der Thüre auf der dämmernden Straße standen zwei gesattelte Pferde. Er bestieg seinen Braunen und ließ mir den Rappen, der mir wegen seiner Tücken noch wohl im Gedächtniß war.

Fürchten Sie nichts, sagte er, obwohl ich meine Bedenklichkeiten nicht hatte laut werden lassen. Das Thier hat sich bedeutend verbessert, seitdem es transferirt wurde. Sie wissen ja, bei Sedan — es ist mir unter dem Leib erschossen worden.

Ich bemerkte jetzt, daß seine Stimme etwas todtes, eintöniges hatte, was ihr sonst nicht eigen war.

Im Flug ließen wir die dämmernde Campagna, in der meine Wohnung lag, hinter uns, die Pferde schienen den Boden nicht zu berühren, denn man hörte keinen Hufschlag. Als ich zufällig nach dem Bergeinschnitt hinüberblickte, wo das Städtchen Fiesole liegt, da sah ich einen ungewohnten Lichterglanz und der Kirchthurm, dessen Zifferblatt sonst bei Nacht im Mondlicht schimmerte, war verschwunden.

Die Fäsulaner berathen eben auf dem Forum, ob sie der römischen Gesandtschaft den verlangten Zuzug bewilligen sollen, erklärte mir mein Begleiter, indem er mit der Reitpeitsche nach der erleuchteten Stadt hinüber deutete.

Ich hatte keine Zeit mich darüber zu verwundern, denn eine riesige Mauer, die ich vorher nicht gesehen hatte, stieg plötzlich schwarz vor meinen

Augen auf und wir passirten einen engen Thorweg, dessen Pflaster unter uns ächzte und dröhnte.

Das ist die Porta San Gallo, wir sind im alten Florenz, sagte mein Gefährte.

Ich sah mich mit großen Augen um, verschwunden war das Boulevard mit seinen Blüthenbäumen, mit seinem Weiher und seinen Anlagen, ein eng zusammengedrängter schwarzer Häusercomplex starrte mir entgegen, aus dem sich nur einzelne Thürme und Befestigungswerke noch dunkler und drohender abhoben, aber mein Erstaunen wuchs, als wir in die engen finstern Gassen einbogen. Lautloses Menschengewimmel füllte alle Straßen und Plätze, zerlumpte halbnackte Gestalten mit fahlen Gesichtern und verglasten Augen lehnten an den Häusern oder lagen auf dem Boden, Priester drängten sich mit ihren Rauchfässern durch die schweigende gleichsam versteinerte Menge, die schwarzen Brüder der Misericordia eilten fackeltragend mit Bahren und Särgen vorüber, Särge wurden aus den Häusern getragen, aus den Fenstern niedergelassen, Särge bedeckten den Boden, ganz Florenz schien ein einziger, großer schwarzer Sarg. Und dabei summte und dröhnte es mir vor den Ohren, wie das Geläut von hundert Glocken und eine feuchte, moderartige Atmosphäre umwehte mich wie Grabesluft.

Das ist die Pest, die hier ihre Ernte hält, sagte mein Gefährte, vorwärts, vorwärts!

Die Pferde flogen weiter, mir aber war es, als ob alle Thürme der Stadt mit den Köpfen zu wackeln anfingen, und als ob sich die Häuser gegeneinander neigten, um sich wie ein Grabgewölb über unsern Häuptern zu schließen. Weiter, weiter, die schweren Paläste begannen zu tanzen, die Kirchen schwankten hin und her, alles schien aus den Fugen gerissen, ohne Boden sich im Leeren zu drehen. Aengstlich suchte ich den Thurm des Palazzo Vecchio, an dem sich mein Auge wie an einem Nothanker festklammerte, denn das war der einzige feste Punkt in diesem tollen Gewimmel.

Als wir die alte Piazza della Signoria erreichten, fanden wir das Gewühl noch dichter als in den andern Stadttheilen. Ich sah aber keine Pestkranken mehr, sondern ein lärmendes, tobendes Volk, das sich unter einander drängte und stieß und die Hälse reckte um irgend ein außergewöhnliches Schauspiel zu erhaschen. Niemand bemerkte uns, Niemand wich uns aus und doch glitten unsere Pferde durch das dichteste Gewühl ohne Jemand zu berühren, es war als sei Alles nur Rauch und Dunst und Schemen. Vor dem Palazzo Vecchio ragte ein Gerüst aus Scheitern. Söldner mit Hellebarden umstanden dasselbe, Rathsherrn in wallenden Togen, schritten majestätisch die Treppe des Palastes herunter und wurden von dem Volk jubelnd begrüßt.

Was ist das? Ein Autodafe!? fragte ich meinen Begleiter.

Er nickte. Sie erwarten eben den Fra Girolamo. Vorwärts!

Unsere Pferde wandten sich dem Arno zu. Da sah ich wie aus einer der Nischen, die die Hallen der Uffizien schmücken, eine gewaltige Gestalt langsam herunterstieg. Sie trug einen Lorbeerkranz um die strengen Schläfen, in der Linken hielt sie ein Buch, die Rechte war drohend erhoben, wie zu einer schweren Verwünschung. Mein Begleiter wich ehrerbietig zur Seite. Es ist Dante, flüsterte er mir zu, Respect vor dem.

Aber so verworren es auch in meinem Kopfe aussah, das war mir doch zu stark und mein historisches Gewissen begann sich zu sträuben. Zugleich überfiel mich aber auch eine tödtliche Angst, denn es war, als müsse ich wahnsinnig werden.

Um Gotteswillen, rief ich, was ist das? Savonarola, Dante, Römer in Fiesole? In welchem Jahrhundert leben wir denn? Was ist aus der Zeitfolge geworden?

Zeitfolge? sagte mein Begleiter geheimnißvoll. Das ist auch so ein beschränkter irdischer Begriff. Es ist ja alles gleichzeitig vorhanden, die Staubgeschöpfe können es nur nicht auf einmal fassen und haben es deshalb in tausend kleine Schachteln eingetheilt. Sehen Sie, das Heute ist zugleich Gestern und Morgen, die Todten sind noch lebendig, die Lebenden sind zugleich schon todt und die noch Ungeborenen sind schon von Urbeginn vorhanden. Verstehen Sie mich?

So unsinnig das alles war, so glaubte ich es doch in diesem Augenblick sehr gut zu verstehen und es war mir als würde es plötzlich hell in meinem Kopf.

Ja, rief ich entzückt, das ist die Wahrheit, sie ist mir oft schon blitzartig durch den Kopf gezuckt, aber ich konnte sie nicht halten. Jetzt aber habe ich sie ganz erfaßt. Ja, es ist alles gleichzeitig, Gegenwart, Vergangenheit und Zukunft, alles durchdringt sich, alles ist Eins.

Sie werden dies später nimmer verstehen, armer Freund, sagte der Andere und es wird sein, als hätten Sie nichts geschaut.

Unsre Pferde flogen dicht am Arnoufer hin und bald hatten wir die finstre Stadtmauer im Rücken. Es war aber kein gemauerter Quai, sondern ein weiches Erdreich, über das wir in schwindelnder Eile hinbrausten. Landhäuser, Felder, Dörfer tauchten auf Secunden auf und verschwanden eben so schnell in der Nacht. Ich hatte nicht Zeit auf das alles zu achten, ich war nur beschäftigt, die Erleuchtung, die plötzlich über mich gekommen war, festzuhalten. Alles ist gleichzeitig, alles ist Eins, wiederholte ich mir unaufhörlich.

Weiter und weiter ging's, immer dem Lauf des Flusses nach. Da öffnete sich endlich eine weite, von zackigen Felsen begrenzte Ebene vor unseren Augen, in der Ferne dämmerte die schroffe Apenninenwand. Wir sind zu Pistoja, sagte mein Begleiter. Das ganze Feld war übersät von Truppen, die wie zum Angriff gerüstet standen. Ich vernahm verworrenes Getöse, ich sah Waffen und Helme blinken und bog mich im Sattel vor, um das Feldzeichen zu erkennen, das aus ihrer Mitte hervorragte und einem römischen oder französischen Adler glich.

Sind das die Legionen Napoleons, fragte ich, oder bereitet sich hier im Dunkeln eine Schlacht der Zukunft vor, die noch in keinem Geschichtsbuch verzeichnet steht?

Wir sind im Lager Catilina's, war die Antwort, dort neben dem Adler steht der Feldherr und gibt eben das Signal.

In diesem Augenblick erscholl Trompetengeschmetter, die Cohorten rückten im Laufschritt vor, die feindliche Reiterei flog von der andern Seite herbei, die Heere vermischten sich unter markerschütterndem Getöse. Mein Begleiter wollte mich zurückhalten, aber schon hatte mich der Schlachtruf mitgerissen und mein Pferd trug mich an der Seite des Führers in das dichteste Gewühl. Ich sah einen vorworrenen Knäuel von Menschen und Pferden, ich hörte das Stöhnen der Verwundeten, und das Klirren der Harnische, die aufeinander prallten, denn hier wurde Mann an Mann gerungen. Ein See von Blut stieg vor meinen Augen auf, immer weiter riß mich die Schlacht, ich saß jetzt auf Pferdeknochen und arbeitete mich durch ganze Hügel von Leichen durch. Sieh, wer liegt da am Boden entseelt, aber mit drohend gefalteter Stirn, mit der im Tod erstarrten Rechten noch den Griff des Schwertes umklammernd? Ich erkannte das trotzige Gesicht des Feldherrn, theilnehmend beugte ich mich zu ihm nieder, da erscholl plötzlich eine näselnde Stimme hinter mir:

„Paululum etiam spirans, ferociamque animi quam habuerit prius in vultu retinens". Erstaunt drehte ich mich um und erkannte meinen Begleiter, der neben mir stand. Es war aber nicht mehr der Rittmeister von F., sondern mein alter Präceptor M., der mit einer Tabaksdose in der Hand auf dem Katheder thronte und den Sallust explicirte, indem er sich an den markigsten Stellen durch moralische Reflexionen unterbrach.

Ja, näselte er und nahm eine Prise, dahin haben noch immer Ehrgeiz und Verderbtheit geführt. O Catilina, Du warst ein tüchtiger Soldat, aber durchaus kein moralischer Charakter. Hütet euch, ihr Jünglinge, ihm nachzueifern.

Aber so kommen Sie doch herunter, vielleicht ist noch Hilfe möglich, rief ich angstvoll und griff nach der Hand des Todten.

Hinweg, rief er, und streckte mir das kleine Stöckchen, in das die Reitpeitsche eingeschrumpft war, entgegen: Sie haben heute poteret statt posset geschrieben, Sie haben kein Recht an diesem Todten.

Bestürzt ließ ich den Arm des Gefallenen fahren, denn ich sah in diesem Augenblick, wie der Katheder meines kleinen Präceptors den Hals ausreckte, sich dehnte und in die Höhe schwoll und sich plötzlich in einen riesigen Vogel Strauß verwandelte, der sich in die Lüfte erhob. Gleichzeitig fühlte ich, daß auch mir der Boden unter den Füßen schwand, ein Etwas, von dem ich nicht wußte, ob es ein Luftballon, ein Vogel oder ein Pferd war, trug mich schwindelnden Flugs in die Höhe, daß bald die höchsten Zacken der Apenninen wie Sandkörner unter mir lagen. Aber Entsetzen sträubte mir die Haare, als ich zur Erde niedersah: ich erblickte einen wahnsinnigen Wirrwarr, Meere, Gebirge und Länder tanzten aus den Fugen gerissen in chaotischem

Gewimmel, Blasen sprangen auf, aus ihnen stiegen andere Blasen empor, alles mischte und verschlang sich und ganz unten saß eine riesige Kreuzspinne, die endlose Fäden spann, mit denen sie Alles umstrickte, und einer dieser Fäden spann sich bis an mein Hirn empor. Nirgends war ein fester Punkt, nur die Zahlen standen in Reih' und Glied, Gewehr bei Fuß und zogen gleichsam einen starren militairischen Cordon um das Ganze, wie ein streng disciplinirtes Armeecorps eine revolutionirte Stadt einschließt.

Immer höher gings mit reißender Schnelle, ich wunderte mich selbst, daß mir nicht der Athem verging. Wohlbekannte geometrische Figuren sausten, hinkten und kugelten je nach ihrer Leibesbeschaffenheit an mir vorüber, einige nickten mir höhnisch zu und ich meinte gerade diejenigen zu erkennen, die mir während meiner Schulzeit das meiste Kopfzerbrechen verursacht hatten, ich sah wie sich parallele Linien in der Unendlichkeit schnitten; ein unförmliches, viereckiges Wesen, das mit zwei Armen wie mit Windmühlenflügeln um sich focht, wälzte sich mir entgegen und ächzte und quieckte: Das Quadrat der Hypothenuse ist gleich dem Quadrat —

Um Gotteswillen, schrie ich, das ist ja der pythagoräische Lehrsatz, er kommt, er will mich zwingen, ihn zu beweisen.

Seien Sie ruhig, beschwichtigte mein Begleiter, den ich jetzt wieder ganz deutlich erkannte. Hier muß nichts mehr bewiesen werden, hier versteht sich Alles von selbst, wir sind jetzt in der Sphäre der Philosophie.

Hier begann mir das Athmen schon merklich schwer zu werden, Schwindel erfaßte mich und ich bat meinen Begleiter zurückbleiben zu dürfen.

Nein, nein, rief er, Sie haben die Wahrheit noch nicht gesehen, wir müssen weiter, höher, ich nehme Sie mit in die reine Abstraction.

Gnade, Gnade, schrie ich voll Entsetzen, ich kann nicht mit in die Abstraction, ich bin ja Fleisch und Blut.

Das macht nichts, Sie werden dort oben schon abstrahirt werden, die ganze Welt muß abstrahirt werden, immer fort, immer fort bis sie schließlich von sich selber abstrahirt, das ist die Zukunft des Universums. Nur Muth, wir haben nicht mehr weit bis zur ersten Station, bis dahin reichen die Zahlen, dann hören aber auch die auf, weil der Weltäther zu dünn wird.

Und in der That, da standen sie noch immer und stiegen und thürmten sich auf, die wohlbekannten Zahlen mit ihrer Descendenz in's Aeonenhafte, doch immer noch in der Region der Wesenheit, sie gaben meinem Bewußtsein den letzten Anhaltspunkt, wie sollte es aber nachher werden? Immer höher ging's, schwindelnde blitzartige Ideen zuckten vor mir auf, ich meinte schon sie zu fassen, aber weg waren sie. Groteske Gedankenformationen — ich kann sie nicht anders bezeichnen — schossen an mir vorüber und schrieen im Tone der Florentiner Droschkenkutscher: „Vuolo Signore, vuolo?" Philosophische Systeme boten sich an, uns in die reine Abstraction zu führen; mein Begleiter stieß sie mit der Reitpeitsche zurück und es ging weiter. Auf einem Meilensteine saß eine verhüllte Gestalt, die mir mit der Hand winkte. Es ist die

Mystik, weichen Sie aus, raunte mir mein Gefährte zu. Schauer ergriff mich und zugleich empfand ich eine kolossale Anziehung, unwiderstehlich wollte es mich nach jener Seite reißen, aber mein Führer faßte mich noch rechtzeitig bei den Haaren und zerrte mich in der entgegengesetzten Richtung fort. Einen Augenblick rissen die Wolken und ich meinte einen schönen wohlbekannten Frauenkopf zu erblicken, aber alsbald verwischten sich die Züge und es ward wieder Nacht um mich.

Aber halt, was ragt dort unbeweglich wie ein Meilenzeiger aus dem Chaos hervor und streckt den Arm aus? Das ist der Wegweiser nach der Sphäre der reinen Abstraction, sagt mein Führer. Als ich ihn aber näher ansah, erkannte ich einen menschlichen Kopf und dieser Kopf trug ganz deutlich die Züge des Königsberger Philosophen. Im Nu stürzte ich auf ihn zu und umklammerte ihn mit Heftigkeit, als ob er mich schützen könne. Da las ich auf seinem Arm die Aufschrift: „Zur reinen Abstraction". Die Arme sanken mir herab und willenlos ließ ich mich weiter ziehen.

Sehen Sie hinab, gebot plötzlich mein Begleiter. Ich sah hinab und erkannte unser ganzes Planetensystem, das vor meinen Augen ausgebreitet lag. Statt des formlosen Chaos erblickte ich jetzt deutlich unzählige einzelne Weltkörper, die sich in gleichmäßigen Schwingungen durch einander drehten, aber ihre Gesichter waren schmerzverzerrt und zugleich schlugen tausendstimmige, markzerreißende Jammerlaute an mein Ohr.

Das ist der sogenannte Weltschmerz, erklärte mein Führer, und diese Musik nennt man Sphärenharmonie.

Ist's möglich? rief ich erschüttert aus, also auch sie leiden? Aber was thun sie denn?

Das Gleiche wie die Kleinen auch: sie quälen und werden gequält.

Aber um Gotteswillen, wie können sie das? Sie haben ja keinen Willen und gehen nur gewiesene Bahnen.

Haben wir denn einen Willen und gehen wir nicht auch ganz gewiesene Bahnen? Gerade so nimmt sich das Menschenleben in der Perspective aus, nur in verkleinertem Maßstub.

O Gott, rief ich, also hat der Pessimismus Recht und ich mußte bis hier herauf kommen, um das zu erfahren!

Pessimismus, sagte er streng, das ist grundverkehrt und ganz irdisch.

Aber die ganze Schöpfung ist doch nur ein disharmonisches Jammergeschrei.

Unsinn, sagte er, vor dem verstehenden Ohr werden diese Töne zur schönsten Melodie. Haben Sie nie eine Katzenorgel gesehen? Man kneipt eine Reihe Katzen am Schwanz ein und bringt jeder einen Schmerz bei. Jede kreischt ihre Note und man kann so ein ganzes Concert aufführen. So werden auch diese Schmerzenstöne da oben zum reinen Wollaccord.

Ich glaubte ihn völlig zu verstehen. Ja, rief ich hingerissen — Sphärenharmonie, Weltschmerz, Katzenorgel — das ist das Räthsel, über dessen Lösung Jahrtausende gesonnen haben. Wenn mir nur diese göttliche Erkenntniß nicht wieder abhanden kommt!

Jetzt aber fühlte ich, daß mir der Athem ausging, das Blut quoll mir aus den Fingerspitzen und ich empfand eine namenlose Qual, während wir immer noch höher stiegen.

Nur Muth, flüsterte mein Begleiter, wir nähern uns schon der reinen Abstraction, wir sind gleich vollends am Ziel.

Das betäubende Getöse, das uns bis hieher begleitet hatte, verstummte allmählich, bläulicher Aether umfloß mich, und machte mir jeden Athemzug unmöglich. Ich strengte mich an um etwas zu unterscheiden und meinte auch wirklich die reine Abstraction bald als einen riesigen Destillirkolben, bald als ungeheure Luftpumpe zu erkennen, aber die Augen traten mir aus den Höhlen, Flammengarben zuckten auf, ich glaubte zu ersticken. Ich sah noch wie sich mein Führer höher und höher schwang, aber die Kraft, die mich bisher getragen hatte, wich unter mir, ich stürzte kopfüber in's Leere, in reißendem Fall ging es abwärts, da schoß plötzlich eine helle Sternschnuppe vorüber, mit der Kraft der Verzweiflung packte ich eine Zacke derselben, an der ich mir die Finger schmerzlich verbrannte und mit ihr kam ich rasch und nicht allzu unsanft zur Erde nieder. —

Als ich die Augen aufschlug, lag ich wieder auf dem Divan, aber am Finger empfand ich einen brennenden Schmerz und Dr. H., der mit seiner Tasse in der Hand vor mir stand, sagte:

Es ist genau halb zehn Uhr. Aber wer zum Teufel heißt Sie denn gerade in meine brennende Cigarre greifen? Haben Sie sich weh gethan?

Um Gotteswillen, was ist vorgefallen und wie lange stehen Sie schon hier? rief ich.

Was haben Sie denn nun? fragte er unruhig. Sie haben ja noch so eben ganz vernünftig mit mir gesprochen. Sie fragten mich wie viel Uhr es sei, sonst ist nichts vorgefallen.

Ich sah ihn groß an. Und wie viel Zeit ist denn seit meiner Frage verflossen? fragte ich erstaunt.

Nur so viel als ich brauchte um auf meine Uhr zu sehen, entgegnete er. Fangen Sie nur nicht auch zu deliriren an. Trinken Sie diese Tasse Kaffee, die wird Sie ernüchtern und dann verhüte der Himmel, daß ich mich je wieder zu einem Experiment mit dem verwünschten Haschisch verstehe.

Bibliographie.

Philipp Spitta, Johann Sebastian Bach. 2. Band 8. 1014 S. u. 20 S. Notenbeilagen. Leipzig, 1880, Breitkopf und Härtel. 20.—

Mit diesem Bande hat das hervorragende Werk seinen Abschluß gefunden. Ungeachtet gewisser ihm anhaftender Mängel, die zum großen Theil in der Massenhaftigkeit des zu bewältigenden Stoffes ihren Ursprung haben, hatte sich in vorurtheilslosen Kreisen das Urtheil über den ersten Band dahin festgestellt, daß durch diese Arbeit unsere biographische und gleichzeitig die Literatur über Musik eine wahrhafte Bereicherung erfahren habe, daß sie in ihrer Vollendung einen Gewinn für beide und eine That für Bach bezeichnen werde. Diese Hoffnungen sind durch den soeben erschienenen Schlußband ganz erfüllt worden. Man hat eine im großen Stile angelegte, ernsthafte, auf gewissenhaften Studien beruhende Arbeit vor sich, die mit wissenschaftlichen Mitteln und einem vollständigen Rüstzeug complicirtester musikalischer Kenntniß die Bewältigung einer Aufgabe versucht hat, welche auf dem besonderen Gebiete zu den allerschwierigsten gehört. Spitta hat durch sein Werk Ansprüche auf die Dankbarkeit der von Tag zu Tag größer werdenden Bachgemeinde gewonnen. Man mag an den Analysen der Arbeit auszusetzen haben, ihren Ton hier und dort zu doctrinär finden, man mag finden, daß die culturhistorischen Ausblicke, zu denen der Stoff reichlich Gelegenheit geboten hätte, selten und beengt sind, ein Defect, der sich besonders während der anstauchenden Erinnerung an Jahns unvergleichliches Mozartbuch geltend macht — das Alles ist aber nicht im Stande vergessen zu machen, daß es sich hier um eine Masse, aus tiefen und verborgenen Schachten geförderten und mit kritischem Scharfsinn verarbeiteten Materials handelt, eines Materials, aus dem vielleicht einmal eine an weitere Kreise sich wendende Biographie des Tonmeisters entstehen kann, das aber bis zur Stunde in gleichem Reichthum noch nicht geboten worden ist. Und in diesem Sinne ist Spittas Buch eine That für Bach, durch die er sich ein wahrhaftes Verdienst erworben hat und das durch Einwendungen wie: „Jahn hätte Größeres geleistet", nicht geschmälert zu werden vermag. Vielleicht wird dem Cantor der Thomasschule in dem Verfasser dieses großen Werkes auch der nächstfolgende Biograph erwachsen. Wie aus der vierbändigen Mozartencyclopädie Otto Jahns die zweibändige Biographie sich entwickelt und das Lebens- und Künstlerbild Mozarts in weite Kreise getragen hat, so möge aus diesen 2000, Bach gewidmeten Seiten, ein Band werden, welches den Halbwissenden von der Größe eines der genialsten Musiker aller Zeiten erzählt. — Das Buch ist bei Breitkopf und Härtel erschienen: das bedeutet: die Ausstattung ist musterhaft.

Charles Kingsley. Briefe und Gedenkblätter herausgegeben von seiner Gattin. Autorisirte deutsche Uebersetzung von M. Sell. 2 Bände 8. XXII und 670 S. Gotha, 1880, F. A. Perthes ℳ 8.

Zwei zeitgeschichtliche Romane aus den fünfziger Jahren: „Yeast" und „Alton

Locke", hatten Kingsley in England schon einen bedeutenden Schriftstellernamen gemacht. Als er aber vor etwa 20 Jahren seine „Hypatia", diesen in England und Amerika in seiner ganzen Größe erkannten historischen Roman, „mit seinem Herzblut" geschrieben, da nannte man ihn auch unter uns ebenso bewundernd als in seinem Heimatland. Dieselbe Meisterschaft und Poesie der Behandlung, dieselbe Kenntniß seines Stoffes fanden wir dann in „Wostward ho!" wieder, in der getreuen Schilderung des Zeitalters der Elisabeth und des Unterganges der Armada.

Hier in diesen Gedächtnißblättern nun tritt auf dem Goldgrund einer vollendet glücklichen, dreißigjährigen Ehe der Geistliche, der Schriftsteller, der Mensch in voller Harmonie und Schönheit hervor. Die Erzählung ist nach Art der kunstlosern englischen Biographie das Band zwischen den vielen interessanten Briefen, die ihn im Verkehr mit den Bedeutendsten und Besten seiner Nation zeigen. Aber indem sie einfach das Leben an dem gegebenen Leitfaden abrollt, erhält sie sich so edel in der Sprache und so fern von Wiederholungen, daß nicht ein Augenblick der Ermüdung den Leser beschleicht.

In zwei mäßig starken Bänden hat die Gattin alles Material gesammelt, welches in Briefen von ihm vorhanden oder durch Aeußerungen seiner Freunde über ihn zu gewinnen war. Gerade die letztern gehören zu den schönsten, ja wahrhaft erschütterndsten Blättern des Buches, denn er besaß eine unwiderstehliche Gewalt über junge Herzen und stellte sie stets in den Dienst der höchsten Idee. Die großen Ehren, zu denen er in späteren Jahren gelangte — er wurde Hofprediger der Königin, Professor der Geschichte in Cambridge, erhielt eine Domstelle in Chester, zuletzt eine gleiche in Westminster-Abbey —, rissen ihn nicht nothgedrungen zu dauerndem Wohnsitz an Ort und Stelle. Er kehrte immer wieder in seine geliebte Landpfarre zurück, wo ihm auch 1875 die letzte Ruhestätte bereitet worden. Der Schluß des glücklichen Lebens ist tiefrührend. Die Gattin fiel in schwere Todeskrankheit. Das brach sein Herz; er starb nach wenig Wochen. Sie erholte sich und mußte allein in das verödete Wittwendasein zurückkehren. Jetzt ist sie ihm zur Biographin geworden; die Wärme zärtlicher Empfindung, wie sie dem Leser aus diesen Erinnerungsblättern anweht, nimmt ihren Weg zum Herzen. Grade deutsche Gemüther werden sich an dieser Schilderung eines gemüthsreichen, tiefpoetischen Charakters, wie der des heimgegangenen bedeutenden Engländers, erfreuen. — Das Buch ist würdig gedruckt.

Sänger aus Helvetiens Gauen. Album deutsch-schweizerischer Dichtungen der Gegenwart. Aus Originalbeiträgen zusammengestellt und herausgegeben von Ernst Heller. Lexikon-Format. III u. 295 S. Bern, 1880. K. J. Wyß. Elegant gebunden. ℳ. 16

Das Werk soll nicht die Idee, eine nationale Literatur gründen zu wollen, vertreten, denn die deutsche Schweiz gehört der Sprache nach zur deutschen Literatur, von welcher sie sich nicht losreißen darf; in dieser soll sie eben einen Hauch einnehmen, welcher einem so poesiereichen Lande gebührt. Eine Sammlung deutsch-schweizerischer Dichtungen im Geiste und Gewande der vorliegenden ist bis jetzt nicht erschienen. Die Herstellung einer solchen ist mit umso größerem Danke zu begrüßen, als dieselbe mit großen Schwierigkeiten verbunden ist; um nun eine anzuführen: eine Anzahl grade der vortrefflichsten schweizerischen Dichter wohnt in fernen Ländern, von den Neunundvierzig der in dem Bande vertretenen Acht, davon einer in Bukarest, ein anderer in Rio de Janeiro. Einige Namen besten Klanges treten uns aus dem Inhaltsverzeichnisse entgegen, an ihrer Spitze Dranmor, „der Dichter des Pessimismus", einer der eigenartigsten und tiefsinnigsten Poeten unserer zeitgenössischen Literatur, dann Edmund Dorer, dessen vor zwei Jahren erschienenen gesammelten Gedichte ihm die lebhaftesten Sympathien gewannen; Alfred Hartmann in Solothurn, der Verfasser der sinnigen „Kiltabendgeschichten", Friedrich Oser in Basel und August Corrodi in Winterthur. Alle haben sich mit für ihre Begabung charakteristischen Beiträgen an der Sammlung betheiligt. Die Leser von „Nord und Süd" werden erstaunt und erfreut sein, in Fritz Krauß, J. J. Honegger und Jac. Mähly, den gelehrten Essayisten, auch vortrefflichen Poeten zu begegnen. (Für eine neue Auflage des Buches sei dem Herausgeber die Umwandlung des Namens Mähli, wie er im Register geschrieben ist, in Mähly empfohlen). Schmerzlich vermissen wird man den Namen Gottfried Kellers, des hervorragendsten Vertreters der jetzigen schweizerischen Literatur; auch den des kürzlich verstorbenen, hochbegabten **Heinrich Leuthold**. Daß er nicht mehr unter den Lebenden weilt, kann kein Grund für die Auslassung sein, denn ein anderer verstorbener Dichter erscheint unter den Beiträgenden. Auch **Rud. Riggeler** fehlt, dessen Gedichte hier kürzlich lobend erwähnt wurden. **Gottlieb Ritter** in Paris ist, soviel wir wissen, kein Schweizer, sondern ein Tiroler; die in der Sammlung von ihm enthaltenen Gedichte tragen nicht die Eigenschaften in sich, welche einen Streit um die Landsmannschaft rechtfertigen würden — Die Ausstattung des Buches ist würdig.

Ludwig August Frankl, gesammelte poetische Werke 3 Bde. 8. 320, 300 und 331 S. Wien, Pest und Leipzig, A. Hartleben. ℳ 9. —

Ludwig August Frankl gehört zu jenen österreichischen Poeten, welche man mit in erster Reihe nennt, wenn man der dichterisch so fruchtbaren und bedeutungsvollen Epoche des „Vormärz" gedenkt; er war nicht blos ein Freund, sondern auch einer der talentvollsten Mitstrebenden von Anastasius Grün und Nikolaus Lenau.

Er ist ein Dichter von seltener Vielseitigkeit. Es ist daher erfreulich, eine Gesammt-Ausgabe seiner poetischen Werke zu erhalten, welche bisher theils in theueren Ausgaben erschienen, theils, weil gänzlich vergriffen, nicht mehr zu haben waren. Dieses letztere gilt namentlich von den größeren Epen, welche des Dichters Namen zuerst in weite Kreise getragen haben. Die neue Ausgabe bietet zunächst die „Lyrischen Gedichte" in gesichteter Auswahl. Das relativ Wenige, was hier mitgetheilt wird, ist die Ausbeute eines ganzen Lebens. In dem Abschnitt „Liebe" sind jene Gesänge vereinigt, von denen viele längst ihren Weg in die Anthologien gefunden haben, während der dritte Abschnitt „Aus der Ferne" den Orient, Griechenland, Italien, Asien und Afrika, die der Dichter bereiste, besingt. Ein anderer Abschnitt „Rasten und Sinnen" giebt eine Auswahl aus der contemplativen und philosophischen Lyrik Frankls.

Hieran schließt sich eine Auswahl aus **Frankls Balladen und Romanzen**, die der Geschichte, der Sage und der Legende angehören. Sie sind in Inhalt und Form reich an Farben und Tönen. Neben der düster-kräftigen Ballade, der sanft ausklingenden Romanze steht die anspruchslos vorgetragene Anekdote, der behaglich ausgemalte Schwank. L. A. Frankl verherrlicht gern seine Heimat Oesterreich und erweist sich hierbei als ein ebenso begeisterter, wie freisinniger Sänger, als ein deutsch und edel gesinnter Mann. Daß er von allen zeitgenössischen Dichtern der Sänger des Judenthums ist, weist ihm eine ganz besondere Stelle an.

In dem epischen Gedicht „Der Primator" zeichnet der Dichter ein prächtiges gluthvolles Bild aus der Geschichte jüdisch-christlichen Glaubenshasses; überhaupt entnehmen seine Balladen die Stoffe mit Vorliebe aus der jüdischen und arabischen Welt, die sie mit aller Farbenpracht hinstellen. Hingegen führt uns das epische Gedicht „Ein Magyarenkönig" in den Westen, nach Ungarn. In knappem, kräftigem Rythmus schildert es Gestalt und Geschick eines unglücklichen Fürsten nicht ohne Ausblicke, welche den denkenden Leser der Gegenwart viel beschäftigen werden. Westliche Stoffe sind auch in den beiden Epen „Colombo" und „Don Juan" behandelt. Nach Wohllaut der südlichen Formen, durch den Farbenglanz der Bilder, die Plastik ihrer Gestalten, den architektonisch schönen Aufbau gehören sie zu den bedeutendsten Arbeiten des Dichters. — Die Ausstattung dieser Gesamtausgabe entspricht dem guten Rufe der Verlagsfirma.

Emil Schlagintweit, Indien in Wort und Bild. Eine Schilderung des indischen Kaiserreiches. Quart-Format. Mit circa 400 Illustrationen in Holzschnitt. 1—3. Lieferung. S. 1—48. Leipzig, 1880, Schmidt und Günther. Erscheint in ca. 35 Lieferungen à ℳ 1.50

Die wenigen bis jetzt vorliegenden Lieferungen gestatten uns noch kein Urtheil über Werth und Bedeutung des Werkes. Wenn das Ganze jedoch hält, was die ersten Lieferungen versprechen, so wird das abgeschlossene Werk eine wirkliche Bereicherung nicht nur der geographischen, sondern auch derjenigen Literatur bilden, welche ihre Existenzberechtigung in erster Linie auf ihren künstlerischen Schmuck gründet. Emil Schlagintweit, ein Mitglied jener Familie, die sich um die Erforschung Indiens durch Reisen und wissenschaftliche Arbeiten mehr als Andere großen Ruhm erworben hat, beabsichtigt seinen Lesern ein Gesammtbild dieses mächtigen und mit allen Zauber der Sage und des Geheimnisses umwobenen Landes vorzuführen; und wo die Feder nicht ausreicht, das Malerische, Reizvolle, Eigenartige, Märchenhafte zu schildern, welches in diesem Wunderlande mehr als irgendwo auf der bewohnten Erde anzutreffen ist, dort soll die Kunst des Malers, des Holzschneiders aushelfen. Wir gestehen, daß die bisher gebotenen Illustrationen für uns bis jetzt den interessantesten Theil des Werkes bedeuten, wenigstens den anregendsten. Die Bilder sind charakteristisch in der Auffassung, machen den Eindruck großer Treue und sind vortrefflich geschnitten. Daß dieselben zumeist französischen Ursprungs sind, und zwar, wenn wir nicht irren, dem interessanten Werke Rosselets entlehnt, soll unserem Lobe keinen Eintrag thun. Wird der Text so gut geschrieben sein, wie der des französischen Vorgängers, dann wird er unserer Reiseliteratur einen wirklichen Gewinn bedeuten.

Rob. Rischka. Verhältniß der polnischen Sage von „Walgierz Wdaly" zu den deutschen Sagen von Walter von Aquitanien. 8. 64 S. Brody, 1880, Rosenheim.

Die Walgerzsage erweckt ein besonderes Interesse durch ihre auffallende Aehnlichkeit mit Sage von Walter von Aquitanien, worauf schon Scherer, Wilhelm Grimm, Geyder und Müllenhoff hinweisen. Sie gewinnt an Wichtigkeit besonders dadurch, daß in ihr, wenn auch nur in chronikartiger Aufzeichnung, solche Momente vorkommen, die mit vieler Berechtigung für den Widerklang verschollener alter Walterlieder angesehen werden dürfen. Die vergleichende Untersuchung läßt den Verfasser zu dem Resultat gelangen, daß sich uns in der Walgerzsage ein ältestes urgermanisches Mythenbild erschließt, gepflegt und gewahrt auf polnischer Erde.

Zeitschrift der Gesellschaft für Erdkunde zu Berlin. Als Fortsetzung der „Zeitschrift für allgemeine Erdkunde" im Auftrage der Gesellschaft herausgegeben von Professor Doctor W. Koner. 14. Band, 6. Hefte Mit Gratisbeilage:

Verhandlung der Gesellschaft für Erdkunde zu Berlin. Herausgegeben im Auftrage des Vorstandes von G. v. Boguslawski. Band 6, No. 10 Sitzung vom 29. Nov. 1879. 8. Mit Karten und Beilagen. Berlin, T. Reimer. Preis des Bandes von 6 Heften nebst Gratisbeilage. ℳ 13. —

Inhalt: Die Umgegend von Coseir am Rothen Meere. Von Dr. C. B. Klunzinger. (Hierzu eine Karte). — Entdeckungsreise des Mr. Alexander Forrest in den Nordosten der Colonie West-Australien. Von Henry Greffrath. — Die Riverina der Colonie Neu-Süd-Wales. Von Henry Greffrath. — Literatur. Uebersicht der vom November 1878 bis dahin 1879 auf dem Gebiete der Geographie erschienenen Werke, Aufsätze, Karten und Pläne. Von W. Koner. — Karten. Dr. C. B. Klunzingers Routen um Coseir in Aegypten. Nach seinen Aufnahmen zusammengestellt mit den Karten von E. Goldberg, R. Lepsius und H. Kiepert von Richard Kiepert. Maßstab 1 : 500,000.

Inhalt der Beilage: Inhaltsverzeichniß für das Jahr 1879 — Vorgänge bei der Gesellschaft. — Vorträge: 1. Freiherr von Schleinitz: Die Marlesas-Inseln und ihre Bevölkerung. — 2. Freiherr von Thielmann: Ueber Cordilleren-Pässe. — 3. Dr. Arzruni: Bericht über seine Reise im Ural im Sommer 1879. — Geographische Notizen: Neueste Nachrichten über die Expedition zur Aufsuchung der Nigerquellen. — Höhenmessungen in Colombia. — Uebersicht der vertikalen Temperaturvertheilung in dem Stillen Ocean und Vergleichung derselben mit derjenigen im Atlantischen Ocean. —

Geographische Gesellschaften Teutschlands. Berlin, Dresden, Halle, Leipzig, Wien. Einsendungen für die Bibliothek.

Redigirt unter Verantwortlichkeit des Herausgebers.

Druck und Verlag von S. Schottlaender in Breslau.

Unberechtigter Nachdruck aus dem Inhalt dieser Zeitschrift untersagt. Uebersetzungsrecht vorbehalten.

CARLSBADER
Sprudel-Pastillen

enthalten
die wirksamsten Bestandtheile
der Carlsbader Mineralwässer
in 1/1 und 1/2 Schachteln.

Gegen Täuschung.

Jede Flasche ist mit obenstehender Schutzmarke versehen und mit der Firma:
Carlsbader Mineralwasser-Versendung
Löbel Schottlaender
Carlsbad.

Loses Salz oder in anderer als oben bezeichneter Verpackung vorkommende Salze **sind gefälscht** und wird das Publikum hiervor gewarnt.

Carlsbader Sprudel-Salz
in Glas-Flaschen
zu 500, 250 und 125 Gramm.

Gegen Täuschung.

Jede Flasche ist mit obenstehender Schutzmarke versehen und mit der Firma:
Carlsbader Mineralwasser-Versendung
Löbel Schottlaender
Carlsbad.

Loses Salz oder in anderer als oben bezeichneter Verpackung vorkommende Salze **sind gefälscht** und wird das Publikum hiervor gewarnt.

Carlsbader Sprudel-Seife
in Stücken zu 125 Gramm
unter Controle der Stadt hergestellt.

Die Carlsbader Mineralwässer und Quellen-Producte
sind zu beziehen durch die
Carlsbader Mineralwasser-Versendung
Löbel Schottlaender, Carlsbad i/Böhmen
sowie durch alle Mineralwasser-Handlungen, Apotheken und Droguisten.
Ueberseeische Depôts in den grössten Städten aller Welttheile.

Apollinaris.

Natürlich Kohlensaures Mineral-Wasser
Apollinaris-Brunnen, Ahrthal, Rheinpreussen.

Gen.-Stabsarzt K. Univ.-Prof. Dr. von Nussbaum, München: Ein für sehr viele Kranke passendes, äusserst erquickendes und auch nützliches Getränk, weshalb ich es bestens empfehlen kann.

Geh. Med.-Rath Prof. Dr. Virchow, Berlin: Sein angenehmer Geschmack und sein hoher Gehalt an reiner Kohlensäure zeichnen es vor den andern ähnlichen zum Versandt kommenden Mineral-Wassern vortheilhaft aus. 24. Dezember 1878.

Dr. Oscar Liebreich, Prof. der Heilmittellehre a. d. Univ. Berlin: Ich habe Gelegenheit gehabt, die Apollinaris-Quelle bei Neuenahr genauester Prüfung zu unterziehen und zögere demnach nicht, mein Urtheil dahin auszusprechen, dass das natürliche Apollinaris-Wasser, wie es dem Publikum geboten wird, ein ausserordentlich angenehmes und schätzbares Tafelwasser ist, dessen chemischer Charakter es in hygiänischer und diätetischer Hinsicht ganz besonders empfiehlt und dessen guter Geschmack bei längerem Gebrauch sich bewährt. 5. Januar 1879.

Geh. San.-Rath Dr. G. Varrentrapp, Frankfurt a. M. Ausserordentliches Mitglied des Kais. deutschen Gesundheitsamtes: Ein sehr angenehmes, erfrischendes, ebenso gern genossenes als vorzüglich gut vertragenes Getränke unvermischt oder auch mit Milch, Fruchtsäften, Wein etc. In Krankheitszuständen, wo leicht alcalinische Säuerlinge angezeigt sind, ist gerade der Apollinaris-Brunnen ganz besonders zu empfehlen. 4. März 1879.

K. Univ.-Prof. Dr. M. J. Oertel, München: Von der vortrefflichen Wirkung seit vielen Jahren die überzeugendsten Beobachtungen gemacht; bei hochgradigen Ernährungsstörungen, in der Lungenschwindsucht, in Reconvalescenz schwerer Krankheiten, nach Typhus, Lungenentzündung, Gelenkrheumatismus und Diphtheria, damit immer die besten Erfolge erzielt, ebenso bei den verschiedensten andern Krankheiten, wo es galt, anregend auf den Magen und die Ernährung einzuwirken, zuletzt fast ausschliesslich davon Gebrauch gemacht. Als erfrischendes Getränke rein oder mit Wein gemischt, nimmt es unter den Mineralwässern sicherlich den ersten Rang ein. 16. März 1879.

Geh. Med.-Rath. Prof. Dr. F. W. Benecke, Marburg: Eins der erfrischendsten Getränke und sein Gebrauch, insonderheit bei Schwäche der Magenverdauung, sehr empfehlenswerth. 23. März 1879.

Käuflich bei allen Mineral-Wasser-Händlern, Apothekern etc.

Die Apollinaris-Company (Limited)
Zweig-Comptoir: Remagen a. Rhein.

Buchdruckerei von S. Schottlaender in Breslau.

www.ingramcontent.com/pod-product-compliance
Lightning Source LLC
Chambersburg PA
CBHW022111300426
44117CB00007B/673